U0739052

浙江文化艺术发展基金资助项目
浙江省新型重点专业智库杭州国际城市学研究中心
浙江省城市治理研究中心成果

浙江智库
ZHEJIANG THINK TANK

王国平 总主编

吴铮强 胡潮晖 编

南宋全书

第13册 南宋诏令编年（附金、夏、蒙元）（三）

南宋文献集成

浙江大学出版社·杭州
ZHEJIANG UNIVERSITY PRESS

南宋全书编纂指导委员会

主　　任：王国平

副主任：马时雍　黄书元　包伟民　史金波
　　　　王　巍

委　　员：(以姓氏笔画为序)
　　　　王其煌　江山舞　杜正贤　何　俊
　　　　何忠礼　应雪林　陈　波　陈文锦
　　　　庞学铨　娜　拉　徐吉军　曹家齐
　　　　曹锦炎　龚延明　褚超孚

南宋全书编辑委员会

总主编：王国平

编　　委：(以姓氏笔画为序)

马时雍　王　凯　王杨梅　王其煌　王剑文

尹晓宁　江山舞　寿勤泽　何忠礼　宋旭华

范立舟　尚佐文　姜青青　徐吉军　曹家齐

《南宋全书》总序

王国平

　　2007 年 12 月 22 日,举世瞩目的我国南宋商船"南海一号"在广东阳江海域打捞出水。根据探测情况估计,整船金、银、铜、铁、瓷器等文物可能达到 6 万—8 万件,据说皆为稀世珍宝。迄今为止,除了中国,全世界都未曾发现过如此巨大的千年古船。"南海一号"的发现,在世界航海史上堪称一大奇迹,也填补与复原了南宋海上"丝绸之路"历史的一些空白。[①] 不少专家认为"南海一号"的价值和影响力将不亚于西安秦始皇兵马俑。这艘沉船虽然出现在广东海域,但反映了整个南宋经济、文化的繁荣,标志着南宋社会的开放,也表明当时南宋引领着世界经济的发展。作为南宋政治、经济、文化、科技中心的都城临安(浙江杭州),则是南宋社会繁华与开放的代表。从某种意义上讲,没有以临安为代表的南宋的繁荣与开放,就会有今日"南海一号"的发现;而"南海一号"的发现,也为我们重新审视与评价南宋,带来了最好的注解、最硬的实证。

　　提起南宋,往往众说纷纭,莫衷一是。长期以来,不少人把"山外青山楼外楼,西湖歌舞几时休?暖风熏得游人醉,直把杭州作汴州"[②]这首曾写在临安城一家旅店墙上的诗,当作当时南宋王朝的真实写照。虽然近现代已有海内外学者开始重新认识南宋,但相当一部分人仍认为南宋军事上妥协投降、苟且偷安,政治上腐败成风、奸相专权,经济上积贫积弱、民不聊生,生活上纸醉金迷、纵情声色,总之,把南宋王朝视为一个只图享受、不思进取的偏安小朝廷。导致这种历史误解的原因,

---

① 见《"南海一号"成功出水》一文,载《人民日报》2007 年 12 月 23 日。
② (南宋)林升:《题临安邸》,转引自田汝成:《西湖游览志余》卷二《帝王都会》,上海古籍出版社 1980 年版,第 14 页。

在很大程度上是人们对患有"恐金病"的宋高宗和权相秦桧一伙倒行逆施的义愤,这是可以理解的。但是,我们决不能坐在历史的成见之上人云亦云。只要我们以对历史负责、对时代负责、对未来负责的精神和科学求实的态度,以科学发展观为指导,对南宋进行全面、深入、系统的研究,将南宋放到当时的历史发展阶段中,放到中国社会发展的历史长河中,放到整个世界的文明进程中考察,就不难发现南宋在经济政治、思想文化、科学技术、国计民生等方面所取得的成就,就不难发现南宋对中华文明产生的巨大影响,以此对南宋做出科学、客观、公正的评价,"还原一个真实的南宋"。

宋钦宗靖康元年(1126)闰十一月,金军攻陷北宋京城开封。次年三月,金军俘徽、钦二帝北去,北宋灭亡。同年五月,宋徽宗第九子、钦宗之弟赵构,在应天府(河南商丘)即位,是为高宗,改元建炎,重建赵宋王朝。建炎三年(1129)二月,高宗来到杭州,改州治为行宫,七月升杭州为临安府。此时起,杭州实际上已成为南宋的都城。绍兴八年(1138),南宋宣布临安府为"行在所",正式定都临安。自建炎元年(1127)赵构重建宋室,至祥兴二年(1279)帝昺蹈海灭亡,历时 153 年,史称"南宋"。

我们认为,研究与评价南宋,不应当仅仅以王朝政权的强弱为依据,而应当坚持"以人为本"理念,以人们生存与生活状态的改善作为社会进步的根本标准。许多人评价南宋,往往把南宋朝廷作为对象,我们认为所谓"南宋",不仅仅是一个历史王朝的称谓,而主要是指一个特定的历史阶段和历史时期。在马克思主义看来,历史的进步是社会发展和人的发展相统一的过程,"人们的社会历史始终只是他们的个体发展的历史",[①]未来理想社会"以每个人的全面而自由的发展为基本原则"。[②] 人是社会发展的主体,人的自由与全面发展是社会进步的最高目标。这就要坚持"以人为本"的科学发展观,将人的生存与全面发展作为评价一个历史阶段的根本依据。南宋时期,虽说尚处在中国封建社会的中期,人的自由与发展受到封建集权思想与皇权统治的严重束缚,但与宋代以前漫长的封建历史时期相比,这一时期出现的对人的生存与生活的关注度以及南宋人的生活质量和创造活力达到的高度都是前所未有的。

研究与评价南宋,不应当仅仅以军事力量的大小作为评价依据,还应当以其社会经济、文化整体状况与发展水平的高低作为重要依据。我们评判一个朝代,不仅要考察其军事力量的大小,更要看其在经济、文化、科技、社会等各方面取得

---

① 《马克思恩格斯选集》第 4 卷,人民出版社 1995 年版,第 321 页。
② 《马克思恩格斯选集》第 23 卷,人民出版社 1995 年版,第 649 页。

的成就。两宋立国 320 年,虽不及汉唐、明清国土辽阔,却以在封建社会中无可比拟的繁荣和社会发展的高度,跻身于中国古代最辉煌的历史时期之列。无论文化教育的普及、文学艺术的繁荣、学术思想的活跃、科学技术的进步,还是社会生活的丰富多彩,南宋都达到了前所未有的程度,在当时世界上也都处于领先地位。著名史学家邓广铭认为"宋代的文化,在中国封建社会历史时期之内,截至明清之际西学东渐的时期为止,可以说,已经达到了登峰造极的高度"。① 研究与评价南宋,不能仅仅以某些研究的成果或所谓的"历史定论"为依据,而应当以其在人类文明进步中扮演的角色,以及对后世的影响作为重要标准。宋朝是中国封建社会里国祚最长的朝代,也是封建文化发展最为辉煌的时期。南宋虽然国土面积只有北宋的 3/5 左右,却维持了长达 153 年(1127—1279)的统治。南宋不但对中国境内同时代的少数民族政权和周边国家产生了积极影响,而且对后世中华文化产生了巨大影响。正如近代著名思想家严复认为:"中国所以成于今日现象者,为善为恶,姑不具论,而为宋人所造就,什八九可断言也。"② 近代史学大师陈寅恪先生也曾经指出:"华夏民族之文化,历数千载之演进,造极于赵宋之世。"③ 因此,我们既要看到南宋王朝负面的影响,更要充分肯定南宋的历史地位与历史影响,只有这样,才能"还原一个真实的南宋"。

一、在政治上,不但要看到南宋王朝外患深重、苟且偷安的一面,更要看到爱国志士精忠报国、南宋政权注重内治的一面

南宋时期民族矛盾异常尖锐,外患严重之至,前期受到北方金朝的军事讹诈和骚扰掠夺,后期又受到蒙元的野蛮侵略。这些矛盾长期威胁着南宋政权的生存与发展。在此情形下,南宋初期朝廷中以宋高宗为首的主和派,积极议和,向女真贵族纳贡称臣。南宋王朝确实存在消极抗战、苟且偷安的一面,但也要承认南宋王朝大多君王始终怀有收复中原的愿望。南宋将杭州作为"行在所",视作"临安"而非"长安",也表现了南宋统治集团不忘收复中原的意愿。我们更应该看到南宋 153 年中,涌现了以岳飞、文天祥为代表的一大批爱国将领和数百名爱国仁人志士。这是中国古代任何一个朝代都难以比拟的。

同时,南宋政权也十分注重内治,在加强中央集权制度,推行"崇尚文治"政策,倡导科举不分门第等方面均有重大建树。其主要表现在以下几方面。

1. 从军事斗争上看,南宋是造就爱国志士、民族英雄的时代

南宋王朝长期处于外族入侵的严重威胁中,为此南宋军民进行了 100 多年

---

① 邓广铭:《宋代文化的高度发展与宋王朝的文化政策》,《历史研究》1990 年第 1 期。
② 严复:《严几道与熊纯如书札节钞》,江苏古籍出版社 1999 年影印本,载《学衡》第 13 期。
③ 《陈寅恪先生文集》第 2 卷,上海古籍出版社 1980 年版,第 245 页。

艰苦卓绝的抵抗斗争,涌现了无数气壮山河、可歌可泣的爱国事迹和民族英雄。因而,南宋是面对强敌、英勇抗争的时代。众所周知,金朝是中国历史上继匈奴、突厥、契丹以后一个十分强大的少数民族政权,并非昔日汉唐时期的匈奴、突厥与之后明清时期的蒙古可比。金军先后灭亡了辽朝和北宋,南侵之势简直锐不可当,但南宋军民浴血奋战,虽屡经挫折,终于抵挡住了南侵金军一次又一次的进攻,使南宋在外患深重的困境中站稳了脚跟。在持久的宋金战争中,南宋的军事力量不但没有削弱,反而逐渐壮大起来。南宋后期的蒙元军队则更为强大,竟然以20年左右的时间横扫欧亚大陆,使全世界都谈"蒙"色变。南宋的军事力量尽管相对弱小,又面对当时世界上最为强大的蒙元军队,但广大军民同仇敌忾,顽强抵抗了整整45年之久,这不能不说是世界抗击蒙元战争史上的一个奇迹。①

南宋是呼唤英雄、造就英雄的时代。在旷日持久的宋金战争中,造就了以宗泽、韩世忠、岳飞、刘锜、吴玠吴璘兄弟为代表的一批南宋爱国将领。特别是民族英雄岳飞率领的岳家军,更使金军闻风丧胆。在南宋抗击蒙元的悲壮战争中,前有孟珙、王坚等杰出爱国将领,后有文天祥、谢枋得、陆秀夫、张世杰等抗元英雄。其中民族英雄文天祥领导的抗元斗争,更是可歌可泣,彪炳史册。

南宋是激发爱国热忱、孕育仁人志士的时代。仅《宋史·忠义列传》就收录有爱国志士277人,其中大部分是南宋人。② 南宋初期,宗泽力主抗金,并屡败金兵,因不能收复北宋失地而死不瞑目,临终时连呼3次"过河";洪皓出使金朝,被流放冷山,历尽艰辛,终不屈服,被比作宋代的苏武;陆游"死去元知万事空,但悲不见九州同"的诗句,表达了他渴望祖国统一的遗愿;辛弃疾的词则抒发了盼望祖国统一和反对主和误国的激情。因此,我们认为,南宋不但是造就民族英雄的时代,也是孕育爱国政治家、军事家、文学家和思想家的沃土。

2.从政治制度上看,南宋是宋代继续加强中央集权、"干强枝弱"的时期

宋朝在建国之初,鉴于前朝藩镇割据、皇权削弱的经验教训,通过采取"强干弱枝"政策,不断加强中央集权统治。这一政策在南宋时得到了进一步强化。北宋王朝在中央权力上,实行军政、民政、财政"三权分立",削弱宰相的权力与地位;在地方权力上,中央派遣知州、知县等地方官,将原节度使兼领的"支郡"收归中央直接管辖;在官僚机构上,实行官(官品)、职(头衔)、差遣(实权)三者分离制度;在财权上,设置转运使掌管各路财赋,将原藩镇把持的地方财权收归中央;在

---

① 参见何忠礼《论南宋定都杭州对当地经济文化的重大影响》,载《杭州研究》2007年第2期。
② 俞兆鹏:《南宋人才之盛及其原因》,《杭州日报》2005年11月14日。

司法权上,设置县尉等职,将方镇节度使掌握的地方司法权收归中央;在军权上,实行禁军"三衙分掌",使握兵权与调兵权分离、兵与将分离,将各州军权牢牢地控制在中央手里,从而加强了中央对政权、财权、军权等方面的全面控制。南宋继承了北宋加强中央集权的这一系列措施,为维护国家内部统一、社会稳定和经济发展提供了良好的国内环境。尽管多次出现权相政治,但皇权仍旧稳定如故。

3. 从用人制度上看,南宋是所谓"皇帝与士大夫共治天下"的时代

两宋统治集团始终崇尚文治,尊重知识分子,重用文臣,提倡教育和养士,优待知识分子。与秦代"焚书坑儒"、汉代"罢黜百家"、明清"文字狱"相比,两宋时期可谓封建社会思想文化环境最为宽松的时期,客观上对经济、社会、文化发展起到了积极的促进作用。[①]

推行"崇尚文治"政策。宋王朝对文人士大夫采取了较为宽松宽容的态度,"欲以文化成天下",对士大夫待之以礼、"不得杀士大夫及上书言事人",[②]确立了"兴文教,抑武事"[③]的"崇文抑武"大政方针。两宋政权将"右文"定为国策。在这种政治氛围下,知识分子的思想十分活跃,参政议政的热情空前高涨,在一定程度上出现了"皇帝与士大夫共治天下"的局面,从而有力地推动了宋代思想、学术、文化的大发展。正由于两宋重用文士、优待文士,不杀文臣,因而南宋时常有正直大臣敢于上疏直谏,甚至批评朝政乃至皇帝的缺点,这与隋唐、明清时期动辄诛杀士大夫的政治状况大不相同。

采取"寒门入仕"政策。为了吸收不同阶层的知识分子参加政权,两宋对选才用人的科举制度进行了改革,消除了魏晋以来士族门阀造成的影响。两宋科举取士几乎面向社会各个阶层,再加上科举取士的名额不断增加,在社会各阶层中形成了"学而优则仕"之风。南宋时期,取士更不受出身门第的限制,只要不是重刑罪犯,即使工商、杂类、僧道、农民,甚至是杀猪宰牛的屠户,都可以应试授官。南宋的科举登第者多数为平民,如在宝祐四年(1256)登科的 601 名进士中,平民出身者就占了 70%。[④]

二、在经济上,不但要看到南宋连年岁贡不断、赋税沉重的状况,更要看到整个南宋生产发展、经济繁荣的一面

人们历来有一种误解,认为南宋从立国之日起,就存在着从北宋带来的"积贫积弱"老毛病。确实,南宋王朝由于长期处于前金后蒙的威胁之下,迫使其不

---

① 参见郭学信《试论两宋文化发展的历史特色》,载《江西社会科学》2003 年第 5 期。
② 陶宗仪:《说郛》卷三九上,《景印文渊阁四库全书》,台湾商务印书馆,1986 年版。
③ 李焘:《续资治通鉴长编》卷一八,"太平兴国二年正月丙寅"条,中华书局 2004 年版,第 392 页。
④ 俞兆鹏《南宋人才之盛及其原因》,《杭州日报》2005 年 11 月 14 日。

得不以加强皇权统治作为核心利益,在对外关系上,以牺牲本国的经济利益为代价,采取称臣、割地、赔款等手段来换取王朝政权的安定。正因为庞大的兵力和连年向金朝贡,加重了南宋王朝财政负担和民众经济负担,也一定程度上影响了南宋的经济发展。但在另一方面,我们更应当看到,南宋时期,由于北方人口的大量南下,给南宋的经济发展带来了充足的劳动力、先进的生产技术和丰富的生产经验,再加上统治者出台一些积极措施,南宋在农业、手工业、商业、外贸等方面都取得了突出成就。南宋经济繁荣主要体现在:

1. 从农业生产看,南宋出现了古代中国南粮北调的新格局

由于南宋政府十分注重兴修水利,并采取鼓励垦荒的措施,加上北方人口大量南移和广大农民辛勤劳动,促进了流民复业和荒地开垦。人稠地少的两浙等平原地带,垦辟了众多的水田、圩田、梯田。曾经"几无人迹"的淮南地区也出现了"田野加辟""阡陌相望"的繁荣景象。南宋时期,农作物单位面积产量比唐代提高了两三倍,总体发展水平大大超过了唐代,有学者甚至将宋代农作物单位面积产量的大幅提高称为"农业革命"。[①]"苏湖熟,天下足"的谚语就出现在南宋。[②] 元初,江浙行省虽然只是元代 10 个行省中的一个,岁粮收入却占了全国的 37.10%,[③]江浙地区成了中国农业最为发达的地区,并出现了中国南粮北调的新格局。

2. 从手工业生产看,南宋达到了中国古代手工业发展的新高峰

南宋时期,随着北方手工业者大批南下和先进生产技术传入,南方的手工业生产迈上了一个新台阶。一是纺织业规模和技术都大大超过了同时代的金朝,南方自此成了中国丝织业最发达的地区。二是瓷器制造业中心从北方移至江南地区。景德镇生产的青白瓷造型优美,有"饶玉"之称;临安官窑所造青瓷极其精美,为此杭州现在官窑原址建立了官窑博物馆,将这些精美的青瓷展现给世人;龙泉青瓷达到了烧制技术的新高峰,并大量出口。三是造船业空前发展。漕船、商船、游船、渔船,数量庞大,打造奇巧,富有创造性;海船采用的多根桅杆,为前代所无;战船种类众多,功用齐全,在抗金和抗蒙元的战争中发挥了重要作用。

---

① 张邦炜:《瞻前顾后看宋代》,《河北学刊》2006 年第 5 期。

② (宋)范成大:《吴郡志》卷五〇《杂志》,《宋元方志丛刊》本,中华书局 1990 年版。

③ (元)脱脱:《元史》卷九三《食货一·税粮》,中华书局 2005 年版,第 2361 页。

3. 从商业发展看,南宋开创了古代中国商品经济发展的新时代

虽然宋代主导性的经济仍然是自然经济,但由于两宋时期冲破了历朝统治者奉行的"重农抑商"观念的束缚,确立了"农商并重"的国策,采取了惠商、恤商政策措施,使社会各阶层纷纷从事商业经营,商品经济呈现划时代的发展变化,进入一个新的历史发展阶段。一是四通八达的商业网络。随着商品贸易发展,出现了临安、建康(江苏南京)、成都等全国性的著名商业大都市,当时临安已达16万户,人口最多时有150万—160万人。[①]同时,还出现了50多个10万户以上的商业大城市,并涌现出一大批草市、墟市等定期集市和商业集镇,形成了"中心城市—市镇集市—边境贸易—海外市场"的通达商业网络。[②] 二是"市坊合一"的商业格局。两宋时期由于城市商业繁荣,冲破了长期以来作为商业贸易区的"市"与作为居民住宅区的"坊"分离的封闭式市坊制度,出现了住宅与店肆混合的"市坊合一"商业格局,街坊商家店铺林立,酒肆茶楼面街而立。从《梦粱录》和《武林旧事》的记载来看,南宋临安城内商业繁荣,甚至出现了夜市刚刚结束,早市又告兴起的繁荣景象。三是规模庞大的商品交易。南宋商品的交易量虽难考证,但从商税收入可窥见一斑。淳熙年间(1174—1189)全国正赋收入6530万缗,占全国总收入30%以上。据此推测,南宋商品交易额在20000万缗以上。可见商品交易量之巨大。[③] 南宋商税加专卖收益超过农业税的收入,改变了宋以前历代王朝农业税赋占主要地位的局面。

4. 从海外贸易看,南宋开辟了古代中国东西方交流的新纪元

两宋期间,由于陆上"丝绸之路"隔断,东南方向海路成为海上对外贸易的唯一通道,海外贸易成为中外经济文化交流的主要通道。南宋海外贸易繁荣表现在:一是对外贸易港口众多。广州、泉州、临安、明州(浙江宁波)等大型海港相继兴起,与外洋通商的港口已近20个,还兴起了一大批港口城镇,形成了北起淮南、东海,中经杭州湾和福、漳、泉金三角,南到广州湾和琼州海峡的南宋万余里海岸线上全面开放的新格局。这种盛况不仅唐代未见,就是明清亦未能再现。[④]二是贸易范围大为扩展。宋前,与我国通商的海外国家和地区约20个,主要集

---

① 杨宽先生在《中国古代都城制度史》一书中认为,南宋末年咸淳年间,临安府所属九县,按户籍,主客户共三十九万一千多户,一百二十四万多口;附郭的钱塘、仁和两县主客户共十八万六千多户,四十三万二千多口,占全府人口的三分之一。宋朝的"口"是男丁数,每户平均以五人计,约九十多万人。所驻屯的军队及其家属,估计有二十万人以上,总人口当在一百二十万人左右,包括城外郊区十万人和乡村十万人。

② 陈杰林:《南宋商业发展:特点与成因》,《安庆师范学院学报》2003年第4期。

③ 陈杰林:《南宋商业发展:特点与成因》,《安庆师范学院学报》2003年第4期。

④ 葛金芳:《南宋:走向开放型市场的重大转折》,《杭州研究》2007年第2期。

中在中南半岛和印尼群岛,而与南宋有外贸关系的国家和地区增至 60 个以上,范围从南洋(今南海)、西洋(今印度洋)直至波斯湾、地中海和东非海岸。三是出口商品附加值高。宋代不但外贸范围扩大、出口商品数量增加,而且进口商品以原材料与初级制品为主,而出口商品则以手工业制成品为主,附加值高。用附加值高的制成品交换附加值低的初级产品,表明宋代外向型经济在发展程度上高于其外贸伙伴。①

三、在文化上,不但要看到封闭保守、颓废安逸的一面,更要看到南宋"百家争鸣、百花齐放"的繁荣局面

由于以宋高宗为首的妥协派大多患有"恐金病",加之南宋要想收复北方失地在军事上和经济上确实存在着许多困难,收复中原失地的战争,也几度受到挫折,因此在南宋统治集团中,往往笼罩着悲观失望、颓废偷安的情绪。一些皇亲贵族,只要不是兵荒马乱,就热衷于享受山水之乐和口腹之欲,出现了软弱不争、贪图享受、胸无大志、意志消沉的"颓唐之风"。反映在一些文人士大夫的文化生活中,就是"一勺西湖水。渡江来、百年歌舞,百年醉醉"的华丽浮靡之风。但是,这并不能掩盖两宋文化的历史地位与影响。宋代是中国古代文化最为光辉灿烂的时期之一。近代的中国文化,其实皆脱胎于两宋文化。著名史学家邓广铭认为:"宋代文化发展所能达到的高度,在从十世纪后半期到十三世纪中叶这一历史时期内,是居于全世界的领先地位的。"②日本学者则将宋代称为"东方的文艺复兴时代"。③ 著名华裔学者刘子健认为:"此后中国近八百年来的文化,是以南宋文化为模式,以江浙一带为重点,形成了更加富有中国气派、中国风格的文化。"④

1. 南宋是古代中国学术思想的巅峰时期

王国维指出:"宋代学术,方面最多,进步亦最著","近世学术多发端于宋人"。宋学作为宋型文化的精神内核,是中国古代学术思想的巅峰。宋学流派纷呈,各臻其妙,大师迭出,群星璀璨,使南宋的思想文化呈现一派勃勃生机和前所未有的活跃局面。

理学思想形成。两宋统治者以文治国、以名利劝学的政策,对当时的思想、

---

① 葛金芳:《南宋:走向开放型市场的重大转折》,《杭州研究》2007 年第 2 期。

② 邓广铭:《国际宋史研讨会开幕词》,载《国际宋史研讨论文选集》,河北大学出版社 1992 年版,第 1 页。

③ [日]宫崎市定:《宫崎市定论文选集》下册,商务印书馆 1963 年版。

④ 刘子健:《代序——略论南宋的重要性》,载黄宽重主编《南宋史研究集》,台湾新文丰出版公司 1985 年版。

学术及教育产生了重要影响,最明显的一个结果是新儒学——理学思想诞生。南宋是儒学各派互争雄长的时期,各学派互相论辩、互相补充,共同构筑起中国儒学发展史上一个新的阶段。作为程朱理学集大成者的朱熹,是继孔孟以来最杰出的儒家学者。理学思想倡导国家至上、百姓至上的精神,与孟子的"君轻民贵"思想是一脉相承的。同时,两宋还倡导在儒家思想主导下的"儒佛道三教同设并行",就是在"尊孔崇儒"的同时,对佛、道两教也持尊奉的态度。理学各家出入佛老;佛门也在学理上融合儒道;道教则从佛教中汲取养分,将其融入自身的养生思想,并吸纳佛教"因果轮回"思想与儒家"纲常伦理"学说。普通百姓"读儒书、拜佛祖、做斋醮"更是习以为常。两宋"三教合流"的文化策略迎合了时代需要,使宋代儒生不同于以往之"终信一家、死守一经",从而使得南宋在思想、文化领域均有重大突破与重大建树。

思想学术界学派林立。学派林立是南宋学术思想发展的突出表现,也是当时学术界新流派勃兴的标志。在儒学复兴的思潮激荡下,尤其是在鼓励直言、自由议论的政策下,先后形成了以朱熹为代表的道学,以陆九渊为代表的心学,以叶适为代表的永嘉事功之学,以吕祖谦、陈亮为代表的永康之学等主要学派,开创了浙东学派的先河。南宋时期学派间互争雄长和欣欣向荣的景象,维持了近百年之久,形成了继春秋战国之后中国历史上第二次"百家争鸣"的盛况,为推动南宋经济文化发展起到了积极作用。尤其是浙东事功学派极力推崇义利统一,强调"商藉农而立,农赖商而行",认为只有农商并重,才能富民强国,实现国家中兴统一的目的。功利主义思想反映了当时人们希望发展南宋经济和收复北方失地的强烈愿望。

2. 南宋是古代中国文学艺术的鼎盛时期

近代国学大师王国维认为"天水一朝人智之活动与文化之多方面,前之汉唐、后之元明皆所不逮也"。[①] 南宋文学艺术繁荣的主要表现,一是宋词兴盛。宋代创造性地发展了"词"这一富有时代特征的文学形式。词的繁荣起始于北宋,鼎盛于南宋。南宋词不仅在内容上有所开拓,而且艺术上更趋于成熟。辛弃疾是南宋最伟大的爱国词人,豪放词派的最高代表,也是南宋词坛第一人,与北宋词人苏东坡一样,同为宋词成就最杰出的代表。李清照是婉约词派的代表人物,形成了别具一格的"易安体",对后世影响很大。陆游既是著名的爱国诗人,也是南宋词坛的巨匠。他的词充满了奔放激昂的爱国主义感情,与辛弃疾一起把宋词推向了艺术高峰。二是宋诗繁荣。宋诗在唐诗之后另辟蹊径,开拓了宋

---

① 王国维:《静庵文集续编·宋代之金石学》,载《王国维遗书》第 5 册,上海古籍出版社 1983 年版。

诗新境界,其影响直到清末民初。宋诗完全有资格在中国诗史上与唐诗双峰并峙,两水并流。三是话本兴起。南宋话本小说出现,在中国文学史上是一件极有意义的大事,标志着中国小说的发展已进入一个新阶段。宋代话本为中国小说的发展注入了新鲜活力,迎来了明清小说的繁荣局面。南宋还出现了以《沧浪诗话》为代表的具有现代审美特征的开创性的文学理论著作。四是南戏的出现。南宋初年,出现了具有很强的现实性和感染力的"戏文",统称"南戏"。南宋戏文是元代杂剧的先驱,它的出现标志着中国古代戏曲艺术的成熟,为我国戏剧发展奠定了雄厚基础。① 五是绘画的高峰。宋代是中国绘画史上的鼎盛时期,标志我国古代时期绘画高峰的出现。有研究者认为"吾国画法,至宋而始全"。② 宋代画家多达千人左右,以李唐、刘松年、马远、夏圭等人为代表的南宋著名画家,他们的作品在画坛至今仍享有崇高地位。此外,南宋的多位皇帝和后妃也都是绘画高手。南宋绘画题材多样,山水、人物、花鸟画等并盛于世,尤以山水画最为突出,对后世影响极大。南宋画家称西湖景色最奇者有十,这就是著名的"西湖十景"的由来。宋代工艺美术造型、装饰与总体效果堪称中国工艺史上的典范,为明清工艺美术争相效仿的对象。此外,南宋的书法、雕塑、音乐、歌舞等艺术门类也都有长足的发展。

3.南宋是古代中国文化教育的兴盛时期

宋代统治者大力倡导学校教育,将"崇经办学"作为立国之本,使宋代的教育体制较之汉唐更加完备和发达。南宋官私学盛,彻底打破了长期以来士族地主垄断教育的局面,使文化教育下移,教育更加大众化,适应了平民百姓对文化教育的需求,推动了文化大普及,提高了全社会的文化素质,促进了南宋社会文化事业进步和发展。在科举考试推动下,南宋的中央官学、地方官学、书院和私塾村校并存,各类学校都获得了蓬勃的发展。南宋各州县普遍设立了公立学校,其规模、条件、办学水平,较之北宋有了更大发展。由于理学家的竭力提倡和科举考试的需要,南宋地方书院得到了大发展。宋代共有书院397所,其中南宋占310所。③ 南宋私塾村校遍及全国各地,学校教育由城镇延伸到乡村,南宋教育达到前所未有的普及程度。

4.南宋是古代中国史学的繁荣时期

南宋以"尊重和提倡"的形式,鼓励知识分子重视历史,研究历史,"思考历代

① 参见何忠礼、徐吉军《南宋史稿》,杭州大学出版社1999年版,第657页。
② 潘天寿:《中国绘画史》,上海人民美术出版社1983年版,第158页。
③ 何忠礼:《论南宋定都杭州对当地经济文化的重大影响》,《杭州研究》2007年第2期。

治乱之迹"。陈寅恪先生指出："中国史学莫盛于宋。"①南宋史学家袁枢的《通鉴纪事本末》,创立了以重大历史事件为主体,分别立目,完整记载历史事件的纪事本末体;朱熹的《资治通鉴纲目》创立了纲目体;朱熹的《伊洛渊源录》则开启了记述学术宗派史的学案体之先河。南宋在历史上第一次提出了"经世致用"的修史思想。南宋史学家不仅重视当代史的研究,而且力主把历史与现实结合起来,从历史上寻找兴衰之源,以史培养爱国、有用的人才。这些都对后代的史学家有很大的启迪和教益。

四、在科技上,既要看到整个宋代在中国古代科技史上的地位,也要看到南宋对古代中国科学技术的杰出贡献

宋代统治集团对在科学技术上有重要发明及创造、创新之人给予物质和精神奖励,为宋代科技发展与进步注入了前所未有的强大动力。宋朝是当时世界上发明创造最多的国家,也是古代中国为世界科技发展贡献最大的时期。英国学者李约瑟说:"每当人们在中国的文献中查找一种具体的科技史料时,往往会发现它的焦点在宋代,不管在应用科学方面或纯粹科学方面都是如此。"②中国历史上的重要发明,一半以上都出现在宋朝。宋代的不少科技发明不仅在中国科技史上,而且在世界科技史上也号称第一。《梦溪笔谈》的作者沈括、活字版印刷术的发明者毕昇这两位钱塘(浙江杭州)人,都是中外公认的中国古代伟大科学巨匠。南宋的科技在北宋基础上进一步得到发展,其科技成就在很多方面居于世界领先地位。

1. 南宋对中国古代"三大发明"的贡献

活字印刷术、指南针与火药三大发明,在南宋时期获得进一步的完善和发展,并开始了大规模的实际应用。指南针在航海上的应用,始见于北宋末期,南宋时的指南针已从简单的指针,发展成为比较简易的罗盘针,并被应用于航海上,是一项具有世界意义的重大发明。李约瑟指出,指南针在航海中的应用,是"航海技艺方面的巨大改革","预示计量航海时代的来临"。中国古代火药和火药武器的大规模使用和推广也始自南宋。南宋出现的管形火器,是世界兵器史上十分重要的大事,近代的枪炮就是在这种原始的管形火器基础上发展起来的。此外,南宋还广泛使用威力巨大的火炮作战,充分反映了南宋火器制造技术的巨大进步。南宋开始推广使用活字印刷术,出现了目前世界上第一部活字印本。此外,南宋的造纸技术更为发达,生产规模大为扩展,品种繁多,质量之高,近代

---

① 陈寅恪:《陈垣〈明季滇黔佛教考〉序》《陈垣〈元西域人华化考〉序》,载《金明馆丛稿二编》,上海古籍出版社 1980 年版,第 238、240 页。

② [英]李约瑟:《李约瑟文集》,辽宁科技出版社 1986 年版,第 115 页。

也多不及。

2.南宋在农业技术理论上的重大突破

南宋陈旉所著《陈旉农书》是我国现存最早的有关南方农业生产技术与经营的农学著作。他是中国农学史上第一个提出土地利用规划技术的人。陈旉在《农书》中首先提出了土壤肥力论等多种土地的利用和改造之法,并对搞好农业经营管理提出了卓越的见解。稻麦两熟制、水旱轮作制、"耕耙耖"耕作制,在南宋境内都得到了较好的推广。植物谱录在南宋也大量涌现。《橘录》是我国最早的柑橘专著;《菌谱》是世界历史上最早的菌类专著;《全芳备祖》是世界最早的植物学辞典,比欧洲要早300多年;《梅谱》是我国最早的有关梅花的专著。

3.南宋在制造技术上的高度成

就宋代冶金技术居世界最高水平,南宋对此作出了卓越贡献。在有色金属开采与冶炼方面,南宋发明了"冶银吹灰法"和"铜合金铁"冶炼法;在煤炭开发利用上,南宋开始使用焦煤炼铁(而欧洲人是在18世纪时才采用焦煤炼铁的),是我国冶金史上具有重大意义的里程碑。南宋是我国纺织技术高度发展时期,特别是蚕桑丝绸生产,已形成了一整套从栽桑到成衣的过程,生产工具丰富,为明清的丝绸生产技术奠定了基础。南宋的丝纺织品、织造和染色技术在前代的基础上达到了一个新水平。南宋瓷器无论在胎质、釉料,还是在制作技术上,都达到了新的高度。同时,南宋的造船、建筑、酿酒、地学、水利、天文历法、军器制造等方面技术水平,也都比过去有很大的进步。如南宋绍熙元年绘制、淳祐七年刻石的"宋淳祐天文图"(又称苏州石刻天文图)是世界上现存年代最早、存星最多的石刻天文图,绘于南宋绍定二年(1229)的石刻《平江图》,是我国现存最古老、最完整的城市规划图,至今仍完好地保存在苏州碑刻博物馆。

4.南宋在数学领域的巨大贡献

南宋数学不仅在中国数学史上,而且在世界数学史上取得了极为辉煌的成就。南宋杰出的数学家秦九韶撰写的《数书九章》提出的"正负开方术",与现代求数学方程正根的方法基本一致,比西方早500多年。另一位杰出的数学家杨辉,编撰有《详解九章算法》《日用算法》《乘除通变本末》《田亩比类乘除捷法》《续古摘奇算法》(《乘除通变本末》《田亩比类乘除捷法》《续古摘奇算法》三者合称为《杨辉算法》)等十余种数学著作,收录了不少我国现已失传的数学著作中的算题和算法。杨辉对二阶等差级数求和的论述,使之成为继沈括之后世界上最早研究高阶等差级数的人。杨辉发明的"九归口诀",不仅提高了运算速度和精确度,而且还对我国珠算的发明起到了重要作用。李约瑟把宋代称为"伟大的代数学家的时代",认为"中国的代数学在宋代达到最高峰"。①

5.南宋在医药领域的重要贡献

南宋是中国法医学正式形成的时期。宋慈的《洗冤集录》是世界上第一部法
医学专著,比西方早 350 余年。它不仅奠定了我国古代法医学的基础,而且被奉
为我国古代"官司检验"的"金科玉律",并对世界法医学产生了广泛影响。南宋
是中国针灸医学的极盛时期。王执中的《针灸资生经》和闻人耆年《备急灸法》两
书,皆集历代针灸学知识之大全,反映了当时针灸学的最高水平。南宋腧穴针灸
铜人是针灸学上第一具教学、临床用的实物模型。陈自明著的《外科精要》一书
对指导外科的临床应用具有重要意义。陈自明的《妇人大全良方》是著名的妇产
科著作,直到明清时期仍被妇科医生奉为经典。朱瑞章的《卫生家宝产科方》,被
称为"产科之荟萃,医家之指南"。无名氏的《小儿卫生总微论方》和刘昉的《幼幼
新书》,汇集了宋以前在儿科学方面所取得的成就,是我国历史上较早的一部比
较系统、全面的儿科学著作。许叔微的《普济本事方》是中国古代一部比较完备
的方剂专书。

**五、在社会上,不但要看到南宋一些富豪官绅生活奢华、挥霍淫乐的一面,更
要看到南宋政府关注民生、注重民生保障的一面**

南宋社会生活的奢侈之风,既是南宋官僚地主腐朽的集中反映,也是南宋经
济文化空前繁荣的缩影。我们不但看到南宋一些富豪官绅纵情声色、恣意挥霍
的社会现象,更要看到南宋政府倡导善举、关注民生、同情民苦的客观事实。②
两宋社会保障制度,在中国古代救助史上占有重要地位,并为宋后社会保障制度
的建立奠定了基础。有学者认为,中国古代真正意义上的社会保障事业是从两
宋开始的。同时,两宋时期随着土地依附关系逐步解除和门阀制度崩溃,逐渐冲
破了以前士族地主一统天下的局面。两宋社会结构开始调整重组,出现了各阶
层之间经济地位升降更替、社会等级界限松动的现象,各阶层的价值取向趋近,
促进社会各阶层融合,平民化、世俗化、人文化趋势明显。两宋社会平民化,不仅
体现在科举面向社会各个阶层,取士不受出身门第限制,而且体现在官民身份可
以相互转化,可以由贵而贱,由贱而贵;贫富之间既可以由富而贫,也可以由贫
而富。③

1.南宋农民获得了更多的人身自由

两宋时期,租佃制普遍发展,这是古代专制社会中生产关系的一次重大调

① 参见《中国科学技术史》第 1 卷第 1 册,科学出版社 1975 年版,第 273、284、287、292 页。
② 邓小南:《宋代历史再认识》,《河北学刊》2006 年第 5 期。
③ 郭学信:《宋代俗文化发展探源》,《西北师范大学学报》2005 年第 3 期。

规模流通称为"金融革命"。① 纸币流通的意义远在金属铸币之上,表明我国在货币领域发展已走在世界前列。

两宋对世界文明进程的影响。宋代文化对世界文化的影响,主要表现在两宋的活字印刷术、火药、指南针的西传上。培根指出:"这三种发明已经在世界范围内把事物的全部面貌和情况都改变了:第一种是在学术方面,第二种是在战事方面,第三种是在航行方面;由此产生了无数的变化,这种变化是如此巨大,以至没有一个帝国,没有一个教派,没有一个赫赫有名的人物,能比得上这三种机械发明。"②马克思的评价则更高:"火药、指南针、印刷术——这是预告资产阶级到来的三大发明。火药把骑士阶层炸得粉碎,指南针打开了世界市场并建立了殖民地,而印刷术则变成了新教的工具和科学复兴的手段,变成对精神发展创造必要前提的强大杠杆。"③两宋"三大发明"对世界文明的决定性作用是毋庸赘言的。两宋科举考试制度也对法、美、英等西方国家选拔官吏的政治制度产生了直接作用和重要影响,被人誉为"中国的第五大发明"。

2.南宋对中国古代与近代历史发展之影响

中外学者普遍认为:"这时的文化直至20世纪初都是中国的典型文化。其中许多东西在以后的一千年中是中国最典型的东西,至少在唐代后期开始萌芽,而在宋代开始繁荣。"④

南宋促进了中国市民阶层的形成。随着商品经济的繁荣,两宋时期不仅出现了一大批大、中、小商业城市与集镇,而且形成了杭州、开封、成都等全国著名商业大都市,第一次出现了城市平民阶层,呈现了中国古代社会前所未有的时代开放性。南宋市民阶层的出现,世俗文化与世俗经济的形成与繁荣,意味中国市民阶层已具雏形,开启了中国社会平民化进程。正由于两宋时期出现了欧洲近代前夜的一些特征,如大城市兴起、市民阶层形成、手工业发展、商业经济繁荣、对外贸易发达、流通纸币出现、文官制度成熟等现象,美国、日本学者普遍把宋代中国称为"近代初期"。⑤

南宋促成了中国经济重心南移。由于南宋商品经济空前发展,有些学者甚至断言,宋代已经产生了资本主义萌芽。西方有学者认为南宋已处在"经济革命时代"。随着宋室南下,南宋经济的发展与繁荣,使江南成为全国经济最为发达

① 参见张邦炜《瞻前顾后看宋代》,载《河北学刊》2006年第5期。
② [英]培根:《新工具》,商务印书馆1984年版,第103页。
③ [德]马克思:《机械、自然力和科学应用》,人民出版社1978年版,第67页。
④ [美]费正清、赖肖尔:《中国:传统与变革》,江苏人民出版社1995年版,第118—119页。
⑤ 张晓淮:《两宋文化转型的新诠释》,《学海》2002年第4期。

的地区。南宋时期,全国经济重心完成了由黄河流域向长江流域的历史性转移,我国经济形态自此逐渐从自然经济转向商品经济,从封闭经济走向开放经济,从内陆型经济转向海陆型经济。这是中国传统社会发展中具有路标性意义的重大转折。[①] 如果没有明清的海禁和极端专制的封建统治,中国的近代化社会也许会更早地到来。

南宋推进了中华民族大融合。南宋时期,中国社会出现了第三次民族大融合。宋王朝虽然先后被同时代的女真、蒙古民族征服,但无论前金还是后蒙,在其思想文化上,都被南宋代表的先进文化折服,融入中华民族大家庭之中。10—13世纪,中原王朝与北方游牧民族时战时和、时分时合,使以农耕文化为载体的两宋文化迅速向北扩散播迁,女真、蒙古政权深受南宋代表的先进政治制度、社会经济和思想文化影响,表示出对南宋文化认同、追随、仿效与移植,自觉不自觉地接受了先进的南宋文化,使其从文字到思想、从典章制度到风俗习惯均呈现出汉化趋势。[②] 南宋文化改变了这些民族的文化构成,提高了其文化层位,加速了这些民族由落后走向进步的进程,从而在整体上提高了中国北部地区少数民族的文明程度。

南宋奠定了理学在封建正统思想中的主导地位。理学的形成与发展,是南宋文化对中国古代思想文化的重大贡献。南宋理宗朝时,理学被钦定为封建正统思想和官方哲学,确立了程朱理学的独尊地位,并一直垄断元、明、清三代的思想和学术领域长达700余年,其影响之深广,在古代中国没有其他思想可以与之匹敌。[③] 同时,两宋时期开创了中国古代儒、佛、道"三教合流"的文化格局。与汉武帝"罢黜百家、独尊儒术"不同,南宋在大兴儒学的前提下,加大了对佛、道两教的扶持,出现了"以佛修心,以道养生,以儒治世"的"三教合一"的格局。自宋后,古代中国社会基本延续了以儒学为主体,以佛、道为辅翼的文化格局。

两宋对中国后世王朝政权稳定的影响。两宋王朝虽然国土面积前不及汉唐,后不如元明清,却是中国封建史上立国时间最长的王朝之一。两宋王朝之所以在外患深重的威胁下保持长治局面,很大程度上取决于两宋精于内治,形成了一系列的中央集权制度和民族认同感,因此,自宋朝后,中华民族"大一统"思想深入人心,中国历史上再也没有出现过地方严重分裂割据的局面。

3. 南宋对杭州城市发展之影响

正是南宋经济、文化、社会各方面的高度发展,促成京城临安极度繁荣,成为

---

① 参见葛金芳《南宋:走向开放型市场的重大转折》,载《杭州研究》2007年第2期。
② 参见虞云国《略论宋代文化的时代特点与历史地位》,载《浙江社会科学》2006年第3期。
③ 参见何忠礼《论南宋在中国历史上的地位和影响》,载《杭州研究》2007年第2期。

12—13 世纪最为繁华的世界大都会,也正是南宋带来民族文化大交流、生活方式大融合、思想观念大碰撞,形成了京城临安市民独特的生活观念、生活方式、性格特征、语言习惯。直到今天,杭州人独有的文化特质、社会习俗、生活理念,都深深地烙上了南宋社会的历史印迹。

京城临安,一座巍峨壮丽的世界级"华贵之城"。南宋朝廷立临安为行都,使杭州的城市性质与等级发生了根本性的巨大变化。从州府上升为国都,这是杭州城市发展的里程碑,杭州由此进入历史上最辉煌的时期。南宋统治者对临安城建设倾注了大量心血,并倾全国之人力、物力、财力加以精心营造。经过南宋诸帝持续的扩建和改建,南宋皇城布满了金碧辉煌、巍峨壮丽的宫殿,足可与北宋的汴京城媲美。南宋对临安府大规模地改造和扩建的杰出代表便是御街。南宋都城临安,经过 100 多年的精心营建,已发展成为百万以上人口的大城市,成为当时亚洲各国经济文化的交流中心,城市规模已名列 12—13 世纪时世界的首位。当时的杭州被意大利著名旅行家马可·波罗称赞为"世界上最美丽华贵之天城"。而 12 世纪时,美洲和大洋洲尚未被殖民者发现,非洲处于自生自灭状态,欧洲现有主要国家尚未完全形成,罗马内部四分五裂,北欧海盗肆虐,基辅大公国(俄罗斯)刚刚形成。[①] 到了南宋后期(即 13 世纪中叶)临安人口曾达到 150 万—160 万人,此时,西方最大最繁华的城市威尼斯也只有 10 万人口,作为世界最著名的大都会伦敦、巴黎,直至 14 世纪的文艺复兴时期,其人口也不过 4 万—6 万人。[②] 仅从城市人口规模看,800 年前的杭州就已遥遥领先于世界各大城市。

京城临安,一座繁荣繁华的"地上天宫"。临安是全国最大的手工业生产中心。南宋临安工商业发达,手工业门类齐、制作精、分工细、规模大、档次高,造船、陶瓷、纺织、印刷、造纸等行业都建有大规模的手工业作坊,并有"四百一十四行"之说。临安是全国商业最为繁华的城市。临安城内城外集市与商行遍布,天街两侧商铺林立,早市夜市通宵达旦;城北运河樯橹相接,昼夜不舍,城南钱江两岸各地商贾海舶云集、桅杆林立。临安是璀璨夺目的文化名城。京城内先后集聚了李清照、朱熹、尤袤、陆游、杨万里、范成大、辛弃疾、陈起等一批南宋著名的文化人。临安雕版印刷为全国之冠,杭刻书籍为我国宋版书之精华。城内设有全国最高的学府——太学,规模最为宏阔,与武学、宗学合称"三学"。临安的教育事业空前繁荣。城内文化娱乐业发达,瓦子数量、百戏名目、艺人人数、娱乐项

---

① 参见何亮亮《从"南海"一号看中华复兴》,载《文汇报》2008 年 1 月 6 日。

② 参见何忠礼《论南宋在中国历史上的地位和影响》,载《杭州研究》2007 年第 2 期。

目和场所设施等方面,也都是其他城市无法比拟的。临安不但是全国政治中心,也是全国经济中心和文化中心。今日杭州之所以能成为"人间天堂",成为全国历史文化名城,成为我国七大古都之一,很大程度上就是得益于南宋定都临安,得益于南宋经济文化的高度繁荣。

京城临安,一座南北荟萃、精致和谐的生活城市。北方人口的优势,使南下的中原文化全面渗透到本土的吴越文化之中,形成了临安独特的社会生活习俗,并影响至今。临安的社会是本地居民与外来人员和谐相处的社会,临安的文化是南北文化交融、中外文化交流的结晶,临安的生活是中原风俗与江南民俗相互融合的产物。总之,南宋临安是一座兼容并蓄、精致和谐的生活城市。其表现为:一是南北交融的语言。经过100多年流行,北方话逐渐融合到吴越方言之中,形成了南北交融的"南宋官话"。有学者指出:"越中方言受了北方话的影响,明显地反映在今日带有'官话'色彩的杭州话里。"①二是南北荟萃的饮食。自南宋起,杭人饮食结构发生了变化,从以稻米为主,发展到米、面皆食。"南料北烹"美食佳肴,结合西湖文采,形成了具有鲜明特色的"杭帮菜系",而成为中国古代菜肴一个新高峰。丰富美味的饮食,致使临安人形成追求美食美味的饮食之风。三是精致精美的物产。南宋时期,在临安无论建筑寺观,还是园林别墅、亭台楼阁和小桥流水,无不体现了江南的精细精致,更有陶瓷、丝绸、扇子、剪刀、雨伞等工艺产品,做工讲究、小巧精致。四是休闲安逸的生活。城市的繁华与西湖的秀美,使大多临安人沉醉于歌舞升平与湖山之乐中,在辛劳之后讲究吃喝玩乐、神聊闲谈、琴棋书画、花鸟鱼虫,体现了临安人求精致、讲安逸、会休闲的生活特点,也反映了临安市民注重生活与劳作结合的城市生活特色,反映了临安文化的生活化与世俗化,并融入今日杭州人的生活观念中。

4. 借鉴南宋"体恤民生"的某些仁义之举,努力将今天的杭州建设成为一个全民共享的"生活品质之城"

南宋社会关注民生、同情民苦的仁义之举,尤其是针对不同人群建立较为完备的社会保障体系,在构建社会主义和谐社会,建设覆盖城乡、全民共享的"生活品质之城"的今天,有着特别重要的现实意义。建设覆盖城乡、全民共享的"生活品质之城",既是一项长期的历史任务,又是一个重大的现实课题。要使"发展为人民、发展靠人民、发展成果由人民共享、发展成效让人民检验"理念落到实处,就必须把老百姓的小事当作党委、政府的大事,以群众呼声为第一信号,以群众利益为第一追求,以群众满意为第一标准,树立起"亲民党委""民本政府"的良好

<hr>

① 参见徐吉军《论南宋定都杭州对当地经济文化的重大影响》,载《杭州研究》2007年第2期。

形象。要始终坚持以人为本、以民为先的理念,既要关注城市居民,又要关注农村居民;既要关注本地居民,又要关注外来创业务工人员;既要关注全体市民生活品质的整体提高,更要特别关注困难群众、弱势群体、低收入阶层生活品质的明显改善。要始终关注老百姓的衣食住行、安危冷暖、生老病死,让老百姓能就业、有保障,行得便捷、住得宽敞,买得放心、用得舒心,办得了事、办得好事,拥有安全感、安居又乐业,让全体市民共创生活品质、共享品质生活。

5. 整合南宋"安逸闲适"的环境资源,推进杭州"东方休闲之都"和国际旅游休闲中心建设

杭州得天独厚的自然山水环境,经过南宋100多年来固江堤、疏西湖、治内河、凿新井、建宫城、造御街、设瓦子、引百戏等多方面的措施,形成都城左江(钱塘江)右湖(西湖)、内河(市区河道)外河(京杭运河)的格局,使杭州的生态环境、旅游环境、休闲环境大为改观,极大丰富了杭州的旅游资源。南宋不但为我们留下一块"南宋古都"的"金字招牌",还留下了安逸闲适的休闲环境和休闲氛围。在"三面云山一面城"的独特环境里,集中了江、河、湖、溪与西湖群山,出现了大批观光游览景点,并形成著名的"西湖十景"。沿湖、沿河、沿街的茶肆酒楼,鳞次栉比、生意兴隆;官私酒楼、大小餐馆充满"南料北烹"的杭帮菜肴和各地名肴;大街小巷布满大小馆舍旅店,是外地游客与应考士子的休息场所。同时,临安娱乐活动丰富多彩,节庆活动繁多。独特的自然山水、休闲的环境氛围,使临安人注重生活环境、讲究生活质量、追求生活乐趣。不但皇亲国戚、达官贵人纵情山水、赏花品茗,过着高贵奢华的休闲生活,而且文人士大夫交结士朋、寄情适趣,热衷高雅脱俗的休闲生活;就是普通百姓也会带妻携子泛舟游湖,享受人伦亲情及山水之乐。

今天的杭州人懂生活、会休闲,讲究生活质量,追求生活品质,都可以从南宋临安人闲情逸致的生活态度中找到印迹。今天的杭州正在推进新城建设、老城更新、环境保护、街区改善等工程,都可以从南宋临安对左江右湖、内河外河的治理和皇城街坊、园林建筑的建设中得到有益的启示。杭州要打造"东方休闲之都",共建共享"生活品质之城",建设国际旅游休闲中心,就必须重振"南宋古都"品牌,充分挖掘南宋文化遗产,珍惜杭州为数不多的地上南宋遗迹。进一步实施好西湖、西溪、运河、市区河道综合保护工程;推进"南宋御街"——中山路有机更新,以展示杭州自南宋以来的传统商业文化;加强对南宋"八卦田"景区的保护与利用,以展示南宋皇帝"与民同耕"的怀古场景;加强对南宋官窑遗址的保护与利用,以展示南宋杭州物产的精致与精美;加强对南宋皇城遗址和太庙遗址的保护与利用,以展示昔日南宋京城的繁荣与辉煌。进入21世纪的杭州,不但要保护

利用好南宋留下的"三面云山一面城"的"西湖时代",更要以"大气开放"的宏大气魄,努力建设好"一主三副六组团六条生态带"的大都市空间格局,形成"一江春水穿城过"的"钱塘江时代",实现具有千年古都神韵的文化名城与具有大都市风采的现代化新城同城辉映。

南宋文献集成第 13 册目录

南宋诏令编年　　高宗朝卷十七　　绍兴十三年(1143)　·················· 1

南宋诏令编年　　高宗朝卷十八　　绍兴十四年(1144)　········· 206

南宋诏令编年　　高宗朝卷十九　　绍兴十五年(1145)　········· 233

南宋诏令编年　　高宗朝卷二十　　绍兴十六年(1146)　········· 243

南宋诏令编年　　高宗朝卷二十一　　绍兴十七年(1147)　······· 260

南宋诏令编年　　高宗朝卷二十二　　绍兴十八年(1148)　······· 282

南宋诏令编年　　高宗朝卷二十三　　绍兴十九年(1149)　······· 296

南宋诏令编年　　高宗朝卷二十四　　绍兴二十年(1150)　······· 306

南宋诏令编年　　高宗朝卷二十五　　绍兴二十一年(1151)　····· 319

南宋诏令编年　　高宗朝卷二十六　　绍兴二十二年(1152)　····· 347

南宋诏令编年　　高宗朝卷二十七　　绍兴二十三年(1153)　····· 370

南宋诏令编年　　高宗朝卷二十八　　绍兴二十四年(1154)　····· 382

南宋诏令编年　　高宗朝卷二十九　　绍兴二十五年(1155)　····· 391

南宋诏令编年　　高宗朝卷三十　　绍兴二十六年(1156)　·········· 410

南宋诏令编年　　高宗朝卷三十一　　绍兴二十七年(1157)　········ 494

南宋诏令编年　高宗朝卷三十二　绍兴二十八年(1158)　………　584

南宋诏令编年　高宗朝卷三十三　绍兴二十九年(1159)　………　654

南宋诏令编年　高宗朝卷三十四　绍兴三十年(1160)　…………　704

南宋诏令编年　高宗朝卷三十五　绍兴三十一年(1161)　………　745

南宋诏令编年　高宗朝卷三十六　绍兴三十二年(1162)　………　786

南宋诏令编年　附金诏令　……………………………………　817

南宋诏令编年　附夏诏令　……………………………………　859

篇名索引　…………………………………………………　861

高宗朝卷十七　绍兴十三年(1143)

袁楠除大理寺丞制
(绍兴十一年十月至绍兴十三年正月间)

敕具官某：棘寺设官众矣，皆奉三尺律以从事，重人命也。惟时臣属，厥选甚高。以尔持论之公，秉心之恕，见于详谳，已试可观。兹惟序迁，时亦因任。往祗朕命，尚勉之哉！

出处：《东窗集》卷九。

撰者：张扩

考校说明：编年据张扩任两制时间、袁枏宦历补，见《建炎以来系年要录》卷一四八。

李志行燕仰之并大理寺丞制
(绍兴十一年十月至绍兴十三年正月间)

敕具官某等：朕惟好生之德，期于无刑，择近厚之人，俾之议狱。佐治廷尉，莫如诸丞。以尔志行持心甚平，临事不苟；以尔仰之吏能世济，精敏有闻。列职详刑，效见已试。就升厥次，因任尔能。益究乃心，以图报称。

出处：《东窗集》卷九。

撰者：张扩

考校说明：编年据张扩任两制时间、燕仰之宦历补，见《建炎以来系年要录》卷一四八。

1

徽宗皇帝加上徽号册文
(绍兴十三年正月十一日)

维绍兴十三年岁次癸亥,正月己丑朔,十一日己亥,孝子嗣皇帝臣构谨再拜稽首言曰:臣闻天地不可誉大,而焘载之德难忘;日月不必夸明,而照临之用莫掩。则夫君统寰宇,子惠黎民,志孝养者不得终,图厚报而无以称。其惟崇显号,广骏声,在于情文,不为进越。恭以徽宗文仁德显孝皇帝圣由天纵,道本生知,夙推代邸之安,自隆禹子之望。神器有托,万方毕朝。时乃发德音,下明诏,拔任贤哲,蠲除烦苛,正南面之恭,严东朝之奉。诗书不离于前后,规摹既竭于心思。期月之间,政经已立。于是款九庙,临三雍,叙本支,恤孤寡,省刑罚,劝耕桑,正官名,颁告朔,节仁义之宝,统神人之和,号令文书,鉴镯炳燿,躏武五帝,而方驰三王矣。泰不终通,灾生无妄。穷来者投迹,好至者愿交。推广施之普恩,讲图存之大信。柔远之举,谓合于《虞书》;蒙难之伤,顾同于羑圣。若夫非心万乘,脱屣八纮,命元子以受终,厮伯侨而遥集,则又勋华之逸驾,汉魏之绝潢也。惟末冲人,绍复遗绪,资结固之不解,循渗漉其有原。惕惟前谥未足以章至尊,宾茂实,兹庸谋及卿士,告于神明,参稽故编,增益今议。方笃显亲之念,皇俟因郊之期。饬躬斋居,镂玉登蹟。谨遣太师、尚书左仆射、同中书门下平章事、兼枢密使、监修国史、兼提举实录院、提举详定一司敕令、提举编修玉牒所、魏国公、食邑壹万壹千四百户、食实封四千四百户秦桧,奉册宝,加上徽号曰体神合道骏烈逊功圣文仁德宪慈显孝皇帝。仰惟陟配在上,降监孔昭,纯佑邦家,永锡祚嗣。谨言。

出处:《中兴礼书》卷一一二。
撰者:秦桧
考校说明:秦桧时任左仆射。

秦熺辞免恩命不允诏
(暂系于绍兴十三年正月十一日后)

朕法《豫》卦之建侯,在于严祖考之祭;歌《崧高》之于邑,示其彻土田之褒。以卿显德光明,相祠恭恪,兹均郊渥,乃率国章。再览奏封,力陈避恳。岂以谦亨之意,至回涣号之文?其祗眷怀,勿重有还。

出处:《紫微集》卷一一。

考校说明:编年据文中所述史事、秦熺官历补,见《建炎以来系年要录》卷一四八。张嵲此时未任两制,此文或为《紫微集》误收。

权住给降度牒诏
(绍兴十三年正月十五日)

度牒并权住给降,行在自今月十六日,诸路州军限指挥到日。先已支降度牒更不出卖,见在数拘收缴申尚书省。

出处:《宋会要辑稿》职官一三之三四。

遣官结绝俞澹等狱诏
(绍兴十三年正月十九日)

郴州见勘前知邕州俞澹,令大理寺选差寺丞一员前去疾速根勘结绝,具案奏闻,的具见勘及回报官司的实违滞去处取旨。其湖南北、广东西路见淹留公事,仰一就取索,催促勘结。余路令刑部、大理寺体仿措置催促,月具结绝名件及有无淹延申尚书省。

出处:《宋会要辑稿》刑法五之三六。

江邈除权吏部侍郎制
(绍兴十三年正月二十一日)

敕:朕惩流品之无别,莫甚于斯时;思铨综之得人,尤艰于右选。盖军功补授,岁月或汗漫而难稽;而川陕便宜,换给犹纷纭而未已。维时卿贰,必取耆髦。具官某气节刚方,操修纯固。学造古人之奥,文称作者之工。擢副台端,适专言责,大勇奋鹰鹯之击,精忠存金石之坚。是用参赞文昌,疏升小宰。尔其考核官簿,检柅吏奸,使士无滞留之嗟,则尔有清通之誉。尚勉之哉!

出处:《东窗集》卷一〇。

撰者:张扩

考校说明:编年据《建炎以来系年要录》卷一四八补。

李文会除殿中侍御史制
(绍兴十三年正月二十三日)

敕具官某:朕慎择御史,纠正朝纲,副端之联,实亚承杂。任一时之言责,肃在位之官邪,傥非直谅之人,孰在简求之列?以尔性资静重,器局方严,学不务于多岐,论必遵于古谊,擢在乌府,望实弥孚,其升峻于殿中,以同符于公议。往祗厥职,益励乃忠。

出处:《东窗集》卷六。
撰者:张扩
考校说明:编年据《建炎以来系年要录》卷一四八补。

未住卖以前买到度牒许书填诏
(绍兴十三年正月二十五日)

未住卖以前收买度牒,既系未立限以前买到,自令书填。

出处:《宋会要辑稿》职官一三之三四。

李升递减一官补授名目出职诏
(绍兴十三年正月二十八日)

御药院封题书艺学李升,依御书院旧法满十年出职,补保义郎。缘渡江之后无已前年代干照文字,出职未得,今为书写崇奉祖宗表词等,在院已实及二十三年有余,特与依已降指挥递减一官,补授名目出职。今后封题学生转至书艺学祗应十年,依此补授出职。

出处:《宋会要辑稿》职官一九之一五。

张宗元知静江府制
(绍兴十三年正月)

敕:承流宣化,责莫重于守臣;御众牧民,任尤严于帅阃。矧桂林之会府,作巨屏于南方,是资迩联,申锡休命。具官某议论深有本末,风力屡更剧繁。入贰夏官,练达五兵之要;出分符竹,均施千里之仁。屡阅岁阴,有嘉治最。其辍姑苏之政,往绥岭峤之氓。益懋事功,式宽忧顾。

出处:《东窗集》卷一三。
撰者:张扩
考校说明:编年据《绍定吴郡志》卷一一补。

毕良史进春秋正辞并通例特改右承务郎制
(绍兴十三年正月三十日后)

敕具官某:朕惟麟经之作,垂法万世,言微而指远,文约而义详。由汉以来,诸儒纷纷,各开户牖,横生戈矛,其失圣人之意多矣。唐文宗谓穿凿之学,徒为异同,岂不信哉?今观尔所上《正辞》、《通例》之书,议论精深,发明过半,有嘉好古,宜被异恩。俾从更秩之荣,式示右文之劝。

出处:《东窗集》卷一三。
撰者:张扩
考校说明:编年据《建炎以来系年要录》卷一四八补。

宰执转官等衣带鞍马全赐诏
(绍兴十三年二月一日)

自今宰臣、执政转官加恩,正谢日合赐衣带、鞍马,并令依格全赐,更不减半。

出处:《建炎以来系年要录》卷一四八。又见《宋会要辑稿》礼六二之六三。

正殿等礼仪可将绍兴大宗正司正任发赴行在奉朝请诏
(绍兴十三年二月二日)

今来见行正殿等礼仪,其宗室正任与外官正任系间班起居,可将绍兴府大宗正司正任并发赴行在,令奉朝请。

出处:《宋会要辑稿》职官二〇之二六。

翰林医官局添后行贴司诏
(绍兴十三年二月五日)

翰林医官局各添后行二人、贴司二人,请给、补迁、出职,并依见管人体例条法。内贴司赡家食钱乞依库务支破。

出处:《宋会要辑稿》职官三六之一〇四。

韩世忠进封咸安郡王制
(绍兴十三年二月八日)

愿会赋租,并归官府。重惟远识,实丽前贤。盖度越于常人,宜显颁夫异数。

出处:《建炎以来系年要录》卷一四八。

颁赐历日诏
(绍兴十三年二月十二日)

降赐历日,自绍兴十四年为始。依旧例申枢密院降宣,附局入递,颁赐在外知州、府、军、监及监司臣僚。

出处:《宋会要辑稿》职官三一之八。又见同书职官一八之九一。

殿前司统制统领将佐使臣等特免趁赴朝参诏
（绍兴十三年二月十七日）

殿前司统制、统领、将佐、使臣等系从军差遣,每日趁赴阅教,多在城外置寨,见、谢、辞已依仪外,应朝参特免趁赴。

出处:《宋会要辑稿补编》第一〇一页。

沈介洪适潘良能游操并除秘书省正字制
（绍兴十三年二月十七日）

敕具官某等:朕开册府,以储人材,旁收拔茅之英,庶资作室之用。尔等咸以时望,擢秀儒林,或中国家词艺之科,或蕴父兄渊源之学,器识可以致远,议论可以济时。朕尝俾尔删定律令,时王之制既知之矣;兹复命为判正之职,抑将使尔博极群书,日新闻见。尔知朕所以期尔之意,则尚勉之哉!

出处:《东窗集》卷八。
撰者:张扩
考校说明:编年据《建炎以来系年要录》卷一四八补。"洪适"原作"洪造",据《建炎以来系年要录》卷一四八、《南宋馆阁录》卷八改。

宰臣以下遇节序依格赐节料诏
（绍兴十三年二月十九日）

宰臣以下遇节序,客省合金赐节料,自今后依格赐,内酒面并令临安府供应。

出处:《宋会要辑稿》礼六二之六三。

补太学生诏
（绍兴十三年二月二十二日）

补太学生,以诸路住本贯学满一年、三试中选、不曾犯第三等以上罚,游学者同。或虽不住学,而曾经发解,委有士行之人,教授委保,申州给公据,赴国子监补试。其今秋四方士人来就补试,恐有已到行朝,或见在路。其间有不曾住本贯学之人,难以阻回。权将执到本贯公据人,许补一次。

出处:《宋会要辑稿》崇儒一之三三。

陈鹏飞杨邦弼并除太学博士制
(绍兴十三年二月二十三日)

敕具官某等:朕惟承平之际,士有师友,文章深醇,足以风动四方,表倡后进。越自艰难,学者失职,气格卑弱,顿乖故步。今朕恢复成均,设博士之员,而尔等咸以词艺,有声场屋,擢在甲科,宜膺首选。其必能为作新斯文,以振一时之盛也。尚往钦哉!

出处:《东窗集》卷六。
撰者:张扩
考校说明:编年据《建炎以来系年要录》卷一四八补。

王杨英周执羔并除吏部郎官制
(绍兴十三年二月二十三日)

敕具官某等:晋吏部郎阙,文帝访其人,而钟会以谓裴楷清通,王戎简要,皆其选也。今朕得二士于图书之府,使赞铨衡,其庶几乎。如杨英词采菁华,所蕴者富;如执羔操履端靖,所存者诚。同升著作之庭,不私褒贬之实,往论人物,宜尔为优。其图流品之清,以继前贤之躅。

出处:《东窗集》卷八。
撰者:张扩
考校说明:编年据《建炎以来系年要录》卷一四八补。"王杨英",《建炎以来系年要录》卷一四八作"王扬英"。

严抑除秘书丞兼史院检讨官制
(绍兴十三年二月二十三日)

敕具官某:朕惟省寺之官,莫重于三丞,而图书之府,视奉常、宗正尤为清峻,倘非其人,岂以轻授? 以尔记问赡博,文词英华,久膺翻校之勤,弥励靖共之操,就升厥次,式副金谐。仍兼编摩,往究余力。

出处:《东窗集》卷九。
撰者:张扩
考校说明:编年据《建炎以来系年要录》卷一四八、《南宋馆阁录》卷七补。

张阐范雯并除秘书郎内张阐兼史院检讨官
赵卫钱周材并除著作佐郎制
(绍兴十三年二月二十三日)

敕具官某等:朕广储英髦,实待器使,石渠、东观,咸以次升。譬犹合抱之材,长养成就,岂一日之绩哉? 以尔阐、尔雯问学之审,词艺之工,朕故使之典四库之书,以资其博。以尔卫、尔周材器识之远,行实之孚,朕故使秉太史之笔,以信其公。虽尚周旋三馆之游,然亦曲尽一时之选。乃若编摩之助,教导之勤,各因尔能,尚赖余力。

出处:《东窗集》卷一三。又见《永乐大典》卷一三四九八。
撰者:张扩
考校说明:编年据《建炎以来系年要录》卷一四八、《南宋馆阁录》卷七补。

皮剥所召人买扑条约诏
(绍兴十三年二月二十五日)

皮剥所召人买扑,不许荫与上件作户名之人前来投状入柜,虽开拆定到价高合买,许一时同投状人陈告,依犯人立定钱数,令告人便得承买一界,犯人送纳所属,依条所行。所有已纳一界准备抵当买名净利四色钱物,并行没纳入官。

出处:《宋会要辑稿》职官六之四〇。

皮剥所送纳官钱添支脚钱诏
(绍兴十三年二月二十五日)

皮剥所送纳官钱,自皇城门里至内藏库,每贯立定添支脚钱三文。

出处:《宋会要辑稿》职官六之四〇。

皮剥所踏逐厢军等充库子祗应诏
(绍兴十三年二月二十五日)

皮剥所于临安府并行在库务踏逐厢军或曹司二人充库子祗应,其请给以例除旧请外,与日支食钱二百文。遇阙依此。

出处:《宋会要辑稿》职官六之四〇。

差兵巡防皮剥所诏
(绍兴十三年二月二十五日)

皮剥所令步军司贴差大分厢军四人,通作六人巡防照管,仍选一名职名高者充部辖节级。

出处:《宋会要辑稿》职官六之四〇。

皮剥所收到被皮及二十张报军器所诏
(绍兴十三年二月二十五日)

皮剥所每收到被皮及二十张,报军器所,限一日差人前来取跋。如不到,许工部勾追违慢合干人依条施行。

出处:《宋会要辑稿》职官六之四〇。

皮剥所收支杂钱诏
（绍兴十三年二月二十五日）

皮剥所遇送纳鬃、尾赴杂卖场,每斤支脚钱三文。皮剥所令纳钱,每贯收头子钱三文省,充本所杂收钱,置历收支,每季一易。

出处:《宋会要辑稿》职官六之四〇。

韦渊守昭庆军节度使开府仪同三司平乐郡王致仕制
（绍兴十三年三月前）

敕:富贵弗离其身,天道著亏盈之戒;筋力不以为礼,圣经存告老之文。眷予元舅之长,深佩前贤之训,屡形引疾之悃,敢稽从欲之章?具官某,诚信存心,斋庄秉则。谦以自牧而锄骄矜之色,宽以有容而敦姻睦之仁。卓然肺腑之英,服在公侯之列。蝉貂被饰,仪已视于上台;茅土启封,爵复王于异姓。久奉朝请,蔚为国华。顾暂染于微疴,乃力祈于谢事。朕念东朝慈俭为宝,方惩外家车马之奢;而渭阳抑退自高,颇慕古人忠孝之美。勉徇由衷之恳,以成知止之名。尚资寝膳之调,益介寿祺之永。往祗涣渥,毋怠钦承。

出处:《东窗集》卷六。
撰者:张扩
考校说明:编年据韦渊宦历补,见《建炎以来系年要录》卷一四八。《建炎以来系年要录》卷一四八:"(绍兴十三年三月乙巳)诏昭庆军节度使、开府仪同三司致仕、平乐郡王韦渊依旧行在居住。初,令渊致仕居处州。未行,复留之。"注文曰:"渊致仕,诸书全不见,不知何故,当考。"

詹大方御史台检法官制
（绍兴十三年三月前）

敕具官某:御史府纪纲之地,择属惟贤,虽按惠文,亦以才举。以尔天资朴茂,学术深醇,仕路淹回,操守弥励。其以儒雅,往善刑名,庶几仁人之言,或为风宪之助。

出处:《东窗集》卷一三。

撰者:张扩

考校说明:编年据詹大方官历补,见《建炎以来系年要录》卷一四七。

资政殿大学士左正议大夫提举临安府
洞霄宫张守祖杲赠少保制
(绍兴十一年十月至绍兴十三年三月间)

敕:朕修好殊邻,丕隆孝治,施恩四海,诞播宏休。眷予政路之旧人,宜厚懋章于乃祖。具官故祖某,早延世赏,克绍家声,备泲上之典刑,为江南之望族,流光甚远,再世而昌。申颁锡类之仁,以侈漏泉之泽。位升亚保,增贲重泉。

出处:《东窗集》卷七。

撰者:张扩

考校说明:编年据张扩任两制时间、张守官历补,见《建炎以来系年要录》卷一四八。

张守祖母侯氏赠荣国夫人制
(绍兴十一年十月至绍兴十三年三月间)

敕:朕修好殊邻,丕隆孝治,施恩四海,诞播宏休。眷予政路之旧人,宜厚懋章于王母。具官故祖母某氏,志能自守,仁实可称,早推内助之贤,茂衍方来之庆,有孙甚显,参国之几。爰推锡类之仁,庸后漏泉之泽。疏封列国,式贲下泉。

出处:《东窗集》卷七。

撰者:张扩

考校说明:编年据张扩任两制时间、张守官历补,见《建炎以来系年要录》卷一四八。

张守父彦直赠太保制
(绍兴十一年十月至绍兴十三年三月间)

敕:配天其泽,式恢至治之休;自仁率亲,宜厚严君之报。载颁袐典,以涣湛恩。具官故父某,孝行有闻,义方甚饬,庭列芝兰之秀,里标椿桂之芳,有子象贤,再参大政。兹因需渥,申锡蜜章,位列三公,式光幽壤。

出处:《东窗集》卷七。

撰者:张扩

考校说明:编年据张扩任两制时间、张守宦历补,见《建炎以来系年要录》卷一四八。

<h2 style="text-align:center">张守母王氏赠豫国夫人制</h2>
(绍兴十一年十月至绍兴十三年三月间)

敕:具官故母某氏,闺门肃整,经训该通,茂追绛帐之遗踪,荣享板舆之安养,庆钟子舍,位列辅臣。兹因庆赉之行,载举褒扬之典,易封大国,增贲幽扃。

出处:《东窗集》卷七。

撰者:张扩

考校说明:编年据张扩任两制时间、张守宦历补,见《建炎以来系年要录》卷一四八。

<h2 style="text-align:center">张守妻姚氏封安定郡夫人制</h2>
(绍兴十一年十月至绍兴十三年三月间)

敕:朕丕隆孝治,施泽臣工,眷予旧弼之良,亦燕私门之喜。具官妻某氏,静专秉质,柔惠宜家,早推华宗,克配君子,警戒尽相成之义,显荣得偕老之休。兹因大赉之行,载厚小君之宠,易封大郡,用侈殊恩。

出处:《东窗集》卷七。

撰者:张扩

考校说明:编年据张扩任两制时间、张守宦历补,见《建炎以来系年要录》卷一四八。

吴芑特改右宣义郎制
(绍兴十一年十月至绍兴十三年三月间)

敕具官某:间者宿兵京口,列护长江,分营屯则待次舍以居,蓄糗粮则须仓庾以积,庀工董役,尔预有劳。其从更秩之华,以重赴功之劝。

出处:《东窗集》卷九。
撰者:张扩
考校说明:编年据张扩任两制时间、吴芑宦历补,见《景定建康志》卷二七。

幸太学诏
(绍兴十三年三月十八日)

敕:仰惟祖宗崇儒重道,乐育群才。开太平之原,而收至治之功。成宪具存,掩迹前古。朕夙兴夜寐,思所以绍休圣绪,措世隆平,昌运有开,兵革偃息。宗社享再安之庆,寰区奠枕之祺。典章载新,礼乐具举,厉贤厚俗,实维其时。乃深诏攸司,肇建太学,参稽贻典,辑为成书。肆因燕闲,亲御翰墨。搨殿阁之珍榜,刻经子于坚珉。诚意既孚,四方风动,下逮郡邑,弦歌相闻。兹发临雍之上仪,式踵列圣之垂训。延见多士,昭示至怀。尔其务尊所闻,益审厥习,进修不怠,期于崇成,以称朕教养作新之意,顾不韪与! 故兹诏示,想宜知悉。

出处:《中兴礼书》卷一四一。
考校说明:原书系于"绍兴十三年三月己巳",按是月戊子朔,无己巳日,据绍兴十三年三月十九日《幸太学推恩诏》(《宋会要辑稿》礼一六)改订。

令淮东总领吕希常于价踊贵处减价出粜诏
(绍兴十三年三月十八日)

令淮东总领吕希常于大军米内支三千石,量度分拨于镇江府,委官管押前去米价踊贵去处,减价出粜。仍令淮西总领吴彦璋契勘本路如合出粜,依此施行。

出处:《宋会要辑稿》食货六八之六〇。又见同书食货五七之一九、食货五九之三一。

幸太学推恩诏
（绍兴十三年三月十九日）

朕以兵革之后，创建太学，特为临幸，至养正、持志二斋，详观诸生砚席之游，诚嘉多士文学之集。所幸二斋长、谕，已免解人特与免省，未免解人与免解；其学生并与免将来文解一次，内有官人特与免省。

出处：《宋会要辑稿》礼一六之三。

幸太学加恩执经讲书官诏
（绍兴十三年三月二十一日）

车驾临幸太学，执经讲书官、太学国子监书库官、厨指使各一官，内选人与改合入官，大职事已该永免解人，与免省，未该免解人与免解一次，其余学生并令户部支赐束帛。

出处：《宋会要辑稿》礼一六之四。

杂卖场添吏诏
（绍兴十三年三月二十三日）

杂卖场添置副知一名，手分一名，库子一名，从本场踏逐填阙。

出处：《宋会要辑稿》食货五四之二〇。

牛羊司以七十人为额诏
（绍兴十三年三月二十六日）

牛羊司权以元减定七十人额内，将见阙人数许行招收一次，合得请给并依本司禄格则例支破，内月粮料钱与口食钱米从一多给。

出处:《宋会要辑稿》职官二一之一二。

汪勃太常寺主簿制
(绍兴十三年三月二十九日)

敕具官某:列寺设属,皆取时才,矧在曲台之联,尤严簿正之职。以尔奋縣庠序,早有声称,学博而文,官廉而畏,俾任钩检,宜尔优为。往既乃心,以赞而长。

出处:《东窗集》卷一三。又见《永乐大典》卷一四六〇七。
撰者:张扩
考校说明:编年据《建炎以来系年要录》卷一四八补。

万俟虎除荆湖南路转运判官制
(绍兴十三年四月二日)

敕具官某:朕慎择能臣,分持使节,维时将漕之职,实藉疏通之材。以尔忠信秉心,精强试吏,践历滋久,详练有闻,往莅重湖之南,庶资国计之助。朕讲求民瘼,检柅吏奸,使利源无夺于兼并,催科不困于追扰。是为称职,予则汝嘉。

出处:《东窗集》卷八。
撰者:张扩
考校说明:编年据《建炎以来系年要录》卷一四八补。

詹大方除监察御史制
(绍兴十三年四月五日)

敕具官某:朕广聪明之用,旁资耳目之官;总核名实之严,专责纪纲之寄。维时御史,咸取正人。以尔持心谦谦,率履坦坦,内怀仁者之勇,外粹君子之容,扬历滋深,靖共益励,其参三院之列,往察六官之联。毋负朕知,以坚尔守。

出处:《东窗集》卷六。
撰者:张扩
考校说明:编年据《建炎以来系年要录》卷一四八补。

游操除监察御史制
（绍兴十三年四月五日）

敕具官某：朕广聪明之用，旁资耳目之官；总核名实之严，专责纪纲之寄。维时御史，咸取正人。以尔精白不渝，刚方无挠，推一时之俊乂，见旧学之典型，俾刊秘文，益著令闻，其参三院之列，往察六官之联。毋负朕知，以坚尔守。

出处：《东窗集》卷六。
撰者：张扩
考校说明：编年据《建炎以来系年要录》卷一四八补。

韦渊落致仕与在京宫观制
（绍兴十三年四月十日）

敕：垂车而称耆老，实哲人知止之规；阖门而图便安，岂大臣尽忠之谊？眷乃元舅，休于明时，念旅力之未愆，属丹衷之可倚，肆颁命綍，用协师言。具官某敦厚近仁，温恭植德，位弥高而深存抑损之戒，福愈盛而不忘满溢之忧，务夙夜以在公，期动容而中礼。鸣玉曳组，雅推肺腑之良；胙土分茅，超冠蝉貂之贵。比上言归之悃，勉施从欲之恩。顾阅日之尚新，谅爱君之未替，起奉朝请，申慰予怀；仍陪真馆之游，式壮大廷之列。噫！昏定晨省，朕方启长乐之欢；内睦外姻，谁复如渭阳之懿？往祗异数，益究令名。

出处：《东窗集》卷八。
撰者：张扩
考校说明：编年据《建炎以来系年要录》卷一四八补。

罗汝楫除御史中丞制
（绍兴十三年四月十六日）

敕：御史府寄朝纲之严，任责惟重；中执法居风宪之长，得人尤艰。傥非耆髦，曷副遴选？具官某天资直谅，德宇靖深。谈圣经立言之微，初无牴牾；论治世为政之要，皆可施行。自膺献纳之联，益著弥缝之效。渊衷简在，公议攸归。每嘉疾恶好善之诚,岂复吐刚茹柔之失? 其辍谏垣之峻,往升专席之崇。夫猛兽在山,何忧藜藿之采? 积阴闭岁,愈知松柏之坚。方倚老成,奚俟多训!

出处:《东窗集》卷九。

撰者:张扩

考校说明:编年据《建炎以来系年要录》卷一四八补。

化州签判任满赏格诏
(绍兴十三年四月十七日)

化州签判任满赏格,今后依本州幕职官例,与理不依名次家便差遣一次。

出处:《宋会要辑稿》职官四八之九。

李健落职制
(绍兴十三年四月二十三日)

往者元恶盗我魁柄,浊乱国经,为不道之宗主,故汝得以免。赖天之灵,国是大定,汝曾不知缺,而从缙绅之后,罪岂胜诛!

出处:《建炎以来系年要录》卷一四八。

禁约筵宴臣僚戴花过数诏
(绍兴十三年四月二十九日)

今后筵宴等,臣僚戴花过数,令御史台、阁门弹奏。

出处:《宋会要辑稿》职官五五之二〇。

王赏兼侍讲制
(绍兴十三年闰四月前)

敕:圣贤立言,若两仪之高厚;典籍所载,待诸儒而发明。朕博观群书,精究奥旨,乃延鸿硕,庶助缉熙。具官某,以疏通之资,负该洽之学。言必诣理,岂胶章句之传;问无不知,深惩口耳之习。宜申颁于书命,俾劝讲于露门,进陪群英,雍容在列。探至道之赜而形于议论,尔所优为;资古训之获以裨予聪明,朕方虚伫。往祗厥次,益励尔猷。

出处:《东窗集》卷六。

撰者:张扩

考校说明:编年据王赏宦历补,见《建炎以来系年要录》卷一四八补。

<h2 style="text-align:center">左中大夫参知政事王次翁曾祖异赠太保制
(绍兴十一年十月至绍兴十三年闰四月间)</h2>

敕:朕亲仁善邻,成孝治之大;行庆施惠,均海宇之欢。赞予筹画之良,繄尔股肱之助。推本重祖,申锡悫章。具官故曾祖某,学通古今,名重齐鲁。东观寓直,蔚有文名;列郡分符,居多政绩。迨尔闻孙之显,允由余泽之钟。用增赍于幽扃,俾峻升于宫保。灵其未泯,尚克歆承。

出处:《东窗集》卷一二。

撰者:张扩

考校说明:编年据张扩任两制时间、王次翁宦历补,见《建炎以来系年要录》卷一四八。

<h2 style="text-align:center">王次翁曾祖母刘氏赠福国夫人制
(绍兴十一年十月至绍兴十三年闰四月间)</h2>

敕:布漏泉之泽,覃及万方;推显亲之仁,上休三世。眷予近弼,式举彝章。具官故曾祖母某氏,孝顺慈祥,均于九族;惠和雍肃,仪于高门。富贵不在其身,公卿实启于后。秉我机政,繄尔闻孙。用申锡于湛恩,俾易封于大国。营魂如在,茂渥其承。

出处:《东窗集》卷一二。

撰者:张扩

考校说明:编年据张扩任两制时间、王次翁宦历补,见《建炎以来系年要录》卷一四八。

王次翁祖寂赠少傅制
(绍兴十一年十月至绍兴十三年闰四月间)

敕:孝通于神,允格非常之庆;人本乎祖,宜推欲报之私。眷予同心之良,申颁锡类之祉。具官故祖某,志诚无已,行己甚恭。得一同之地以长民,未究所蕴;种百年之德而贻后,宜大其门。由春坊调护之联,升九棘高华之位。营魂如在,茂渥其承。

出处:《东窗集》卷一二。

撰者:张扩

考校说明:编年据张扩任两制时间、王次翁宦历补,见《建炎以来系年要录》卷一四八。

王次翁祖母赵氏赠成国夫人制
(绍兴十一年十月至绍兴十三年闰四月间)

敕:本固者末必茂,源深者流必长。惟时辅臣,实执国政。属有邦富善人之责,宜私庭申王母之封。具官故祖母某氏,有德有容,惟勤惟俭。来嫔君子,萃忠孝于一门;流庆后人,绵光华于奕世。爰因沛泽,载举徽章,肇开列国之封,益厚重泉之宠。尚其精爽,亦克钦承。

出处:《东窗集》卷一二。

撰者:张扩

考校说明:编年据张扩任两制时间、王次翁宦历补,见《建炎以来系年要录》卷一四八。

王次翁父禔赠少师制
(绍兴十一年十月至绍兴十三年闰四月间)

敕:达人生于明德之后,允推积善之休;忠臣出于孝子之门,宜厚显亲之报。具官父某,怀材不试,抱节无渝,真鲁国圆冠之儒,深《春秋繁露》之学。虽不求于闻达,宜有辉于方来。峻升孤棘之崇,以贲幽奄之寂。君恩湛渥,潜德其光。

出处:《东窗集》卷一二。

撰者:张扩

考校说明:编年据张扩任两制时间、王次翁宦历补,见《建炎以来系年要录》卷一四八。

王次翁故母张氏赠茂国夫人制
（绍兴十一年十月至绍兴十三年闰四月间）

敕:陟屺兴无穷之慕,母道主慈;扬名加所恃之亲,子贵则显。具官故母某氏,仁而厚下,礼以齐家,组纴不废于妇功,盥馈动循于壸则。积善既有余庆,流波宜及后人。用开有国之封,益侈小君之号。魂其未泯,尚克歆承。

出处:《东窗集》卷一二。

撰者:张扩

考校说明:编年据张扩任两制时间、王次翁宦历补,见《建炎以来系年要录》卷一四八。

王次翁故妻赵氏赠安康郡夫人制
（绍兴十一年十月至绍兴十三年闰四月间）

敕:旷荡之泽,均被四方,兼存殁以疏恩,极哀荣而从厚。眷予近弼,宜迨室家。具官故妻某氏,法度自循,少有贤行。嫔于令族,咸推姻睦之仁;善相其夫,致位疑丞之列。德则甚厚,命乃不融。虽乖偕老之荣,宜厚无穷之宠。尚几精爽,丕显其承。

出处:《东窗集》卷一二。

撰者:张扩

考校说明:编年据张扩任两制时间、王次翁宦历补,见《建炎以来系年要录》卷一四八。

立贵妃吴氏为皇后制
（绍兴十三年闰四月二日）

顾我中宫，久兹虚位。太母轸深远之虑，群臣输悃愊之忠。宜选淑妃，以光册命。

出处:《建炎以来系年要录》卷一四八。
撰者:秦梓

宗子限季申大宗正司点定为名诏
（绍兴十三年闰四月四日）

今后宗子除依条合该赐名人外，其余并限一季，本家具名一二十字经所属陈乞，申大宗正司点定为名。

出处:《宋会要辑稿》职官二〇之二六。

四川二广定差窠阙事诏
（绍兴十三年闰四月七日）

四川、二广定差窠阙，令吏部四选逐色阙置号簿各二扇，一纳御史台，一留本部，行下川、广，依准起置。遇川、广用字号定差差遣，以细状申部，以逐号单状申御史台，注名于簿。

出处:《宋会要辑稿》职官五五之二〇。

阁门供职舍人员额诏
（绍兴十三年闰四月十二日）

阁门供职舍人，可依靖康年裁减定例，以十四人为额，仍取宣和七年以前供职详熟人填见阙。

出处:《宋会要辑稿》职官三四之七。

令绍兴府取陆寘家书录缴申秘书省诏
(绍兴十三年闰四月十二日)

绍兴府陆寘家藏书甚多,令本府取睦录缴申秘书省,据现阙数许本家投进。仍委帅臣关借,誊写缴奏。陆寘子孙散居它州,令守臣依此施行。

出处:《宋会要辑稿》崇儒四之二六。
考校说明:原书系于"十二月",据前后文,"十二月"当是"十二日"之误。

殿前司寄养御前良马草料诏
(绍兴十三年闰四月十四日)

殿前司寄养御前良马,见破十分草料,自闰四月一日已后每马减乾草八分正,支破二分,至九月一日听本院关报,依旧支请。今后每年四月一日依此。

出处:《宋会要辑稿》职官三二之五一。又见《宋会要辑稿补编》第四一一页。

吕希常除司农少卿总领淮东财赋制
(绍兴十三年闰四月十五日前)

敕具官某:昔先王盛时,国有九年之蓄,旱乾水溢,无不足之忧。汉文景之世,海内丰富,太仓之粟,几致红腐。虽生财节用固自有术,岂亦司稼之官得其人乎。尔智惟疏通,才任繁剧,宪曹铨部,俱以能称。其佐大农,往调兵食。昔尔父尝事先朝,殆遍卿寺,典故详练,为时老成。《诗》不云乎,"维其有之,是以似之"。无坠家声,汝其勉哉!

出处:《东窗集》卷一一。
撰者:张扩
考校说明:编年据《景定建康志》卷二六补。

拘没人户田产未上砧基簿者诏
(绍兴十三年闰四月十五日)

人户应管田产虽有契书,而今来不上砧基簿者,并拘没入官。

出处:《建炎以来系年要录》卷一四八。

吴氏封皇后册文
(绍兴十三年闰四月十七日)

维绍兴十三年岁次癸亥闰四月戊子朔,十七日甲辰,皇帝若曰:朕荷天眷祐,绪复祖宗遗绪,永惟伲妹之祥,实天作合,故长秋虚位旷日,不敢以轻议。今群工卿士,咸造在庭,合辞而请者三。皇太后有命,谓继后至重,师言允臧,朕其敢不承!咨尔贵妃吴氏清规世传,孝行蚤著,从朕初载,同于多艰,惟恭俭之安,靡作缀之伪,用协于一德。皇太后受慈宁之养,惟尔调芼甘滑,扶持后先,助朕以爱钦匪懈;宫壶之内,怡怡愉愉,肆朕得专意于外治。俾尔分任阴教,以化成天下妇道。今差使太师、尚书左仆射、同中书门下平章事兼枢密使魏国公秦桧,副使左太中大夫、参知政事王次翁,持节册命尔为皇后。於戏,戒之哉!事姑止孝,承夫止顺,逮下止仁。毋勤出而怠后,毋出阃以干朝,毋外宽而内忌。修关雎之德,追麟趾之风。宜尔子孙,以无坠上天既集之命。祖宗顾歆,朕以锡祚永世,岂不韪哉!

出处:《中兴礼书》卷一八九。

王赏礼部侍郎落权字制
(绍兴十三年闰四月二十四日)

敕:朕及闲暇而厚文教之修,观会通而缉中兴之治,旁资耆杰,摄贰秩宗。详观已试之能,申锡为真之命。具官某惇励世之行,摛华国之文。非先圣之道则弗陈,尝于俎豆闻之矣;陋有司之事而不习,岂以玉帛云乎哉?擢在从班,弥坚素守。属家邦之有庆,焕典册以惟新。载畴探讨之勤,宜被褒升之宠。不待秩满,朕犹虑岁月之淹;往以言扬,汝宜馨忠嘉之报。

出处:《东窗集》卷九。

撰者:张扩

考校说明:编年据《建炎以来系年要录》卷一四八补。

王次翁除资政殿学士宫观制
(绍兴十三年闰四月二十八日)

敕:进而陈力,大臣肩卫上之忠;退以遂私,人主举闵劳之典。眷予近弼,祈解繁机,申锡恩章,式昭礼遇。具官某,问学该洽,襟怀粹夷。排却纷华,务清心而寡欲;探讨理乱,期尊主以庇民。晚登禁涂,浡掌风宪,深嫉官邪之败,力扶国是之归。遂膺侧席之求,入佐秉钧之任。坐阅四载,实勤百为。比修报于邻邦,方借贤于政路。壮尔出疆之决,不惮一行;逮兹返命之初,遽观屡请。洞察由衷之悃,宜推从欲之仁。秘殿隆名,真祠厚禄,并彰异数,庸示眷怀。尚殚体国之心,罔废告猷之助。

出处:《东窗集》卷六。

撰者:张扩

考校说明:编年据《建炎以来系年要录》卷一四八补。

林乂工部员外郎升郎中制
(绍兴十一年十月至绍兴十三年五月间)

敕具官某:文昌列属,皆以才选,叙正厥位,乃有彝章。以尔政事详明,居官可纪,擢赞起部,曾未淹时。其颁申命之休,俾峻诸郎之列。益思匪懈,用究令名。

出处:《东窗集》卷八。

撰者:张扩

考校说明:编年据张扩任两制时间、林乂官历补,见《宋会要辑稿》刑法二。

林乂除工部郎官制
(绍兴十一年十月至绍兴十三年五月间)

敕具官某:起部掌百工之政令,维时郎选,必务得人。以尔性资疏通,吏能敏劭,丞于棘寺,详练有闻,其列属于冬官,俾交修于职业。益思自励,以称所蒙。

出处:《东窗集》卷八。

撰者:张扩

考校说明:编年据张扩任两制时间、林乂官历补,见《宋会要辑稿》刑法二。此制当在原书同卷《林乂工部员外郎升郎中制》之前。

王循友除仓部郎官陈抃除都官郎官制
(绍兴十一年十月至绍兴十三年五月间)

敕具官某等:太微垂象,郎位著哀乌之躔;文昌列曹,中行高刑户之选。择属惟慎,得人乃光。以尔循友学自家传,见于文采;以尔抃吏能精敏,裁劚有余。其并列于省闱,庶以观于材业。夫仓庾谨出纳之数,徒隶存废置之宜,苟尽心焉,则为称职。

出处:《东窗集》卷八。

撰者:张扩

考校说明:编年据张扩任两制时间、王循友官历补,见《建炎以来系年要录》卷一四九补。

武当军节度使充侍卫亲军步军都虞候利州路安抚使兼川陕宣抚使司都统制杨政曾祖谅赠太子太保制
(绍兴十一年十月至绍兴十三年五月间)

敕:朕祇事重屋,幽已格于群神;均厘周行,远犹及于三世。具官故曾祖某,躬载令德,行高乡评,是生闻孙,为时名将。方拥节旄之贵,宜增家庙之光。宫保之联,品秩惟峻,魂其未泯,尚克歆承。

出处:《东窗集》卷一二。

撰者:张扩

考校说明:编年据张扩任两制时间、杨政宦历补,见《建炎以来系年要录》卷一四九。

杨政曾祖母任氏赠河阳郡夫人制
(绍兴十一年十月至绍兴十三年五月间)

敕:朕受厘上帝,均福寰区,维时节将之崇,宜厚曾门之宠。具官故曾祖母某氏,闺风淑慎,妇德令柔,善积厥躬,庆延其后。肇禋既事,方疏大赉之恩;增赍下泉,用侈追荣之典。小君之号,封爵惟崇,魂其有知,尚克歆享。

出处:《东窗集》卷一二。

撰者:张扩

考校说明:编年据张扩任两制时间、杨政宦历补,见《建炎以来系年要录》卷一四九。

杨政祖荣赠太子太傅制
(绍兴十一年十月至绍兴十三年五月间)

敕:祀事甚大,幽以格祖考神祇之欢;祭泽不遗,下犹及辉胞翟阍之贱。顾乃节旄之贵,宜增上世之荣。具官祖某,潜德有闻,抱材不试,迹其流泽之远,宜有嗣孙之贤。宫傅崇资,名器所重,式昭异宠,以赍下泉。

出处:《东窗集》卷一二。

撰者:张扩

考校说明:编年据张扩任两制时间、杨政宦历补,见《建炎以来系年要录》卷一四九。

杨政祖母雷氏赠武陵郡夫人制
(绍兴十一年十月至绍兴十三年五月间)

敕:朕藏事合宫,均厘在列,既涣祖庙之宠,必申王母之恩。具官故祖母某氏,节俭宜家,柔嘉作则,系出令族,来嫔高门。德推内助之贤,庆袭闻孙之远。小君之号,封爵惟崇,魂其有知,尚克歆享。

出处:《东窗集》卷一二。
撰者:张扩
考校说明:编年据张扩任两制时间、杨政宦历补,见《建炎以来系年要录》卷一四九。

杨政父志赠太子太师制
(绍兴十一年十月至绍兴十三年五月间)

敕:五经于祭为重,兹展事于合宫;百行以孝为先,必增光于祢庙。朕推祭泽,赉及群臣。具官故父某,种德惟深,怀材自晦,雅尚丘园之志,不图轩冕之荣。德厚流光,庆钟贤嗣。肆追崇于愍典,用升峻于宫师。瞻彼幽扃,尚歆吾宠。

出处:《东窗集》卷一二。
撰者:张扩
考校说明:编年据张扩任两制时间、杨政宦历补,见《建炎以来系年要录》卷一四九。杨政父"志",《宋史》卷三六七《杨政传》作"忠"。

杨政母程氏赠高密郡夫人制
(绍兴十一年十月至绍兴十三年五月间)

敕:臣馁君之余,既沾于祭泽;母以子而贵,宜厚于恩章。具官故母某氏,蕴淑德以宜家人,躬懿行以配君子,庆钟贤嗣,高大门闾。既正位于小君,仍易封于大郡。哀荣之至,式贲泉扃。

出处:《东窗集》卷一二。
撰者:张扩
考校说明:编年据张扩任两制时间、杨政宦历补,见《建炎以来系年要录》卷一四九。

杨政故妻侯氏赠通义郡夫人制
(绍兴十一年十月至绍兴十三年五月间)

敕:卫上以忠,虽资将相之勇;勉夫以正,本其闺门之贤。爰因祭泽之颁,用举愍章之渥。具官故妻某氏,凝姿婉娈,克己俭勤。族推其仁,早笃宜家之庆;天啬厥寿,莫谐偕老之荣。用锡命于小君,仍疏封于列郡。魂其不昧,尚克歆承。

出处:《东窗集》卷一二。
撰者:张扩
考校说明:编年据张扩任两制时间、杨政宦历补,见《建炎以来系年要录》卷一四九。

杨政妻南氏封同安郡夫人制
(绍兴十一年十月至绍兴十三年五月间)

敕:卫上以忠,虽资将相之勇;勉夫以正,赖其闺门之贤。爰因祭泽之颁,用举褒章之渥。具官妻某氏,言容兼备,礼法交修。职中馈之勤,不忘妇顺;积内助之正,宜致身荣。用锡命于小君,仍疏封于列郡。祗我殊宠,毋怠钦承。

出处:《东窗集》卷一二。
撰者:张扩
考校说明:编年据张扩任两制时间、杨政宦历补,见《建炎以来系年要录》卷一四九。

左奉议郎守秘书省著作郎王扬英祖母朱氏特赠孺人制
(绍兴十二年三月至绍兴十三年五月间)

敕:国家封赠之典,以爵为差,虽吾侍从之臣,恩不及于再世。而尔孙以妻之封号,请貤于汝,岂常制哉?朕方以孝治天下,嘉尔年甫期颐,而终及见其孙登科从事,亦人间之鲜俪者也。今扬英为吾太史,风动四方,自儒者始。朕故略格令以旌汝,于汝亦可谓荣矣。营魂不昧,尚其歆承。

出处:《东窗集》卷八。又见《永乐大典》卷二九七二。

撰者:张扩

考校说明:编年据王扬英官历补,见《南宋馆阁录》卷七。

答太府寺拘收旧人填阙事诏
(绍兴十三年五月十六日)

除不许拘差本寺曾经作过开落、停罢及所辖库务人外,依所乞拘收踏逐一次。仍令本寺职级、手分委保不系曾经本寺作过停罢之人,方得拘收填阙。

出处:《宋会要辑稿》职官二七之三○。

知临安府王晚除敷文阁直学士制
(绍兴十三年五月二十五日)

敕:朕惟内阁藏列圣之训,而学士储一时之英,倘非其人,不在兹选。若时辇毂之寄,咸推始行之优。申锡纶言,式昭宠数。具官某,精明盖众,敏悟见几。济剧拨繁,壮百为之兴举;摘奸发伏,划积弊以无留。典兹浩穰之区,允资弹压之政,浃更时序,备著贤劳。财用不匮,则深知裕民之方;囹圄屡空,则灼见省刑之术。适申讲会期之礼,将恢宏广殿之规,谁如汝能,悉称朕指!方工徒之经始,百堵皆兴;逮轮奂之落成,四方来贺。嘉乃殊绩,用贲徽章。升峻西清之联,增重天府之任。往服休命,益殚乃心。

出处:《东窗集》卷六。

撰者:张扩

考校说明:编年据《建炎以来系年要录》卷一四九补。

朱斐除大理少卿制
(绍兴十三年六月前)

皋陶以刑教祗德,用不犯于有司;文王之法立准人,罔攸兼于庶狱。朕深惟民命,系在理官。安得直宽之流,副予钦恤之意。以尔德优而毅,心和而平。以古义决狱疑,久践扬于棘路;以儒术饰吏事,尝趋走于丹墀。遂由星省之华,升处月卿之次。念持平之有素,岂闲退之可安。趣下赞书,俾还旧服。庶革舞文之弊,益观请谳之精。务究乃猷,往祗厥叙。可。

出处:《海陵集》卷一三。
考校说明:编年据《宋会要辑稿》刑法四补。周麟之此时未任两制,此文当为《海陵集》误收。

内侍张御转归吏部守武功大夫致仕制
(绍兴十一年十月至绍兴十三年六月间)

敕具官某:内侍之臣,祗朕左右,以病谢事,宜厚其归。以尔抑畏小心,恪恭尽礼,阅岁浸久,积誉弥休,遽形引疾之词,宜举闵劳之典。俾还铨部,易畀华资。服我恩荣,钦兹宠遴。

出处:《东窗集》卷六。
撰者:张扩
考校说明:编年据张扩任两制时间补。

王鉴守武功大夫遥郡团练使致仕制
(绍兴十一年十月至绍兴十三年六月间)

敕具官某:内侍之臣,祗朕左右,疾弗任事,亦听其归。尔以忠勤,服职官省,岁月浸久,靖共弗渝。言念筋骸之衰,有须药石之助,俾还铨部,易畀华资。往休于家,尚宝余宠。

出处:《东窗集》卷六。
撰者:张扩
考校说明:编年据张扩任两制时间补。

昭州文学王浃父年九十封右承务郎致仕制
(绍兴十一年十月至绍兴十三年六月间)

敕具官某:间者宗祀,礼成大赉,四海期颐之人,亦沾庆泽。尔年高乡间,子在仕版,命以京秩之职,以为尔荣。

出处:《东窗集》卷六。
撰者:张扩
考校说明:编年据张扩任两制时间补。

恩州文学李天祐父讽年九十七特封右承武郎致仕制
(绍兴十一年十月至绍兴十三年六月间)

敕具官某父某:间者宗祀,礼成大赉,四海期颐之人,亦沾庆泽。以尔齿高乡间,子在仕版,命以京秩,以为尔荣。

出处:《东窗集》卷六。
撰者:张扩
考校说明:编年据张扩任两制时间补。

林洞年一百二岁特补右迪功郎致仕制
(绍兴十一年十月至绍兴十三年六月间)

敕具官某:间者宗祀,礼成沾泽,四方期颐之人,亦沾庆赉。今有司以尔姓名来上,肆命以官,以示吾优老之意。尔其表率乡里,敦劝孝悌,以明朕恩不虚授也。

出处:《东窗集》卷六。
撰者:张扩
考校说明:编年据张扩任两制时间补。

方海水年一百七岁特补右迪功郎致仕制
(绍兴十一年十月至绍兴十三年六月间)

敕某人:间者宗祀,礼成沾泽,四方期颐之人,亦沾庆赉。今有司以尔姓名来上,肆命以官,以示吾优老之意。往服涣恩,益绥尔寿。

出处:《东窗集》卷六。

撰者:张扩

考校说明:编年据张扩任两制时间补。

士辐磨勘转遥郡防御使制
(绍兴十一年十月至绍兴十三年六月间)

敕具官某:朕循列圣旧制宗室环卫升迁之法,待以十年之淹,岂朝请之暇谨度由礼者久而后见欤! 以尔内和外恭,乐于为善,夙夜匪懈,见谓老成,俾进陟于兵防,用增华于使范。往祗涣渥,益励操修。

出处:《东窗集》卷六。

撰者:张扩

考校说明:编年据张扩任两制时间补。

韩诚转武显大夫遥郡防御使制
(绍兴十一年十月至绍兴十三年六月间)

敕具官某:礼隆宫掖,泽被姻亲,尔有葭莩,宜同其庆,肆颁书命,擢领兵防。是为异恩,益思报塞。

出处:《东窗集》卷六。

撰者:张扩

考校说明:编年据张扩任两制时间补。

士剧磨勘转正任防御使制
(绍兴十一年十月至绍兴十三年六月间)

敕:朕法先王睦族之仁,爱由亲始;循列圣限年之制,官以叙迁。具官某,存心惟诚,乐善无倦,阅岁浸久,积誉弥休。属会课于有司,应升华于崇秩。擢正兵防之任,式增维翰之强。往祗恩荣,益励志恪。

出处:《东窗集》卷六。

撰者:张扩

考校说明:编年据张扩任两制时间补。

范埙除成都府路转运副使制
(绍兴十一年十月至绍兴十三年六月间)

敕具官某:朕惟西蜀之区,号称沃野,财赋所入,不减中州。异时军兴,馈饷尤急。今戢戈之始,民力渐裕,将漕之臣,是必取阅试之久、才望素孚者为之。以尔智适事几,学通治体,耸一时之风采,见上世之典型,屡奉使华,周旋蜀道,顾民间之利病,已胸次之灼知。往究尔长,即观成效。

出处:《东窗集》卷六。
撰者:张扩
考校说明:编年据张扩任两制时间补。

张宇除直秘阁福建路转运副使制
(绍兴十一年十月至绍兴十三年六月间)

敕具官某:朕惟国家之政,财用为先,顾一时调度之烦,赖诸路转输之助。以尔学通世务,材应时须,出扬使节之华,入著郎闱之誉,靖共自守,久知尔休。其往按于七闽,以宣劳于将漕。寓直中秘,式宠其行。往服涣恩,毋忘报称。

出处:《东窗集》卷六。
撰者:张扩
考校说明:编年据张扩任两制时间补。

赵伯牛除直秘阁福建路转运副使制
(绍兴十一年十月至绍兴十三年六月间)

敕具官某:朕临遣肤使,亲谕德意,慎用名器,未尝假人。故将漕诸路,必求心计之良,而延阁华资,亦阅其人而后授也。以尔资性敏明,吏能强济,屡将朕指,蔚有能称,还对便朝,有嘉详练。往按七闽之远,仍兼寓直之荣,式宠其行,益图后效。

出处:《东窗集》卷六。

撰者:张扩

考校说明:编年据张扩任两制时间补。此制当在同集同卷《张宇除直秘阁福建路转运副使制》之前,见弘治《八闽通志》卷三〇。

蒋挺起复右武大夫忠州刺史制
(绍兴十一年十月至绍兴十三年六月间)

敕:衰经终丧,虽存彝制;金革无辟,盖属权宜。具官某,久亲戎行,屡著劳绩,以身徇国,难顾尔私,其起苫于故官,庶移忠而自效。

出处:《东窗集》卷六。

撰者:张扩

考校说明:编年据张扩任两制时间补。

刘胜换给左武大夫达州刺史制
(绍兴十一年十月至绍兴十三年六月间)

敕:朕惟关陕异时军声未振,亡将叛义,首乱熙河,顾一时剿除之功,繄诸校忠愤之力。具官某,刚烈自许,威名远闻,绝艺冠于三军,隽功收于百战。曾吞噬虎狼之足畏,岂诛锄蛇豕之为难? 官縻叙升,国有信赏,赐贲真命,尚务钦承。

出处:《东窗集》卷六。

撰者:张扩

考校说明:编年据张扩任两制时间补。

士赫磨勘转遥郡刺史制
(绍兴十一年十月至绍兴十三年六月间)

敕具官某:以尔竭事上之恭,知为善之乐,操修无怠,誉处有休,用申锡于赞书,俾遥分于郡寄。往祗朕命,益懋尔为。

出处:《东窗集》卷六。

撰者:张扩

考校说明:编年据张扩任两制时间补。

李贵转右武大夫福建路兵马钤辖制
（绍兴十一年十月至绍兴十三年六月间）

敕具官某:材略沉雄,性资英果,屡奋摧锋之勇,每高横槊之功。嘉其卫社之忠,宜厚录劳之典。视秩上阁,总戎七闽。益励尔为,式图报称。

出处:《东窗集》卷六。

撰者:张扩

考校说明:编年据张扩任两制时间补。

凌哲除太常博士制
（绍兴十一年十月至绍兴十三年六月间）

敕具官某:品式章程,法也。文为制度,礼也。治世之具,二者当相须焉。学士大夫,惟能议法不阿,则于礼意过半矣。以尔尝为敕令之属,持论刚方,傅以古谊,故命尔充太常博士之选。夫知朕所以用汝之意,则绵蕝一时,庸有不当者哉?

出处:《东窗集》卷六。

撰者:张扩

考校说明:编年据张扩任两制时间补。

刘嵘除太常博士制
（绍兴十一年十月至绍兴十三年六月间）

敕具官某:朕当礼文残阙之余,举一时绵蕝之制,参酌今古,实资诸儒。以尔颖悟绝人,博闻强记,据经引谊,补助居多,就升博士之联,以赞容台之典。往服朕命,益殚乃心。

出处:《东窗集》卷六。

撰者:张扩

考校说明:编年据张扩任两制时间补。

李公谨转太史局中官正制
(绍兴十一年十月至绍兴十三年六月间)

敕具官某:间者慈宁回銮,中外称庆,尔于迎奉,亦预有劳。增秩示恩,益共乃职。

出处:《东窗集》卷六。

撰者:张扩

考校说明:编年据张扩任两制时间补。

张柄朱斐并除大理少卿制
(绍兴十一年十月至绍兴十三年六月间)

敕具官某等:大理设贰,盖古廷尉之选也。今列而为二,断刑以平反雪冤滞为职,治狱以听讼弊有罪为能。责任虽殊,要之疏通忠厚者,乃克为之。以尔柄持议甚恕,疾惠文之拘;以尔斐秉彝有常,厉静者之操。并列秋官之属,久扬省户之休。申锡纶言,往厘寺事。其帅厥属,各殚乃心。

出处:《东窗集》卷六。

撰者:张扩

考校说明:编年据张扩任两制时间补。

米友仁除将作监制
(绍兴十一年十月至绍兴十三年六月间)

敕具官某:朕肇新庶士,中微百工,惟时大匠之联,必择多才之彦。以尔风猷敏劭,智术疏通,外扬使节之华,内蔼节闱之誉,擢长营缮,实因尔能。帅属惟勤,尚图报称。

出处:《东窗集》卷六。

撰者:张扩

考校说明:编年据张扩任两制时间补。

张汇除太府少卿总领湖广京西财赋制
(绍兴十一年十月至绍兴十三年六月间)

敕:九寺之贰,品秩惟高,外府尤号剧繁,委任必先材谞。取诸已试,兹谓得人。以尔心术疏通,风猷敏劭,中外践历,详练有闻,错节盘根,迎刃辄解。朕顾瞻鄂渚,久屯重兵,馈饷之饶,实资数路,领略大要,莫如汝宜。其升少列之华,往重上流之寄。财裕食足,则予汝嘉。

出处:《东窗集》卷六。

撰者:张扩

考校说明:编年据张扩任两制时间补。

皇叔士睒磨勘转遥郡团练使制
(绍兴十一年十月至绍兴十三年六月间)

敕具官某:朕法先王睦族之仁,爱由亲始;循本朝限年之制,官以叙迁。以尔塞渊秉心,温恭允德。入奉朝请,尽寅畏之诚;退无私交,谨委蛇之行。阅岁浸久,会课应迁。其宠陟于兵团,以增华于使范。益殚夙夜,用称恩休。

出处:《东窗集》卷六。

撰者:张扩

考校说明:编年据张扩任两制时间补。

宗室士周转遥郡团练使制
(绍兴十一年十月至绍兴十三年六月间)

敕具官某:朕疏亲亲之恩,以睦九族,念亡图存,亦遵祖宗之训。以尔温恭好善,肃括提身,承父之休,流光益远,宜颁进秩之赏,以旌是似之贤。益究尔心,期称朕命。

出处:《东窗集》卷六。

撰者:张扩

考校说明:编年据张扩任两制时间补。

麻世坚转遥郡团练使制
(绍兴十一年十月至绍兴十三年六月间)

敕:执锐披坚,莫先破敌;第功行赏,贵不逾时。岂伊汗马之劳,犹略司勋之典。具官某,威名盖众,艺勇绝人,时血战于淮西,尤身先于将士,宜颁申命,以锡前功。俾遥领于兵团,尚勉图于报效。

出处:《东窗集》卷六。

撰者:张扩

考校说明:编年据张扩任两制时间补。

何麒除宗正少卿制
(绍兴十一年十月至绍兴十三年六月间)

敕具官某:朕睦族属以敦同姓之爱,蕃本支以资维城之强。惟时司宗,实典厥职。孰膺推择,必以英髦。以尔贯通古今,娴习宪度,高明自其天性,宏丽见于词章,浸扬历于外台,既稔闻于治行,采诸金论,置彼周行,申锡纶言之公,进班卿列之峻。盖朕方修《天保》内治之政,宗盟为先;而尔必迪《麟趾》信厚之风,王化则劭。往帅厥属,毋怠其为。

出处:《东窗集》卷六。

撰者:张扩

考校说明:编年据张扩任两制时间补。

王子澄除大理司直制
(绍兴十一年十月至绍兴十三年六月间)

敕具官某:大理人命所系,盖自卿少而下,至于僚属,品秩虽殊,其责均也。以尔秉心甚厚,居官有闻,俾应司直之联,庶获持平之誉。往祗朕训,益究乃心。

出处:《东窗集》卷六。

撰者:张扩

考校说明:编年据张扩任两制时间补。

李翼之除大理司直制
(绍兴十一年十月至绍兴十三年六月间)

敕具官某:明王建官,循名责实,大理设属,职在详谳,而以直名官,则其义见矣。以尔秉心近厚,更事惟详,得之金谐,举以命汝。夫三尺之法,持平如衡,事有挠曲,尔其往直之,以称朕总核之意。

出处:《东窗集》卷六。

撰者:张扩

考校说明:编年据张扩任两制时间补。

章焘大理司直制
(绍兴十一年十月至绍兴十三年六月间)

敕具官某:明王建官,循名责实,大理设属,职在详谳。或犹惧挠曲,则司直之官存焉。以尔持心甚平,敏于从政,故命汝为之。汝能知名官之义,则职举矣。

出处:《东窗集》卷六。

撰者:张扩

考校说明:编年据张扩任两制时间补。

顿涣大理评事制
(绍兴十一年十月至绍兴十三年六月间)

敕具官某:明主用人,因任而已,与其强所不能,不若取诸已试之为愈也,况狱事乎?以尔详审精明,尝为属于棘寺。惜其秩满而去,俾践旧官。尔其守职如初,朕何忧刑罚之失?

出处:《东窗集》卷六。

撰者:张扩

考校说明:编年据张扩任两制时间补。

孙敏修吴求并除大理评事制
(绍兴十一年十月至绍兴十三年六月间)

敕具官某等:大理人命所系,视他寺不独官倍也。虽评刑之属亦必其法令素习,乃以充选。尔等持心忠厚,咸以才闻,爰锡赞书,俾践厥职。夫举三尺律以从事,惟不挠不欺,则于详谳庶几焉。尚勉之哉!

出处:《东窗集》卷六。

撰者:张扩

考校说明:编年据张扩任两制时间补。

邛州真济庙神封昭应侯制
(绍兴十一年十月至绍兴十三年六月间)

敕:旱乾水溢,非人力之能为;祈禳祷祠,或神休之可格。惟神宅于幽暗,奔走一方,雨旸不愆,年谷屡稔。览有司之奏牍,嘉显应之不诬,用锡侯封,以昭灵贶。

出处:《东窗集》卷七。

撰者:张扩

考校说明:编年据张扩任两制时间补。

淑国夫人李氏升添四字封柔和恭顺制
(绍兴十一年十月至绍兴十三年六月间)

敕:朕肇正长秋之位,化基二南;肆推内职之勤,庆均诸妇。具官某氏,早以柔惠,入预选抡,久备掖庭之联,每殚夙夜之助。逮维莘之作合,尤庀事以宣劳。申锡赞书,式昭异数。增贲令名之宠,庸厚小君之荣。往务钦承,益图报称。

出处:《东窗集》卷七。

撰者:张扩

考校说明:编年据张扩任两制时间补。

<h1 style="text-align:center">南昌郡夫人李氏转国夫人制</h1>
(绍兴十一年十月至绍兴十三年六月间)

　　敕:宫闱内严,惟恪恭则行弥显;国典有序,惟褒进则名益隆。肆颁命綍之华,以劝掖庭之旧。具官某氏,柔嘉秉质,温惠持身,早殚夙夜之勤,备阅岁时之久,可无异数,以宠其劳?锡号小君,已焕笄珈之饰;易封大国,益新汤沐之恩。朕命惟休,永绥尔祉。

出处:《东窗集》卷七。

撰者:张扩

考校说明:编年据张扩任两制时间补。

<h1 style="text-align:center">宫正吴氏封郡夫人制</h1>
(绍兴十一年十月至绍兴十三年六月间)

　　敕:朕诞扬宝册,登建长秋,凡一时容典之华,实众妇忠勤之助。具官某氏,早以淑质,选自良家,擢居尹正之联,夙著恪恭之誉。属椒房之俪极,帅内职以宣劳。申锡赞书,式昭异数。其陟小君之秩,仍疏名郡之封。往服恩荣,毋忘钦慎。

出处:《东窗集》卷七。

撰者:张扩

考校说明:编年据张扩任两制时间补。

<h1 style="text-align:center">孟思恭转阁门宣赞舍人制</h1>
(绍兴十一年十月至绍兴十三年六月间)

　　敕具官某:上阁邃严,为之属者,得以职事周旋殿中,其选高矣。以尔联姻肺腑,祗事王庭,雅善朝仪,见称详练,就升宾赞之职,用颁申命之荣。益务恪勤,以图报称。

出处:《东窗集》卷七。

撰者:张扩

考校说明:编年据张扩任两制时间补。

吴盖吴世昌王衍之潘邵张说并转阁门宣赞舍人制
(绍兴十一年十月至绍兴十三年六月间)

敕具官某等:礼隆宫掖,泽被私门,尔以近亲,宜膺宠渥。擢升宾赞之列,用侈一时之恩。

出处:《东窗集》卷七。

撰者:张扩

考校说明:编年据张扩任两制时间补。

韦彦章补忠翊郎阁门祗候制
(绍兴十一年十月至绍兴十三年六月间)

敕具官某:朕躬天下之养,格东朝之欢,凡尔近亲,悉加异数。以尔早奉严训,抑畏小心,曾从艰难,有嘉忠恪。其躐右铨之秩,赞予上阁之仪。往服恩荣,毋忘祗慎。

出处:《东窗集》卷七。

撰者:张扩

考校说明:编年据张扩任两制时间补。

赵硕除阁门祗候制
(绍兴十一年十月至绍兴十三年六月间)

敕具官某:上阁祗事之联,实右铨之华选也。尔父顷任军谘,以死勤事,是用嘉尔忠荩,貤恩后人。

出处:《东窗集》卷七。

撰者：张扩

考校说明：编年据张扩任两制时间补。

成德军节度使开府仪同三司充万寿观
使高世则母杨氏赠秦国夫人制
（绍兴十一年十月至绍兴十三年六月间）

敕：朕修好殊邻，丕隆孝治，施泽四海，诞扬宏休。眷时在服之臣，咸茂显亲之典。具官故母某氏，持身淑慎，睦族慈祥，来嫔戚畹之英，早著闺门之誉，宜尔有子，为时名臣。属颁大赉之恩，式厚追荣之宠，易封大国，增贲重泉。

出处：《东窗集》卷七。

撰者：张扩

考校说明：编年据张扩任两制时间补。

高世则故妻魏氏赠楚国夫人制
（绍兴十一年十月至绍兴十三年六月间）

敕：朕修好殊邻，丕隆孝治，诞敷惠泽，施及臣工，恩迨闺门之私，礼无存殁之间。具官故妻某氏，静专禀质，柔惠宜家，行克配于吉人，寿卒乖于偕老。属兹大赉，宜举愍章，载荒大国之封，益焕小君之宠。营魂未泯，尚克歆承。

出处：《东窗集》卷七。

撰者：张扩

考校说明：编年据张扩任两制时间补。

高世则妻周氏封郓国夫人制
（绍兴十一年十月至绍兴十三年六月间）

敕：朕外敦邻盟，内隆孝治，诞敷惠泽，式侈宏休。维时将相之联，咸燕室家之喜。具官某妻某氏，令柔秉则，婉娈凝姿，有嘉内助之贤，宜茂疏荣之宠。载荒名壤，易命惟新，尚克钦承，毋忘警戒。

出处:《东窗集》卷七。

撰者:张扩

考校说明:编年据张扩任两制时间补。

左朝请大夫试尚书吏部侍郎魏良臣父枢右奉议郎致仕制
(绍兴十一年十月至绍兴十三年六月间)

敕:朕丕隆孝治,覃泽万方,惟时侍从之臣,咸举显亲之典。具官父某,植德忠厚,秉心清彝,誉高月旦之评,效见义方之训,有子在列,为时名卿。用增文秩之华,以厚私庭之宠。往祗朕命,益介寿祺。

出处:《东窗集》卷七。

撰者:张扩

考校说明:编年据张扩任两制时间补。

徽猷阁学士右中奉大夫致仕向子諲
父宗明赠耀州观察使制
(绍兴十一年十月至绍兴十三年六月间)

敕:朕孝以宁亲,格欢心于四海;仁而锡类,敷惠泽于多方。矧乃甘泉之联,可稽祢庙之报? 具官故父某,操履修洁,吏能敏强,蔚然肺腑之英,籍甚宪台之誉,宜有令子,为时名卿。属兹庆赉之行,载厚蜜章之宠。观风重寄,品秩惟崇,尚几营魂,亦克歆享。

出处:《东窗集》卷七。

撰者:张扩

考校说明:编年据张扩任两制时间补。

资政殿学士左太中大夫提举临安府洞霄宫
韩肖胄故母文氏赠雍国夫人制
(绍兴十一年十月至绍兴十三年六月间)

敕:朕外敦邻盟,内隆孝治,诞敷惠泽,以侈鸿休。眷予旧弼之联,必茂显亲之典。具官故母某氏,柔嘉秉则,慈顺宜家,行已配于善人,寿卒乖于偕老。有子则贵,为时辅臣,厥报甚丰,疏恩弥渥。其易封于大国,以增贲于重泉。

出处:《东窗集》卷七。
撰者:张扩
考校说明:编年据张扩任两制时间补。

韩肖胄继母文氏封越国夫人制
(绍兴十一年十月至绍兴十三年六月间)

敕:具官继母某氏,宅心柔顺,睦族慈祥,胄出相门,行配君子,遂流光于子舍,尝参秉于事枢。适兹大赉之行,益厚显扬之宠。其易封于越壤,用增贲于小君。申命甚荣,钦承毋怠。

出处:《东窗集》卷七。
撰者:张扩
考校说明:编年据张扩任两制时间补。

徽猷阁直学士左朝奉郎提举江州太平观州
秘父位赠右中奉大夫制
(绍兴十一年十月至绍兴十三年六月间)

敕:朕修好殊邻,丕隆孝治,加惠四海,诞扬宏休。眷予持橐之良,可后显亲之渥?具官故父某,景行可仰,清规不渝,义方存教子之忠,阴德厚高门之报。宜尔贤嗣,列于近班。属颁大赉之恩,宜涣追荣之宠。申锡休命,永光下泉。

出处:《东窗集》卷七。
撰者:张扩
考校说明:编年据张扩任两制时间补。"州秘"当为"周秘"之误,见《建炎以来系年要录》卷一五五。

州秘母宋氏赠硕人制
(绍兴十一年十月至绍兴十三年六月间)

敕:具官故母某氏,温恭秉德,淑慎为仪,慈惠宜其家人,柔嘉克配君子。宜尔贤嗣,列于近班。属颁大赍之恩,宜涣追荣之宠。申锡休命,永光下泉。

出处:《东窗集》卷七。

撰者:张扩

考校说明:编年据张扩任两制时间补。"州秘"当为"周秘"之误,见《建炎以来系年要录》卷一五五。

徽猷阁直学士左通议大夫提举亳州明道宫洪拟父固赠右金紫光禄大夫制
(绍兴十一年十月至绍兴十三年六月间)

敕:朕修好殊邻,丕隆孝治,加惠四海,诞扬宏休。眷予持橐之英,可后显亲之渥?具官故父某,抱材不试,履行无疵,义方存过庭之规,阴德厚高门之报,宜尔令子,列于近班。属颁漏泉之恩,用彰刻蜜之典。申锡崇秩,式慰营魂。

出处:《东窗集》卷七。

撰者:张扩

考校说明:编年据张扩任两制时间补。"州秘"当为"周秘"之误,见《建炎以来系年要录》卷一五五。

洪拟母邓氏赠永宁郡夫人制
(绍兴十一年十月至绍兴十三年六月间)

敕:具官故母某氏,恭而立德,俭以饬躬,慈惠宜其家人,柔嘉克配君子。积善之报,有子而贤。位既列于从班,恩遂隆于祢配。易封大郡,式贲重泉。

出处:《东窗集》卷七。

撰者:张扩

考校说明:编年据张扩任两制时间补。

左朝请郎尚书户部侍郎沈昭远父千赠左通议大夫制
(绍兴十一年十月至绍兴十三年六月间)

敕:国有大赍,泽覃四方。眷尔在廷之臣,咸动思亲之念,申举褒典,增赍重泉。具官故父某,早登儒科,见推善类,初无心于宦达,遂终老于郎潜。善积厥躬,庆贻其后。繄尔令子,为吾近臣,肆因雾泽之恩,用陟高华之秩。魂其未泯,尚克歆承。

出处:《东窗集》卷七。
撰者:张扩
考校说明:编年据张扩任两制时间补。标题原无"侍郎"二字,据《建炎以来系年要录》卷一四五、一五〇补。

沈昭远故母陈氏赠硕人制
(绍兴十一年十月至绍兴十三年六月间)

敕:国有大赍,泽覃四方,凡兹在列之臣,咸均锡类之祉。具官故母某氏,早由令族,来嫔高门,至诚共蘋藻之羞,懿行著室家之美。宜有令子,为时闻人。进膺持橐之华,尤深陟屺之慕。益峻封号,庶光幽扃。

出处:《东窗集》卷七。
撰者:张扩
考校说明:编年据张扩任两制时间补。

沈昭远妻曹氏封硕人制
(绍兴十一年十月至绍兴十三年六月间)

敕:国有大赍,泽覃四方,凡兹在列之臣,咸锡既多之祉。恩章甚渥,下及室家。具官妻某氏,柔静宅心,温恭植德。来仪令族,礼先中馈之羞;善相其夫,位致甘泉之列。爰颁恩需,用锡休称。永贻偕老之荣,尚懋相成之道。

出处:《东窗集》卷七。

撰者:张扩

考校说明:编年据张扩任两制时间补。

端明殿学士左朝散大夫提举临安府洞霄宫
胡松年父增赠少师制
(绍兴十一年十月至绍兴十三年六月间)

敕:上穹垂祐,既推从欲之仁;万方均休,爰举显亲之典。矧予旧弼,可后疏恩?具官故父某,盛德镇浮,纯诚敦薄,志虽专于用晦,泽遂溢于流光。有子仁贤,尝位宥密,推本教忠之训,宜蒙加赠之章。冠孤棘之联,益彰崇贵;增袮庙之宠,式慰罴蒿。

出处:《东窗集》卷七。

撰者:张扩

考校说明:编年据张扩任两制时间补。

胡松年前母李氏赠秦国夫人制
(绍兴十一年十月至绍兴十三年六月间)

敕:具官故母某氏,植德温恭,律身勤俭,善有余于作则,泽遂溢于流光,位予辅臣,繄尔贤子。属兹大赉,宜焕恩章。荒大国之封,益新汤沐;厚幽扃之宠,式慰罴蒿。

出处:《东窗集》卷七。

撰者:张扩

考校说明:编年据张扩任两制时间补。

胡松年故母钱氏赠鲁国夫人制
(绍兴十一年十月至绍兴十三年六月间)

敕:具官故母某氏,妇德令柔,闺风淑慎,克配君子,实生良臣。肆推流泽之长,宜厚愍章之渥。载新汤沐,用荒东鲁之封;式慰罴蒿,尚侈小君之宠。

出处:《东窗集》卷七。

撰者:张扩

考校说明:编年据张扩任两制时间补。

右中大夫充徽猷阁待制叶焕父某赠少保制
(绍兴十一年十月至绍兴十三年六月间)

敕:朕外敦邻盟,内隆孝治,诞敷德泽,以侈洪休。眷时持橐之英,咸茂显亲之宠。具官故父某,学穷圣域,行立世模,虽声名称重于本朝,而爵位不登于法从。有子则贵,厥报弥丰。载升亚保之联,式厚幽扄之渥。营魂未泯,式克歆承。

出处:《东窗集》卷七。

撰者:张扩

考校说明:编年据张扩任两制时间补。

叶焕故母陈氏赠庆国夫人制
(绍兴十一年十月至绍兴十三年六月间)

敕:具官故母某氏,秉心柔顺,睦族慈祥,行克配于善人,寿卒乖于偕老。有子则贵,厥报甚丰。易大国以疏封,慰营魂于未泯。

出处:《东窗集》卷七。

撰者:张扩

考校说明:编年据张扩任两制时间补。

叶焕继母江氏赠广国夫人制
(绍兴十一年十月至绍兴十三年六月间)

敕:具官故继母某氏,静专禀质,淑慎持身,胄出华宗,行配君子。庆遂流于子舍,爵早列于从班。属颁大赉之恩,宜厚追荣之典。易封大国,式贲重泉。

出处:《东窗集》卷七。

撰者:张扩

考校说明:编年据张扩任两制时间补。

宝文阁直学士左朝议大夫知静江军府事兼本路经略安抚使张宗元父泽赠右奉直大夫制
（绍兴十一年十月至绍兴十三年六月间）

敕:朕修好殊邻,丕隆孝治,施恩四海,诞播宏休。眷时在列之臣,咸茂显亲之典。具官故父某,修身有道,乐善无方,流泽及其后人,有子登于显位。属兹大赉,申锡愍章,遂宠陟于崇阶,益增光于幽壤。

出处:《东窗集》卷七。

撰者:张扩

考校说明:编年据张扩任两制时间补。

张宗元母田氏赠硕人制
（绍兴十一年十月至绍兴十三年六月间）

敕:具官故母某氏,温恭秉则,勤俭肥家,善有余于厥躬,庆遂钟于乃子。属兹大赉,申锡愍章,用宠加于荣名,益增贲于幽壤。

出处:《东窗集》卷七。

撰者:张扩

考校说明:编年据张扩任两制时间补。

张宗元妻刘氏封硕人制
（绍兴十一年十月至绍兴十三年六月间）

敕:国有大赉,泽及庶工。眷予侍从之联,亦燕室家之喜。具官妻某氏,静专禀质,温靓凝姿,来嫔高门,克配令德。属一人之有庆,涣异数以疏恩。加尔荣名,式绥偕老。

出处:《东窗集》卷七。

撰者:张扩

考校说明:编年据张扩任两制时间补。

显谟阁直学士左太中大夫提举江州
太平观康执权父远赠右光禄大夫制
(绍兴十一年十月至绍兴十三年六月间)

敕:朕外敦邻盟,内隆孝治,诞敷惠泽,以侈宏休。眷予持橐之联,咸茂显亲之典。具官故父某,秉德信厚,履行中庸,积善贻其后人,有子登于法从。属兹需渥,申锡愍章,进升二品之崇,用涣九泉之宠。

出处:《东窗集》卷七。

撰者:张扩

考校说明:编年据张扩任两制时间补。

康执权母范氏赠永嘉郡夫人制
(绍兴十一年十月至绍兴十三年六月间)

敕:具官故母某氏,柔嘉秉则,法度持身,令德宜其家人,有子登于禁从。属兹需渥,申锡愍章,用正位于小君,以增光于幽壤。

出处:《东窗集》卷七。

撰者:张扩

考校说明:编年据张扩任两制时间补。

拱卫大夫华州观察使充广南东路马步军副总管
兼知循州韩京祖楚赠保义郎制
(绍兴十一年十月至绍兴十三年六月间)

敕:褒赠之典,厥有等差,维时弛恩,实越常制。既以慰为人子孙之念,亦足助一时风教之淳。具官故祖某,履行无疵,抱材不试,积善彰于故里,流庆及其后人。是生闻孙,为世枭将。辞官三等,有嘉报本之诚;锡命九泉,用侈方来之宠。魂其不昧,尚克歆承。

出处:《东窗集》卷七。

撰者:张扩

考校说明:编年据张扩任两制时间补。

韩京祖母马氏赠安人制
(绍兴十一年十月至绍兴十三年六月间)

敕:具官故祖母某氏,勤俭律身,慈祥睦族,积此宜家之美,自然流庆之长。有孙而贤,致位甚显。辞三官而弗受,可见诚忧;易一命以疏荣,遂光存殁。魂其不昧,尚克歆承。

出处:《东窗集》卷七。

撰者:张扩

考校说明:编年据张扩任两制时间补。

韩京继祖母李氏赠安人制
(绍兴十一年十月至绍兴十三年六月间)

敕:具官故继祖母某氏,婉娈凝姿,温恭秉则,夙著闺门之美,共推宗族之仁。流庆甚长,有孙而显。辞三官而弗受,可见诚忧;易一命以疏荣,遂光存殁。魂其不昧,尚克歆承。

出处:《东窗集》卷七。

撰者:张扩

考校说明:编年据张扩任两制时间补。

徽猷阁直学士左朝请大夫提举江州太平观
李擢父公彦赠左银青光禄大夫制
(绍兴十一年十月至绍兴十三年六月间)

敕:朕修好殊邻,丕隆孝治,施泽四海,式侈宏休。惟时法从之联,茂举显亲之典。具官故父某,忠清励节,文艺决科,屡膺持节之华,尤著平刑之绩。流光甚远,有子则贤,为时名卿,位列常伯。属湛恩之诞布,宜祢室之增荣。品秩弥崇,永光泉户。

出处:《东窗集》卷七。
撰者:张扩
考校说明:编年据张扩任两制时间补。

李擢母孙氏赠太宁郡夫人制
(绍兴十一年十月至绍兴十三年六月间)

敕:具官故母某氏,簪绅令族,诗礼名家,归于善人,休有贤行。庆钟乃子,秩峻近班。属诞布于国恩,宜增荣于家庙。易封大郡,申慰营魂。

出处:《东窗集》卷七。
撰者:张扩
考校说明:编年据张扩任两制时间补。

显谟阁直学士左朝散大夫提举江州太平观
常同父安民赠左正议大夫制
(绍兴十一年十月至绍兴十三年六月间)

敕:朕外厚邻盟,内隆孝治,爰敷惠泽,诞播宏休。肆予持橐之联,咸茂显亲之典。具官故父某,养气至大,用心甚刚,德行昭一时之范模,忠言著百世之龟鉴。天厚厥报,子显于朝。属颁大赉之恩,宜享追荣之宠。文阶益峻,幽壤有光。

出处:《东窗集》卷七。
撰者:张扩
考校说明:编年据张扩任两制时间补。

常同故母孙氏赠硕人制
(绍兴十一年十月至绍兴十三年六月间)

敕:具官故母某氏,奉身勤俭,睦族慈和,克修蘋藻之诚,益谨箴图之戒。宜尔有子,列于近班。属颁大赉之恩,宜厚追荣之宠。申锡显号,式光重泉。

出处:《东窗集》卷七。
撰者:张扩
考校说明:编年据张扩任两制时间补。

常同故继母袁氏赠硕人制
(绍兴十一年十月至绍兴十三年六月间)

敕:具官故继母某氏,令仪可则,懿范有闻,淑慎宜其家人,柔嘉克配君子。庆贻子舍,位列近班。属颁大赉之恩,益厚追荣之典。申锡显号,式光重泉。

出处:《东窗集》卷七。
撰者:张扩
考校说明:编年据张扩任两制时间补。

常同故妻滕氏赠硕人制
(绍兴十一年十月至绍兴十三年六月间)

敕:国有大赉,泽及群工,恩沾闺门之私,礼无存殁之间。具官故妻某氏,早縻华族,克配善人,义虽谨于相成,寿终乖于偕老。属兹需渥,宜厚追荣。申锡愍章,式光泉户。

出处:《东窗集》卷七。
撰者:张扩
考校说明:编年据张扩任两制时间补。

常同妻方氏封硕人制
(绍兴十一年十月至绍兴十三年六月间)

敕:国有大赉,泽及群工。眷予侍从之联,亦燕室家之喜。具官妻某氏,凝姿婉娈,赋性柔和,善相其夫,致位通显。属兹需渥,宜厚褒嘉。申锡荣名,益思钦慎。

出处:《东窗集》卷七。

撰者:张扩

考校说明:编年据张扩任两制时间补。

保宁军承宣使知閤门事兼客省四方馆事
蓝公佐父安石赠少傅制
(绍兴十一年十月至绍兴十三年六月间)

敕:朕修好殊邻,丕隆孝治,施恩四海,诞播宏休。眷予在列之臣,宜茂显亲之典。具官故父某,温恭植德,忠恪事君,早有能名,典司内省。念流光之未远,至令子而弥昌。属兹大赉之行,浸被愍章之渥。宠升亚傅,增贲幽扃。

出处:《东窗集》卷七。

撰者:张扩

考校说明:编年据张扩任两制时间补。

蓝公佐故母窦氏赠魏国夫人制
(绍兴十一年十月至绍兴十三年六月间)

敕:具官故母某氏,静专禀质,戒慎饬躬,早推中馈之贤,克著宜家之誉。念流光之未远,至令子而弥昌。属兹大赉之行,浸被愍章之渥。宜封全魏,增贲幽扃。

出处:《东窗集》卷七。

撰者:张扩

考校说明:编年据张扩任两制时间补。

右朝请郎充敷文阁待制晁谦之父端仁赠特进制
(绍兴十一年十月至绍兴十三年六月间)

敕:朕修好殊邻,丕隆孝治,施恩四海,诞播宏休。维时在列之臣,咸茂显亲之典。具官故父某,早由文学,列在儒科,名扬伯仲之间,业传父祖之远。流庆未艾,有子俱贤。属兹大赉之行,宜被追荣之渥。升峻极品,益光幽窀。

出处:《东窗集》卷七。

撰者:张扩

考校说明:编年据张扩任两制时间补。

晁谦之故嫡母叶氏赠济阳郡夫人制
(绍兴十一年十月至绍兴十三年六月间)

敕:具官故嫡母某氏,令仪著于闺阃,慈训协于箴图。繇积善之弥深,致流芳之不替,泽钟贤嗣,位列从班。属兹大赉之行,宜被追荣之渥。易封大郡,申贲幽扃。

出处:《东窗集》卷七。

撰者:张扩

考校说明:编年据张扩任两制时间补。

右迪功郎廖鹏飞父年八十四封右承务郎
致仕母吴氏年八十二封孺人制
(绍兴十一年十月至绍兴十三年六月间)

敕具官某:朕获侍东朝,以天下养,因心广爱,人孰无亲!喜尔高年,有子从宦,不待通籍,而秩以官。往祗恩荣,益绥寿祉。

出处:《东窗集》卷七。

撰者:张扩

考校说明:编年据张扩任两制时间补。

范正国除湖北路转运判官制
(绍兴十一年十月至绍兴十三年六月间)

敕:朕惟国家之政,财用为先,顾一时调度之烦,赖诸路转输之助。以尔名臣之子,克绍家声,尝蔼誉于郎闱,屡宣风于使节,效见已试,践历滋深,其分将漕之权,往安重湖之北。裕民足食,激浊扬清,尔职当为,毋待朕训。

出处:《东窗集》卷八。

撰者:张扩

考校说明:编年据张扩任两制时间补。

李芝除潼川府路转运判官制
(绍兴十一年十月至绍兴十三年六月间)

敕具官某:士有怀瑾握瑜,埋光铲采,陆沉州县,困于小官,朕于稠人之中而用之,所以振滞淹、明公举也。今一二侍臣,荐尔材行,谓博学有守,吏能可观,沦于孤远,无路自达,诚有味其言。朕东蜀漕计,寄委尤重,以尔充使者之选,于尔亦少伸矣。夫足国裕民,古人有理财之术;扬清激浊,惟仁且勇者能之。尔其夙夜尽公,勉行尔志,盖非独以称朕期待之厚,是亦不负所知也。

出处:《东窗集》卷八。

撰者:张扩

考校说明:编年据张扩任两制时间补。

林勋除广南东路转运判官制
(绍兴十一年十月至绍兴十三年六月间)

敕具官某等:岭外郡县之众,不减中州,然而风土卑恶,士大夫视官府犹传舍然。吏以去朝廷且远,并缘为奸,相煽成俗。财赋所聚,非详练疏通之人,其能究心乎?以尔勋论议精明,深达治本;以尔利用风力强敏,灼知民情。用申锡于纶言,俾分持于使节。朕方笃近举远,一视同仁,毋谓遐荒,如在庭户。往祗厥职,尚务交修。

出处:《东窗集》卷八。

撰者:张扩

考校说明:编年据张扩任两制时间补。

李宏除淮西转运判官制
(绍兴十一年十月至绍兴十三年六月间)

敕具官某:朕慎择能臣,经理淮甸,维时将漕之职,尤须通敏之才。以尔智虑精深,风力强济,更事任剧繁之久,知民间疾苦之详,申锡命书,俾扬使节。其参飞挽之计,益殚夙夜之勤。

出处:《东窗集》卷八。

撰者:张扩

考校说明:编年据张扩任两制时间补。

梁弁右司员外郎升郎中制
(绍兴十一年十月至绍兴十三年六月间)

敕具官某:眷时宰士之联,分颁中台之务,叙正郎位,厥有彝章。以尔早著能名,屡膺器使。吏曹繁剧,雅推铨综之公;省闼高华,浡效弥纶之益。升峻资序,法在攸司,匪朕尔私,钦承毋斁。

出处:《东窗集》卷八。

撰者:张扩

考校说明:编年据张扩任两制时间补。

李若谷左司员外郎升郎中制
(绍兴十三年二月至六月间)

敕具官某:中台总万事之繁,宰掾极一时之选。乃若叙正郎位,则有彝章。以尔望重时髦,学通世务。冬官列属,早扬誉处之休;省闼联华,浡著弥纶之效。升峻资序,法在攸司,匪朕尔私,往承毋斁。

出处:《东窗集》卷八。

撰者:张扩

考校说明:编年据张扩任两制时间、李若谷宦历补,见《建炎以来系年要录》卷一四八。

张宇除吏部郎官张拂除祠部郎官制
(绍兴十一年十月至绍兴十三年六月间)

敕:文昌之属,皆朕高选,虽职有剧易,而所以委任之意则均也。苟非其人,不以轻授。以尔宇职业之修,见于已试;以尔拂学行之美,达于朕闻;命尔同升,佥曰惟允。夫铨选之法严则流品不杂,祠曹之职举则祀事孔时。服我训词,益思懋勉。

出处:《东窗集》卷八。

撰者:张扩

考校说明:编年据张扩任两制时间补。

宋之才除考功郎官制
(绍兴十一年十月至绍兴十三年六月间)

敕具官某:朕开三馆,以储人材,涵养既深,间任以事。惟考功号称繁剧,以试吏可观剸裁。以尔操履靖恭,文史足用,再登册府,闻见益新,其颁书命之华,往列天官之属。缘以儒雅,毋徇苟文。

出处:《东窗集》卷八。

撰者:张扩

考校说明:编年据张扩任两制时间补。

李景山朱斐并除刑部郎官制
(绍兴十一年十月至绍兴十三年六月间)

敕具官某等:中台郎位,厥选其高;宪部持刑,委寄尤重。必求望实之素,以膺推择之公。以尔景山学行有闻,明于治道;以尔斐操履无玷,达乎吏方。宜从棘寺之联,并列秋官之属。往赞而长,益究乃心。

出处:《东窗集》卷八。

撰者:张扩

考校说明:编年据张扩任两制时间补。

李志行吴槀并除刑部郎官制
(绍兴十一年十月至绍兴十三年六月间)

敕具官某等:文昌设属,郎位甚高;秋官议刑,选任尤重。眷时吉士,申锡纶言。以尔志行通乎大方,存心克恕;以尔槀傅以古谊,用法惟平。擢居棘寺之联,深得惠文之要。宠升厥次,是因尔能。往尽乃心,式赞而长。

出处:《东窗集》卷八。

撰者:张扩

考校说明:编年据张扩任两制时间补。

王达如除吏部郎官制
(绍兴十一年十月至绍兴十三年六月间)

敕具官某:六官分职,吏部最称剧繁;诸郎得人,群材赖以铨综。以尔学识深远,议论详明,擢升乌府之联,休有纪纲之助。申颁休命,往赞天官。益懋尔为,以究令闻。

出处:《东窗集》卷八。

撰者:张扩

考校说明:编年据张扩任两制时间补。

归正王胜等二十八人各转一官制
(绍兴十一年十月至绍兴十三年六月间)

敕具官某:尔等身陷敌境,心存本朝,率众来归,备尝险阻。锡以命秩,用劝乃忠。

出处:《东窗集》卷八。

撰者:张扩

考校说明:编年据张扩任两制时间补。

宋迪运粮有劳转一官制
(绍兴十一年十月至绍兴十三年六月间)

敕具官某:顷者川陕用武,幕府上功,尔以馈饷之劳,赏预增秩。尚稽直授,申锡赞书。服我恩荣,益思报称。

出处:《东窗集》卷八。
撰者:张扩
考校说明:编年据张扩任两制时间补。

仓部郎官王循友交割岁币有劳特转一官制
(绍兴十一年十月至绍兴十三年六月间)

敕具官某:劳于王事,为臣则知尽忠;说于见知,为君则务行赏。以尔履行夷粹,居官敏强,比繇郎曹,出勤王事,夙戒道途之役,靡怀居处之安。直从增秩之华,以厚言归之宠。往祗朕命,毋怠钦承。

出处:《东窗集》卷八。
撰者:张扩
考校说明:编年据张扩任两制时间补。

户部郎官林大声特转一官制
(绍兴十一年十月至绍兴十三年六月间)

敕具官某:朕举湖广之赋,以给上流之师,总领之权,亦云重矣。傥馈饷之无乏,岂褒劝之可忘?尔比繇郎曹,出任繁剧,阅岁未几,以办治闻。其颁增秩之恩,益图善后之计。

出处:《东窗集》卷八。
撰者:张扩
考校说明:编年据张扩任两制时间补。

薛兴等大阅挽弓应格转官制
（绍兴十一年十月至绍兴十三年六月间）

敕具官某等：三时务农，一时讲武，古之制也。尔等咸以大阅，挽强应格，朕何爱增秩之赏，以为尔劝哉？

出处：《东窗集》卷八。

撰者：张扩

考校说明：编年据张扩任两制时间补。

吕靖等改合入官吕大举等各转一官制
（绍兴十一年十月至绍兴十三年六月间）

敕具官某等：朕修奉祐陵，有严大役，分遣使指，协济事功，庀众聚材，实资其属。尔等咸以健敏，见谓贤劳，增秩示恩，往承毋怠。

出处：《东窗集》卷八。

撰者：张扩

考校说明：编年据张扩任两制时间补。

皇叔右监门卫大将军文州刺史士谊磨勘转官制
（绍兴十一年十月至绍兴十三年六月间）

敕具官某等：朕疏恩睦族，务增本支之强；迁秩限年，盖袭祖宗之旧。以尔持身甚谨，乐善有闻，尽内朝之恭，为宗子之秀，积岁滋久，于法应升。宠以兵团，是为异典。益思自励，期称所蒙。

出处：《东窗集》卷八。

撰者：张扩

考校说明：编年据张扩任两制时间补。

垂拱殿成武德郎高珪武经郎冯宝等各转一官制
（绍兴十一年十月至绍兴十三年六月间）

敕具官某等：朕申讲会朝之仪，聿新广殿之制，旁资众力，协济一时。尔等咸以劳能，遇事辄办。迨此落成之始，宜颁增秩之荣。往服恩休，益图报称。

出处：《东窗集》卷八。
撰者：张扩
考校说明：编年据张扩任两制时间补。

敦武郎陈该等奉使大金国信所转官制
（绍兴十一年十月至绍兴十三年六月间）

敕具官某：朕间遣辅臣，修好邻国，尔等从役万里，跋涉良劳。其增一官，以厚言还之报。

出处：《东窗集》卷八。
撰者：张扩
考校说明：编年据张扩任两制时间补。

垂拱殿成临安府属县方懋德王巩李份陆康民
黄匪躬卫阗田钦亮范德冲章著各转一官制
（绍兴十一年十月至绍兴十三年六月间）

敕具官某等：朕申讲会朝之仪，聿新广殿之制，凡兹营缮，允赖勤劳。以尔等各以材能，分宰诸县，聚材不愆于素，用民适得其均。逮此落成，肆增尔秩，庸示劝赏，往务钦承。

出处：《东窗集》卷八。
撰者：张扩
考校说明：编年据张扩任两制时间补。

李流马耆年梁抃等榷货务赏各转一官制
（绍兴十一年十月至绍兴十三年六月间）

敕具官某等:朕榷盐茶之赢,以佐国用,法详令具,公私便之。尔等善于其职,推行有方,岁终会课,以增羡闻。肆颁赏秩,以为趋事者之劝。

出处:《东窗集》卷八。
撰者:张扩
考校说明:编年据张扩任两制时间补。

太史局冬官正钱希杰王敦祐各转一官制
（绍兴十一年十月至绍兴十三年六月间）

敕具官某等:间者修奉祐陵,实国大事,一时官吏,协助惟勤。汝等咸以能称,用增厥秩。往祗涣渥,毋忘钦承。

出处:《东窗集》卷八。
撰者:张扩
考校说明:编年据张扩任两制时间补。

应办中宫册宝郑璓张云裘多见于恭李炳尧
吉昌汪绅龚道卢璿各转一官制
（绍兴十一年十月至绍兴十三年六月间）

敕具官某等:朕申讲弥文,交修百度,凡服饰器用,咸取具焉,岂一手足之力哉! 尔等事不辞难,尽心夙夜,及兹底绩,予实汝嘉。各增厥官,式劝能者。

出处:《东窗集》卷八。
撰者:张扩
考校说明:编年据张扩任两制时间补。

黄绎等六员各转一官制
(绍兴十一年十月至绍兴十三年六月间)

敕具官某等:朕申讲弥文,交修百度,凡服饰器用,咸取具焉,岂一手足之力哉!尔等事不辞难,尽心夙夜,凡兹祗事之人,宜涣录劳之赏。肆增尔秩,往务钦承。

出处:《东窗集》卷八。
撰者:张扩
考校说明:编年据张扩任两制时间补。

玉辂黄麾仗成内侍邵鄂转一官制
(绍兴十一年十月至绍兴十三年六月间)

敕:朕怆念祐陵,克备送终之礼;近瞻东越,爰兴卜宅之工。嘉乃底绩,赖予信臣。具官某性极疏明,智无凝滞,遇事辄得要领,承命不忘恪恭。眷兹技巧之精,允藉贤劳之助。虽一器而工聚,诚不易为;然百度之鼎新,孰云小补? 其增崇于使范,以申劝于事功。祗我恩休,毋忘夙夜。

出处:《东窗集》卷八。
撰者:张扩
考校说明:编年据张扩任两制时间补。

武翼大夫宋肇知扬州转一官制
(绍兴十一年十月至绍兴十三年六月间)

敕具官某:间者宿兵淮堧,申严守备,以尔适总兵于东路,尝摄治于帅藩,干城之劳,宜有褒赏。增秩一等,往务钦承。

出处:《东窗集》卷八。
撰者:张扩
考校说明:编年据张扩任两制时间补。

吕希常奉使有劳转一官制
（绍兴十一年十月至绍兴十三年六月间）

敕具官某:《四牡》,劳使臣之诗也。其首章曰"四牡骓骓,周道倭迟"。又曰"王事靡盬,不遑启处"。夫人君用人,有功而见知,此臣下所以说而忘劳也。尔比以郎曹,出将使指,闻命引道,匪薄良勤。宜膺增秩之华,以厚言归之宠。往服朕命,毋怠钦承。

出处:《东窗集》卷八。

撰者:张扩

考校说明:编年据张扩任两制时间补。

武功大夫荣州防御使枢密院诸房
副承旨安世贤阶官上转行一官制
（绍兴十一年十月至绍兴十三年六月间）

敕:惟右铨横列之始,实国朝上阁之联,匪有殊劳,未尝轻授。具官某充职枢府,屡阅岁时,录其夙夜之勤,宜有嘉褒之典。就升厥次,仍服故官。往务钦承,益思报称。

出处:《东窗集》卷八。

撰者:张扩

考校说明:编年据张扩任两制时间补。

史德赵万等横行遥郡上各转行一官制
（绍兴十一年十月至绍兴十三年六月间）

敕:奋身不顾,将士所以效忠;定功有差,人主所以行赏。具官某等鸷勇绝众,麾猛驰声,陷阵摧锋,所向莫敌。比预淮堧之战,有嘉斩获之多,用颁信赏之优,俾任廉车之重。益思懋勉,以称所蒙。

出处:《东窗集》卷八。

撰者:张扩

考校说明:编年据张扩任两制时间补。

右承事郎知淳安县孔括转一官再任制
(绍兴十一年十月至绍兴十三年六月间)

敕具官某:汉制,郎官出宰百里,盖重近民之官也。当是时,非独上重其选,而为吏者亦能以治行自见,班班可纪,朕甚嘉之。今尔令于淳安,邑之士民,疏尔善状,闻于朝廷,亦庶几乎。朕尝下其章,俾部使者廉之,言果不妄。其颁增秩之恩,且申久任之令。风劝四方,当自尔始。尚勉之哉!

出处:《东窗集》卷八。

撰者:张扩

考校说明:编年据张扩任两制时间补。

应办中宫册宝林乂孙传苏籀施德修
刘才邵钱时敏宋贶各转一官制
(绍兴十一年十月至绍兴十三年六月间)

敕具官某等:朕申讲弥文,交修盛典,资尔群工之助,焕然百度之新。尔等夙夜在公,敏强举职,善提纲而振领,致乐事以劝功。嘉乃贤劳,用增厥秩。往服休命,益懋尔为。

出处:《东窗集》卷八。

撰者:张扩

考校说明:编年据张扩任两制时间补。

度支郎官李椿年救火转一官制
(绍兴十一年十月至绍兴十三年六月间)

敕具官某:间者居民昧徙薪之计,焚如遗患,公私病之。火道所表,尔谨其防;官酤之储,卒善调护。昔乐喜为善政,预戒百官,各庀其守。今汝官长以汝为言,亦可谓能庀其守者矣。事不避难,于汝有焉。宠进一官,庸示褒劝。

出处:《东窗集》卷八。

撰者:张扩

考校说明:编年据张扩任两制时间补。

寄班祗候邵璿转一官制
(绍兴十一年十月至绍兴十三年六月间)

敕具官某:中侍之臣,以廉靖寡过,至于董率其属,参古者内小宰之职,而又赏延于世祖宗亲。以劝之之意深,固将责其尽忠以事上也。以尔璿是似可嘉,陟官一等。既申彝则,并示恩休,往服赞书,益茂尔祉。

出处:《东窗集》卷八。

撰者:张扩

考校说明:编年据张扩任两制时间补。

刘福等转官制
(绍兴十一年十月至绍兴十三年六月间)

敕具官某:尔等顷由蜀道,入扈禁严,道途阻修,屝薄良苦,咸增厥秩,往务钦承。

出处:《东窗集》卷八。

撰者:张扩

考校说明:编年据张扩任两制时间补。

提举浙东茶盐王铁赏转一官制
(绍兴十一年十月至绍兴十三年六月间)

敕具官某:昔刘晏称善理财,然岁入之数,榷盐居其太半,朕以是知煮海之利有助于公家也溥矣。尔以疏通之材,出使浙东,盗贩禁戢,舟车流行,会课岁终,遂溢常额。奉法如此,可不谓之称乎?其增一官,以示褒劝。

出处:《东窗集》卷八。

撰者:张扩

考校说明:编年据张扩任两制时间补。

提举浙西茶盐徐康赏转一官制
(绍兴十一年十月至绍兴十三年六月间)

敕具官某:昔刘晏称善理财,然岁入之数,榷盐居其太半,朕以是知煮海之利有助于公家也溥矣。尔顷者以疏通之材,将命浙西,明阜通之方,严盗贩之禁,岁终会课,以增羡闻,亦可谓善于其职者矣。升秩一等,庸示褒劝。

出处:《东窗集》卷八。

撰者:张扩

考校说明:编年据张扩任两制时间补。

秉义郎程彦忠翌郎安义并赠两官各与两资恩泽制
(绍兴十一年十月至绍兴十三年六月间)

敕具官某等:士以忠勇,捐躯行陈,阅岁滋久,可缓恩章?尔等顷在泾原,立功甚隽,未沾信赏,朕岂汝忘?用增厥官,并恤其后。营魂不昧,尚克歆承。

出处:《东窗集》卷八。

撰者:张扩

考校说明:编年据张扩任两制时间补。

左迪功郎孙朝隐母宋氏年九十一特封太孺人制
(绍兴十一年十月至绍兴十三年六月间)

敕具官某母某氏:朕尊礼高年,教民为孝。尔为人母,以寿得封。锡命惟新,用覃风化。

出处:《东窗集》卷八。又见《永乐大典》卷二九七二。

撰者:张扩

考校说明：编年据张扩任两制时间补。

保义郎吕定母吴氏年九十二特封太孺人制
（绍兴十一年十月至绍兴十三年六月间）

敕具官某母某氏：朕推崇孝治，赉及期颐。尔仕于朝，而有寿母，肆加封号，风示万方。

出处：《东窗集》卷八。又见《永乐大典》卷二九七二。

撰者：张扩

考校说明：编年据张扩任两制时间补。

开州文学李由直母任氏年九十六封太孺人制
（绍兴十一年十月至绍兴十三年六月间）

敕具官某母某氏：间者宗祀礼成，霈泽四海，期颐之人，亦沾庆赉。矧尔有子，齿于仕版，锡以封号，用昭恩荣。

出处：《东窗集》卷八。又见《永乐大典》卷二九七二。

撰者：张扩

考校说明：编年据张扩任两制时间补。

右迪功郎冯经母年一百四岁封太孺人制
（绍兴十一年十月至绍兴十三年六月间）

敕具官某母某氏：朕惟宗祀礼成，故敷霈泽。嘉尔百年之老，适沾一时之恩，肆颁丝纶，益介寿祉。

出处：《东窗集》卷八。又见《永乐大典》卷二九七二。

撰者：张扩

考校说明：编年据张扩任两制时间补。

皇后姨张氏封孺人制
（绍兴十一年十月至绍兴十三年六月间）

敕具官某氏：礼降宫掖，泽被私门，尔以懿亲，宜同其庆。宠加封号，用侈国恩。

出处：《东窗集》卷八。又见《永乐大典》卷二九七二。
撰者：张扩
考校说明：编年据张扩任两制时间补。

知潼川府赵子厚除直秘阁制
（绍兴十一年十月至绍兴十三年六月间）

敕具官某：朕惟爵赏之行，本以砺世；名器之重，不可假人。矧延阁之华资，实公朝之遴选，授受之际，必惟其人。以尔擢秀宗枝，登名桂籍，早膺任使，绰有能称，顷持将漕之权，深晓裕民之计，洊易潼川之寄，蔼闻循吏之声，不有褒嘉，孰为旌劝？其颁寓直之宠，以厚承流之休。往懋尔为，式图报效。

出处：《东窗集》卷八。
撰者：张扩
考校说明：编年据张扩任两制时间补。

李鞉除直秘阁制
（绍兴十一年十月至绍兴十三年六月间）

敕具官某：朕购用名器，未尝假人，延阁华资，实处英俊。以尔老于文学，见推士林，比緜大匠之联，出按七闽之部，寓直之宠，式光其行。往祗涣恩，毋忘报称。

出处：《东窗集》卷八。
撰者：张扩
考校说明：编年据张扩任两制时间补。

周梣除大理寺丞制
（绍兴十一年十月至绍兴十三年六月间）

　　敕具官某:惟古先哲王,明慎用刑,好生之仁,远迓周浹。虽一时德意之孚,亦治狱之官得其人也。以尔持心近厚,临事不欺,用因其能,俾丞棘寺。往服明训,益尽心焉。

出处:《东窗集》卷九。

撰者:张扩

考校说明:编年据张扩任两制时间补。

吴槀叶庭珪并除大理寺丞制
（绍兴十一年十月至绍兴十二年六月间）

　　敕具官某:先王盛时,史以狱成告于正,正听之;正以狱成告于大司寇,司寇听之。夫正之为官旧矣,膺是选者,可非其人哉? 以尔槀学识兼明,持议不挠;以尔庭珪靖共自励,行已有方。棘寺为丞,效见已试。就升厥次,往哉惟钦。

出处:《东窗集》卷九。

撰者:张扩

考校说明:编年据张扩任两制时间、叶庭珪宦历补,见《宋会要辑稿》职官二四。

卫尉寺丞宋维可大理寺丞制
（绍兴十一年十月至绍兴十三年六月间）

　　敕某等:朕经启九有,宠绥黎苗,妙简群材,外康庶政,及劳而赏,唯恐后焉。以尔等隽轨飞声,庆门济美,当官自竭,奏课居多。是用进秩天台,升华礼寺。或参荣于棘路,实并茂于朝恩。更励乃诚,以图来效。可。

出处:《东窗集》卷九。

撰者:张扩

考校说明:编年据张扩任两制时间补。

程唐除大理寺丞制
(绍兴十一年十月至绍兴十三年六月间)

敕:古之君子,以经术饰吏政,以《春秋》决疑狱,夫法固儒者之事也。朕郑重司寇之职,遴择廷尉之选,欲其用律,咸傅古义。今汝往丞于理,勉服朕训,学古议事,以佐而长。

出处:《东窗集》卷九。
撰者:张扩
考校说明:编年据张扩任两制时间补。

玉辂黄麾仗成莫将转左朝奉郎制
(绍兴十一年十月至绍兴十三年六月间)

敕:朕惟国家文物之盛时,有车辂旂常之异制,藏在官府,用昭等威。肆朕纂承,礼文残阙,比诏探讨,稍新其仪。揆日度材,不愆于素,匪我近列,畴若予工?具官某议论详明,风猷敏劭,参酌今古,以济事宜。善绵蕝于一时,几鼎新于百度。肃彼在列,入观于庭。众志惟熙,盖上考周公之典;群目所视,咸喜见汉官之仪。用褒陟于文阶,以增华于从橐。往祗朕命,益励乃心。

出处:《东窗集》卷九。
撰者:张扩
考校说明:编年据张扩任两制时间补。

莫将复左朝奉郎制
(绍兴十一年十月至绍兴十三年六月间)

敕具官某:服在近班,居多令誉。议论甚伟,善专对于四方;声猷益孚,遂升华于八座。

出处:《东窗集》卷九。
撰者:张扩

考校说明:编年据张扩任两制时间补。

徽宗皇帝册宝转左朝奉郎制
(绍兴十一年十月至绍兴十三年六月间)

敕具官某:朕钦惟徽考,谥号未称,无以光昭先烈,乃稽故事,奉上册宝,一时制作,繄缮工是赖。以尔强识博闻,练达国典,在公夙夜,帅属惟勤。迄兹礼成,宜举明赏,增秩一等,用劝尔能。

出处:《东窗集》卷九。
撰者:张扩
考校说明:编年据张扩任两制时间补。此文标题疑有脱文。

郭旦降左奉议郎制
(绍兴十一年十月至绍兴十三年六月间)

敕具官某:管库之利,科条浩繁,检校拘催,实赖能吏。尔为郡丞,憒不更事,奉命怠忽,浸失关防。使者以闻,既从吏议,镌秩二等,尚务省循。

出处:《东窗集》卷九。
撰者:张扩
考校说明:编年据张扩任两制时间补。

赵抗转右奉议郎制
(绍兴十一年十月至绍兴十三年六月间)

敕具官某:朕比遣侍从,将使指于京畿之西,尔为之属,克祗厥事,宜颁信赏,以旌其劳。增秩之荣,益思报称。可。

出处:《东窗集》卷九。
撰者:张扩
考校说明:编年据张扩任两制时间补。

费植换给左奉议郎制
（绍兴十一年十月至绍兴十三年六月间）

敕具官某:间者屯兵陕西,取给蜀道,尔以健敏,与有劳能。俾增厥官,以为趋事者之劝。

出处:《东窗集》卷九。

撰者:张扩

考校说明:编年据张扩任两制时间补。

孟子礼转右奉议郎王伯序万俟允中
并转右承直郎王濩转右文林郎制
（绍兴十一年十月至绍兴十三年六月间）

敕具官某:间者屯兵陕西,取给蜀道,干敏得人,事无不济。肆增厥秩,用旌尔勤。

出处:《东窗集》卷九。

撰者:张扩

考校说明:编年据张扩任两制时间补。

李汝明转右奉议郎制
（绍兴十一年十月至绍兴十三年六月间）

敕具官某:朕比下鬻田之令,以佐国用。汝能究心,不扰而事集,推此可以观百里之政矣。何爱一官,以示旌劝?

出处:《东窗集》卷九。

撰者:张扩

考校说明:编年据张扩任两制时间补。

周聿复右奉议郎制
（绍兴十一年十月至绍兴十三年六月间）

敕：朕比下鬻田之令，以佐国用。具官某早以才猷，屡膺任使。为卿棘寺，议刑高平允之称；赞治民曹，裕财善阜通之术。何爱一官，以示旌劝？

出处：《东窗集》卷九。

撰者：张扩

考校说明：编年据张扩任两制时间补。

赵揆起复修武郎御前副将制
（绍兴十一年十月至绍兴十三年六月间）

敕具官某：墨缞从戎，事存典礼，既徇国家之急，难申人子之私。以尔骁勇知名，久亲行阵，虽在苫块，未忘艰难，其起莅于故官，庶移忠而自效。

出处：《东窗集》卷九。

撰者：张扩

考校说明：编年据张扩任两制时间补。

左朝议大夫赵嬎等系张中孚麾下将佐特免塾减复旧官制
（绍兴十一年十月至绍兴十三年六月间）

敕具官某等：顷从大将，入觐中朝，有嘉事上之忠，宜厚念劳之宠。虽有司例加裁抑，欲示以公；然明君终务优容，尽还其秩。往祗涣渥，无怠钦承。

出处：《东窗集》卷九。

撰者：张扩

考校说明：编年据张扩任两制时间补。

冀彦明复阁门宣赞舍人添差两浙西路兵马副都监制
（绍兴十一年十月至绍兴十三年六月间）

敕具官某：朕操刑赏之柄，以驭群臣，视其职业之勤惰而升黜之，初无容心也。以尔顷缘攀附之恩，祗事左右，坐累镌职，亦既逾时，夙夜在公，有赏可录。其还旧秩，益务钦承。

出处：《东窗集》卷九。

撰者：张扩

考校说明：编年据张扩任两制时间补。

曾班复左朝请大夫范仲熊复右承议郎制
（绍兴十一年十月至绍兴十三年六月间）

敕具官某等：朕修好殊邻，既获伸于孝养；配天其泽，用加惠于多方。凡丽丹书，悉从昭洗。尔等顷以玷缺，陷于惠文，阅岁滋深，屡更赦宥，其尽还于故秩，宜益励于后图。朕命惟休，往承毋怠。

出处：《东窗集》卷九。

撰者：张扩

考校说明：编年据张扩任两制时间补。

王青阿李达并补承信郎赵铺马赵七儿
高昌哥刘三哥并补进勇副尉制
（绍兴十一年十月至绍兴十三年六月间）

敕：尔等向化慕善，脱身来归，忠义可嘉，岂无劝赏？肆命尔秩，益殚乃心。

出处：《东窗集》卷九。

撰者：张扩

考校说明：编年据张扩任两制时间补。

吴援任武翼郎阁门宣赞舍人换右通直郎制
（绍兴十一年十月至绍兴十三年六月间）

　　敕具官某：往岁边事绎骚，震惊川陕，尔父璘捍御尤力，卒以无侮，朕甚嘉之。比因入觐，尝以尔为请。朕惟尔将家子，乃能好学自爱，使以艺业，试于有司，亦中程度。易畀文阶，进参朝列，于尔亦宠矣。夫知臣莫若君，知子莫若父。朕知璘者也，璘知尔者也。尔其益自刻厉，务立名节，以为报上之图，则朕为人君，璘为人父，尔为人臣、为人子，皆亦有辞矣。

出处：《东窗集》卷九。

撰者：张扩

考校说明：编年据张扩任两制时间补。

贾尧民换给右通直郎制
（绍兴十一年十月至绍兴十三年六月间）

　　敕具官某：间者川陕宿师，馈饷尤急，尔以健敏，协济惟勤。承制迁官，既被优赏，易以真命，往哉惟钦。

出处：《东窗集》卷九。

撰者：张扩

考校说明：编年据张扩任两制时间补。

王濯降右宣义郎制
（绍兴十一年十月至绍兴十三年六月间）

　　敕具官某：尔以民社之寄令于衡山，纵失罪人，政刑安在？罚汝旷职，用镌一官，往祗宽恩，尚务循省。

出处：《东窗集》卷九。

撰者：张扩

考校说明：编年据张扩任两制时间补。

柴存换宣义郎监周陵庙制
(绍兴十一年十月至绍兴十三年六月间)

敕具官某:朕存先代之后,隆继绝之恩,所以彰国家之深仁,奉祖宗之彝训也。尔周之裔孙,于序应袭,申锡书命,俾易文阶。往羞蒸尝,毋废厥祀。

出处:《东窗集》卷九。
撰者:张扩
考校说明:编年据张扩任两制时间补。

张杲除荆湖南路提点刑狱制
(绍兴十一年十月至绍兴十三年六月间)

敕具官某:朕轸念黎元,若保赤子,慎择一时忠厚之士,付以诸路平反之权。以尔操履靖共,风猷敏劲,更事任剧繁之久,知民间疾苦之详。顷奉玺书,往临浙部。宜更使节,远按湖湘。朕视遐方,有同轩陛,尔其恪遵三尺,申戒攸司,使斯民自以不冤,则汝职是为称塞。

出处:《东窗集》卷九。
撰者:张扩
考校说明:编年据张扩任两制时间补。

晏孝纯除江西提点刑狱制
(绍兴十一年十月至绍兴十三年六月间)

敕具官某:明王官人,因任而已。用违其长,则力劳而功弗济;名应其实,则命下而人自孚。矧夫狱市之重寄,一路之使指,可以非其人哉? 以尔智术疏通,吏能精敏,擢由棘寺之属,久列秋官之曹。详谳之论,胸中既已洞然;仁厚之心,固宜见诸行事。江西虽远,吏猾民顽,汝为朕行,何忧之有?

出处:《东窗集》卷九。
撰者:张扩

考校说明:编年据张扩任两制时间补。

马居中除荆湖北路提点刑狱制
(绍兴十一年十月至绍兴十三年六月间)

　　敕具官某:朕体天地之好生,遵国家之成宪,虽恤刑之诏,为民屡下,承命之吏,折狱为良。以尔忠厚存心,强明莅法,入贰上方之政,出分铜虎之符,洊著能称,屡持使节。朕惟重湖之北,地广人稠,平反之权,繄汝是赖。往恪奉三尺之律,以布宣一时之恩,使民自以不冤,则汝斯为称职。

出处:《东窗集》卷九。
撰者:张扩
考校说明:编年据张扩任两制时间补。

吴传除两浙东路提点刑狱公事制
(绍兴十一年十月至绍兴十三年六月间)

　　敕具官某:朕惟使者之选,戒用本部士人,非旧制也。夫所贵乎贤士大夫者,谓其知分义、能守法、徇至公也。示人以不广,岂朕志哉?尔气节刚方,操履修洁,尝为吾御史,肃正朝纲,雅有助焉。今以母老请去,朕用是举浙东刑狱之寄付之,盖非独便尔私也。且持议忠厚,不专惠文,惟儒者能之。汝其尽心平反,申理冤滞,人有以慰其亲,则尔职举矣,可不勉欤!

出处:《东窗集》卷九。
撰者:张扩
考校说明:编年据张扩任两制时间补。

刘长源除湖南路提点刑狱制
(绍兴十一年十月至绍兴十三年六月间)

　　敕具官某:朕子惠黎元,明慎庶狱,必求忠厚之士,以付平反之权。以尔学术该通,风猷敏劭。入补霜台之属,直谅有闻;出膺列郡之符,恩威允济。往任湖湘之寄,式专谳议之司。使民自以不冤,则汝兹为称职。

81

出处:《东窗集》卷九。

撰者:张扩

考校说明:编年据张扩任两制时间补。

李靰除福建路提点刑狱制
(绍兴十一年十月至绍兴十三年六月间)

敕具官某:朕轸念黎元,若保赤子,慎择一时忠厚之士,付以诸路平反之权。以尔操履靖共,学识深远。嘉中外践扬之久,知民间疾苦之详。顷使岭南,清节甚著。狱市所寄,孰如汝宜? 其临按于七闽,庶广宣于德意。

出处:《东窗集》卷九。

撰者:张扩

考校说明:编年据张扩任两制时间补。

红霞帔张顽儿转郡夫人制
(绍兴十一年十月至绍兴十三年六月间)

敕:朕择选良家,入克妇职,载畴祇事之久,用疏增秩之荣。具官某氏柔惠宅心,温恭率履,早备掖庭之列,居多凤夜之勤。积誉弥芳,涣恩斯渥。笄珈被饰,式彰象服之宜;汤沐启封,并厚小君之宠。往钦朕命,益既乃心。

出处:《东窗集》卷九。

撰者:张扩

考校说明:编年据张扩任两制时间补。

皇太后侄女韦十娘封郡夫人制
(绍兴十一年十月至绍兴十三年六月间)

敕:朕荷上天之垂祐,席列圣之储休。文母言还,中外协庆,宜颁异数,以宠近姻。具官某氏赋性静专,凝姿婉娈。早闲姆训,业不废于组纴;雅佩女箴,动必遵于彝则。属奉慈宁之养,爰疏肺腑之恩,用锡号于小君,仍启封于名郡。往祇涣渥,益务钦承。

出处:《东窗集》卷九。

撰者:张扩

考校说明:编年据张扩任两制时间补。

资政殿大学士左朝请郎提举临安府洞霄宫
郑亿年故妻韩氏赠咸安郡夫人制
（绍兴十一年十月至绍兴十三年六月间）

敕:朕登俊良,秩视二府,愍其内助之懿,不及同升之荣,载举徽章,以昭异数。具官故妻某氏,蝉貂华胄,诗礼名家。严恭力蘋藻之羞,柔顺协姑嫜之奉。有嘉乃德,善相其夫,寿啬于天,义乖偕老。属兹进拜之始,宜申追赠之隆。锡号小君,永光幽壤。

出处:《东窗集》卷九。

撰者:张扩

考校说明:编年据张扩任两制时间补。

冉泉起复左武大夫文州刺史秦继
起复左武大夫御前将官制
（绍兴十一年十月至绍兴十三年六月间）

敕:干戈卫社,义莫重于事君;衰绖临戎,礼盖存于知变。具官某早亲行阵,屡著勋劳,适遭家艰,服在苦块。当徇公家之急,务从一切之宜。移孝为忠,往祗旧服。

出处:《东窗集》卷九。

撰者:张扩

考校说明:编年据张扩任两制时间补。

李柽除太府寺丞制
（绍兴十一年十月至绍兴十三年六月间）

敕具官某：贡赋之法，外府是司，惟时丞属，推择尤慎。以尔学术该洽，吏能敏强，畴其誉处之休，俾预甄升之列。往佐而长，益务交修。

出处：《东窗集》卷九。

撰者：张扩

考校说明：编年据张扩任两制时间补。

谭知默除太府寺丞制
（绍兴十一年十月至绍兴十三年六月间）

敕具官某：外府掌财用出入之数，惟时丞属，尤务得人。以尔性资疏通，吏事精敏，俾任厥职，亦因其能。往究乃心，以赞而长。

出处：《东窗集》卷九。

撰者：张扩

考校说明：编年据张扩任两制时间补。

田彦章承袭银青光禄大夫检校国子祭酒
监察御史知溪洞珍州制
（绍兴十一年十月至绍兴十三年六月间）

敕具官某：朕疏恩涣宠，以怀远人，爵秩土疆，听其世袭。尔父久奉职贡，慕义甚勤，今兹沦亡，朕用怆愍。参稽旧制，锡尔命书，往务钦承，毋忘忠恪。

出处：《东窗集》卷九。

撰者：张扩

考校说明：编年据张扩任两制时间补。

叶庭珪除太常寺丞陈履除大理寺丞制
（绍兴十一年十月至绍兴十三年六月间）

敕具官某等：奉常礼乐之司，大理人命所系，寺事甚重。以尔庭珪操履靖共，好学忘倦；以尔履材资敏劭，为政有方。往祗厥官，宜思自励。朕既得因能之要，而尔等亦有事君之休。

出处：《东窗集》卷九。

撰者：张扩

考校说明：编年据张扩任两制时间补。

石延庆除国子监丞制
（绍兴十一年十月至绍兴十三年六月间）

敕具官某：朕投戈息马，议广成均。虽长贰博士，未修故官，然令具法详，责之丞也旧矣。以尔文采英发，见推士林，尝为师儒，典教宗属。今朕命汝，亦因其能。往究典章，以称朕恢儒右文之意也。

出处：《东窗集》卷九。

撰者：张扩

考校说明：编年据张扩任两制时间补。

马延之提举江东路茶盐李莫信提举广东西路茶盐制
（绍兴十一年十月至绍兴十三年六月间）

敕具官某等：朕惟茶盐之利博矣，并山濒海之家，赖之以生养，行商坐贾之民，资之以阜通。国家立为良法，俾部使者推而广焉，操其赢余，以佐邦用，其任顾不重欤？以尔延之详练疏明，吏能世济；以尔莫信重厚笃实，儒雅自修；使乘轺车，往按诸路。夫大江之左，五岭以南，远近虽殊，委寄惟一。其各钦于训戒，以克济于事功。

出处：《东窗集》卷九。

撰者:张扩

考校说明:编年据张扩任两制时间补。

周之翰除大宗正丞制
（绍兴十一年十月至绍兴十三年六月间）

敕具官某:朕惇叙九族,厥有攸司,丞于其间,事亦关决。以尔学问材术,有得于时,俾践厥官,佥曰惟允。其体朕强宗之意,以助成信厚之风。

出处:《东窗集》卷九。

撰者:张扩

考校说明:编年据张扩任两制时间补。

许明转成忠郎制
（绍兴十一年十月至绍兴十三年六月间）

敕具官某:朕惟慈宁邃严,实视膳问寝之地。尔于营缮,预有劳能,其增一官,以为尔劝。

出处:《东窗集》卷一○。又见《永乐大典》卷七三二六。

撰者:张扩

考校说明:编年据张扩任两制时间补。

姚之绍换给成忠郎制
（绍兴十一年十月至绍兴十三年六月间）

敕具官某:尔顷以忠勤,尝从羁绁。蒙赏进秩,尚稽真授。申锡书命,益务钦承。

出处:《东窗集》卷一○。又见《永乐大典》卷七三二六。

撰者:张扩

考校说明:编年据张扩任两制时间补。

蓝安道转成忠郎制
(绍兴十一年十月至绍兴十三年六月间)

敕具官某:尔奉帅阃之檄,护送罪人有劳,道途阻修,匦薄良苦。肆增厥秩,其务钦承。

出处:《东窗集》卷一〇。又见《永乐大典》卷七三二六。
撰者:张扩
考校说明:编年据张扩任两制时间补。

刘义换给成忠郎制
(绍兴十一年十月至绍兴十三年六月间)

敕具官某:顷者关陕用武,帅阃第功,尔执干戈,尝与赏秩,易以真授,兹为尔荣。其务钦承,益图报效。

出处:《东窗集》卷一〇。又见《永乐大典》卷七三二六。
撰者:张扩
考校说明:编年据张扩任两制时间补。

刘深转成忠郎制
(绍兴十一年十月至绍兴十三年六月间)

敕具官某:煮海之利,国计所资。会课岁终,以增羡闻,非善于其职者弗能也。增秩示赏,以劝其余。

出处:《东窗集》卷一〇。又见《永乐大典》卷七三二六。
撰者:张扩
考校说明:编年据张扩任两制时间补。

乔遵转忠翊郎杨志宁王俶并转成忠郎制
(绍兴十一年十月至绍兴十三年六月间)

敕具官某:尔等比从近臣,将命于外,道途阻修,行役良苦。增秩一等,以劳其还。

出处:《东窗集》卷一〇。又见《永乐大典》卷七三二六。
撰者:张扩
考校说明:编年据张扩任两制时间补。

邹文转承信郎制
(绍兴十一年十月至绍兴十三年六月间)

敕某人:间者严奉梓宫,实国大事,尔以舟楫,祗命甚虔,涛江之杭,如过枕席。增秩示赏,用酬其劳。

出处:《东窗集》卷一〇。又见《永乐大典》卷七三二七。
撰者:张扩
考校说明:编年据张扩任两制时间补。

夏惇黄瑱南清崔之纲并补承信郎制
(绍兴十一年十月至绍兴十三年六月间)

敕具官某等:汉制,死事之孤,养于羽林,盖使嗣其禄也。尔以外舅殁于干戈,获沾遗泽,肆命以官,以示吾优恤之意,尔尚勉之。

出处:《东窗集》卷一〇。又见《永乐大典》卷七三二七。
撰者:张扩
考校说明:编年据张扩任两制时间补。

游李雄换给承信郎制
(绍兴十一年十月至绍兴十三年六月间)

敕具官某:尔妻之祖,殁于行阵,尔沾遗恩,岂常格哉? 阃外便宜,虽补尔官,命易之真,亦以见死事之家,朕所优也。

出处:《东窗集》卷一〇。又见《永乐大典》卷七三二七。
撰者:张扩
考校说明:编年据张扩任两制时间补。

葛中立转承信郎制
(绍兴十一年十月至绍兴十三年六月间)

敕具官某:邮传在途,尤戒严密,尔尝祗事,遣发有劳。其增厥官,以示劝赏。

出处:《东窗集》卷一〇。又见《永乐大典》卷七三二七。
撰者:张扩
考校说明:编年据张扩任两制时间补。

耿椿年补承信郎制
(绍兴十一年十月至绍兴十三年六月间)

敕某人:貤恩外姻,朝廷所靳,惟死事之家则得之,所以劝忠也。尔之补官,盖用此例,可不勉哉!

出处:《东窗集》卷一〇。又见《永乐大典》卷七三二七。
撰者:张扩
考校说明:编年据张扩任两制时间补。

赵公昙补承信郎制
（绍兴十一年十月至绍兴十三年六月间）

敕某人：尔以宗子，顷遭沦陷，脱身间关，志节可尚。肆命以官，以为尔劝。

出处：《东窗集》卷一〇。又见《永乐大典》卷七三二七。

撰者：张扩

考校说明：编年据张扩任两制时间补。

段延宪李光辅换给承信郎制
（绍兴十一年十月至绍兴十三年六月间）

敕具官某等：死事之孤，义无不录。帅阃承制，秩尔以官；申锡赞书，俾从真授。

出处：《东窗集》卷一〇。又见《永乐大典》卷七三二七。

撰者：张扩

考校说明：编年据张扩任两制时间补。

杜存补承信郎制
（绍兴十一年十月至绍兴十三年六月间）

敕具官某：尔祗事掖庭，阅岁浸久，比因进位之庆，肆颁录劳之恩。命尔以官，宜思报称。

出处：《东窗集》卷一〇。又见《永乐大典》卷七三二七。

撰者：张扩

考校说明：编年据张扩任两制时间补。

牟安礼转承信郎制
（绍兴十一年十月至绍兴十三年六月间）

敕具官某：朕仰惟太母还宫，率土均庆。奉迎之始，尔预有劳。增秩示恩，往承毋怠。

出处：《东窗集》卷一〇。又见《永乐大典》卷七三二七。

撰者：张扩

考校说明：编年据张扩任两制时间补。"牟安礼"，《永乐大典》作"仵安礼"。

崔宪政补修武郎崔宪成补保义郎
陈敦刘兴可并补承信郎制
（绍兴十一年十月至绍兴十三年六月间）

敕具官某：尔等咸蕴忠义，不忘本朝，脱身来归，良用嘉叹。肆命以秩，其务钦承。

出处：《东窗集》卷一〇。又见《永乐大典》卷七三二七。

撰者：张扩

考校说明：编年据张扩任两制时间补。

宗子赵师道补承信郎制
（绍兴十一年十月至绍兴十三年六月间）

敕：朕推亲亲之仁，不间疏远，所以厚宗族也。以尔幼遭沦陷，脱身自归，年既及冠，可以仕矣。肆命以官，往其钦哉！

出处：《东窗集》卷一〇。又见《永乐大典》卷七三二七。

撰者：张扩

考校说明：编年据张扩任两制时间补。

张彦补承信郎制
（绍兴十一年十月至绍兴十三年六月间）

敕具官某：尔奉枢管之檄，强干有闻。肆命以官，以为尔劝。益思自懋，图报朕恩。

出处：《东窗集》卷一〇。又见《永乐大典》卷七三二七。
撰者：张扩
考校说明：编年据张扩任两制时间补。

戚可恭换给承信郎制
（绍兴十一年十月至绍兴十三年六月间）

敕具官某：朕录死事之裔，所以劝忠也。尔以犹子，尝预优恩，申锡赞书，俾从真授。益思自效，期称所蒙。

出处：《东窗集》卷一〇。又见《永乐大典》卷七三二七。
撰者：张扩
考校说明：编年据张扩任两制时间补。

王偶补承信郎制
（绍兴十一年十月至绍兴十三年六月间）

敕：朕驻跸吴会，调度日繁，尔伯父冲允首倾家赀，以佐国用。嘉其忠义，命以赏延。申锡赞书，益图报效。

出处：《东窗集》卷一〇。又见《永乐大典》卷七三二七。
撰者：张扩
考校说明：编年据张扩任两制时间补。

左之刚换给承信郎制
（绍兴十一年十月至绍兴十三年六月间）

敕具官某：死事之典，念亡录存。尔以其壻，尝沾遗泽之宠，申锡赞书，俾从真授。益思自励，以称所蒙。

出处：《东窗集》卷一○。又见《永乐大典》卷七三二七。
撰者：张扩
考校说明：编年据张扩任两制时间补。

张济王戬并补承信郎制
（绍兴十一年十月至绍兴十三年六月间）

敕具官某等：艰难之时，用命则有赏；念功之际，死事所宜优。遗泽之加，许沾其壻。是为异典，尔等尚勉之。

出处：《东窗集》卷一○。又见《永乐大典》卷七三二七。
撰者：张扩
考校说明：编年据张扩任两制时间补。

李遵补承信郎制
（绍兴十一年十月至绍兴十三年六月间）

敕：朕哀亡念存，不吝爵赏。尔父以身抗贼，殒于锋镝之下，录尔以官，以为尽忠者之劝。尚勉之哉！

出处：《东窗集》卷一○。又见《永乐大典》卷七三二七。
撰者：张扩
考校说明：编年据张扩任两制时间补。

花辛转承信郎制
(绍兴十一年十月至绍兴十三年六月间)

敕具官某:顷者群丑啸聚,弄兵潢池,尔屡执坚,擒捕自效。肆颁信赏,其务钦承。

出处:《东窗集》卷一〇。又见《永乐大典》卷七三二七。

撰者:张扩

考校说明:编年据张扩任两制时间补。

周谅补承信郎制
(绍兴十一年十月至绍兴十三年六月间)

敕某人:朕临遣辅臣,远修邻好,出疆之始,干敏是资。肆命以官,式昭尔宠。无忘劝恪,用称恩休。

出处:《东窗集》卷一〇。又见《永乐大典》卷七三二七。

撰者:张扩

考校说明:编年据张扩任两制时间补。

汉儿郝恕刘横并补承信郎制
(绍兴十一年十月至绍兴十三年六月间)

敕具官某等:夙蕴忠义,不忘本朝,脱身自归,良用嘉叹。肆颁厥秩,其务钦承。

出处:《东窗集》卷一〇。又见《永乐大典》卷七三二七。

撰者:张扩

考校说明:编年据张扩任两制时间补。

高靖尹进并补保义郎王浩顾宁并补承信郎制
(绍兴十一年十月至绍兴十三年六月间)

敕具官某等:比遣近弼,案行营屯,内申警备之严,外广绥怀之策。王灵所及,人自革心。既效顺以归来,岂锡恩之可后?肆命以秩,用劝乃忠。

出处:《东窗集》卷一〇。又见《永乐大典》卷七三二七。

撰者:张扩

考校说明:编年据张扩任两制时间补。

郭庭俊补承信郎制
(绍兴十一年十月至绍兴十三年六月间)

敕某人:死事之臣,朕所伤愍,以尔继绝,俾承其宗。肆命以官,宜思自励。

出处:《东窗集》卷一〇。又见《永乐大典》卷七三二七。

撰者:张扩

考校说明:编年据张扩任两制时间补。

李浃换给承信郎制
(绍兴十一年十月至绍兴十三年六月间)

敕具官某:死事之家,朕所优恤。尔以其婿,尝预优恩,申锡赞书,俾从真授。益思自励,以称所蒙。

出处:《东窗集》卷一〇。又见《永乐大典》卷七三二七。

撰者:张扩

考校说明:编年据张扩任两制时间补。

宗室赵师敏特补承信郎制
（绍兴十一年十月至绍兴十三年六月间）

敕具官某：朕遵列圣之宪，厚九族之仁，矧当艰难之时，尤优惇叙之典。以尔幼遭沦陷，脱身来归，养于公宫，年及冠矣。爰锡以爵，俾服官联。往励尔忠，期称朕命。

出处：《东窗集》卷一○。又见《永乐大典》卷七三二七。

撰者：张扩

考校说明：编年据张扩任两制时间补。

王彦雍乞得并补承信郎制
（绍兴十一年十月至绍兴十三年六月间）

敕具官某：尔等沦陷之久，忠义不忘，脱身来归，有足嘉者。肆命以秩，其务钦承。

出处：《东窗集》卷一○。又见《永乐大典》卷七三二七。

撰者：张扩

考校说明：编年据张扩任两制时间补。

荔晋换给从义郎制
（绍兴十一年十月至绍兴十三年六月间）

敕具官某：尔以死事之孤，早列勇爵，奋身行阵，屡立战多。承制迁官，尚稽真授。申锡书命，以为尔荣。

出处：《东窗集》卷一○。又见《永乐大典》卷七三二六。

撰者：张扩

考校说明：编年据张扩任两制时间补。

吴仲舒转从义郎制
（绍兴十一年十月至绍兴十三年六月间）

敕具官某：礼隆宫祓，泽被私门，尔以近亲，宜沾宠渥。升秩二等，庸侈国恩。

出处：《东窗集》卷一〇。又见《永乐大典》卷七三二六。

撰者：张扩

考校说明：编年据张扩任两制时间补。

衡门韩进等并授武翼郎郭遇等并授敦武郎
宋训等并授修武郎毕焕等并授从义郎制
（绍兴十一年十月至绍兴十三年六月间）

敕：尔等入扈禁严，阅岁滋久，临试便殿，挽强可观。咸命以官，俾之从政。益思忠恪，以称恩休。

出处：《东窗集》卷一〇。又见《永乐大典》卷七三二六。

撰者：张扩

考校说明：编年据张扩任两制时间补。

高克明换给秉义郎制
（绍兴十一年十月至绍兴十三年六月间）

敕具官某：顷者阃外以便宜升黜，尔于期会，以劳获赏，申锡赞书，俾从真授。益思自励，期称恩休。

出处：《东窗集》卷一〇。又见《永乐大典》卷七三二六。

撰者：张扩

考校说明：编年据张扩任两制时间补。

都虞候潘立等换秉义郎制
(绍兴十一年十月至绍兴十三年六月间)

敕某人等:以列营之长,易畀右铨,虽稽岁劳,时乃优典。夫解军律而服官政,释介胄而从周旋,绅笏之间,亦足以为荣矣。往服新命,毋怠钦承。

出处:《东窗集》卷一〇。又见《永乐大典》卷七三二六。
撰者:张扩
考校说明:编年据张扩任两制时间补。

罗统转秉义郎制
(绍兴十一年十月至绍兴十三年六月间)

敕具官某:间者南蛮黠酋,聚众干纪,帅阃承命,遣兵荡除。尔预有功,宜膺信赏。增秩一等,往务钦承。

出处:《东窗集》卷一〇。又见《永乐大典》卷七三二六。
撰者:张扩
考校说明:编年据张扩任两制时间补。

吴俊转秉义郎制
(绍兴十一年十月至绍兴十三年六月间)

敕具官某:间者淮西用兵,士气百倍,凯旋第赏,亦不逾时。肆畴尔功,增秩四等。益思自奋,以称所蒙。

出处:《东窗集》卷一〇。又见《永乐大典》卷七三二六。
撰者:张扩
考校说明:编年据张扩任两制时间补。

李谨转忠训郎制
（绍兴十一年十月至绍兴十三年六月间）

　　敕具官某：煮海之利，国计之所资也。推行无方，则害良法。尔以增羡，闻于有司，亦可谓能称其职者矣。升秩示劝，尚勉之哉！

出处：《东窗集》卷一〇。又见《永乐大典》卷七三二六。
撰者：张扩
考校说明：编年据张扩任两制时间补。

杨青王琪张皋并转秉义郎马进转忠训郎制
（绍兴十一年十月至绍兴十三年六月间）

　　敕具官某等：间者淮上用兵，士卒争奋，尔以骁勇，斩获为多。载畴尔功，用颁信赏。肆增厥秩，益励乃忠。

出处：《东窗集》卷一〇。又见《永乐大典》卷七三二六。
撰者：张扩
考校说明：编年据张扩任两制时间补。

钟褥牛子正并转忠训郎制
（绍兴十一年十月至绍兴十三年六月间）

　　敕具官某：间者盗发湖湘，依险拒敌，尔等挺身行阵，斩获居多。其增一官，以示信赏。

出处：《东窗集》卷一〇。又见《永乐大典》卷七三二六。
撰者：张扩
考校说明：编年据张扩任两制时间补。

张攸彦转忠训郎制
(绍兴十一年十月至绍兴十三年六月间)

敕具官某:礼隆宫掖,泽及外家,母舅之亲,宜同其庆。升秩二等,庸侈国恩。

出处:《东窗集》卷一〇。又见《永乐大典》卷七三二六。

撰者:张扩

考校说明:编年据张扩任两制时间补。

杨千转忠训郎制
(绍兴十一年十月至绍兴十三年六月间)

敕具官某:顷奉大将之檄,献俘于朝,戒慎在涂,有劳可录。增秩一等,是为优恩。

出处:《东窗集》卷一〇。又见《永乐大典》卷七三二六。

撰者:张扩

考校说明:编年据张扩任两制时间补。

李烁转承节郎制
(绍兴十一年十月至绍兴十三年六月间)

敕具官某:朕间遣辅臣,出疆修聘,尔从是役,匮薄良劳。俾增一官,以为尔报。

出处:《东窗集》卷一〇。又见《永乐大典》卷七三二六。

撰者:张扩

考校说明:编年据张扩任两制时间补。

樊琏转忠翊郎樊玘转承节郎制
(绍兴十一年十月至绍兴十三年六月间)

敕具官某等:增秩之赏,听延其嗣,盖国家之制也。尔以父恩,遂膺兹典。申锡命书,以为尔荣。尔其奉公律身,图难于其易,则汝责塞矣。

出处:《东窗集》卷一〇。又见《永乐大典》卷七三二六。

撰者:张扩

考校说明:编年据张扩任两制时间补。

罗无咎转承节郎制
(绍兴十一年十月至绍兴十三年六月间)

敕具官某:间者群丑啸聚,官兵捕除,尔以有劳,应推信赏。肆命增秩,往其钦承。

出处:《东窗集》卷一〇。又见《永乐大典》卷七三二六。

撰者:张扩

考校说明:编年据张扩任两制时间补。

赵续转承节郎制
(绍兴十一年十月至绍兴十三年六月间)

敕具官某:尔以艺勇,入卫周庐,顷因霈恩,例沾优赏。其增厥秩,用劝尔忠。

出处:《东窗集》卷一〇。又见《永乐大典》卷七三二六。

撰者:张扩

考校说明:编年据张扩任两制时间补。

特奏名宗室赵伯浩赵彦堪赵善渊保义郎
赵续之等并授承节郎制
(绍兴十一年十月至绍兴十三年六月间)

敕具官某等:朕循三岁之制,临轩策士,诹以当世之务。虽吾同姓之亲,亦必试以言而后官之,示至公也。尔等接武逢掖,诵语于廷,文采粲然,有足嘉者。縻尔以爵,尚克勉之。

出处:《东窗集》卷一○。又见《永乐大典》卷七三二六。
撰者:张扩
考校说明:编年据张扩任两制时间补。

林通林觉祥并转承节郎制
(绍兴十一年十月至绍兴十三年六月间)

敕具官某等:间者海道防秋,广集战舰,尔以材勇,应募有劳。其增一官,以为尔劝。

出处:《东窗集》卷一○。又见《永乐大典》卷七三二六。
撰者:张扩
考校说明:编年据张扩任两制时间补。

刘琦孙荣并转承节郎制
(绍兴十一年十月至绍兴十三年六月间)

敕具官某:士有旧忠异域,帅众来归,虽其部曲之卑,亦忘艰险之苦。嘉尔志节,用锡恩荣。归命以官,毋忘报称。

出处:《东窗集》卷一○。又见《永乐大典》卷七三二六。
撰者:张扩
考校说明:编年据张扩任两制时间补。

阴皋转承节郎制
(绍兴十一年十月至绍兴十三年六月间)

敕具官某:顷者坤维帅阃,遣兵入卫,尔护送在道,匪薄良勤。肆增厥官,尚图报称。

出处:《东窗集》卷一〇。又见《永乐大典》卷七三二六。

撰者:张扩

考校说明:编年据张扩任两制时间补。

常得贤换给忠翊郎制
(绍兴十一年十月至绍兴十三年六月间)

敕具官某:间者关陕用武,幕府第功,尔预有劳,尝沾信赏。易以真命,益务钦承。

出处:《东窗集》卷一〇。又见《永乐大典》卷七三二六。

撰者:张扩

考校说明:编年据张扩任两制时间补。

刘迪转忠翊郎制
(绍兴十一年十月至绍兴十三年六月间)

敕具官某:尔等入卫行阙,岁月滋久,进秩一等,式旌其勤。

出处:《东窗集》卷一〇。又见《永乐大典》卷七三二六。

撰者:张扩

考校说明:编年据张扩任两制时间补。

都虞候刘德换忠翊郎制
（绍兴十一年十月至绍兴十三年六月间）

敕具官某：尔以列营之候，谨于虞度，服职滋久，有嘉忠勤。爰因大赉之恩，俾易右铨之列。益图报效，以称所蒙。

出处：《东窗集》卷一〇。又见《永乐大典》卷七三二六。

撰者：张扩

考校说明：编年据张扩任两制时间补。

阎立换秉义郎李顺换忠翊郎制
（绍兴十一年十月至绍兴十三年六月间）

敕具官某等：出入禁卫，亦既有年，畴其夙夜之勤，俾正右铨之列。往复官政，尚勉之哉！

出处：《东窗集》卷一〇。又见《永乐大典》卷七三二六。

撰者：张扩

考校说明：编年据张扩任两制时间补。

吕言赠忠翊郎制
（绍兴十一年十月至绍兴十三年六月间）

敕具官某：江西群丑弄兵，尔以王事遇诸涂而殁，赠官二等，并录其孤。死而有知，尚歆吾宠。

出处：《东窗集》卷一〇。又见《永乐大典》卷七三二六。

撰者：张扩

考校说明：编年据张扩任两制时间补。

赵善蠲转忠翊郎制
(绍兴十一年十月至绍兴十三年六月间)

敕具官某:尔以宗支,顷遭沦陷,伪邦不辱,志尚可嘉,脱身来归,宜示褒劝。增秩一等,益励尔忠。

出处:《东窗集》卷一〇。又见《永乐大典》卷七三二六。
撰者:张扩
考校说明:编年据张扩任两制时间补。

朱洵转修武郎制
(绍兴十一年十月至绍兴十三年六月间)

敕具官某:间者盗发武冈,扰吾赤子,尔亲戎行,预有劳效。宜增厥秩,以示优恩。

出处:《东窗集》卷一〇。又见《永乐大典》卷七三二六。
撰者:张扩
考校说明:编年据张扩任两制时间补。

臧琳转修武郎制
(绍兴十一年十月至绍兴十三年六月间)

敕具官某:山阳为郡,据两淮要害之地,往时主将,婴城自守,汝在其中,有足嘉者。增秩二等,庸示不忘。

出处:《东窗集》卷一〇。又见《永乐大典》卷七三二六。
撰者:张扩
考校说明:编年据张扩任两制时间补。

王贞换给修武郎制
（绍兴十一年十月至绍兴十三年六月间）

敕具官某:间者宿兵陕西,师出屡胜。尔于行阵,尝立战功,而帅阃以便宜补官,犹稽真授。兹从易畀,以为尔荣。

出处:《东窗集》卷一〇。又见《永乐大典》卷七三二六。
撰者:张扩
考校说明:编年据张扩任两制时间补。

刘千降修武郎制
（绍兴十一年十月至绍兴十三年六月间）

敕具官某:国家置司市马,厥费不赀,尔部送在途,毙者过半。夺官一等,姑示薄惩。

出处:《东窗集》卷一〇。又见《永乐大典》卷七三二六。
撰者:张扩
考校说明:编年据张扩任两制时间补。

魏葵转保义郎吴忠转承信郎彭孚转修武郎制
（绍兴十一年十月至绍兴十三年六月间）

敕具官某等:比遣肤使,通问军前,尔等尝从其役,与有驰驱之劳。肆增厥官,以为尔宠。

出处:《东窗集》卷一〇。又见《永乐大典》卷七三二六。
撰者:张扩
考校说明:编年据张扩任两制时间补。

霍青换给修武郎制
（绍兴十一年十月至绍兴十三年六月间）

敕具官某:顷者关陕用兵,肤公屡奏,尔于行阵,斩获为多,命秩之褒,尚稽真授。兹用易畀,其克钦承。

出处:《东窗集》卷一〇。又见《永乐大典》卷七三二六。
撰者:张扩
考校说明:编年据张扩任两制时间补。

高遇孙成并转修武郎制
（绍兴十一年十月至绍兴十三年六月间）

敕具官某等:间者敌人来侵,王师御侮,尔居行阵,斩馘执俘。录尔之多,增秩二等,往服朕命,益励乃忠。

出处:《东窗集》卷一〇。又见《永乐大典》卷七三二六。
撰者:张扩
考校说明:编年据张扩任两制时间补。

张令衍转敦武郎制
（绍兴十一年十月至绍兴十三年六月间）

敕具官某:间者淮壖有备,庙算是资,尔祗事机庭,厥劳可录。增秩示劝,益励乃勤。

出处:《东窗集》卷一〇。又见《永乐大典》卷七三二六。
撰者:张扩
考校说明:编年据张扩任两制时间补。

尚惟寅转敦武郎制
(绍兴十一年十月至绍兴十三年六月间)

敕具官某:间者严奉慈宁典册,以尔乃弟祗事有劳,预增秩之赏,援例自言,请贶恩于汝。往服申命,图报毋忘。

出处:《东窗集》卷一○。又见《永乐大典》卷七三二六。
撰者:张扩
考校说明:编年据张扩任两制时间补。

祁悫押川陕马特转敦武郎制
(绍兴十一年十月至绍兴十三年六月间)

敕具官某:尔隶役阃外,积有战功,驲骏西来,复勤调护。有功则赏,朕何靳焉? 并颁赞书,以为尔劝。

出处:《东窗集》卷一○。又见《永乐大典》卷七三二六。
撰者:张扩
考校说明:编年据张扩任两制时间补。

张德纯换给敦武郎制
(绍兴十一年十月至绍兴十三年六月间)

敕具官某:顷者关陕用兵,第功行赏,尔于行阵,预有劳能,屡被优恩,尚稽真授。兹用易畀,其务钦承。

出处:《东窗集》卷一○。又见《永乐大典》卷七三二六。
撰者:张扩
考校说明:编年据张扩任两制时间补。

赵永转敦武郎制
（绍兴十一年十月至绍兴十三年六月间）

敕具官某:间者汝阴之战,士气百倍,尔于行阵,斩获居多,幕府策功,躐升朝秩。申锡书命,式劝尔忠。

出处:《东窗集》卷一〇。又见《永乐大典》卷七三二六。
撰者:张扩
考校说明:编年据张扩任两制时间补。

王喜转保义郎制
（绍兴十一年十月至绍兴十三年六月间）

敕具官某:尔顷由蜀道,入扈禁严,匪薄良勤,宜有褒赏。进官一等,其务钦承。

出处:《东窗集》卷一〇。又见《永乐大典》卷七三二六。
撰者:张扩
考校说明:编年据张扩任两制时间补。

韦珏补保义郎制
（绍兴十一年十月至绍兴十三年六月间）

敕具官某:朕惟母后言还,普天同庆。尔以近亲之懿,实从六骢之行,宜有异恩,以昭宠渥。肆命尔秩,往务钦承。

出处:《东窗集》卷一〇。又见《永乐大典》卷七三二六。
撰者:张扩
考校说明:编年据张扩任两制时间补。

李璋转保义郎制
(绍兴十一年十月至绍兴十三年六月间)

敕具官某:间者盗发岭南,良民惊扰。尔乃仗义首奋,自备裹粮,殄灭为期,功状甚著。增秩二等,式劝尔忠。

出处:《东窗集》卷一〇。又见《永乐大典》卷七三二六。
撰者:张扩
考校说明:编年据张扩任两制时间补。

宋睨转保义郎制
(绍兴十一年十月至绍兴十三年六月间)

敕具官某:间者奉上慈宁册宝,尔以祗事有劳,久而未录,肆增尔秩,以示朕恩。

出处:《东窗集》卷一〇。又见《永乐大典》卷七三二六。
撰者:张扩
考校说明:编年据张扩任两制时间补。

王靖转保义郎制
(绍兴十一年十月至绍兴十三年六月间)

敕具官某:尔顷奉大将之檄,献俘于朝,护视良勤,不可无赏。增秩示劝,为尔之荣。

出处:《东窗集》卷一〇。又见《永乐大典》卷七三二六。
撰者:张扩
考校说明:编年据张扩任两制时间补。

卫康祖转保义郎制
(绍兴十一年十月至绍兴十三年六月间)

敕具官某:朕惟典司内省,帅属惟勤,故于莅官之初,肆增禄秩之渥。载稽令典,听以赏延。以尔恭慎恪勤,于礼无越,虽缘父宠,时乃国恩。其思修己之方,以图报上之效。

出处:《东窗集》卷一〇。又见《永乐大典》卷七三二六。
撰者:张扩
考校说明:编年据张扩任两制时间补。

皇后宅门客窦安国转保义郎制
(绍兴十一年十月至绍兴十三年六月间)

敕具官某:礼隆宫掖,泽被家庭,匪朕尔私,事存彝典。增秩二等,庸示异恩。

出处:《东窗集》卷一〇。又见《永乐大典》卷七三二六。
撰者:张扩
考校说明:编年据张扩任两制时间补。

高俊补保义郎制
(绍兴十一年十月至绍兴十三年六月间)

敕具官某:尔激于忠义,脱身来归,肆命以官,以为尔劝。宜思自效,无怠乃心。

出处:《东窗集》卷一〇。又见《永乐大典》卷七三二六。
撰者:张扩
考校说明:编年据张扩任两制时间补。

张全转保义郎制
（绍兴十一年十月至绍兴十三年六月间）

敕具官某：尔顷遭沦陷，脱身来归，节义足嘉，可无褒劝？增秩一等，以励尔忠。

出处：《东窗集》卷一○。又见《永乐大典》卷七三二六。
撰者：张扩
考校说明：编年据张扩任两制时间补。

赵横补秉义郎郭进刘义补保义郎制
（绍兴十一年十月至绍兴十三年六月间）

敕具官某：尔等夙蕴忠义，不忘本朝，偶隔封陲，而致沦陷，脱身归正，良用叹嘉。肆命以官，以为尔宠。

出处：《东窗集》卷一○。又见《永乐大典》卷七三二六。
撰者：张扩
考校说明：编年据张扩任两制时间补。

刘鼎换给保义郎制
（绍兴十一年十月至绍兴十三年六月间）

敕具官某：间者关陕用兵，士卒争奋，第功帅阃，尔亦与焉。易命以真，兹足荣矣。以忠为报，尚其勉之。

出处：《东窗集》卷一○。又见《永乐大典》卷七三二六。
撰者：张扩
考校说明：编年据张扩任两制时间补。

孟德转武翼郎程进转保义郎制
(绍兴十一年十月至绍兴十三年六月间)

敕具官某：群丑啸聚，扰吾良民。尔于戎行，立功自奋。肆颁信赏，庸尔宠嘉。

出处：《东窗集》卷一〇。又见《永乐大典》卷七三二六。

撰者：张扩

考校说明：编年据张扩任两制时间补。

宫受转武义郎制
(绍兴十一年十月至绍兴十三年六月间)

敕具官某：间者盗发武岗，蜂屯境上，尔统率士伍，斩获为多。其增一官，以示信赏。

出处：《东窗集》卷一〇。又见《永乐大典》卷七三二六。

撰者：张扩

考校说明：编年据张扩任两制时间补。

纪道转武翼郎制
(绍兴十一年十月至绍兴十三年六月间)

敕具官某：顷者群丑弄兵，扰吾赤子。尔职在巡警，斩获有功。是宜褒嘉，以昭信赏。

出处：《东窗集》卷一〇。又见《永乐大典》卷七三二六。

撰者：张扩

考校说明：编年据张扩任两制时间补。

垂拱殿成李椿年转左朝散大夫张叔献转右朝散郎制
(绍兴十一年十月至绍兴十三年六月间)

敕具官某等:朕申讲会朝之仪,聿新广殿之制,凡兹营缮,允赖勤劳。以尔风力敏强,政事详练,不惩于素,迄用有成。虽州县各程其能,而约束岂无所禀?载嘉乃绩,用增尔官,往服恩休,毋忘懋勉。

出处:《东窗集》卷一〇。
撰者:张扩
考校说明:编年据张扩任两制时间补。

朱恭转武德大夫蔡安道转额外主事冯忠转保义郎制
(绍兴十一年十月至绍兴十三年六月间)

敕具官某等:间者诏狱,杂治惟公,而尔以刀笔,从事其间,夙夜究心,颇见平允。进官一等,用答尔勤。

出处:《东窗集》卷一〇。
撰者:张扩
考校说明:编年据张扩任两制时间补。

李孝恭转左朝散大夫向季仲转右朝奉郎李用转武显郎制
(绍兴十一年十月至绍兴十三年六月间)

敕具官某等:朕榷山海之利,以佐邦用,养兵裕民,法详令具。尔等究心夙夜,推行有方,宜商贾之阜通,致货财之流衍。肆颁赏秩,式旌尔劳。

出处:《东窗集》卷一〇。
撰者:张扩
考校说明:编年据张扩任两制时间补。

红霞帔郑念八侯九娘转尚字刘一娘转司字制
（绍兴十一年十月至绍兴十三年六月间）

敕具官某氏等：朕妙选良家，入充妇职，适正中宫之位，交修缛典之仪。迄用有成，实多资助。以尔内肩诚信，外尽恪勤，夙夜在公，礼无违者。蹦升尔秩，庸示朕恩。往务钦承，毋忘懋勉。

出处：《东窗集》卷一〇。

撰者：张扩

考校说明：编年据张扩任两制时间补。

典记邢念二转司字制
（绍兴十一年十月至绍兴十三年六月间）

敕具官某氏：爵赏之设，授受以公；维时妇官，亦由序进。尔秉则柔顺，祇事恪勤，分职宫闱，阅岁滋久，宜升厥秩，式示涣恩。

出处：《东窗集》卷一〇。

撰者：张扩

考校说明：编年据张扩任两制时间补。

掌闱刘宜添转典字制
（绍兴十一年十月至绍兴十三年六月间）

敕具官某氏：朕众建妇官，以修内治，选用良族，叙进惟公。以尔职典宫闱，备殚勤恪，宜升品秩，式示涣恩。

出处：《东窗集》卷一〇。

撰者：张扩

考校说明：编年据张扩任两制时间补。

红霞帔冯十一张真奴陈翠奴刘十娘王惜奴等并转典
字红霞帔鲍倬儿紫霞帔王受奴并转掌字制
（绍兴十一年十月至绍兴十三年六月间）

敕具官某氏等：若稽旧典，肇正中闱，妇职交修，礼无违者。以尔小心抑畏，夙夜惟勤，赞助居多，宜颁涣渥，用晋厥秩，往懋尔为。

出处：《东窗集》卷一〇。

撰者：张扩

考校说明：编年据张扩任两制时间补。

红霞帔王八儿转掌字制
（绍兴十一年十月至绍兴十三年六月间）

敕具官某氏：若稽旧典，肇正中闱，妇职交修，礼无违者。以尔祗事掖庭，备勤夙夜，宜升品秩，式示涣恩。

出处：《东窗集》卷一〇。

撰者：张扩

考校说明：编年据张扩任两制时间补。

故向德军节度使同签书枢密院事副使赠开府
仪同三司王渊曾祖重瞻赠太子少师制
（绍兴十一年十月至绍兴十三年六月间）

敕：廊庙大臣，莫重本兵之寄；国家恤典，尤高重祖之封。具官故曾祖某，早以材名，列于勇爵，用弗究于当世，庆实贻于后人。繄尔闻孙，登兹右府，用彰异数，进秩宫师。精爽如存，歆承不昧。

出处：《东窗集》卷一一。

撰者：张扩

考校说明：编年据张扩任两制时间补。

王渊曾祖母宋氏赠同安郡夫人制
(绍兴十一年十月至绍兴十三年六月间)

敕:朕履国步之艰难,欲宏大业;登勋臣于宥密,以济中兴。是推流泽之长,式厚曾门之宠。具官故曾祖母某氏,惠和有礼,淑慎为仪。宜其室家,既裕慈祥之美;施于孙子,遂升枢管之崇。易汤沐之新封,贲松楸之故壤。魂其未泯,尚克歆承。

出处:《东窗集》卷一一。
撰者:张扩
考校说明:编年据张扩任两制时间补。

王渊祖仕荣赠太子太保制
(绍兴十一年十月至绍兴十三年六月间)

敕:朕念后德惟臣之言,延登枢辅;推人本乎祖之义,申锡愍章。具官故祖某,秉德无疵,饬躬弥厉,允蹈中庸之行,雅高冲退之怀。有孙甚贤,再世而显,进秉事枢之贵,庸增家庙之光。宫保名隆,兹为异数,庶几未泯,丕显其承。

出处:《东窗集》卷一一。
撰者:张扩
考校说明:编年据张扩任两制时间补。

王渊祖母杨氏赠文安郡夫人制
(绍兴十一年十月至绍兴十三年六月间)

敕:本隆则枝叶必茂,源深则流派无穷。于人亦然,有德者显。嘉我机廷之辅,宜颁王母之章。具官故祖母某氏,柔范有闻,令仪可则,每力组纴之事,克修蘋藻之诚。燕及后人,位登西府。式举褒亲之典,用嘉大郡之封。尚繄遗灵,膺此殊渥。

出处:《东窗集》卷一一。

撰者:张扩

考校说明:编年据张扩任两制时间补。

王渊父怀信赠太子太傅制
(绍兴十一年十月至绍兴十三年六月间)

敕:朕登用本兵之臣,图回共政之效。嘉乃同德,必自教忠,爰举恤章,以光祢庙。具官故父某,谦恭接物,谨厚律身,行高乡闾之评,仁推族党之誉。有子通显,秉国枢机。载推襚典之华,峻升宫傅之贵。尚惟不泯,式克歆承。

出处:《东窗集》卷一一。

撰者:张扩

考校说明:编年据张扩任两制时间补。

王渊母燕氏赠通义郡夫人制
(绍兴十一年十月至绍兴十三年六月间)

敕:陟右府之峻,惟福生者必有基;念严君之慈,知母贵者当从子。具官故母某氏,奉身勤俭,睦族惠和,是生爪牙之英,克赞枢机之重。推原流庆,申锡愍章,易封大邦,永贲幽壤。尚惟精爽,歆此异恩。

出处:《东窗集》卷一一。

撰者:张扩

考校说明:编年据张扩任两制时间补。

王渊妻俱氏封大宁郡夫人制
(绍兴十一年十月至绍兴十三年六月间)

敕:朕求济世之英,入跻枢管;侈从夫之宠,下及闺门。具官妻某氏,赋性柔明,持身专静。生于华胄,来媲高门。妇顺宜于舅姑,祀事洁于蘋藻。迹此延登之贵,良由内助之贤。其更大郡之封,以厚副笄之渥。服我休命,益务钦承。

出处:《东窗集》卷一一。

撰者:张扩

考校说明:编年据张扩任两制时间补。

<h2 style="text-align:center">安荣赠三官恩泽三资张世忠赠承信郎制</h2>

(绍兴十一年十月至绍兴十三年六月间)

敕具官某等:顷在川陕,奋身兵间,义重于生,卒以战陨,久而未录,朕岂汝忘? 庸增尔官,并恤其后。忠魂如在,尚克歆承。

出处:《东窗集》卷一二。

撰者:张扩

考校说明:编年据张扩任两制时间补。

<h2 style="text-align:center">李丕循右从事郎制</h2>

(绍兴十一年十月至绍兴十三年六月间)

敕具官某:顷者盗发江东,猖獗惟甚,师旋奏凯,尔预有劳。肆增厥官,以为尔宠。益思懋勉,以称所蒙。

出处:《东窗集》卷一二。又见《永乐大典》卷七三二五。

撰者:张扩

考校说明:编年据张扩任两制时间补。

<h2 style="text-align:center">赵旆循右从事郎制</h2>

(绍兴十一年十月至绍兴十三年六月间)

敕具官某:间者慈宁回銮,中外均庆,尔以使属,奉迎有劳。其增厥官,以为尔劝。

出处:《东窗集》卷一二。又见《永乐大典》卷七三二五。

撰者:张扩

考校说明:编年据张扩任两制时间补。

李璘循右从事郎制
(绍兴十一年十月至绍兴十三年六月间)

敕具官某:朕仰惟慈宁回鸾,中外称庆,奉迎官吏,趋走在途,肆畴其劳,用增尔秩。往思自懋,以称所蒙。

出处:《东窗集》卷一二。又见《永乐大典》卷七三二五。
撰者:张扩
考校说明:编年据张扩任两制时间补。

霍辀循右从事郎制
(绍兴十一年十月至绍兴十三年六月间)

敕具官某:往岁淮西用武,捷奏日闻,虽一时汗马之功,亦千里馈粮之助。士得饱食,尔预有劳。其增厥官,以示激劝。

出处:《东窗集》卷一二。又见《永乐大典》卷七三二五。
撰者:张扩
考校说明:编年据张扩任两制时间补。

王光宾循右从事郎制
(绍兴十一年十月至绍兴十三年六月间)

敕:比者梓宫言还,中外兴慕。一时官属,迎护良劳,尔在选中,合颁信赏。进阶三等,用答尔勤。

出处:《东窗集》卷一二。又见《永乐大典》卷七三二五。
撰者:张扩
考校说明:编年据张扩任两制时间补。

宋许循右从事郎制
(绍兴十一年十月至绍兴十三年六月间)

　　敕具官某:顷者邕管鸠工,缮修城壁,尔以健敏,预有劳能。其增厥官,以为趋事者之劝。

出处:《东窗集》卷一二。又见《永乐大典》卷七三二五。
撰者:张扩
考校说明:编年据张扩任两制时间补。

黄鲤循右从事郎制
(绍兴十一年十月至绍兴十三年六月间)

　　敕具官某:朕哀矜庶狱,尝著定令,以一岁禁囚瘐死之多寡,为逐路理官之殿最。尔膺此赏,是谓能承吾钦恤之意。

出处:《东窗集》卷一二。又见《永乐大典》卷七三二五。
撰者:张扩
考校说明:编年据张扩任两制时间补。

玉辂成徐扬循左文林郎何几先循右从事郎制
(绍兴十一年十月至绍兴十三年六月间)

　　敕具官某等:车辂旂常之制,所以昭等威也。朕比诏有司,讲求其制。焕然百度,为之一新。尔预有劳,可无劝赏? 其增尔秩,往务钦承。

出处:《东窗集》卷一二。又见《永乐大典》卷七三二五。
撰者:张扩
考校说明:编年据张扩任两制时间补。

陈志应循右从事郎制
（绍兴十一年十月至绍兴十三年六月间）

敕具官某：先王之时，百工技艺，咸欲精巧，勒名考试，以第殿最，况戎器乎？今岁终会课，尔劳足录，其增尔秩，以为趋事者之劝。

出处：《东窗集》卷一二。又见《永乐大典》卷七三二五。
撰者：张扩
考校说明：编年据张扩任两制时间补。

向子广循右从事郎制
（绍兴十一年十月至绍兴十三年六月间）

敕具官某：间者戈船之役，办集如期，尔预有劳，宜加优赏。进阶一等，往务钦承。

出处：《东窗集》卷一二。又见《永乐大典》卷七三二五。
撰者：张扩
考校说明：编年据张扩任两制时间补。

王萧循右从事郎制
（绍兴十一年十月至绍兴十三年六月间）

敕具官某：顷者敌人南牧，犯我疆陲，江阴之城，实当控扼，攻守之备，尔预有劳。其增厥官，以示信赏。祗承朕命，往哉惟钦。

出处：《东窗集》卷一二。又见《永乐大典》卷七三二五。
撰者：张扩
考校说明：编年据张扩任两制时间补。

楚州通判李处经降右宣义郎制
(绍兴十一年十月至绍兴十三年六月间)

　　敕具官某:国有宾客,馆御在途,饔饩牲牢,戒于菲薄。尔摄承郡寄,事得按行,慢令弗虔,岂知体国? 削官二等,庸示薄惩。

出处:《东窗集》卷一二。
撰者:张扩
考校说明:编年据张扩任两制时间补。

欧阳焘降左宣教郎刘璞降右宣义郎黄沈降右迪功郎制
(绍兴十一年十月至绍兴十三年六月间)

　　敕具官某等:人命至重,折狱惟难,君子于此,必尽心焉,则以求生也。尔等联职州郡,漫不加省,视三尺为具文,几误论决。褫官之罚,是为轻典。往务循省,毋重悔尤。

出处:《东窗集》卷一二。
撰者:张扩
考校说明:编年据张扩任两制时间补。

刘景真降右承事郎制
(绍兴十一年十月至绍兴十三年六月间)

　　敕具官某:严保任之法,所以防奸伪也。尔以名家,扬历旧矣,乃失详慎,几误有司。褫官之惩,是为轻典。往务循省,毋重悔尤。

出处:《东窗集》卷一二。
撰者:张扩
考校说明:编年据张扩任两制时间补。

李莘民降右通直郎制
（绍兴十一年十月至绍兴十三年六月间）

敕具官某：县令近民之官，以承流宣化为职。尔催科亡状，奉法不虔，具案有司，宜从薄责。褫秩一等，益务省循。

出处：《东窗集》卷一二。
撰者：张扩
考校说明：编年据张扩任两制时间补。

程迈降左宣义郎郭元亨降右儒林郎制
（绍兴十一年十月至绍兴十三年六月间）

敕具官某：尔以管库之官，奉法不恪，削秩一等，以为失职者之戒。尚务循省，体我宽恩。

出处：《东窗集》卷一二。
撰者：张扩
考校说明：编年据张扩任两制时间补。

沈柄降右儒林郎制
（绍兴十一年十月至绍兴十三年六月间）

敕具官某：出纳之吝，谓之有司。尔为幕官，不知守法，侈用自肆，背公徇私，姑褫一阶，是为薄罚。服我明训，益务省循。

出处：《东窗集》卷一二。
撰者：张扩
考校说明：编年据张扩任两制时间补。

沈绾降右承议郎制
(绍兴十一年十月至绍兴十三年六月间)

敕具官某:尔倅偏州,专察邮传,稽留之失,罪在不虔。其镌一官,以示薄责。

出处:《东窗集》卷一二。

撰者:张扩

考校说明:编年据张扩任两制时间补。

杨杰降武翼郎制
(绍兴十一年十月至绍兴十三年六月间)

敕具官某:榷酤为州利源,不可不谨也。尔为监官,慢令弗虔,曲蘖败恶,陷失岁课。其镌一官,以为瘝职者之戒。

出处:《东窗集》卷一二。

撰者:张扩

考校说明:编年据张扩任两制时间补。

徐嘉问降右朝请郎耿榛降右奉议郎制
(绍兴十一年十月至绍兴十三年六月间)

敕具官某等:尔等顷倅长沙,实分郡政,故纵贪暴,国有常刑。其褫一官,尚思循省。

出处:《东窗集》卷一二。

撰者:张扩

考校说明:编年据张扩任两制时间补。

贾俊降承节郎制
(绍兴十一年十月至绍兴十三年六月间)

敕具官某:尔服职戎行,不畏三尺,聚徒蒲博,规利自营。姑褫一官,是为轻典。尔其内讼,以盖前愆。

出处:《东窗集》卷一二。
撰者:张扩
考校说明:编年据张扩任两制时间补。

燕仰之降右宣义郎制
(绍兴十一年十月至绍兴十三年六月间)

敕具官某:三尺之设,如权衡然,少或过差,要非平允。尔久居法寺,专习刑书,而轻重之间,议罪失当。褫官一等,庸示薄惩。往其慎哉,以称朕意。

出处:《东窗集》卷一二。
撰者:张扩
考校说明:编年据张扩任两制时间补。

孔立降忠训郎制
(绍兴十一年十月至绍兴十三年六月间)

敕具官某:尔名隶军籍,擅去戎行,姑褫一官,是为轻典。益务循省,毋重悔尤。

出处:《东窗集》卷一二。
撰者:张扩
考校说明:编年据张扩任两制时间补。

修武郎閤门祗候权长阳知县胡勉降一官
赵颖之降左文林郎制
(绍兴十一年十月至绍兴十三年六月间)

敕具官某:尔摄百里之寄,不能布宣德意,而乃违法徇私,恬不知惧。褫官一等,庸示薄惩。往其钦承,益务循省。

出处:《东窗集》卷一二。

撰者:张扩

考校说明:编年据张扩任两制时间补。

任叔向閤门看班祗候落看班字制
(绍兴十一年十月至绍兴十三年六月间)

敕具官某:上閤设属,所以佐其长肃班列、端朝仪也。朕尝使尔试之矣,夙夜在公,允称详练。俾正厥职,毋怠钦承。

出处:《东窗集》卷一二。

撰者:张扩

考校说明:编年据张扩任两制时间补。

武平知县张安节降一官制
(绍兴十一年十月至绍兴十三年六月间)

敕具官某:顷者盗发闽中,帅阃示朝廷恩信,开其自新之路,尔乃妄作,几致纷纭。其褫一官,以示薄罚。服我明训,益务省循。

出处:《东窗集》卷一二。

撰者:张扩

考校说明:编年据张扩任两制时间补。

右承议郎徐夙等各降一官制
(绍兴十一年十月至绍兴十三年六月间)

敕具官某:朕比遣郎吏,案行诸州,察财用之盈虚,稽有司之出纳。尔乃违法慢令,纵吏为奸,事状甚明,罚其可逭? 姑从贬秩,宜务省愆。

出处:《东窗集》卷一二。
撰者:张扩
考校说明:编年据张扩任两制时间补。

太史局令吴师颜降一官制
(绍兴十一年十月至绍兴十三年六月间)

敕具官某:间者修奉祐陵,事大体重,凡百执事,所宜尽心。而尔以历官,乃敢灭裂,其为弗恭甚矣,贬秩尚为轻典也。

出处:《东窗集》卷一二。
撰者:张扩
考校说明:编年据张扩任两制时间补。

拱卫大夫解州防御使马钦于遥郡阶官上各降一官制
(绍兴十一年十月至绍兴十三年六月间)

敕:人臣在列,廉耻所以律身;王者御人,刑罚所以惩恶。具官某擢居横列,久被厚恩。涓尘之报未闻,宜知止足之戒;丘壑之欲不满,尚肆贪饕之求。戚实自贻,法难汝贷。姑从镌秩,犹示宽科。往务省循,毋重尤悔。

出处:《东窗集》卷一二。
撰者:张扩
考校说明:编年据张扩任两制时间补。

左奉议郎赵子温左承议郎薛俢各降一官制
（绍兴十一年十月至绍兴十三年六月间）

敕具官某等：王者用刑，莫先明慎。尔等官于棘寺，乃失详谳。镌秩一等，庸示薄惩。服我宽恩，无忘循省。

出处：《东窗集》卷一二。

撰者：张扩

考校说明：编年据张扩任两制时间补。

掌均都洁姜觉上官世端各降一官制
（绍兴十一年十月至绍兴十三年六月间）

敕具官某等：巡尉越境，贼害良民，朝廷付之有司，所以核实也。而尔等身为郡吏，徇私灭公，枝蔓其词，不以情报。此而不惩，何以示戒？各镌尔秩，往务省循。

出处：《东窗集》卷一二。

撰者：张扩

考校说明：编年据张扩任两制时间补。

知楚州武略大夫傅延嗣降两官制
（绍兴十一年十月至绍兴十三年六月间）

敕具官某：国有宾客，馆御在途，饔饩牲牢，戒于菲薄。尔身试郡寄，职在将迎，乃罔闻知，岂谓体国？其从贬秩之罚，以为慢令之惩。

出处：《东窗集》卷一二。

撰者：张扩

考校说明：编年据张扩任两制时间补。

杨逼特改右宣教郎制
(绍兴十一年十月至绍兴十三年六月间)

敕具官某:尔渊源之学,实卒父业;孝友之行,有光乡评。栖迟小官,晚节弥厉;召对便殿,论议详明。更秩甚优,往图报称。

出处:《东窗集》卷一二。又见《永乐大典》卷七三二五。
撰者:张扩
考校说明:编年据张扩任两制时间补。

宋苍舒转右宣教郎制
(绍兴十一年十月至绍兴十三年六月间)

敕具官某:往岁关陕用武,捷奏日闻,虽一时汗马之功,亦千里馈粮之助。以尔肃将使指,风力敏强,军无乏兴,备著成效。其颁增秩之宠,以示劝赏之公。服我恩荣,毋忘勉励。

出处:《东窗集》卷一二。又见《永乐大典》卷七三二五。
撰者:张扩
考校说明:编年据张扩任两制时间补。

陈縻改右宣教郎制
(绍兴十一年十月至绍兴十三年六月间)

敕具官某:朕比遣枢辅,视师江淮,尔从其行,强敏自力。宜颁更秩之宠,以示贤劳之休。服我优恩,益思懋勉。

出处:《东窗集》卷一二。又见《永乐大典》卷七三二五。
撰者:张扩
考校说明:编年据张扩任两制时间补。

敕令书成张浚回授计有常特转右宣教郎制
(绍兴十一年十月至绍兴十三年六月间)

　　敕具官某:夫士大夫驰恩于其子孙,盖常制也。弗以及子孙,而请遗舅氏,则犹遗母也。浚为朕股肱大臣,出入将相,富且贵矣,而母在焉,是真能成尔之宅相者也。比因敕令书成,法应进秩,更以尔受赏。尔其往祗成命,使为人子者入有以感其亲,则一官岂尔之荣,毋乃尔甥之荣与?

出处:《东窗集》卷一二。又见《永乐大典》卷七三二五。
撰者:张扩
考校说明:编年据张扩任两制时间补。

周庄仲转左承议郎曹绩转左朝奉郎陈最转左宣教郎制
(绍兴十一年十月至绍兴十三年六月间)

　　敕具官某等:朕惟川陕,重兵连屯,捍边甚劳,阅岁浸久,比遣近臣,往谕德意。尔等咸以忠荩,实佐其役,万里言还,亦良苦矣。《诗》云"有功而见知则说",肆增尔秩,尚往钦哉!

出处:《东窗集》卷一二。又见《永乐大典》卷七三二五。
撰者:张扩
考校说明:编年据张扩任两制时间补。

鲍琚除直敷文阁知镇江府制
(绍兴十一年十月至绍兴十三年六月间)

　　敕具官某:丹阳为城,实控吴会;北固设险,下临长江。肆求共理之良,以任于藩之寄。以尔学通世务,知适事几。入联宰士之华,高弥纶于省闼;出总兵储之要,裕财赋于上流。有嘉将命之勤,宜被陟明之宠。寓内阁之直,分辅藩之符,时乃异恩,往图报效。

出处:《东窗集》卷一三。

撰者:张扩

考校说明:编年据张扩任两制时间补。

何悫知潼川府制
(绍兴十一年十月至绍兴十三年六月间)

敕:侍从之臣,朕所倚信。分符远服,允资共理之良;移节巨藩,用图详试之效。具官某器识宏远,学问深醇。入与论思,罄忠嘉而告后;出膺牧养,务平易以近民。有嘉治最之优,申锡恩章之渥。朕惟西蜀,大者几州,尔以七年,遂更三镇。比邻父母之国,习知风俗之宜。名实已孚,士吏自服。奚俟朕再三之训,往循汝清静之规。

出处:《东窗集》卷一三。

撰者:张扩

考校说明:编年据张扩任两制时间补。

张奉颜换给武略郎制
(绍兴十一年十月至绍兴十三年六月间)

敕具官某:尔顷在川陕,立功累劳,或沾覃霈,迁补五官,率用帅阃便宜,盖从权也。今列上有司,请易以真。夫王言作命,诚有不可已者。

出处:《东窗集》卷一三。又见《永乐大典》卷七三二六。

撰者:张扩

考校说明:编年据张扩任两制时间补。

张奉颜换给武略郎制
(绍兴十一年十月至绍兴十三年六月间)

敕具官某:顷在汉中,累劳应赏,率用帅阃,便宜增秩。今列于有司,请易真命,申锡赞书,尚往钦哉!

出处:《东窗集》卷一三。又见《永乐大典》卷七三二六。

撰者:张扩

考校说明:编年据张扩任两制时间补。

龙神卫四厢都指挥使宁州观察使王权父克常赠武经郎制
(绍兴十一年十月至绍兴十三年六月间)

敕:朕外敦邻盟,内隆孝治,诞敷惠泽,以绥四方。惟时在服之臣,咸举显亲之典。具官故父某,抱才不试,履行有闻,积善既深,有子而显。属兹大赉,宜厚愍章。增秩之荣,式光幽壤。

出处:《东窗集》卷一三。

撰者:张扩

考校说明:编年据张扩任两制时间补。

吴益转右武郎制
(绍兴十一年十月至绍兴十二年十月间)

敕具官某:礼隆宫掖,泽被私门,同气之亲,宜膺异宠。升副横列,庸侈国恩。

出处:《东窗集》卷一三。又见《永乐大典》卷七三二六。

撰者:张扩

考校说明:编年据张扩任两制时间、吴益宦历补,见《建炎以来系年要录》卷一四七。

环卫宗室士态换武节郎制
(绍兴十一年十月至绍兴十三年六月间)

敕具官某:朕惟环卫宗子,入则奉朝请,退而无私交,盖亲之也。或请试吏,以术业自见,则夷考其素而命之,亦不汝违。以尔修洁矜慎,操行有闻,俾归铨曹,易阶而仕。苟官行法,自此始矣,可不勉哉!

出处:《东窗集》卷一三。又见《永乐大典》卷七三二六。

撰者:张扩

考校说明:编年据张扩任两制时间补。

魏尧臣特补右迪功郎制
(绍兴十一年十月至绍兴十三年六月间)

敕具官某:朕通问军前,临遣敌使,尔以干略,实从其行。肆命以官,以为尔宠。仕自兹始,图报惟忠。

出处:《东窗集》卷一三。又见《永乐大典》卷七三二五。
撰者:张扩
考校说明:编年据张扩任两制时间补。

钟离松转右承事郎制
(绍兴十一年十月至绍兴十三年六月间)

敕具官某:朕间遣辅臣,远修邻好,尔以干敏,常从其行,见谓贤劳,宜颁信赏。增秩二等,其务钦承。

出处:《东窗集》卷一三。又见《永乐大典》卷七三二五。
撰者:张扩
考校说明:编年据张扩任两制时间补。

普康郡主潘氏夫郑珙转右承事郎制
(绍兴十一年十月至绍兴十三年六月间)

敕具官某:尔以才华,联姻肺腑,参稽旧典,用涣湛恩。其增一官,勿忘钦慎。

出处:《东窗集》卷一三。又见《永乐大典》卷七三二五。
撰者:张扩
考校说明:编年据张扩任两制时间补。

朱秉文循右承直郎制
（绍兴十一年十月至绍兴十三年六月间）

敕具官某：川陕市马，入充厩牧，所过州县，调度尤艰。尔令竹山，临事不苟，驿舍刍秣，检校惟时。使者以闻，不可无赏。增秩一等，用劝其余。

出处：《东窗集》卷一三。又见《永乐大典》卷七三二五。
撰者：张扩
考校说明：编年据张扩任两制时间补。

李若川玉辂成循右承直郎制
（绍兴十一年十月至绍兴十三年六月间）

敕具官某：朕惟车辂旂常之制，所以昭等威也。艰难以来，礼文残阙。比诏有司，修举旧仪，尔预有劳，其可无赏？肆增厥秩，往务钦承。

出处：《东窗集》卷一三。又见《永乐大典》卷七三二五。
撰者：张扩
考校说明：编年据张扩任两制时间补。

尹机循右从事郎制
（绍兴十一年十月至绍兴十三年六月间）

敕具官某：朕内严武备，戎器是资，岁案度程，计功行赏。尔以干敏，尝预有劳，其增一阶，以为尔宠。

出处：《东窗集》卷一三。又见《永乐大典》卷七三二五。
撰者：张扩
考校说明：编年据张扩任两制时间补。

张良臣循右从政郎制
(绍兴十一年十月至绍兴十三年六月间)

敕具官某:间者陈兵淮壖,馈饷为急,尔谨出纳,见谓贤劳。其升一阶,以示劝赏。

出处:《东窗集》卷一三。又见《永乐大典》卷七三二五。
撰者:张扩
考校说明:编年据张扩任两制时间补。

马仲谌循右从政郎制
(绍兴十一年十月至绍兴十三年六月间)

敕具官某:朕惟州县租赋,按籍而知。艰难以来,浸失其实,因陋就简,弊固多矣。尔丞都昌,究心民事,逃田隐户,检校无遗,有补公家,人不告病。其升一阶,以为作者之劝。

出处:《东窗集》卷一三。又见《永乐大典》卷七三二五。
撰者:张扩
考校说明:编年据张扩任两制时间补。

张旹循右修职郎制
(绍兴十一年十月至绍兴十三年六月间)

敕具官某:顷者关陕用兵,朕公屡奏,尔于行阵,擒获有劳。其升一阶,以昭信赏。

出处:《东窗集》卷一三。又见《永乐大典》卷七三二五。
撰者:张扩
考校说明:编年据张扩任两制时间补。

丁骙循右修职郎制
(绍兴十一年十月至绍兴十三年六月间)

敕具官某:往时军兴,财用是急,都督府下鬻爵之令,岂获已哉?然而劝诱有方,使一时豪右至于乐输,亦由州县之官得人也。其增一官,以为尔宠。

出处:《东窗集》卷一三。又见《永乐大典》卷七三二五。
撰者:张扩
考校说明:编年据张扩任两制时间补。

应常循右修职郎制
(绍兴十一年十月至绍兴十三年六月间)

敕具官某:尔顷以乡豪,募众捍贼,尝倾家赀,忠义足录。阅时虽久,朕岂汝忘哉?其增一阶,以示劝赏。

出处:《东窗集》卷一三。又见《永乐大典》卷七三二五。
撰者:张扩
考校说明:编年据张扩任两制时间补。

宗室赵公涣登科循左修职郎制
(绍兴十一年十月至绍兴十三年六月间)

敕具官某:朕惇叙宗族,非专以恩,强于为善,则必有赏。以尔天资开敏,好学而文,群试有司,适中程度,肆增尔秩,用劝其余。

出处:《东窗集》卷一三。又见《永乐大典》卷七三二五。
撰者:张扩
考校说明:编年据张扩任两制时间补。

宗室赵公传赵公晰登科循左修职郎制
（绍兴十一年十月至绍兴十三年六月间）

敕具官某等:周之宗盟,异姓为后。朕仿古之制,惇叙族属,其来尚矣,矧能射策决科,艺业自见乎? 宜增尔官,以示一时之劝。

出处:《东窗集》卷一三。又见《永乐大典》卷七三二五。
撰者:张扩
考校说明:编年据张扩任两制时间补。

詹如松循左修职郎制
（绍兴十一年十月至绍兴十三年六月间）

敕具官某:尔为尉百里,莅职甚勤,教阅弓兵,挽强应格。增秩示赏,用劝其余。

出处:《东窗集》卷一三。又见《永乐大典》卷七三二五。
撰者:张扩
考校说明:编年据张扩任两制时间补。

张轩陈汝舟并循右修职郎制
（绍兴十一年十月至绍兴十三年六月间）

敕具官某等:榷酤之利,实佐国用,尔能其官,驯致增羡。升秩示赏,式劝其余。

出处:《东窗集》卷一三。又见《永乐大典》卷七三二五。
撰者:张扩
考校说明:编年据张扩任两制时间补。

富之彦循右文林郎制
(绍兴十一年十月至绍兴十三年六月间)

敕具官某:间者戈船之功,责在近郡,尔以掾属,监护有劳。宜增厥官,以为尔宠。

出处:《东窗集》卷一三。

撰者:张扩

考校说明:编年据张扩任两制时间补。

魏彦朴降右文林郎制
(绍兴十一年十月至绍兴十三年六月间)

敕具官某:朕宿兵上流,衣欲时给,尔乃慢令,纵其滞留,挟纩之温何赖焉?其褫一官,以示薄罚。服我明训,益务省循。

出处:《东窗集》卷一三。

撰者:张扩

考校说明:编年据张扩任两制时间补。

王杞循右文林郎制
(绍兴十一年十月至绍兴十三年六月间)

敕具官某:间者戈船之役,不扰而办,尔以干敏,尝预有劳。其升一阶,以为尔宠。

出处:《东窗集》卷一三。

撰者:张扩

考校说明:编年据张扩任两制时间补。

苏括循右文林郎制
（绍兴十一年十月至绍兴十三年六月间）

敕具官某:间者王师在途,糗粮不乏,尔典出纳,备著勤劳。增秩之恩,庸示劝奖,益思懋勉,以称所蒙。

出处:《东窗集》卷一三。
撰者:张扩
考校说明:编年据张扩任两制时间补。

俞召虎张阔赵沂并循右承直郎傅佽循
左儒林郎张大楫俞倓并循右文林郎制
（绍兴十一年十月至绍兴十三年六月间）

敕具官某等:朕比遣枢辅,视师江淮,尔从其行,干敏有誉。宜进厥秩,以旌尔劳。往务钦承,毋忘报称。

出处:《东窗集》卷一三。
撰者:张扩
考校说明:编年据张扩任两制时间补。

张允修右文林郎制
（绍兴十一年十月至绍兴十三年六月间）

敕具官某:比者战舰庀工,如期而集,尔以承属,协济惟勤。用颁涣恩,以为趋事者之劝。

出处:《东窗集》卷一三。
撰者:张扩
考校说明:编年据张扩任两制时间补。《全宋文》校勘记曰:"修:据前后篇题文例,当是'循'之误。若'修'字为人名,则其下亦脱'循'字。"(第一四八册,第二二五页)《舆地纪胜》卷三五有引张允修《平远台记》,不知是否为同一人。

丁骙循右文林郎制
（绍兴十一年十月至绍兴十三年六月间）

敕具官某：间者留都营缮，百堵皆作，尔以县佐，董役良勤。升秩示恩，毋忘懋勉。

出处：《东窗集》卷一三。

撰者：张扩

考校说明：编年据张扩任两制时间补。

张允蹈循左儒林郎制
（绍兴十一年十月至绍兴十三年六月间）

敕具官某：江西群丑啸聚，偏师剪灭，军无乏事，尔与有劳。肆颁涣恩，以昭信赏。

出处：《东窗集》卷一三。

撰者：张扩

考校说明：编年据张扩任两制时间补。

高誉循右儒林郎制
（绍兴十一年十月至绍兴十三年六月间）

敕具官某：比者战舰庀工，如期而集，尔以州掾，协济惟勤。用颁涣恩，以为趋事者之劝。

出处：《东窗集》卷一三。

撰者：张扩

考校说明：编年据张扩任两制时间补。

周渊循右儒林郎制
（绍兴十一年十月至绍兴十三年六月间）

敕具官某：榷盐之利，国计是资，推行有方，允赖能吏。尔善于其职，以增羡闻。俾进一官，庸示信赏。

出处：《东窗集》卷一三。
撰者：张扩
考校说明：编年据张扩任两制时间补。

任大方循左儒林郎制
（绍兴十一年十月至绍兴十三年六月间）

敕具官某：间者西师野次，馈饷惟艰，军无乏兴，尔亦协力。进阶二等，用畴其劳。

出处：《东窗集》卷一三。
撰者：张扩
考校说明：编年据张扩任两制时间补。

赵彦换给左儒林郎制
（绍兴十一年十月至绍兴十三年六月间）

敕具官某：间者宿师阆中，缮治营垒，尔以县令，预有劳能。赏典之颁，尚稽真授，申锡书赞，其务钦承。

出处：《东窗集》卷一三。
撰者：张扩
考校说明：编年据张扩任两制时间补。

米友仁转右朝请郎制
(绍兴十一年十月至绍兴十三年六月间)

敕具官某:榷盐之法,具有成规,惟推行之得人,则阜通而无壅。以尔风力强济,智虑疏明,将命浙西,率属无怠,岁终会课,以增羡闻。何靳一官,庸示劝赏?

出处:《东窗集》卷一三。
撰者:张扩
考校说明:编年据张扩任两制时间补。

汤孙将降左朝请郎制
(绍兴十一年十月至绍兴十三年六月间)

敕具官某:顷者闽部剧贼,纳欸自新,招怀之初,事属帅阃。尔辄生事,几致纷纭。其褫一官,以示薄责。服我明训,念咎无忘。

出处:《东窗集》卷一三。
撰者:张扩
考校说明:编年据张扩任两制时间补。

仇愈复左朝请郎制
(绍兴十一年十月至绍兴十三年六月间)

敕:具官某早膺推择,服在近班。济剧拨繁,有兼人之誉;牧民御众,有分阃之才。顷贻吏议之讥,亦既岁时之久;属施宽大之泽,宜从牵叙之科。朕命匪私,尔其自励。

出处:《东窗集》卷一三。
撰者:张扩
考校说明:编年据张扩任两制时间补。

左朝散大夫充显谟阁待制提举江州太平观
张致远父默赠右朝请郎制
(绍兴十一年十月至绍兴十三年六月间)

敕:具官故父某秉德忠恕,宅心谦虚。善积于身而不遗,庆延于后而有衍,宜尔令子,为时名臣。属颁大赉之恩,载厚追荣之宠。肆增显秩,式慰营魂。

出处:《东窗集》卷一三。

撰者:张扩

考校说明:编年据张扩任两制时间补。

王道转右朝奉郎张存诚转右朝请郎制
(绍兴十一年十月至绍兴十三年六月间)

敕具官某等:川陕市马,入充厩牧,道途阻修,尤艰调护,驿舍其最急者也。尔等临事不苟,检校惟时,使者以闻,不可无赏。用增尔秩,式慰贤劳。

出处:《东窗集》卷一三。

撰者:张扩

考校说明:编年据张扩任两制时间补。

黄仁荣转右承议郎制
(绍兴十一年十月至绍兴十三年六月间)

敕具官某:朕惟梓宫北归,中外悲慕,言念入疆之始,实资应办之劳。干敏得人,事无不济。肆增厥秩,用旌尔勤。

出处:《东窗集》卷一三。

撰者:张扩

考校说明:编年据张扩任两制时间补。

李流转右朝散郎李元善转右承议郎制
（绍兴十一年十月至绍兴十三年六月间）

　　敕具官某等:榷茶之券,便于阜通;伪文乱真,实蠹良法。尔参验精密,灼见其奸,何靳一官,以劝来者?

出处:《东窗集》卷一三。

撰者:张扩

考校说明:编年据张扩任两制时间补。

王懁转右朝请郎葛宗颜转右承议郎制
（绍兴十一年十月至绍兴十三年六月间）

　　敕具官某等:间者修奉祐陵,实国大事,鸠工庀役,必欲及时。尔等咸以郡僚,究心夙夜,其增厥秩,用旌尔劳。

出处:《东窗集》卷一三。

撰者:张扩

考校说明:编年据张扩任两制时间补。

卫阗转左承议郎制
（绍兴十一年十月至绍兴十三年六月间）

　　敕具官某:榷茶有券,以便阜通;赝文乱真,实害成法。汝能获济,备见究心,其增一官,以昭信赏。

出处:《东窗集》卷一三。

撰者:张扩

考校说明:编年据张扩任两制时间补。

周聿复右承议郎制
(绍兴十一年十月至绍兴十三年六月间)

敕:朕孝通神明,既举非常之典;泽覃中外,用镯一切之辜。凡服官联,悉从牵叙。具官某早膺器使,尝列从班,省寺践劳,休有誉处。顷贻吏议,浸阅岁时,属诞布于湛恩,其渐还于故秩。往祗朕命,自励毋忘。

出处:《东窗集》卷一三。
撰者:张扩
考校说明:编年据张扩任两制时间补。

周公彦御史台检法官制
(绍兴十一年十月至绍兴十三年六月间)

敕具官某:御史府纪纲之地,一时僚属,必用正人。以尔学问淹该,操守刚特。钩检簿领,既高详练之称;明习宪章,更试持平之效。往祗朕命,毋怠钦承。

出处:《东窗集》卷一三。
撰者:张扩
考校说明:编年据张扩任两制时间补。

汪勃御史台检法官制
(绍兴十一年十月至绍兴十三年六月间)

敕具官某:三尺之令,犹权衡然,百官有司,相与承奉,以立政事者也。惟御史府得其平,则天下平矣。居是职者,可非其人欤?以尔学古自信,秉彝有常,内存忠厚之诚,外立靖共之操,宜膺擢择,洊被褒升。其列柏台之联,往按惠文之律。必钦乃职,惟尔之休。

出处:《东窗集》卷一三。
撰者:张扩
考校说明:编年据张扩任两制时间补。

张澄户部尚书落权字制
（绍兴十三年二月至六月间）

敕:政在足食,尝闻夫子之言;义先理财,几半周公之典。惟民部实任是责,非英髦孰长厥官? 详观已试之能,申锡为真之命。具官某蕴利物之策,负兼人之才。遇事必为,曾错节盘根之避;成效甚速,由提纲振领之知。擢在近班,久资心计。属边障尚多于兵戍,而国家申讲于礼文,调度既繁,斡旋是赖。宜升峻常伯之位,以超冠从臣之联。盖念仁贤弗信,则空虚为忧;制度不节,则伤害或至。虽人君与足于百姓,岂务多藏;然有司谨蓄于九年,盖图善后。往祗朕训,毋怠汝为。

出处:《东窗集》卷一三。

撰者:张扩

考校说明:编年据张扩任两制时间、张澄官历补,见《建炎以来系年要录》卷一四八。

段拂除礼部郎官兼玉牒所检讨官制
（绍兴十一年十月至绍兴十三年六月间）

敕具官某:郎官上应列宿,以待才能;仪曹号称舍人,兼取文采。执膰是选,每难其人。以尔学富见闻,辞尚体要,久寓冰厅之直,游扬省户之休,兹用所长,岂云次补? 往究礼文之残阙,仍兼帝系之编摩。益殚乃心,式对休命。

出处:《东窗集》卷一三。

撰者:张扩

考校说明:编年据张扩任两制时间补。

张崇起复右武大夫康州团练使游奕军统领胡清
起复翊卫大夫贵州防御使御前前军副统领制
（绍兴十三年正月至六月间）

敕:干戈卫社,忠臣何以家为;衰绖临戎,礼制或由义起。具官某早称果毅,列于偏裨。折馘执俘,屡效摧锋之勇;寝苫枕块,俄缠陟岵之悲。其务合于权宜,以往袛于旧服。立身无愧,则孝之终。

出处:《东窗集》卷一三。

撰者:张扩

考校说明:编年据张扩任两制时间及雍正《广西通志》卷五一补。

李通起复中卫大夫忠州团练使鄜延路
兵马钤辖御前统领制
(绍兴十一年十月至绍兴十三年六月间)

敕:干戈卫社,忠臣何以家为;衰绖从戎,礼制或由义起。眷时枭将,申锡赞书。具官某早有威名,闻于关陕。克厉训齐之律,屡收斩获之勋。比罹家艰,服在哀疚。其起临于金革,用深合于权宜。移孝为忠,益思自奋。

出处:《东窗集》卷一三。

撰者:张扩

考校说明:编年据张扩任两制时间补。

王传除提举淮南东路茶盐制
(绍兴十一年十月至绍兴十三年六月间)

敕具官某:朕惟茶盐之利,国计所资。异时两淮,实甲诸路。兵火之后,岁入虽未能尽复,然按治得人,奉行有方,亦何难焉?尔性资疏通,风力强济,雅善足国裕民之策,见于摘山煮海之饶。江左代还,有嘉详练;淮堧易节,申锡赞书。朕方图因任之能,汝其推已试之效。

出处:《东窗集》卷一三。

撰者:张扩

考校说明:编年据张扩任两制时间补。

黄应南御史台主簿制
（绍兴十一年十月至绍兴十三年六月间）

敕具官某：御史府设属，所以维持纪纲，必得端良，乃应器使。以尔学务真积，心存克诚，擢在师儒之联，蔚有缙绅之誉，往任钩检，俾能其官。益励尔为，以赞而长。

出处：《东窗集》卷一三。又见《永乐大典》卷一四六〇七。
撰者：张扩
考校说明：编年据张扩任两制时间补。

范洵大理寺主簿制
（绍兴十一年十月至绍兴十三年六月间）

敕具官某：棘寺之属，皆以详谳为职，虽掌治簿书，亦惟其人。以尔风力敏强，有声治县，往任钩检，固优为也。

出处：《东窗集》卷一三。又见《永乐大典》卷一四六〇七。
撰者：张扩
考校说明：编年据张扩任两制时间补。

吴㠖司农寺主簿制
（绍兴十一年十月至绍兴十三年六月间）

敕具官某：大农掌仓庾委积之数，簿书所总，尤剧关防。以尔性资明敏，临事不苟，俾任钩检，人皆谓宜。往究乃心，以求会计之当。

出处：《东窗集》卷一三。又见《永乐大典》卷一四六〇七。
撰者：张扩
考校说明：编年据张扩任两制时间补。

曾怡太府寺主簿制
(绍兴十一年十月至绍兴十三年六月间)

敕具官某:司府实财用出纳之地,吏多并缘,恶其籍之害己,惟时簿正,可不择人? 以尔儒雅自将,绰有家法,往任钩检,其剧关防,毋为朱墨之徒劳,要使公私之有考。

出处:《东窗集》卷一三。又见《永乐大典》卷一四六○八。

撰者:张扩

考校说明:编年据张扩任两制时间补。

林文仲太府寺主簿制
(绍兴十一年十月至绍兴十三年六月间)

敕具官某:外府之属,以出纳为职,虽掌治簿书,亦惟其人。以尔才能敏强,临事不苟,往任钩检,其殚乃心。

出处:《东窗集》卷一三。又见《永乐大典》卷一四六○八。

撰者:张扩

考校说明:编年据张扩任两制时间补。

李文中太府寺主簿制
(绍兴十一年十月至绍兴十三年六月间)

敕具官某:外府号称繁剧,凡邦用之出纳、货财之懋迁系焉,其为簿书众矣。典领之官,可非其人哉? 以尔临事明敏,见称详练,往祗厥次,益究乃心。检柅吏奸,使得去其害己者,则尔责塞矣。

出处:《东窗集》卷一三。又见《永乐大典》卷一四六○八。

撰者:张扩

考校说明:编年据张扩任两制时间补。

陈彦修国子监主簿施堪司农寺主簿制
（绍兴十一年十月至绍兴十三年六月间）

敕具官某等：朕惟寺监，簿书所系甚重，钩检之职，亦惟其人。以尔彦修儒学奋身，俾主胄子；以尔堪吏能精敏，俾主大农。各因其能，毋旷厥职。

出处：《东窗集》卷一三。又见《永乐大典》卷一四六〇八。
撰者：张扩
考校说明：编年据张扩任两制时间补。

郑刚中复左朝散郎制
（绍兴十一年十月至绍兴十三年六月间）

敕：朕亲仁善邻，既展宁亲之庆；赦过宥罪，用覃及物之恩。凡丽丹书，悉从昭洗。具官某早膺器使，服在迩联。入则才华，蔚为台省之望；出则威重，遂专川陕之雄。顷结微文，阅时既久，属兹宽大之泽，宜从牵叙之科。朕命甚休，尔惟自励。

出处：《东窗集》卷一三。
撰者：张扩
考校说明：编年据张扩任两制时间补。

王次翁进封长清郡开国侯加食邑五百户制
（绍兴十一年十月至绍兴十三年六月间）

敕：朕讲信修睦，克敦大国之盟；事亲宁神，允格一人之孝。惟时硕辅，参秉政机，屡殚协济之忠，共致中兴之治。申颁命綍，以焕异恩。具官某德厚而气刚，才全而用博。蹇蹇励王臣之节，彬彬称君子之儒。代言纶闱，四方不匮厥指；帅属起部，百工咸精其能。逮长霜台，实专风宪，击奸邪而弗避，举纲纪而必行。遂以忠嘉，入陪帷幄。卒究和戎之利，助成偃革之休。是用峻侯爵以增封，加圭腴而衍赋，式彰体貌，益厚褒嘉。噫！国有老成，朕所亲倚。求懿德肆于时夏，已著安疆之威；示天下弗复用兵，尚急治安之策。往竭同寅之志，以臻耆定之功。

出处:《东窗集》卷一四。

撰者:张扩

考校说明:编年据张扩任两制时间补。

田彦宣承袭银青光禄大夫检校国子祭酒知京赐州
兼监察御史武骑尉充东路都誓首制
(绍兴十一年十月至绍兴十三年六月间)

敕具官某:朕疏厚典,以怀远人,爵秩土疆,听其世袭。以尔父久于抚御,备馨忠勤,遽以疾辞,请延其嗣。参稽故事,昭锡赞书,皇灵所加,种落自附。益恭臣职,毋坠前修。

出处:《东窗集》卷一四。又见《永乐大典》卷一三五〇七。

撰者:张扩

考校说明:编年据张扩任两制时间补。

徽猷阁直学士左朝奉郎提举江州太平观
唐辉父述封右承议郎致仕制
(绍兴十一年十月至绍兴十三年六月间)

敕:具官父某,抱材不试,积德甚丰,早严教子之方,晚飨安车之适,贵通朝籍,荣动里间。兹因大赍之恩,用陟文阶之宠。服我休命,益介寿祺。

出处:《东窗集》卷一四。

撰者:张扩

考校说明:编年据张扩任两制时间补。

宗室居礼特补右内率府副率制
(绍兴十一年十月至绍兴十三年六月间)

敕:尔以宗室近属,锡名授官,盖国家旧制也。副率虽卑,恩则厚矣,尚勉之哉。

出处:《东窗集》卷一四。

撰者:张扩

考校说明:编年据张扩任两制时间补。

武德郎元成赠三官与三资恩泽制
(绍兴十一年十月至绍兴十三年六月间)

敕具官某:尔以忠勇,陨身行陈,阅岁滋久,朕岂汝忘?进秩恤孤,并厚存殁。

出处:《东窗集》卷一四。

撰者:张扩

考校说明:编年据张扩任两制时间补。

张汉彦除户部员外郎制
(绍兴十一年十月至绍兴十三年六月间)

敕具官某:版曹之职,号称剧繁。虽出纳之吝,付诸有司;而经理之方,允赖能者。惟时郎史,斯取通才。以尔智足知几,学非泥古。爱人利物,策素定于胸中;足食生财,语岂专于纸上? 其为朕讲求民瘼,疏浚利源,夙夜惟勤,往助而长。

出处:《东窗集》卷一四。

撰者:张扩

考校说明:编年据张扩任两制时间补。

刘彭年赠遥郡刺史制
(绍兴十一年十月至绍兴十三年六月间)

敕具官某:视死如归,义莫先于徇国;施恩不泯,礼尤厚于褒功。以尔顷预干城,恪于守职,披坚执锐,陷阵摧锋,卒殒其身,有嘉乃节。州麾之任,品秩惟崇,用昭锡于恩章,以增光于泉壤。谅兹精爽,犹克钦承。

出处:《东窗集》卷一四。

撰者:张扩

考校说明:编年据张扩任两制时间补。

皇后弟妻钱氏封硕人赵氏封恭人制
(绍兴十一年十月至绍兴十三年六月间)

敕某氏等:礼隆宫掖,泽被私门,尔以懿亲,宜同其庆。峻加封号,用示国恩。

出处:《东窗集》卷一四。又见《永乐大典》卷二九七二。

撰者:张扩

考校说明:编年据张扩任两制时间补。

右通直郎监登闻鼓院吴巘母彭氏特封淑人制
(绍兴十一年十月至绍兴十三年六月间)

敕:昔尔父以清忠直节,称重一时,士固愿出其门;而尔夫又以文学议论,位至从班。尔为命妇旧矣,不因子而贵也。今尔子巘仕于王朝,请以一官,易淑人之号以加汝。夫格令所在,朕岂得而私哉?然于人子显亲之义,或略格令而从之,盖以广孝也。尔其以所闻于父夫者诏其子,使知所以事君,则尔于荣名,将有继焉。

出处:《东窗集》卷一四。又见《永乐大典》卷二九七二。

撰者:张扩

考校说明:编年据张扩任两制时间补。

皇后姑吴氏姨单氏并封恭人姊吴氏二人
妹吴氏二人并封淑人制
(绍兴十一年十月至绍兴十三年六月间)

敕具官某氏等:礼隆宫掖,泽被私门,尔以懿亲,宜同其庆。峻颁封号,用侈国恩。

出处:《东窗集》卷一四。又见《永乐大典》卷二九七二。

撰者:张扩

考校说明:编年据张扩任两制时间补。

晏孝纯降右朝散大夫制
(绍兴十一年十月至绍兴十三年六月间)

敕具官某:三尺之律,布在有司,于谳议能尽心焉,则轻重浅深,无不曲当。尔早习惠文,久居宪部,差失乃尔,罚尚何逃? 其褫一官,以示薄责。益思循省,务盖前愆。

出处:《东窗集》卷一四。

撰者:张扩

考校说明:编年据张扩任两制时间补。

王绾降左朝散大夫制
(绍兴十一年十月至绍兴十三年六月间)

敕具官某:部使者为天子耳目之官,扬清激浊,盖其职也。尔在江南,官属不法,朝廷命尔核实,是宜悉意奉承,具以状闻。而乃顾望迁延,淹时不报,此而不惩,何以示戒? 其褫一官,往务循省。

出处:《东窗集》卷一四。

撰者:张扩

考校说明:编年据张扩任两制时间补。

赵令誏降朝散大夫制
(绍兴十一年十月至绍兴十三年六月间)

敕具官某:诸州别驾号按察官,其任重矣。污吏受赇,事不难见,外台以朝廷之命,使尔核实,是宜悉意奉承,亟上其状。而乃谬为枝蔓,往复淹延,此而不惩,何以示戒? 姑褫一官,往务循省。

出处:《东窗集》卷一四。

撰者:张扩

考校说明:编年据张扩任两制时间补。

<h1 style="text-align:center">沈晦降左朝散大夫制</h1>
(绍兴十一年十月至绍兴十三年六月间)

敕:慢令弗虔,斯忽预防之戒;逸囚坐累,自干故纵之章。具官某顷帅长沙,实临孔道。属他郡奸赃之恶,抵海南流窜之刑,行贿遁逃,政当所部。尔任按察,若罔闻知,失职瘝官,咎将谁执?姑从贬秩,用示薄惩。往祗宽恩,尚务循省。

出处:《东窗集》卷一四。
撰者:张扩
考校说明:编年据张扩任两制时间补。

<h1 style="text-align:center">秉义郎梁俊彦降一官放罢制</h1>
(绍兴十一年十月至绍兴十三年六月间)

敕具官某:征税之利,出入浩繁,非恃文书,无以稽察。尔违部使者之檄,辄占匿不遗,恶其害己,灼见汝奸。先褫一官,姑惩弛慢。核实定罪,尚听有司。

出处:《东窗集》卷一四。
撰者:张扩
考校说明:编年据张扩任两制时间补。

<h1 style="text-align:center">史俣改右宣义郎制</h1>
(绍兴十二年四月至绍兴十三年六月间)

敕具官某:朕恭惟梓宫言还,中外兴慕,一时官属,迎护良劳,尔在选中,尤资干略。肆命更秩,式旌其劳。

出处:《东窗集》卷九。
撰者:张扩
考校说明:编年据张扩任两制时间及文中所述"朕恭惟梓宫言还,中外兴慕,一时官属,迎护良劳,尔在选中"补,见《建炎以来系年要录》卷一四四。

左朝议大夫试尚书兵部侍郎兼侍讲程瑀父楠赠右奉直大夫制
(绍兴十二年五月至绍兴十三年六月间)

敕:朕孝通神明,既格宁亲之庆;泽被臣庶,咸推报本之恩。矧予侍从之臣,可后褒荣之典? 具官故父某,躬载令德,世称善人。韦贤陋满籯之遗,狐突谨教忠之训。宜尔有子,为时名卿。用举恤章,以光幽壤。品秩益峻,尚克歆承。

出处:《东窗集》卷七。
撰者:张扩
考校说明:编年据张扩任两制时间、程瑀宦历补,见《建炎以来系年要录》卷一四五。

程瑀母金氏赠硕人制
(绍兴十二年五月至绍兴十三年六月间)

敕:具官故母某氏,早以华族,来嫔高门,勤俭播严君之风,均一备贤母之德。宜尔令子,为时名卿。用举恤章,以光幽壤。封号益显,尚克歆承。

出处:《东窗集》卷七。
撰者:张扩
考校说明:编年据张扩任两制时间、程瑀宦历补,见《建炎以来系年要录》卷一四五。

程瑀妻沈氏封硕人制
(绍兴十二年五月至绍兴十三年六月间)

敕:朕丕隆孝治,恩及群臣。维时侍从之联,亦燕室家之喜。具官妻某氏,礼容淑慎,德范静专,推闺门内助之贤,得警戒相成之道。兹因霈泽,益厚徽章。申锡荣名,往承毋致。

出处:《东窗集》卷七。

撰者:张扩

考校说明:编年据张扩任两制时间、程瑀官历补,见《建炎以来系年要录》卷一四五。

资政殿学士左朝奉大夫知绍兴军府事楼炤父居明赠太子太保制
(绍兴十二年九月至绍兴十三年六月间)

敕:朕亲仁善邻,以图保大之计;教民兴孝,以彰至治之休。爰推锡类之恩,溥及在廷之士。眷时辅弼之旧,实深霜露之思。申举懋章,式光祢庙。具官故父某,谦而不伐,厚以有容。位虽老于郎潜,既享年高之乐;福方延于子贵,益昌身后之荣。宫保之联,品秩弥峻,增贲幽壤,尚其歆承。

出处:《东窗集》卷七。

撰者:张扩

考校说明:编年据张扩任两制时间、楼炤官历补,见《建炎以来系年要录》卷一四六。此制时间当在同集卷一二《楼炤父居明赠太子少师制》之后。

楼炤母范氏赠蕲春郡夫人制
(绍兴十二年九月至绍兴十三年六月间)

敕:朕善邻以为宝,既载戢于干戈;兴孝以导民,用广敷于雨露。眷时旧弼,义重显亲,申锡懋章,式光祢配。具官故母某氏,梱则甚懿,妇仪不忒,慈祥致家道之肥,辉光及子舍之远。属兹惠泽,宜侈封恩,易郡蕲春,益新汤沐。

出处:《东窗集》卷七。

撰者:张扩

考校说明:编年据张扩任两制时间、楼炤官历补,见《建炎以来系年要录》卷一四六。"蕲春郡"原作"蕲郡",据正文补。

楼炤母欧阳氏赠武陵郡夫人制
(绍兴十二年九月至绍兴十三年六月间)

敕:具官故母某氏,宅心渊静,积行温柔,令德宜其家人,余庆钟于子舍。属兹惠泽,用侈恩封。易大郡于武陵,俾增光于幽壤。

出处:《东窗集》卷七。
撰者:张扩
考校说明:编年据张扩任两制时间、楼炤官历补,见《建炎以来系年要录》卷一四六。

左中奉大夫充敷文阁待制施垌父任赠左宣奉大夫制
(绍兴十二年九月至绍兴十三年六月间)

敕:朕外敦邻盟,内隆孝治,爰敷惠泽,诞播宏休。维时侍从之联,咸茂显亲之典。具官故父某,儒学自奋,仕涂有光,令誉蔼于一时,温光溢于后嗣。属兹大赉,申锡徽章,载升品秩之崇,式示泉扃之渥。魂其不昧,尚克歆承。

出处:《东窗集》卷七。
撰者:张扩
考校说明:编年据张扩任两制时间、施垌官历补,见《建炎以来系年要录》卷一四六。

施垌故妻李氏赠令人制
(绍兴十二年九月至绍兴十三年六月间)

敕:朕荷天之休,丕隆孝治,爰敷厚泽,以惠庶工。恩及闺门之私,礼无存殁之间。具官故妻某氏,早以令族,嫔于高门。善相其夫,凤著相成之誉;天啬厥寿,遽乖偕老之荣。申锡令名,永光幽壤。

出处:《东窗集》卷七。
撰者:张扩

考校说明:编年据张扩任两制时间、施垌官历补,见《建炎以来系年要录》卷一四六。

起复检校少傅宁国军节度使开府仪同三司
充醴泉观使张中孚曾祖遇赠少保制
(绍兴十二年九月至绍兴十三年六月间)

敕:宰路视仪,礼式隆于上将;蜜章疏宠,恩宜厚于曾门。具官故曾祖某,秉德无疵,饬躬不怠,泽钟余庆,祚启闻孙。属兹锡命之初,用涣显亲之渥。其升亚保,以贲幽宅。

出处:《东窗集》卷一一。
撰者:张扩
考校说明:编年据张扩任两制时间、张中孚官历补,见《建炎以来系年要录》卷一四六。

张中孚曾祖母王氏赠成国夫人制
(绍兴十二年九月至绍兴十三年六月间)

敕:宰路视仪,礼式隆于上将;蜜章疏宠,恩宜厚于曾门。具官故曾祖母某氏,淑慎为容,惠和有则,泽钟余庆,祚启闻孙。属兹锡命之初,用涣显亲之渥。疏封列国,永贲幽宅。

出处:《东窗集》卷一一。
撰者:张扩
考校说明:编年据张扩任两制时间、张中孚官历补,见《建炎以来系年要录》卷一四六。

张中孚祖存赠少傅制
(绍兴十二年九月至绍兴十三年六月间)

敕:本隆则枝叶必茂,源深则流派无穷。于人亦然,为善者显。嘉虎臣之在列,参揆路以视仪,爰推尊祖之诚,式举有邦之典。具官故祖某,抱材忠勇,履行中庸,令名蔼于山西,休誉扬于使范。积德甚厚,再世而昌。属兹锡命之初,用涣显亲之宠。位升亚傅,式慰营魂。

出处:《东窗集》卷一一。

撰者:张扩

考校说明:编年据张扩任两制时间、张中孚官历补,见《建炎以来系年要录》卷一四六。

张中孚祖母贺氏赠魏国夫人制
（绍兴十二年九月至绍兴十三年六月间）

敕:本隆则枝叶必茂,源深则流派无穷。于人亦然,为善者显。嘉虎臣之在列,参揆路以视仪,爰举愍章,上体再世。具官故祖母某氏,令仪为则,柔范有闻,泽钟乃孙,位致通显。属兹锡命之始,宜申告第之荣。魏国疏封,永光泉户。

出处:《东窗集》卷一一。

撰者:张扩

考校说明:编年据张扩任两制时间、张中孚官历补,见《建炎以来系年要录》卷一四六。

张中孚祖母仇氏赠永国夫人制
（绍兴十二年九月至绍兴十三年六月间）

敕:本隆则枝叶必茂,源深则流派无穷。于人亦然,为善者显。嘉虎臣之在列,参揆路以视仪,爰举愍章,上体再世。具官故祖母某氏,奉身勤俭,睦族惠和,泽钟乃孙,位致通显。属兹锡命之始,宜申告第之荣。永国疏封,式光泉壤。

出处:《东窗集》卷一一。

撰者:张扩

考校说明:编年据张扩任两制时间、张中孚官历补,见《建炎以来系年要录》卷一四六。

张中孚父逯赠庆国公制
（绍兴十二年九月至绍兴十三年六月间）

敕:朕褒功进德,焕号扬庭,嘉我宝臣,式颁异数。既被纶言之渥,爰申祢庙之荣。具官父某,节义起家,严明服众。陕州麾之重寄,峻横列之华资。庆溢高门,位隆令子。属兹锡命之始,宜彰告第之荣。大国易封,克光幽壤。

出处:《东窗集》卷一一。
撰者:张扩
考校说明:编年据张扩任两制时间、张中孚官历补,见《建炎以来系年要录》卷一四六。

张中孚前母岳氏赠楚国夫人制
（绍兴十二年九月至绍兴十三年六月间）

敕:朕褒功进德,焕号扬庭,嘉我宝臣,式颁异数。既被纶言之渥,爰申祢庙之荣。具官故前母某氏,柔顺宜其家人,严明可为阃则。泽钟贤嗣,休有令名,扬功一时,致位通显。属兹锡命之始,宜彰告第之恩。大国易封,永光幽壤。

出处:《东窗集》卷一一。
撰者:张扩
考校说明:编年据张扩任两制时间、张中孚官历补,见《建炎以来系年要录》卷一四六。

张中孚母李氏赠邓国夫人制
（绍兴十二年九月至绍兴十三年六月间）

敕:朕褒功进德,焕号扬庭,嘉我宝臣,式颁异数。既被纶言之渥,爰申祢庙之荣。具官故母某氏,恭俭表于闺门,睦姻行乎宗党。泽钟贤嗣,休有令名,扬功一时,致位通显。属兹锡命之始,宜彰告第之恩。大国易封,增光泉户。

出处:《东窗集》卷一一。

撰者:张扩

考校说明:编年据张扩任两制时间、张中孚宦历补,见《建炎以来系年要录》卷一四六。

张中孚故妻王氏赠韶国夫人制
(绍兴十二年九月至绍兴十三年六月间)

敕:事君以忠,必赖爪牙之力;勉夫以正,本其闺门之贤。迨兹涣号之初,宜厚追荣之典。具官故妻某氏,言容兼备,礼法交修。虽资中馈之勤,弗遂偕老之愿。岂无异数,以示湛恩? 开国于韶,永绥尔祀。

出处:《东窗集》卷一一。

撰者:张扩

考校说明:编年据张扩任两制时间、张中孚宦历补,见《建炎以来系年要录》卷一四六。

张中孚妻孟氏封景国夫人制
(绍兴十二年九月至绍兴十三年六月间)

敕:事君以忠,必赖爪牙之力;勉夫以正,本其闺门之贤。属兹制綍之颁,宜厚令妻之典。具官妻某氏,芳猷茂著,懿范夙成,推内助宜家之良,严中馈率职之礼。岂无异数,以示优恩? 载荒列国之封,用侈小君之宠。益殚夙夜,远究令名。

出处:《东窗集》卷一一。

撰者:张扩

考校说明:编年据张扩任两制时间、张中孚宦历补,见《建炎以来系年要录》卷一四六。

华州观察使傅忠信改除制
(绍兴十二年九月至绍兴十三年六月间)

朕方务昭大信以固圉,故推长利而正名。可温州观察使。

出处:《建炎以来系年要录》卷一五一。

撰者:程敦厚

考校说明:编年据程敦厚任两制时间补。

观文殿大学士左太中大夫知福州军州事
叶梦得故祖羲叟追封福国公制
(绍兴十二年十二月至绍兴十三年六月间)

敕:朕亲仁善邻,以图保大之计;教民兴孝,以恢至治之休。爰推锡类之仁,薄及在廷之士。眷予旧弼,义重显亲,申锡愍章,用光祖庙。具官故祖某,谦而不伐,厚以有容。实浮于名,却形光之外镇;位弗充德,卒身老于郎潜。有孙甚贤,维国之干,属兹大赉,宜被湛恩。用荒长乐之封,益侈幽扃之宠。

出处:《东窗集》卷七。

撰者:张扩

考校说明:编年据张扩任两制时间、叶梦得宦历补,见《建炎以来系年要录》卷一四七。

叶梦得祖母刘氏赠韩国夫人制
(绍兴十二年十二月至绍兴十三年六月间)

敕:具官故祖母某氏,存心温厚,秉则中和。积恭俭以肥家,体慈祥而合族。流泽甚远,再世而昌,有孙甚贤,维国之干。属兹大赉,宜被湛恩。其更汤沐之封,莫如韩土之乐。营魂未泯,茂渥其承。

出处:《东窗集》卷七。

撰者:张扩

考校说明:编年据张扩任两制时间、叶梦得宦历补,见《建炎以来系年要录》卷一四七。

叶梦得祖母谢氏赠周国夫人制
(绍兴十二年十二月至绍兴十三年六月间)

敕:具官故祖母某氏,早自令族,来嫔高门,至诚共蘋藻之羞,懿行著室家之美。流泽甚远,再世而昌,有孙甚贤,为时硕辅。属兹庆赉,宜被恩荣。其更大国之封,以侈小君之宠。营魂未泯,尚克歆承。

出处:《东窗集》卷七。
撰者:张扩
考校说明:编年据张扩任两制时间、叶梦得宦历补,见《建炎以来系年要录》卷一四七。

叶梦得故父助赠太傅制
(绍兴十二年十二月至绍兴十三年六月间)

敕:朕善邻以为宝,既载戢于干戈;兴孝以导民,用覃施于雨露。眷时旧弼,义重显亲,申锡懋章,式光祢庙。具官故父某,躬载盛绩,世称善人。有社有民,屡布中和之政;惟忠惟孝,卒昌远大之图。繄予名臣,乃尔令子,推本教忠之训,用彰告第之恩。升公辅一品之崇,厚贤者九原之宠。营魂未泯,尚克歆承。

出处:《东窗集》卷七。
撰者:张扩
考校说明:编年据张扩任两制时间、叶梦得宦历补,见《建炎以来系年要录》卷一四七。

叶梦得故母晁氏赠镇国夫人制
(绍兴十二年十二月至绍兴十三年六月间)

敕:朕外敦邻盟,内隆孝治,爰敷惠泽,诞播宏休。眷予旧弼之联,可后显亲之典?具官故母某氏,簪缨甲族,勋旧名家。温恭之德,配于哲人;善庆所终,及于令子。属兹需渥,宜厚恩荣。用更大国之封,益茂小君之宠。庶几冥漠,尚克歆承。

出处:《东窗集》卷七。

撰者:张扩

考校说明:编年据张扩任两制时间、叶梦得官历补,见《建炎以来系年要录》卷一四七。

米友仁屯田员外郎升郎中制
(绍兴十二年十二月至绍兴十三年六月间)

敕具官某:文昌列曹,皆以才选,叙正厥位,则有彝章。参稽数岁之劳,已埒诸郎之秩。以尔词艺美发,风猷敏强,顷擢屯田缮工,洊升华于起部,有嘉扬历,益著靖共。往祗申命之休,式究无穷之闻。

出处:《东窗集》卷八。

撰者:张扩

考校说明:编年据张扩任两制时间、米友仁官历补,见《建炎以来系年要录》卷一四七。

右承事郎直秘阁刘尧佐右承奉郎直秘阁
刘尧仁等并转一官制
(绍兴十二年十月至绍兴十三年六月间)

敕具官某等:朕眷遇勋旧,超越等夷,恩数所加,不间存殁。今光世之逝,深慨予怀,录其家人子弟中外姻党者,所以昭不忘也。尔等是宜抑畏小心,怀忠自奋,往祗朕训,无愧前人。

出处:《东窗集》卷八。

撰者:张扩

考校说明:编年据张扩任两制时间及刘尧佐、刘尧仁官历补,见《建炎以来系年要录》卷一四七。

殿前统制统领将官月支供给诏
（绍兴十三年六月四日）

殿前司等处统制、统领、将官除本身请受外,别无供给职田特送之类,其间累重赡养不足者,辄差官兵营运,浸坏军政。可特与逐月支破供给钱,随券历按月勘给。其随带外任差遣人,令驻札州军将合破供给系殿前司、步军司者起发赴户部,系外路者起发赴总领司。后有升带差遣人依此。若诸军更敢擅差军兵回易,行在委殿前司、马步军司,在外委诸路都统制严行觉察;并兴贩去处,委所在州县收捉,押赴朝廷;其擅差官兵依私役禁军法,其所贩物货计赃坐罪。若诸州县知而不举,与同罪。其逐月支破供给,统制、副统制一百五十贯,统领一百贯,正将、同正将五十贯,副将四十贯,准备将三十贯。

出处:《宋会要辑稿》职官五七之七三。又见《建炎以来系年要录》卷一四九,《宋史》卷一九四《兵志》。

考校说明:《建炎以来系年要录》卷一四九系于绍兴十三年六月七日壬辰。

见禁取会未完并患病罪人赴有司知管诏
（绍兴十三年六月四日）

今后应诸官司送下见禁取会未完并患病罪人赴在城巡检司知管,责保人并与依临安府见禁罪囚例支破饮食,内病患者差医人医治。

出处:《宋会要辑稿》刑法六之六六。

郊祀诏
（绍兴十三年六月九日）

敕内外文武官寮等:朕嗣膺历服,越在东南,念初载于维扬,尝肇禋于泰畤。深惟累圣之成宪,必尊三岁之亲祠。肆涓路寝之筵,久旷圜坛之礼。今日上穹垂祐,边境休兵,寇盗弭宁,民俗康阜。日致慈宁之孝,岁收高廪之丰。格此多祥,敢忘大报?见祖祢于诸室,合丘泽之一祠。嘉与臣工,共图熙事。朕以今年冬至日有事于南郊。咨尔攸司,各扬乃职,相予肆祀,罔或不恭。

出处:《宋会要辑稿》礼二八之二三。又见《中兴礼书》卷一,《咸淳临安志》卷三。

宫正韩氏封才人制
（绍兴十三年六月九日）

敕:坤仪正则天下治,位冠六宫;妇职修则家道齐,礼严诸御。爰卜吉日,肇登长秋。眷时柔良,实勤赞辅,宜颁褒绰,以示异恩。具官某氏,婉娈凝姿,齐庄秉则。若玉在璞,中韫粹温之珍;如兰有香,静怀服媚之德。早膺遴选,擢在迩联。趏兹盛典之行,赖尔小心之助。是用躐升华缀,密侍中宸。崇秩视于列卿,令名参于硕媛。往祗涣渥,毋怠钦承。

出处:《东窗集》卷八。又见《永乐大典》卷二九七二。
撰者:张扩
考校说明:编年据《宋会要辑稿》后妃三补。

奖谕狱空敕
（绍兴十三年六月二十一日）

朕观前世诏狱所在者多矣,故吏皆观望,冤滥甚众。朕自即位以来,凡狱一付之廷尉,盖廷尉天下之平也。汝等折狱惟良,至无留系,非为职事之修乎?兴言嘉叹,不忘于怀。

出处:《咸淳临安志》卷六。

罗汝楫言重禄事答诏
（绍兴十三年六月二十三日）

令刑部取索重禄并非重禄条法,及有司因事申请指挥,逐一开具申尚书省取旨。

出处:《宋会要辑稿》职官五七之一○○。

陈诚之除校书郎兼吴王府教授制
（绍兴十三年六月）

敕具官某：朕惟图史舛讹，实藉校书之助；宗枝蕃衍，允资训导之方。必得通儒，乃兼是任。以尔性资敦厚，问学淹该。桂籍登名，尝先多士；石渠列属，洊著能称。其颁申命之休，俾懋居官之效。往祗朕训，毋怠尔为。

出处：《东窗集》卷一〇。
撰者：张扩
考校说明：编年据《南宋馆阁录》卷八补。

奖谕朱弁诏
（绍兴十三年六月后）

朱某奉使岁久，忠义守节，理合优异，特赐券金千缗。

出处：《晦庵先生朱文公文集》卷九八《朱公行状》。
考校说明：编年据朱弁宦历补，见《建炎以来系年要录》卷一四九。

诸军拣放添差不厘务官请给诏
（绍兴十三年七月四日）

诸军拣放添差不厘务官，如请给比军中元请数多，即与半支；如所请数少，并依在军日数目支破。

出处：《宋会要辑稿》职官五七之七四。

求遗书诏
（绍兴十三年七月九日）

国家用武开基，右文致治，自削平于僭伪，悉收籍其图书，列圣相承，明诏屡下。广行访募，法汉氏之前规；精校遗亡，按开元之旧目。大辟献书之路，明张立赏之科。简编用出于四方,卷秩遂充于三馆。藏书之盛,视古为多。艰难以来,散失无在。朕虽处干戈之际,不忘典籍之求。每令下于再三,十不得其四五。今幸臻于休息,宜益广于搜寻。夫监司总一路之权,郡守寄千里之重,各谕所部,悉上送官。苟多献于遗编,当优加于褒赏。故兹诏示,想宜知悉。

出处:《宋会要辑稿》崇儒四之二六。又见《南宋馆阁录》卷三。

铸御马院印诏
(绍兴十三年七月十二日)

尚书礼部下所属铸印一面,以"御马院之印"五字为文行使。

出处:《宋会要辑稿》职官三二之五一。

御前马院差副知手分诏
(绍兴十三年七月十二日)

御前马院差置手分四人、副知一名,兼前行书勘行遣文字。所差手分、副知于内外诸官司指名抽差,不足,听本院召募试补。今后副知、手分有阙,并令以次人递选。其手分候递迁充副知日,与补进义副尉;副知满三年,与补进武副尉出职。今来副知系创行差置,未有递迁人,将差到院及二年,依手分递迁副知法补授立界。所有见相兼祗应骐骥院手分二人,就差充填上下件手分窠阙祗应。

出处:《宋会要辑稿》职官三二之五二。又见《宋会要辑稿补编》第三〇一页。

御前马院踏逐指名抽差库子祗应等诏
(绍兴十三年七月十二日)

御前马院于内外官司系公人内踏逐指名抽差二人充库子祗应,及副知、手分、库子诸般请给并依祗候库子例。内库、副知无衣人,春冬各添人绢二匹,冬加绵十两。

出处:《宋会要辑稿》职官三二之五二。又见《宋会要辑稿补编》第四一一页。

余杭南荡两监许各差手分二人诏
（绍兴十三年七月十二日）

余杭、南荡两监许各差手分二人，于四人内通选差一名充副知，兼前行祗应。其副知补授、理年，并依本院副知体例格法，仍降一等补授：初补副知，与补进义副尉，界满三年，与补进义副尉出职。

出处：《宋会要辑稿》职官三二之五二。又见《宋会要辑稿补编》第四一一页。

诸州奏大辟刑名疑虑公案事诏
（绍兴十三年七月十八日）

诸州奏大辟刑名疑虑公案，若刑寺拟断虽非大辟，官吏并免收坐。

出处：《建炎以来系年要录》卷一四九。

委有出身监司一员提举学事诏
（绍兴十三年八月三日）

每路委有出身监司一员兼提举学事。如本路监司并无有出身人，即从上一员兼管。

出处：《宋会要辑稿》职官四五之二〇。又见《建炎以来系年要录》卷一四九。

叙州通判许辟差买马官诏
（绍兴十三年八月三日）

叙州通判依崇宁三年指挥，许行辟差才干官管当买马职事。

出处：《宋会要辑稿》职官四三之一〇五。

取官米俵散太平州遗火居民诏
(绍兴十三年八月十三日)

大平州居民遗火,令总领所于本州诸色米内取拨一千硕,检视被火之家,计口俵散,系官屋宇并白地赁钱,并放两月。

出处:《宋会要辑稿》食货五九之三一。又见同书食货六八之一二三。

锁院时限诏
(绍兴十三年八月十五日)

祖宗旧法,诸路州军科场并限八月五日锁院。缘福建去京师地远,遂先期用七月,川、广尤远,又用六月。今福建、二广趋行朝不远,可并限八月五日锁院。内川陕州军特以六月,若依近例类省试,即亦以八月五日锁院。

出处:《宋会要辑稿》选举一六之六。又见《宋会要辑稿补编》第四八三页。

李文会除侍御史制
(绍兴十三年八月二十二日)

敕具官李文会:宪府不除大夫,则中执法为长,而台端贰之。振肃纪纲,威望雄俊。自非素著端良之誉,畴克当此?虚位之久,今得其人。以尔禀质刚方,怀才通敏。顷从刺举,擢置殿中,直道而行,无所回挠。摅忠謇之素志,摧奸慝于笔端,风节凛然,视古无愧。是用稽其已试之效,就升横榻之严。伫观施为,克副眷倚。朕方明视好恶,以一群听;尔其灼分邪正,以警庶工。共期此道之交修,永措斯时于平泰。钦予时命,其尔之休。可。

出处:《樋溪居士集》卷五。
撰者:刘才邵
考校说明:编年据《建炎以来系年要录》卷一四九补。

杨愿除给事中制
（绍兴十三年八月二十二日）

敕：朕为朝廷政令，基本于中书，出给于门下。审封驳之任者，非全夫刚大之气，济以通明之才，其可纠正阙违，而称束求之意哉！具官杨愿性资端亮，器韵闳深。飞步贤关，英辞冠乎诸儒之右；归身潜府，大节著于群疑之初。暨历省台，益隆誉处。代言西掖，劝讲迩英。文章追三代之风，议论探六经之赜。虽徐坚为舍人样，久著声称；然马周有王佐才，岂专词命。方资致远之识，俾升平奏之司。式赖猷为，益观献纳。其茂摅于贤业，以克副于虚怀。可。

出处：《樝溪居士集》卷五。
撰者：刘才邵
考校说明：编年据《建炎以来系年要录》卷一四九补。

洪皓除徽猷阁直学士提举万寿观兼直学士院制
（绍兴十三年八月二十三日）

敕：朕登庸俊髦，分置近列，冀资献纳，协济中兴。矧惟持橐之臣，久奉出疆之命，既还朝著，宜懋恩章。具官洪皓宅心粹夷，植德纯厚。夙蕴造微之学，兼怀通务之才。顷属多艰，选求北使，请行奋毛遂之勇，历年几子卿之多。间关百为，确守一节。忠信为国以自卫，险阻备尝而不渝。属邻好之既通，拥星轺而归觐，爰加褒数，用奖忠勤。越从次对之华，进陟西清之峻，奉真祠于琳馆，预视草于金坡。有功见知，既已隆于眷意；无德不报，其勿怠于告猷。深惟直谅之怀，伫俟论思之益。可。

出处：《樝溪居士集》卷五。
撰者：刘才邵
考校说明：编年据《建炎以来系年要录》卷一四九补。

张邵除秘阁修撰主管佑神观制
(绍兴十三年八月二十三日)

敕具官张邵:延阁见于册府,以储秘文,预游其间,莫匪时隽。隆名所被,恩命为殊。以尔才猷敏茂,气节刚正,慷慨之志,见于徇国。顷缘使事,远适殊方,间关百为,确守一节。既还朝著,宜有褒升,因就易于文阶,以无负于素学。厕英游而进直,掌真馆以奉祠。是为异恩,用表诚节。益思自励,以称所蒙。可。

出处:《樕溪居士集》卷五。
撰者:刘才邵
考校说明:编年据《建炎以来系年要录》卷一四九补。

刘昉知潭州湖南安抚使制
(绍兴十三年八月二十七日)

敕具官刘昉:汉之孝宣,励精为治,择良二千石与之共理,用能使民安其业,而中兴之盛,光华至今。朕甚慕之,故于选任之际,尤加意焉。以尔性资雅亮,学行淹通,蚤著声称,屡膺识擢,擅望郎名卿之誉,有肤使良守之风,载嘉所为,备见已试。眷长沙之都会,总一路之帅权,抚临兵民,宜莫如汝。其务施于实德,以克称于茂恩。可。

出处:《樕溪居士集》卷五。
撰者:刘才邵
考校说明:编年据《建炎以来系年要录》卷一四九补。

吏部侍郎魏良臣转官制
(绍兴十三年八月至九月间)

敕:政事考百工之课,至于正六品之官,则必守以七年之久,限以八十人之数。或不拘此法,皆为异恩,所以待吾左右侍从之臣也。具官魏良臣气怀和粹,材术敏通,久践华途,亟跻小宰。有司稽阅来上,是用增尔崇秩。往思祗服,以称朕宠异近臣之意。可。

出处:《樵溪居士集》卷四。

撰者:刘才邵

考校说明:编年据刘才邵任两制时间、魏良臣宦历补,见《建炎以来系年要录》卷一五〇补。

令真谨书写州县租税簿籍诏
(绍兴十三年九月一日)

州县租税簿籍,令转运司降样行下,并真谨书写。如细小、草书,从杖一百科罪勒停,永不得收叙。其簿限一日改正,当职官吏失点检,杖八十。如有欺弊,自依本法施行。

出处:《宋会要辑稿》食货一一之一八。又见同书食货六九之二三。

支破宗子往军前未回之人妻孥俸给诏
(绍兴十三年九月一日)

宗子先往军前未回之人,有遗下妻孥,已依格支破俸给。其间或无子孙依倚,如愿往父母及亲兄弟之家归宁,并亲女已出适之家权暂居住者听,候夫若子还日依旧。如无父母、亲兄弟及亲女,或虽有而不愿出外者,责本位尊长主管养赡。

出处:《宋会要辑稿》帝系六之一七。

李涧除司封郎官制
(绍兴十三年九月二日)

敕具官李涧:文昌设属,以分治庶务。司封掌封爵之事,盖古执秩之官。差量重轻,实资博识。以尔性资端静,学术通明,顷参台属,刺举详审。往膺兹选,其益勉哉。可。

出处:《樵溪居士集》卷四。

撰者:刘才邵

考校说明:编年据《建炎以来系年要录》卷一五〇补。

郊祀伞扇并依旧制诏
(绍兴十三年九月九日)

将来郊祀,伞扇并依旧制,拂扇等并不用珠子装饰。

出处:《中兴礼书》卷一九。

禁酒库擅置脚店诏
(绍兴十三年九月十日)

淮东总领司酒库止于元置州军,淮西、江东总领司止于建康府,扬州安府司止于本州开沽,即不得更于别州县村镇擅自添置脚店。自今现有违法擅置去处,日下停闭。内诸军有似此开沽去处依此。

出处:《宋会要辑稿》食货二〇之一九。

魏良臣罢吏部侍郎制
(绍兴十三年九月十一日)

敕:凡人之有过,其迹立于可罪之地,而其心处于可疑之间,则辨邪正者安得阔略而不问哉!具官某畚以名称,浸更华显,逮持从橐,日侍禁严。是宜忧国奉公,以答宠荣,而乃不慎交游,轻违典宪,岂不曰迹可罪而心可疑乎?公议靡容,责章来上,宜解铨衡之贰,无忘循省之私。其体隆恩,尚图后效。

出处:《樵溪居士集》卷五。

撰者:刘才邵

考校说明:编年据《建炎以来系年要录》卷一五〇补。

太府寺胥长出职诏
(绍兴十三年九月十三日)

太府寺胥长依格应出职,权降一等出官,谓如承信郎降一等补进武校尉。自余依绍兴出职条法施行。若将来本寺使额依旧,即合照应旧法施行。

出处:《宋会要辑稿》职官二七之三〇。

程瑀充龙图阁学士知信州制
(绍兴十三年九月十五日)

敕:入侍禁严,位列六官之长;出膺委寄,任隆千里之师。勉从进退之宜,庸示恩私之渥。岂惟均佚,盖亦优贤。具官某性资端良,器度凝远。夙著造微之学,允怀济务之材。首冠儒科,久持从橐。顷还经幄,擢贰政官。旋进总于纲维,实典司于喉舌。方前宣室之坐席,遽厌承明之直庐。屡贡忱辞,重违雅志,加河图之峻职,临桑梓之邻邦。其务体于眷怀,宜益勤于宣布。仁观实德,施及斯民。

出处:《樵溪居士集》卷五。
撰者:刘才邵
考校说明:编年据《建炎以来系年要录》卷一五〇补。

吏部尚书罗汝楫兼侍读制
(绍兴十三年九月十六日)

敕:尧舜五帝之盛,其所以成难名之功,致无为之治,载于二《典》,首以"若稽古"为言,盖人君监于成宪,不折衷于古训,将何所考哉?仰惟前代留心载籍,详延通儒,置之经幄,式资献纳,以副简求。具官罗汝楫智识通明,济以强敏,渊源之学,洞贯古今。顷劝讲于迩英,既深嘉于博洽,宜登文石之陛,进读金华之书。勿怠钦承,以副虚伫。可。

出处:《樵溪居士集》卷五。
撰者:刘才邵

考校说明:编年据《建炎以来系年要录》卷一五〇补。

不曾预释奠等举人许赴来年科举一次诏
(绍兴十三年九月十八日)

科举在近,诸路举人有不曾预释奠、乡饮酒之礼,或因期丧丁忧至来年科举有住学月日不足之人,并许赴来年科举取应一次。

出处:《宋会要辑稿》选举一六之六。又见《宋会要辑稿补编》第四八三页。

许户部长贰等荐举总领淮西江东军马钱粮属官诏
(绍兴十三年九月二十一日)

总领淮西、江东军马钱粮所属官,今后许户部长贰、太府、司农卿少通行荐举。

出处:《宋会要辑稿》职官四一之四六。

秋试补不合格终场人许趁将来取应诏
(绍兴十三年九月二十一日)

今秋试补不合格终场人,趁赴释奠不及,令国子监报本贯,并许趁将来取应。

出处:《宋会要辑稿》选举一六之六。又见《宋会要辑稿补编》第四八三页。

郊祀大礼导驾官诏
(绍兴十三年九月二十二日)

将来郊祀大礼,导驾文武官分左右步、骑导,本台与阁门编排报引。

出处:《宋会要辑稿》职官五五之二一。

郊祀大礼导驾事诏
（绍兴十三年九月二十二日）

大礼前二日朝献景灵宫,前一日朝飨太庙,至日圜坛行礼,导驾文武官分左、右步骑导,本台量差知班于禁卫内往来觉察。今后遇车驾行幸准此。

出处:《宋会要辑稿》职官五五之二一。

大礼差监察御史纠弹诏
（绍兴十三年九月二十二日）

大礼依旧例差监察御史二员纠弹,其监祭司手分依条例差三人点检行遣,令给色号,依明堂大礼例下所属关借敕入坛殿号。

出处:《宋会要辑稿》职官一七之三四。

司勋员外郎陈康伯关升郎中制
（绍兴十三年八月至十月间）

敕具官陈康伯:天官之属,冠于郎选,叙其正位,是惟旧章。爰因积阅之劳,兹举陟明之典。以尔风猷宁远,操履端良,学有渊源,才惟通敏,备更事任,蔼著声华,宜稽辨等之文,俾陟正员之任。列职虽旧,申命维新,其务钦承,益隆誉处。可。

出处:《樵溪居士集》卷四。
撰者:刘才邵
考校说明:编年据刘才邵任两制时间、陈康伯宦历补,见《陈文正公文集》卷四《敕左朝奉大夫军器监札》、《建炎以来系年要录》卷一五〇。

王曤大府主簿詹棫军器监主簿两易其任制
(绍兴十三年十月四日)

敕王曤等:外府调节邦财,军监典司戎器,庀职其间,皆以材选。尔等以通敏之资,当簿书之任,兹缘亲嫌,遂从易地。钦予申命,益既厥心。可。

出处:《樋溪居士集》卷五。又见《永乐大典》卷一四六〇八,中国嘉德二〇〇一年春季拍卖会拍品。
撰者:刘才邵

江邈除集英殿修撰宫观制
(绍兴十三年十月六日)

敕:陈力就列者人臣之义,闵劳以事者人主之恩。既引疾以丐闲,宜施仁而从欲。具官某性资夷澹,学问深纯。顷以材猷,备更任使,擢从风宪之地,进贰铨综之司。方资告后之猷,遽有奉祠之请。重违雅意,庸示眷怀。爰加书殿之华,俾遂殊庭之佚。往其祗服,以对茂恩。可。

出处:《樋溪居士集》卷五。
撰者:刘才邵
考校说明:编年据《建炎以来系年要录》卷一五〇补。

添差诸州军差遣拣罢使臣请给诏
(绍兴十三年十月十二日)

诸军拣罢使臣等昨岁添差诸州军差遣,其所支请给已立定则例,及约束州军按月勘支。所有供给令逐路转运司别作一项措置,依时给散。如米面数少,即许于系省钱物内支破,具数申尚书省。

出处:《宋会要辑稿》职官五七之七四。

诸路锁院立限诏
（绍兴十三年十月十五日）

川陕发解，科诏到日便行锁院，逐路运司并令六月前锁院，当月中开院。

出处：《宋会要辑稿》选举一六之六。又见《宋会要辑稿补编》第四八三页。

诚约郊祀行事执事官等恭肃诏
（绍兴十三年十月十六日）

将来郊祀大礼，应行事执事官等务在严肃，如有懈怠不恭，令阁门取旨，送御史台施行。

出处：《宋会要辑稿》职官五五之二一。又见同书礼二八之二四、礼一之二三。
考校说明：《宋会要辑稿》礼一系于绍兴十三年十一月十六日，误。是年郊祀在十一月八日，见《宋史》卷三〇《高宗纪》。

汪藻落职与宫观永州居住制
（绍兴十三年十月二十一日）

敕：朕示好恶之公，持赏罚之柄，傥不容于时论，宜以置于严科。具官汪藻蚤列从班，浸更事任。思酬待遇，宜守靖共，乃逾节义之闲，遂抵谴诃之域。既从黜罢，不务省循，因复抗辞，营私自便。全亏忠慎，深骇听闻。明罚示惩，肆申邦宪。镌隆名于延阁，俾屏居于远方。祗服宽恩，毋忘自励。

出处：《楗溪居士集》卷五。
撰者：刘才邵
考校说明：编年据《建炎以来系年要录》卷一五〇补。

蔡安强直秘阁知襄阳府兼安抚使制
(绍兴十三年十月二十四日)

敕具官蔡安强:延阁预英俊之游,大府任兵民之寄,并为异数,宜属能官。以尔性识精明,材猷通敏,既备更于事任,尝茂著于声称。爰推出綍之恩,肆锡分符之宠,往临一路,总按列城。宜克务于绥怀,其勿忘于报称。可。

出处:《樴溪居士集》卷五。又见《永乐大典》卷一三五〇七。
撰者:刘才邵
考校说明:编年据《建炎以来系年要录》卷一五〇补。

郊祀前二日朝献景灵宫圣祖天尊大帝册文
(绍兴十三年十一月六日)

绍兴十三年岁次癸亥十一月癸丑朔六日戊午,嗣皇帝臣某谨再拜稽首,上启圣祖上灵高道九天司命保生天尊大帝:伏以祚启皇图,运凭仙系,世有明哲,施及渺冲。获执璧琮,恭礼天地。其循旧典,祗献真廷。谨言。

出处:《中兴礼书》卷三〇。

郊祀前一日朝飨太庙祖宗帝后册文
(绍兴十三年十一月七日)

维绍兴十三年岁次癸亥十一月癸丑朔七日己未,孝曾孙嗣皇帝臣某敢昭告于僖祖立道肇基积德起功懿文宪武睿和至孝皇帝、文懿皇后崔氏:伏以天永炎历,世有哲王。肆予冲人,获缵丕序。爰卜景至,祗见昊穹。先事裸将,用严孝飨。谨以嘉玉量币、一元大武、柔毛刚鬣、明粢、芗合、芗萁、嘉蔬、嘉荐,式陈明荐。尚飨!

出处:《中兴礼书》卷三〇。
考校说明:编年文后原列历代祖宗称号及高宗之相应称呼,文繁不录。

郊祀飨皇地祇册文
(绍兴十三年十一月八日)

维绍兴十三年岁次癸亥十一月癸丑朔八日庚申,嗣天子臣某敢昭告于皇地祇:伏以于赫富媪,上配奉元。资始而生,承运而处。合祛并祀,礼典有常。仰祈宴娭,丕锡祉福。谨以玉帛牺齐、粢盛庶品肃恭禋祀,式展诚钦。太祖启运立极英武睿文神德圣功至明大孝皇帝、太宗至仁应道神功圣德文武睿烈大明广孝皇帝配神作主。尚飨!

出处:《中兴礼书》卷三〇。

郊祀飨太祖皇帝册文
(绍兴十三年十一月八日)

维绍兴十三年岁次癸亥十一月癸丑朔八日庚申,孝曾孙嗣皇帝臣某敢昭告于太祖启运立极英武睿文神德圣功至明大孝皇帝:伏以受天明命,造我有邦,施及渺冲,恭承禋祀。长至之日,大旅于郊,推本修功,式严崇配。谨以制币牺齐、粢盛庶品肃恭明荐,侑神作主。尚飨!

出处:《中兴礼书》卷三〇。

郊祀飨太宗皇帝册文
(绍兴十三年十一月八日)

维绍兴十三年岁次癸亥十一月癸丑朔八日庚申,孝曾孙嗣皇帝臣某敢昭告于太宗至仁应道神功圣德文武睿烈大明广孝皇帝:伏以诞膺大命,继率伐功,于变丕平,大侈厥后,肆纂皇序,祇见郊丘。载谨合祛,用伸并侑。谨以制币牺齐、粢盛庶品肃恭明荐,侑神作主。尚飨。

出处:《中兴礼书》卷三〇。

南郊大赦制

(绍兴十三年十一月八日)

昨下第进士、贡士应政和二年已前到省一举、年五十五以上者,已诏令本贯州县验实,结罪保明推恩。有本贯阻隔致未沾恩之人,许依开封府、国子监进士,于所在州县召见任承务郎以上二员结除名罪委保,当职官同罪保明,申礼部验实以闻。

出处:《宋会要辑稿》选举四之二八。

勘会禁囚无家,依法官给饮食。访闻近来州县多不预行桩备,取给公吏,因而掊克,致多瘦损。仰逐州守臣斟量每月预行桩备应副,毋得减浅作弊。

出处:《宋会要辑稿》刑法六之六六。

访间诸路税苗多以粳米折变糯米,却将糯米折变见钱,并加耗之数亦行折纳,是致倍罔人户。今后应合折科数,不得展转折变。

出处:《宋会要辑稿》食货九之二九。

所在税务课额各有定制,本意惠通商贾,懋迁万货。近来州县税务官吏作弊,又有镇市税场,或监官独员,或止差暂权去处,抑勒额外,过数掊取,以至客人偷经私捷小路,却致暗失课入,或将所收之数衷私隐没,别历侵盗,前后约束,终未尽革。可委通判专一行县检察,务令商贾通行。如违,转运司按劾以闻。

出处:《宋会要辑稿》食货一七之三七。

老病贫乏不能自存及乞丐之人,依法籍定姓名,自十一月一日起,支米、豆养济,至次年三月终;病者给药医治。访闻州县视为文具,不曾留意,监司亦不检察,致多失所,甚非惠养宽恤之意。仰提举司及州县当职官遵依条法指挥,多方存恤养济;其有病患,亦仰如法医治,不得灭裂。

出处:《宋会要辑稿》食货六八之一四〇。

勘会人户合输税租,在法布帛不成端匹,谷不成胜,丝绵不成两,柴蒿不成束,听依纳月实直价纳钱,仍许合钞送纳,盖欲优恤下户。访闻州县当职官并不检察,致公吏作弊,高估价直,并将已合钞纳送之数不即销簿,又作挂欠催理,追呼骚扰。自今应下户拆纳畸零税租,并取实直,其愿合钞者,亦仰官给逐名已纳凭由。如敢依前高价估值及重叠催理,因而乞觅,以枉法论,当职官重作行遣。
出处:《宋会要辑稿》食货三五之八。

勘会诸路州县营田官庄所给耕牛,若实缘病患例死,累有约束,止令将肉脏等出卖价钱桩管,不得抑令佃户陪偿。访闻官司间有勒令陪还去处,事属违戾,仰提领官取见诣实,除放施行。今后常切觉察。如依前违戾,按劾闻奏。
出处:《宋会要辑稿》食货六三之一一四。

赐张守忠辞免恩命不允诏
(绍兴十三年十一月八日后)

敕张守忠:省所奏辞免南郊大祀加食邑恩命事,具悉。朕恭修元祀,丕阐缛仪,均锡神厘,用昭景贶。眷惟旧弼,宜被恩荣,颁邑加田,兹为旧典。其祗成命,用副至怀。所请宜不允。故兹诏示,想宜知悉。

出处:《樜溪居士集》卷六。
撰者:刘才邵
考校说明:编年据刘才邵任两制时间、南宋郊祀时间、张守卒年补,见《宋史》卷三〇《高宗纪》。四库馆臣注曰:"集中有张守忠等降官二制,皆称身列横班。而是诏称'旧弼',是守忠乃曾居政府者。而《宋史·宰辅表》不载其名。考绍兴时张守尝再签枢密、参知政事,再奉祠。后以建康重地须用大臣有德望者镇之,以守帅建康,数月薨。或守守建康时有此恩命,故称旧弼,而传写误以守为守忠,而守忠别为一人耶?"所言甚是,此"张守忠"当是"张守"之误。

赐赵密辞免恩命不允诏
(暂系于绍兴十三年十一月八日后)

敕密:省所奏辞免加食邑食实封恩命事,具悉。朕躬致明禋,丕昭盛典。属尔殿岩之职,卫兹坛壝之严,爰锡涣恩,式敷祭泽。申加采邑,并衍真腴,用示褒嘉,岂容逊避?往祗新渥,茂对殊休。所请宜不允。故兹诏示,想宜知悉。

出处:《樜溪居士集》卷六。

撰者:刘才邵

考校说明:编年据刘才邵任两制时间、南宋郊祀时间补,见《宋史》卷三〇《高宗纪》。

赐赵密再辞免恩命不允诏
(暂系于绍兴十三年十一月八日后)

省表具悉。朕躬致明禋,丕昭盛典,式孚祭泽,爰赐涣恩,用示褒崇,岂容逊避?往祗承命,茂对殊休。所请宜不允,仍断来章。

出处:《樵溪居士集》卷六。

撰者:刘才邵

考校说明:编年据刘才邵任两制时间、南宋郊祀时间补,见《宋史》卷三〇《高宗纪》。

皇太后赠曾祖制
(暂系于绍兴十三年十一月八日后)

敕:朕肇新盛典,恭致明禋。稽哲王尊祖之文,既严推配;副长乐念亲之意,敢后褒封。申赍曾门,益隆茂渥。皇太后曾祖某性资庄重,志操端良。既全德以在躬,乃安时而适己。虽尝从仕,岂究远图,储厥福祥,及于孙子。惟流光之不泯,宜后裔之克昌。慈颜方奉于母仪,恩典宜高于戚属。永惟重祖,当致褒封。增焕王章,遂荒徐土。英灵如在,懋册其膺。可。

出处:《樵溪居士集》卷四。

撰者:刘才邵

考校说明:编年据刘才邵任两制时间、南宋郊祀时间补,见《宋史》卷三〇《高宗纪》。

皇太后赠曾祖母制
(暂系于绍兴十三年十一月八日后)

敕:天心从欲,子道获伸,日奉亲闱,恭承慈训。式丽郊报,丕拥神休,博施济泽之恩,申锡外家之庆。增辉重祖,祗遹旧章。皇太后曾祖母某氏凝资冲粹,率履温恭,克遵图史之规,用致闺门之睦。积其善庆,施及后人,位居永信之尊,礼备慈宁之养。眷惟先庙,当极殊荣。爵既从夫,封宜申锡。用昭恤典,永贲泉扃。灵而有知,庶其来享。可。

出处:《樵溪居士集》卷四。

撰者:刘才邵

考校说明:编年据刘才邵任两制时间、南宋郊祀时间补,见《宋史》卷三〇《高宗纪》。

皇太后赠祖制
(暂系于绍兴十三年十一月八日后)

敕:高密仁厚,自知后世之兴;文德贤明,盖出长孙之族。推原所自,崇报宜先。敷锡神厘,光昭祖武。皇太后祖某履道夷坦,禀资粹明。藏用自全,韬光不耀。致善庆之弥积,至贤孙而克昌,德配姜、任,名高马、邓。兹锡流根之泽,用伸告第之荣,俾临淮海之大邦,增重真王之赐履。钦承茂渥,保佑后人。可。

出处:《樵溪居士集》卷四。

撰者:刘才邵

考校说明:编年据刘才邵任两制时间、南宋郊祀时间补,见《宋史》卷三〇《高宗纪》。

皇太后赠祖母制
(暂系于绍兴十三年十一月八日后)

敕:朕祗率先猷,肇严大报,茂膺神贶,爰需湛恩。褒崇母家,厥有常典。及其祖庙,锡以慜章。皇太后祖母某氏懿行内全,淑声外著,克备宜家之美,平施睦族之仁。善相其夫,以昌厥后。至孙而大,配极居尊。推原庆祥,褒进大国。尚其不泯,歆此茂恩。可。

出处:《樵溪居士集》卷四。

撰者:刘才邵

考校说明:编年据刘才邵任两制时间、南宋郊祀时间补,见《宋史》卷三〇《高宗纪》。

皇太后赠父制
(暂系于绍兴十三年十一月八日后)

敕:大姒致徽音之续,庆本维莘;和熹应石臼之祥,福缘平寿。发源有自,褒典务隆。兹因熙事之成,申锡王章之宠。皇太后父某全德自晦,存诚贵真。善积诸躬,泽流于后,克生圣女,正位慈闱。定省晨昏,方致东朝之养;崇功报德,宜移灵文之园。邦之栋梁,锡以愍册。所凭益厚,其尚知歆。可。

出处:《樵溪居士集》卷四。
撰者:刘才邵
考校说明:编年据刘才邵任两制时间、南宋郊祀时间补,见《宋史》卷三〇《高宗纪》。

皇太后赠母制
(暂系于绍兴十三年十一月八日后)

敕:朕奠玉荐诚,升禋报贶,难专享于介福,肆诞锡于多方,增赉外家,式申殊涣。皇太后母某氏躬全懿德,誉蔼壸仪,岂惟克谨于蘋蘩,盖亦能遵于图史。丕昭懿范,宜厚恤章。开渭水之祥,实缘余庆;饰观津之壤,敢后追褒。进兼两国之封,庸示非常之典。淑灵不泯,厚泽宜膺。可。

出处:《樵溪居士集》卷四。
撰者:刘才邵
考校说明:编年据刘才邵任两制时间、南宋郊祀时间补,见《宋史》卷三〇《高宗纪》。

皇后赠曾祖制
(暂系于绍兴十三年十一月八日后)

敕:朕祗膺骏命,顺考彝章,推策迎于上元,昭报伸于元祀。丕承灵贶,诞锡涣恩。眷惟后族之亲,宜及曾门之远。皇后曾祖某禀资庄厚,植德粹和。既积庆以有余,肆开祥而益大。储其介福,以及曾孙,位隆坤极之仪,德著徽音之嗣。推原厚泽,宠锡褒章,申加亚保之华,增涣重泉之�。惟灵不泯,尚享兹荣。可。

出处:《樵溪居士集》卷四。

撰者:刘才邵

考校说明:编年据刘才邵任两制时间、南宋郊祀时间补,见《宋史》卷三〇《高宗纪》。

皇后赠曾祖母制
(暂系于绍兴十三年十一月八日后)

敕:朕肇讲弥文,用严大报,丕拥神灵之贶,肆推敷锡之恩。眷惟戚姻,宜及重祖。皇后曾祖母某氏秉柔明之德,怀淑慎之心,率履不违,发辉及远,庆流后裔,位正长秋。佐孝养以尽恭,昭阴教而咸穆。原其所自,实赖前芬。兹锡褒章,增辉先庙。淑灵不昧,渥典其歆。可。

出处:《樵溪居士集》卷四。

撰者:刘才邵

考校说明:编年据刘才邵任两制时间、南宋郊祀时间补,见《宋史》卷三〇《高宗纪》。

皇后赠祖制
(暂系于绍兴十三年十一月八日后)

敕:朕寅奉丕基,绍开兴运,克致宁神之祀,用伸报本之诚。兹锡湛恩,以昭慈嘏。位既冠于王寝,泽宜及于祖宫。皇后祖某履道渊冲,存心仁厚,既怀才而自晦,宜锡羡于无穷。及孙而昌,受报于显,陟坤仪之正位,播周雅之徽音。爰推德泽之源,宜厚褒封之典,进列孤卿之位,介于师保之间。歆此殊荣,永贲幽窆。可。

出处:《樵溪居士集》卷四。

撰者:刘才邵

考校说明:编年据刘才邵任两制时间、南宋郊祀时间补,见《宋史》卷三〇《高宗纪》。

皇后赠祖母制
(暂系于绍兴十三年十一月八日后)

敕:朕饬躬齐戒,展事泰坛,受神之厘,其敢专享。爰敷庆泽,以赉多方,乃眷戚姻,及其王母。皇后祖母某氏体全柔懿,德茂温恭,承祀肃于沼苹,循礼严于珩珮。务储德善,用启福祥。兹进锡于殊恩,以增光于厚土。魂其如在,尚克钦承。可。

出处:《檆溪居士集》卷四。
撰者:刘才邵
考校说明:编年据刘才邵任两制时间、南宋郊祀时间补,见《宋史》卷三〇《高宗纪》。

皇后赠父制
(暂系于绍兴十三年十一月八日后)

敕:西汉置观津之邑,盖厚窦亲;东都疏平寿之封,用褒邓训。朕稽参前古,祗通旧章,肆推祭泽之恩,申锡后家之宠。式隆恤典,加贲祢宫。皇后父某德迪中和,性全通敏。虽登仕籍,才不尽施,益浚庆源,用能及后。是生淑德之媛,允协倪天之祥。教被宫闱,化行海宇。宜副念亲之意,爰敷告第之荣,贲厥九原,冠于三少。尚其不泯,新渥宜承。可。

出处:《檆溪居士集》卷四。
撰者:刘才邵
考校说明:编年据刘才邵任两制时间、南宋郊祀时间补,见《宋史》卷三〇《高宗纪》。

皇后赠母制
（暂系于绍兴十三年十一月八日后）

敕：朕揆景至之辰，秩国阳之祀，礼成乐备，茂拥神休，式举彝章，敷锡遐迩。眷惟懿戚，宜厚慈亲，肆加褒封，丕昭异数。皇后母某氏出自令媛，嫔于高门，克遵图史之规，茂著钦和之誉。是生贤女，正位中闱，比德姜、任，腾芳风雅。兹追惟于母教，宜申锡于纶章，爰疏曲阜之区，用比灵文之宠。尚其能享，永贲幽扃。可。

出处：《樵溪居士集》卷四。

撰者：刘才邵

考校说明：编年据刘才邵任两制时间、南宋郊祀时间补，见《宋史》卷三〇《高宗纪》。

吏部尚书罗汝楫赠父制
（绍兴十三年十一月八日后）

敕：朕寅奉丕图，率循彝典，克致肇禋之礼，用申报本之诚。敷锡神厘，博施济泽。眷惟从列，宜及慈亲。具官某父怀德韬光，履和处顺，仁厚推于宗族，声猷著于月评。积善获祥，如汝有几，克膺寿福，仍享康宁。既及子而遂昌，况其身之亲见。蚤摅远业，备历清华。台谏高蹇谔之风，铨综擅公方之誉。肆加进秩，用显教忠。祗服恩荣，益绥福履。可。

出处：《樵溪居士集》卷四。

撰者：刘才邵

考校说明：编年据罗汝楫宦历、南宋郊祀时间补，见《建炎以来系年要录》卷一五〇、卷一五二，《宋史》卷三〇《高宗纪》。

吏部尚书罗汝楫赠母制
（绍兴十三年十一月八日后）

敕：朕揆日迎长，钦柴秩祀，既备膺于灵贶，宜申锡于涣恩，泽之所覃，不间幽显。具官某母某氏秉心纯粹,率履温恭,善既宜家,仁推睦族。积其余庆,施及后人,是生嗣贤,位登禁从。兹博施于惠泽,用伸锡于美名。灵其有知,庶克顾享。可。

出处:《樵溪居士集》卷四。
撰者:刘才邵
考校说明:编年据罗汝楫官历、南宋郊祀时间补,见《建炎以来系年要录》卷一五〇、卷一五二,《宋史》卷三〇《高宗纪》。

<h2 style="text-align:center">吏部尚书罗汝楫赠故妻制</h2>
(绍兴十三年十一月八日后)

敕:朕恭致郊禋,克膺神贶,乃大推于庆泽,以广被于寰区。矧惟侍从之贤,夙赖室家之助,淑声未远,褒典宜崇。具官某故妻某氏禀性惠和,褆身柔顺,克谨蘋蘩之职,茂隆闺阃之仪。岂谓降年,莫谐偕老。嘉名申锡,泉隧增光。尚冀营魂,永歆茂渥。可。

出处:《樵溪居士集》卷四。
撰者:刘才邵
考校说明:编年据罗汝楫官历、南宋郊祀时间补,见《建炎以来系年要录》卷一五〇、卷一五二,《宋史》卷三〇《高宗纪》。

<h2 style="text-align:center">吏部尚书罗汝楫赠妻制</h2>
(绍兴十三年十一月八日后)

敕:祗率旧章,用严毖祀,礼文咸举,慈煦备膺。眷予侍从之近臣,方赖温恭之内助,兹惟祭泽,宜茂涣恩。具官某妻某氏资禀粹和,行全柔懿,允协室家之美,茂遵图史之规。爰锡嘉名,兹为异数。用丕昭于懿德,以增焕于私庭。祗服殊荣,益绥新祉。可。

出处:《樵溪居士集》卷四。
撰者:刘才邵
考校说明:编年据罗汝楫官历、南宋郊祀时间补,见《建炎以来系年要录》卷一五〇、卷一五二,《宋史》卷三〇《高宗纪》。

太师秦桧赠曾祖制
(绍兴十三年十一月八日后)

敕:朕聿开兴运,肇举明禋,迎甲子之上元,推祖宗而并侑。诚通高厚,惠浃幽明。眷惟同德之臣,实茂格天之业。既崇功而益懋,宜厚泽之加隆,锡以殊恩,及其重祖。具官某曾祖某器资闳达,志操修明,问学贯于古今,仁爱孚于州里。尝被凶盗,为窃所藏,吏欲责赇,请深文而致之死,与而不吝,愿当罪而全其生。扩兹平恕之心,宜获人神之助。善既积而有庆,德及远而复兴。克生裔孙,惟时硕辅。赖谋谟之经远,致内外之咸宁。风雨时而百谷成,礼乐兴而庶事备。答殊勋以崇报,稽盛德以发源,申锡褒封,丕昭懿行。光灵不泯,茂典其承。可。

出处:《樵溪居士集》卷四。
撰者:刘才邵
考校说明:编年据秦桧宦历、南宋郊祀时间补,见《建炎以来系年要录》卷一四六、《宋史》卷三〇《高宗纪》。

太师秦桧赠曾祖母制
(绍兴十三年十一月八日后)

敕:朕熙柴坛而承祀,礼既备成;坐宣室以受厘,义难专享。敷锡神灵之贶,博施济泽之恩。矧成绩之独高,宜追褒之远及。具官某曾祖母某氏凝姿冲粹,礼貌温恭,懿范著于闺门,德声播于姻党。积其善庆,燕及曾孙,谋猷馨入告之忠,宗社获再安之福。肆丕昭于彝典,以申赍于曾门。其享兹荣,益绥尔后。可。

出处:《樵溪居士集》卷四。
撰者:刘才邵
考校说明:编年据秦桧宦历、南宋郊祀时间补,见《建炎以来系年要录》卷一四六、《宋史》卷三〇《高宗纪》。

太师秦桧赠祖制
(绍兴十三年十一月八日后)

敕:朕揆日迎长,燎柴拜觋,备车旗器服之盛,燕神祇祖考之灵。爰推锡类之恩,用广及亲之典。式遵彝宪,用报元勋。具官某祖某识粹而明,器宏以远,备全德业,恬养丘园。市义不待于冯欢,削契自同于樊重。誉传邦族,惠及羁穷。克开有后之祥,遂享无穷之庆。惟予嘉辅,实尔慈孙。道义接丘、轲之传,勋名真伊、吕之佐。出陪兴运,独奋显庸。副其尊祖之心,需此流根之泽。疏封从旧,申赉增荣。尚冀光灵,克歆涣渥。可。

出处:《檥溪居士集》卷四。
撰者:刘才邵
考校说明:编年据秦桧官历、南宋郊祀时间补,见《建炎以来系年要录》卷一四六、《宋史》卷三〇《高宗纪》。

太师秦桧赠祖母制
(绍兴十三年十一月八日后)

敕:朕展事国阳,荐诚郊燎,迎天元而推策,庶祖武之增光,丕拥神休,诞敷祭泽。具官某祖母某氏躬全懿德,行著壸仪,夙严环珮之音,克谨蘋蘩之荐。源深流远,善积庆余,是生闻孙,熙我鸿烈。兹盛仪之克举,推惠术以宜先,爰即旧封,申加明命。尚期歆格,服此宠荣。可。

出处:《檥溪居士集》卷四。
撰者:刘才邵
考校说明:编年据秦桧官历、南宋郊祀时间补,见《建炎以来系年要录》卷一四六、《宋史》卷三〇《高宗纪》。

太师秦桧赠父制
(绍兴十三年十一月八日后)

敕:朕躬致精禋,礼严陟配,爰推惠泽,诞锡神厘。眷予论道之臣,厚尔教忠

之报。庙封予善,国典率常。具官某父某道契邻几,才堪经国。名登桂籍,为宰
玉山。志大气闳,屈于抚字;政成民悦,播在风谣。名酒尊以长官,表清德之彻
底;歌贤令如李起,蒙功利以至今。宜十事之永传,垂千载而不泯。储其福履,施
及子孙,是生名世之才,当朕公师之任,勋高彝鼎,声满华夷。方崇德而报功,验
流光于厚泽,抚封虽旧,申命维新。夫积善在身,垂烈于后。忠嘉济世,岂独传韦
氏之一经;德庆源深,将远过张家之三相。其歆承于殊渥,益保佑于后人。可。

出处:《樧溪居士集》卷四。

撰者:刘才邵

考校说明:编年据秦桧宦历、南宋郊祀时间补,见《建炎以来系年要录》卷一四六、
《宋史》卷三〇《高宗纪》。

太师秦桧赠前母制
(绍兴十三年十一月八日后)

敕:惇宗将礼,周待姬旦而行;涓选休成,汉美泰元之贶。朕参稽前古,图任
真贤,措国势于覆盂,致寰区之奠枕。肇修缛典,克举明禋,肆推锡类之恩,以副
念亲之意。具官某前母某氏体全柔静,行著淳和,夙敦承祀之恭,深协宜家之美。
遂储余庆,以燕后昆。兹即旧封,用申殊渥。式隆恩�,永贲泉扃。可。

出处:《樧溪居士集》卷四。

撰者:刘才邵

考校说明:编年据秦桧宦历、南宋郊祀时间补,见《建炎以来系年要录》卷一四六、
《宋史》卷三〇《高宗纪》。

太师秦桧赠母制
(绍兴十三年十一月八日后)

敕:茂对休辰,克成熙事,爰施旷泽,用广殊恩。眷惟台鼎之元勋,宜厚亲闱
之报礼,肆颁明命,增焕私庭。具官某母某氏禀质懿和,凝姿惠淑,全此睦姻之
美,施于内外之亲。时然后言,导之以善,随其长幼之异,必有开警之辞。从夫守
妇道之常,训子以义方之正。躬备钦和之德,人怀爱仰之心。能率礼以无违,宜
开祥而有衍。是生良弼,独斡化枢。运高世之远图,成中兴之嘉绩。推原厚泽,

昭示褒章,肆申两国之封,加贲重泉之禭。淑灵如在,渥典宜膺。可。

出处:《樵溪居士集》卷四。

撰者:刘才邵

考校说明:编年据秦桧官历、南宋郊祀时间补,见《建炎以来系年要录》卷一四六、《宋史》卷三〇《高宗纪》。

太师秦桧赠妻制
(绍兴十三年十一月八日后)

敕:朕肇举上仪,用严大报,兹诞膺于灵贶,肆敷锡于多方。矧惟协德之宗臣,实赖宜家之内助,其推褒典,以示殊恩。具官某妻某氏毓德粹和,秉心淑慎。出自高华之系,归于德庆之门。相待如宾,能劝以义,深得顺从之正,曾无夷险之殊。两族相辉,位槐庭而冠三事;诸姑而降,乘鱼轩者逾十人。图史传家世之清芬,富贵以谦光而自牧。兹博施于惠术,用载举于徽章,爰即旧封,特加申命。其承茂渥,益介繁禧。可。

出处:《樵溪居士集》卷四。

撰者:刘才邵

考校说明:编年据秦桧官历、南宋郊祀时间补,见《建炎以来系年要录》卷一四六、《宋史》卷三〇《高宗纪》。

赐张子盖口宣
(绍兴十三年十一月八日后)

有敕:卿以才猷,任当阃寄,兹备成于大报,爰均锡于殊休。用示宠光,往其祗服。

出处:《樵溪居士集》卷七。

撰者:刘才邵

考校说明:编年据刘才邵任两制时间、张子盖官历、南宋郊祀时间补,见《建炎以来系年要录》卷一四八、《宋史》卷三〇《高宗纪》。

赐张子盖辞免恩命不允批答口宣
(暂系于绍兴十三年十一月八日后)

有敕:朕丕阐盛仪,备膺灵贶,式均祭泽,爰举庆条。其亟钦承,无庸逊避。

出处:《樵溪居士集》卷七。

撰者:刘才邵

考校说明:编年据刘才邵任两制时间、南宋郊祀时间补,见《宋史》卷三〇《高宗纪》。

赐成闵辞免恩命不允批答口宣
(暂系于绍兴十三年十一月八日后)

有敕:卿殿岩之职,勤于警卫,肆加祭泽,义不容辞。宜体眷怀,以副褒宠。

出处:《樵溪居士集》卷七。

撰者:刘才邵

考校说明:编年据刘才邵任两制时间、南宋郊祀时间补,见《宋史》卷三〇《高宗纪》。

赐赵密辞免恩命不允批答口宣
(暂系于绍兴十三年十一月八日后)

有敕:卿任总周庐,宣勤祠事。疏恩示眷,国有典常,其即钦承,以副至意。

出处:《樵溪居士集》卷七。

撰者:刘才邵

考校说明:编年据刘才邵任两制时间、南宋郊祀时间补,见《宋史》卷三〇《高宗纪》。

赐郑藻告口宣
(暂系于绍兴十三年十一月八日后)

有敕:卿将坛重任,戚里懿亲。元祀礼成,肆加褒数,诞敷涣号,宜既钦承。

出处:《檆溪居士集》卷七。
撰者:刘才邵
考校说明:编年据刘才邵任两制时间、南宋郊祀时间补,见《宋史》卷三〇《高宗纪》。

赐李显忠告口宣
(暂系于绍兴十三年十一月八日后)

有敕:卿任拥将旄,肃持军律。精禋肆赍,爰锡恩荣。成命既颁,往其祗服。

出处:《檆溪居士集》卷七。
撰者:刘才邵
考校说明:编年据刘才邵任两制时间、南宋郊祀时间补,见《宋史》卷三〇《高宗纪》。

张守忠等降官制
(绍兴十三年十一月二十二日)

敕:明罚议刑,期于当罪,既负愆累,将安所逃? 具官某等身列横班,不思端谨,交通近习,以自速辜。遥刺武阶,各从降秩。宜加警畏,以服隆宽。可。

出处:《檆溪居士集》卷五。
撰者:刘才邵
考校说明:编年据《建炎以来系年要录》卷一五〇补。

张守忠等降官制
(绍兴十三年十一月二十二日)

敕:官列横班,任当总统,宜知奉法,以称恩私。乃丽刑书,罪其可逭?具官某等不思恪谨,以自速辜,并镌两官,尚为宽典。宜知自讼,无蹈前愆。可。

出处:《樵溪居士集》卷五。

撰者:刘才邵

考校说明:编年据《建炎以来系年要录》卷一五〇补。四库馆臣注曰:"《张守忠等降官制》上已见,而此制词稍异,然均有横班之称,当是同时之命。盖数人共罪议,而守忠官秩稍前,故彼此互见,而皆冠以守忠之名耳。"

差使臣排筵馆待大金贺正旦国信使副诏
(绍兴十三年十一月二十四日)

内侍省差使臣三员,沿路赐御筵。一员于平江府排办,一员于镇江府排办,一员于盱贻军排办。

出处:《宋会要辑稿》职官三六之四四。

王赏罢礼部侍郎与外任制
(绍兴十三年十二月五日)

敕:人君之所以厉世,莫先予夺之公;人臣之所以事君,欲知邪正之辨。傥朋奸而附下,当显黜以示惩。具官某顷列从班,稍兼事任。方有资于献纳,宜务竭于公忠。不思节义之闲,自陷倾邪之目。交通非正,隐蔽难窥。既备列于台评,亦靡容于公论。聊从末减,用示曲全。其褫职于礼曹,尚分符于郡守。益思循省,祗朕隆宽。可。

出处:《樵溪居士集》卷五。

撰者:刘才邵

考校说明:编年据《建炎以来系年要录》卷一五〇补。

令临安府限一日收买羊猪赴牛羊司养喂诏
(绍兴十三年十二月九日)

临安府限一日收买羊一百口、猪三十口赴牛羊司养喂,准备使用。其供使过猪、羊,从本司报临安府,限次日收买,补发数足。

出处:《宋会要辑稿》职官二一之一三。

毁私铸当二毛钱诏
(绍兴十三年十二月九日)

民间所用私铸当二毛钱悉毁之,违者抵罪。自不及百钱以上,皆许告赏。

出处:《建炎以来系年要录》卷一五〇。

赐宰臣喜雪御筵酒果口宣
(绍兴十三年十二月十一日)

有敕:璇穹垂祐,瑞雪应时。庆已协于丰穰,恩式隆于燕衎。申颁珍品,以侑欢康。

出处:《樵溪居士集》卷七。
撰者:刘才邵
考校说明:编年据《建炎以来系年要录》卷一五〇补。

赐宰执以下喜雪御筵口宣
(绍兴十三年十二月十一日)

有敕:六出殊祥,三登嘉兆。顾此至和之应,实惟燮理之功。锡宴示慈,丕昭至意。

出处:《樵溪居士集》卷七。

撰者:刘才邵

考校说明:编年据《建炎以来系年要录》卷一五〇补。

赐宰执以下喜雪御筵口宣
(绍兴十三年十二月十一日)

有敕:卿等严冬届节,瑞雪应时,实彰燮理之功,共庆丰登之兆。肆颁慈宴,以示殊恩。

出处:《樵溪居士集》卷七。

撰者:刘才邵

考校说明:编年据《建炎以来系年要录》卷一五〇补。

赐宰执以下喜雪酒口宣
(绍兴十三年十二月十一日)

有敕:卿等瑞降祥霙,恩颁广宴,锡以樽醪之旨,副之笾核之芳。式侑欢康,并昭慈惠。

出处:《樵溪居士集》卷七。

撰者:刘才邵

考校说明:编年据《建炎以来系年要录》卷一五〇补。

皇兄安时除节度使制
(绍兴十三年十二月十七日)

门下:帝尧至治,明俊德而终于和万邦;光武中兴,复宗统而有以亲九族。欲厚本根之庇,实资屏翰之良。朕祗遹诒谋,率循成宪,方抚绍开之运,致隆敦叙之恩。乃眷懿亲,时惟近属,俾遂分于将阃,以增固于宗城。爰集朝绅,肆扬制綍。具官某器闳以达,识粹而明,夙惟德义之优,克称神明之胄。潜心务学,信阅理以居多;率履闲邪,知为善之可乐。顷分留务,兼掌奉祠,始终十年,恭勤一节。畴其望实,宠以恩华,是用付元戎之节旄,宅侯邦之土宇,增陪奉邑,并衍真租。非但遂迁,实惟明陟。於戏!汉制启于九国,疆土裂二等之封;周道显于三王,本支膺百世之庆。其务全于信厚,以永保于宠荣。可特授宁国军节度使,权主奉益王祭祀,进封天水县开国侯,加食邑五百户,实封二百户。主者施行。

出处:《檆溪居士集》卷四。

撰者:刘才邵

考校说明:编年据《建炎以来系年要录》卷一五〇补。

抚问郭浩并赐到阙银合茶药口宣
(绍兴十三年十二月十七日)

有敕:卿远从藩屏,来觐阙庭。眷言跋涉之劳,宜有珍芳之锡。兹惟茂渥,用示恩私。

出处:《檆溪居士集》卷七。

撰者:刘才邵

考校说明:编年据《建炎以来系年要录》卷一五〇补。

赐秦熺辞免真除礼部侍郎恩命诏
(绍兴十三年十二月十八日后)

敕秦熺:省所奏辞免落权字恩命事,具悉。朕永惟帝王之功,莫急礼乐之用,惟是卿贰,宜属俊髦。以卿蕴名世之才,负致远之器。适礼文之修举,赖献纳之精详,申命为真,允符公论。其祗新渥,勿复固辞。所请宜不允。故兹诏示,想宜知悉。

出处:《檆溪居士集》卷六。

撰者:刘才邵

考校说明:编年据《建炎以来系年要录》卷一五〇补。

赐周三畏辞真除刑部侍郎恩命诏
(绍兴十三年十二月十八日后)

敕三畏:省所奏辞免落权字恩命事,具悉。朕若稽大猷,惟刑之恤,秋官之贰,实难其人。以卿练达平反,见于已试,式符公论,满岁为真。成命已行,谦辞难徇,宜体眷意,其即钦承。所请宜不允。故兹诏示,想宜知悉。

出处:《樵溪居士集》卷六。
撰者:刘才邵
考校说明:编年据《建炎以来系年要录》卷一五〇补。

金国贺正旦人使到阙赴宴等坐次诏
(绍兴十三年十二月二十二日)

金国贺正旦人使到阙赴宴等坐次,令与宰臣相对稍南;使、副上下马于执政官上下马处,三节人从并于宫门外上下马。

出处:《中兴礼书》卷二二三。

赐太傅韩世忠生日诏
(绍兴十三年十二月二十三日)

顷从右府,均逸真祠。属兹载诞之辰,爰举匪颁之式。其膺宠数,益保寿康。今赐卿生日羊酒米面等具如别录,至可领也。故兹诏示,想宜知悉。

出处:《樵溪居士集》卷六。
撰者:刘才邵
考校说明:编年据刘才邵任两制时间、韩世忠宦历及生日补,见《三朝北盟会编》卷二〇四等。

金国贺正旦人立班事诏
(绍兴十三年十二月二十三日)

金国贺正旦人到阙,已降指挥,赴宴等坐次令与宰臣相对稍南,其立班于西班与宰臣相对立,仍权移西班使相对东壁宰臣之东。

出处:《中兴礼书》卷二二三。

秦桧辞免生日赐宴不允诏
(绍兴十三年十二月二十三日)

省所奏辞免生日赐宴。朕闻贤圣之兴必五百岁,君臣之遇盖亦千载。夫以不世之英,值难逢之会,则其始生之日,可不为天下庆乎！式燕乐衎,所以示庆也。非乔岳之神无以生申、甫,非宣王之能任贤无以致中兴。今日之事,不亦臣主俱荣哉。宜服异恩,毋守冲节。所请宜不允。

出处:《宋会要辑稿》礼四五之一八。又见《建炎以来系年要录》卷一五〇,《宋史》卷一一九《礼志》。
考校说明:原书系于绍兴十三年十二月十三日,据《建炎以来系年要录》卷一五〇、《宋史》卷一一九《礼志》改。

交割岁币银绢诏
(绍兴十三年十二月二十七日)

岁币银绢,令淮南漕臣、盱眙军守臣遣官过淮交割,事毕取旨推恩。

出处:《建炎以来系年要录》卷一五〇。

赐孟忠厚乞除在外宫观诏
(绍兴十三年冬)

敕忠厚:省所札子奏乞除一外任宫观差遣事,具悉。卿器宇靓深,风猷凝远,负经纶之伟望,蕴康济之全才。入陪帷幄之谋,备宣硕画;出当师帅之任,茂著殊庸。誉处之隆,中外所仰。兹从旧弼,往殿辅藩。盖咨名德之崇,增重镇临之寄。方观成绩,福及斯民,谅裁决之有余,自优游而多暇。遽驰奏牍,乃欲奉祠,载阅忱辞,殊非所望。其安厥位,勿复有陈。所请宜不允。故兹诏示,想宜知悉。冬冷,卿比平安好？遣书指不多及。

出处:《檆溪居士集》卷六。
撰者:刘才邵

考校说明:编年据刘才邵任两制时间、文中所述"出当师帅之任"及"冬冷"补,见《建炎以来系年要录》卷一四七。

诸军统制等免赴金国人使紫宸殿宴诏
(绍兴十三年十二月三十日)

金国人使紫宸殿宴,其诸军统制、统领正任以上合赴坐官营寨多在城外,令免赴坐。今后准此。

出处:《中兴礼书》卷二二三。

高宗朝卷十八　绍兴十四年(1144)

使人入界止差承受一名伴送诏
(绍兴十四年正月二日)

今后使人入界,止差承受一名随逐接送伴,前去掌管一路御筵仪范。所得口券、食钱等,并依接送伴自身主管文字则例支破,仍旧接送伴一历批勘。

出处:《宋会要辑稿》职官三五之一二。

赐大金人使贺正旦毕归驿赐御筵口宣
(绍兴十四年正月六日)

有敕:庆仪既展,宾馆少休,肆举彝章,式颁慈宴。用昭眷待,宜对恩私。

出处:《槎溪居士集》卷七。
撰者:刘才邵
考校说明:编年据《建炎以来系年要录》卷一五〇补。

出驾前导后从行列次序诏
(绍兴十四年正月九日)

每遇驾出,其前导、后从臣僚各有行列次序,令御吏台、阁门编排,遵守施行。

出处:《宋会要辑稿》职官五五之二一。

赈济临安府被火居民诏
（绍兴十四年正月十三日）

今月十二日被火居民，令临安府于系官米内依例赈济，具支过数申尚书省。

出处：《宋会要辑稿》食货五九之三一。又见同书食货六八之一二三。

赐韩世忠乞住请给等诏
（绍兴十四年正月十四日后）

敕世忠：省所札子奏乞将今请给截日住支，先蒙朝廷差拨到官兵五百人，数内将背嵬使臣三十员兼官兵七十人通作一百人，还归朝廷使用事，具悉。惟东汉建武之世，优礼功臣，全其封禄，用能使之咸以功名延褒于后。朕甚嘉之，故推异数，以答旧勋，期无愧于古焉。卿蚤列将坛，输忠王室，陷坚却敌，茂著隽功。顷均逸于殊庭，既备膺于褒典，置兵卫以加宠，厚禄秩以隆恩，并示优崇，于礼为称。乃存谦牧，忽露忧辞。虽嘉知足之风，岂朕念功之意？难尽从于冲尚，宜深体于眷怀。所谓背嵬使臣三十人交割付殿前，余不允。故兹诏示，想宜知悉。

出处：《樵溪居士集》卷六。
撰者：刘才邵
考校说明：编年据《建炎以来系年要录》卷一五一补。

张叔献充敷文阁待制制
（绍兴十四年正月十七日）

敕：朕延阁之邃，列在西清，庀职其间，素号高选。矧惟次对，实藉论思，非得其人，不以轻授。具官某性资夷粹，识虑精明，克生忠义之家，夙授诗礼之训。暨当委任，屡拥使轺，咸有声称，著在朝论。擢自转输之任，尹兹众大之区。兼布中和，不专弹压，宣勤事任，尤见贤劳。宜示宠褒，用昭殊绩。肆举涣恩之渥，俾升近列之华。陪法从于甘泉，既膺异数；继家声于京兆，益励远图。惟殚乃心，以称兹命。可。

出处:《樢溪居士集》卷五。

撰者:刘才邵

考校说明:编年据《建炎以来系年要录》卷一五一补。

普安郡王妻郭氏封郡夫人制
(绍兴十四年正月十九日)

敕:朕惇叙宗藩,肆推恩典,方燕室家之庆,宜嘉褒宠之隆。某氏禀质懿和,秉心端静,克谨壸仪之训,深通图史之规。当有殊恩,用昭柔范。乃锡郡封之壤,俾膺象服之华。益务温恭,以承嘉命。可。

出处:《樢溪居士集》卷四。

撰者:刘才邵

考校说明:编年据《建炎以来系年要录》卷一五一补。

李文会除御史中丞制
(绍兴十四年正月二十一日)

敕:号独坐而设专席,既同乎汉室之官仪;历三院而为中司,必得如温造之威望。尝肃持于邦宪,宜进总于台纲。具官某德履端良,风猷凝远。挺正固不回之操,摅刚方自竭之忠。劲气霜严,英姿鹗立。自登言路,茂著直声,蔽自朕心,嘉乃成绩。兹擢从于横榻,俾升冠于南台。朕方虚怀,容纳谠论,汝其悉力,纠劾官邪。顾已试而克堪,亦奚烦于多训?可。

出处:《樢溪居士集》卷五。

撰者:刘才邵

考校说明:编年据《建炎以来系年要录》卷一五一补。

赐李文会辞免中丞恩命诏
(绍兴十四年正月二十一日后)

敕文会:省所奏辞免新除御史中丞恩命事,具悉。朕眷惟南台风宪之府,今以执法为长,职任雄峻,当得宿望,用副虚怀。以卿刚方有余,忠謇不挠,更历言路,振肃纪纲,霜威凛然,耸闻中外。兹用畴其已试之效,擢居专席之崇。成命既颁,毋烦逊避。所请宜不允。故兹诏示,想宜知悉。

出处:《樵溪居士集》卷六。
撰者:刘才邵
考校说明:编年据《建炎以来系年要录》卷一五一补。

除放成都潼川府路未起合纳内藏库钱帛等诏
(绍兴十四年正月二十五日)

成都、潼川府路应未起并截留支用还过合纳内藏库钱帛等,并免改拨,特与除放。仍自绍兴十四年为始,依额将绢起发本色,其余匹帛等并计价折钱,变转轻赍,起赴内藏库送纳。

出处:《宋会要辑稿》食货六四之八三。

封州乞立在城并开建县税钱新额答诏
(绍兴十四年正月二十六日)

下本县转运司更切勘会,如委是诣实,别无夹带应不合收使钱数在内,即便行下所属依条收趁。

出处:《宋会要辑稿》食货一七之三八。

禁约百姓与北使私相交易诏
(绍兴十四年正月二十九日)

北使所过州军如要收买物色,令接送馆伴所应副。即不得纵令百姓与北使私相交易,引惹生事。可札下所属立法禁止。

出处:《宋会要辑稿》刑法二之一五一。又见同书食货三八之三七,《宋会要辑稿补编》第六六一页。

知盱眙军向子固转官制
(绍兴十三年八月至绍兴十四年二月间)

敕具官向子固:盱眙当来往之冲,政务繁剧,非他郡可比。尔才资通敏,游刃有余,用能宣勤,克举厥职。进官一列,盖以劝能。益既乃心,务承朕命。可。

出处:《樵溪居士集》卷四。
撰者:刘才邵
考校说明:编年据刘才邵任两制时间、向子固官历补,见《建炎以来系年要录》卷一四七、一五二。

仇念复官制
(绍兴十三年八月至绍兴十四年二月间)

敕:朕持予夺之二柄,法惨舒于四时,以道为公,经权迭用。具官某顷缘识擢,进列从班,绵历要涂,备更事任。向以辞难之故,遂从降秩之科。既久历于岁时,仍复更于沾宥,俾还其旧,用示隆宽。当务钦承,益图报称。可。

出处:《樵溪居士集》卷四。
撰者:刘才邵
考校说明:编年据刘才邵任两制时间、仇念官历补,见《建炎以来系年要录》卷一五五。

王观国除祠部郎官制
(绍兴十三年八月至绍兴十四年二月间)

敕具官王观国:夫国家之储才,如医者之储药。朕临御之久,阅士为多,益知人才之难,每兴瘝寐之叹。旁求远览,其庶几乎。以尔早中殊科,不求闻达,任真推分,泊然自得。比对便殿,占奏可观。祠曹望郎,未尝轻以授人也,益勤尔守,朕将有取焉。可。

出处:《樵溪居士集》卷四。

撰者:刘才邵
考校说明:编年据刘才邵任两制时间、王观国宦历补,见《建炎以来系年要录》卷一五一。

巫伋等改官制
(绍兴十三年八月至绍兴十四年二月间)

敕:朕仰惟前代,祗遹先猷,当休兵息民之时,设明伦善俗之教。稽参成宪,立为成书。尔等咸以茂异之才,膺编综之任,庀职其间,具宣劳勤。宜加褒进,以示劝能。兹锡赞书,俾迁京秩。益思祗服,务称恩荣。可。

出处:《樵溪居士集》卷四。
撰者:刘才邵
考校说明:编年据刘才邵任两制时间补、文中所述"膺编综之任"补,见《建炎以来系年要录》卷一五〇。

陈掞等除大府寺等丞制
(绍兴十三年八月至绍兴十四年二月间)

敕具官陈掞等:丞于寺监,皆异时郎选也,必惟其人,乃副遴柬。以尔掞才智敏明,宜隶大府之属,以尔觊宜隶大农之属,以尔噍宜隶大匠之属。其佐尔长,往服厥官。可。

出处:《樵溪居士集》卷五。
撰者:刘才邵
考校说明:编年据刘才邵任两制时间补、陈掞宦历补,见《宋会要辑稿》职官七〇、职官七七。

文浩除国子监丞制
(绍兴十三年八月至绍兴十四年二月间)

敕:朕祗遹先猷,教养多士。惟国子监实总内外之学政,丞于其间,盖以才选。以尔当崇观间,尝游上庠,行艺之美,见称多士,兹用命尔,往佐尔长。其悉乃心,以称朕命。可。

出处:《樜溪居士集》卷五。

撰者:刘才邵

考校说明:编年据刘才邵任两制时间、文浩官历补,见《建炎以来系年要录》卷一五四等。

韩仲通除大理寺正制
(绍兴十三年八月至绍兴十四年二月间)

敕:汉循秦制,廷尉置正、监、平,谓之三官。则大理有正,其来远矣,非夫端良平恕之士,其何以称是名哉!以尔仲通智识精明,才资敏茂。顷丞寺事,既以能称,兹用褒迁,式昭茂渥。其既乃心,以副朕恤刑之意。往惟钦哉!可。

出处:《樜溪居士集》卷五。

撰者:刘才邵

考校说明:编年据刘才邵任两制时间、韩仲通官历补,见《建炎以来系年要录》卷八五等。

陈橐知婺州制
(绍兴十三年八月至绍兴十四年二月间)

敕:朕惟婺女名邦,屏蔽行阙,境胜有溪山之乐,地偏无将迎之劳。不独优贤,盖资共理。具官陈橐居官可纪,长于治民。服采禁途,蔚为清庙之器;宣劳帅阃,号称诸侯之良。自镇遐方,实宽南顾。比览告归之请,宜疏便郡之荣。画戟凝香,政资于画诺;闭阁卧治,方赖于谋猷。尚悉乃心,毋替朕命。可。

出处:《樜溪居士集》卷五。

撰者:刘才邵

考校说明:编年据刘才邵任两制时间、陈橐官历补,见《宋史》卷三八八《陈橐传》,《建炎以来系年要录》卷一四一、卷一七〇。

汪召嗣除江南西路转运副使制
（绍兴十三年八月至绍兴十四年二月间）

敕:朕分遣漕臣,临按诸路,平均赋役,禁戢奸贪。盖以足国而便民,非得其人,不以轻授。以尔才猷敏劭,识虑精明。持节分符,屡更识擢,声华之茂,舆论所推。兹俾乘轺,往宣使指。勉思称职,惟既乃心。可。

出处:《樜溪居士集》卷五。

撰者:刘才邵

考校说明:编年据刘才邵任两制时间、汪召嗣官历补,见《建炎以来系年要录》卷一六九。

吴益除秀州防御使制
（绍兴十三年八月至绍兴十四年二月间）

敕:夫属鞬左右,号为亲信之臣,既请解于近司,宜遂增于崇秩。有国之典,非朕敢私。具官吴益幸托肺腑,日侍轩陛,冀辞内职,谊所重违。其升防御之权,专领徼巡之任。往祗休宠,勿替靖共。可。

出处:《樜溪居士集》卷五。

撰者:刘才邵

考校说明:编年据刘才邵任两制时间、吴益官历补,见《松隐文集》卷三五《吴公墓铭》。

周绾除京西路运判兼提举制
（绍兴十三年八月至绍兴十四年二月间）

敕周绾:朕慎柬能臣,临按诸路。惟时将漕之职,实兼刺举之权,必得通材,付之重寄。以尔性资敏茂,诣趣精明,凤励猷为,备膺任使。屡处承流之任,咸推共理之良。既深悉于民情,必克宣于使指。肆畴成效,俾莅畿西。其既乃心,以称朕命。可。

出处:《樾溪居士集》卷五。

撰者:刘才邵

考校说明:编年据刘才邵任两制时间补、周绾宦历补,见《建炎以来系年要录》卷一五五、卷一八〇等。

丁祀落阁职除遥郡制
(绍兴十三年八月至绍兴十四年二月间)

敕:朕肇建泰坛,用严大报,凡预宣勤之数,咸叨进秩之恩。以尔祗事有劳,宜膺褒劝,俾解阁职,遥分郡符。其务钦承,益图报称。可。

出处:《樾溪居士集》卷五。

撰者:刘才邵

考校说明:编年据刘才邵任两制时间、文中所述“肇建泰坛”补,见《宋史》卷三〇《高宗纪》。

马观国充秘阁修撰制
(绍兴十三年八月至绍兴十四年二月间)

敕:朕肇建延阁,邃在道山,预游其间,莫匪时俊,而论撰之职,尤为高选。以尔操履纯固,学术淹该,赐对便殿,敷奏详明,兹锡赞书,用以命汝。当益务修进,以称朕柬求之意。往惟钦哉!可。

出处:《樾溪居士集》卷五。

撰者:刘才邵

考校说明:编年据刘才邵任两制时间、马观国宦历补,见《建炎以来系年要录》卷一五一。

陈橐致仕制
(绍兴十三年八月至绍兴十四年二月间)

敕:陈力就列者臣之义,闵劳以事者主之恩。既引疾以丐闲,虽贪贤而弗听。宜加恩典,锡以赞书。具官陈橐早以才猷,登于禁从。践扬惟允,望实益孚。自请临民,方著承流之效;遽祈谢事,备陈知止之诚。载阅忱辞,重违雅志,兹用增秩,以荣其归。往祇服于私恩,宜益绥于寿祉。可。

出处:《樵溪居士集》卷五。

撰者:刘才邵

考校说明:编年据刘才邵任两制时间、陈棠宦历补,见《建炎以来系年要录》卷一七〇。

何麟落职宫观制

(暂系于绍兴十三年八月至绍兴十四年二月间)

敕:汉孝宣信赏必罚,以致中兴。观其御下之法,凡涉诬诉,不从末减,盖所以革诋諆之习,成忠厚之风,朕甚慕之。尔顷自取累,不知循省,乃讦讼持法之臣,公肆诞谩。载加询考,不如汝言。逞忿至此,良骇闻听。其镌延阁之华,俾就祠宫之佚。益思责己,无重前愆。可。

出处:《樵溪居士集》卷五。

撰者:刘才邵

考校说明:编年据刘才邵任两制时间、何麟宦历补,见《建炎以来系年要录》卷一四八。

黄积厚等降官制

(暂系于绍兴十三年八月至绍兴十四年二月间)

敕黄积厚等:于外台专一路刺举之权,吏之能否、贪廉,所当旌别,其或不法,纠举以闻。尔等咸膺职擢,出按列城,吏为奸贪,坐视不劾,其何以副朕临遣之意哉! 降秩一等,聊示薄惩。其务省循,以收来效。可。

出处:《樵溪居士集》卷五。

撰者:刘才邵

考校说明:编年据刘才邵任两制时间、黄积厚宦历补,见《建炎以来系年要录》卷一四八。

赐朱胜非辞免恩命不允诏
(绍兴十四年正月至二月间)

敕胜非:省所奏辞加食邑食实封恩命事,具悉。朕揆日迎长,升禋拜贶,克成熙事,茂拥神厘。敷锡湛恩,普逮臣庶。矧惟硕辅,尝总政机,颁邑加田,式遵常典。抗章逊避,殊咈至怀。成命既行,往惟祇服,所请宜不允。故兹诏示,想宜知悉。春暖,卿比平安好?遣书指不多及。

出处:《樵溪居士集》卷六。
撰者:刘才邵
考校说明:编年据刘才邵任两制时间、朱胜非卒年、文中所述"春暖"补。此文所提郊祀当是绍兴十三年十一月郊祀,见《宋史》卷三〇《高宗纪》。

赐孟忠厚乞除在外宫观诏
(绍兴十四年正月至二月间)

敕忠厚:省所札子奏乞检会累奏除一外任宫观差遣事,具悉。朕惟屏翰之寄,留钥之重,实资旧弼,克任藩宣。卿望实素高,材猷宏远。逮兹临镇,兼掌麟符,政誉日闻,深副眷倚。何为引疾,确请奉祠?载阅忱辞,难于勉徇。其安厥位,勿复有陈。所请宜不允。故兹诏示,想宜知悉。春暄,卿比平安好?遣书指不多及。

出处:《樵溪居士集》卷六。
撰者:刘才邵
考校说明:编年据刘才邵任两制时间、文中所述"留钥之重"及"春暄"补,见《建炎以来系年要录》卷一五〇。

赐莫将乞宫观诏
(绍兴十四年正月至二月间)

敕莫将:省所奏乞除在外一宫观差遣事,具悉。朕诞膺骏命,寅奉丕图,轸念元元,选求共理。卿以宏才伟望,简在朕心,辍从鸣玉之班,往任分符之寄。方资实德,施及斯民,遽请奉祠,殊非所望。顾郡务虽剧,然才力有余,惟既乃心,何忧不济! 其安厥职,用副至怀。所请宜不允。故兹诏示,想宜知悉。春寒,卿比平安好? 遣书指不多及。

出处:《椹溪居士集》卷六。

撰者:刘才邵

考校说明:编年据刘才邵任两制时间、莫将官历及卒年、文中所述"春寒"补,见《建炎以来系年要录》卷一四七、卷一五五等。

王映充宝文阁学士知平江府制
(绍兴十四年二月一日)

敕:姑苏地重,密迩行朝,正资师帅之良,往殿股肱之郡。具官某材猷通敏,识虑优长。持节牧民,具著成绩,辇毂之下,政誉尤高。顷进贰于冬官,方有资于献纳,抗章引疾,至于再三。勉推从欲之仁,俾任分符之寄。仍申加于殊眷,进列职于西清。报称可期,告猷勿怠。可。

出处:《椹溪居士集》卷五。

撰者:刘才邵

考校说明:编年据《建炎以来系年要录》卷一五一补。

楼炤除资政殿学士知建康府制
(绍兴十四年二月二日)

敕:朕惟建康,宅江山之奥区,为东南之都会,总列郡兵民之计,有留司管钥之严。肆求旧弼之贤,以重殿邦之任。具官某器资闳达,德操端方,奥学贯于天人,达识周乎事物。蚤摅远业,备历华涂。参赞枢庭,既深裨于密画;蕃宣侯屏,益蔼著于休声。备昭伟绩之加,益见壮猷之效。兹畴宿望,易镇名藩。方资共理之良,伫观报政之速。顾惟近辅,岂俟训言。可。

出处:《椹溪居士集》卷五。

撰者:刘才邵

考校说明:编年据《建炎以来系年要录》卷一五一补。

孟忠厚知绍兴府兼安抚使制
(绍兴十四年二月二日)

敕:黄霸再守于颍川,有郡中愈治之称;郭伋召自于渔阳,副京师蒙福之望。载在信史,名垂无穷。惟予旧弼之臣,能继昔人之美,用畴宿望,俾即近藩。具官某闳博裕和,纯明通敏,负出群之器业,怀经济之谋猷。顷自枢庭,出临帅屏,备著惟良之誉,共推绥抚之能。乃遽抗章,力请就佚,故难从欲,姑择所安。眷惟会稽,实汝旧治,为今甸服,密迩行朝,素安习于教条,亦无苦于公事。兹从易地,用示殊私。朕之用人,无愧于汉,尔其承命,益壮乃猷。可。

出处:《樵溪居士集》卷五。
撰者:刘才邵
考校说明:编年据《建炎以来系年要录》卷一五一补。

措置支给南荡并余杭门县界牧马两监草料诏
(绍兴十四年二月三日)

南荡并余杭门县界牧马两监合破草料,依旧行在批勘,令户部措置水陆近便富阳县、余杭县照旁就支,仍令逐县依例差人津般赴本监交纳。如两县支破不足,于比近县分拨数供纳。

出处:《宋会要辑稿》职官三二之五二。又见《宋会要辑稿补编》第四一一页。

秦州举人权附成州引试诏
(绍兴十四年二月三日)

秦州见在举人权附成州引试,依流寓举人例,每十五人终场解一名,不及十五人亦解一名。

出处:《宋会要辑稿》选举一六之七。又见《宋会要辑稿补编》第四八三页。

高阅等请视学答诏
（绍兴十四年二月七日）

宣王复古,采芑著咏于新田;世祖纬文,建武肇兴于太学。既抚绍开之运,咸推乐育之心。朕寅奉基图,敦崇教化,稽前王之轨范,遵列圣之规模。兹偃革以息民,乃恢儒而建学。声明丕阐,轮奂一新。尔等摅望幸之诚,述诸儒之志。远继桥门之盛,愿观云汉之临。请既方坚,理宜从欲。将款谒于先圣,仍备举于旧章。深谅忠勤,实增嘉叹。

出处:《咸淳临安志》卷一一。又见《宋史》卷一一四《礼志》。
考校说明:月、日据《宋史》卷一一四《礼志》、《建炎以来系年要录》卷一五一补。

权将黎文叙州溢额马数通计推恩诏
（绍兴十四年二月十一日）

许权将黎、文、叙州三处溢额马数通计推恩,仍戒约长宁军不得因而废弛。

出处:《宋会要辑稿》职官四三之一〇五。

蠲江浙等路拖欠未起诸色钱物诏
（绍兴十四年二月十二日）

江、浙等路绍兴八年以前拖欠未起应干诸色钱物等,皆是积年登带数目,无可催理,可并特予蠲放,仍日下销簿落籍。

出处:《宋会要辑稿》食货六三之九。

支破杂卖场手分米诏
（绍兴十四年二月十三日）

杂卖场手分依打套局手分例,每月支破米一硕一斗三升,秤、库子依本局库子例,支破米五斗四升,其时服衣赐更不支破。

出处:《宋会要辑稿》食货五四之二〇。

赐王晙乞除小郡不允诏
(绍兴十四年二月二十八日前)

敕王晙:所奏辞免新除宝文阁直学士、知平江府恩命,乞除近下职名,付以小郡事,具悉。朕重藩宣之寄,优侍从之臣,内阁隆名,式昭异数。卿才行之美,能世其家。自历禁涂,益隆誉处。兹缘请外,勉徇恳情,俾分名郡之符,乃进西清之秩。既颁成命,宜即钦承。所请宜不允。故兹诏示,想宜知悉。

出处:《槎溪居士集》卷六。
撰者:刘才邵
考校说明:编年据刘才邵任两制时间、王晙官历补,见《绍定吴郡志》卷一一。

吴秉信除右司员外郎制
(绍兴十四年二月)

庀官枢省之联,按视湘潭之境。勤劳靡惮,详练有闻。

出处:《建炎以来系年要录》卷一四七。

翰林天文局学生填阙事诏
(绍兴十四年三月十一日)

翰林天文局瞻望天象学生,依法太史局额内学生内试填。其太史局添数不多,可特于太史局天文院额外学生内指差填见阙,权名祗应,依钟鼓院守阙权名学生例添破请给,候试补到正人发遣。今后准此。

出处:《宋会要辑稿》职官三一之八。又见同书职官一八之九一、职官三六之一〇八。

岷州改西和州诏

（绍兴十四年三月十七日）

敕：岷州改为西和州，及阶、成、西和、凤州并属利州路。

出处：《庆元条法事类》卷四七。

臣僚面上有刺大字等遇朝参许趁赴诏

（绍兴十四年三月二十二日）

今后臣僚面上有刺大字、双旗等或烧灸之人，遇合朝参，并许趁赴。

出处：《宋会要辑稿补编》第一〇一页。

捕获私渡过界赏格诏

（绍兴十四年三月二十六日）

敕：巡捕官获到客人私渡茶过界，及诸色人获到，依获私茶法，一斤比二斤推赏。所有透漏私渡过界合干地分巡捕官，亦比附赏格斤一重斤比二斤责罚施行。

出处：《庆元条法事类》卷二八。

遇差奉使等官令遵守条法指挥诏

（绍兴十四年三月二十六日）

应差生辰、正旦非泛奉使并接送伴官，合差国信所指使、译语、亲事官及皇城司亲从，并仰依祖宗旧法听审使、副问答语言及见闻事件，兼觉察一行人，务令整肃。可札与主管往来国信所，今后遇差奉使等官，令检坐条法指挥关报，常切遵守，毋致灭裂。

出处：《宋会要辑稿》职官五一之一六。

令公卿侍从博选贤良诏
(绍兴十四年三月二十八日)

朕以寡昧,奉承圣业,夙兴夜寐,罔敢自暇自逸,思得海内方闻之士,咸造于庭,冀获嘉言,以助不逮。历载于兹,而贤书缺焉。夫古之人不借才于异代,而十室之邑,岂无忠信之士乎?公卿侍从,其为朕博选贤良,遣诣公车,朕将虚心以听,待以不次。庶几异才辈出,如我祖宗之时,顾不美欤!

出处:《宋会要辑稿》选举一一之二四。

依限结绝公事诏
(绍兴十四年四月三日)

刑部将半年以上未结绝公事开具名件,行在委本部、外台委所属监司,量事轻重,责限催促结绝;内月日稍远者,取问因依申奏。仍检举前后已得指挥申严约束。如敢违戾,并具当职官吏申尚书省,取旨施行;其不系申奏,本处一面论决。公事或有淹留,许被追干证之家越诉。

出处:《宋会要辑稿》刑法三之八〇。

御辇院不得擅差白直辇官诏
(绍兴十四年四月二十八日)

御辇院差破白直辇官,如辄于数外占破,或擅行差借,已有断罪条法。自今后若不遵奉,并许依所差人数、所破请给纽赃断罪。

出处:《宋会要辑稿》职官一九之一八。

秋试官不足许于见任祠官中通选诏
(绍兴十四年四月二十八日)

诸州秋试官所差不足,或无经术通明之人,许于见任祠官中通选。

出处:《建炎以来系年要录》卷一五一。

范寅宾特除名勒停诏
(绍兴十四年五月二日)

左承议郎、知筠州范寅宾措置乖方,引惹生事,可特除名勒停。

出处:《建炎以来系年要录》卷一五一。

御辇院犯徒罪官吏移降收管事诏
(绍兴十四年五月四日)

御辇院下都辇官长行周明犯徒罪断讫,移降步军司比附在京店宅务一般军分收管。今后遇有犯徒罪之人依此。

出处:《宋会要辑稿》职官一九之一八。

蠲江浙等路非侵盗所欠酒税诏
(绍兴十四年六月四日)

江、浙等路州县酒税欠折,坊场废坏,纲运沈失,仓库漏底,委非侵盗者,皆蠲之。

出处:《建炎以来系年要录》卷一五一。

开州两县免行钱减半诏
(绍兴十四年七月十日)

开州所管两县在夔部,尤为避远,其免行钱可令减半。

出处:《宋会要辑稿》食货六四之六七。

赐见任官等御书孝经诏
(绍兴十四年七月二十二日)

诸州以御书《孝经》刊石,赐见任官及系籍学生。

出处:《金石续编》卷一八。又见《建炎以来系年要录》卷一五二,《宋史全文续资治通鉴》卷二一。

赐秘书省手诏
(绍兴十四年七月二十七日)

盖闻周建外史,掌三皇、五帝之书;汉选诸儒,定九流、七略之奏。文德之盛,后世推焉。仰惟祖宗建开册府,凡累朝名世之士,由是以兴,而一代致治之原,盖出于此。朕嘉与学士大夫共宏斯道,乃一新史观,新御榜题,肆从望幸之忱,以示右文之意。呜呼!士习为空言,而不为有用之学久矣。尔其勉修术业,益励猷为,一德一心,以共赴亨嘉之会,用丕承我祖宗之大训,顾不善欤!

出处:《宋史》卷一一四《礼志》。又见《舆地纪胜》卷一,《咸淳临安志》卷七,《南宋馆阁录》卷六,《宋元通鉴》卷七五。

京西湖北淮南州军任满推赏条诏
(绍兴十四年七月二十七日)

京西、湖北、淮南州军应有立定到任、任满酬赏去处,如罢任在十三年终已前,并依旧格推赏;若在十四年已后到罢,并依元格上减半推赏。

出处:《宋会要辑稿》职官八之二四。又见《宋会要辑稿补编》第五二七页。

责罚万俟允中诏
(绍兴十四年八月八日)

右承议郎、监潭州南岳庙万俟允中奉使金国礼物官日,私以违禁之物附载入国,博易厚利。游贷命,追毁出身以来文字,不刺面,配贵州本城收管。

出处:《宋会要辑稿》职官五一之一六。

奉使入国上中节自办衣服诏
(绍兴十四年八月十八日)

今后奉使入国,内上、中节自办本色衣服,令使、副点检,并要新鲜,无致故弊。

出处:《宋会要辑稿》职官三六之四五。

右从事郎张翼循右儒林郎制
(绍兴十四年八月后)

尔昔从信使,言迈遒涂,褒典未加,可忘增秩? 其思勉懋,以称恩荣。

出处:《永乐大典》卷七三二二。
撰者:洪遵
考校说明:编年据宋之才官历补,见《宋史》卷三〇《高宗纪》。标题"制"字后又有"奉使大金贺生辰使宋之才下准备差使"十六字,此语当为注明张翼转官原由,不应列入正题。此时洪遵未任两制,此文作者或非洪遵。

士庶与国姓同单名偏旁并连名相犯者令改正诏
(绍兴十四年九月一日)

士庶与国姓同,单名偏傍并连名相犯之人,令刑部遍牒州军,限一月改正,如违,从杖一百断罪。

出处:《宋会要辑稿》刑法二之一五一。

添皮剥所监官茶汤钱诏
（绍兴十四年九月四日）

皮剥所监官茶汤钱添一十贯文,仍差白直一名。专知官别无衣粮,与每月添支食钱四贯。

出处:《宋会要辑稿》职官六之四〇。

殿前司根勘本司非与百姓相犯公事诏
（绍兴十四年九月十五日）

殿前司诸军公事非与百姓相犯者,令本司根勘,依法施行。

出处:《建炎以来系年要录》卷一五二。

守臣终任入见举所部一员诏
（绍兴十四年九月十六日）

守臣终更入见,各举所部县令一员,所举称职,特与推赏,不当谬举之罚。

出处:《建炎以来系年要录》卷一五二。

淮东西转运司并为一路诏
（绍兴十四年十月二十二日）

淮东西转运司并为一路,仍以淮南转运司为名,依旧置转运判官二员,所有提刑司职事,亦两路通管。

出处:《宋会要辑稿》食货四九之四四。

除永道郴州桂阳监及茶陵县身丁钱绢米麦诏
（绍兴十四年十月二十二日）

永、道、郴州、桂阳监及衡州茶陵县民户于二税之外，尚循马氏旧法，别有添纳，可将逐州县丁身钱绢米麦并予除放。

出处：《宋会要辑稿》食货六三之九。

精加铨量诸路监司帅守奏辟官等诏
（绍兴十四年十一月一日）

诸路监司帅守奏辟及定差县令，并精加铨量非曾缘民事被罪及老病之人。

出处：《建炎以来系年要录》卷一五二。

定御辇院御辇官额诏
（绍兴十四年十一月一日）

御辇院御辇官添作二百五十人为额，所阙人数从本院于次供御、下都应管人内相视拣选人材堪充应奉之人填阙。其次供御辇官止依旧一百五十人为额，见阙人数亦于下都辇官内相视拣选充填，仍免申驾部审验。所有请给，令粮审院依则例日下放行，如今后阙人准此。其下都见阙人数，依前后已降指挥招填。

出处：《宋会要辑稿》职官一九之一八。

詹大方工部尚书制
（绍兴十四年十一月一日）

总领众务，八座宪文昌之星；畴若予工，六官列起部之长。顾欲求贤而试可，曷如任旧以视成。具官悃愊无华，刚毅有立。休著纯明之誉，亟跻清近之班。骑省七人，知谏大夫弥缝之益；乌台五院，肃中执法弹击之威。逮司缮修，克彰物采，屡披封奏，均佚藩符。会稽方倚于买臣，宣室忽思于贾谊。趣归法从，还秩冬卿。惟器械之备歌于诗,而技巧之精纪于史,皆述中兴之美,往图率属之勤。雅存定规,宁俟多训。

出处:《紫微集》卷一六。

考校说明:编年据《建炎以来系年要录》卷一五二补。张嵲此时未任两制,此文当为《紫微集》误收。

詹大方辞免工部尚书不允诏
(绍兴十四年十一月一日后)

朕惟文昌发于六星,而起部稽于九范。欲熙成绩,乃任旧人。以卿操守方刚,性资纯厚,顷自宪府,擢长冬官,今从辅藩,来造天阙,俾缵故职,宜有前规。其趣钦承,宁俟多逊。

出处:《紫微集》卷一一。

考校说明:编年据《建炎以来系年要录》卷一五二补。张嵲此时未任两制,此文当为《紫微集》误收。

案察后推书吏换副尉事诏
(绍兴十四年十一月五日)

案察后推书吏今后如有愿换副尉之人,并依六曹寺监人吏法比换副尉;如不愿换,即依本台见行出职条法。

出处:《宋会要辑稿》职官五五之二一。

哲宗婉仪慕容氏进位贵妃制
(绍兴十四年十一月九日)

朕绍隆基绪,抚御家邦。有如淑女之贤,凤幸泰陵之遇。相典刑之犹在,况年德之俱尊。进位视恩,扬庭孚号。婉仪慕容氏禀资谦慎,植志静专。训靡待于姆仪,动必遵于图史。暨预紫庭之选,益昭彤管之辉。藻鉴精明,独前知于圣母;兰心芳洁,今娱侍于东朝。虽眷礼之每加,尚名秩之未称。是循彝制,庸举褒章。

积自九嫔之联，升处四星之次。增光壸则，归厚民风。於戏！思孝奉先，实广因心之爱；近亲贵老，益推锡类之仁。祇服宠荣，永绥寿祉。可特进位贵妃，仍令所司择日备礼册命。

出处：《宋会要辑稿》后妃三之二〇。又见《中兴礼书》卷一九六，《建炎以来系年要录》卷一五二。

诫约诸路常平官诏
（绍兴十四年十二月十二日）

令诸路常平官严切约束州县如法奉行，其所用米斛，并仰于常平诸色米内前期取拨桩备，依时给散，务要实及贫乏，毋令少有失所。仍令逐路监司同共觉察。

出处：《宋会要辑稿》食货六〇之九。

周襟除直敷文阁制
（绍兴十四年十二月二十六日）

敕：延阁之邃，列于西清，庀职其间，是惟殊渥。以尔久参帅幕，克著能称，肆加隆名，式昭褒进。往钦明命，益懋猷为。可。

出处：《檆溪居士集》卷五。
考校说明：编年据《建炎以来系年要录》卷一五二补。据《建炎以来系年要录》卷一五一，绍兴十四年二月刘才邵由中书舍人、兼直学士院除知漳州，此文当为《檆溪居士集》误收。

坑冶立酌中课额诏
（绍兴十四年）

见今坑冶立酌中课额，委提刑、转运司，不得别有抑勒，抱认虚数，令有力之家计嘱幸免，却致下户受弊。

出处：《宋会要辑稿》食货三四之一七。又见《文献通考》卷一八。

四川选人京朝官大小使臣关升条例诏

（绍兴十四年）

四川选人、京朝官、大小使臣关升,其依条到部陈乞之人,如已经本路运司公参月日,缴出身,大字保明,申部施行。

出处:《宋会要辑稿》职官一〇之三六。

高宗朝卷十九　绍兴十五年(1145)

诗赋经义分为两科试诏
（绍兴十五年正月十三日）

诗赋、经义分为两科，各计终场人数为率，依条纽取。试经义人第一场本经义三道，《论语》《孟子》义各一道，第二场论一首，第三场策三道；试诗赋人第一场诗赋各一首，第二场论一首，第三场策三道。

出处:《宋会要辑稿》选举四之二八。

令知通令佐诣学点检功课诏
（绍兴十五年二月十七日）

敕:知、通、令佐每月一诣学点检功课勤惰，简其怠慢不率者黜之。

出处:《庆元条法事类》卷五。

诫官吏觉察盗用场务府库钱物者诏
（绍兴十五年三月二十一日）

场务府库所管专副、库掏，多是将钱物移易侵欺盗用，其监临官吏漫不加省。已降指挥，官吏不觉察徒二年，本犯人止系杖罪，或不至徒二年之人，不觉察官吏亦科徒二年之罪。

出处:《宋会要辑稿》食货五四之八。又见同书食货五二之一〇。

试礼部奏名进士制策
(绍兴十五年三月二十四日)

盖闻古先哲王博采贤能而任使之,故治功昭著,名声流闻,邈乎不可以跂及,朕甚慕焉。今朕托士民之上,不敏不明,郁于大道,所赖以济者,惟真贤实能是望。然扶世导民,须德行也,乃或同于乡原;排难解纷,须智略也,乃或专于谋身。为政苟趣辨,则不修廉隅;摛文徒华藻,则不本忠信。平居下轻上爵,肆贪得之心;临事避剧就易,蔑首公之节。岂古之所谓德行智略、政事文章、心术节概,与今举异欤?将教化不明,狃于末习而然欤?子大夫学优而仕,于斯数者,其自处固已审,使风俗旷然大变,必有术悉之复之,详著于篇,朕将亲览焉。

出处:《宋会要辑稿》选举八之五。又见《建炎以来系年要录》卷一五三。

许牛羊司添置人吏兵级诏
(绍兴十五年三月二十九日)

牛羊司许令招收兵级二十人,通以九十人为额,副知、贴司各与添置一名。内副知仍将目今头名手分递迁,其退下手分名阙,于无违碍诸司官踏逐抽差一次,日后遇阙,召募贴司拣试充填,依条递迁。副知如界满,自到司入仕及十年以上,别无赃私罪犯及无官物绾系,许依依解发出职。

出处:《宋会要辑稿》职官二一之一四。

彗出东方避殿减膳决狱手诏
(绍兴十五年四月八日)

太史奏彗出东方,朕甚惧焉,已避殿减膳,侧躬省愆。尚虑征科苛扰,狱系淹延,致伤和气,上干垂象。可令逐路监司郡守条具便民事目措置闻奏,务要必行,以施实德。逐路提点刑狱官躬亲诣所部决狱,具已决遣、未决遣及尽绝月日,逐一以闻。应枝蔓干连人,日下疏放,仍准备朝廷遣官检察。其有贪酷官吏,并仰按劾,重行黜责。

出处:《宋会要辑稿》刑法五之三七。又见同书帝系九之三〇,《建炎以来系年要录》卷一五三。

考校说明:《宋会要辑稿》刑法五系于绍兴十五年正月八日,据《宋会要辑稿》帝系九、《建炎以来系年要录》卷一五三、《宋史》卷三〇《高宗纪》改。

依时尽本给散和籴本钱诏
(绍兴十五年四月十二日)

每岁诸路和籴本钱,并系户部将实有窠名钱预行料拨桩办,访闻所在州军往往减克,不为尽数支俵,恣行侵用,人户所得无几;甚者横敛脚费,及容纵人吏公然乞觅。可令逐路转运司严行戒饬州县依时尽本给散,毋致尚有奸弊违戾。仍仰安抚、提刑司检察,按劾以闻,当重置典宪;及许人户赴尚书省越诉。

出处:《宋会要辑稿》食货四〇之二五。又见《宋会要辑稿补编》第六二七页。
考校说明:此诏疑为同日《彗出东方赦天下制》赦文内容之一部分。

彗出东方赦天下制
(绍兴十五年四月十二日)

勘会数十年来,边臣邀功生事,今当兼爱内外,期于并生;勘会数十年来,学者党同伐异,今当崇雅黜浮,抑其专门;勘会累年以来,兵革不息,近者讲和罢战,正以保全生灵,爱惜民力。已降手诏,委诸路监司郡守措置裕民事目,务要必行,以施实德。尚虑徒为文具,令三省考核取旨赏罚。

出处:《建炎以来系年要录》卷一五三。

州县行户悉罢供应,令量纳免行钱。访闻所属均数之际,富民认数不尽,多及下户。可令诸路提刑司更切体量数目,保明申尚书省,取旨蠲减。

出处:《宋会要辑稿》食货六四之六七。

勘会人户典卖田宅,投税请契,已降指挥宽立信限,通计不得过一百八十日。如违限,许人告首,将业没官。访闻其间有村远民户不晓条限,多有误犯,便将元业拘没,诚可矜悯。可更展限两月赴官陈首,免拘没,依条投税。限满,依已降指挥施行。

出处:《宋会要辑稿》食货三五之八。

江、浙、湖南路月桩钱从来各有立定所取窠名,虽已节次减免,尚虑州军艰于桩办,科扰及民,可令户部疾速取会若干系实有窠名、若干系旋行擘画不免敷及民户数目,候到,开具尚书省取旨。

出处:《宋会要辑稿》食货六四之八一。

皮剥所添置军典诏
(绍兴十五年四月十七日)

皮剥所添置军典一名,专令抄转书写簿历等文书。其踏逐、抽差、请给等,并依内鞍辔库军典体例。

出处:《宋会要辑稿》职官六之四〇。

皮剥所买扑定额诏
(绍兴十五年四月十七日)

皮剥所,将来人户买扑界满日,将四色钱数于第一界立定逐色钱上并行增添一倍,立为定额。并一色见钱先次送纳本所垛放,今后逐界准此。内买名净利系合入官钱数外,有准备抵当系人户钱数,本所封桩,准备填欠。如界满别无拖欠,即合依数却行给还。

出处:《宋会要辑稿》食货六之四〇。

御药院修设大会钱止轮送诸寺院斋僧诏
(绍兴十五年四月二十五日)

御药院今后修设大会钱,止轮送诸寺院斋僧,更不修设大会。

出处:《宋会要辑稿》职官一九之一五。

四川都转运司省罢官吏诏
(绍兴十五年四月二十五日)

四川都转运司罢其官吏,依省罢法,见管职事并委宣抚司。

出处:《宋会要辑稿》食货四九之四四。

及第进士第一人刘章授官诏
(绍兴十五年五月四日)

以及第进士第一人刘章为左承事郎、签书镇东军节度判官厅公事。

出处:《宋会要辑稿》选举二之一八。

人使经过州军令以官钱应办诏
(绍兴十五年五月九日)

人使经过州军,令两浙、淮南转运司并以官钱应办,不得骚扰百姓,各具知禀闻奏。

出处:《宋会要辑稿》职官五一之一六。

新除学士仪制诏
(绍兴十五年五月十八日)

自今新除学士,正谢前一日待诏即私第,宣诏入院如故事。

出处:《建炎以来系年要录》卷一五三。

罢夔州路建炎三年后所添酒店诏
（绍兴十五年七月一日）

夔州路将建炎三年后来应系添置酒店悉行施罢。其大军折估钱,却将本司别项钱物令四川都转运司对数取拨补填。

出处:《宋会要辑稿》食货二〇之一九。

给还出限归业人户田产诏
（绍兴十五年八月十八日）

诸路州县出限归业人户,其元弃田产可照者,尽行给付;见有人承佃及官卖了当,即以官田之可耕者比仿给还。

出处:《建炎以来系年要录》卷一五四。

四川等路委官提举常平公事诏
（绍兴十五年九月八日）

四川、广西令提刑,淮西、京西令见兼提举茶盐官兼领;主管改充常平司干办公事,依转运、提刑司属官体例。

出处:《宋会要辑稿》职官四三之二九。

责罚不暾诏
（绍兴十五年九月九日）

成忠郎不暾以倡女为妻,伪冒请受,追四官,罚铜三十斤,勒停,特除名,送宗正司庭训拘管。

出处:《宋会要辑稿》帝系六之一八。

有过官不得阁其俸诏
（绍兴十五年九月十六日）

诸路监司郡守,若所部官有过,自从按治,不得阁其月俸。

出处:《宋会要辑稿》职官五七之七四。

定什邡等处茶息诏
（绍兴十五年九月二十三日）

汉州什邡县、彭州濛阳县堋口镇合用茶场,岁收息钱以绍兴十二年所入之数为额。

出处:《宋会要辑稿》食货三一之九。

赐秦鲁国大长公主子孙恩泽诏
（绍兴十五年十一月一日）

秦、鲁国贤穆大长公主上遗表,男降授舒州团练使、知阁门事、兼客省四方馆事钱恺与叙元官,仍转行一官。已有官孙四人、曾孙三人,并转一官;未有官孙四人补宣义郎,曾孙三人并补承奉郎。女夫魏端臣补忠训郎。恺妻王氏特封感义郡夫人。孙女二人并封恭人。玄孙荣祖补承务郎,孙女夫刘度补保义郎。本宗异姓白身亲属共与文武恩泽各三人。

出处:《宋会要辑稿》帝系八之二四。

通判眉州李彦辅展二年磨勘诏
（绍兴十五年十一月十一日）

通判眉州李彦辅核实避亲举人失当,致有侥滥,展二年磨勘。

出处:《宋会要辑稿》选举一六之八。

赐讲读说书修注官诸节钱酒条约诏
(绍兴十五年十一月十三日)

宣赐讲读、说书、修注官寒食端午冬至节料,观文殿大学士以上钱一百五十贯,酒十瓶;资政殿大学士、学士以上钱一百贯,酒八瓶;待制以上钱五十贯,酒六瓶;未系两制钱三十贯,酒四瓶。今后准此。

出处:《宋会要辑稿》职官六之六〇。又见同书崇儒七之五。

来春籍田诏
(绍兴十五年十一月十七日)

门下:朕厉精庶政,抚世多虞,念稼穑之艰难,欲黎元之给足,当食而叹,靡敢遑宁。今兹休兵息民,流徙还业,然而田畴未辟,游惰尚多,岂其三农失职,而训勉之道有未至欤?仰惟前代亲耕耤田,为天下先,醴酪粢盛于是乎出,敦庞朴固于是乎成,使耕与养者知所劝向,朕甚慕焉。乃饬攸司,经营千亩。其以来岁之春祗袚青坛,载黛耜躬三推之礼,以风示于四方。庶几力穑服田,仰事俯育,兴于礼义,以致丕平,顾不伟欤?播告迩遐,咸知朕意。

出处:《宋会要辑稿》礼六之三。又见《中兴礼书》卷一三五,《宋会要辑稿补编》第一四八页,《咸淳临安志》卷三。

金国贺天申节等使人赴玉津园射弓诏
(绍兴十五年十二月六日)

今后金国贺天申节并正旦使人,令赴玉津园射弓,并经由皇城西壁朝路往回。

出处:《中兴礼书》卷二二二。

刘一止落修撰宫祠制
（绍兴十五年十二月八日）

敕左朝奉郎、充秘阁修撰、提举江州太平观刘某：无礼于君，众所忿疾，犯此不韪，义其可容。尔资性回邪，专事朋附，妄作弗靖，自致烦言。念尝齿于迩联，俾参荣之次对。殊昧省循之意，敢形怨怼之辞。舆论未平，因难但已。宜镌中秘论撰之职，尚畀真祠禄秩之优。体我宽恩，毋重尤悔。可特落秘阁修撰，依前官差遣，赐如故。

出处：《苕溪集》卷五五，影印文渊阁四库全书本。
撰者：段拂

御前军器所提辖官监造官员额诏
（绍兴十五年十二月十日）

制造御前军器所提辖官、监造官，并各以六员为正额，见添差人与理作正差，通理到任月日。今后更不许添差。

出处：《宋会要辑稿》职官一六之九。

南北十一酒店等隶左右司诏
（绍兴十五年十二月二十一日）

南北十一酒店并充赡军激赏酒库隶左、右司，令宋贶依旧兼点检。

出处：《宋会要辑稿》食货二〇之一九。

杨倓转官制
（绍兴十五年后）

具官某：朕以尔父有属鞬之劳，未颁于宠典；善教轻满籯之积，能掇于贤科。兹乃抗封，欲其回授，叙升华秩，用表名门。祗服恩光，毋忘报称。

出处:《东牟集》卷七。

考校说明:编年据杨俣宦历补,见《茗溪集》卷四八《杨公墓碑》。王洋此时未任两
制,此文当为《东牟集》误收。

高宗朝卷二十　绍兴十六年(1146)

段拂除给事中制
（绍兴十六年正月）

政事之出，本根实自于西台；审覆之详，营辖常资于左省。用才惟一，平奏尤难。必求端良之人，以付论驳之事。具官某早登舍选，屡掌泮宫。晚贰宗司，浸跻法从。史笔秩宗之久直，经帷翰苑之兼华。凡所践扬，莫非清要。效见已试，官宜次迁。辍自纶闱，升于琐闼。俾出纳以之多益，则教令靡不是孚。惟既乃心，同归于治。可。

出处：《海陵集》卷一六。
考校说明：编年据《南宋馆阁录》卷八补。周麟之此时未任两制，此文当为《海陵集》误收。

毁淫祠诏
（绍兴十六年二月三日）

诸路淫祠非在祀典者，并令日下毁去。

出处：《建炎以来系年要录》卷一五五。

劝农诏
（绍兴十六年二月四日）

朕惟兵兴以来，田亩多荒，不惮卑躬，与民休息。今疆埸罢警，流徙复业，朕亲耕籍田,以先黎庶,三推复进,劳赐耆老。嘉与世俗,跻于富厚。昔汉文帝频年下诏,首推农事之本,至于上下给足,减免田租,光于史册,朕心庶几焉。咨尔中外,当体至怀。

出处:《建炎以来系年要录》卷一五五。又见《闽中金石志》卷八。

撰者:段拂

六曹取会进奏官并牒门下后省诏
(绍兴十六年二月七日)

进奏官,今后六曹取会,并牒门下后省,不得一面直送所司科罪。

出处:《宋会要辑稿》职官二之四九。

减免成都府路对籴米诏
(绍兴十六年二月九日)

成都府路合应副绍兴十七年水运对籴米,可依绍兴十五年正月已降指挥减免施行。

出处:《宋会要辑稿》食货四八之二。又见同书食货四四之二,《宋会要辑稿补编》第五七六页。

非见从军不许军官起复诏
(绍兴十六年三月一日)

军官起复,自古有从权之宜,近来却有非军中职任之人规图从军,申乞起复,殊失礼制,宜行戒饬。今后非见从军,不许起复。如有规求,重行黜责,仍令御史台觉察弹奏。

出处:《宋会要辑稿》职官七七之一九。又见《建炎以来系年要录》卷一五五。

不得借兑常平钱物诏
（绍兴十六年三月三日）

未置提举官以前县州借兑常平钱物，令本司度量年月远近，申取朝旨，随其多寡，立限拨还。自今毋得借兑。违者，不以赦降、去官原减。

出处：《建炎以来系年要录》卷一五五。

文思院上下界置请纳拘押官物生活官诏
（绍兴十六年三月五日）

文思院上、下界共置请纳拘押官物生活官一员，仍差枢密院使臣，理任、请给等并依本院监门官例。

出处：《宋会要辑稿》职官二九之三。

赵咏之回授封母制
（绍兴十六年三月十三日）

朕以孝理天下，凡搢绅之以亲请者，未尝不曲从其欲也。尔子愿弛已秩，图报母慈，推锡命封，贲于泉室。可。

出处：《西垣类稿》卷二。
考校说明：编年据《宋会要辑稿》职官六一补。崔敦诗乾道九年始任两制，此制疑为《西垣类稿》误收。

金使赴阙所差接指使等人不许收受钱物诏
（绍兴十六年四月十一日）

今后金国使人赴阙，所差接指使、亲从、译语等人，除身分合得券食钱外，其沿路州军所送钱物，并不许收受。如违，以赃论。

出处:《宋会要辑稿》职官五一之一七。

取诸路解试进士诏
(绍兴十六年五月八日)

诸路解试,若经义、诗赋人数相等,即依终场人数纽取。或有余不足,即以文理优长听通融相补,不得过三分。

出处:《宋会要辑稿》选举一六之八。又见《宋会要辑稿补编》第四八四页,《建炎以来系年要录》卷一五五。

国子监生依格注授诏
(绍兴十六年五月十六日)

国子监生有官人如习读及一年,不犯规罚,自今取解外,若公私试两入等及赴部,许从本监保明申部,与免铨试,依格注授。如或三入第二等,或一中第一等,或与魁选,并从本监保奏,特与比附铨试格法推恩。

出处:《宋会要辑稿》职官二八之二四。

国子监生免住本贯学诏
(绍兴十六年五月十六日)

国子生免住本贯学,只令依条召京朝官二员委保。如有本贯公据,免召保官并补试,别为考校。仍仿庆历取解例,每十人取三人,零分计数约取。人材不足,就试人计数,听阙五厘。

出处:《宋会要辑稿》职官二八之二四。

国子太学生发解诏
(绍兴十六年五月十六日)

国子太学生依条住学及年,不犯第二等以上规罚,体仿补试取人分数发解,仍别立号。

出处:《宋会要辑稿》职官二八之二四。

有事南郊御札
（绍兴十六年六月一日）

敕内外文武臣僚等:朕缵承基绪既二十年,荷神灵眷祐之休,奉祖考典章之旧。敢忘大报,躬三岁之亲祠;备举上仪,迎一阳之协气。告虔清庙,祗祓紫坛。念显相允赖于群工,而助祭率资于四海,肆颁孚号,明戒前期。朕以今年十一月十日谒款于南郊。惟尔有官,各扬乃职,相予祀事,毋或不恭。

出处:《宋会要辑稿》礼二八之二五。又见《中兴礼书》卷一。

荐举户部总领所酒库监官事诏
（绍兴十六年六月五日）

监户部总领所酒库官,今后许令本路总领官并户部长贰将合举官员数通融荐举。

出处:《宋会要辑稿》选举三〇之二。

展免滁州上供钱物斛斗诏
（绍兴十六年六月十三日）

滁州合发上供钱物斛斗,并依楚州已得指挥,再展免一年。

出处:《宋会要辑稿》食货六三之一〇。

差医官诣临安府城内外看诊诏
（绍兴十六年六月二十一日）

方此盛暑,切虑庶民阙药服饵,令翰林院差医官四员,遍诣临安府城内外看诊,合用药仰户部行下和剂局应副,置历支破,依例支给食钱。仍于本部辖下差拨担药兵士二名。候秋凉日住罢。每岁依此。

出处:《宋会要辑稿》职官三六之一〇六。又见同书食货五九之三一、食货六八之一二三。

不得拖欠四川屯驻大军岁用钱物诏
(绍兴十六年六月二十八日)

四川所屯大军岁用钱物,如州军拖欠,即从所隶漕司按劾;若漕司盖庇,失于检察催发,即从四川总领所按劾。其四路提刑、常平司如拖欠违期不起,亦一体施行。

出处:《宋会要辑稿》职官四一之四六。

今年秋试太学生额外补中之人许令待阙诏
(绍兴十六年七月十一日)

已降指挥,太学生以一千人为额。今年秋试额外补中之人,依绍兴十三年所降指挥,许令待阙,候见阙日与参长假人对拨,至科场年许赴监,依不满年人例取应。仍自来春住补,候科场了毕有阙日,依条检举施行。

出处:《宋会要辑稿》职官二八之二四。

贾直清除江西提刑吴传除江东提刑制
(绍兴十六年七月十三日前)

朕以大中之法辅常教,四方司政,惧弗简孚,分道置台,属之纲领。我有成命,非明刺史孰能将之?以尔直清雅吏之才,长于折狱;以尔传望郎之俊,亦屡按刑。爰稽厥劳,更授使指。惟尔所部,介于大江,东西连城,揽辔在望。使欢谣美政相闻乎二境之间,不其休哉!

出处:《海陵集》卷一七。

考校说明:编年据《绍定吴郡志》卷七补。周麟之此时未任两制,此文当为《海陵集》误收。

献书赏格诏
(绍兴十六年七月二十五日)

应有官人献秘阁阙书善本及二千卷,与转官,士人免解,余比类增减推赏,愿给直者听。诸路监司守臣访求晋、唐真迹及善本书籍准此。

出处:《建炎以来系年要录》卷一五五。

搜访四川书籍诏
(绍兴十六年八月四日)

闻四川藏书甚多,宜委逐路帅臣恪意搜访,仍令提举秘书省每月检举催促。

出处:《宋会要辑稿》崇儒四之二八。

广南诸郡教官差有出身人诏
(绍兴十六年八月六日)

广南诸郡,见阙教官去处,令于本州并倚郭县内,差见任有出身官兼充。如无,即于特奏名补官人内,选差未昏耄有术业之人。又无,即选差摄官术业行义众所推服者充教谕。如已供职,后来见任官内却有出身之人,其摄官教谕,即令罢去。

出处:《宋会要辑稿》崇儒二之三七

捕获强盗未结案断遣推恩事诏
(绍兴十六年八月二十七日)

今后捕获强盗,在州县未经结案聚录遇恩之人,候案成,依大辟法外,令长吏以下聚录取索文状,方许断遣。如捕获人陈乞推赏,仰所属次第核实,保明闻奏,遵依绍兴旧条备受,各依本法施行。余依见行条法。

出处:《宋会要辑稿》兵一三之一九。

申严访求书籍令诏
(绍兴十六年八月二十九日)

昨降指挥求访书籍,至今投献尚少,盖监司郡守视为不急,奉行灭裂,可检举申严行下。

出处:《宋会要辑稿》崇儒四之二九。
考校说明:原书系于"二十九年",据前后文,"年"当是"日"之误。

支破御前马院诸处差到养马军兵等请给诏
(绍兴十六年十月二日)

御前马院诸处差到养马军兵并教骏公吏,月粮口食米特与依御厨、工匠等见请仓界数分一等支给。内教骏新给历及无历人,并特依有旧历人例支破本等身分请给。日后差到人准此。

出处:《宋会要辑稿》职官三二之五二。又见《宋会要辑稿补编》第四一二页。

御前马院军兵人吏逃走首身人支请给诏
(绍兴十六年十月二日)

御前马院军兵、人吏今后有逃走并见走未出首人,如遇捉获,依法施行外,其首身合依旧收管之人,止支无历人例请给,候及三年,方许支破本等身分请给。

出处:《宋会要辑稿》职官三二之五二。又见《宋会要辑稿补编》第四一二页。

郊祀前二日朝献景灵宫圣祖天尊大帝册文
（绍兴十六年十一月八日）

仙源流庆,丕祚有开。猥以渺躬,获承宝系。将展精禋之祀,预伸荐献之诚。恭觊监观,永垂道荫。

出处:《中兴礼书》卷三〇。

郊祀前一日朝飨太庙祖宗帝后册文
（绍兴十六年十一月九日）

合祛天地,登侑祖宗,燔柴将举于阳郊,裸鬯式将于清庙。仰祈歆顾,默相上仪。庶格纯休,均福黎庶。

出处:《中兴礼书》卷三〇。

郊祀飨昊天上帝册文
（绍兴十六年十一月十日）

皇矣上帝,照临四方。眷佑有邦,是膺宝命。达于冲渺,获奉精禋。祗荷宏休,敢忘美报?

出处:《中兴礼书》卷三〇。

郊祀飨皇地祇册文
（绍兴十六年十一月十日）

至哉坤厚,德合无疆。飨帝于郊,礼严并祀。顾惟良菲,获佑柔祇。祗率旧章,式昭美报。

出处:《中兴礼书》卷三〇。

郊祀飨太祖皇帝册文
(绍兴十六年十一月十日)

诞膺骏命,肇造家邦。德厚流光,与天无极。礼严陟配,兹率典常。

出处:《中兴礼书》卷三〇。

郊祀飨太宗皇帝册文
(绍兴十六年十一月十日)

于皇圣德,继纂邦图。兼翼后昆,获承大祭。稽合典礼,并祀郊禋。仰冀鉴临,俯垂庇祐。

出处:《中兴礼书》卷三〇。

南郊赦文
(绍兴十六年十一月十日)

门下:朕以菲躬,获承大宝。赖三灵之纯佑,宏济艰难;遵列圣之诒谋,绍隆基绪。干戈载戢,囹圄屡空。田畴胥庆于丰穰,华夏迄臻于绥靖。繄神所眷,岂朕克堪?念物皆本乎天,宜谨精禋之报;而德无加于孝,聿修并侑之仪。豫饬司存,肇新器用。迎土圭之至景,即皇邸之斋居。祗祓崇坛,具严吉礼。设陶匏而尚质,肃莤栗以贡诚。笾豆静嘉,璧琮华润。粢盛蠲洁,出于耕耤之藏;笋虡周环,冠以景钟之奏。佩玉锵鸣而群心肃,燎烟升举而协气充。惟巨典之备成,敢蕃厘之专享?旋舆端阙,霈泽寰区。可大赦天下。於戏!降祉发祥,既荷博临之贶;赦过宥罪,诞昭敷锡之恩。更赖文武同寅,股肱修辅,益思懋勉,永底丕平。

出处:《宋朝事实》卷五。

考校说明:此赦文内容已删,《宋会要辑稿》载有所删部分内容,录以备考:

勘会淮南归业人户依已降指挥听免两科催科,一年外免三科,每加一年,各更免一科,至四科止,优恤已厚。尚恐归业人户未能毕力耕种,却致供输不前,可更与展免一年两料催科。又已降指挥,将实开垦田亩敷纳二税,未耕田土以十分为率,每年增纳一分。尚虑人户开垦未广,虚认税额,可将增纳税数权罢,止据实垦田亩输纳。并夏、秋二税上供钱物斛斗虽节次展免,除已起发去处外,其未能起发州县及将有限满去处,可并与展免,至绍兴十七年终纳。归业识认田产,访闻多是州县官吏、形势之家妄行拘占,或营利公帑,吝于给还,仰本路监司严责州县照应已降指挥施行,仍将合给还田产疾速给还,不得违戾;如违,并仰按劾。(《宋会要辑稿》食货六九)

两浙转运司昨缘措置经界,令逐州军出卖升斗秤尺,今多是州县科抑,或令人户白纳,显属搔扰。如有见今白纳数目,仰日下蠲放,其未卖数如非情愿,并不得依前科抑。如违,许人越诉。(《宋会要辑稿》食货六九)

州县乡村差役依法合以物力高下定差,访闻近年选差之际,当职官不切究心,乡司与役案人吏通同作弊,故意越等,先差不合差役之人,致令纠论,乘时乞觅,百端搔扰,方始改差实合着役之人,深为民患。自今差役仰当职官躬亲比较,依公定差,不得违戾,委常平司严切觉察。若因纠论,见得定差有弊,一例重行责罚。(《宋会要辑稿》食货一四)

贫乏乞丐已约束如法养济,其死而无归者,旧法置漏泽园藏瘗,已降指挥,令诸州依仿临安府措置。访闻尚有未就绪去处,可令诸路常平司疾速检举,措置施行,无致暴露。(《宋会要辑稿》食货六〇)

访闻近来人户输纳税租,官吏作弊,多有概量,却盗打白钞出卖,致令乡司揽户兜收人户税租入己,更不到官,唯藏白钞,以备论诉,旋行书填,欺谩上下,蠹耗公私,为害不细。自今人户送纳税租,每遇投钞,谓如十户合作一钞,须管各开纳人姓名,所输数目,方得印钞,即不得将白钞旋行销注。委监司常切觉察,仍出榜约束。尚敢违戾,按劾申尚书省,取旨重作施行。(《宋会要辑稿》食货三五)

官员批书印纸,具有体式,近来胥吏舞文,邀索贿赂,或掯以细故,不肯批书;或虽批书,漏落不完。仰吏部检坐应官员依条并续降指挥合批书事件,逐一立式行下州军等处照会遵守。今后须管依式批书,勿令漏落;其别无官物绾系,亦不得阻节留滞。如依前违戾,当职官吏并重作行遣。(《宋会要辑稿》职官五九)

孟忠厚辞免恩命不允诏
(暂系于绍兴十六年十一月十日后)

朕成礼于郊,均厘及下。矧在枢臣之旧,宜先纶旨之褒。卿亲贤并隆,勋德兼著,从节旄于近镇,增食邑之多朕,时乃旧章,毋烦固避。所请宜不允。

出处:《紫微集》卷一一。

考校说明:编年据南宋郊祀时间补,见《宋史》卷三〇《高宗纪》。张嵲任中书舍人的绍兴十年八月至绍兴十一年二月间,宋廷仅举行过一次明堂大礼(绍兴十年九月),未举行郊祀。《紫微集》误收诏令中以绍兴十七年前后诏令尤多,姑系于绍兴十六年郊祀后。

李显忠辞免恩命不允诏
(暂系于绍兴十六年十一月十日后)

离坛竣事,浃宇敷恩。矧卿荣膺帅旄,职总军律,兹属神休之惠,有嘉武卫之劳。公社疏封,户租敦食,虽循彝典,亦示眷怀。其趣钦承,毋烦逊避。

出处:《紫微集》卷一一。

撰者:张嵲

考校说明:编年据南宋郊祀时间补,见《宋史》卷三〇《高宗纪》。张嵲任中书舍人的绍兴十年八月至绍兴十一年二月间,宋廷仅举行过一次明堂大礼(绍兴十年九月),未举行郊祀。《紫微集》误收诏令中以绍兴十七年前后诏令尤多,姑系于绍兴十六年郊祀后。

除潘正夫特授检校少保依前昭化军节度使驸马
都尉充醴泉观使加食邑食实封封如故制
(绍兴十六年十一月二十三日)

门下:朕迹滞东巡,心劳北顾。痛念宗亲之众,既仓猝以偕还;瞻言姑姊之伦,今间关而几在。欲厚天潢之泽,敢遗戚畹之良。稽用邦彝,诞孚廷涣。昭化军节度使、驸马都尉、充醴泉观使、河南郡开国公、食邑二千四百户、食实封六百户潘正夫,温恭而好礼,文敏而敦诗。选由勋阀之高,起席副车之贵。一门二主,缔连云月之光;历岁两朝,沾被神明之渥。载惟吴国,实出泰陵。蚤承宁德之欢,视同己子;晚托昭慈之爱,情若自生。曾靡他人,独兹一女,属遭变故,久叹流离。喜绿绶之来朝,奉需章而有请。谓尔建旄之旧,未沐殊恩;当予践祚之初,尝陈忠奏。兴言往事,良感朕心。宜加锡于宠章,庶少酬其志望。通游夏篆,俾参亚保之华;大纛高旌,不改元戎之物。仍陪租食,并示眷怀。朕方兼赖于亲贤,尔其长保于福禄。於戏!以列侯而尚主,允侔汉戚之尊;曰三孤而贰公,遂拟周官之盛。

益勉贵骄之戒,用昭誉处之休。可特授检校少保,依前昭化军节度使、驸马都尉、充醴泉观使,加食邑五百户、食实封二百户,封如故。主者施行。

出处:《北海集》卷七。

考校说明:编年据《建炎以来系年要录》卷一五五补。此制当为《北海集》误收。

刘光辅叙官制
(暂系于绍兴十六年十一月后)

具官某:朕躬郊拜觌,浃县敷恩,凡在遣呵,悉皆甄叙。以尔顷縻臧获,从坐悔尤,辟难吏议之逃,名遂刑书之絓。属当肆眚,庸昭旷荡之仁;是用参稽,稍还品秩之旧。服兹至宥,尚念自惩。

出处:《东牟集》卷七。

考校说明:编年据刘光辅官历、南宋郊祀时间补,见《建炎以来系年要录》卷一五二等。王洋此时未任两制,此文或为《东牟集》误收。

晁谦之磨勘转官制
(绍兴十六年十一月后)

有虞考三载明庶绩之熙,成周以六计弊群吏之治,乃眷法从之旧,不废叙年之稽,盖存大公,用率彝典。具官某克绍世阀,郁为时材。入参持橐之联,羽仪禁路;出守留司之任,管钥陪都。课阅岁于吏铨,属均休于郊燎。历阶增益,加地建侯,式萃宠光,用华藩翰。不待次举,虽未称于贤能;以是为差,庶可班于爵禄。往钦异数,勉迪令猷。

出处:《东牟集》卷七。

考校说明:编年据南宋郊祀时间、文中所述"入参持橐之联,羽仪禁路;出守留司之任,管钥陪都"补,见《建炎以来系年要录》卷一五三等。王洋此时未任两制,此文当为《东牟集》误收。

罗汝楫封父制
(暂系于绍兴十六年十一月后)

朕秩三神而拜贶,冒四海以均厘,矧惟法从之华,宜锡显亲之庆。具官某积德之厚,天假高年,教忠之勤,贤称嗣子。兹颁郊渥,用陟阶封,祗予命数之崇,为尔家庭之耀。义方获报,寿履永绥。

出处:《东牟集》卷八。
考校说明:编年据南宋郊祀时间补,见《宋史》卷三〇《高宗纪》。王洋于绍兴二年八月至十月间任中书舍人,然绍兴元年宋廷并未举行郊祀。《东牟集》误收诏令甚多,其中绍兴十七年前后诏令尤多,姑系于绍兴十六年郊祀后。

康执权封赠故父制
(暂系于绍兴十六年十一月后)

朕缇室迎阳,瓢坛展寀,既严昭配以尽己之孝,又均蕃厘以及人之亲。具官某故父某,风矩洁修,宇量冲固。虽抱艺以不试,非荣其身;然积德而克昌,乃大厥后。繄有承家之嗣,通予延阁之班。越熙禋祠,兴感祢庙,极荣二品之秩,用贲九泉之幽。尚期爽灵,来顾恩宠。

出处:《东牟集》卷八。
考校说明:编年据南宋郊祀时间补,见《宋史》卷三〇《高宗纪》。王洋于绍兴二年八月至十月间任中书舍人,然绍兴元年宋廷并未举行郊祀。《东牟集》误收诏令甚多,其中绍兴十七年前后诏令尤多,姑系于绍兴十六年郊祀后。

康执权赠故母制
(暂系于绍兴十六年十一月后)

朕率三岁之旧章,崇二仪之合祀,覸施荷神灵之赐,福厘同臣子之均。爰颁庆条,用慰孝慕。具官其故母某氏,柔明赋德,法度宜家,实生嗣子之贤,服在禁涂之列。向因郊渥,已侈郡封,越告成于明禋,用载裂于腴壤。尚期遗懿,式克钦承。

出处:《东牟集》卷八。

考校说明:编年据南宋郊祀时间补,见《宋史》卷三〇《高宗纪》。王洋于绍兴二年八月至十月间任中书舍人,然绍兴元年宋廷并未举行郊祀。《东牟集》误收诏令甚多,其中绍兴十七年前后诏令尤多,姑系于绍兴十六年郊祀后。

汪 藻 赠 父 制
(暂系于绍兴十六年十一月后)

朕贵诚质而因天事天,严陟配而以孝教孝,顾在从臣之旧,宜疏祢庙之荣。既历再郊,并昭叠宠。具官某故父某,材韬不试,德厚流光,大嗣子之承家,有懿文之华国。属当精享,习卜二岁之祥;爰累庆章,饰赠一品之秩。尚存灵爽,来贲渥恩。

出处:《东牟集》卷八。

考校说明:编年据南宋郊祀时间补,见《宋史》卷三〇《高宗纪》。王洋于绍兴二年八月至十月间任中书舍人,然绍兴元年宋廷并未举行郊祀。《东牟集》误收诏令甚多,其中绍兴十七年前后诏令尤多,姑系于绍兴十六年郊祀后。

汪 藻 赠 故 母 制
(暂系于绍兴十六年十一月后)

朕贵诚质而因天事天,严陟配而以孝教孝,顾在从臣之旧,岂无念母之思?既历再郊,并昭叠宠。具官某故母某氏,早腾淑誉,来范高闳,大嗣子之承家,有懿文之华国。属当精享,不专向于蘋厘;爰累庆章,用改荒于名壤。尚存灵爽,来贲渥恩。

出处:《东牟集》卷八。

考校说明:编年据南宋郊祀时间补,见《宋史》卷三〇《高宗纪》。王洋于绍兴二年八月至十月间任中书舍人,然绍兴元年宋廷并未举行郊祀。《东牟集》误收诏令甚多,其中绍兴十七年前后诏令尤多,姑系于绍兴十六年郊祀后。

梁份郊恩封赠故父制

（暂系于绍兴十六年十一月后）

朕缇室迎阳,觚坛展柴,既均神厘之贶,亦怆亲养之遗。宜敷我恩,以锡尔类。具官某材裕于用,庆丛于家,大嗣业之继承,联棣华而通显。既上仪之丕就,宜渥典之申颁,进陟亚傅之崇,用为幽隧之贲。英魂不泯,休命其承。

出处:《东牟集》卷八。

考校说明:编年据南宋郊祀时间补,见《宋史》卷三〇《高宗纪》。王洋于绍兴二年八月至十月间任中书舍人,然绍兴元年宋廷并未举行郊祀。《东牟集》误收诏令甚多,其中绍兴十七年前后诏令尤多,姑系于绍兴十六年郊祀后。

梁份赠故母制

（暂系于绍兴十六年十一月后）

故母某氏惠淑根性,柔恭律家,丛厥陟祥,茂于再叶。兹颁郊贶,用率国常,改荒大国之封,追饰小君之号。尚期英爽,嘉此宠荣。

出处:《东牟集》卷八。

考校说明:编年据南宋郊祀时间补,见《宋史》卷三〇《高宗纪》。王洋于绍兴二年八月至十月间任中书舍人,然绍兴元年宋廷并未举行郊祀。《东牟集》误收诏令甚多,其中绍兴十七年前后诏令尤多,姑系于绍兴十六年郊祀后。

王舜臣赠妻制

（暂系于绍兴十六年十一月后）

朕测景迎长,竣祠拜贶。既孚涣号,以为尔姻戚之宠;又沛湛恩,以闵其室家之亡。具官某故妻某氏,法度柔嘉,言容靓慎,发自华绪,仪于名门。早衔恤于鼓盆,屡疏荣而饰壤,属颁郊渥,更侈郡封。邈其九原,歆此异数。

出处:《东牟集》卷八。

考校说明:编年据南宋郊祀时间补,见《宋史》卷三〇《高宗纪》。王洋于绍兴二年八月至十月间任中书舍人,然绍兴元年宋廷并未举行郊祀。《东牟集》误收诏令甚多,其中绍兴十七年前后诏令尤多,姑系于绍兴十六年郊祀后。

俞俟磨勘转官制
(绍兴十三年十一月后或绍兴十六年十一月后)

朕更三载而考绩,大明黜陟之公;操八柄以驭臣,不轻爵禄之予。虽为法从,亦率彝章。具官某资禀疏通,材猷缛敏,荐更事任,咸有声称。入持橐于甘泉,备罄论思之益;稀鸣桴于京兆,素高弹压之威。屡抗需章,丐游真馆。方从铨选,课年劳而升寄禄之阶;属布郊恩,进伯爵而衍爰田之赋。特赐异渥,荣增一时。往祇涣命之优,毋怠嘉猷之告。

出处:《东牟集》卷七。

考校说明:编年据南宋郊祀时间、文中所述"屡抗需章,丐游真馆"补,见《建炎以来系年要录》卷一四七、《嘉泰会稽志》卷二等。王洋此时未任两制,此文当为《东牟集》误收。

四川宣抚总领司措置四川赋税诏
(绍兴十六年十二月十一日)

朕惟军兴以来,四川敛重,恐不堪久。今疆场罢警,营屯内迁,无转饷之费;辎重就闲,羡卒耕作,有刍粟之积。仰宣抚、总领两司取索承平时常赋名色、军兴后权所增益,参酌措置,既不当竭民力,又不可乏军须,两皆给足,永相保持,以副朕顾倚之意。

出处:《宋会要辑稿》职官四一之四六。又见《建炎以来系年要录》卷一五五。

高宗朝卷二十一　绍兴十七年(1147)

禁监司郡守进羡余诏
(绍兴十七年正月十五日)

朕惟军兴二十余年,黎元骚动,故力图罢兵,以冀休息。今疆埸无虞,流徙有归,四境之内,举获安堵,朕心庶几焉。尚虑监司、郡守不能深体朕意,致或刻削苛细,进献羡余,失朕爱民本旨。自今敢有违戾,仰御史台弹劾,监司各许互察部内;犯而失按,必与并坐。布告中外,咸体朕意。

出处:《建炎以来系年要录》卷一五六。又见《宋史全文续资治通鉴》卷二一。

诸路州军免行钱诏
(绍兴十七年正月十五日)

诸路州军免行钱,令户部检会绍兴二年官户与编户一等指挥,申严行下州县遵守施行。

出处:《宋会要辑稿》食货六四之六八。

除力胜钱诏
(绍兴十七年正月二十五日)

近免税米,而所过尚收力胜钱,其除之,其余税则并与裁减。

出处:《建炎以来系年要录》卷一五六。

伯广除名勒停诏
（绍兴十七年二月二十一日）

　　承节郎、监泽州南岳庙伯广以殴打百姓致死,会赦追毁出身以来文字,除名勒停,送宗正司拘管。

出处:《宋会要辑稿》帝系六之一九。

令临安府措置标拨太庙周围合留空地诏
（绍兴十七年三月二十一日）

　　太庙周围合留空地,令临安府措置标拨,毋令侵占,引惹火烛。

出处:《宋会要辑稿》礼一九之一九。

亲策进士手诏
（绍兴十七年三月二十四日）

　　门下:朕惟自古圣王之治,莫先得士,而国家科目之设,最为周密。往者宇内多故,犹不忘三年之举,矧今疆垂日靖,学校兴行,人知乡方,顾不能率厥旧典,网罗群才乎? 可令有司蒐取茂异,咸与计偕。朕将试之春官,亲策乎廷,靡以好爵,几有益于治道。布告天下,体朕意焉。故兹诏示,想宜知悉。

出处:《金石萃编》卷一八。又见《绍兴十八年同年小录》,《绍兴题名录》,民国《安徽通志稿·金石古物考》四。

诸军招置效用升进格诏
（绍兴十七年三月二十五日）

　　诸军招置效用,未有升进格法。自今到军三年无过者,与转一次带甲。用一石弓力十二矢中半上垛者,年虽未及,准此;八矢上垛者倍之。至承信郎,理磨勘年如常法。

出处:《建炎以来系年要录》卷一五六。

讲筵所于资善堂内置局诏
(绍兴十七年三月二十六日)

讲筵所可依在京日,于资善堂内置局,候春讲毕,令临安府相度更修。

出处:《宋会要辑稿》崇儒七之六。

令公卿侍从各举所知诏
(绍兴十七年四月二日)

国家踵汉、唐旧制,贤良之科,盖以待天下非常之士也。暨朕纂承,亟议斯举,屡诏中外,博加搜访,而历年于兹,曾未有卓然为举首者。夫何世无材,岂今宇宙不复见古之人乎?抑招延未备,郁而不得通也?公卿侍从,其为朕各举所知,俾咸造于朝,朕将临轩亲试,诹以治道。亦庶蒙得贤之福,顾不休哉!

出处:《宋会要辑稿》选举一一之二五。

免行钱以三分为率诏
(绍兴十七年四月三日)

诸路州军人户见纳免行钱,不拘等第,并以三分为率,蠲免一分。

出处:《宋会要辑稿》食货六四之六八。

御辇院辇官忠佐至长行许本营执役养老诏
(绍兴十七年四月十八日)

御辇院所管辇官,忠佐至长行为系应奉人,今后年及七十,与将带身分请给,本营执役养老。

出处:《宋会要辑稿》职官一九之一九。

责罚赵鼎石憲诏
(绍兴十七年四月二十六日)

责授清远军节度副使、吉阳军安置赵鼎遇赦永不检举;右修职郎石憲追毁出身以来文字,除名勒停,特免真决,送浔州编管。

出处:《建炎以来系年要录》卷一五六。

巫伋进讲尚书制
(绍兴十七年四月后)

具官某:讲筵高三侍之选,藏壁出四代之书。尧舜之治垂衣裳,亶其稽古;文武之政在方册,可以验今。顾惟儒宗,宜备昼访。以尔多见守约,资深逢源,宪台持纠察之公,谏省有弥缝之益。入侍经幄,详闻起辞。谅学术之该通,尤典谟之淹贯。于五十八篇之定,举大义以敷陈;若十余万言之繁,鉴空文之无补。庶裨圣治,日仁英猷。

出处:《东牟集》卷七。又见《永乐大典》卷一三四九七,光绪《续纂句容县志》卷一八下。

考校说明:编年据巫伋官历补,见《建炎以来系年要录》卷一五六。王洋此时未任两制,此文当为《东牟集》误收。

御前马院差管草料使臣手分诏
(绍兴十七年五月四日)

御前马院可差管草料使臣二人、手分三人,许已未到部使臣、校尉及无违碍官司人吏或白身人内指差。内手分请给,并依入内省手分见请则例支破。白身人自差到实及七年,与补进武副尉出职;有名目人实及七年,与转一官资。日后年满之人愿留者听,请给、理年、酬奖仍旧。所有管草料使臣请给、理任,并依主管回易库管干官使臣已得指挥施行。

出处：《宋会要辑稿》职官三二之五二。又见《宋会要辑稿补编》第四一二页。

实录院差救火军兵诏
（绍兴十七年五月十八日）

实录院依车辂院祗候库例，于殿前司城内营寨差拨救火军兵二百人，遇有风烛，即时赴院救护。

出处：《宋会要辑稿》职官一八之六三。

金国使人见辞设毡于庭下诏
（绍兴十七年六月三日）

金国使人见辞等，如遇垂拱殿、集英殿、紫宸殿阶下立班，于拜处，宰臣、使相、使人令仪鸾司铺毡。今后准此。

出处：《中兴礼书》卷二二三。又见《建炎以来系年要录》卷一五六。

封溧水县正显庙神广惠侯敕
（绍兴十七年六月二十二日）

敕建康府溧水县正显庙神：惟神夙著惠政，怀于一方，遗爱流传，庙食殊久，凡雨旸之祈祷，皆响答而感通。功既及民，可无褒典？锡兹美号，宠以侯封，永孚灵休，副我显渥。可特封广惠侯。

出处：《江宁金石记》卷五。
考校说明：编年文后原有："奉敕如右，牒到奉行。绍兴十七年六月二十二日。"

普安郡王伯琮加食邑制
（绍兴十七年六月二十六日）

朕荷天洪修，休时大报，赖宗英之显相，宜国典之褒嘉。爰锡明纶，诞告清著。检校少保、保庆军节度使、普安郡王、食邑三千四百户、食实封三百户伯琮，仪矩庄重,气质粹和。无习侈以流心,居多谊理之阅;知为善而最乐,博极诗书之闻。登坛分帅阃之麾,斥郡赐王封之履。兹成厘事,用举庆条。缀拱辅之旌旄,改授武陵之节钺。复增余赋,益衍真租。以率国事,以惇邦族。於戏!民和而神降福,倘克享于天心;德宁而宗维城,尚同奖于王室。往祇宠渥,毋怠钦承。可特授依前检校少保、常德军节度使、普安郡王,加食邑五百户、食实封二百户。

出处:《中兴礼书》卷一九七。

普安郡王辞免恩命不允诏
(绍兴十七年六月二十六日后)

朕峻祠缛礼,均福绵区。况卿德重宗藩,恭陪祀事,爰增圭而易镇,何抗奏以固辞?宜亟钦承,毋烦重请。

出处:《紫微集》卷一一。
考校说明:编年据文中所述史事、赵瑗("普安郡王")官历补,见《建炎以来系年要录》卷一五六。张嵲此时未任两制,此文当为《紫微集》误收。

孟郡王辞免恩命不允诏
(暂系于绍兴十七年六月二十六日后)

朕考礼大报,均伸洪厘,庆衍端朝,福膺绵宇。况卿枢庭旧弼,戚畹贤姻,载陪户邑之多,时乃典章之率。宁烦封奏,固至逊辞?趣祇厥承,勿重有还。

出处:《紫微集》卷一一。
考校说明:编年据同集前后文时间、文中所述史事、孟忠厚("孟郡王")官历补,见《建炎以来系年要录》卷一五六。张嵲此时未任两制,此文或为《紫微集》误收。

恩平郡王辞免恩命不允诏
(绍兴十七年六月二十六日后)

朕躬郊拜觊,薄海疏恩。况卿行谨宗藩,恪陪熙事,因增畲而更节,奚固避以抗封?亟钦其承,勿重有请。

出处:《紫微集》卷一一一。

考校说明:编年据文中所述史事、赵璩("恩平郡王")官历补,见《建炎以来系年要录》卷一五六。张嵲此时未任两制,此文当为《紫微集》误收。

普安郡王伯琮徙常德军节度使告常德军民敕
(绍兴十七年六月二十六日后)

朕以为国宗英,相予郊祀。克同寅而竣事,爰易政以增禽。眷惟常德之邦,邈在重湖之北。载更斋越,已锡纶言。凡尔军民,迨夫士庶,耸闻成命,谅溢欢心。

出处:嘉庆《常德府志·文征》卷一,嘉庆十八年刻本。又见《四朝闻见录》丙集。

考校说明:编年据《中兴礼书》卷一九七、《建炎以来系年要录》卷一五六补。《四朝闻见录》云"此则绍兴三十六年,高宗皇帝皇子普安郡王为本军节度使敕也",误。

省四川清酒务监官诏
(绍兴十七年六月二十七日)

省四川清酒务监官:成都府二员,兴元、遂宁府、汉、绵、邛、蜀、彭、简、果州、富顺监并汉州绵竹县各一员。

出处:《宋会要辑稿》食货二〇之一九。

刘锡致仕制
(绍兴十七年六月前后)

宣劳效命,久殚卫社之忠;引疾抗章,遽起挂冠之请。莫回雅尚,爰举恩章。具官某结发从戎,指心报国,出贾军禅之勇,入提禁旅之严。家世韬钤,裔本山西之种;弟昆勋绩,名皆国外之闻。越跻留务之班,亟就真祠之佚。比观请谢,恻用闵劳,仍兹阶秩之华,遂尔林泉之乐。其慎调于方药,以益介于寿祺。

出处：《东牟集》卷八。

考校说明：编年据刘锡卒年补，见《建炎以来系年要录》卷一五六。王洋此时未任两制，此文当为《东牟集》误收。

黄仁荣浙西提盐秦昌时浙东提盐刘伯英湖南提盐并兼常平制

（绍兴十七年七月七日）

山海天地之藏，资用度以无穷；开阖敛散之权，欲低昂而适称。委以重寄，慎于择人。尔等才力强明，识度闳达，咸有绩用，稔于朕闻。顾兹二浙之间，与夫重湖之右，有鬻摘之利足以佐国，有帑廪之积足以裕民。各专使指之将，往思职守之责，务澄清于一道，兼总核于两司。其懋美庸，以副华遣。

出处：《东牟集》卷七。

考校说明：编年据《建炎以来系年要录》卷一五六、《绍定吴郡志》卷七补。王洋此时未任两制，此文当为《东牟集》误收。

郑侨年江东运判赵令誾福建运判范寅秩湖南转运判官制

（绍兴十七年七月十二日）

具官某等：大江之东，重湖之右，皆总赋租于九郡，复专刺举于列城。如闽部之崎岖，艰漕臣之飞挽，择兹数路之寄，同以安民为先。尔等试绩可观，治称咸著，彻于闻听，付以将输。揽重任于外台，宜究心于一道。刘晏之知取予，苏章之明公私，无俾前人，得为专美。往祗明训，各励良图。

出处：《东牟集》卷七。

考校说明：编年据《宝庆会稽续志》卷二补。"江东运判"，《宝庆会稽续志》卷二误作"江东运使"。《建炎以来系年要录》卷一六〇："（绍兴十九年七月甲辰）直秘阁、江南东路转运判官郑侨年令再任，从帅臣俞俟请也。"王洋此时未任两制，此文当为《东牟集》误收。

胡寅转一官致仕制
（绍兴十七年七月十二日）

达进退之分者，可以律浮竞之徒；笃终始之恩者，所以优老成之礼。眷从臣之谢事，举彝典以疏恩。具官某经术淹该，识度凝远。君子之仕行其义，早服禁途；公家之利无不为，备宣忠力。出纡郡绂，亟佚祠庭。遽因疾以引年，重悯劳而徇请。爰增厥秩，用宠其归。顾疏广祖行，虽不及都门之盛；方祁奚告老，尚无忘嗣职之贤。往专精神，益介寿考。

出处：《东牟集》卷八。
考校说明：编年据《建炎以来系年要录》卷一五六补。王洋此时未任两制，此文当为《东牟集》误收。

赵不弃工部侍郎制
（绍兴十七年七月十九日）

文昌之总众务，职重六官；起部之若予工，法稽九轨。贰卿同于率属，事任难于择人。具官某风力敏强，器资宏博。振外台之誉，将漕计于大江之东；以列卿之权，核军储于四川之远。嘉乃绩用，简于朕知。方敦趣以还朝，亟畴咨而疏宠。通内戚大宗寺之籍，时谓懿；列司平少常伯之联，亦当重责。有献纳论思之益，有缮营制作之勤。惟暨乃僚，往钦汝守。

出处：《紫微集》卷一一。
撰者：张嵲
考校说明：编年据《建炎以来系年要录》卷一五六补。张嵲此时未任两制，此制作者或非张嵲。《宋代诏令全集》称"张嵲试中书舍人在绍兴十年至十三年初"（第一五九四页），误。张嵲于绍兴十年八月至绍兴十一年二月间任中书舍人，见《建炎以来系年要录》卷一三七、一三九。

赵不弃知临安府制
(绍兴十七年八月十四日)

　　王畿之画千里,京邑之宅四方。朕于驻跸之区,视若上都之重,择守有同于尹正,畴咨慎简于贤材。具官某属籍之英,干局之敏,荐更事任,备著劳能。江左九州,干漕台而佐国;坤维万里,核军饷以宽民。趣归亚卿之班,亟置侍从之列。顾冬官营缮,未究设施之长;惟天府浩穰,政须弹压之治。用擢升于次对,仍兼率于十连,使缿筒屏于奸踪,而桴鼓彻于盗警。与古无愧,则予汝嘉。

出处:《紫微集》卷一六。
考校说明:编年据《建炎以来系年要录》卷一五六补。张嵲此时未任两制,此文当为《紫微集》误收。《宋代诏令全集》称"张嵲试中书舍人在绍兴十年七月至十三年初"(第二三九四页),误。张嵲于绍兴十年八月至绍兴十一年二月间任中书舍人,见《建炎以来系年要录》卷一三七、一三九。

沈该权礼部侍郎制
(绍兴十七年八月十四日)

　　文昌庶务之宏纲,宗伯六官之要选,典司礼乐之重,推择卿贰之贤,艰厥畴咨,得于佥允。具官某材猷练达,器度宽洪。稽匠监之簿书,抚边城之封守。淮埸总计,将输备见于通融;天府临民,威惠不专于弹压。爰擢居于法从,俾摄副于仪曹。惟神祇庙社之严祠,及文物声明之盛制,焕焉可述,时乃之休。

出处:《紫微集》卷一七。
考校说明:编年据《建炎以来系年要录》卷一五六补。张嵲此时未任两制,此文当为《紫微集》误收。

监司郡守桩管宽剩钱物诏
(绍兴十七年八月二十八日)

　　令诸路监司、郡守将宽剩钱物桩管,每季具的确数申尚书省,科拨充月桩,以宽民力;不系月桩路分依此,听候通融科拨。

出处:《宋会要辑稿》食货六四之八一。又见《建炎以来系年要录》卷一五六。

王晓致仕转官制
（绍兴十七年八月二十八日后）

守坚正之居官,力思尽瘁;积忧勤而成疾,固欲遗荣。方勇退以奉身,宜悯劳而疏宠。具官某仕行其义,知无不为,专一心以徇公,靡众訾之遑恤。亟膺眷礼,擢置要途。京兆赭裾,著威声于弹压;甘泉紫橐,参法从以论思。屡剖竹符,丐游琳馆。朕循名必责其实,用人欲尽其材。甫赐召环,遽闻上绶,婴沉疴而引第,难扶病以造朝。爰举恩章,用增爵秩。勉啬精神之养,往承涣渥之休。

出处:《东牟集》卷七。
考校说明:编年据王晓官历补,见《建炎以来系年要录》卷一五六。王洋此时未任两制,此文当为《东牟集》误收。

王舜臣致仕制
（绍兴十七年八月前后）

委质宣猷,方专分阃,露章引疾,遽欲挂冠。顾雅尚之莫回,宜恩章之具举。具官某持心谦慤,禀质粹温,乐名检以自闲,远骄华之末习。视三孤之秩,位峻于亚师;张六纛之仪,任隆于谋帅。方奉真祠之佚,俄陈美疢之婴,恳请欲归,悯劳以事。用率循于彝典,仍宠界于故官。遂尔晏私,祗予涣渥。

出处:《东牟集》卷八。
考校说明:编年据王舜臣卒年补,见《建炎以来系年要录》卷一五六。王洋此时未任两制,此文当为《东牟集》误收。

李珂解罢带御器械转团练使制
（绍兴十七年五月至九月间）

具官某:参书版之联,解属鞬之职,宜颁乃宠,用旌其劳。以尔钦慎持身,忠勤自力。入侍帷幄,既阅于岁时;兹释弓韣,肆彰于命数。爰陟戎团之秩,乃先内省之班。益励恪恭,往祗眷渥。

出处:《紫微集》卷一七。

考校说明:编年据李珂宦历补,见《建炎以来系年要录》卷一五六。张嵲此时未任两制,此文或为《紫微集》误收。

检察宗室请受官止添给食钱诏
(绍兴十七年九月八日)

已降指挥,所在州军各委宗室见任官一员充尊长,检察宗室请受,又委职官一员检察宗室过往批请,被委之官增其添给,凡及若干人无诈及冒滥,各减磨勘二年。访闻被委官多贪赏典,不以实闻。今后可止支添给食钱五贯文,若能获诈伪及冒滥,即依条推赏。

出处:《宋会要辑稿》职官五七之七四。

提刑司觉察按劾减放月桩钱事诏
(绍兴十七年九月十四日)

已减放诸路州军月桩钱,尚虑州县因缘欺隐,惠不及民,仰提刑司觉察,按劾闻奏。

出处:《宋会要辑稿》食货六四之八一。

余尧弼兼崇政殿说书进讲左氏传制
(绍兴十七年九月二十三日)

具官某:朕鉴古成宪,求时多闻,详延鸿博之儒,密辅缉熙之学。畴咨在列,慎简其人。以尔群书淹该,众士宗仰,著曲台勾稽之誉,肃副端弹纠之威。望实具孚,风采弥邵。乃眷素臣之传,深明约史之经,有五体之可推,于三家而最备。尔其发挥雅蕴,进陪帷幄之英;辩析异端,力救膏肓之消。期有裨于至治,庶无事于空言。

出处:《东牟集》卷七。

考校说明:编年据《建炎以来系年要录》卷一五六补。王洋此时未任两制,此文当为《东牟集》误收。

王銍兼侍讲制
(绍兴十七年九月二十三日)

伏羲而上,《易》道未尝不明;商瞿以来,古义或几乎隐。是以先天之旨,后世罕传。肆求讲贯之英,我得誉髦之士。具官某文词敏妙,记问精醇。早历要津,备膺殊眷。持橐著论思之益,演纶推润色之工。尤工三绝之勤,尽得十翼之秘。是用不改词闱之旧,俾陪经幄之严,日侍宴闲,密承顾问。广大配天地,朕有资于发挥;缉熙于光明,尔无忘于启沃。往祗明命,嗣有褒嘉。

出处:《归愚集》卷七。

撰者:葛立方

考校说明:编年据《建炎以来系年要录》卷一五六补。

减江浙诸州折帛钱诏
(绍兴十七年九月二十五日)

江、浙州军见输纳折帛钱,旧立价钱比今时价稍高,兼逐路土产物帛不一,窃虑民户难于出办,理宜宽恤。令两浙䌷绢每匹减作七贯文,内和买减作六贯五百文,绵每两减作四百文;江南东、西䌷绢每匹减作六贯文,绵每两减作三百文,仍自绍兴十八年为始。其减下钱,令户部具数申取朝廷指挥。

出处:《宋会要辑稿》食货三八之一八。又见《宋会要辑稿补编》第六三七、六五七页,《建炎以来系年要录》卷一五六。

张思正致仕制
(绍兴十七年九月前后)

执戈卫社者,知忠义之大闲;引年谢事者,达进退之高致。可无涣渥,用贲归休。具官某奋身戎行,乃心王室,识奇正循环之理,有抚存挟纩之恩。自封爵于廉车,丐奉祠于真馆,遽陈婴疢,力请辞荣。宜因宠于故官,盖率遵于彝典,其专安养,以对休光。

出处:《东牟集》卷八。

考校说明:编年据张思正卒年补,见《建炎以来系年要录》卷一五六。王洋此时未任两制,此文当为《东牟集》误收。

毕良史直敷文阁再任制
(绍兴十七年十月三日)

具官某:朕睦邻固圉,择守抚民,惟已试之绩可观,则畴劳之恩宜厚。以尔职称博洽,材擅敏强,自临镇于盱眙,能缉绥于淮服,教条素著,声望久孚。与其求代于终更,曷若责成于因任? 爰升华于内阁,用增重于边城。勉为朕留,益宣尔力。

出处:《东牟集》卷七。

考校说明:编年据《建炎以来系年要录》卷一五六补。王洋此时未任两制,此文当为《东牟集》误收。

王玮除四厢都指挥使知荆南府改永州防御使制
(绍兴十七年十月三日)

朕眷今南郡,实古郢中。接云梦而通巫巴,为一都之会;蔽潭衡而控襄汉,分十国之连。慎择守臣,兼资武略。具官某材称果毅,志守精忠。提偏师以卫留司,固尝著效;总锐众以临湖外,亦既宣劳。来承召环,入对便殿,详观敷奏,宜任抚绥。用更御侮于零陵,其往承流于荆土。务达弛张之理,勉图牧养之勋。宜副异恩,将观报政。

出处:《东牟集》卷七。

考校说明:编年据《建炎以来系年要录》卷一五六补。王洋此时未任两制,此文当为《东牟集》误收。

潘温卿辞免承宣使不允诏
(绍兴十七年十月十六日后)

以卿戚畹自修,习捐襦袴。岩廊入侍,任属橐鞬。比阅武于便朝,加精能于卫士。乃眷训齐之力,爰升留务之班。宁俟需章,固形谦意?兹为定命,其趣钦承。

出处:《紫微集》卷一一。

撰者:张嵲

考校说明:编年据《建炎以来系年要录》卷一五六、《宋会要辑稿》帝系八补。《建炎以来系年要录》卷一五六作"宁国军承宣使",《宋会要辑稿》帝系八作"武宁军承宣使"。

荐献绍兴府山园陵攒宫诏
(绍兴十七年十月十七日)

太常少卿岁以春、秋二仲荐献绍兴府山园陵攒宫,季秋令监察御史按视。

出处:《建炎以来系年要录》卷一五六。

张澄知襄阳府制
(绍兴十七年十月十八日)

襄阳鄢郢之北门,《禹贡》荆湖之南境,膏腴沃野,唇齿重湖。朕思求侍从之良,以穆蕃宣之寄,颁我宽诏,协于畴咨。具官某智警而明,气和而裕。联清班于八座,有导节之四骐。久持橐于禁涂,屡揽辔于名郡。自游真馆,简在冲怀。念偿麦之风可鉴于昔贤,而浇瓜之好宜敦于边垒。往莅一麾之守,兼分十国之连,载剖藩符,固吾疆圉。勉图后效,祗副宠光。

出处:《紫微集》卷一六。

考校说明:编年据《建炎以来系年要录》卷一五六补。张嵲此时未任两制,此文当为《紫微集》误收。

陈桷除修撰宫观制
（绍兴十七年十月十八日后）

出守雄藩，既闻报最；退游真馆，力欲祈闲。可无渥典之颁，以宠从臣之旧？以尔气和而裕，器达而闳。早联禁台之班，荐剖竹符之任，一麾边垒，两岁班春。方倚其卧治之功，而遽有奉身之请。即琳馆优闲之乐，升书林论撰之华。往体眷怀，毋忘献告。

出处：《紫微集》卷一六。
考校说明：编年据《建炎以来系年要录》卷一五六补。张嵲此时未任两制，此文或为《紫微集》误收。

杨存中除少傅制
（绍兴十七年十月十九日）

朕法黄帝之卫兵，任重殿岩之帅；稽《周官》之洪化，位高孤棘之班。考阅岁以酬劳，诞告廷而增秩。具官某禀资沈鸷，许国精忠。援枹鼓则忘其身，深怀义概；挫虓虎而夺之气，屡著战功。总万营以扈禁宸，张六纛而分外阃。历时滋久，尽瘁靡他。载嘉十稔之勤，叙进贰公之次。驿旌导节，仍齐钺于雄藩；绣斧在裳，正朝仪于亚傅。陪敦邑采，申衍户租，以示褒崇，以光环拱。於戏！有功见知则说，朕既昭积累之勤；执事顺成为臧，尔益谨凝严之护。往祗明训，思副异恩。

出处：《东牟集》卷八。
考校说明：编年据《建炎以来系年要录》卷一五六补。王洋此时未任两制，此文当为《东牟集》误收。

四川命官叙复依旧归还省部诏
（绍兴十七年十月二十二日）

四川命官因非停降遇恩合该叙复人，见系宣司一面施行，令依旧归还省部。

出处：《宋会要辑稿》职官七六之五〇。

薛弼责官制
(绍兴十七年十月二十七日)

《周官》之于乡刑,重造言之罪;汉制之于郡守,先勤学之方。况朝命之宜遵,而士风之欲振乎! 以尔职为师帅,令失禀承,谓布韦有狂率之人,俾庠序归藏修之地。而乃教之不素,闲之失严,致其越禁以自如,复尔遂非而弗顾。尔训下若此,导民谓何? 聊镌一阶,尚服宽典。

出处:《东牟集》卷八。
考校说明:编年据《建炎以来系年要录》卷一五六补。王洋此时未任两制,此文当为《东牟集》误收。

林充等责官制
(绍兴十七年十月二十七日)

士夫修身,俾从训诲,国有明命,贵在禀承。尔等视令故违,颓风不振,致其轻率,复尔自如。各镌一阶,用惩弛职。

出处:《东牟集》卷八。
考校说明:编年据《建炎以来系年要录》卷一五六补。王洋此时未任两制,此文当为《东牟集》误收。

辛永宗刘纲责官制
(绍兴十七年十月二十八日)

朕念干戈卫社之重,故垂赏以待功;辨名器假人之非,斯明刑而当罪。具官某等,相济同恶,自营背公。顷出命以劝战多,姑从权而付军帅;既均休而已事,宜列上以闻朝。乃因请托之间,略无顾忌之意,擅以王爵,收为私恩。宜从镌秩之科,以示为臣之戒。往祗宽典,毋急自惩。

出处:《东牟集》卷八。
考校说明:编年据《建炎以来系年要录》卷一五六补。王洋此时未任两制,此文当为《东牟集》误收。

蕃商所贩龙脑等止抽一分诏
（绍兴十七年十一月四日）

三路市舶司，今后蕃商贩到龙脑、沉香、丁香、白豆蔻四色，并依旧抽解一分，余数依旧法施行。

出处：《宋会要辑稿补编》第六五〇页。又见《建炎以来系年要录》卷一五六。

周三畏加官制
（绍兴十七年十一月六日后）

朕平赋蠲徭，厚民生而讲治；因时制法，酌古宪以垂文。载览成书，宜颁宠典。具官某材猷练达，请谳精明。棘寺平反，扬历十年之久；秋卿详决，跻升八座之联。凡有科条，预闻刊正，方国备三登之蓄，夫家无七尺之征，参考旧章，著为定令。嘉奏篇之来上，爰增秩以疏荣，用赏积勤，往钦茂渥。

出处：《东牟集》卷七。
考校说明：编年据文中所述"棘寺平反，扬历十年之久；秋卿详决，跻升八座之联……参考旧章，著为定令"补，见《宋会要辑稿》刑法一等。王洋此时未任两制，此文当为《东牟集》误收。

叶份致仕转官制
（绍兴十七年十一月七日）

朕敦风厉俗，尚齿优贤。观以礼进退之人，为识天盈虚之道，宜疏光宠，用贲休归。具官某早以材猷，屡更事任。文昌八座，入联紫橐之班；竹使一麾，出拥朱幡之寄。暨分祠禄，多阅岁阴，乃抗奏以据经，欲引年而谢事。重违雅志，良惜华颠，爰跻三品之荣，益介六身之寿。往祗渥命，无怠教忠。

出处：《东牟集》卷七。
考校说明：编年据《建炎以来系年要录》卷一五六。王洋此时未任两制，此文当为

《东牟集》误收。

成闵转观察使制
(绍兴十七年十一月八日)

闽山多阻,粤峤旁连,盗弄潢池之兵,时烦羽林之遣。灵旗一出,蒲泽扫清。具官某抵掌功名,搴旗果毅。受命问罪,释胁从而歼渠魁;振旅凯还,归饮至以数军实。爰颁宠典,用陟廉车。往祗恩光,益厉忠勇。

出处:《东牟集》卷七。
考校说明:编年据《建炎以来系年要录》卷一五六补。王洋此时未任两制,此文当为《东牟集》误收。

史才国子监主簿制
(绍兴十七年十一月八日)

桥门师表之官,簿领勾稽之任,参决监事,慎择时髦。命尔往居,是为清选,勉思厥职,用答所蒙。

出处:《东牟集》卷七。又见《永乐大典》卷一四六〇八。
考校说明:编年据《建炎以来系年要录》卷一五六补。王洋此时未任两制,此文当为《东牟集》误收。

钱云骙授官制
(绍兴十七年十一月八日)

朕广辟道山,博搜逸典,而尔以家藏之富,悉上送官。爵秩之荣,所宜锡宠,往钦嘉奖,益励操修。

出处:《东牟集》卷七。
撰者:王洋
考校说明:编年据《宋会要辑稿》崇儒四补。

许世安除观察使制
（绍兴十七年十二月六日）

属橐鞬而密侍，时谓信臣；稽岁月以畴劳，宜颁宠典。具官某受资沈勇，许国精忠，安边而立功名，牧马而在坰野。入居左右，久宣文陛之勤；时既终更，用陟廉车之秩。往祗异数，益励壮图。

出处：《东牟集》卷七。
考校说明：编年据《建炎以来系年要录》卷一五六补。王洋此时未任两制，此文当为《东牟集》误收。

高百之直秘阁制
（绍兴十七年十二月十五日）

蓬莱道家之山，东壁图书之府，故秘阁寓直，时为清选。以尔戚畹英俊，恪实有闻，举以授之，盖广恩也。往钦异数，思称所蒙。

出处：《紫微集》卷一七。
考校说明：编年据《建炎以来系年要录》卷一五六补。张嵲此时未任两制，此文当为《紫微集》误收。

陈氏封郡夫人制
（绍兴十七年十二月二十一日）

朕设内职之员，备后宫之务，参华宸掖，妙选良家。某人祗事恪勤，律身柔静，密奉禁严之内，实宣夙夜之劳。宜荒名郡之封，俾正小君之号。往钦茂渥，益懋温恭。

出处：《紫微集》卷一七。
考校说明：编年据《宋会要辑稿》后妃四补。张嵲此时未任两制，此文或为《紫微集》误收。

贺正旦使人到盱眙军御筵口宣
(暂系于绍兴十七年十二月二十六日前)

远持使传,来贺岁元。喜闻入境之初,宜厚示慈之礼,特加抚问,期体眷怀。

出处:《紫微集》卷二一。

考校说明:编年据《宋史》卷三〇《高宗纪》补。张嵲任中书舍人时,宋、金尚未议和,此制当为《紫微集》误收。《紫微集》误收诏令中以绍兴十七年前后诏令尤多,姑系于此。

镇江府御筵口宣
(暂系于绍兴十七年十二月二十六日前)

凤驰使聘,来讲庆仪。适寒冱之届节,涉阻修而在道,特加宴好,用洽欢心。

出处:《紫微集》卷二一。

考校说明:编年据《宋史》卷三〇《高宗纪》补。张嵲任中书舍人时,宋、金尚未议和,此制当为《紫微集》误收。《紫微集》误收诏令中以绍兴十七年前后诏令尤多,姑系于此。

到阙值雨御筵移在驿口宣
(暂系于绍兴十七年十二月二十六日)

远抗使旆,既修庆礼。属为霖于寒序,就折俎于宾亭。庸示眷怀,庶从款席。

出处:《紫微集》卷二一。

考校说明:编年据《宋史》卷三〇《高宗纪》补。张嵲任中书舍人时,宋、金尚未议和,此制当为《紫微集》误收。《紫微集》误收诏令中以绍兴十七年前后诏令尤多,姑系于此。

刑部郎官吴棠除右司员外郎制
（绍兴十七年十二月二十七日）

朕惟郡县之务厘正于六官,六官之务取决于中台。方其万机投前,枉直利病丛见错出,而参稽订正,都公实任其责,其选可谓重矣。尔久游庠序,号称文雅。泊官于朝,用以缘饰吏事,绰有可观;庀职宪部,绩用尤著。是用命尔文昌之属,尚勉之哉! 毋使弥纶省闼之誉专美前世,则朕为得人。

出处:《归愚集》卷七。

撰者:葛立方

考校说明:编年据《建炎以来系年要录》卷一五六补。

国子监书库官许礼部长贰荐举诏
（绍兴十七年十二月二十八日）

国子监书库官今后许礼部长贰荐举,仍理作职司收使。

出处:《宋会要辑稿》职官二八之二五。

高宗朝卷二十二 绍兴十八年(1148)

章烝大理寺正制
（绍兴十八年前）

具官某：法令人之堤防，刑罚治之药石。总在大理，听于卿师，务其公平，慎乃推择。以尔持心明允，莅事审详，初直廷中，曾无枉挠，继承寺事，多所平反。克宣再岁之劳，就陟三官之长。惟宽仁而不至纵罪，惟精密而不为深文，兹谓适中，往思汝守。

出处：《东牟集》卷七。
考校说明：编年据章烝宦历补，见《诚斋集》卷一二五《章公墓铭》。王洋此时未任两制，此文当为《东牟集》误收。

就驿射弓御筵口宣
（暂系于绍兴十八年正月一日前后）

驰车陟远，授馆云初。礼方讲于射侯，燕特丰于宾俎。兹循彝典，用洽欢心。

出处：《紫微集》卷二一。
考校说明：编年据文中所述史事补。张嵲任中书舍人时，宋、金尚未议和，此制当为《紫微集》误收。《紫微集》误收诏令中以绍兴十七年前后诏令尤多，姑系于此。

回程镇江府御筵口宣
（暂系于绍兴十八年正月一日后）

归骖北道，涉境南徐。眷言行迈之劳，加厚惠慈之礼，兹循彝典，宜体眷怀。

出处:《紫微集》卷二一。

考校说明:编年据文中所述史事补。张嵲任中书舍人时,宋、金尚未议和,此制当为《紫微集》误收。《紫微集》误收诏令中以绍兴十七年前后诏令尤多,姑系于此。

值雪御筵在驿口宣
(暂系于绍兴十八年正月一日后)

礼毕明庭,瑞呈密雪。即宾亭之安便,折燕俎以从容,庶乐使华,庸昭眷意。

出处:《紫微集》卷二一。

考校说明:编年据文中所述史事补。张嵲任中书舍人时,宋、金尚未议和,此制当为《紫微集》误收。《紫微集》误收诏令中以绍兴十七年前后诏令尤多,姑系于此。

平江府御筵口宣
(暂系于绍兴十八年正月一日后)

远驰使命,修庆春朝。冒霜露以修涂,次辎车于近郡,式颁燕礼,庸示眷怀。

出处:《紫微集》卷二一。

考校说明:编年据文中所述史事补。张嵲任中书舍人时,宋、金尚未议和,此制当为《紫微集》误收。《紫微集》误收诏令中以绍兴十七年前后诏令尤多,姑系于此。

赤岸御筵口宣
(暂系于绍兴十八年正月一日后)

先春远使,造国近郊。谅勤行役之劳,特厚燕慈之礼,庸昭眷意,用洽欢心。

出处:《紫微集》卷二一。

考校说明:编年据文中所述史事补。张嵲任中书舍人时,宋、金尚未议和,此制当为《紫微集》误收。《紫微集》误收诏令中以绍兴十七年前后诏令尤多,姑系于此。

使人贺毕赐御筵口宣
(暂系于绍兴十八年正月一日后)

肇临元日,既讲盛仪。折芳俎以示慈,乐嘉宾而式燕。庸昭眷礼,茂介春祺。

出处:《紫微集》卷二一。
考校说明:编年据文中所述史事补。张嵲任中书舍人时,宋、金尚未议和,此制当为《紫微集》误收。《紫微集》误收诏令中以绍兴十七年前后诏令尤多,姑系于此。

使人贺毕赐酒果口宣
(暂系于绍兴十八年正月一日后)

肃驰使传,修庆元辰。既明廷盛礼之行,宜嘉实芳醴之赐。意斯将厚,礼则有加。

出处:《紫微集》卷二一。
考校说明:编年据文中所述史事补。张嵲任中书舍人时,宋、金尚未议和,此制当为《紫微集》误收。《紫微集》误收诏令中以绍兴十七年前后诏令尤多,姑系于此。

回程盱眙军御筵口宣
(暂系于绍兴十八年正月一日后)

肃驰轺传,还次淮滨。有加将送之仪,式启惠慈之燕。庸昭眷意,庶洽欢心。

出处:《紫微集》卷二一。
考校说明:编年据文中所述史事补。张嵲任中书舍人时,宋、金尚未议和,此制当为《紫微集》误收。《紫微集》误收诏令中以绍兴十七年前后诏令尤多,姑系于此。

回程平江府御筵口宣
(暂系于绍兴十八年正月一日后)

肃聘使轺,经从会府。加厚送将之礼,用休跋履之劳。燕俎式陈,行驺少憩。

出处:《紫微集》卷二一。

考校说明:编年据文中所述史事补。张嵲任中书舍人时,宋、金尚未议和,此制当为《紫微集》误收。《紫微集》误收诏令中以绍兴十七年前后诏令尤多,姑系于此。

朝辞归驿御筵口宣
(暂系于绍兴十八年正月一日后)

既讲庆仪,将驰归驭。爰示慈于燕豆,尚少憩于宾亭。宠礼有加,眷怀式示。

出处:《紫微集》卷二一。

考校说明:编年据文中所述史事补。张嵲任中书舍人时,宋、金尚未议和,此制当为《紫微集》误收。《紫微集》误收诏令中以绍兴十七年前后诏令尤多,姑系于此。

朝辞归驿赐酒果口宣
(暂系于绍兴十八年正月一日后)

既修庆币,将戒归骖。锡御府之甘珍,侑宾亭之燕乐。庸加礼遇,宜体眷怀。

出处:《紫微集》卷二一。

考校说明:编年据文中所述史事补。张嵲任中书舍人时,宋、金尚未议和,此制当为《紫微集》误收。《紫微集》误收诏令中以绍兴十七年前后诏令尤多,姑系于此。

大金使人到阙排办御筵事诏
(绍兴十八年正月五日)

大金使人到阙,今后应临安府排办御筵及观朝冷泉亭饮食,并要造作如法供应。仍令本府差惯熟人兵依赤岸例托引。如稍有灭裂不前,仍令国信所奏劾。

出处:《宋会要辑稿》职官三六之四五。

使人到阙分付杂剧事诏
（绍兴十八年正月十五日）

今后使人到阙，杂剧并令钧容直并化成殿亲事官前一月赴教坊，依旧例互相分付，仍令教坊将已分付所排定杂剧名色语言报国信所关馆伴使副阅视。

出处：《宋会要辑稿》职官三六之四六。

余宾兴太府寺主簿制
（绍兴十八年二月前）

具官某：食货出纳，各在外府，簿书勾稽，务于得人。以尔才资甚高，事任弥著，以字民则有岂弟之誉，以守藏则有强明之称。肆畴乃劳，往践厥次，宜精详于凡目，勉图报于恩休。

出处：《东牟集》卷七。又见《永乐大典》卷一四六〇八。
考校说明：编年据余宾兴官历补，见《宋会要辑稿》选举二〇。王洋此时未任两制，此文当为《东牟集》误收。

蔡絛太常博士制
（绍兴十八年二月前）

具官某：曲台典司礼乐，设属参预讨论，自非通儒，不副华选。以尔志尚自立，词彩蔚赡，起从玉律刊定之所，往践厥次。汝能传经质义，折衷是否，俾时典章，侔古不蹙，乃扬汝职。懋哉！

出处：《东牟集》卷七。
考校说明：编年据蔡宰官历补，见《宋会要辑稿》选举二〇。"蔡絛"，《宋会要辑稿》选举二〇、《丹阳集》卷二四《故左宣奉大夫显谟阁待制赠特进葛公谥议》均作"蔡宰"。王洋此时未任两制，此文当为《东牟集》误收。

告获假手举人推赏诏
（绍兴十八年二月五日）

省试举人计嘱应试人换卷代笔起草并书真卷，或冒名就试，或假手程文自外传入就纳卷处誊写，除依条许人并就试举人告捉，犯人从贡院先送所司申朝廷重作施行，及告获人优与推赏外，内士人该赏，取旨补官，仍赐出身。

出处：《宋会要辑稿》职官一三之九。又见《建炎以来系年要录》卷一五七。

将带敕号逃亡之人首身断罪条约诏
（绍兴十八年二月十六日）

今后如有将带敕号逃亡之人，不曾施用，见在而首身者，与于本罪上减一等断罪，余依见行条法。

出处：《宋会要辑稿》职官三四之三六。

推恩举人诏
（绍兴十八年三月四日）

政和八年已前实得两解贡人，不限年并特与奏名，诏就殿试；到省一举、见年五十五以上者，令本贯保明申部。内开封府、国子监举人，召现任京朝官二员保奏，并结除名罪，当议特与推恩。

出处：《建炎以来系年要录》卷一五七。

通州海门知县买纳盐货赏罚诏
（绍兴十八年三月七日）

通州海门知县岁终于买纳盐货比较增羡，并依大观元年立定格法减半推赏；及任满买盐敷足，别无亏欠，与减一年磨勘。选人与减举主一人；未该磨勘，与堂除，仍升一季名次。若有亏欠，亦依正卖盐官条法减半责罚，余依见行条法。

出处:《宋会要辑稿》食货二六之三二。又见《宋会要辑稿补编》第七八六页。

御试礼部奏名进士制策
(绍兴十八年四月三日)

朕观自古中兴之主,莫如光武之盛。盖既取诸新室,又恢一代宏模,巍乎与高祖相望,垂统皆二百祀,朕甚慕之。今子大夫通达国体,咸造于廷,愿闻今日治道,何兴补可以起晋唐之陵夷,何驰骤可以接东汉之轨迹。夫既抑臧宫之锐,谢西域之质,则柔道所理,必有品章条贯。要兼创业守文之懿,视夏康、周宣犹有光焉,固子大夫之所蓄积也。其著于篇,朕将亲览。

出处:《金石续编》卷一八。又见《绍兴题名录》,《绍兴十八年同年小录》,《宋会要辑稿》选举八之六,民国《安徽通志稿·金石古物考》四。

王铁辞免广东经略不允诏
(绍兴十八年四月后)

朕惟岭峤百粤之区,番禺一都之会,慎择良守,欲安远民。以卿智术疏通,材猷强济。持甘泉之囊,雅闻入告之猷;揽云水之麾,绰有去思之恋。故兹谋帅,无以易卿。尚奚需奏之腾,固示执谦之执? 趣祗定命,往践厥官。

出处:《紫微集》卷一一。
考校说明:编年据康熙《新修广州府志》卷一八补。张嵲此时未任两制,此文或为《紫微集》误收。

郭印特降一官诏
(绍兴十八年五月六日)

郭印前任永康军通判,牒试避亲举人不当,特降一官。

出处:《宋会要辑稿》选举一六之八。

遣使事诏
（绍兴十八年五月十五日）

今后遣使，自使、副至三节人，并具知委状申尚书省。

出处:《宋会要辑稿》职官五一之一七。

给贺金国生辰正旦使副银绢钱事诏
（绍兴十八年五月十八日）

今后差贺生辰正旦使、副，所给起发银绢钱，并各减半；其三节人各与转一官资，内使、副仍各与转一官。

出处:《宋会要辑稿》职官五一之一七。

集英殿宴权移需云殿起居班诏
（绍兴十八年五月十八日）

今后遇集英殿宴，其需云殿起居班权移在集英殿后崛起居。今后准此。

出处:《宋会要辑稿补编》第一〇一页。

及第进士第一人王佐第二人董德元授官诏
（绍兴十八年五月二十七日）

以及第进士第一名王佐为左承事郎、签书平江军节度判官厅公事，第二人董德元为左承事郎、签书镇南军节度判官厅公事。

出处:《宋会要辑稿》选举二之一八。

杨椿磨勘转左朝奉郎制
(绍兴十八年六月前)

任官惟贤,效每彰于详试;积日曰阅,法盖许其序迁。乃眷铨衡之司,来登侍从之最。宜遵彝制,用锡宠章。具官某早负轶材,浸更华贯。雍容在位,幸若相如之周时;静默为心,自期扬子之乐道。久仪禁路,具著贤劳。武部联华,既资于整暇;经帷劝讲,复赖其论思。爰稽会课之书,式贲懋官之渥。往祗予涣,尚远乃猷。

出处:《海陵集》卷一九。
考校说明:编年据杨椿宦历补,见《建炎以来系年要录》卷一五七。周麟之此时未任两制,此文当为《海陵集》误收。

李朝正磨勘转官制
(绍兴十六年二月至绍兴十八年六月间)

朕观大舜以三考黜陟,致庶绩之熙;有唐以一曰献替,为近侍之最。顾阶升非拘于法从,而章程盖率于邦彝。具官某学称儒宗,材裕事干。入游郎省,茂著握兰之声;擢贰民曹,亟参持橐之例。比因课绩之故,法应叙年之稽。循级而迁,虽匪贤能而不次;并行无废,庶几爵禄之为差。往服恩光,益勤献告。

出处:《东牟集》卷七。
考校说明:编年据文中所述"入游郎省,茂著握兰之声;擢贰民曹,亟参持橐之例"补,见《建炎以来系年要录》卷一五五、卷一五七。王洋此时未任两制,此文当为《东牟集》误收。

进士及第人赐宴赐儒行篇诏
(绍兴十八年六月三日)

御书石刻《儒行篇》,就闻喜宴赐进士及第王佐以下,人各一本。

出处:《宋会要辑稿》选举二之一八。

南平军买马事诏
(绍兴十八年七月一日)

南平军买马,每岁权以三百匹为额,候及三年,取酌中之数立定岁额。令茶马司比类诸场条格赏罚施行。

出处:《宋会要辑稿》职官四三之一〇六。

沈该磨勘转官制
(绍兴十七年八月至绍兴十八年八月间)

考绩于三载之间,固先最课;设官于六品之首,乃有定员。惟吾侍从之臣,靡限拘挛之法。具官某学术淹贯,吏能优长。擢从天府之浩繁,进贰春卿之清近。自服禁涂之列,就稽铨部之文,庸陟美阶,讵縻彝式。适被使华之遣,会兹宠数之颁。勉迪厥猷,往钦予命。

出处:《东牟集》卷七。
考校说明:编年据文中所述"擢从天府之浩繁,进贰春卿之清近"补,见《建炎以来系年要录》卷一五六、卷一五八。王洋此时未任两制,此文当为《东牟集》误收。

叶梦得赠官制
(绍兴十八年八月二日)

朕惟先朝之臣,居多硕学之士。盖尝拔尤而用,靡惭求旧之言;其或得正以终,可后追荣之典?具官某蚤飞隽誉,亟践显途。有词华以掞王庭,有经术以饰吏事。曩陪朕于经纶之始,见勤劳之备宣;逮致仕于疲曳之余,复探讨之称笃。何顷罹于艰棘,乃遂底于沦亡。缅想仪形,徒有茂陵之稿;顾瞻郡国,第深子产之思。兹匪厚于恩徽,曷以昭于愍饰。用即建旌之旧,俾偕亚保之仪。繄尔有灵,尚其克享。可。

出处:《海陵集》卷二〇。
考校说明:编年据《建炎以来系年要录》卷一五八补。周麟之此时似未任两制,此文不知是否为《海陵集》误收。

陈诚之除权礼部侍郎制
（绍兴十八年八月二十九日）

朕当治定之初，新一代之制，固已质前圣而无疑，交神人而咸格。惟其庶事之备，则有司存。至于兼总情文，非时通儒，孰能与此？具官某以渊源之学，济沈粹之资。顷者为郎祠曹，掌教学省，皆春官事也，而俱以称职闻。兹居贰卿，其谁曰不可？昔舜以典礼命伯夷，戒之以"夙夜惟寅，直哉惟清"，何其简而大也！厥今法此以为训，尔其法此以守官，无俾秩宗，专美前古。可。

出处：《海陵集》卷一六。
考校说明：编年据《建炎以来系年要录》卷一五八补。《建炎以来系年要录》卷一五八："（绍兴十八年八月）甲寅，国子司业陈诚之权尚书吏部侍郎……（闰八月）戊申，权礼部侍郎陈诚之请太学生入学五年不与荐及公试不入等者除其籍，从之。""吏部侍郎"当为"礼部侍郎"之误。周麟之此时似未任两制，此文不知是否为《海陵集》误收。

韩仲通除权刑部侍郎制
（绍兴十八年八月二十九日）

朕矜民愚自罹于罪，虽不得已而用刑，未尝不为之疚怀。故屡下钦恤之诏，慎择明允之士，示以易避，开其自新，庶几民协于中，刑措不试。具官某持心近厚，议法以情。久践棘司，见谓称职。逮为廷尉，时无冤民。兹擢贰于秋官，盖得之于已试。昔虞舜有好生之德，而皋陶有无刑之心，民用不犯，朕甚慕焉。尔其往尽乃心，益体朕意，无以古人为不可及。可。

出处：《海陵集》卷一六。
考校说明：编年据《建炎以来系年要录》卷一五八补。周麟之此时似未任两制，此文不知是否为《海陵集》误收。

石邦哲大理寺丞制
（绍兴十八年闰八月前）

具官某：朕尝取曹刿必情之言训饬宪臣，固期天下共体至意。况大理刑狱之总,凡命官属,必加审择。尔评谳廷中,以详慎闻,肆庸叙迁,往丞寺事。其益既厥心,思厥职,毋或枉滥。钦哉!

出处:《东牟集》卷七。

考校说明:编年据石邦哲宦历补,见《宋会要辑稿》刑法四等。王洋于绍兴二年八月至十月间任外制,而据《建炎以来系年要录》卷六二,绍兴三年正月石邦哲时任大理评事,故此文当为《东牟集》误收。

周堕除大理寺丞制
(绍兴十八年闰八月前)

唐虞之世,画衣冠而民不犯。及观《书》典,君臣相戒以刑,尚慎重如是。朕鉴前代,于理官尤严推择。以尔履历之久,事多练达,其往丞寺,使明允之誉,称于廷中,则尔职举矣。钦哉毋忽!

出处:《东牟集》卷七。

考校说明:编年据周堕宦历补,见《建炎以来系年要录》卷一五八。王洋此时未任两制,此文当为《东牟集》误收。

移差明州等市舶司官充温州等市舶务监官诏
(绍兴十八年闰八月十七日)

明州、秀州、华亭市舶务监官除正官外,其添差官内许从市舶司每务移差一员,前去温州、江阴军市舶务专充监官,主管抽买舶货,收支钱物,仍与理为本任。

出处:《宋会要辑稿补编》第六五〇页。

川广荆湖应奏狱案以副本申提刑司别奏诏
(绍兴十八年闰八月二十三日)

川、广、荆湖应奏狱案,以副本申提刑司别奏,令刑部以奏状先到者约法。

出处:《建炎以来系年要录》卷一五八。

奉使下三节人过界不得与北人博易诏
（绍兴十八年闰八月三十日）

今后奉使生辰、正旦下三节人过界，并不许与北人博买。如违，从徒二年科罪。使、副不觉察，与同罪。

出处：《宋会要辑稿》职官五一之一七。又见《建炎以来系年要录》卷一五八。

巫伋兼侍讲制
（绍兴十八年九月二十六日）

昔傅说谓："事不师古，以克永世，匪说攸闻。"至哉斯言！夫古事远矣，欲究观治忽之所以然，舍经何以哉？具官某识趣高远，议论纯正。比以掌谏参与劝讲，盖尝以虞夏商周之书为朕言之。尔位谏大夫，以经术入侍为久，朕将取尔说之有补于今者，举而措之天下，将以逮古治之盛。尔于斯其益勉之。可。

出处：《海陵集》卷一六。
考校说明：编年据《建炎以来系年要录》卷一五八补。周麟之此时似未任两制，此文不知是否为《海陵集》误收。

张杞除秘书少监制
（绍兴十八年九月二十七日）

图书府盖国家储才之地，曩者屹然崇成。朕既亲为观焉，而又命近臣以专纲领之任。然得隶职其间者多不逾数人，而监不置少亦已累岁，此有以知其选矣。以尔文行之美，表于缙绅，比加识擢，益有贤誉。兹用辍尔于风宪之地，畀尔以文字之乐。尔能祗率厥属，使皆有以副朕遴选之意，则朕岂惟于尔嘉，尔属当亦有以尊显之。其往钦哉！无斁。可。

出处：《海陵集》卷一六。
考校说明：编年据《建炎以来系年要录》卷一五八补。《南宋馆阁录》卷七系于绍兴十八年十月。周麟之此时似未任两制，此文不知是否为《海陵集》误收。

余尧弼除端明殿学士签书枢密院事制
（绍兴十八年十月二日）

朕总七德以经武,务隆悠久之规;饬右符以本兵,实赞恢宏之治。非时俊伟,曷副简求。具官某性资端良,学力超诣。中德外见,粹然真仁义之人;远业深涵,久矣播缙绅之誉。属进专于言责,果大著于风猷。眷惟枢管之崇,实亚台衡之重。顾今文修武偃,虽边隅无事于折冲;然必德选言扬,斯廊庙不叹于莫助。用抡才于众俊,俾叶志于上公。兹诚辅弼之联,岂独兵戎之务。惟诚一可以参万化,惟忠荩可以究远猷。其虔乃心,以为予训。可。

出处:《海陵集》卷一六。
考校说明:编年据《建炎以来系年要录》卷一五八补。周麟之此时似未任两制,此文不知是否为《海陵集》误收。

度牒库巡防兵改于步军司差破诏
（绍兴十八年十一月二十五日）

度牒库巡防兵士一十人,元系临安府差拨,改于步军司依立定人数差破。

出处:《宋会要辑稿》职官一三之四〇。

禁奏辟四川未经换给付身命官诏
（绍兴十八年十二月二日）

四川命官付身如未经换给,并不许奏辟及权摄差遣。

出处:《建炎以来系年要录》卷一五八。

高宗朝卷二十三　绍兴十九年(1149)

权倚阁绍兴府税租诏
（绍兴十九年正月五日）

绍兴府绍兴十八年分未纳税租,依已降指挥权与倚阁,候将来丰熟日,随科带纳。

出处:《宋会要辑稿》食货六三之一〇。

免临安府供纳修内司添修生活钱诏
（绍兴十九年二月七日）

自绍兴六年临安府每月供纳修内司添修生活钱三千贯,即今别无修造去处,可自二月为始免供。

出处:《宋会要辑稿》职官三〇之二。

令灾伤州县官措置赍发米斛赈给诏
（绍兴十九年二月十九日）

逐路灾伤去处,可令县官措置赍发米斛就乡村赈给。逐州委通判点检,逐路委提举常平官按察,仍令御史台觉察劾奏。

出处:《宋会要辑稿》食货五九之三二。又见同书食货五七之二〇、食货六八之六〇,《宋会要辑稿补编》第五九二页。

赈济绍兴府饥民诏
（绍兴十九年二月二十八日）

近有绍兴府等处饥民在此求乞,日有饥死者,可令临安府日下给米赈济。

出处:《宋会要辑稿》食货五七之二〇。又见同书食货五九之三二,《宋会要辑稿补编》第五九二页。

恩平郡王璩府官吏赏格诏
（绍兴十九年三月四日）

璩府官吏等自今后有官吏到府及两任、无过犯,特与转一官资。内碍止法人特与转行,无名目人候有名目日收使,白身宅案书表司楷书自差到府满七年无遗阙,并特与补武进副尉出职。

出处:《宋会要辑稿》帝系六之九。

捕盗等改官条约诏
（绍兴十九年三月二十日）

今后捕盗及获私茶盐之类,并选人依法应改官及四川换给酬赏改官之人,依删定改官体例,先次开具条法申尚书省,候指挥下部,依条格拟官奏钞。内四川选人换给磨勘及就任磨勘改官之人,仍令考功依此具申。

出处:《宋会要辑稿》职官一一之三七。

四川安抚制置使司置属官等事诏
（绍兴十九年四月二日）

四川安抚、制置使司置主管书写机宜文字、干办公事各一员、准备差遣二员、准备将一员、使臣一十人。其官属人吏军兵等请给,令总领所支拨钱引一万道充岁计。如军中非泛激犒之类,别具状申取朝廷旨挥;并本司旧有抵当、熟药、醋

297

库,每岁所收息钱依旧充经抚蛮夷等支使。仍令户部裁定。

出处:《宋会要辑稿》职官四○之一一。又见《建炎以来系年要录》卷一五九。

孳生牧马差置监官诏
(绍兴十九年四月六日)

孳生牧马以五百匹为一监,差置监官二员。每牝马一百匹、牡马二十三匹为一群,零匹付群。每群差军兵、医兽七十人,将病马别置监,差官一员,军兵、医兽据马数差破,医治养喂。如倒毙一厘以下、生驹五分,监官转一官;倒毙三厘以下、生驹四分,减三年磨勘;倒毙六厘以下、生驹三分,减二年磨勘。军兵、医兽全无倒毙,节级、槽头、医兽各转一资,军兵支钱一十贯;倒毙一厘以下、生驹五分,节级、槽头各转一资,仍支钱七贯,医兽支钱一十贯,军兵支钱一十五贯。选牧放岁久,依名次补二人充槽头。头毙三厘以下、生驹四分,节级、槽头各转一资,仍支钱五贯,医兽支钱七贯,军兵支钱一十贯;倒毙五厘以下、生驹三分,节级、槽头各转一资,医兽支钱五贯,军兵支钱七贯。倒毙及二分、生驹三分,监官罚俸一月;倒毙及三分、生驹二分,展一年磨勘;倒毙及四分、生驹一分,展二年磨勘;倒毙及五分、生驹不及一分,展三年磨勘。军兵、槽头、节级、医兽倒毙及二分、生驹三分,杖六十;倒毙及三分、生驹二分,杖七十;倒毙及四分、生驹一分,杖八十;倒毙及五分、生驹不及一分,杖一百。

出处:《宋会要辑稿》兵二一之一一。

御辇院公吏补填短少年月条约诏
(绍兴十九年四月二十七日)

御辇院专知官曹颖,候专知官满日,充手分名目补填短少年月;所有本人副知界满合补进武副尉,候专知官界满,依绍兴五年十月十二日已降指挥补授施行,其请给依旧接续批勘。今后本院公吏如有短少年月之人,依此。本院手分、押司、副知官、专知官四人为额,递迁至副知界,合先次补进武副尉留充专知官,界满,减二年磨勘,依绍兴五年十月十二日专降指挥,系通及七年有余出职。其曹颖自入仕至将来专知官界满出职,止及五年有余,其短少年月合行补填。

出处:《宋会要辑稿》职官一九之一九。

张邵充敷文阁待制提举江州太平兴国宫制
（绍兴十九年四月二十七日）

惟时秉节之臣,亲见特书之事。诵说贤宰,彰明大功。

出处:《建炎以来系年要录》卷一五九。

汀漳泉州收纳被贼民田二税事诏
（绍兴十九年五月一日）

汀、漳、泉三州,且据见令耕种田土纽计顷亩,收纳二税。其未耕种田段,二税权行倚阁。

出处:《建炎以来系年要录》卷一五九。

招填阙额禁军守臣兵官同赏罚诏
（绍兴十九年五月二日）

诸州招填阙额禁军,守臣兵官同赏罚,仍自申枢密院。

出处:《建炎以来系年要录》卷一五九。

推恩刘宝等诏
（绍兴十九年五月十七日）

殿前司统制官刘宝特与转承宣使,升军职一等;统领官刘顺,许用今次第一等功,并检举昨淮西立功一官,特与转遥郡团练使。本军立功将官、使臣、效用、军兵、义兵,第一等各与转一官资,减一年磨勘,第二等各减四年磨勘,第三等各减三年磨勘。年限不同人,依五年法比折。

出处:《宋会要辑稿》兵一八之四〇。

有事南郊御札
(绍兴十九年六月十一日)

敕内外文武臣僚等:朕荷上天之隆眷,绍列圣之宏规。盖尝未明求衣,夜分乃寐,图所以柔理区夏,上当天心者,二纪于兹矣。比年以来,日当亏而云密护,岁或饥而麦有秋。囹圄屡空,边境宁谧。顾朕菲德,获以鸿休,乃卜阳至之辰,祇修郊类之礼,以答在天之贶,以伸报本之诚。大号是孚,先期以戒。以今年十一月十四日谒款于南郊。咨尔攸司,各扬乃职,相予祀事,罔或不钦。故兹札示,想宜知悉。

出处:《宋会要辑稿》礼二八之二五。又见《中兴礼书》卷一。

两浙营田纽立租课诏
(绍兴十九年六月二十四日)

两浙路应管天荒逃绝田土,已措置作营田耕种,随乡村土色纽立租课。内已有二税田亩豁出令人户自行送纳外,将余剩租课折纳大麦、稻子,如上等田合纳租课二斗,其田元有二税一斗,于课租内除豁一斗与佃户自行送纳税外,其余一斗折纳马料。如收到二麦、谷、豆等,委县尉撮见将收到数目除出长生稻子外,官与客户中半分收,内官得大麦、稻子,桩充行在马料支遣。

出处:《宋会要辑稿》食货四〇之二八。又见《宋会要辑稿补编》第六二八页。

牧马监孳生蕃息官吏推恩诏
(绍兴十九年八月二日)

牧马监孳生蕃息,官吏推恩下项:武节郎阁门宣赞舍人崔良辅特转一官,武经大夫阁门宣赞舍人班毅、从义郎阁门祇候黄思齐各特转两官,自身人华安道、庄思永并特与补承信郎。

出处:《宋会要辑稿》兵二一之一二。

诸司添差官员额诏
（绍兴十九年八月十二日）

行在内外诸官司添差官,今后不得过二员,令所属遵守,御史台觉察弹奏。其已溢格处,听满任。

出处:《建炎以来系年要录》卷一六〇。

刺配浙东强盗事诏
（绍兴十九年八月二十二日）

浙东诸州强盗该配者,并刺充沿江诸军都统制下使唤,俟盗贼宁息如旧。

出处:《建炎以来系年要录》卷一六〇。

广东市舶司属官许互举诏
（绍兴十九年九月二十五日）

广南东路市舶司属官,今后许依福建路市舶司属官互举。

出处:《宋会要辑稿》选举三〇之二。

权户部侍郎李椿年落权字制
（绍兴十九年十一月前）

敕:古者均九式以节财,则三壤而成赋,是以调度充而经界正。朕休惕惟厉,宏济中兴,谓足国裕民无若是急,敷求贤杰,使二职并举,又无若我已试之旧。具官某挺身种德,刚方不挠;发为文词,典雅纯丽,有声于时。朕俾尔摄民曹之贰,亦既累年,干邦计、正地均咸底成绩,肆加真拜,金以为宜。益懋远图,嗣有褒宠!

出处:《归愚集》卷七。
撰者:葛立方

301

考校说明:编年据李椿年官历补,见《建炎以来系年要录》卷一六〇。

郊祀前一日朝飨太庙祖宗帝后册文
(绍兴十九年十一月十三日)

皇天眷佑,圣圣相承。施及渺躬,获缵丕绪。兵戢刑省,年谷屡登。乃涓刚辰,类于上帝。先祀清庙,以荐忱诚。

出处:《中兴礼书》卷三一。

南郊赦文
(绍兴十九年十一月十四日)

门下:父天母地,报莫重于精禋;尊祖钦宗,孝莫严于陟配。朕祗承骏命,缵绍丕图。每念王业之难,所其无逸;矧兹神器之重,必置诸安。方拨乱而兴衰,惟履信而思顺。上穹孚佑,列圣垂休。甘露降而风雨时,五谷熟而民人育。边鄙不耸,囹圄屡空。顾以眇躬,膺斯景贶。是用迎一阳之长至,举合祭之上仪。先清庙以告虔,衍我烈祖;升圜坛而肆类,遍于群神。礼三献而胙醆通,乐六变而风马降。祥光旁烛,协气横流。载惟熙事之成,实得欢心之助。上焉承祐,岂予一人之敢专;下以锡民,惟尔万方之并受。於戏!易荐上帝,德崇而刑罚清;诗美太平,神宁而福禄下。更赖忠良协赞,内外交修。共隆不拔之基,永底无为之治。

出处:《宋朝事实》卷五。

考校说明:此赦文内容已删,《宋会要辑稿》载有所删部分内容,今录以备考:

绍兴五年省试下人,本合绍兴二年取解,绍兴三年赴省试,昨缘展退省试至五年,可特与理作三年省试下,及绍兴十二年以前御试下人,并与免将来文解。(《宋会要辑稿》选举一六)

昨缘州县差役不均,已降指挥令当职官躬亲比较,依公定差,委常平司觉察。若因纠论见得定差有弊,一例重行责罚,非不严切。访闻近来差役依旧,并不着实定差,致互有纠论。公吏利于诛求,枝蔓追扰,逾年不定,使已满之人不得依期交替。仰诸路州县今后须管依实定差,毋令不当,引惹词诉。仍令常平司常切检察。如有违戾去处,将当职官吏按劾以闻。勘会诸县乡村合差都、副保正,多是公吏受嘱,止差都保正不差保副,或差保副却不差保正,使被差之人独力充役,败

坏家计。仰诸路州军约束诸县,今后并依条选差,不得违戾。(《宋会要辑稿》食货一四)

所在税务各有立定吏额,比年以来,州县税务率多违法,额外增置公吏栏头,邀阻客人,致商贾不行,百物踊贵,细民艰食。其监司坐视,略不检察。仰诸路漕臣不时巡按检点,将违戾去处举劾以闻。如漕司失举,令提刑司互按。(《宋会要辑稿》食货一七)

契勘诸路营田,官给钱粮牛具,招募佃户耕种,不得抑勒搔扰,其所收子利依例分给。累行约束州县不得减克佃户所得子利,并侵占民田,仰诸路提领营田官常切检察。如有违戾,并行按劾。(《宋会要辑稿》食货六三)

州县系省酒务,自合如法酝造沽卖,收趁课额。访闻近来监、专多不用心措置,多端作弊,遂致课额亏欠,往往减少米曲造酒,科配乡村,抑令保正长认纳价钱。种种搔扰,重困民力。仰诸路转运司目下禁止,仍令提刑司常切觉察。如敢依前科扰,即将当职官具名按劾以闻,及许人户越诉。(《宋会要辑稿》食货二〇)

州县人户合纳免行钱,因拖欠倍罚,窃虑积并数多,艰于输纳,仰州县将今日以前倍罚钱数日下蠲放,如敢依前追理,令提刑司觉察按劾。(《宋会要辑稿》食货六四)

勘会犯罪籍没财产条法,皆是情犯深重,本以禁奸戢吏。访闻州县辄挟私意,违法籍没罪人财产,因而妄用,殊非立法本意。如有罪犯依法合行籍没财产之人,并令所属具情犯条法申提刑司审覆,得报,方许拘籍。仍仰监司常切觉察。」(《宋会要辑稿》刑法三)

勘会已降指挥,应缘经界乞受财物,如见系给重禄公人,因本职乞受钱物,见行重禄法断罪;若不系给重禄人,并百姓、差役等人受请求曲法作弊等事,并依见行绍兴条法律文断遣,内公吏人犯枉法自盗罪至流,即籍没家财。所有未降指挥已前断配籍没家财之人,如依今来指挥不该断配籍没家财,并特与改正。(《宋会要辑稿》刑法三)

官员任满得替批书印纸,多是胥吏舞文,批书不完,有碍注授升改。许召升朝官二员结罪委保,先次放行,续行取会批书施行。(《宋会要辑稿》职官五九)

四川每岁招填三百人赴阙扈卫诏
(绍兴十九年十二月二十一日)

四川发来扈卫人已满千人,可行下制置司,今后每岁招填三百人赴阙,庶几扈卫不至阙人。

出处:《宋会要辑稿》职官四〇之一二。

支给御前马院见管胡羊草料诏
（绍兴十九年十二月二十三日）

御前马院见管胡羊,令户部行下勘给官司,大羊每口日支料四升,羔儿每口支料二升,就本院御前草料历内批勘,所属依例供送。日后遇有收支羊数,听本院关报支给。

出处:《宋会要辑稿》职官三二之五二。

汤允恭殿中侍御史制
（绍兴十九年十二月三十日）

敕具官某:兰台寺,天下之要处也,凡官其间者号登龙门;而殿中之任实亚横榻,朕尤遴选其人。尔以高明刚果之资,辅之以师友渊源之业,驰辞对策,尝中甲科。及位于朝,温恭恪慎,无择言之阙;职于监祀,亦涉三时,是用序迁。夫持危扶颠以迄康乂,厥惟艰哉！邦汙邦诬,何世不有？尔其为朕明目张胆,侧陛眊笔以须之,则尔为称职。

出处:《归愚集》卷七。
撰者:葛立方
考校说明:编年据《建炎以来系年要录》卷一六〇补。

武功大夫张言降一官制
（暂系于绍兴十九年前后）

敕武功大夫张言:尺籍伍符,入募出军之法,有自来矣。其入也不可幸得,其出也不容苟免。而况铨选定格如规矩设,而方圆不可欺。尔深荘军门,乃私逸去,而欲诡求优调,愚亦甚矣。揆之三尺,当褫一官。往服宽恩,无忘循省！

出处:《归愚集》卷七。

撰者:葛立方
考校说明:编年据同集前后文时间补。

忠翊郎赵泽降一官制
(暂系于绍兴十九年前后)

敕具官:部使者沓墨无顾藉,汝为榷管之吏,辄敢以征之赢荐贿而中其欲。朕设官分职如汝辈,将安赖乎? 夺官正罚,聊从轻典。祗服予训,无忘省循!

出处:《归愚集》卷七。
撰者:葛立方
考校说明:编年据同集前后文时间补。

沈廓降官制
(暂系于绍兴十九年前后)

杀人致毙,诣曹非细事也。毙者所遭已酷矣,毙之者当如何耶! 尔为狱掾,暗塞且懦,以甲为乙,漫不加省。镌秩一等,尚为宽恩。

出处:《归愚集》卷七。
撰者:葛立方
考校说明:编年据同集前后文时间补。

高宗朝卷二十四　绍兴二十年(1150)

使人朝辞起居班次诏
(绍兴二十年正月十四日)

今后使人朝、辞,依见宴于后幄引起居班并上殿班,权令知閤门官以下、内侍知省御带以下并诸司应奉官等一班起居讫,次管军一班,次引宰执奏事,次引上殿班。俟皇帝紫宸殿坐,宰执以下赴坐官一班起居讫,分东、西相向立;次馆伴起居,次引使人起居讫西序立,次坐官并使人一班谢坐,两拜讫引升殿。次引三节人从起居、谢坐。余起居班并权免赴。

出处:《宋会要辑稿补编》第一〇一页。又见同书第九〇页。
考校说明:《宋会要辑稿补编》第九〇页系于"二月十三日"。

减宣内司并潜火人兵诏
(绍兴二十年正月十五日)

宣内司并潜火人兵共一千五百人,可减五百人拨赴部军司充填雇募使唤。

出处:《宋会要辑稿》职官三〇之三。

户部措置结绝诸路经界文字诏
(绍兴二十年正月二十六日)

诸路经界文字,令户部措置结绝;未经界处,委转运司并守臣,仍限一季。

出处:《建炎以来系年要录》卷一六一。

海外四州军税租依旧诏
（绍兴二十年二月十三日）

琼州、万安、昌化、吉阳军，昨令经界所与免经界，缘海外土产瘠薄，应租税仰逐州军并依旧额。

出处:《宋会要辑稿补编》第一三八页。又见《建炎以来系年要录》卷一六一。

路彬除直秘阁利路提刑制
（绍兴二十年二月十三日）

朕夙兴夜寐，勤劳天下。惟惧民力有困乏而上无由知也，故深诏执事，俾部使者若郡守结轨归报，必以民事为言，庶几有辅不逮。今尔彬还自广部，首以二州所病开吾聪明。且远民何知，久困悉索，而矫虔吏又或乘势以侵之。非尔之言，吾不得亟下宽令也。寓直秘府，按刑山西。兹为奖知，益励钦恤。可。

出处:《海陵集》卷一八。
考校说明:编年据《建炎以来系年要录》卷一六一补。周麟之此时似未任两制，此文不知是否为《海陵集》误收。

贺金国登位副使等推恩事诏
（绍兴二十年三月十日）

贺金国登位副使应合行事件，并起发支赐三节人从等，并依未经裁减已前贺生辰、正旦人数体例推恩。

出处:《宋会要辑稿》职官五一之一八。

秦熺除特进加观文殿大学士万寿观使制
（绍兴二十年三月十一日）

上帝复高祖之德，克靖我邦；皇天付中国之民，是生王佐。眷言硕辅，久旷宰司。宜参茂宪之规，用示褒书之宠。涓以穀旦，告于治朝。具官秦熺道造圣宗，量包国器。承乎忠义之美，济以文章之华。得天民知觉之先，密施惠术；本师友渊源之正，大放德言。自避宠于枢庭，肆跻荣于秘殿。冠华光之讲读，修丽正之图书。朝端耸见于仪刑，天下想闻其风采。维观文学士之称大，匪旧德相臣而弗居。矧晋位之崇阶，号优贤之特礼。建使名于珍馆，衍户赋于腴田。并集恩光，庸昭眷遇。於戏！上宰特高百辟，既有旧班；真儒并出一门，岂非亨会？兹合至公之论，匪惟妙简之私。益厉壮猷，以永庆誉。

出处：《宋宰辅编年录》卷一六。又见《建炎以来系年要录》卷一六一。

带御器械官合班班序诏
（绍兴二十年三月十九日）

今后带御器械官遇合班处，横行令立班在本官之上，余官在横行之次。

出处：《宋会要辑稿补编》第一二七页。

改正经界诏
（绍兴二十年三月二十一日）

昨李椿年乞行经界，初欲去民十害，遂从其请，今闻浸失本意。可令户部逐路选委监司一员逐一看详，应便于民者，依已经界施行；其乖谬反为民害事目，并日下改正，具申省部，日后以当否取旨黜陟，间遣御史前去访察。

出处：《建炎以来系年要录》卷一六一。又见《宋会要辑稿》食货六之五〇，《宋会要辑稿补编》第一三八页，《建炎以来朝野杂记》甲集卷五。

汤鹏举除直显谟阁差知婺州制
（绍兴二十年四月一日）

九列之重，延阁之华，委之要邦，付之共理，凡以重吾民也。今宇内无事，根柢是先。绥之则安，扰之则惧。过懦则无立，过刚则不亲。尔之公直强明，吾有取焉。历剧部，更方州，典莘毂，其勤亦共闻矣。宝婺之分，地近俗庞，畀付不轻也。陟之近职，以宠尔行。尔其勉究所长，益务惠养，以荷吾寄。可。

出处：《海陵集》卷一六。
考校说明：编年据《建炎以来系年要录》卷一六一补。周麟之此时似未任两制，此文不知是否为《海陵集》误收。

孟夏朝献遇雨礼例诏
（绍兴二十年四月六日）

孟夏朝献遇雨，令宰执分诣行礼，不视朝，仍作休务。自后遇雨，率如此例。

出处：《宋会要辑稿补编》第四三页。

没官田土不许人承佃诏
（绍兴二十年四月六日）

自今没官田土更不许人承佃，并拨归常平司，与见兴修水利田一就措置。

出处：《建炎以来系年要录》卷一六一。

令侍从荐方闻之士于朝诏
（绍兴二十年五月四日）

朕以寡昧，承圣奉宗庙，战战兢兢，若涉渊冰。永惟四方之贤良，明于古今王事之体，冀获谠言，以辅不逮。诏书数下，越二十年于兹，未有应者，岂朕所以求之之道未至，而方正博洽之君子壅于上闻与？抑教之不明，弗能振起之与，朕甚恧焉。侍从之臣,朕所亲礼也,天圣、嘉祐诏书具在,其参酌成宪,博问旁招,使获天下方闻之士以荐于朝,朕将发策察问,极优崇之遇,以厉贤才焉。

出处:《宋会要辑稿》选举一一之二五。

申严诸军差承接文字使臣之禁诏
(绍兴二十年五月四日)

申严诸军差承接文字使臣之禁,赏钱千缗,有官人转一官,许人告。

出处:《建炎以来系年要录》卷一六一。

赵子厚吴桌中兴圣统转官制
(绍兴二十年五月十四日后)

朕□上穹之命,嗣守丕图;裁中兴之书,袭藏秘殿。凡涉编纂,咸赍宠灵以尔子厚文雅疏通懋宗英之美;以尔桌高明肃给,著时髦之称。或尝纠正于金枝,或预刊修于瑶牒。眷我服劳之旧,俾偕进秩之荣。惟此褒嘉,无忘称塞!

出处:《归愚集》卷七。
撰者:葛立方
考校说明:编年据文中所述史事补,见《建炎以来系年要录》卷一六一。

减上杭武平等县今年上供银钱诏
(绍兴二十年五月十八日)

汀州上杭、武平两县系残破县分,今年上供银钱各与减免一半,莲城、清流两县残破稍轻,三分中各与减一分。

出处:《宋会要辑稿》食货六三之一一。

金国人使赴紫宸殿上寿等仪制诏
（绍兴二十年五月二十五日）

每遇金国人使赴紫宸殿上寿、见、宴、辞等，如值雨雪，并令入垂拱殿外放班门。今后准此。

出处：《中兴礼书》卷二二二。

金国使人渡江令兼程进发诏
（绍兴二十年五月二十六日）

今后使人渡江值风，不拘所定日分，候济渡，却令兼程进发。

出处：《宋会要辑稿》职官三六之五〇。

申严吃菜事魔罪赏诏
（绍兴二十年五月二十七日）

申严吃菜事魔罪赏，仰提刑司督切检察，须管每月申奏，务在恪意奉行。

出处：《宋会要辑稿》刑法二之一一三。

秦桧加恩制
（绍兴二十年五月）

大风动地，不移存赵之心；白刃在前，独奋安刘之略。

出处：《旧闻证误》卷四。又见《挥麈后录》卷一一，《建炎以来系年要录》卷一六一。

撰者：王曮

支钱令两浙运司修盖皇城司寨屋诏
（绍兴二十年六月十三日）

御前支降钱一十五万贯,令两浙运司限一季修盖皇城司寨屋三千间。务要如法,不得科敷搔扰。

出处:《宋会要辑稿》职官三四之三六。

令户部检坐选官监视修合药条法行下诸路诏
（绍兴二十年六月十六日）

令户部检坐条法,申严行下诸路州军遵守奉行,务行实惠,毋致灭裂。

出处:《宋会要辑稿》食货五九之三三。又见同书食货六八之一二三。

不许传录御药院供进汤药方书诏
（绍兴二十年七月二十七日）

御药院供进汤药方书,不许传录出外。如违,徒二年。干办官不觉察,同罪。许人告捉,赏钱五百贯。

出处:《宋会要辑稿》职官一九之一五。

改建大理寺诏
（绍兴二十年八月五日）

大理寺,刑狱所在,与景灵宫、太一宫相近,令临安府择空地移置,如法修盖,旧基拨入景灵宫。

出处:《宋会要辑稿》职官二四之二三。又见同书方域二之一八,《宋会要辑稿补编》第四三页。

考校说明:《宋会要辑稿》方域二系于绍兴十八年八月五日,恐误。除《宋会要辑稿补编》外,《宋会要辑稿》职官二四、《建炎以来系年要录》卷一六一亦系于绍兴二十年八月五日戊申。

定文德殿钟鼓院人额诏
（绍兴二十年八月十一日）

文德殿钟鼓院以二十人为额,依法试验差取。如不足,于太史局额外学生内依天文局法指差权名填阙祗应,请给等并依天文局体例,候试补到正人发遣。

出处:《宋会要辑稿》职官一八之九四。

萧师雄降官制
（暂系于绍兴二十年五月至九月间）

古者定棰令,惧笞刑之滥也。尔职巡警,威信素不格下,挝吏弗服,致其号呶勃颠。顾淫刑以逞,而速其毙,一何忍哉！褫官一等,聊示薄惩。

出处:《归愚集》卷七。
撰者:葛立方
考校说明:编年据同集前后文时间补。

程敦厚复官制
（暂系于绍兴二十年五月至九月间）

朕操予夺之柄,既不敢屈法以惠人,又欲俾丽法者有自新之路,故于甄叙必于肆眚之时,所以公天下也。尔早以时名,浸更臙仕,自镌官秩,亦克省循。爰示渥恩,俾复其旧。尚勉之哉！

出处:《归愚集》卷七。
撰者:葛立方
考校说明:编年据同集前后文时间补。

赵良杰降官制
（暂系于绍兴二十年五月至九月间）

吏二千石,朕赖以牧养元元,脱畔法自恣,必有受其病者。具官某本无长技,假守遐方,乃敢移经费以益公帑,肆其下以剥吾民。外台并案,士官当法不轻,尚赖恩减,姑褫官一列。其务省循,以盖前咎！

出处:《归愚集》卷七。
撰者:葛立方
考校说明:编年据同集前后文时间补。

傅青降官制
（暂系于绍兴二十年五月至九月间）

推任子之恩以仁其族者,法所或许;挟罔上之私以济其欲者,罪在不容。具官某初乏寸长,滥居横列。属逢大霈,当尚所亲,乃以他人,冒为犹子。究其诡迹,难逭常刑。既准法于一成,当镌官于二等。宜念厥咎,益务自新！

出处:《归愚集》卷七。
撰者:葛立方
考校说明:编年据同集前后文时间补。

潘真降官制
（暂系于绍兴二十年五月至九月间）

保任之法,所以防民伪也。傅青之上其亲,敢以他人冒为己族,尔染牍保之,曾不以为疑。知而保之,是同为欺;不知而保之,亦懵甚矣。削官一列,是为宽科。

出处:《归愚集》卷七。
撰者:葛立方
考校说明:编年据同集前后文时间补。

王庭净父倚迪功郎制
（暂系于绍兴二十年五月至九月间）

古者天子问百年而就见之，所以钦老也。尔之生六百五十四甲子矣，享兹耄齿，其必有以致之。锡以官称，用华其老。

出处：《归愚集》卷七。又见《永乐大典》卷七三二五。
撰者：葛立方
考校说明：编年据同集前后文时间补。

川蜀乡村民户家业依衮折则例并纽税钱诏
（绍兴二十年九月八日）

川蜀诸县乡村民户家业，并用本名所管税色物料，依见今州县衮折则例并纽税钱。

出处：《建炎以来系年要录》卷一六一。

孙汝翼降官制
（绍兴二十年九月十一日）

仁与义，君子所当存心，然嫉恶之义胜，则有不克全其仁者。尔之摄福唐也，虽果于嫉恶，而疏于审订，有辞丹笔一误，刑遂及于无辜。朕方以至仁理天下，不可置弗问也。削官一等，以为滥刑之戒。

出处：《归愚集》卷七。
撰者：葛立方
考校说明：编年据《建炎以来系年要录》卷一六一补。“削官一等”，《建炎以来系年要录》卷一六一作“降二官”。

金国人使于淮阴县取接诏
(绍兴二十年九月十三日)

金国人使自今于淮阴县取接,令本路转运官沈调如法修盖馆舍。

出处:《建炎以来系年要录》卷一六一。

曹筠罢侍御史诏
(绍兴二十年九月二十三日)

曹筠附下罔上,可罢侍御史,日下出门。

出处:《建炎以来系年要录》卷一六一。

出使三节人从不得与北界承应人相等作闹诏
(绍兴二十年十月八日)

今后入国使、副,令常切钤束三节人从,不管与北界承应等人相等作闹,虑失国体。以三人为保,如有违犯之人,仰国信所差指挥使等觉察,候回日,具姓名申所闻奏。

出处:《宋会要辑稿》职官三六之五〇。

守令劝农不得用妓乐宴会宾客诏
(绍兴二十年十月十六日)

诸守令遇劝农,不得用妓乐迎送及宴会宾客。如违,徒一年。著为令。

出处:《宋会要辑稿》职官四八之三五。

令户部措置结绝未经界去处事诏
（绍兴二十年十月二十五日）

令户部措置结绝未经界去处,限一月委转运司并守臣依仿平江府已行事理施行。

出处:《宋会要辑稿补编》第一三八页。

士衎特减三年磨勘诏
（绍兴二十年十二月四日）

宣州观察使士衎特许用兄士术所得回授一官恩例,与减三年磨勘,仍依仲温例除在京宫观,任便居住。应合得请给支赐等,并依南班旧法支破。

出处:《宋会要辑稿》帝系六之二〇。

贷农民米谷禁折钱偿还诏
（绍兴二十年十二月十五日）

应贷农民以米谷者,止许以米谷偿之。如辄敢准折以钱及重增其利,致有欠负,官司不得收理。

出处:《宋会要辑稿》刑法二之一五二。

金使到阙赤岸等处锡宴并要丰洁诏
（绍兴二十年十二月十八日）

使人到阙,赤岸等处锡宴,其排办供须不及经过州府,甚非朝廷抚劳远人之意。可行下临安府并赐御筵等官,今后须管躬亲行视,并要排设丰洁,不得减克料例。仍令国信所主管官依条抽阅点检。如稍有灭裂,具事因申尚书省,应干主办官吏等重置于法。

出处:《宋会要辑稿》职官三六之五〇。又见《建炎以来系年要录》卷一六一。

试医人并太医局生附试事诏

(绍兴二十年十二月二十五日)

将来臣僚言试医人并太医局生附试,可令就本局专一锁试,务要严革弊幸。应合行事件,令条具申尚书省。

出处:《宋会要辑稿》职官二二之四〇。

高宗朝卷二十五　绍兴二十一年(1151)

陈橐父毅冯楫父昌期赠官制
（暂系于绍兴二十年九月至绍兴二十一年正月间）

朕报天而成郊之祭,既逆三神之厘;推恩而及人之亲,爰锡九泉之赠。具官某性资明隽,文艺精深,显爵弗洎其身,余庆乃寿其后。挺生令息,实吾侍从之良;究所从来,系尔义方之训。俾阶华秩,申贲闳书。尚觊英魂,歆此宠命。

出处:《归愚集》卷七。
撰者:葛立方
考校说明:编年据同集前后文时间补。

翰林局医生并奏试人考试格诏
（绍兴二十一年正月二十五日）

翰林局医生并奏试人,并令试经义十二道,以六通为合格,与补翰林医学。

出处:《建炎以来系年要录》卷一六二。

米友仁赠官制
（绍兴二十一年正月二十八日后）

方抱微疴,已许垂车之适;遽沦长夜,徒兴过隙之伤。眷时荷橐之英,申贲密章之赠。具官某生自名阀,扬于要津,材久擅于剸烦,智每优于博古。辨鲁宫之科斗,识蜀地之錞于。方倚尽规,俄闻易箦。宜峻升于品秩,仍俾禄其后人。谅惟英魂,歆我宠命!

出处:《归愚集》卷七。
撰者:葛立方
考校说明:编年据米友仁卒年补,见《建炎以来系年要录》卷一六二。

方滋知广州陈璹知静江府制
(绍兴二十一年二月六日)

朕抚四海之封,每轸得人之念;重十连之寄,益知谋帅之难。矧惟二广之区,密控五岭之阻,蛮獠荒忽,风俗剽轻,宜得干方之贤,以专分阃之任。以尔滋性资通敏,智术精深,其升延阁之华,往镇番禺之壤。以尔璹蜑蠡材谞,备著声猷,辍持节于漕台,俾剖符于桂管。若其兼威怀以服远,孚岂弟以宜民,各所优为,奚俟多训!

出处:《归愚集》卷七。
撰者:葛立方
考校说明:编年据《建炎以来系年要录》卷一六二补。

行在官私僦舍钱减半诏
(绍兴二十一年二月十一日)

行在官私僦舍钱并减半,违者坐以违制之罪,拘其业入官。

出处:《建炎以来系年要录》卷一六二。

权户部侍郎宋贶落权字制
(绍兴二十一年二月十四日)

天下之事萃于文昌台,而地官为尤剧。异时天官司会、地官司民所掌,今又总之。矧少常伯为侍从高选,非弘才硕望,朕弗轻畀。具官某持心行己敦厚而肃括,以素所蕴施之于政,恢恢乎有余也。摄承滋久,非特善于其职,而论思启沃,实简朕心。爰锡赞书,俾加真拜。尔其知取知予,足国足民,无爽货泉之柄,则予汝嘉。

出处:《归愚集》卷七。

撰者:葛立方

考校说明:编年据《建炎以来系年要录》卷一六二补。

张宦致仕制
(绍兴二十一年二月十七日前后)

持紫荷之橐,久资造膝之忠;从赤松之游,遽有垂车之请。重违雅志,爰锡命书。具官某厚德镇浮,至诚格物,孝友赋秉彝之美,文词推振藻之工。内贰铨曹,众仰提衡之誉;外临藩服,民多卧辙之留。方尔奉祠,何期归政? 其进中台之秩,用侈西清之华。勉专精神,永绥寿祉。

出处:《归愚集》卷七。

撰者:葛立方

考校说明:编年据张宦卒年补,见《苕溪集》卷五一《张公墓志铭》。“张宦”原作“张官”,据《苕溪集》卷五一《张公墓志铭》改。

沈虚中吏部郎官林机礼部郎官制
(绍兴二十一年二月二十二日)

董正三铨,位独先于选部;参稽五礼,职尤重于仪曹。敷求望郎,我得髦士。以尔虚中宏材经远,术业兼贯于九流,以尔机厚德镇浮,文艺尝魁于四海,摄承滋久,誉处弥休。念二厅存省眼之称,而南宫有舍人之号,肆加真拜,实副佥谐。益懋尔猷,以祗予训!

出处:《归愚集》卷七。

撰者:葛立方

考校说明:编年据《建炎以来系年要录》卷一六二补,

张 微 降 官 制
（暂系于绍兴二十一年二月前后）

上以奉公而下以恤民者,县令职也。益阳月输缗钱,汝剥民而取之,公则济矣,其如民何！削官示惩,务往循省！

出处:《归愚集》卷七。
撰者:葛立方
考校说明:编年据同集前后文时间补。

刘 贵 陈 进 赠 官 制
（暂系于绍兴二十一年二月前后）

寇攘囊橐巨浸,扰吾赤子,汝能奋身搏战,以至持忠入地,朕心恻焉。两官褒赠,且恤其孤。魂而有知,歆我休宠。

出处:《归愚集》卷七。
撰者:葛立方
考校说明:编年据同集前后文时间补。

钱 隽 之 降 官 制
（暂系于绍兴二十一年二月前后）

昔齐宣王以羊易牛,孟子谓当推是心以爱人。今汝录解牛者,系之而剥其财,至瘐死狱中,则是人命反不若牛之重,汝何用心逆人道也！褫官一列,以为残忍少恩者之戒。

出处:《归愚集》卷七。
撰者:葛立方
考校说明:编年据同集前后文时间补。

赵士彰两浙运判贾直清江东提刑制
（暂系于绍兴二十一年二月前后）

环江浙以置州，孰匪股肱之郡；分漕刑而命使，是资耳目之司。惟经理之勤，则不匮于输将；惟服念之明，则罔差于关决。式颁新命，允属通才。以尔士彰发策决科，夙推贤于肺腑，以尔直清莅官行法，每驰誉于簪绅，并膺侧席之求，各畀观风之任。惟吴会密连于帝所，而江墺实奠于留都，悉既乃心，以佐予治。

出处：《归愚集》卷七。
撰者：葛立方
考校说明：编年据同集前后文时间、赵士彰宦历补，见《乾道临安志》卷三。

徐楪太府寺丞制
（暂系于绍兴二十一年二月前后）

受货财之入，颁于受藏之府者，大府职也。尔生于名阀，素娴文艺，簿正钩检，又孰见闻，其陟于丞，以佐而长。

出处：《归愚集》卷七。
撰者：葛立方
考校说明：编年据同集前后文时间补。

曹绍先赵公懋降官制
（暂系于绍兴二十一年二月前后）

婢虽贱役，悯井臼之服勤；汝实忍人，乃鞭笞而致毙。亦人之子也，何为至是哉！聊褫武阶，尉其幽魄。

出处：《归愚集》卷七。
撰者：葛立方
考校说明：编年据同集前后文时间补。

封周降官制
（暂系于绍兴二十一年二月前后）

剖千里之符,非仁不足以惠下,非明不足以察奸。汝之为叙州也,兴谯门之役,而敛及齐民。其属市马,指驸为驽,恬不加察。安在其为仁与明也? 镌官一列,以为汝惩。

出处:《归愚集》卷七。
撰者:葛立方
考校说明:编年据同集前后文时间补。

命官犯罪逃亡情犯分明先次结断案诏
（绍兴二十一年三月二日）

今后命官犯罪逃亡,如勘得干系人已供情犯分明,即据招先次结断案后根捉。候获日,依已断干系人数供具案申奏。

出处:《宋会要辑稿》刑法六之六六。

贾尧民降官制
（暂系于绍兴二十一年三月前后）

人以战死而官其所亲,欲以劝忠义也。若乃死者被其酷,而官者非所亲,则必有为之奸计者。尔为帅属,乃敢比奸,共为欺冒。理官蔽法,当褫两阶。宜自省循,服我宽坐。

出处:《归愚集》卷七。
撰者:葛立方
考校说明:编年据同集前后文时间补。

李嗣庆降官制
（暂系于绍兴二十一年三月前后）

汉儿宽以负租课殿当免，民恐失之，输租不绝，课更以最，初未闻恃刑以办也。汝政拙追科，乃掠民致毙，一何酷哉！贬官一列，以谢其冤。

出处：《归愚集》卷七。
撰者：葛立方
考校说明：编年据同集前后文时间补。

张袀降官制
（暂系于绍兴二十一年三月前后）

均田画畴，则肥瘠以成赋，讵可容私意也？尔不能察豪吏户中沃田更为斥卤，有害稼政，其可不惩？姑从褫官，尚思省循。

出处：《归愚集》卷七。
撰者：葛立方
考校说明：编年据同集前后文时间补。

王曦除礼部侍郎制
（绍兴二十一年四月三日）

虞朝典礼，爰命秩宗；汉代蕝仪，时推稷嗣。朕遹图纯治，蒐举弥文，敷求朝著之贤，贲以春官之贰。具官某持身肃括，迪德粹温。词源倒三峡之流，艺圃洽五车之富。兼内外之制，久覃思于丝纶；交南北之欢，方遄归于英簜。是用升华法从，庀职文昌。宜夙夜之惟寅，以旦夕而承辟。我知厥若，汝永有辞。

出处：《归愚集》卷七。
撰者：葛立方
考校说明：编年据《建炎以来系年要录》卷一六二补。

陈诚之权礼部侍郎落权字制
(绍兴二十一年四月四日)

朕肇开中兴,以军旅易俎豆。边陲彻警,人文载郁,正赖成德之彦,讲求参订,举坠典而新之。具官某器识高明,术业精赡,顷奉大对,安上治民之旨形于文词。朕固嘉尔知礼,取以冠多士矣;旋被简擢,摄承春卿之贰,又能观时会通,以振矩矱。肆加真拜,其谁曰不宜?《书》不云乎:"夙夜惟寅,直哉惟清。"朕所以望尔者如此,可不勉哉!

出处:《归愚集》卷七。
撰者:葛立方
考校说明:编年据《建炎以来系年要录》卷一六二补。

韩仲通权刑部侍郎落权字制
(绍兴二十一年四月四日)

倡九牧以阜兆民,实重秋卿之寄;钦五刑而成三德,尤严宪部之官。惟予法从之英,久掌条章之重,俾加真拜,庸示眷怀。具官某资禀刚明,辨智宏达。遍历司刑之属,蔼称任职之臣。降典折民,深契伯夷之旨;援经断狱,有同董相之能。遂擢居于禁林,俾摄承于卿贰。屡更岁籥,申锡命书。惟缓死者君子之为,而属极者哲人之事。傥知懋勉,是称宠嘉!

出处:《归愚集》卷七。
撰者:葛立方
考校说明:编年据《建炎以来系年要录》卷一六二补。

汤思退除起居舍人兼直学士院制
(绍兴二十一年四月四日)

螭坳载笔,职思注于外廷;銮坡代言,奉谘诹于中禁。皆朝端之妙选,乃儒者之至荣。以尔识虑靖夷,材资英敏。蔼多文之誉;早中异科;读未见之书,久仪秘府。植此渊源之蕴,发为灏噩之文。爰即师言,俾兼华贯。右史以记动为任,朕方□一己之修；王言以尚要为工，尔其耸四方之听。

出处：《归愚集》卷七。

撰者：葛立方

考校说明：编年据《建炎以来系年要录》卷一六二补。

潘瑞卿降官制
（绍兴二十一年四月八日）

朝既盈矣，敢愆辨色之期；书用识哉，难废驭威之典。具官某早缘戚畹，浸躐华资。当益懋于恪恭，乃自安于慵放。奸此慢朝之禁，遂贻贬秩之羞。聊示薄惩，尚宜自讼！

出处：《归愚集》卷八。

撰者：葛立方

考校说明：编年据《建炎以来系年要录》卷一六二补。"潘瑞卿"，宋抚州本作"潘端卿"，当以为是，见《建炎以来系年要录》卷一六○、卷一六二、卷一六三、卷一七○及《宋会要辑稿》职官六一等。

莫冲宏词转官制
（绍兴二十一年四月九日）

朕设词艺之科以罗天下英俊，盖将为异日用也。尔妙龄警敏，穿古贯今，搴芳味腴，自铸奇藻，既中有司程度，可无劝哉！肆加荣级，嗣有褒宠。

出处：《归愚集》卷八。

撰者：葛立方

考校说明：编年据《建炎以来系年要录》卷一六二补。

赵述团练使制
（绍兴二十一年四月十一日）

尔祖宗献公佐佑我祖，肇开赤篆，有大勋绩，纪于旂常。朕念厥后弗昌，恻焉兴念,爰因劳使,以宠其裔孙。具官某性禀明隽,资尚谨孚,上阁联华,久仪轩陛。比者衔命修好,扬旌出疆,懋著猷为,当有明陟,是用特刊武阶,正兵团之任。非独奖尔之劳,抑欲慰尔祖庙。

出处:《归愚集》卷七。

撰者:葛立方

考校说明:编年据《建炎以来系年要录》卷一六二补。

王葆除司封郎官制
(暂系于绍兴二十一年四月前后)

晋之执秩,齐之主爵,盖今日之封曹也。事省而选高,非一时英伟之士,朕不轻属焉。以尔德盛而牧谦,记博而守约,性乐易而强于为政,可谓贤矣。封曹之选,尔尝摄承。肆命为真,毋忘报塞!

出处:《归愚集》卷七。

撰者:葛立方

考校说明:编年据同集前后文时间、王葆宦历补,见《建炎以来系年要录》卷一六二。

钱炳降官制
(暂系于绍兴二十一年四月前后)

罪以赦减者宜知恩,罪以首原者宜知过。汝之丞鄱阳也,公罪以赦减,私罪以首原,亦可谓幸矣。尚当褫官,不可以幸为常而不戒也。

出处:《归愚集》卷七。

撰者:葛立方

考校说明:编年据同集前后文时间补。

赵彦璧取应合格承节郎制
(暂系于绍兴二十一年四月前后)

汝群宗室子,程式有司,而中其选。虽不及预集英之游,特畀一官,于汝宠矣。

出处:《归愚集》卷七。又见《永乐大典》卷七三二六。

撰者:葛立方

考校说明:编年据同集前后文时间补。

李如冈磨勘转官制
(暂系于绍兴二十一年四月前后)

周八法治官府,官职处其二,而以官计终之。因材德之懋而任其职,因岁月之成而弊其计,盖并行而不可偏废也。具官某行文操履,秀于士林,绵历要津,荣问休畅,朕固尝授以小宰之职矣。今攷司计岁课已阅一闰,格当增位,朕亦奚爱焉?往服恩荣,毋忘祗载!

出处:《归愚集》卷八。

撰者:葛立方

考校说明:编年据同集前后文时间补。

张巘大理寺正制
(暂系于绍兴二十一年四月前后)

大理有正,下听于吏而上告于大司寇,其责重矣。尔甚敏而文,丞于棘寺,有平允之称,肆以叙升,佥议惟穆。尔其悉聪明、致忠爱,察小大之比,庶乎无冤民。尚其勉之!

出处:《归愚集》卷八。

撰者:葛立方

考校说明:编年据同集前后文时间、张巘宦历补,见《建炎以来系年要录》卷一六二。

吴国大长主孙潘昌期等补官制
(暂系于绍兴二十一年四月前后)

朕于外戚无私泽,至于彝典不敢有废焉。尔等吴国之孙,咸知乐善,贲以初命,尚克钦承!

出处:《归愚集》卷八。
撰者:葛立方
考校说明:编年据同集前后文时间补。

章焘大理少卿制
(暂系于绍兴二十一年四月前后)

刑一成而不可变,故凡隶职于廷殿者,必求已试之旧,庶几见闻习而条章审,民以无冤。尔智能强济,经术该通。尝命尔司直司丞,而又俾为正,惟察惟法,咸适厥中。洎官宪曹,持心忠厚,惟刑之恤。则助朕广好生之德者,莫尔若也。今兹理卿虚贰,肆命往职,谁曰不宜? 其惟有终,则称朕命。

出处:《归愚集》卷八。
撰者:葛立方
考校说明:编年据同集前后文时间、章焘官历补,见《建炎以来系年要录》卷一六二。

试举人郑闻以下制策
(绍兴二十一年闰四月十七日)

朕惟祖宗创守之宏规,举可掩迹三五,然而中遭厄会,变起弗图,盖许国之臣无几,而自为谋者总总也。今朕承中兴之运,任拨乱之责,所赖于有官君子为至切矣。顾狃于闻见,小慧相先,谓了官事为痴,谓履忠信为拙,以括囊为深计,以首鼠为圆机。如此,则国家何望焉? 子大夫读先圣之书,通当世之务,其为究复何洒濯可以革旧习,何陶冶可以成美化,明著于篇,副朕虚伫,且以见子大夫入官之志,毋忽。

出处:《宋会要辑稿》选举八之七。又见《建炎以来系年要录》卷一六二。
考校说明:《建炎以来系年要录》卷一六二系于绍兴二十一年闰四月六日。

陈相枢密院检详诸房文字制
(绍兴二十一年闰四月二十四日)

朕惟枢廷设检详之官,非特赖以理阅辞案、程督期会而已,亦使与闻国论,非周密谨孚之士不轻畀也。尔文艺精醇,风度凝远。曩庀编摩之职,承摄于是,已著靖慎之称矣,而纠族司舆,又蔼华问,是用命尔。《易》不云乎,"几事不密则害成",可不戒哉!

出处:《归愚集》卷八。
撰者:葛立方
考校说明:编年据《建炎以来系年要录》卷一六二补。

晁谦之转官制
(暂系于绍兴二十一年闰四月前后)

三载考绩,六计弊治,虞周之懿典也。朕规矩往制,允厘百工,检结吏劳,三阅岁考,傥文无爽,俾以序升。具官某持身端亮,禀德粹温,好古而文,弗畔家法,入持从橐,出典方面,蔼言语政事之声。比者铨曹上闻,已应会课,爰加品秩,是曰彝章。其克钦承,嗣有褒宠。

出处:《归愚集》卷八。
撰者:葛立方
考校说明:编年据同集前后文时间补。

禁截取徽严州所贩木植诏
(绍兴二十一年五月十四日)

下徽、严州将客贩牌筏出给公据,书写客人姓名,计定所贩木植条段数目,预期关报前路经由州县及临安府等处官司照会。如辄于中路载往别处,许诸色人陈告,将木植三分之一给告人,二分没纳入官。

出处:《宋会要辑稿》食货一七之四〇。

李观民乞革专典乡司追扰乞取之弊答诏
(绍兴二十一年五月十五日)

令户部申严条法行下,委监司守倅检察按劾。若监司违戾,令御史弹奏。

出处:《宋会要辑稿》食货三五之一〇。

金使贺天申节宰臣起居侍立事诏
(绍兴二十一年五月十六日)

将来贺天申使人朝见,宰臣起居、侍立依正旦已得指挥,上寿日令赴紫宸殿,茶酒进酒免跪,满散赐御筵,并免谢恩。其紫宸殿上寿,令秦熺押班进酒。

出处:《中兴礼书》卷二〇四。

巫山神封妙用真人制
(绍兴二十一年五月)

朕抚四海之封,秩百神之祀,傥介惠民之福,宜膺锡命之荣。以尔道格两仪,神周八表。聪明正直,有嘉肸蚃之通;祈禳祷祠,屡协丰登之应。爰颁懿号,以侈仙游。其大庇于我民,庶克承于朕命!

出处:《归愚集》卷八。
撰者:葛立方
考校说明:编年据《宋会要辑稿》礼二〇补。

威惠善济广祐王加封制
（绍兴二十一年五月）

冬无愆阳而夏无伏阴,虽繇于天相;风不鸣条而雨不破块,亦系于神功。爰锡宠灵,以彰休应。具官某肖仪霄极,血食上饶。每介福于民编,屡升华于王爵。不违瑞祝,克协丰年。属者南亩未秋,西郊不雨,方传芭而代舞,遽霈泽以随车。会邦人之有言,腾奏书而来上,爰加广祐之号,用光孚惠之祠。永福此方,庶安命祀!

出处:《归愚集》卷八。
撰者:葛立方
考校说明:编年据《宋会要辑稿》礼二〇补。

靖懿夫人加封制
（绍兴二十一年五月）

帝子降神,第兴歌于湘渚;瑶姬立庙,徒幻迹于巫山。苟利泽之有闻,在褒封而敢后! 具位作配威惠,备著炳灵,丕应祈年,屡谐丰岁。鱼轩象服,爰锡号于小君;桂酒椒浆,永奉祠于支邑。

出处:《归愚集》卷八。
撰者:葛立方
考校说明:编年据《宋会要辑稿》礼二〇补。

赵逵左承事郎签书剑南东川节度判官厅公事制
（暂系于绍兴二十一年五月前后）

朕遵二岁大比之制,集多士于廷,操觚濡毫,竞奋英藻,有居首选,锡命惟优。尔来自遐方,入承大对,议论文采,卓尔不群,丙夜以观,当冠诸彦。肆授京秩,宾介于梓潼,以便尔父母之邦。恩则隆矣,宜厚自涵养,务植德立行,则朕宁久遗尔于诸侯哉!

出处:《归愚集》卷八。

撰者:葛立方

考校说明:编年据同集前后文时间、赵遹宦历补,见《海陵集》卷二三《赵舍人墓志铭》、《建炎以来系年要录》卷一六二。

<h2 style="text-align:center">王贵父琳王彦父成赠官制
(暂系于绍兴二十一年五月前后)</h2>

朕裸鬯大室,燎烟圜丘,祖宗祇欢,天地并贶,宜有惠泽,溥及臣工。具官某执礼以检其身,种德以焘其后,克生令子,为时干臣。兹因铨曹之上闻,乃锡悯书而褒赠。尚期冥漠,歆我宠灵!

出处:《归愚集》卷八。

撰者:葛立方

考校说明:编年据同集前后文时间补。

<h2 style="text-align:center">萧振磨勘转官制
(暂系于绍兴二十一年五月前后)</h2>

寓西清之宝储,浸更时序;校中铨之吏考,爰锡赞书。具官某挺敏政之材,蔼洽闻之望,蚤缘际遇,遍历清华。苍弁天邻,尚芳甘棠之荫;赤城霞蔚,今闻秀麦之谣。会年庸已应于彝章,肆爵秩诞颁于新命。往祇宠渥,无怠钦承!

出处:《归愚集》卷八。

撰者:葛立方

考校说明:编年据同集前后文时间补。

<h2 style="text-align:center">根括淮南佃户包占顷亩诏
(绍兴二十一年六月五日)</h2>

淮南诸州将请佃田土年限已满之人,根括包占顷亩,依已降指挥起理二税。

出处:《建炎以来系年要录》卷一六二。

葛立方除考功员外郎孙仲鳌除司勋员外郎制
（绍兴二十一年六月七日）

稽岁阅之浅深，核芳阀之虚实，铨曹所以弊吏治明赏典。兹者为尤严，非练达之才不轻畀也。以尔立方智识明敏，业世其家；以尔仲鳌器局宏深，誉闻于时。顷者召试列于兰台，积有刊正校雠之勤。况兹兼摄既久，绰著能名，申命即真，佥言惟允。宜图报塞，嗣有褒嘉。可。

出处：《海陵集》卷一六。
考校说明：编年据《建炎以来系年要录》卷一六二补。周麟之此时似未任两制，此文不知是否为《海陵集》误收。

曹筠集英殿修撰制
（绍兴二十一年六月十一日）

朕惟集英论撰之联，位亚甘泉侍从之列，载畴寿俊，特贲恩章。以尔德茂才宏，行修言道。横经槐市，士每服于精醇；执宪柏台，众共推于端亮。眷兹末里，密拱行都。千里允赖于承流，三月遽闻于报政。爰疏荣于书殿，庶增重于侯藩。其务钦承，无忘称塞！

出处：《归愚集》卷八。
撰者：葛立方
考校说明：编年据《建炎以来系年要录》卷一六二补。

陈全降官制
（暂系于绍兴二十一年六月前后）

国朝制禄，视秩之崇卑而为丰杀。汝敢羡格赢取，匿不自言，沓贪甚矣。褫官一列，聊为汝惩。

出处：《归愚集》卷八。
撰者：葛立方

考校说明:编年据同集前后文时间补。

王继善医有劳转官制
(暂系于绍兴二十一年六月前后)

歧黄之秘,《素问》粗传,和扁以来,妙义滋阐。汝克知究复,号称良医,给事东朝,颇著忠恪。升官一列,用显汝劳。

出处:《归愚集》卷八。

撰者:葛立方

考校说明:编年据同集前后文时间补。

杜继忠陈亡□□补官制
(暂系于绍兴二十一年六月前后)

汝父素号骁勇,边场博战,遽殒元身。朕伤忠义之魂,而喜存者之可与嗣也。初官命汝,往其钦哉!

出处:《归愚集》卷八。

撰者:葛立方

考校说明:编年据同集前后文时间补。宋抚州本无此二阙字。

张忠元磨勘转大中大夫制
(暂系于绍兴二十一年六月前后)

大中之秩,汉制比千石,而国朝号四品,庶僚虽侈庸历,不得辄授,至侍从之臣则听焉,其官可谓重矣。具官某德行文才,蔼然誉处。画诺长乐,蒙福于属城,桴鼓不鸣,坐以无事。今者考阅计年,当升厥官,朕不敢爱所重也。勉称恩荣,嗣有褒宠。

出处:《归愚集》卷八。

撰者:葛立方

考校说明:编年据同集前后文时间补。"张忠元""大中大夫",宋抚州本作"张宗元""太中大夫",当以为是。

曹筠除敷文阁待制知成都府制
(绍兴二十一年七月四日)

缘云飞阁,袭宁考之图书;濯锦名城,宅蚕丛之壤地。特颁明命,并授真贤。具官某道直气平,文高行整。奋霜棱于乌府,有嘉纠正之能;振风力于龟峰,宣著蕃宣之效。会坤维之谋帅,宠从囊以戒途。既专外阃之权,实倚长城之托。往祗予训,益懋尔猷!

出处:《归愚集》卷八。

撰者:葛立方

考校说明:编年据《建炎以来系年要录》卷一六二补。

符行中除太府少卿四川总领制
(绍兴二十一年七月四日)

三十年而制用,有国之所先;一千里而馈粮,昔人以为病。眷惟巴蜀,地错夷民。黎元阜而吏绝征求,屯戍闲而人无飞挽。欲安靖而不扰,宜总领之得宜。尔器识并高,文才兼赡。屡拜绣衣之肤使,尝为粉闱之望郎。往副司府之卿联,俾隶外台之军赋。服我休命,益务远图。可。

出处:《海陵集》卷一八。

撰者:周麟之

考校说明:编年据《建炎以来系年要录》卷一六二补。

召医官草泽医治皇太后诏
(绍兴二十一年七月九日)

皇太后视物微昏,召行在医官并草泽医治,有效者,有官人转五官,支赐钱二万贯;白身人赐钱外,比类补官。令诸路州县多方搜访能医治之人,优支路费,疾速津发赴行在。

出处:《宋会要辑稿》后妃二之一〇。又见《建炎以来系年要录》卷一六二。

不羁直秘阁制
(绍兴二十一年七月二十一日)

朕广天下图书,实之秘阁,寓直之选,亶惟艰哉!尔宗正之子,秀于士林,特颁异恩,以慰而父。

出处:《归愚集》卷八。
撰者:葛立方
考校说明:编年据《建炎以来系年要录》卷一六二补。

沈调提点诸路坑冶铸钱公事制
(绍兴二十一年七月二十四日)

卟人物地,必资厉禁之严;泉府受藏,宜察流行之滥。邦财所系,使命匪轻。而尔识度靓夷,材资明隽。荐更任使,蔚著声猷。辍从漕挽之司,式副榷储之寄。往虔中诏,期讫外庸。

出处:《归愚集》卷八。
撰者:葛立方
考校说明:编年据《建炎以来系年要录》卷一六二补。

官员擅行科率等被罪处置诏
(绍兴二十一年七月二十五日)

今后官员擅行科率及应因害民之事被罪情理深重者,依已降指挥,更不注知州军监通判、知县差遣。内有所犯情轻之人,开具所犯因依,申取朝廷指挥施行。

出处:《宋会要辑稿》职官一五之二〇。

吴坰成都府路转运副使制
(暂系于绍兴二十一年七月前后)

井络之隅,素称富盛,比年以来,官无浮征,民享丰岁,用益以饶。而尔疏通敏明,裕于心计,委积输将,宜非难事,是用付汝漕寄。钦哉! 理财思乎义,裕国志乎民,人或以为难,而君子以为易也。可不勉哉!

出处:《归愚集》卷八。

撰者:葛立方

考校说明:编年据同集前后文时间、吴坰官历补,见《建炎以来系年要录》卷一六三。

范生降官制
(暂系于绍兴二十一年七月前后)

事魔习妖,具存三尺;假神疑众,实预四诛。汝职字民,所宜致察,暨兹为幻,乃罔闻知。其削荣阶,庶知讼过。

出处:《归愚集》卷八。

撰者:葛立方

考校说明:编年据同集前后文时间补。

梁汝嘉知鼎州制
(暂系于绍兴二十一年七月前后)

朕眷礼臣工,初无中外之间;简求师帅,曾何遐迩之殊! 爰锡赞书,用宠贤喆。具官某忠诚许国,肃括提躬。联喉舌之司,坐致版图之理;牧股肱之郡,众推屏翰之良。眷兹武陵,今为重地,溪湖制险,民獠错居,思得共理之良,以重分忧之寄。其起祠官之逸,往临民社之优。欲慰远人,勉图宽政。

出处:《归愚集》卷八。

撰者:葛立方

考校说明:编年据同集前后文时间、周必大《平园续稿》卷二九《梁汝嘉神道碑》补。

不微式武制
(暂系于绍兴二十一年七月前后)

设官有文武之殊,用人无轻重之间,傥从所便,奚惮改图! 尔前袭儒冠,尝寓东观之直;今还武弁,归服南班之联。仍授兵团,以光宗籍。

出处:《归愚集》卷八。
撰者:葛立方。
考校说明:编年据同集前后文时间、赵不微官历补,见《建炎以来系年要录》卷一六一、《宋会要辑稿》帝系六。

王述降官制
(暂系于绍兴二十一年七月前后)

国家则壤成赋,计亩受田。输粲于公,吏当存察,乃容私属,以粗为精。失职若斯,其可佚罚!

出处:《归愚集》卷八。
撰者:葛立方。
考校说明:编年据同集前后文时间补。

周绾成都路提刑刘长源湖南路提刑冯忠恕夔路提刑制
(暂系于绍兴二十一年七月前后)

朕虑四方典狱,罔察于狱之丽,民有受病者,分遣使指,每难其人。以尔绾、忠恕器博识明,持心近厚,其往分按二蜀;长源强济疏通,仁而能断,其按湘南;朕自以为得人矣。各懋厥职,使所部无冤民,是为报朕。

出处:《归愚集》卷八。
撰者:葛立方。

考校说明:编年据同集前后文时间、周绾宦历补,见《建炎以来系年要录》卷一六三。

乔士立降官制
(暂系于绍兴二十一年七月前后)

取赍于民,非所宜取;以其所取而予己之隶,非所宜予。汝何足以知此! 然法之所在,不可不惩也。

出处:《归愚集》卷八。
撰者:葛立方
考校说明:编年据同集前后文时间补。

梁扬祖磨勘转官制
(绍兴十二年五月至绍兴二十一年八月间)

朕公爵禄以厉世,慎名器之假人。法舜之考三载,以致庶绩之熙;稽唐之参四善,以第近侍之最。顾兹条列,亦由次升。具官某世阀高华,材猷强济。入奉禁涂之橐,出分名郡之麾,宝阁通班,真祠均佚。虽积日之效,非所以责贤;而序年之稽,具应于陟典。爰增美秩,用率彝章。往宜钦承,毋怠归报。

出处:《东牟集》卷七。
考校说明:编年据文中所述"宝阁通班,真祠均佚"补,见《建炎以来系年要录》卷一四五、卷一六二。王洋此时未任两制,此文当为《东牟集》误收。

韩世忠除太师致仕制
(绍兴二十一年八月五日)

尽瘁于国,久输卫社之忠;谂疾于朝,忽露奉身之请。礼宜从欲,恩特疏荣。亶为进退之光,用辑始终之眷。具官某性资英果,知略沈雄。素驰玉塞之名,肃禀金方之气。六奇制胜,坐摅帷幄之谋;七萃宣威,屡奏边疆之捷。驯致征鼙之戢,益坚带砺之诚。苴茅异姓之王,受钺三方之镇。何期谢事,遽抗封章。其峻陟于帝师,用增崇于勋阀。噫! 赵营平之就第,岂徒四马之恩;李固始之乞骸,加贲三公之位。往祗休宠,益介寿康。

出处:《归愚集》卷八。又见《南宋文范》外编卷一。
撰者:葛立方
考校说明:编年据《建炎以来系年要录》卷一六二补。

韩世忠赠通义郡王制
(绍兴二十一年八月五日后)

吉祝无凭,莫起河鱼之疾;遗占来上,俄兴隙驷之伤。眷予心膂之臣,久寄爪牙之任。宜颁密赠,用侈泉扃。具官某烈概凌霜,纯诚贯日。气禀山西之锐,书传济北之奇。际云龙千载之时,居貔虎万夫之长。行军用将,理无探简之难;陷阵摧坚,势有建瓴之易。威扬紫塞,功纪青编。胡不永年,遽沦长夜!乃度峨眉之壤,追封通义之邦。易受王章,锡兹帝祉。噫!克遵庙算,坐消赤白之囊;遐想朝仪,惟有丹青之像。尚期冥漠,歆我宠灵。

出处:《归愚集》卷八。
撰者:葛立方
考校说明:编年据《建炎以来系年要录》卷一六二补。

责贬陈宝诏
(绍兴二十一年八月七日)

武略大夫、筠州指挥陈宝追毁出身以来告敕文字,除名勒停,送归州编管。

出处:《宋会要辑稿》食货四四之三。
考校说明:《全宋文》误系于绍兴二十年八月七日(第二〇四册,第一六二页)。

诸州军承勘凶恶强盗推赏事诏
(绍兴二十一年八月十九日)

今后诸州军承勘凶恶强盗案成,候审录讫,将前元勘始末一宗案款录白二本,审录问官具诣实保明文状,申缴赴提刑司,并刑部行下大理寺收管。候所属保奏到陈乞推赏之人,参照并同,方许依格定赏,余依见行条法施行。

出处:《宋会要辑稿》刑法三之八一。

刘全母陈氏封号制
(暂系于绍兴二十一年八月前后)

身登耆耋之籍,子预簪绅之联。而朕彻奠瘗之享,其可无泽哉!

出处:《归愚集》卷八。
撰者:葛立方
考校说明:编年据同集前后文时间补。

吴近降官制
(暂系于绍兴二十一年八月前后)

君子以义制欲,小人以欲忘义;至于忘义,亦何所不至哉! 汝所为至此,殊骇听闻。聊褫一官,毋蹈后害。

出处:《归愚集》卷八。
撰者:葛立方
考校说明:编年据同集前后文时间补。

士樽嫡母王氏吴国夫人制
(暂系于绍兴二十一年八月前后)

礼行于郊,既秩升柴之祀;母贵以子,宜加告第之恩。眷兹女士之贤,媲予属籍之近,肆颁一札,用诏九泉。具官某淑慎柔嘉,温恭婉娩,克懋鹊巢之德,夙著鸤鸠之仁。胡不永年,奄沦长夜! 虽小君锡号,已荒定武之封;然大国未加,爰贲东吴之壤。懿灵如在,宠命其歆。

出处:《归愚集》卷八。
撰者:葛立方

考校说明:编年据同集前后文时间补。

故妻李氏夫人制
(暂系于绍兴二十一年八月前后)

男子之愿有室,蚤兴食鉴之悲;妇人之爵从夫,特贲笄珈之赠。具位言行昭乎壸则,慈俭足为母仪,进馈嗣王,媲德宗正。克敦贤操,绰有大家之风;胡不永年,宜锡小君之号。翟茀虽荣于身后,鼎钟无憾于生前。尚觊营魂,歆我恩渥。

出处:《归愚集》卷八。
撰者:葛立方
考校说明:编年据同集前后文时间补。此制当承原书上篇《士樽嫡母王氏吴国夫人制》,"故妻李氏"指赵士樽之妻。

赵伯耆等转官制
(暂系于绍兴二十一年八月前后)

肺腑枝叶之属,能捐骄汰之习,已足嘉尚,汝乃能以文艺自奋,试进士中其科,可无奖乎! 升秩二等,以为吾宗之劝。

出处:《归愚集》卷八。
撰者:葛立方
考校说明:编年据同集前后文时间补。

谢邦彦大理正制
(暂系于绍兴二十一年八月前后)

魏晋之间,以正、监、平为廷尉三官,而正尤为要任。尔仁明审克,蔼儒雅之称,官于理寺,亦淹岁时,肆用序升,无忘报效!

出处:《归愚集》卷八。
撰者:葛立方
考校说明:编年据同集前后文时间、谢邦彦宦历补,见《建炎以来系年要录》卷一

六二、卷一六五等。

选择押纲使臣事诏
(绍兴二十一年九月十六日)

诸路转运司,今后押纲使臣,许于本路州军见任指使、准备差使内,踏逐选差有心力可以倚仗之人。

出处:《宋会要辑稿》食货四四之三。

添建景灵宫殿诏
(绍兴二十一年九月二十日)

令转运司、修内司同共检计,拆韩世忠宅,依图添建景灵宫天兴殿五间,中殿七间,后殿一十七间,斋殿五间,进食殿三间。合用钱米令户部支给。

出处:《宋会要辑稿补编》第四三页。又见《宋会要辑稿》方域二之一八。
考校说明:《宋会要辑稿》方域二系于绍兴二十一年九月二十一日。

文武官当追减官资者父母封赠更免厘正诏
(绍兴二十一年九月二十一日)

文武官缘川陕便宜及杂功迁转,当追减官资之人,其父母封赠更免厘正。

出处:《建炎以来系年要录》卷一六二。

士逊赠观察使制
(暂系于绍兴二十一年九月)

华簪沈绵,谓当勿药;逝波迁谢,忽上遗占。跂宗邸以兴嗟,锡闵书而褒赠。具官某持身饬愿,临事敏明。久联环列之优,已畀兵团之重。载畴崇级,俾加位于廉车;仍侈新封,肆疏荣于侯社。英灵未泯,宠渥惟歆。

出处:《归愚集》卷八。

撰者:葛立方

考校说明:编年据同集前后文时间、《宋会要辑稿》帝系三补。《宋会要辑稿》帝系三:"士蓐,绍兴十七年五月赠明州观察使,追封奉化侯。士逊,九月赠明州观察使,追封奉化侯。""士逊"后疑脱"二十一年"。

光州榷场合行事件诏
(绍兴二十一年十月十八日)

光州已置榷场,所有合行事件,并依盱眙军榷场体例施行。

出处:《宋会要辑稿》食货三八之三七。

禁侵占灌溉民田陂湖诏
(绍兴二十一年十一月二十一日)

诸路州县灌溉民田陂湖,往往为人侵占,令户部行下提举常平官躬亲措置,申尚书省。

出处:《宋会要辑稿》职官四三之三〇。又见同书食货六一之一一一。

礼部贡举案添手分等诏
(绍兴二十一年)

礼部贡举案,许于省试前一年六月一日添差手分五人,贴司三人,通本案人吏行遣。其当行职级二人并本案及添差到手分、贴司各八人,于见请外,每人每日各添破别给钱二百文。内贴司减半。不理为次数,于本曹四司职级、手分、贴司内选差,并罢身分文字,以次人承权。及自六月一日许添支夹表连纸各一千张,于国子监息钱内收买应副。内别给钱系自十月一日起支,并至唱名了日住罢。

出处:《宋会要辑稿》职官一三之六。

高宗朝卷二十六　绍兴二十二年(1152)

令淮东浙西关防人使往还诏
(绍兴二十二年正月二十四日)

令淮东、浙西经由州军遇人使往还,委守臣当职官并诸军委统兵官严切措置关防。如有违戾,取旨重作行遣。

出处:《宋会要辑稿》职官五一之一八。

赵不群除两浙运副制
(绍兴二十二年正月二十四日)

朕惟汉制以刺史班六条,以司隶察三辅。今漕台置使,实按列城,而浙部观风,兼临近甸。任重于古,久难其人。以尔儒术该通,吏才敏劭。累有郡最,蔚为宗英。擢从牧守之良,入授转输之寄。尔其斡赀储以裕邦计,导德意而广上恩。使宽不至于吏嫚而事隳,严不至于政苛而民扰。时乃称职,则予汝嘉。

出处:《海陵集》卷一九。
撰者:周麟之
考校说明:编年据《建炎以来系年要录》卷一六三补。

杨愿知建康府制
(绍兴二十二年二月一日)

濒江要地,金陵标虎踞之雄;作屏陪都,帅守握麟符之重。畴咨宿望,允属时英。用焕纶章,俾分阃寄。具官某职闳而静粹,材劭而疏通。贤路蜚声,亟践清华之贯;枢廷接武,久参宥密之谋。自均逸于真祠,旋镇麾于近服。承流千里,治行已孚;敛惠一州,远猷未究。肆颁书命,徙镇邻藩。境列屯营,式资于绥附;任严管钥,仍畀于居留。尚懋汝为,趣承予训。可。

出处:《海陵集》卷一三
撰者:周麟之
考校说明:编年据《建炎以来系年要录》卷一六三补。

令逐路漕臣差官检察税务诏
(绍兴二十二年二月十五日)

逐路漕臣应沿江有税务去处,于所隶州县选差官检察税务。遇有兴贩客舟及上供纲运经由,其检察官即同监专依条监视税物,依则例施行。如无合税之物,即时检放。仍令所属漕臣常切检察。如有违戾,许从按治。

出处:《宋会要辑稿》食货一七之四○。又见《宋会要辑稿补编》第六八一页。

徽猷阁直学士向子谭赠四官制
(绍兴二十二年三月十五日后)

乞身于朝,早遂挂车之积;书讣于策,亟颁加襚之恩。虽旧章之是循,亦眷礼之攸著。具官某明强多识,淹博有文。仪于禁涂,亚六卿之重位;懿彼戚畹,迈四姓之显人。退不待年,勇于谢事。虽故林之息驾,仍延阁之旧班。自乐余龄,焉问桑榆之迫;奄归厚夜,徒伤兰菊之存。惟命秩之躐升,示宠光之追贲。爽灵如在,异数其歆。可。

出处:《海陵集》卷二○。
撰者:周麟之
考校说明:编年据《建炎以来系年要录》卷一六三补。

四川募差管押纲运召保事诏
（绍兴二十二年三月二十六日）

四川监司州军,今后募差管押纲运,须管先选有行止可以倚仗官及召有行止付身圆备之人充保。如押人侵使移易,其保官与降两官,元募差不当官吏依绍兴五年已降指挥降一官放罢,人吏从杖一百断停。所少钱物,除押人依法断罪仍估卖家产填纳起发外,如有未足数目,于干系人名下依条追理。

出处:《宋会要辑稿》食货四四之三。又见同书食货四八之三,《宋会要辑稿补编》第五七七页,《建炎以来系年要录》卷一六三。

龙图阁学士程瑀转一官致仕制
（绍兴二十二年三月前后）

告猷于内,凤陪曳履之联;谂疾于朝,俄露挂车之请。肆兹从欲,厥有焕恩。具官某以博通经术冠儒科,以明习宪章历朝著。久于持橐,浸登常伯之尊;出则拥麾,屡上藩臣之最。望素高乎延阁,居方燕于殊庭。遽以抱疴,力祈谢事。爰锡进阶之命,式彰归老之荣。勉啬至和,尚绥遐福。可。

出处:《海陵集》卷二〇。
撰者:周麟之
考校说明:编年据程瑀官历补,见《建炎以来系年要录》卷一六三。

资政殿学士何铸致仕制
（绍兴二十二年三月前后）

结绶而登王畿,尝致身于枢密;脱冠而谢朝列,俄引疾于燕闲。肆颁从欲之恩,俾遂养疴之志。具官某器度闳雅,才猷邃明。袭华辙之践扬,蔼公朝之闻望。本兵西府,恪陪宥密之谋;仗节北庭,远称光华之遣。方奉祠而均佚,忽告老以辞劳。仍兹秘殿之除名,守尔王官之旧秩。勉亲医砭,式介寿臧。可。

出处:《海陵集》卷二〇。

撰者:周麟之

考校说明:编年据何铸官历补,见《建炎以来系年要录》卷一六三。

章夏除御史中丞制
(暂系于绍兴二十二年四月前)

朝廷纪纲之地,御史府必得其人;天子耳目之官,中执法□□□□。地严则望峻,才称则职修。朕考择于朝,几同弄印。久虚乃位,盖俟□□。具官某气深以醇,善不外见。行毅而正,志乎中庸。擢自豸冠,列之谏省。□□□其谠论,既序冠于争臣。专席南司,无以易汝。顷朝夕陈善,固已诚而可□;今□外闻风,当不绳而自肃。往治厥属,朕有望焉。

出处:《海陵集》卷一九。

撰者:周麟之

考校说明:编年据章夏官历补,见《宋十朝纲要》卷二○、《宋□□卷□□》《高宗纪》等。现存史籍似未见章夏任御史中丞之记载,不知"御史中丞"是否为"侍御史""殿中侍御史"或"监察御史"之误(见《宋十朝纲要》卷二○)。

林大鼐除谏议大夫制
(绍兴二十二年四月九日)

朕励精而求治道,虚己以听谠言。谏大夫掌议论之官,能□朕□自忠邪,指陈得失,毅然以言责自任者,盖未尝不亲信而乐从之。具官某□□□清,有"匪石"之操;履位正直,有《羔羊》之风。顷由曲台,入践乌府。论事□□干吾聪明。立三院之中,既善持乎纲宪;进七人之首,将近取于箴规。其思尽忠□予不建。

出处:《海陵集》卷一三。

撰者:周麟之

考校说明:编年据《建炎以来系年要录》卷一六三补。

章夏除端明殿学士签书枢密院事制
（绍兴二十二年四月十七日）

朕惟常德立武事,既恢偃革之功;守成责儒臣,益赖本兵之助。畴惟邦献,登与政机。具官某志端而量夷,行洁而才茂。蚤潜心乎大业,致策足于要津。考之以言责则议论谔谔,有古诤臣之风;付之以宪纲则威声棱棱,得中执法之体。朕方收天下之兵柄,敷七德以靖邦;范斗中之枢躔,斡万微而齐政。辄自南司之峻,进陪西府之崇。简在朕心,式孚众论。虽方隅底定,靡劳𬭁俎之折冲;而夙夜惟几,当叶庙堂之成算。其懋乃德,永孚于休。

出处:《海陵集》卷一三。
撰者:周麟之
考校说明:编年据《宋史》卷三〇《高宗纪》补。

孟夏朝献命宰执分诣行礼诏
（绍兴二十二年四月二十二日）

孟夏朝献,为修盖景灵宫,命宰执分诣行礼,不视朝。

出处:《宋会要辑稿补编》第四三页。

宋朴除殿中侍御史制
（绍兴二十二年四月二十四日）

台纲正则朝廷理。今三院御史皆风宪所系,而官望雄峻均也。朕急贤而用,故中司不浃旬而迁。慎选其人,故横榻亦逾岁未补。纲举台事,属之副端,其任固不重哉!以尔闻誉之广施于身,仁义之晬见于面,端静弗竞,朕所简知,分察六曹,直绳无挠。肆予命尔,正班序于殿中,簪笔赤墀,亦云宠矣。尔其思所以纠官邪而肃中外,称朕意焉。

出处:《海陵集》卷一九。
撰者:周麟之

考校说明:编年据《建炎以来系年要录》卷一六三补。

狱空奖谕诏
(绍兴二十二年四月二十七日)

朕推好生之德以动四方,择明刑之官以弼五教。欲如君子之不留狱,以见天下之无冤民。比槛奏陈,谓清讼系。广我宽仁之化,赖而钦敏之才。可谓圄空之隆,庶几刑措不用。兴言嘉叹,终日以之。绍兴二十二年四月辛卯。

出处:《咸淳临安志》卷六。

士谞令发赴行在诏
(绍兴二十二年五月一日)

右监门卫大将军、开州团练使士谞,令大宗正行司发赴行在,依旧奉朝请。所有应住支请给人从等,并依行在见今南班宗室支破。

出处:《宋会要辑稿》帝系六之二一。

有事南郊御札
(绍兴二十二年六月一日)

敕内外文武臣僚:朕承天地之成命,绍祖宗之燕谋。每举亲祀,以伸告报。益臻隆施,茂底丕平。绥靖四方,悦豫形于箫勺;顺成百谷,芬芳备于粢盛。其修三岁之禋,以应一阳之气。上仪将讲,凤戒是孚。朕以今年十一月十八日有事于南郊。咨尔攸司,各扬厥职,相予肆祀,罔或不恭。

出处:《宋会要辑稿》礼二八之二七。又见《中兴礼书》卷一。

陈相除左司郎官制
(绍兴二十二年六月九日)

中台本天下之政,六职治其繁,而都司总其要。典领至重,在乎得人。以尔邃雅而文,达于世用。司我舆驾,旧为望郎。赞谋枢廷,再践厥属。识虑精审,备见于斯。肆以汝迁,升于宰掾。惟慎密足以弥纶省闼,惟详整足以纠正诸曹。尔所优为,奚俟予训!

出处:《海陵集》卷一七。又见《永乐大典》卷一三四九八。
撰者:周麟之
考校说明:编年据《建炎以来系年要录》卷一六三补。

陈夔除太常少卿制
(绍兴二十二年六月十九日)

朕修礼乐以交三神之欢,酌情文而成一代之典。奉常实掌斯事,少列必惟其人。以尔风规粹清,问学渊奥。早揭儒范,尝参宪纲。以十翼之辞,论辨乎经幄;以二省之要,审阅乎宰司。言绩并优,见于详试。进贰卿寺,佥曰汝宜。朕将祇卜灵辰,展采于层陛;尔其讲明熙事,治仪于曲台。济予休成,明其褒宠。可。

出处:《海陵集》卷一三。
撰者:周麟之
考校说明:编年据《建炎以来系年要录》卷一六三补。

修盖左藏库南省仓诏
(绍兴二十二年六月二十七日)

将故韩世忠宅东位地步见在门廊屋宇并景灵宫退村,令转运司、修内司同共修盖,左藏库南省仓,听逐处指引造作。

出处:《宋会要辑稿》方域二之一九。

汤思退除权礼部侍郎制
(绍兴二十二年六月二十九日)

朕惟周之礼乐庶事备,而治神人,和上下,莫重于春官。维时贰卿,司是容台,当郊之岁,尤慎择人。尔词华邃精,德蕴深茂。学殖之富,见推士林。曩由石渠,载笔入侍。朕阅图书之整,而知其有典章练达之识;嘉记注之严,而知其有夙夜直清之资。肆颁命书,升亚宗伯。噫! 一阳大报,已戒涓休;三岁上仪,毋忘肸饰。懋乃攸绩,往哉惟寅。可。

出处:《海陵集》卷一三。

撰者:周麟之

考校说明:编年据《建炎以来系年要录》卷一六三补。

林机除起居舍人制
(绍兴二十二年六月二十九日)

朕观古之帝王,言而为命令,动而为法则,布在方册,粲然可观。非夫载笔之臣密侍左右,从而纪之,则何以垂劝戒、诏万世哉! 以尔儒林之英,沈静寡欲。置在东观,有太史氏之长才;升之南宫,有尚书郎之清望。记注之任,命汝司焉。有举必书,入直螭头之下;在法当从,出联豹尾之中。纂修所闻,毋替厥守。可。

出处:《海陵集》卷一三。

撰者:周麟之

考校说明:编年据《建炎以来系年要录》卷一六三补。

高百之除浙东提举制
(绍兴二十二年六月二十九日前)

兼督两司,外台所重;分使诸道,近旬为优。自非开敏之才,曷副柬求之意? 以尔吏能强济,戚畹之良。早以廉称,总兹贾舶。载录斡旋之效,改升刺举之权。惟食足货通,则民赖其利;惟令行禁止,则官修其方。恪守彝章,往祗宠寄。可。

出处:《海陵集》卷一三。

撰者:周麟之

考校说明:编年据《宝庆会稽续志》卷二补。

李琳除吏部郎官齐旦除驾部郎官刘澈除
都官郎官李泳除比部郎官制
（绍兴二十二年七月前）

　　敕具官李琳等：文昌总庶务，列宿分诸曹，事任虽殊，均为华选。朕慎置郎吏，考核群才，欲观其长，预使之摄，得于已试，然后用之。以尔琳心醇行夷，明允有守；以尔旦风规粹整，谨畏自将；以尔澈年耆而处己清；以尔泳识邃而虑事审。并扬休问，假罢中台，久则为真，因尔能也。钦哉！叙流品以公，饬驾乘以备。恪司都隶，慎总比计。职仍其旧，命则惟新。毋废成劳，以祗茂奖。可。

出处：《海陵卷》卷一三。
撰者：周麟之
考校说明：编年据刘澈等人官历补，见《建炎以来系年要录》卷一六三等。

刘一止再除秘阁修撰致仕告词
（绍兴二十二年七月十四日）

　　敕左朝奉郎、提举江州太平兴国宫刘某：大夫七十致君事，礼也。眷乃旧臣，乞身以疾，贲之宠命，归老于家。以尔凤负隽才，累膺简拔，晚陪从橐，备罄论思。繇自蹈于悔尤，致久栖于闲退，比陈衰疢，浸迫桑榆，投绂自颐，当从所欲。升之图书之府，列在论撰之官，勉服吾恩，益绥尔祉。可特授依前官充秘阁修撰致仕，赐如故。

出处：《苕溪集》卷五五。
撰者：周麟之

在部注授知州铨量限诏
（绍兴二十二年七月十四日）

　　在部注授知州，铨量过期六十日不到，许以次人挽注，听其别射家便差遣。

出处：《建炎以来系年要录》卷一六三。

文武官应得酬赏等令吏部开具格法诏
（绍兴二十二年八月九日）

文武官应得酬赏及选人依法改官,令吏部先次开具格法,申取朝廷指挥。

出处:《建炎以来系年要录》卷一六三。

林大鼐兼侍讲制
（绍兴二十二年八月十二日）

王人求多闻,惟师古以建事;儒者学古训,贵陈善以告君。朕临大昕之朝,处几政之暇,每延鸿博,用广缉熙。具官某穷经造微,论事据正。擢升宪府,美公议之有归;入侍谏垣,信直臣之无隐。既位诤臣之首,宜参讲席之华。陪予燕闲,赖尔宏益。尚究渊源之蕴,毋忘绅绎之勤。可。

出处:《海陵集》卷一三。
撰者:周麟之
考校说明:编年据《建炎以来系年要录》卷一六三补。

知潼川府沈该差知夔州制
（绍兴二十二年八月二十八日）

宁江巨镇,地控三巴。分阃之臣,颛制一道。朕观两蜀二千石有治理效者,因以虎符畀之,从民望也。具官某以西清之旧出典藩维,梓潼之民实受其惠。三年报政,命徙于夔。地近则教自孚,俗同则政不易。利之所及者广,才之所试者周。究尔远图,荷吾剧寄。

出处:《海陵集》卷一七。
撰者:周麟之
考校说明:编年据《建炎以来系年要录》卷一六三补。

秘阁修撰致仕刘一止除敷文阁待制制
（绍兴二十二年九月二十四日）

朕阅《清风》之颂,喜周道之复兴;采《鹿鸣》之歌,思汉儒之间作。念获成于大业,敢自眩于成功! 有嘉侍从之臣,能继声诗之体。具官某学而筮仕,老不废文。虽久伏于林丘,实旧联于簪橐。脱冠谢朝列,方自乐于余年;摛藻掞天庭,犹未忘于夙习。比览奏篇之善,益知归美之诚。此盛德之事,其何足以当之;庶一代之文,有可传于来者。爰升次对,用贲褒章。尚保令名,以光晚节。可。

出处:《海陵集》卷一三。又见《苕溪集》卷五五。
撰者:周麟之
考校说明:编年据《建炎以来系年要录》卷一六三补。

又林大鼐除吏部尚书制
（绍兴二十二年九月二十八日）

天官六职之尊,周总以建邦之典;吏部三铨之首,唐兼于议政之臣。自非详练之才,曷称久虚之选? 具官某蕴雅亮之职,持清恪之心。风采素闻乎搢绅,羽仪备见于台省。纪纲是任,尝深嫉乎官邪;议论不阿,方力陈乎治要。今置之于喉舌出纳之地,且观汝以权衡铨综之公。谅夙负于远猷,固不嫌乎详试。然流品具乎法,而鉴裁存乎人。尔惟明何事剧之难精,尔惟正何吏奸之弗戢。往率厥属,尚其懋哉。可。

出处:《海陵集》卷一三。
撰者:周麟之
考校说明:编年据《建炎以来系年要录》卷一六三补。

陈相除权吏部侍郎制
（绍兴二十二年九月二十八日）

中台之设六官,允厘庶务;小宰之叙群吏,实号贰卿。必求才谞之优,用付铨衡之重。具官某器能精博,襟度粹夷。省户为郎,已著清华之望;枢廷列属,益高慎密之风。迨释辔于使骈,旋服橐于宰士。弥纶左右,辨治雍容。宜升禁橐之联,往赞天官之治。尔其尽鉴裁之妙,使吏畏而不欺;致流品之清,使法行而无壅。勉助而长,益观汝能。可。

出处:《海陵集》卷一三。

撰者:周麟之

考校说明:编年据《建炎以来系年要录》卷一六三补。

宋朴除御史中丞制
(绍兴二十二年十月一日)

风宪之司,体严望峻。在汉侍书之任,或周历于三台;有唐执法之臣,至践更于五院。盖贤者能胜其任,故用之必尽其才。具官某寡欲而得刚,在约而弥厉。诎处于下位,而无滞淹之叹;立登乎要路,而无躐进之嫌。岁中超迁,尚念相见之何晚;仗下执奏,灼知所蕴之素深。俾以鹰冠,遍仪乌府。惟昔贤之践横榻,不累月而必升;矧今日之缺中司,在长材其何忝! 往振纪纲之治,副予推择之公。可。

出处:《海陵集》卷一三。

撰者:周麟之

考校说明:编年据《建炎以来系年要录》卷一六三补。

史才除右正言制
(绍兴二十二年十月一日)

朕闿广言路,延登正人。冀闻说辞,裨我治道。一士谔谔,庶令见之。以尔清才粹文,雅有纪行,学古从政,士林仰焉。年之弥高,位则未称。应台端之辟,司柱后之书,固已小进之矣,然在朕意终不欲以法吏之责烦老成也。来居谏省,补过拾遗。搢绅之有忠邪,政事之有得失,言之毋隐,朕所乐从。可。

出处:《海陵集》卷一三。

撰者:周麟之

考校说明:编年据《建炎以来系年要录》卷一六三补。

魏师逊除殿中侍御史制
（绍兴二十二年十月一日）

御史耳目官也，自六察而上皆吾遴选而入殿内，纠非法、肃百寮于交戟之下者。职益近，望益崇，固不可以非其人也。尔局量浑厚，风概严悫，践更中外，端操有闻，服于台寮，有察必举，是真得吾御史之职矣。今横榻既已叙进，而副端不可久虚。汝以次升，实为因任。一贤用而纪纲举，一言进而朝廷尊。是所望焉，毋隳尔守。可。

出处:《海陵集》卷一三。

撰者:周麟之

考校说明:编年据《建炎以来系年要录》卷一六三补。

御史中丞宋朴兼侍讲制
（绍兴二十二年十月五日）

朕昕朝之暇，躬御迩英，乐延名儒，敷绎古艺。预斯选者，名实欲其称也。故职在侍从，则当以劝讲之官待之。具官某造道自得，尤邃于经。顷居殿中，即以三圣精微之义，为予诵说爻辞象旨，有发予衷。今由台端位中执法，则是吾持橐之臣也。宜升讲席，用正班联。益殚所闻，成予典学之美。

出处:《海陵集》卷一七。

撰者:周麟之

考校说明:编年据《建炎以来系年要录》卷一六三补。

杨师道仇师愈各降一官诏
（绍兴二十二年十月七日）

额内翰林医效御医杨师道、额内翰林医痊御医仇师愈医术浅陋，不识病源，可各降一官。

出处:《宋会要辑稿》职官三六之一〇四。

宋朴除端明殿学士签书枢密院事制
(绍兴二十二年十月十三日)

朕以本兵之地,实关大政之原。秉国元枢,既有赖于一德之辅;赞吾密命,亦当求不贰心之臣。思得其人,与之共治。具官某年高而德劭,见博而智明。乐道固穷,尝寄怀于丘壑;得时则驾,遂接武于夔龙。惟平居之所养者厚而不为苟求,故今日之所用者优而犹恐弗及。宜释纪纲之寄,与参帷幄之机。壹乃志,毋或蹈于二三;慎乃猷,毋或隳其终始。往祗朕命,益懋汝为。可。

出处:《海陵集》卷一三。
撰者:周麟之
考校说明:编年据《建炎以来系年要录》卷一六三补。

责罚李光等诏
(绍兴二十二年十月十九日)

责授建宁军节度副使、昌化军安置李光,依已降指挥永不检举;徽猷阁待制知台州萧振落职,池州居住;从政郎杨炜特贷命,追毁出身以来文字,除名勒停,永不收叙,送万安军编管。

出处:《建炎以来系年要录》卷一六三。

禁约广州将官收买蕃物诏
(绍兴二十二年十月二十日)

广州见任将官将钱物寄附纲首客旅,过蕃收买物色,依敕徒二年断罪。

出处:《建炎以来系年要录》卷一六三。

推赏郑縠诏
（绍兴二十二年十月二十六日）

权监杂卖场郑縠在任九个月，收钱三十三万四千余贯，比附前任正官刘彦昭例减半推赏，减一年磨勘。

出处:《宋会要辑稿》食货五四之二〇。

施钜除监察御史制
（绍兴二十二年十一月一日）

朝廷纲纪，属在宪台。六察之官，皆吾耳目。考择惟慎，每叹才难。以尔尝膺选抡，入践乌府，局量方雅，朕固器之。兹拥州麾，渴见风矩。爰畀赐环之命，复归峨廌之班。望实素孚，中外自肃。尚殚所蕴，以称简知。可。

出处:《海陵集》卷一三。
撰者:周麟之
考校说明:编年据《建炎以来系年要录》卷一六三补。

程厚除直徽猷阁制
（绍兴二十二年十一月八日）

乐史采诗，第从臣之嘉颂；禁庭隶职，严列圣之宝储。非擅美才，曷膺优奖。以尔心精辞绮，学广闻多。顷参鹭羽之行，尝典螭坳之记。言语妙乎天下，智略凑于朕前。自违载笔之司，益富掞庭之藻。奏篇来上，雅致可观。爰升内阁之华，用作名儒之宠。勉思端操，茂服涣恩。可。

出处:《海陵集》卷一三。
撰者:周麟之
考校说明:编年据《建炎以来系年要录》卷一六二补。"程厚"，《建炎以来系年要录》卷一六二作"程敦厚"，当以为是。

知常州钱周材除集英殿修撰制
(绍兴二十二年十一月十一日)

朕迹汉家之治,观乐府之歌。崇礼官,考文章,时则有从臣之颂;宣上德,尽忠孝,时则有刺史之诗。于今求之,见此作者。以尔文兼丽则,学造精深。四户联荣,尝高润色之誉;一麾出守,久著承流之功。能于画诺之余,述是形容之美。誉章来上,嘉叹不忘。进升秘殿之班,增重专城之寄。往祗予涣,益懋尔猷。可。

出处:《海陵集》卷一三。

撰者:周麟之

考校说明:编年据《建炎以来系年要录》卷一六三补。

修显应宫观诏
(绍兴二十二年十一月十三日)

显应宫观可令两浙转运司于西湖灵芝寺空地修建,须管日近了毕。

出处:《宋会要辑稿》方域二之一九。

郊祀前二日朝献景灵宫圣祖天尊大帝册文
(绍兴二十二年十一月十六日)

钦惟圣祖,道兼于天,基命万年,作宋神主。天正迎吉,夙修朝献。监昭临赫,福禄来崇。

出处:《中兴礼书》卷三一。

增赐从驾诸班直等柴炭诏
(绍兴二十二年十一月十七日)

天气寒凛,应从驾诸班直、亲从、亲事官并诸军军兵、将校等柴炭,并令增三分给赐。如愿请钱者听。

出处:《宋会要辑稿》礼六二之六六。

郊祀飨皇地祇册文
(绍兴二十二年十一月十八日)

至哉后土,博厚无疆。效法于天,并佑我宋。至景迎长,合袚禋祀。顺临迪飨,永锡蕃厘。

出处:《中兴礼书》卷三一。

郊祀飨太祖皇帝册文
(绍兴二十二年十一月十八日)

思文皇祖,克配彼天。受命造邦,百世蒙烈。兹迎至景,钦柴泰坛,侑飨明禋,与帝并祝。

出处:《中兴礼书》卷三一。

郊祀飨太宗皇帝册文
(绍兴二十二年十一月十八日)

广声绍德,止域四方。配祖为宗,诒燕百世。兹蒇郊禋,礼严并侑。在帝左右,降福其同。

出处:《中兴礼书》卷三一。

南郊赦文
(绍兴二十二年十一月十八日)

门下:肃若古先,铺闻典制。盖物本乎天而人本乎祖,肇郊庙之明禋;唯圣能飨帝而孝能飨亲,展皇王之高致。重循菲德,获履丕图。体昊穹率育之仁,每计安于黎庶;嗣列圣好生之训,不轻用于干戈。陟降既孚,迩遐咸乂。九谷秀康年之庙,五辰澄宣夜之躔。犴圄简清,疆陲整服。祗荷博临之眷,敢忘昭事之诚!爰修三岁之弥文,式蒇一纯之大报。款真庭而朝献,假太室以裸将。遂造云阳之宫,以迎日至之景。合祛天地,升侑祖宗。践豆荐芳,见会通之行礼;鸣钟应律,写和乐以成音。佳气焜于樵蒸,美光充于陔陛。高灵并贶,熙事备成。济济骏奔,有同寅之多士;穰穰山委,可专飨于蕃厘。发肆恩言,普施惠术。可大赦天下。於戏!惇将礼以秩祀,仪模日月之昭;受厚福以渐民,号法风雷之布。更赖经邦公辅,服采臣工,永肩励翼之衷,共托隆平之业。

出处:《宋朝事实》卷五。

考校说明:此赦文内容已删,《宋会要辑稿》载有所删部分内容,今录以备考:

勘会官员犯罪先次放罢,后来结断止系杖笞公罪,为有再得指挥仍旧放罢,吏部见理后来年月、降罚名次,可特与理先降指挥年月施行。(《宋会要辑稿》职官八)

应命官酬赏,因犯公罪,须候一任回方许推赏者,并因无过犯人例收使。(《宋会要辑稿》职官一〇)

州县私置税场,节次指挥已令放罢。所有客贩货物自有立定税钱,其税场多缘增置专拦,百色侵渔,过数收税,不上赤历,非理破用,致物价增长。虽累有约束,尚有未悛去处。可令监司守臣严加检察,将违戾去处按劾施行,务除宿弊。(《宋会要辑稿》食货一七)

勘会监司州军差委见任官管押纲运交纳,别无违欠,合行推赏。内有依条不应差出官,以此不与推赏,无以激劝。今后似此之人,如无少欠违程,与比附正押纲官减半推赏。(《宋会要辑稿》食货四四)

近来州县违法,差公吏兵级厅子之类□执文引遍下乡村民户,假借什物器用,妄行需索。所无之物,抑令置备,因而搔扰乞取,民被其害。仰监司觉察按劾。如敢容庇,许监司互察。(《宋会要辑稿》刑法二)

已降指挥,州县旧有漏泽园去处,复行措置收瘗暴露骸骨。缘其间地段多是为人占佃,县道徇情,不行措置,仰监司州郡常切点检。(《宋会要辑稿》食货六〇)

勘会诸路营田之法,止系许令招召情愿佃客耕种。昨缘州县违法勒令人户附种及虚认租课去处,已降指挥并行改正。尚虑守令奉行不虔,依前抑勒,仰提领营田官常切检察。若有违戾去处,并按劾以闻。勘会租佃营田并寄养诸色官牛,每岁两科收纳课子,其间有灾伤田、元租官牛倒死,官司勒令陪填,往往并不与除放,及老弱牛只不堪耕使,勒令依旧虚纳租课,甚为民害。仰诸路漕司及提领营田官体究,特与除放;老弱不堪牛只并行拘收出卖,其堪使耕牛亦仰相度可与不可出卖,务从民便。具利害以闻。(《宋会要辑稿》食货六三)

勘会比来粒米狼戾,而州县间有将合纳苗米高立价直,违法折钱。虽已降指挥令监司觉察,尚虑州县利于妄用,依前折纳,有困民力。仰监司常切觉察,如有违戾,按劾以闻。(《宋会要辑稿》食货七〇)

太府卿徐宗说除权户部侍郎制
(绍兴二十二年十一月二十七日)

中台六职,分庶务之宏纲;民部贰卿,参从臣之高选。爰稽已试,盖得其人。具官某以敏识达事经,以通才了邦计。长于货府,谨颁受之惟时;摄是版曹,嘉斡旋之有素。凡严三岁之祀,实董一司之繁。迨此涓成,允宜褒陟。夫禹畴用政,足食为之先;周典建官,理财居其半。惟得裕民之要,是诚富国之方。其悉乃心,以称朕意。可。

出处:《海陵集》卷一三。
撰者:周麟之
考校说明:编年据《建炎以来系年要录》卷一六三补。

资政殿学士杨愿以本官职致仕制
(绍兴二十二年十一月前后)

典居留之钥,方有俟于政成;乘得谢之车,乃遽闻于病去。爰颁从欲之命,以示悯烦之恩。具官某周慎自将,沈明有守。早以风概,仪于荐绅。陈力于朝,尝赞枢机之事;剖符于外,累书屏翰之劳。矧是陪都,正须卧治。兹以疾谂,愿从里居。仍秘殿之荣名,守文阶之本秩。尚务精神之啬,往膺福履之将。可。

出处:《海陵集》卷二〇。
撰者:周麟之
考校说明:编年据杨愿宦历补,见《建炎以来系年要录》卷一六三。

韦讦换文官制
（暂系于绍兴二十二年十一月后）

具官某：朕躬郊拜觊，浃县均休，凡居官守之隆，皆懋赏延之渥。矧吾元舅，亚秩公台，顾其嗣子之贤，宜易文阶之品。虽循彝典，盖出异恩，益励操修，以图报称。

出处：《东牟集》卷七。

考校说明：编年据韦讦官历、南宋郊祀时间补，见《建炎以来系年要录》卷一六三等。王洋此时未任两制，此文或为《东牟集》误收。

睿思殿祗候增加员额诏
（绍兴二十二年十二月八日）

睿思殿祗候见系二十人为额，今差慈宁殿使臣二人充睿思殿祗候，今后以二十三人为额。

出处：《宋会要辑稿》职官三六之二五。

诣景灵宫等恭谢从驾赴坐官等不得托疾在假诏
（绍兴二十二年十二月十二日）

已降指挥诣景灵宫、太一宫恭谢，应从驾赴坐官等，至日并不得托疾在假。内见在假臣僚如已愈安，令放见随班趁赴。

出处：《中兴礼书》卷四〇。

皇太后故曾祖冀王韦舜臣追封吴王制
（绍兴二十二年十二月二十七日）

伸天下之养，孝莫大于宁亲；举国南之裸，礼盖严于飨帝。朕仰祗慈训，丕藏上仪。迎日之长，用拜甘泉之觊；受天之祐，以承长乐之欢。宜崇外氏之恩，式贲曾门之宠。皇太后故曾祖某躬有嘉德,善无近名。立身不愧于前修,筮仕已期乎后大。百年茂绪,果符沙麓之祥;一等真王,屡享衮衣之禬。徙封大国,庸涣新恩。尚緊爽灵,服我追册。可。

出处:《海陵集》卷二〇。

撰者:周麟之

考校说明:编年据《宋会要辑稿》仪制一二补。

皇太后故曾祖母冀国夫人段氏赠魏国夫人制
(绍兴二十二年十二月二十七日)

朕胏饰鸾路,纷陈羽林。举三岁之上仪,秩一纯之嘉荐。风马来下,樵蒸配藜。神人祇欢,中外禔福。允赖慈闱之庆,益隆先世之褒。皇太后故曾祖母某氏秉心靓柔,率礼恭下。循二南之化,尝播美于方江;卜三世之昌,遂发祥于在渭。爰侈追封之典,用昭丕绩之休。以魏地之新畬,易冀方之旧赋。泉涂虽闷,尚识宠灵。可。

出处:《海陵集》卷二〇。

撰者:周麟之

考校说明:编年据《宋会要辑稿》仪制一二补。

皇太后故祖封赠制
(绍兴二十二年十二月二十七日)

朕执圭币以事上帝,炳脊萧以延四方。飨洽诚陈,既昭假尔;德洋恩普,氾布濩之。矧若外亲之崇,率其祖义之重。爰因庆赉,趣赉恩书。皇太后故祖某潜德韬光,抱冲履素。修其天爵,虽于时无高密之勋;诒厥孙谋,顾乃后有和熹之庆。爰霈漏泉之泽,申加刻琰之章。载瞻周原,既启尔宇。徙宅曲阜,用安乃封。追命有加,承休弥渥。可。

出处:《海陵集》卷二〇。

撰者:周麟之

考校说明:编年据《宋会要辑稿》仪制一二补。

皇太后故祖母封赠制
(绍兴二十二年十二月二十七日)

大事在祀,莫重于郊。至诚感神,惟馨匪稷。朕款泰坛而修报,坐宣室以受厘。嘉与寰区,茂迪滂洋之福;深惟母族,素陶仁善之风。亟下纶书,追崇祖配。皇太后故祖母某氏徽柔有裕,惠顺无违。饬身为姻党之师,种德厚子孙之荫。嗣有娥姁之女,蔚为马邓之门。自六驖之旋归,日严大养;方四圭之祕祀,天锡鸿禧。爰增象服之华,载侈国田之沃。淑灵不昧,命数其歆。可。

出处:《海陵集》卷二〇。
撰者:周麟之
考校说明:编年据《宋会要辑稿》仪制一二补。

皇太后故父封赠制
(绍兴二十二年十二月二十七日)

昔邓氏荷臼河之泽,活民命者数千;汉家饰观津之藏,置园邑者三百。惟积仁而深厚,乃蒙福而显融。此天道之必然,宜国章之有焕。皇太后故父某敏德为行,终身安仁。阴功能大其一门,庆系遂高于四姓。是钟文母,以佑我家。朕方考《思齐》之诗,用钦承于温清;采长乐之颂,期永介于寿臧。属元祀庆条之颁,念外家祢庙之重。金印鏊绶,载更王社之封;衮衣绣裳,有赫台躔之冠。尚期永飨,式慰时思。可。

出处:《海陵集》卷二〇。
撰者:周麟之
考校说明:编年据《宋会要辑稿》仪制一二补。

皇太后故母封赠制
(绍兴二十二年十二月二十七日)

朕谨东朝之奉,崇外族之恩。念太任承京室之徽,实钟挚氏之德;而《周南》著后妃之本,必有《葛覃》之思。爰锡庞鸿之禧,以光圣善之懿。皇太后故母某氏抱聪达之识,执端和之仪。早储梦月之祥,茂毓倪天之质。兆晋史之卜,已彰圣女之符;饰灵文之园,追用小君之礼。方颁祭泽,洊举褒章。两社疏封,式循于旧典;六珈备服,增焕于雕轩。逝魄有知,垂休无致。可。

出处:《海陵集》卷二〇。

撰者:周麟之

考校说明:编年据《宋会要辑稿》仪制一二补。

吴璘杨政选养马使臣等诏
(绍兴二十二年)

四川都大提举茶马司起发纲马,所差管押使臣往往不识马性,饮喂失时,致损毙数多,虚费财计。可令吴璘、杨政,每纲选差惯熟有心力谙晓养马使臣二人,将校一名,医兽一名,兵士二人,添破本等驿券钱米,专充管押。其牵马人兵令茶马司依例差拨,赏罚见行条例。

出处:《宋会要辑稿》职官四三之一〇七。

考校说明:原书系于"(绍兴)二十二年二十一日",缺失月份。

李庄除两浙运判楼璹除淮南运判制
(绍兴二十二年)

朕惟东南诸路号财赋之渊,淮浙近区当转输之要。矧若吴会,行都在焉,调度浩繁,欲助邦计,必济之以强敏之才。自江以北,土旷人稀,岁租未复,欲纾民力,必处之以宽和之政。盖不止荐劝郡吏,观纳风谣,以六条察州而已也。今庄以才选领二浙之权,璹以政称漕两淮之粟,庶乎其适朕意矣。各思举职,以称奖知。

出处:《海陵集》卷一七。

撰者:周麟之

考校说明:编年据《咸淳临安志》卷五〇补。

高宗朝卷二十七　绍兴二十三年(1153)

王循友知建康府制
(绍兴二十三年正月二十八日)

控江山之都会,望莫重于陪京;抚民卒之浩繁,治必资于良牧。非声猷之素林,曷宠寄之兼隆。以尔雅亮不群,威宽并济。夙播儒绅之誉,洊更省闼之华。司列东铨,尝羽仪于禁路;承流北固,方屏翰于名邦。嘉善政之流闻,宜雄藩之就陟。任兼留钥,尔典其严。地有宿兵,尔为之重。懋乃藩宣之绩,体予眷倚之优。

出处:《海陵集》卷一九。又见《大隐集》卷二。
撰者:周麟之
考校说明:编年据《建炎以来系年要录》卷一六四补。《景定建康志》卷一四系于绍兴二十三年二月二十一日,当是王循友到任之日。本制当是《大隐集》误收。

汤允恭除都大提举四川茶马制
(绍兴二十三年二月十三日)

椁之骙牝,鲁之骄皇,作《诗》者美之,以其国富而用足也。国家以茶市马,成宪具在,刺举之任,亦系乎得人。朕以尔方叱驭遵涂,平反一路。长才远用,固宜以全蜀之权界之。惟鬻于外者,无号嗷之耗,尔之职也,其尚勉哉! 可。

出处:《海陵集》卷一三。
撰者:周麟之
考校说明:编年据《建炎以来系年要录》卷一六四补。

推恩刘纲等诏
（绍兴二十三年二月二十二日）

刘纲等九人各转行两官；奇功各转两官资；第一等各转一官资，减三年磨勘；第二等各转一官资，减一年磨勘；第三等各转一官资。内碍止法人并与转行。

出处：《宋会要辑稿》兵一八之四〇。

江西运判卢奎利州路提刑路彬潼川府路
提刑刘瑰并令再任制
（绍兴二十三年二月前后）

汉名臣尝以数易长吏为戒，一许丞犹善助之，矧奉诏条，行郡国，察二千石之治状而才效卓著者乎。今奎以心计漕邦储，江右之民其用裕；彬以儒术饰吏事，汉中诸郡其刑清；瑰以明恕按狱成，剑南以东其讼理。秩满而去，人斯难之。美以久而成，善必累而进。再莅所部，毋堕厥勤。

出处：《海陵集》卷一七。
撰者：周麟之
考校说明：编年据路彬官历补，见《建炎以来系年要录》卷一六一。

令台谏赴都堂议事等监察御史合行干预诏
（绍兴二十三年三月一日）

今后遇得旨，令台谏赴都堂议事，及特令荐举同看详文字，监察御史并合干预。

出处：《宋会要辑稿》职官一七之三四。

张澄知福州制
(绍兴二十三年三月七日)

　　建旄颛阃,夙称可帅之才;分虎牧民,更懋惟良之绩。宜颁誉命,易畀名藩。具官某识莹事几,材周世用。总地官而济剧,邦有余财;莅天府以摘奸,廷无留牒。暨膺龙水之节,旋拥洪都之麾。五袴之咏已腾,三年之计斯最。俾以六纛,镇于七闽。惠爱黎元,朕方垂宽大之诏;广宣风化,尔尚播中和之诗。益励乃勤,以承予训。可。

出处:《海陵集》卷一三。
撰者:周麟之
考校说明:编年据《建炎以来系年要录》卷一六四补。

张宗元知洪州制
(绍兴二十三年三月七日)

　　朕观汉时号良二千石者,必曰所居民富,所去见思。盖居者阅累年,以因能而职治;去者更数郡,以易地而惠均。朕之于帅臣,用斯道也。具官某庞艾之德久矣,簪橐典藩,试之吴门其政清,徙之桂林其治静,用之闽粤其民安。今敛此三镇之惠,使致于大江之西。俗虽剽轻,孰不从化? 尚务绥抚,体吾爱民之心。可。

出处:《海陵集》卷一三。
撰者:周麟之
考校说明:编年据《建炎以来系年要录》卷一六四补。

士稌特令再任诏
(绍兴二十三年三月十三日)

　　福州观察使、前提举江州太平兴国宫士稌任满,特令再任。请给人从等,并许于经总制钱内支破本色,仍免减借。

出处:《宋会要辑稿》帝系六之二一。

诸州编管羁管人遵旧法诏
（绍兴二十三年四月二十二日）

诸州编管、羁管人,在法止许月赴长吏厅呈验。闻比来囚禁锁闭,甚于配隶,可令遵守成宪。如走失捉获人,即具名申尚书省,别作行遣。

出处:《建炎以来系年要录》卷一六四。又见《宋会要辑稿》刑法四之四七。

钱物纲运赏格诏
（绍兴二十三年四月二十六日）

敕:诸路钱物纲运赴行在,昨缘道路梗涩,及朝廷支降钱物往他处,并外路合发行在钱物承指挥支移应副别州郡屯驻军兵,及总领所等差官押到钱物,节次以纽计,推赏太优。今来道路通快,比前日不同。今后管押逐色纲运如无欠损违程,并依见行赏格上减半推赏;二人已上管押,依条分受。余依见行条法指挥。

出处:《宋会要辑稿》食货四五之一八。

令臣僚举所知诏
（绍兴二十三年五月一日）

昔汉命公卿,荐延特起之士;唐设科目,待遇非常之才。言备究于天人,道或侔于伊吕。暨皇朝之稽古,建制举以兴贤。萃人物于一时,轶治功于二代。朕绍休谟烈,注意方闻。颁诏札以屡求,阅公车而未集。兹当大比,申饬迩臣。举尔所知,择四方之豪隽;辅朕不逮,应三道之谘询。庶敷纳于谠言,以章明于洪业。其承敦谕,来副虚怀。

出处:《宋会要辑稿》选举一一之二五。

王珏除湖南提举制
（绍兴二十一年九月至绍兴二十三年六月间）

国家以仓储之利敛散邦财,以林盐之饶阜通货政。立为成宪,具在有司,外台总之,非才莫济。尔之使浙右也,锐于集事,备著能声。今按湖湘,讵劳余刃。地无远近也,事无剧易也,一路之寄,其重则均。毋过于立威,毋慢于奉法。政成民听,朕不汝忘。

出处:《海陵集》卷一七。

撰者:周麟之

考校说明:编年据周麟之任两制时间、王珏宦历补,见《建炎以来系年要录》卷一六四。

江东等路押纲人赏格诏
（绍兴二十三年六月五日）

江东、西、湖南、北、淮南路诸州军今后起发米料无运至下卸处,差募文武官校副尉并未出官选人及不应差出官,依见行酬赏指挥,止各与三分内减一分。

出处:《宋会要辑稿》职官二六之一九。

从军使臣校尉付身及犯罪事诏
（绍兴二十三年六月七日）

敕:从军使臣、校尉自绍兴九年以前,承受到宣抚司札子绫牒,因功赏便宜补转官资之人,今来出限未曾换给朝廷告敕,依绍兴十四年二月六日指挥不许理当付身。若有犯罪,比附绍兴三年三月十五日指挥。应朝廷许便宜从事,实因功劳先次拟补官之人有犯,依摄诸州助教法,犯赃私罪杖、公罪徒以下并赎,若有其余罪犯,即仰开具情犯,依条奏裁断遣。

出处:《庆元条法事类》卷七六。

复置光禄寺人吏诏
(绍兴二十三年六月十日)

工部铸造光禄寺印一面行使,并差胥佐一名、贴司二名,其光禄寺丞请给、人从并依太府寺寺丞人吏见今请给则例支破。

出处:《宋会要辑稿》职官二一之七。

齐旦除枢密院检详文字制
(绍兴二十三年六月十四日)

朕以枢机之地,实管万微,简任属僚,参裨密画,非素以详慎自处者,乌能称斯选哉? 尔沈邃之资操尚端悫,周旋省户,莅事有数马之恭。俾以才升,列之右府。惟审固足以协运筹之余议,惟精勤足以考经武之旧规。兹尔所长,往哉毋懈。

出处:《海陵集》卷一七。
撰者:周麟之
考校说明:编年据《建炎以来系年要录》卷一六四补。

仓库交卸纲运折欠事诏
(绍兴二十三年六月十八日)

应仓库交卸纲运折欠,并即时具名色数目申解所属。见得有侵盗贸易之弊,即送大理寺推治。其过误损失,并押下元起纲处依法施行。

出处:《宋会要辑稿》食货六二之一六。又见同书职官二六之一九、食货五一之二八、食货五三之三。

王珏除湖北运判制
(绍兴二十三年六月二十四日)

部使者之设,或总漕计,或按祥刑,或经理财货。第其能者,各以次升。用人之方,朕心庶几矣。尔名臣之胄,家学未沦。自励其才,志乎兴利。及按浙右,吏奸慑焉。徙之湖湘,能以静治。输将之寄命汝,恪守诏条,毋为民扰。可。

出处:《海陵集》卷一三。
撰者:周麟之
考校说明:编年据《建炎以来系年要录》卷一六四补。

史才除右谏议大夫制
(绍兴二十三年七月三日)

朕稽古乂政,临朝听忠。念侍从之臣,惟谏大夫实专于论议;而治安之世,虽明天子不废于箴规。我得其人,登于近列。具官某学笃自信,行高弗渝。誉素闻乎胶庠,身几老于州县。比直谏省,屡陈谠言。宜升禁路之华,俾服争臣之首。隆宽广直,朕方推延纳之诚;纠谬绳愆,尔尚磬切劘之义。懋迪予训,益殚厥心。可。

出处:《海陵集》卷一三。
撰者:周麟之
考校说明:编年据《建炎以来系年要录》卷一六五补。

魏师逊除侍御史制
(绍兴二十三年七月三日)

朝廷类群才,而升处宪台者必端方之士;御史分三院,而治位横榻者称雄剧之官。既遴简之匪轻,亦褒迁之有序。尔论必据正,气能养刚。顷繇六察之联,共持乎邦法;今以副端之望,独纠于官邪。践历有闻,深嘉乃绩。宜进司于柱下,益增重于朝端。国之纪纲系尔正而中外肃,予之耳目繄尔明而贤佞分。往惟勉哉,毋替厥守。可。

出处:《海陵集》卷一三。

撰者:周麟之

考校说明:编年据《建炎以来系年要录》卷一六五补。

平江府等被水下户夏税权住催理诏
(绍兴二十三年七月五日)

平江府、湖、秀州实被水贫乏下户,未纳夏税,并权住催理,俟秋成日输纳。

出处:《建炎以来系年要录》卷一六五。

史聿潼川府路转运判官制
(绍兴二十三年正月至八月间)

具官某:一万里坤维之远,重委寄于外台;十五州梓路之饶,择将输于漕计。以尔材华自奋,政术甚优。安居、临邛之民,皆资抚字;南充、金水之郡,并茂藩宣。眷惟剑川之东,上直参宿之度,去此端朝之邈,统于所部之繁。岂惟转饷以足国裕民,盖当刺举而扬清激浊。不轻责任,往励猷为。

出处:《东牟集》卷七。

考校说明:编年据《建炎以来系年要录》卷一六五、《四川盐法志》卷二八补。王洋此时未任两制,此文当为《东牟集》误收。

曾愭知庐州制
(绍兴二十三年九月前)

朕惟兵休以来,淮西数千里之地脱于战冲,拊摩岁深,民亦用乂。今庐江虽号方面,然事简而官最逸,俗淳而教易孚,典藩之臣可卧而治。以尔学广器裕,优于牧民。自荆易夔,卓见才刃。深惟制阃之旧,久矣祠庭之闲。老而拨烦,尚有余地。矧是肥水,岂劳刲裁。尔惠下,则流移复而户口增;尔敦本,则耕稼兴而田野治。勉集斯效,仁观厥成。可出处:《海陵集》卷一三。

撰者:周麟之

考校说明:编年据《建炎以来系年要录》卷一六五补。

孙汝翼除成都府路运副制
(绍兴二十一年九月至绍兴二十三年九月间)

朕审处群材,递更剧寄。乘轺之吏,或剖符而临帅藩;颛阃之臣,或分道而将使指。所用虽异,均为得人。以尔学富才通,志操廉亮。顷由奎府,三易外台。莅事刚明,累著风绩。拥麾南夏,报政有成。惟石门剑阁之名区,距荆非远;有流马木牛之旧制,于蜀可稽。趣驾星车,往其护漕。祗予成命,毋惮远劳。可。

出处:《海陵集》卷一三。

撰者:周麟之

考校说明:编年据周麟之任两制时间、孙汝翼官历补,见《建炎以来系年要录》卷一六七。

张子颜子正子仁并除直显谟阁制
(绍兴二十一年九月至绍兴二十三年九月间)

朕惟宿将重望,以功名自全。眷礼不忘,往幸其第。诸子俨列,闾阎焉有向儒之风。朕甚嘉之。西清谟训之藏,中秘图书之府,尔固尝寓直乎其间矣。六阁之设,名器有差。顾虽时髦,必以序进。今兹超授,式表异恩。勉其操修,服我褒宠。可。

出处:《海陵集》卷一三。

撰者:周麟之

考校说明:编年据周麟之任两制时间、张子颜等人官历补,见《建炎以来系年要录》卷一四四、卷一九四。

敷文阁直学士晁谦之磨勘制
（绍兴二十一年九月至绍兴二十三年九月间）

考绩之法，自大夫而上至于朝议，员则有定数矣。庶官泥于格而不得进，侍从因其最而与之升，兹旧制也。具官某粹文雅量，能世其家。顷游禁除，盖尝以儒学入侍。屡典藩郡，丐闲自颐。有司校年，当以序进。秩冠六品，亦足以增延阁之重，而彰官阅之优焉。尚乐燕休，毋忘明陟。

出处：《海陵集》卷一六。

撰者：周麟之

考校说明：编年据周麟之任两制时间、晁谦之宦历补，见《建炎以来系年要录》卷一五七、卷一六七等。

梁汝嘉磨勘转官制
（绍兴二十一年九月至绍兴二十三年九月间）

《周官》驭贵，实为八柄之先；《虞典》陟明，必限三年之久。朕若稽往制，恪守彝章。傤庸历之无愆，岂升崇而敢后？具官某受材肤敏，赋性疏通。弹压推天府之能，断割蔼地官之誉。粤从均佚，傍彭泽以奉崇祠；屡沐疏恩，裂缙云而赐锡壤。会兹岁课，已应邦常。其升四品之官，仍赍八命之爵。往其祗服，嗣有宠褒。

出处：《海陵集》卷一九。又见光绪《宣平县志》卷一三。

撰者：周麟之

考校说明：编年据周麟之任两制时间、梁汝嘉卒年补，见周必大《平园续稿》卷二九《梁汝嘉神道碑》。

行在官司断配罪人事诏
（绍兴二十三年九月二日）

自今行在官司断配罪人应隶本州本城者，并配近行在州。其已配隶者，令所属配出门。

出处:《建炎以来系年要录》卷一六五。

人户认识营田偿工本钱给还诏
(绍兴二十三年九月十二日)

诸路州军营田,遇有人户识认营田,与依刘宝军装例偿工本钱给还。

出处:《宋会要辑稿》食货六三之一一八。

御前军器所官吏推恩诏
(绍兴二十三年九月二十八日)

御前军器所绍兴二十二年制造过御前降样宣赐诸军朝廷枢密院泛抛诸色军器,及创造添修雅饰过大礼仪仗五辂等,并各精碻,依例合推恩赏。应本所官吏、专副、作典、甲头、监作亲事官、工部军器案人吏、开入内中工匠,并特与转一官资;内碍止法人,特与转行;不及全年人纽计推赏;余人增倍犒设一次。

出处:《宋会要辑稿》职官一六之九。
考校说明:"二十三年"原作"十三年",据原书前后文系年及文中内容改。

进讲尚书终篇推恩诏
(绍兴二十三年十一月七日)

进讲《尚书》终篇,讲读官以下可依《孟子》终篇例推恩。内人吏无资可转人,候有官日收使,愿换支赐者听。

出处:《宋会要辑稿》崇儒七之六。又见《中兴礼书》卷二〇九。

给御前司寄养御前马驴料诏
(绍兴二十三年十一月十六日)

殿前司寄养御前马、驴二百三十头,令户部行下勘给官司,每头支草半束、料五升,就本处寄养御前良马草料历内批勘。今后遇有开收,并依良马体例关报粮审院支破施行。

出处:《宋会要辑稿》职官三二之五二。又见《宋会要辑稿补编》第四一二页。

诸军保任统制官在职十年无过者进秩诏
（绍兴二十三年闰十二月十七日）

三衙管军及御前诸军都统制官,保明逐军统制官供职满十年、无公私过犯之人,申枢密院取旨,与转行一官,至承宣使依条回授。

出处:《宋会要辑稿》职官三二之三七。又见《建炎以来系年要录》卷一六五。

高宗朝卷二十八　绍兴二十四年(1154)

令以八月五日锁院十五日引试诏
(绍兴二十四年正月二十日)

今后国子监、临安府、两浙转运司与诸路州军并转运司,依条并以八月五日锁院,十五日引试。

出处:《宋会要辑稿》选举一六之九。又见《宋会要辑稿补编》第四八四页。

四川酒务监官磨勘诏
(绍兴二十四年正月三十日)

四川酒务监官,今后四万三万贯以上场务,增及一倍,减一年磨勘;二倍,减二年磨勘;三倍,减三年磨勘;四倍,减四年磨勘。二万一万贯以上场务,增及一倍,减三季磨勘;二倍,减一年半磨勘;三倍,减二年磨勘;四倍,减三年磨勘。七千贯以上场务,增及一倍,升三季名次;二倍,减一年磨勘;三倍,减一年半磨勘;四倍,减二年磨勘。七千贯以下场务,增及一万贯,减一年磨勘;二万贯,减二年磨勘;三万贯,减三年磨勘;四万贯,减四年磨勘。

出处:《宋会要辑稿》食货二〇之二〇。

将修内司空地打筑入皇城门诏
(绍兴二十四年二月一日)

丽正外东壁有修内司空地,仰殿前、马、步三司各差辎重军兵一千人,就用见在砖土,打筑入皇城门。

出处:《宋会要辑稿》方域二之一九。

临安府已配盗贼逃走复回者罚以重役诏
（绍兴二十四年二月二十三日）

临安府今后捕获正犯盗贼已行断配、逃走复回、合该展配之人,并以合配地里,依绍兴二十三年已降指挥,分配池州、鄂州都统制军下重役,各以所配州屯驻军重役刺字,常切监管,毋致走逸。

出处:《宋会要辑稿》刑法四之四七。又见同书同页。

右承奉郎田公辅转两官除直秘阁赐紫章服制
（绍兴二十四年二月二十三日）

汝父董上流之寄今二十年矣,为国长城,朕欲见而未能也,故趣觐其子,致朕意焉。叠进文阶,寓荣中秘,金章紫绶,并华尔身。式遄其归,无怠忠孝。

出处:《永乐大典》卷一三四九九。
撰者:洪遵
考校说明:编年据《宋会要辑稿》选举三四补。"田公辅",《宋会要辑稿》选举三四、《建炎以来系年要录》卷一六六均作"田公弼"。此时洪遵未任两制,此文作者或非洪遵。

举人理举诏
（绍兴二十四年二月二十四日）

今后请到解或理年举依条免解举人合该赴省试,内有不及之人,与比附定例,免经所属陈乞召保,理为到省得一举。得解举人若后举还试下,与理作今举年分试下举数。如不愿还试,亦理为到省试一下举。

出处:《宋会要辑稿》选举一六之九。又见《宋会要辑稿补编》第四八四页。

刘氏进封婕妤亲属并本位官吏推恩诏
(绍兴二十四年二月二十四日)

进封亲属并本位官吏依例合行推恩。叔保义郎、阁门祗候勤与转两官,忠翊郎愿特除阁门祗候,僧悟正与补左街僧录,弟允升特于遥郡上转行两官,候服阕日收使,堂弟承节郎允中、承信郎允恭各与转两官,允迪与补承信郎,堂妹夫张文中与补承信郎。本位官吏等两经进封,各特与转两官资,合寄资者依碍止法人特与转行。

出处:《宋会要辑稿》后妃四之一七。

试礼部奏名进士制策
(绍兴二十四年三月八日)

朕承烈圣之休,偶中否之运。遗大投艰,罔知攸济,赖天悔祸,中外宁一。及间暇之时,延见儒生,博询当务。子大夫衮然咸造,其精思经术,详究史传,具陈师友之渊源,志念所欣慕,行何修而无伪,心何治而克诚。不徒观子大夫之立志,抑国家收取士之实效,夫岂小补? 其详著于篇,靡有所隐。

出处:《宋会要辑稿》选举八之七。

士大遗表恩泽诏
(绍兴二十四年三月十七日)

士大上遗表,可依士会例赠官进爵。弟士谞、士奇各特转行一官,男不諆与转行两官,不赋、不諭并特与除直秘阁,不骋、不告、不刭并特改次等合入官,并幼男二人与赐名补官,仍拨赐绍兴府山阴县天衣寺充功德院。

出处:《宋会要辑稿》帝系六之二二。

赐进士秦埙转官诏
(绍兴二十四年四月三日)

秦埙转三官,兼实录院修撰,许陈乞亲属章服一名。

出处:《宋会要辑稿》选举二之一八。

及第进士第一人张孝祥授官诏
(绍兴二十四年四月十五日)

以及第进士第一人张孝祥为左承事郎、签书镇东军节度判官厅公事。

出处:《宋会要辑稿》选举二之一九。

州县受纳物帛不得徇私诏
(绍兴二十四年四月十八日)

户部申严行下,仰监司觉察按劾。如失觉察,令御史台弹奏,仍许人户越诉。

出处:《宋会要辑稿》食货九之六。

赵不屈降一官制
(绍兴二十四年五月五日)

原标:绍兴二十四年五月五日敕节文:常州勘到承节郎赵不屈为打死人力时义特降一官,元定私罪杖情理稍重。

敕具官某:仆隶犯上,固当深惩,榜而毙之,则太甚矣。镌官一等,继此无然。可。

出处:《掖垣类稿》卷三。
撰者:周必大
考校说明:周必大《掖垣类稿》明抄本、四库本等本所收制词直以叙事为题,因此多数标题甚长。清欧阳棨刻本(即本书所用底本)则另拟短题,而将原有长题加上"原标"字样,本书从之。清欧阳棨刻本未标注时间的制词,部分可据明抄本、四库本补充时间,以下不再一一注明。需要特别说明的是,《掖垣类稿》所收制词原标注的时间有一部分早于周必大任外制的时间,这是因为"所谓词命,急者数日,缓或累月",因此"绍兴壬午秋,必大以起居郎被旨兼摄,旧积词头颇多,在职才逾半年,而草二百九十六制"(《掖垣类稿序》)。对于原已标注时间的制词,本书编年时以原时间为准。然周必大绍兴三十二年九月始以起居郎兼中书舍人,与本制所标绍兴二十四年相距甚远,不知本制是否为《掖垣类稿》误收。

令有司措置减免四川钱物合行事手诏
(绍兴二十四年六月二十一日)

息兵专以为民,四川州县虽屡降指挥减免钱物,以宽民力,尚虑措置未尽。委制置司、总领所同共方便措置,务在不妨军食,可以裕民事,逐一条具申尚书省取旨。

出处:《建炎以来系年要录》卷一六六。又见《宋史》卷三一《高宗纪》。

许临安知府荐举点检赡军酒库官属诏
(绍兴二十四年六月二十二日)

知临安府兼点检赡军酒库,即与两浙漕臣兼领上件职事一同,许令荐许令。

出处:《宋会要辑稿》食货二〇之二〇。

国子学生住学实历打食不及一年者取解事诏
(绍兴二十四年七月四日)

国子学生住学三年内,实历打食不及一年之人,遇取应日,别立字号,依宣和指挥,以八人有奇解一人。

出处:《建炎以来系年要录》卷一六七。

复置黎州等三处博易场诏
（绍兴二十四年七月八日）

复置黎州在城、雅州碉门、灵关两寨三处博易场,委四川提举茶马司专一提举。

出处:《宋会要辑稿》食货三八之三七。

州郡措置事须开具闻奏诏
（绍兴二十四年七月二十一日）

今后州郡合措置事,须管逐一开具闻奏,委监司觉察,御史台弹劾。

出处:《建炎以来系年要录》卷一六七。

修盖天章阁了毕推恩诏
（绍兴二十四年十一月三日）

临安府修内司修盖天章等阁了毕,第一等转行一官,仍减二年磨勘;第二等转一官;第三等减三年磨勘。

出处:《宋会要辑稿》方域二之一九。

放免诸路州军未起诸色钱物诏
（绍兴二十四年十一月四日）

诸路州军未起诸色钱物并拖欠上供米斛、积欠租税等,除形势暨监司州县公吏乡司及第二等以上有力之家未纳数外,并与放免,至二十年终。令州军销落簿籍,监司检察。

出处:《建炎以来系年要录》卷一六七。

张孝祥初补承事郎授镇东签判诰
(绍兴二十四年十一月十日)

敕赐进士及第张孝祥:朕敕天之命,夙夜祗惧,兹亲策多士于庭,尔以正对,发明师友渊源之义,深契朕心。擢冠群英,金言惟允,授尔京秩,赞画辅藩,此我朝待抡魁彝典也。往钦初命,益务培养,器业将于此乎观。可补承事郎,特差签书镇东军节度判官厅公事。

出处:《于湖居士集》附录。

王珉除右正言施钜除参知政事郑仲熊除签书枢密院事手札御书
(绍兴二十四年十一月十五日前)

王珉除右正言,日下供职;施钜除参知政事,郑仲熊除端明殿学士、签书枢密院事,并日下供职。郑仲熊合得恩数,并依执政例施行。

出处:《宝真斋法书赞》卷二。
考校说明:编年据王珉、施钜、郑仲熊官历补,见《建炎以来系年要录》卷一六七。本诏为"高宗皇帝除目手札御书"其中一种,注曰"案:前标题注及后跋语作十一幅,此分为七,或有缺佚与误连之处,今并仍其旧"。原书将此诏与"王睰除敷文阁待制、知临安府,日下供职"合为一诏,而王睰卒于绍兴十七年(见《建炎以来系年要录》卷一五六),故此诏与"王睰除敷文阁待制、知临安府,日下供职"非同一诏。

临安府使臣管押编配广南并远恶州罪人赏罚格诏
(绍兴二十四年十一月二十二日)

今后临安府所差使臣管押编配广南并远恶州罪人,及两次押到编配所别无疏虞,与减一年磨勘;在路有死损人数及两次,与展一年磨勘。其管押编配千里以上罪人,及两次押到配所交管,与减半年磨勘;如在路有死损人数及两次,与展半年磨勘。以上展、减磨勘对行比折外,理数赏罚并至二年止,余依见行条法施行。

出处：《宋会要辑稿》刑法四之四八。

高宗皇帝马政兵事手札御书
（绍兴二十四年十二月二日前）

西和州宕昌县、阶州峰铁峡两处买马场，每岁起发纲马赴枢密院，押纲使臣往往不得其人，因公自私，喂养失时，多致倒毙。可自二十五年为始，循环拨付殿前、马、步三司。如二十五年并拨付殿前司，二十六年分拨付马步军司，二十七年却拨付殿前司，周而复始，皆循此三年为例。仍自今后，令逐司当拨马年中，每一纲选差有心力使臣一员，军兵三十人，就买马场团纲起发，直赴枢密院交纳，赏罚依已降指挥。每二十纲更差将官一员，量带白直鞍马，管押使臣、军兵，提点纲马，通计分数，比附赏罚。差去官兵与每日添破本等驿券钱米，往回批请。所经由州县，仰豫行椿办钱粮草料，不得临时阙误。如有少阙去处，仰押纲使臣径申枢密院取旨。西和州岩昌买马处，夏月山水泛涨，道路艰恶，马多损毙。可都大茶马司说谕买马客人，自今后遇四月一日闭场住买，至八月一日开场收买。所用茶须管豫期津发在场，无令阙少阻滞客人。付秦桧。

出处：《宝真斋法书赞》卷二。
考校说明：编年据《建炎以来系年要录》卷一六七补。

令殿前马步三司循环起发西和州
宕昌县阶州峰贴硖纲马诏
（绍兴二十四年十二月二日）

西和州宕昌县、阶州峰贴硖两处买马场，每岁起发纲马赴枢密院，押纲使臣往往不得其人，喂养失时，多致倒毙。可自二十五年为始，循环拨付殿前马步三司。如二十五年并拨付殿前司，二十六年分拨付马步军司，二十七年却拨付殿前司。周而复始，皆循此三年为例。仍令逐司当拨马年中，每一纲选差有心力使臣一员、军兵三十人，就买马场团纲起发，赴枢密院交纳。赏罚依已降指挥。

出处：《宋会要辑稿》兵二四之三七

编管之人许充厢军诏

(绍兴二十四年十二月二十三日)

诸路州军如有编管之人愿充厢军者听。

出处:《宋会要辑稿》刑法四之四八。

高宗朝卷二十九　绍兴二十五年(1155)

令吏部疾速差注见阙知县诏
（绍兴二十五年二月一日）

诸路见阙知县去处，令吏部疾速差注。如无人愿就，令本路帅臣、监司同共保明辟差一次。

出处:《建炎以来系年要录》卷一六八。

皇后閤官吏并诸色人到閤及十年推恩诏
（绍兴二十五年三月二日）

皇后閤官吏并诸色人到閤及十年，祗应有劳，依旧例合行推恩。可各与转一官，碍止法人特与转行，愿回授者听，寄资者依旧寄资。其余见在閤官吏、诸色祗应人未及十年者，可自到閤月日理及十年，令本閤保明申尚书省，依今降指挥推恩。今后准此。

出处:《宋会要辑稿》后妃二之一〇。

责罚张士襄张海诏
（绍兴二十五年三月二日）

尚书左司郎中张士襄奉使不肃，可罢见任；其虞候张海打损控马人，送大理寺断遣。

出处:《建炎以来系年要录》卷一六八。

西和州宕昌买马许客人从便博买诏
(绍兴二十五年三月十四日)

西和州宕昌买马,自来用茶博买,缘客人艰于般运,却将茶于私下博绢前去。可令茶马司措置,自后兼用茶、绢,听客人从便博买。

出处:《宋会要辑稿》职官四三之一〇八。

令文思院制造一石斛颁降诸路依样制造行使诏
(绍兴二十五年四月四日)

令文思院制造一石斛,较定,明用火印,工部颁降诸路转运司,依省降样制造,用印,付所辖府、州、军、监、县、镇受纳行使。如有违戾,按劾施行。

出处:《宋会要辑稿》食货六九之一一一。

四川科举别差考试刑法官诏
(绍兴二十五年四月十二日)

四川制置司每三年科举,就类省院别差应格考试刑法官二员,专一校试。

出处:《建炎以来系年要录》卷一六八。

诸路知通拘收无额钱物减磨勘诏
(绍兴二十五年四月十六日)

诸路州军知、通今后拘收无额钱物及一万贯,与减一年半磨勘;及一万五千贯以上,与减二年磨勘;如止及五千贯,依已降指挥与减一年

出处:《宋会要辑稿》食货六四之六四。又见同书食货三五之三一。

典卖舟船条约诏
(绍兴二十五年四月二十六日)

今后典卖舟船,若减落价贯投税印契,依典卖田宅法。

出处:《建炎以来系年要录》卷一六八。

罢州县税场名色重复者诏
(绍兴二十五年五月二日)

州县税场名色重复,有逾常法者,令有司条具,一切罢去。辄复遣人搜逻骚扰及于格法外别立赏钱者,悉行禁止。仍委监司长吏常切觉察。如有违戾,按劾以闻。

出处:《宋会要辑稿》食货一七之四一。 又见《宋会要辑稿补编》第六八一页。

赐刘锜田诏
(绍兴二十五年五月二十六日)

武泰军节度使刘锜累立战功,家无产业,理宜优恤。特与支给真俸,仍拨赐荆湖南路官田一百顷,及应副牛具种粮。

出处:《宋会要辑稿》食货六一之四九。 又见《建炎以来系年要录》卷一六八。

汤思退除签书枢密院事手札御书
(绍兴二十五年六月五日前)

汤思退除端明殿学士、签书枢密院事,日下供职。汤思退合得恩数,并依执政例施行。

出处:《宝真斋法书赞》卷二。
考校说明:编年据《宋史》卷二一三《宰辅表》补。本诏为"高宗皇帝除目手札御书"其中一种。

董德元除吏部侍郎王珉除礼部侍郎张扶除右正言
徐矗除殿中侍御史手札御书
（绍兴二十五年六月十一日前）

董德元除吏部侍郎，王珉除礼部侍郎，张扶除右正言，徐矗除殿中侍御史，并日下供职。

出处：《宝真斋法书赞》卷二。

考校说明：编年据《建炎以来系年要录》卷一六八补。本诏为"高宗皇帝除目手札御书"其中一种。

王汉臣李大授转官诏
（绍兴二十五年六月十二日）

武功大夫、吉州团练使王汉臣两任簿书，官满，合转两官，特与见今遥郡上转行一官；武功郎李大授簿书官三年满，合转一官，特与见今官上转行一官。

出处：《宋会要辑稿》职官三四之七。

董德元除参知政事手札御书
（绍兴二十五年八月十一日前）

董德元除参知政事，日下供职。

出处：《宝真斋法书赞》卷二。

考校说明：编年据《宋史》卷二一三《宰辅表》补。本诏为"高宗皇帝除目手札御书"其中一种。

人户身丁免丁钱特放一年诏
（绍兴二十五年八月十一日）

人户身丁免丁钱可特放一年，以御前钱依数还户部。

出处:《宋会要辑稿》食货六六之三。

放免都督府所置官庄及牛租诏
（绍兴二十五年八月十四日）

都督府所置官庄及牛租可日下放免，今后不得起理，元降指挥更不施行。

出处:《建炎以来系年要录》卷一六九。又见《宋会要辑稿》食货六三之一一九、职官三九之一一。

工部尚书陈康伯兼龙图阁学士敕
（绍兴二十五年八月十九日）

朕承先帝之丕业，居其宫室，服其器用，常惧不称，而何敢有加焉！惟是军国之备，凡仰于百工者，乃以诱于冬官。有事于斯，尚识朕意。陈康伯奋自儒术，蔚为闻人，历帅诸藩，常试事典，才有余裕，所居见称，而惟司空之官艰于其人，兹命尔以厥官兼内阁之重，勉率是职。外以成尔缮治之劳，内以全予恭俭之志。可。

出处:《湘管斋寓赏编》卷一，美术丛书本。

依条还给臣僚合得紫衣师号恩例诏
（绍兴二十五年八月二十六日）

臣僚合得紫衣师号恩例，昨因住卖，权停给赐。可令有司依条还给。宰执恩数除落职等拘碍外，其合检举者令有司检举，今后与免厘革。

出处:《宋会要辑稿》职官一三之三四。又见《建炎以来系年要录》卷一六九。

占城国进奉人支赐诏
（绍兴二十五年九月三十日）

　　占城国进奉人支赐,见:使紫罗宽衫、小绫宽汗衫、大绫夹袜头袴、小绫勒帛、一十两金腰带、幞头、丝鞋、衣着三十匹、紫绮被褥毡一;副使紫罗宽衫、小绫宽汗衫、大绫夹袜头袴、小绫勒帛、七两金腰带、幞头、丝鞋、衣着二十匹;判官各罗宽衫、绢汗衫、小绫夹袜头袴、一十两金花银腰带、幞头、丝鞋、衣着一十匹;防援官各紫官絁衫、绢汗衫、绢夹袜头袴、绢勒帛、幞头、麻鞋、衣着七匹。辞:使紫罗窄衫、小绫窄汗衫、小绫勒帛、银器五十两、衣着三十匹;副使紫罗窄衫、小绫窄汗衫、小绫勒帛、银器三十两、衣着二十匹;判官各紫罗窄衫、银器一十两、衣着一十匹;防援官各银器七两、衣着五匹。

出处:《宋会要辑稿》礼六二之六六。

明年民户二税不得合零就整诏
（绍兴二十五年十月四日）

　　绍兴二十六年分民户二税,不得合零就整,令户部行下诸路监司州军遵守。如有违戾,许经尚书省越诉。

出处:《宋会要辑稿》食货七〇之四四。又见《建炎以来系年要录》卷一六九。

占城进奉人到阙事诏
（绍兴二十五年十月八日）

　　占城进奉人到阙,在驿主管诸司官就差监驿官与临安府排办事务官同共管干,疾速施行。

出处:《宋会要辑稿》职官三五之一五。

秦桧乞致仕答诏
（绍兴二十五年十月十七日）

卿比失调护,日冀勿药之喜。遽览封奏,深骇听闻！其专意保摄,以遂平复,副朕所望。

出处:《建炎以来系年要录》卷一六九。

秦熺乞致仕不允诏
（绍兴二十五年十月十八日）

朕方赖卿父子同心合谋,共安天下,岂可遽欲舍朕而去,效汉二疏哉！

出处:《建炎以来系年要录》卷一六九。又见《宋宰辅编年录》卷一六。

秦桧再乞致仕不允诏
（绍兴二十五年十月十九日）

丙吉有病,夏侯胜预知必愈,谓有阴德者必飨其寿,以及子孙。卿独运庙堂,再安宗社,元勋伟绩,著在旂常,过吉远矣。兹微爽于节宣,曾何伤于气体？矧今朝廷恃以为轻重,天下倚以为安危。卿其保精神,省思虑,勿药之喜,中外所期。纳禄自陈,岂朕所望！所请宜不允。

出处:《三朝北盟会编》卷二一九。又见《建炎以来系年要录》卷一六九,《宋宰辅编年录》卷一六。

秦熺再乞致仕不允诏
（绍兴二十五年十月二十日）

宗社再安,卿与有力。方将同德之求,遽有纳禄之请,非朕所望。勿复有陈。

出处:《建炎以来系年要录》卷一六九。

戒饬民间医药诏
(绍兴二十五年十月)

访闻今岁患时气人,皆缘谬医例用发汗性热等药,及有素不习医、不识脉症,但图目前之利,妄施汤药,致死者甚众,深可悯怜。据医书所论,凡初得病患,头痛、身热、恶风、肢节痛者皆须发汗。缘即今地土气令不同,宜服疏涤邪毒,如小柴胡汤等药,得大便快利,其病立愈。临安府可出榜,晓示百姓通知。

出处:《咸淳临安志》卷四〇。

张纲落致仕制
(绍兴二十五年十月后)

七十而归政,古之道也。古之人亦惟曰无以事劝耆老云耳,然至于寿考康宁,抱道怀德,而谙练治体者,则赐之几杖,乞言询事,不懈夙夜,安有听其引年而去,不知宝贵如我今者!具官某,时之耆杰,朕所体貌,给事东台,迨兹二纪,而凛然风声,犹著搢绅之间。不为朕留,以老自请,亦既许之矣。载惟老臣之居国,譬如合抱之乔木,封植成材,岂一日积!知材不顾,人谓朕何!是用起之丘园,引对便殿,使朕不失贪贤之美,而卿有不忘君之忠,岂不休哉!安车肯来,副我虚伫。

出处:《华阳集》卷四〇《张公行状》。

郊祀前二日朝献景灵宫圣神天尊大帝册文
(绍兴二十五年十一月十七日)

钦惟真祖,浚发寿丘。实肇庆源,景命有仆。涓刚至日,修报上圆。亿万斯年,永隆丕祚。

出处:《中兴礼书》卷三一。

郊祀前一日朝飨太庙祖宗帝后册文
(绍兴二十五年十一月十八日)

维宋受命,圣圣相承。肆及眇躬,获缵丕绪。天地并况,芝成灵华。葳事觚坛,肃若旧典。是用孝飨,保祚无疆。

出处:《中兴礼书》卷三一。

郊祀飨昊天上帝册文
(绍兴二十五年十一月十九日)

皇矣上帝,右序炎图。荷天之休,诸福毕至。聿修大报,燔柴泰坛。匪今斯今,缉熙纯嘏。

出处:《中兴礼书》卷三一。

郊祀飨皇地祇册文
(绍兴二十五年十一月十九日)

至哉坤元,厚德载物,并佑我宋,申锡无疆。升禋紫坛,合祛严报。夙夜基命,益燕昌图。

出处:《中兴礼书》卷三一。

郊祀飨太祖皇帝册文
(绍兴二十五年十一月十九日)

天有成命,皇祖受之。佑迹开基,配天其泽。恭承禋祀,爰熙紫坛。侑飨惟严,克昌厥后。

出处:《中兴礼书》卷三一。

郊祀飨太宗皇帝册文
(绍兴二十五年十一月十九日)

下武继天,无竞惟烈。德垂后裔,百世其承。迎至天正,躬修美报。永言配命,降福孔皆。

出处:《中兴礼书》卷三一。

南郊赦文
(绍兴二十五年十一月十九日)

门下:朕膺申命之休,履中兴之运。惟发祥流庆之既远,敢昧灵承;念创业守文之为难,每勤绍复。储精神而听断,宝慈俭以化民。荷穹昊之降康,赖列圣之孚佑。五兵不试,寰宇阜安;百谷用成,刑罚清省。灵芝连叶于庙柱,昭朝飨之孝祥;嘉禾合颖于甸郊,备粢盛之洁荐。诸福毕至,岂朕敢当!是用敦报本反始之诚,备饬躬施教之义。维天神地祇之贵,祭莫重于合祛;维祖功宗德之隆,孝尤先于升侑。乃备乘舆之驾,乃率侍祠之臣。谒款殊庭,裸将太室。候黄钟之初气,奉紫时之明禋。礼三献而有仪,乐六变而告备。神光并见,协气横流。赉我思成,既秩精能之祀;配天其泽,爰施汪濊之恩。肆举邦彝,诞敷涣号。可大赦天下。於戏!事上帝而怀多福,益坚不已之纯;惠中国以绥四方,宜有大赉之庆。更赖爽邦哲辅,服采群工,共循宏远之模,永保安强之治。

出处:《宋朝事实》卷五。又见《玉海》卷一九七。
考校说明:此赦文内容已删,《宋会要辑稿》《建炎以来系年要录》载有所删部分内容,今录以备考:

免解进士昨缘散失案籍,增召保官二员。今来礼部自有文籍,除流寓无本贯士人外,与免增召保官。(《宋会要辑稿》选举一六)

勘会两浙、江东、淮路间有因风水伤损田苗去处,除节次已降指挥存恤赈粜外,委逐路漕司行下州县,不体至意检放失实,或漕司不为除豁,致人户虚受苗税,如有似此违戾去处,仰提刑司觉察按劾,仍许人户越诉。(《宋会要辑稿》食货一)

都督府所置官庄并牛租,近降指挥,日下放免,尚虑州县守令别作名色,依旧抑勒人户送纳,有失朝廷宽恤本意,仰诸路监司常切觉察。(《宋会要辑稿》食货

六三)

关市之征,系为商旅。访闻州县场务利于所入,以致士夫举子路费搜囊倒箧,不问多寡,一切拘栏收税,甚为苛密。可令监司、郡守严行禁止,不得依前违戾。诸州县场务差官置吏,自有定额,访闻州县往往违法添置监察官,增破请给,侵耗课额及税务,辄于额外增置专栏,将不合收税之物栏截重敛,骚扰百出,商旅受害。仰转运司逐一取见不应差置官吏人数,日下并罢。私置税场,节次指挥已令废罢,访闻州县尚有依旧存留去处,及于私小路邀截客旅,重迭收税,可令转运司契勘,日下改正。敢有违戾,按劾施行。(《宋会要辑稿》食货一七)

官员职田,在法以官荒及五年以上逃田拨充。访闻州县多不问年限拘占,人户既无业可归,多致流徙,或间有灾伤,须令依旧数输纳,甚者抑令过数,折纳见钱,民甚苦之。仰诸路提刑司体访,如有似此,依条改正、除放施行,仍不许收加耗。(《宋会要辑稿》职官五八)

夏秋二税催科自有省限,州县官吏多不遵奉条法,受纳之初,便行催督;蚕方成丝,即催夏税;禾未登场,即催冬苗。峻罚严刑,恣行棰楚,伤害百姓,莫此为甚。仰监司常切稽考,如有违戾,按劾申奏,重行责罚。(《宋会要辑稿》食货七〇)

人户身丁、僧道免丁钱,近降指挥放一年,已行约束,将已纳在官钱物理作来年合纳之数。尚虑州县巧以名色复行催理,仰诸路监司觉察。如有违戾去处,按劾以闻。(《宋会要辑稿》食货六六)

人户免行钱,已降指挥住罢。窃虑州县却循往年体例,时估亏价买物及为民害。虽已行约束,尚恐违戾,仰监司常切觉察,按劾施行。(《宋会要辑稿》食货六四)

应命官缘事流放,累该敕宥,未曾施行,令刑部开具元犯因依申尚书省取旨。应刺面、不刺面配军编管羁管人等,内命官具元犯因依闻奏;其永不移放人,祖父母、父母年八十以上或笃疾者,保明以闻;其情巨蠹人,录元犯因依并自到后来有无过犯,开析奏裁,当议看详,特与量移。勘会进士因事送州军听读,并无放年限,实可矜怜,可令刑部看详,如元无的实罪犯,行下所在州军,并发归本贯听读。自今赦后及一年,别无公私过犯,给据放令自便取应。(《建炎以来系年要录》卷一七〇)

占城进奉人回日差韩全等伴送诏
(绍兴二十五年十一月二十一日)

福建市舶司差到使司韩全等八人,押伴占城进奉人到阙,回日可就差伴送前去。合得券钱,令临安府自到阙日照券批文。

出处:《宋会要辑稿》职官三五之一六。

占城进奉人到阙差官吏照管诏
(绍兴二十五年十一月二十一日)

占城进奉人到阙,已降旨挥客省置局主管,日轮官一员到驿照管。合破酒、菜、吃食等,依押伴官支破。其客省使臣、行首、承受典书、投送文字兵士各日支食钱,并合用纸札朱红,据数并令临安府支破。食钱自入驿日起支,起发日住支。

出处:《宋会要辑稿》职官三五之一六。

别赐占城国国信礼物诏
(绍兴二十五年十一月二十二日)

别赐占城国国信礼物:翠毛细法锦夹袄子一领,二十两金腰带一条,银器二百两,衣着绢三百匹,白马一匹,八十两闹装银鞍辔一副。所属制造讫,送祗候库打角,学士院封请御宝,付客省关送押伴所施行。因其遣使入贡,故以赐之。

出处:《宋会要辑稿》礼六二之六六。

诫谕大理寺官手诏
(绍兴二十五年十一月二十四日)

廷尉为天下平,而年来法寺惟事旬白,探大臣旨意,轻重其罪,致民无所措手足,玩文弄法,莫此为甚。比恐尚尔任情,亟罢旧吏,所冀端方之士详核审复,一切以法而不以心,俾无冤滥,副朕丁宁之谕。

出处:《建炎以来系年要录》卷一七○。又见《宋会要辑稿》职官二四之二三,《咸淳临安志》卷六。

戒饬士风手诏
（绍兴二十五年十一月二十六日）

近岁以来,士风浇薄,持告讦为进取之计,致莫敢耳语族谈,深害风教。可戒饬在位及内外之臣,咸悉此意。有不悛者,令御史台弹奏,当重置于法。

出处:《建炎以来系年要录》卷一七〇。又见《太平宝训政事纪年》卷五。

诚谕臣僚诏
（绍兴二十五年十一月二十六日）

监司、郡守,事无巨细,皆须奏闻裁决,毋得止上尚书省。臣僚荐举人才,必三人以上同荐。

出处:《宋史》卷三一《高宗纪》。

赏赐引伴占城进奉人韩全等诏
（绍兴二十五年十一月二十七日）

引伴占城进奉人使臣韩全等八人并译语二人,自泉州引伴并伴送前去,特与等第犒设一次。使臣韩全一百贯,与占射差遣一次,令吏部给据;译语二人各五十贯;衙前一名五十贯,手分一名三十贯,军兵五人各一十五贯,并令户部支给。

出处:《宋会要辑稿》职官三五之一七。

支占城进奉人押伴官等银绢诏
（绍兴二十五年十一月二十七日）

占城进奉人到阙,押伴官与依馆伴大金使副例减半支银、绢各一百匹两,充收买私觌。客省置局主管,与依国信所主管官例减半,每员支银、绢各二十五匹两,并令户部支给。其当行房分折食钱,令临安府依大金人使到阙例减半支给。

出处:《宋会要辑稿》职官三五之一七。

罗汝楫郊祀转官加食邑制
(绍兴十九年十一月后或绍兴二十二年十一月后或绍兴二十五年十一月后)

舜考三载,以致庶绩之熙;唐分四善,以参近侍之最。朕于法从之旧,固有眷恩之隆,至稽叙年,必率彝典。具官某怀器凝远,操履刚方。执法中司,风采见柏台之正;总纲八座,铨衡况金鉴之清。出守辅藩,丐游真馆。岁应选曹之格,时均禋祀之休,用升寄禄之阶,并衍爰田之赋。往祇渥典,无怠告猷。

出处:《东牟集》卷七。

考校说明:编年据南宋郊祀时间、文中所述"出守辅藩,丐游真馆"补,见《盘洲文集》卷七七《罗尚书墓志铭》等。王洋此时未任两制,此文当为《东牟集》误收。

诚约台谏官诏
(绍兴二十五年十二月一日)

台谏风宪之地,振举纪纲,纠逖奸邪,密赞治道。年来用人非据,与大臣为友党,而济其喜怒,甚非耳目之寄。朕今亲除公正之士,以革前弊。继此者宜尽心乃职,惟结主知,无更合党缔交,败乱成法。当谨兹训,毋自贻咎。

出处:《宋会要辑稿》职官五五之二一。又见同书职官三之五七,《建炎以来系年要录》卷一七〇,《咸淳临安志》卷五,《宋史》卷三一《高宗纪》。

令侍从举官诏
(绍兴二十五年十二月二日)

行在百司阙官甚多,可令侍从共举一二十人,务选真材实能,不得辄徇私意。倘不如所举,必罚无赦。

出处:《宋会要辑稿》选举三〇之三。又见《建炎以来系年要录》卷一七〇。

统兵官差破使臣军兵被赏转官条约御笔
（绍兴二十五年十二月五日）

应先统兵官差破使臣、军兵随年被赏以转官资者,不得以冒赏罪之。内代名人,依绍兴十三年四月八日指挥改正。今后准此。

出处:《建炎以来系年要录》卷一七○。

恭谢太一宫事诏
（绍兴二十五年十二月六日）

今来恭谢太一宫烧香,令依在京旧例仪范,陪位臣僚亦依旧制。

出处:《中兴礼书》卷四。

诫约买扑坊场遵依常平法诏
（绍兴二十五年十二月九日）

诸买扑坊场并遵依常平法施行,如有违戾去处,仰提举常平司检举改正。

出处:《宋会要辑稿》食货二一之一三。又见《建炎以来系年要录》卷一七○。

占城番首邹时芭兰加恩制
（绍兴二十五年十二月九日）

推恩以保四海,式昭博爱之仁;建国而亲诸侯,厥有疏封之典。肆诞扬于命绂,用敷告于廷绅。占城番首邹时芭兰节概沉雄,器怀明果。眷言懿德,守信顺而不渝;莫尔海邦,由忠勤以自厉。克辑宁于南服,尤向慕于中朝。兹修实贽之仪,适届阳郊之祀。有嘉诚款,爰焕宠章。锡以山川,尽付土疆之旧;授之旄节,聿临将阃之严。视爵秩于宪台,衍圭腴于井赋。以定甸畿之列,以隆千里之瞻。於戏!率由典常,既恪修于臣职;永为藩辅,尚承榦于王家。往迪令猷,益绥纯嘏。可特授金紫光禄大夫、检校司空、使持节琳州诸军事、琳州刺史、充怀远军节度观察留后、兼御史大夫、上柱国、占城国王、食邑一千户、食实邑五百户。

出处:《宋会要辑稿》蕃夷四之八一。

命官犯罪勘鞫已成令三省将上取旨诏
(绍兴二十五年十二月十一日)

命官犯罪,勘鞫已成,具案奏裁。比年以来,多是大臣便作已奉特旨一面施行。自今后三省将上取旨。

出处:《宋会要辑稿》职官一之五一。又见《建炎以来系年要录》卷一七○。

遇大礼荫补恩泽事诏
(绍兴二十五年十二月十二日)

该遇大礼,依格合得荫补恩泽二人,自绍兴二十五年为始,特与放行。

出处:《宋会要辑稿》后妃四之一七。

禁诸军统兵官私役军士诏
(绍兴二十五年十二月十八日)

比年诸军统兵官类多私役军士,至于托名回易赡军,以茶盐、布帛之属敷配,倍取价直,因致贫乏。可令刑部行下诸军,如或依前违犯,在内御史、在外委总领官按察劾奏,三省、枢密院取旨,重置典宪;如按劾官司知而不纠,与同罪。

出处:《建炎以来系年要录》卷一七○。

召赴行在臣僚至国门奏闻诏
(绍兴二十五年十二月十八日)

应召赴行在臣僚,入国门日,令即时具状闻奏。

出处:《建炎以来系年要录》卷一七〇。

莫濛再任大理评事制
(绍兴二十五年十二月二十三日)

今之廷尉平,其员省,其事剧,其秩满而迁者,盖劳阅之深者也,不则补外者多矣。如尔之才敏而无滞,不自用于吏牍之繁,宜其愿留,再践厥次。因能而用,何异于迁。尚殚尔能,以俟褒陟。可。

出处:《海陵集》卷一三。
考校说明:编年据《建炎以来系年要录》卷一七〇补。周麟之此时似未任两制,此文不知是否为《海陵集》误收。

刘一止落致仕召赴行在告词
(绍兴二十五年十二月二十三日)

敕:君子虽乞身而去,未始忘君王者,以好贤为先,固难徇法。方群材之并取,岂旧德之独遗?左朝奉郎、充敷文阁待制致仕长兴县开国男食邑三百户赐紫金鱼袋刘某,气大且刚,学全而粹,略偏清华之选,荐分屏翰之忧。持橐甘泉,既竭论思之效;挂冠神武,尤高止足之风。深居而德不孤,暮年而文益壮。韩愈之铺张,圣德相与并名;陆贾之从容,诸公未忘经世。亟就安车之聘,尚分宣室之厘。可落致仕依前官充敷文阁待制封,赐如故。

出处:《苕溪集》卷五五。
撰者:王纶

殿前三司诸军官马合支干草事诏
(绍兴二十五年十二月二十四日)

殿前、马、步军司诸军官马合支干草月分,可令户部自二十六年为始,就行在草场全支本色,更不折钱。

出处:《宋会要辑稿》食货五四之一六。

罢孙汝翼郑霭职诏

（绍兴二十五年十二月二十四日）

直秘阁、知荆南府孙汝翼专恣妄作，直秘阁、都大主管四川茶马郑霭职事不修，唯务掊克，可并罢。

出处:《建炎以来系年要录》卷一七〇。

民户输租不得过加收耗诏

（绍兴二十五年十二月二十四日）

令户部检坐见行条法申严行下，委监司约束所部州县受纳秋苗不得过收加耗。仍于受纳处大书板榜晓谕。

出处:《宋会要辑稿》食货六八之七。又见同书食货九之七,《建炎以来系年要录》卷一七〇。

张浚复观文殿大学士制

（绍兴二十五年十二月二十四日）

无德不报，君子以兹致祥；疑罪惟轻，圣人之所恻悯。矧兹上宰，备载元勋。不胜人言之繁，浸疏国士之遇。投闲已久，清议蔼然。宜有褒嘉之章，式昭眷倚之厚。具官张浚幼负大节，早际昌期。五龙夹日而飞，忠诚莫贰；三军之帅可夺，生死不移。耿然孤忠，播在舆论。朕讲信修好，休兵息民。通南北两朝之欢，为社稷万世之计。而前日之辅政者何罪，满朝之丑正者何多。肆予元臣，久在外服。朕今祗见上帝，锡赍海隅。岂其股肱之良，尚处瘴疠之地？真祠美职，内殿崇资。非特以慰斯民之心，亦所以增有识之气。

出处:《三朝北盟会编》卷二二一。
考校说明:"二十四日"据《建炎以来系年要录》卷一七〇补。

禁御前诸军都统制出谒诏
(绍兴二十五年十二月二十七日)

御前诸军都统制可依见在管军法,不许出谒及接见宾客,内兼州事者依本法。

出处:《建炎以来系年要录》卷一七〇。又见《宋会要辑稿》刑法七之三八。

高宗朝卷三十 绍兴二十六年(1156)

裁酌减并诸路税务诏
(绍兴二十六年正月十日)

令户部行下诸路转运司,开具管下税务地里远近,将相去连接之处裁酌减并,以宽商贾。如县道税务不可减,即与免过税,仍许豁除税额。

出处:《宋会要辑稿》食货一七之四二。

州县收捕强窃盗不得抑令邻保出备赏钱诏
(绍兴二十六年正月十一日)

诸州县有犯强窃盗,须管督责巡尉严限收捕,不得抑令邻保出备赏钱搔扰。仍将所通委实窝藏及寄赃等人,并令狱官开具申州,州委通判、县委知县亲行审问诣实,方得勾追。如有虚妄,加本罪一等。若承勘官司教令供通,人吏重行决配,勘官取旨黜责。防送人故纵,依条断遣外,特行编配。

出处:《宋会要辑稿》兵一三之二○。又见《建炎以来系年要录》卷一七一。

交趾国使到阙事诏
(绍兴二十六年正月十四日)

将来交趾国到阙,并依占城国进贡人昨到阙体例,并内有事体轻重或该载未尽事件,并令客省逐旋申朝廷取旨。今后遇诸蕃到阙准此。今来交趾到阙,其见辞分物等,依占城国到阙,关会太常寺检讨典故施行。

出处:《宋会要辑稿》职官三五之一八。

解库房廊官庄药铺不得役使兵士诏
(绍兴二十六年正月十四日)

解库、房廊、官庄、药铺,并令本军召募百姓开张种佃,即不得役使兵士,余依已降指挥。其旧系买扑坊场,令常平司拘收,依条施行;如系城郭开张酒店,令户部总领司拘收。

出处:《建炎以来系年要录》卷一七一。又见《宋会要辑稿》食货二一之一三、职官四一之四七。

丁祀朱珪罢见任诏
(绍兴二十六年正月二十一日)

武功大夫福州观察使两浙西路马步军副总管丁祀、武功大夫成州团练使两浙西路兵马都监朱珪并罢见任,其已转左武大夫并祀改差江东副总管、珪改差江东兵马钤辖指挥,更不施行。

出处:《建炎以来系年要录》卷一七一。

洪兴祖特赠直敷文阁制
(绍兴二十六年正月二十二日)

朕寅奉先猷,袭藏邃阁,揭为宠职,以待天下之贤有劳者,况士之通经博学,沈涵斯文,余力及于当代之典,而太史因之以成书者乎? 尔闳辩洽闻,淹贯今古。顷在庠序,业精于勤。凡先朝之睿文,无不手自纂缀。汔以奏篇之备,遂新广内之储。朕尝颁赏于朝,而尔独以文致抵罪,赍志以没,时论冤之。尔子有陈,朕所深恻。追加寓直之命,实岂不称哉! 尚其有知,服此休宠。可。

出处:《海陵集》集二〇。
考校说明:编年据《建炎以来系年要录》卷一七一补。周麟之此时似未任两制,此文不知是否为《海陵集》误收。

伴送三佛齐进奉人使回程不得应副买卖金银等诏
（绍兴二十六年正月二十四日）

令伴送三佛齐进奉人使回程除日用吃食蔬菜熟药外，并不得应副买卖金银、匹帛、生药等物，仰经由州县具应副过物件申尚书省、枢密院并各省。

出处：《宋会要辑稿》职官三五之一九。

已得差遣人限五日出门等指挥更不遵行诏
（绍兴二十六年正月二十七日）

昨降指挥："已得差遣人限五日出门，并已有差遣及在贬谪者不得辄入国门。"又："文武官应得酬赏及选人依法改官，令吏部先次开具格法，申取朝旨。郡守年及七十之人，许自陈宫观。"逐项更不遵行。

出处：《建炎以来系年要录》卷一七一。

除放江浙等路未起诸色钱物租税诏
（绍兴二十六年正月二十七日）

江、浙、荆、湖诸路自绍兴二十二年以前未起诸色钱物、租税等，其形势并第二等已上有物力之家见欠数目，并与除放，令州军日下销落簿籍。如巧作名目催理者，监司按劾取旨，重作施行。

出处：《建炎以来系年要录》卷一七一。

令诸路监司依法出巡诏
（绍兴二十六年二月二日）

诸路监司仰依法分上下半年出巡，修举职事。除坑冶司外，其诸司官属并不许差出。

出处:《宋会要辑稿》职官四五之二〇。

奉使所辟三节人先具名申三省枢密院审量诏
(绍兴二十六年二月四日)

自今奉使所辟三节人,先具名申三省、枢密院,次第审量,仍令国信所觉察。

出处:《建炎以来系年要录》卷一七一。

令两浙转运司应副置办修盖太医局什物诏
(绍兴二十六年二月五日)

行在太医局已降指挥修盖,所有塑像并什物等,令两浙转运司应副置办。

出处:《宋会要辑稿》方域二之一九。

诸军回易不得役使官兵诏
(绍兴二十六年二月五日)

诸军赡军回易,令和雇百姓管干,毋得役使官兵;其扑买酒坊酒库,各许立一界,俟界满日别取旨。

出处:《建炎以来系年要录》卷一七一。

不得隐占役使官兵诏
(绍兴二十六年二月六日)

元占官兵愿离军者可罢名粮,不愿者拘收归军;如依前隐占,重置典宪。

出处:《建炎以来系年要录》卷一七一。

定诸州流寓人解额诏
（绍兴二十六年二月七日）

诸路州军将绍兴二十三年各州土著进士就试终场人计若干人取一人,将当年发解就试流寓终场人数每及土著人分数,即与添解额一人。或零分及流寓人少去处,依土著所解人十分为率,及三分亦解一人。若已后发解就试人多,不得过绍兴二十六年所取之数,仍立为定制。若已用流寓户贯得解之人,许自陈,并入东南户贯,其已得举数,即合通理。如有违犯,并依贡举条法。若州军辄行大解,当职官吏并发解官依法徒二年科罪,举人即从下驳放。

出处:《宋会要辑稿》选举一六之九。又见《宋会要辑稿补编》第四八四页,《建炎以来系年要录》卷一七一。

令侍从台谏举监司阙官诏
（绍兴二十六年二月二十五日）

诸路监司多阙官,可令侍从、台谏各举曾任知、通治状显著堪充监司者二员闻奏。仍保任终身,有犯赃及不职者,与同罪。

出处:《宋会要辑稿》选举三〇之三。

吴璘转官诏
（绍兴二十六年三月一日）

昨吴璘、杨政、田师中并除太尉,缘璘元系检校少师,官在政、师中之上,今来已及六年,理宜优别。可与转一官。

出处:《建炎以来系年要录》卷一七二。

罢宰相兼领枢密使诏
(绍兴二十六年三月十三日)

比缘军兴,令宰相兼枢密使典掌机务。今边事已定,可依祖宗故事,宰相更不兼领。

出处:《建炎以来系年要录》卷一七二。又见《宋宰辅编年录》卷一六。

诫约解试官尽公诏
(绍兴二十六年三月十五日)

诸路转运司所差发解试官,务在尽公,精加选择;如所差徇私及庸谬不当,令提刑司按劾,御史台、礼部觉察闻奏。

出处:《建炎以来系年要录》卷一七二。

郊赦责降未叙之人委有司各看详闻奏诏
(绍兴二十六年三月十七日)

作降郊赦,责降未叙之人施行未尽,可将原因臣僚论列之人委御史台,元系按法勘鞫之人委刑部,各看详闻奏,务尽至公,以洽恩宥。

出处:《宋会要辑稿》职官七六之六八。

赐周三畏辞免恩命不允诏
(绍兴二十六年三月十七日后)

省所奏辞免除刑部尚书、乞差在外宫观事,具悉。卿硕德镇浮,宏才济务。顷持从橐,备著声华,平反之能,弼教惟允。兹畴雅望,复长秋官,庶资图旧之求,用副明刑之意。既颁成命,实穆师言,涣号惟行,谦怀难徇。毋劳逊避,往其钦承。所请宜不允。故兹诏示,想宜知悉。夏热,卿比平安好?遣书指不多及。

出处:《樾溪居士集》卷六。

撰者:刘才邵

考校说明:编年据《建炎以来系年要录》卷一七二补。

不许擅自借用妓乐诏
（绍兴二十六年三月十八日）

诸郡守臣许以休务日用妓乐于公筵,余并不许擅自借用。仍委监司、守臣具奏,台谏觉察。

出处:《建炎以来系年要录》卷一七二。

省试等令印造礼部韵略诸书诏
（绍兴二十六年三月十九日）

今后省试、太学国子监公试、发解铨试及试刑法,令国子监印造《礼部韵略》、《刑统》律文、《绍兴敕令格式》,并从官给。

出处:《宋会要辑稿》职官一三之一〇。又见同书选举四之二九,《建炎以来系年要录》卷一七二。

考校说明:《宋会要辑稿》选举四系于绍兴二十六年三月二十二日。

令根究和州伪造诏书诏
（绍兴二十六年三月二十一日）

访闻和州有人伪造诏书,提刑司见行根究。令疾速根勘,具案闻奏。

出处:《建炎以来系年要录》卷一七二。

续除侍从两省官各举所知诏
（绍兴二十六年三月二十三日）

续除侍从、两省官,并令依已降指挥,各举所知以名闻。

出处:《宋会要辑稿》选举三〇之三。

赐科举诚谕诏
(绍兴二十六年三月二十四日)

　　敕门下:自昔愿治之君,急于求贤,以协济事功,而当时之士,亦各务修饬,以承休德,用能发挥所学,克副柬求,朕甚嘉之。自即位以来,率由祖宗之宏规,屡下三年之诏,详延俊茂,縻以好爵,所以嘉惠多士,可谓无愧于古矣。是宜咸知策励,以称所求。而近年以来,士风浸薄,巧图牒试,妄认户名,货赂请求,重叠冒试。逮至礼闱,不遵绳矩,挟书代笔,传义继烛,种种欺弊,靡所不为。不惟负国家教育选举之意,兼使有素行、负实学之人俱蒙其耻。一至于此,岂所望哉!夫待之厚则责之深,出于礼则丽于法。倪名检之全亏,实自干于邦宪。继自今其克黜乃心,明听训言,勿蹈匪彝,以贻后悔。在外委漕臣及监司按察,在内令主司觉察,御史台纠劾以闻,当置典宪,务在必行。故兹诚谕,想宜知悉。

出处:《樵溪居士集》卷六。又见《宋会要辑稿》职官一三之一一一,《建炎以来系年要录》卷一七二。

撰者:刘才邵

禁妄议边事诏
(绍兴二十六年三月二十五日)

　　朕惟偃兵息民,帝王之盛德;讲信修睦,古今之大利。是以断自朕志,决讲和之策。故相秦桧但能赞朕而已,岂以其存亡而有渝定议耶?近者无知之辈遂以为尽出于桧,不知悉由朕衷,乃鼓唱浮言以惑众听,至有伪造诏命,召用旧臣,献章公车,妄议边事,朕实骇之。仰惟章圣皇帝子育黎元,兼爱南北,肇修邻好二百余年,戴白之老不识兵革。朕奉祖宗之明谟,守信睦之长策,自讲好以来,聘使往来,边陲绥静,嘉与宇内,共底和宁。内外小大之臣,其咸体朕意,恪遵成绩,以永治安。如敢妄议,当重置典刑。

出处:《建炎以来系年要录》卷一七二。又见《中兴小纪》卷三七,《太平宝训政事纪年》卷五,《宋史》卷三一《高宗纪》。

令有司相度楼璹创立罪赏事利害诏
（绍兴二十六年三月二十七日）

淮南漕臣楼璹，创立罪赏，令人告首侵耕冒占田，多收租课，致农民重困。可下转运司相度，条具利害，申尚书省取旨。

出处：《建炎以来系年要录》卷一七二。

减御辇院官诏
（绍兴二十六年三月二十七日）

御辇院见今专知官一名敦减作副知，以次人依此递减，攒罢人吏令本院先次出给公据，候额内有阙，依名次收补。

出处：《宋会要辑稿》职官一九之一九。

大宗正司荐文武官诏
（绍兴二十六年三月二十八日）

大宗正司不限文武，如有忠义孝友，文行廉谨，政事刚明，可以立治功，可以为时用，荐之于朝，以备顾问。

出处：《宋会要辑稿》职官二〇之二九。

赐参政万俟卨生日诏
（绍兴二十六年三月十八日至三十日间）

躬禀杰才，位隆近弼。眷此凝寒之候，适当诞毓之辰，肆示宠颁，助迎寿祉。今赐卿生日羊酒米面等具如别录，至可领也。故兹诏示，想宜知悉。

出处：《樴溪居士集》卷六。
撰者：刘才邵

考校说明:编年据刘才邵任两制时间、万俟卨官历补,见《建炎以来系年要录》卷一七二、《樵溪居士集》卷六《赐尚书右仆射万俟卨生日诏》。

赐赵令衿辞免恩命不允诏
(绍兴二十六年三月)

敕令衿:省所奏辞免新除明州观察使、安定郡王恩命事,具悉。朕嗣守丕基,以恩睦族,爰锡宠光之渥,用昭惇叙之仁。以卿有信厚之风。励清修之操,耆年硕德,为时宗英,俾驾廉车,仍加封爵。兹率彝典,因示眷怀,成命既行,岂容逊避? 宜体至意,其速钦承。所请宜不允。故兹诏示,想宜知悉。春暄,卿比平安好? 遣书指不多及。

出处:《樵溪居士集》卷六。
撰者:刘才邵
考校说明:编年据刘才邵任两制时间、赵令衿官历、文中所述"春暄"补,见《建炎以来系年要录》卷一七一。

赐成闵辞免恩命不允诏
(暂系于绍兴二十六年三月后)

敕成闵:省所奏辞免加食邑食实封、开国公恩命事,具悉。朕丕阐盛仪,恭修元祀,董司警卫,实赖忠勤。熙事迄成,褒章斯举,增爰田之赋,疏公社之封。涣渥既行,谦冲难徇。往祗成命,用副眷怀。所请宜不允。故兹诏示,想宜知悉。

出处:《樵溪居士集》卷六。
撰者:刘才邵
考校说明:编年据刘才邵任两制时间、成闵官历补。文中"恭修元祀"疑指绍兴二十五年十一月郊祀,见《宋史》卷三一《高宗纪》。

赐成闵再辞免加恩不允诏
(暂系于绍兴二十六年三月后)

省表具悉。朕丕阐弥文,恭修元祀,董司警卫,实赖忠勤。肆举褒章,时为旧典,已颁成命,难徇逊辞。所请宜不允,仍断来章。

出处:《樜溪居士集》卷六。
撰者:刘才邵
考校说明:编年据刘才邵任两制时间、成闵宦历补。文中"恭修元祀"疑指绍兴二十五年十一月郊祀,见《宋史》卷三一《高宗纪》。

赐张子盖辞免恩命不允诏
(暂系于绍兴二十六年三月后)

敕子盖:省所奏辞免进封开国公、加食邑食实封恩命事,具悉。朕遵累朝之成宪,严三岁之明禋。缛典告成,殊休茂渥,肆博施于庆赐,以加惠于臣工。眷惟分阃之良,宜懋出纶之宠,并昭邦数,敷锡恩荣。成命既行,谦辞难徇。往其钦受,用副至怀。所请宜不允。故兹诏示,想宜知悉。

出处:《樜溪居士集》卷六。
撰者:刘才邵
考校说明:编年据刘才邵任两制时间、张子盖宦历补。文中"严三岁之明禋"疑指绍兴二十五年十一月郊祀,见《宋史》卷三一《高宗纪》。

赐张子盖再辞免恩命不允诏
(暂系于绍兴二十六年三月后)

省奏具悉。朕以明禋克举,庆赐务均,肆敷锡于茂恩,以丕昭于至意。卿夙怀劲勇,久效忠勤,任当帅阃之隆,宜示褒章之宠。式昭旧典,爰增赋田。勿用固辞,往祗成命。所请宜不允,仍断来章。

出处:《樜溪居士集》卷六。
撰者:刘才邵
考校说明:编年据刘才邵任两制时间、张子盖宦历补。文中"朕以明禋克举"疑指绍兴二十五年十一月郊祀,见《宋史》卷三一《高宗纪》。

依旧法和买诏
（绍兴二十六年四月一日）

和买以来，必无不均，但今守令观望，自为私意，或免或不免。如前宰执与见任宰执，前从官与见任从官、前观察使以上与见任观察使以上，元有指挥与免，则明出榜示听免；元无指挥与免，则明出榜示均纳。如此，则官户、庶户一例和买，入纳之家，安得有愁叹之声？宜令有司依旧法均买。仍将作弊受纳官坐赃论，专知、司属决配，并令监司、郡守按劾。如尚有容隐不置典宪者，更令台谏奏陈。

出处：《宋会要辑稿》食货三八之一八。又见《宋会要辑稿补编》第三六七、六五七页。

令公卿侍从举才诏
（绍兴二十六年四月三日）

朕以菲躬，托于士民之上，宵旰图治，罔敢康宁。仰惟祖宗设科目以待非常之材，所得名臣，前后相望。肆朕纂承，遵用成宪，冀闻谠议，登济丕平。然诏书屡下，而未有应者，岂国家招延之礼有所未尽欤？夫十室之邑，必有忠信，何海内多士而无其人也？抑奉吾诏者不虔，不能悉心询访，而贤良方正之士或壅于上闻欤？方今恢张庶政，广开言路，适兹大比之岁，公卿侍从宜体朕意，各举所知，俾造于庭，朕将虚怀，访以治道。庶几得人之效，无愧于古，顾不休哉！

出处：《宋会要辑稿》选举一一之二六。

知通互论不法事诏
（绍兴二十六年四月三日）

应自今知州、通判互论不法事件，须拘留在任，选委监司之清正有风力者依公究治，取见诣实曲直情状具奏施行。

出处：《宋会要辑稿》职官四七之六八。

押伴交趾进奉人著紫衫带子诏
（绍兴二十六年四月三日）

将来交趾进奉人到阙，押伴并一行应办人，并依昨占城进奉人到阙著紫衫带子体例施行。

出处：《宋会要辑稿》职官三五之一九。

交趾进奉人到阙令怀远驿差监门一员机察出入诏
（绍兴二十六年四月三日）

今来交趾到阙，怀远驿差监门官一员机察出入，兼提振火烛，管辖祗应军兵、鞍马、从物等，仍与诸司官同共管干。其差取日支食钱，并依押伴所差破引接已得旨挥施行。

出处：《宋会要辑稿》职官三五之一九。

禁私自送物北使及与北使讲话诏
（绍兴二十六年四月七日）

北使到来，缘路告觅物色，随行引接指使具禀接伴使、副，于所至州军供应，并呈使、副讫，方许送与；余人私自干预及与人使语话，各杖一百，送五百里编管，情重及命官奏裁。著为令。

出处：《建炎以来系年要录》卷一七二。

抚问程克俊到阙赐银合茶药口宣
（绍兴二十六年四月八日后）

有敕：卿以枢臣，作藩辅郡，兹造行阙，宜示抚存。爰锡珍芳，用昭至意。

出处：《橄溪居士集》卷七。

撰者:刘才邵

考校说明:编年据刘才邵任两制时间、程克俊官历补,见《建炎以来系年要录》卷一七二。

赐知湖州程克俊辞免恩命不允批答口宣
(绍兴二十六年四月八日后)

有敕:卿以杰才,参预大政,方资同德,协赞机微。往其钦承,以副明命。

出处:《樵溪居士集》卷七。

撰者:刘才邵

考校说明:编年据《建炎以来系年要录》卷一七二补。

赐宁武军敕书
(绍兴二十六年四月十五日后)

敕宁武军官吏军民僧道等:朕以吴盖德性深纯,材猷敏茂,联芳后族,为国懿亲,俾肇建于高牙,以疏荣于制阃,茂因明命,临镇益川。谅属听闻,无不欣怿。今特授吴盖宁武军节度使,依前提举佑神观,奉朝请,进封开国公,加食邑五百户、食实封二百户。故兹示谕,想宜知悉。夏热,汝等各比好否?遣书指不多及。

出处:《樵溪居士集》卷七。

撰者:刘才邵

考校说明:编年据《建炎以来系年要录》卷一七二补。

奖谕狱空诏
(绍兴二十六年四月十八日)

盖闻成、康之时,刑罚不式,囹圄屡空,朕甚慕之。今朕励精庶政,和慎祥刑,四方以狱来上,理官率属参决其平。奏谳既公,庭无留讼,虽未方古,其于钦恤之意庶几焉。非卿等服勤厥职,各尽乃心,议者详明,断者平允,亦何以臻此?省阅之余,良深嘉尚。绍兴二十六年四月己丑。

出处:《咸淳临安志》卷六。

刘一止除敷文阁直学士告词
(绍兴二十六年四月十八日)

敕:安车就聘,甫及都门,延阁升华,再还隐舍,特厚老成之眷,用敦静退之风。左朝奉郎、充敷文阁待制长兴县开国子食邑五百户赐紫金鱼袋刘某,夙擅声名,晚多述作。紫垣青琐,尝雍容于禁中;绿水苍烟,旋逍遥于物外。比招旧德,共辑丕图。虽已挂于衣冠,闻命而起;果尚困于药石,以疾而辞。具悉诚恳之言,俾遂休闲之养,其祗涣渥,以介寿康。可特授依前官充敷文阁直学士封,赐如故。

出处:《苕溪集》卷五五。
撰者:王纶

武学合行事件诏
(绍兴二十六年四月二十二日)

武举学生以八十人为额,上舍十五人,内舍二十五人,外舍四十人。置博士、学谕各一员,内博士于文臣有出身或武举出身曾预高选人充,其学谕差武举人。

出处:《建炎以来系年要录》卷一七二。又见《群书考索》后集卷二。

赐吴盖再辞免恩命不允诏
(暂系于绍兴二十六年四月二十七日后)

省表具悉。卿禀资端重,率礼温恭,实惟后族之良,宜受斋旄之宠。爰加敷数,以示至恩。既诞举于褒章,固难还于涣号。往祗成命,勿复牢辞。所请宜不允。

出处:《槎溪居士集》卷六。
撰者:刘才邵
考校说明:此文或作于同集同卷《赐吴盖辞免恩命不允诏》之后。

赐韦谦再辞免恩命不允诏
（暂系于绍兴二十六年四月二十七日后）

省奏具悉。朕恭承统绪,钦奉母慈,隆宠异于外家,用光昭于至德。卿克全素行,为时懿亲,属甫御于祥琴,宜诞敷于显册。汗其明号,式云殊恩。扬于广庭,已孚群听,岂容辞避,当速祗膺。所请宜不允。

出处:《樵溪居士集》卷六。

撰者:刘才邵

考校说明:此文或作于同集同卷《赐韦谦辞免恩命不允诏》之后。

赐韦谦第三辞免恩命不允诏
（暂系于绍兴二十六年四月二十七日后）

省表具悉。卿性全真粹,德秉温恭,喜务学以知新,能体谦而自牧。辉映外家之美,雍容戚畹之英。兹茂举于褒章,用丕昭于眷意。惟明纶之既布,岂涣汗之可回。再列冲怀,殊稽朕命。往其祗服,以称恩荣。所请宜不允,仍断来章。

出处:《樵溪居士集》卷六。

撰者:刘才邵

考校说明:此文或作于同集同卷《赐韦谦辞免恩命不允诏》之后。

吴盖除节度使制
（绍兴二十六年四月二十七日）

门下:朕御众总戎,允赖节旄之任;推忠卫上,尤资肺腑之亲。惟时戚畹之英,宜举斋坛之册。宣敷涣号,诞告明庭。具官某性禀温恭,才推通敏,雅有深宏之量,克循宽厚之风。荫籍兼荣,曾无骄侈之习;谦冲自牧,每怀靖慎之心。誉处既隆,声华弥茂。虽尝居于任使,殊未究于猷为。爰锡纶章,式遵国典。俾殿蜀川之巨屏,肇建幕府之高牙。神旆增焕于戎容,琳馆肃承于真御。仍受昕朝之谒,肆开公社之封。申衍爰田,就加实户,并褒宠数,庸示眷怀。於戏!席庆天姻,兹厚亲亲之懿;兼畴才望,庶全将将之能。其益务于禔身,以丕扬于休命。可特授宁武军节度使,依前提举佑神观,奉朝请,进封开国公,食邑五百户,食实封二百户。主者施行。

出处:《樵溪居士集》卷四。

撰者:刘才邵

考校说明:编年据《建炎以来系年要录》卷一七二补。

赐吴盖辞免恩命不允诏
(绍兴二十六年四月二十七日后)

敕吴盖:省所奏辞免新除武宁军节度使、进封开国公、加食邑食实封恩命事,具悉。卿才行俱高,实惟懿戚,宜加宠擢,俾拥节旄,因示至怀,备章宠数。率由懿宪,允协师言。成命既颁,岂容逊避。往其祗服,茂对恩荣。所请宜不允。故兹诏示,想宜知悉。

出处:《樵溪居士集》卷六。

撰者:刘才邵

考校说明:编年据《建炎以来系年要录》卷一七二补。

赐韦谦辞免恩命不允诏
(绍兴二十六年四月二十七日后)

敕韦谦:省所札子奏辞免新除太尉、进封开国公、加食邑食实封恩命事,具悉。朕奉长乐之慈颜,厚外家之懿戚,爰推褒数,用率典常。以卿德履粹纯,性资端悫。念尝罹于家棘,今已遂于祥除,宠加掌武之金章,增焕总戎之斋钺,疏荣公社,衍食爰田。成命既颁,宜体至意,尚何辞避,其速钦承。所请宜不允。故兹诏示,想宜知悉。

出处:《樵溪居士集》卷六。

撰者:刘才邵

考校说明:编年据《宋史》卷三一《高宗纪》补。

赐承宣使吴盖再辞免恩命不允批答口宣
（绍兴二十六年四月二十七日后）

有敕：卿联荣后族，戚里之英，建节拥旄，式昭异数。宜祗成命，用副至怀。

出处：《樵溪居士集》卷七。

撰者：刘才邵

考校说明：编年据文中所述"建节拥旄，式昭异数"补，见《建炎以来系年要录》卷一七二。

赐承宣使吴盖辞免恩命不允批答口宣
（暂系于绍兴二十六年四月二十七日后）

有敕：卿以才猷，为时懿戚，褒嘉之命，国有典常。其即钦承，以副眷意。

出处：《樵溪居士集》卷七。

撰者：刘才邵

考校说明：此文时间或稍早于同集同卷《赐承宣使吴盖再辞免恩命不允批答口宣》。

赐万俟卨乞在外宫观诏
（绍兴十三年八月至绍兴十四年正月间或绍兴二十六年三月至五月间）

敕万俟卨：省所札子奏乞罢免参知政事，除一在外宫观差遣事，具悉。朕惟政府机务之繁，实资近弼协谋参赞。卿以材猷，允膺兹任，遽陈奏牍，坚请奉祠。兹阅来章，岂朕所望？其安厥位，用副至怀。所请宜不允。故兹诏示，想宜知悉。

出处：《樵溪居士集》卷六。

撰者：刘才邵

考校说明：编年据刘才邵任两制时间、万俟卨官历补，见《建炎以来系年要录》卷一四六、卷一五一、卷一七二。

沈该左相制

(绍兴二十六年五月二日)

朕恢张庶政,图任旧人。股肱惟人,尤重腹心之寄;左右厥辟,允资辅弼之臣。孰当熙载之求,我得经邦之俊。肆颁大号,明告治朝。具官沈该肃括而闳深,端厚而果达。学穷道奥,泝六艺之渊源;识洞事几,中万微之要会。顷繇从橐,出驰使轺。从容而定谋谟,尚魏绛通和之策;始终而本仁义,见郑公纳谏之忠。惟为国以奉公,靡徇私而附势。进退之际,本末不渝。出裴度于山南,初非朕意;对贾生于宣室,灼见乃心。延登丞弼之联,参决钧衡之务。广辟正道,专任实才。用能数月之间,大革前日之弊。言皆可绩,佥曰汝谐。其擢冠于宰司,俾丕厘于邦采。文昌正位,蹑三等之崇阶;侯社疏封,衍多田之真赋。以定国论,益峻岩瞻。於戏!伊尹、仲虺之佐商邦,命有九围之式;姬旦、召公之辅周室,德闻六服之承。惟同心故议论若出于一人,惟协力故建立罔愆于百度。共收来效,用继前修。

出处:《宋宰辅编年录》卷一六。

万俟卨右相制

(绍兴二十六年五月二日)

朕考谨贤佐,共保丕图。当轴而秉国钧,方赖同寅协恭之助;讦谟而穆天缲,兼收善谋能断之长。我得其人,诞敷明制。具官万俟卨秉忠恂之德,蕴经纬之才。识洞事几,得文武弛张之要;学优圣域,究古今治忽之源。明可并于蓍龟,信不渝于金石。早繇谏省,旋总台纲。输献可替否之忠,厉激浊扬清之志。延登政路,参赞鼎司。惟信道以直前,不计身而曲徇。终始一节,夷险百为。砥柱之阅颓波,深坚素守;遗珠之在沧海,愈见光辉。兹急诏之召还,赐便朝之陛对。亟正旧服,冀闻谠言。力扶公道之行,务引实才之进。宜遂辅朕,伫观康济之谟;无以易卿,爰陟弼谐之任。峻文阶之崇秩,衍侯社之本封。於戏!丙吉尚宽,魏相得同心之助;宋璟持正,姚崇成应变之功。惟亮采以惠畴,故联事而合治。往祗休命,益懋远猷。

出处:《宋宰辅编年录》卷一六。

赐参政万俟卨再辞免恩命不允批答口宣
（绍兴二十六年五月二日后）

有敕：卿以硕德远猷，比参大政。兹颁新渥，进秉国钧，成命既行，勿烦固避。

出处：《槎溪居士集》卷七。

撰者：刘才邵

考校说明：编年据文中所述"卿以硕德远猷，比参大政。兹颁新渥，进秉国钧"补，见《建炎以来系年要录》卷一七二。

赐万俟卨辞免恩命不允诏
（绍兴二十六年五月二日后）

敕万俟卨：省所札子奏辞免新除左宣奉大夫、守尚书右仆射、同中书门下平章事、进封阳武郡开国侯、加食邑食实封恩命事，具悉。朕考观前代隆平之治，必有同德协谋之臣，道足以承天子而理万几，才足以熙帝载而宅百揆，用能辅相乃辟，克成厥功。以卿名世杰才，经邦远业，肆加图任，进秉钧衡。惟兹求旧之宜，允副具瞻之望。既颁成命，难遂谦怀。勿用固辞，往祗茂渥，所请宜不允。故兹诏示，想宜知悉。

出处：《槎溪居士集》卷六。

撰者：刘才邵

考校说明：编年据《建炎以来系年要录》卷一七二补。

赐沈该辞免恩命不允诏
（绍兴二十六年五月二日后）

敕沈该：省所札子奏辞免新除左正议大夫、守尚书左仆射、同中书门下平章事、进封归安郡开国侯、加食邑食实封恩命事，具悉。宣王复古，资维翰之甫、申；汉帝厉精，赖有声之邴、魏。从昔致治，莫先得人。朕选用群才，新美庶政，思与同心之硕辅，共图不世之极功。眷惟耆英，宜辅台德，爰延登于揆路，俾翊亮于繁机。既即广庭，丕扬涣号，理难谦逊，义在克承。其体训言，勿稽成命。所请宜不允。故兹诏示,想宜知悉。

出处:《樵溪居士集》卷六。

撰者:刘才邵

考校说明:编年据《建炎以来系年要录》卷一七二补。

赐参政沈该再辞免恩命不允批答口宣
(绍兴二十六年五月二日后)

有敕:卿以宏才深识,参预政机,兹特锡涣章,进当鼎铉。往其钦受,毋复来辞。

出处:《樵溪居士集》卷七。

撰者:刘才邵

考校说明:编年据文中所述"卿以宏才深识,参预政机,兹特锡涣章,进当鼎铉"补,见《建炎以来系年要录》卷一七二。

赐汤思退辞免恩命不允诏
(绍兴二十六年五月四日后)

省所札子奏辞免知枢密院事恩命事,具悉。鸿枢取斡化之名,右府合本兵之地,实有资于长策,以协赞于沈几。必得杰才,克膺重任。以卿明谟经远,深识造微,负绝俗之英姿,蕴折冲之妙略。顷签密画,备罄嘉猷,进总机庭,俾专武柄。师言咸穆,成命惟行,兹览逊函,殊非朕意。其祗茂渥,毋复固辞。所请宜不允。故兹诏示,想宜知悉。

出处:《樵溪居士集》卷六。

撰者:刘才邵

考校说明:编年据《建炎以来系年要录》卷一七二补。

赐枢密汤思退辞免恩命不允批答口宣
（绍兴二十六年五月四日后）

有敕:卿以硕德杰才,朕所简注。枢机之任,允藉谋猷,成命既颁,往其钦受。

出处:《椴溪居士集》卷七。
撰者:刘才邵
考校说明:编年据《建炎以来系年要录》卷一七二补。

赐大金人使副贺天申节端午节扇帕头髭纱帛等口宣
（绍兴二十六年五月五日前）

有敕:使节遵途,星轺凤驾,适佳辰之甫届,宜筐实之分颁。用示渥恩,实惟异数。

出处:《椴溪居士集》卷七。
撰者:刘才邵
考校说明:编年据刘才邵任两制时间、文中所述史事补。

赐大金都管并三节人从端午扇帕头髭纱帛等口宣
（绍兴二十六年五月五日前）

有敕:远随信使,来讲庆仪,兹遇佳辰,宜有宠锡。式惟异眷,其体至怀。

出处:《椴溪居士集》卷七。
撰者:刘才邵
考校说明:编年据刘才邵任两制时间、文中所述史事补。

赐接伴使副端午令节扇帕头髭口宣
（绍兴二十六年五月五日前）

有敕:卿前迓使轺,载驰暑路,既适逢于佳节,宜昭示于至恩。爰锡匪颁,往

431

其祇服。

出处:《樯溪居士集》卷七。
撰者:刘才邵
考校说明:编年据刘才邵任两制时间、文中所述史事补。

御前诸军统领官还行在任职事诏
(绍兴二十六年五月六日)

今后御前诸军统领官,候及三年,取旨召还行在本任供职。

出处:《建炎以来系年要录》卷一七二。

禁诸州军教授差兼他职诏
(绍兴二十六年五月七日)

今后诸州军教授不许差兼他职,令提举学事常切遵守。

出处:《建炎以来系年要录》卷一七二。

赐汤鹏举辞免恩命不允诏
(绍兴二十六年五月七日后)

敕鹏举:审所奏辞免新除御史中丞恩命事,具悉。朕寅奉图基,讲明治道,乃广开于言路,俾庶政于维新。思得刚方直谅之士,当耳目之寄,以振举台纲,维持国是。卿德博器全,才高虑远,坚正之操,深协朕心。是用登崇,擢居宪府。英姿玉立,劲气霜严,尽扫弊端,力排私党。既官仪之整肃,致朝著之一清。载嘉纳忠,宜以褒进,爰陟中司之峻,用昭眷遇之隆。往体至怀,益摅贤业,抗章恳避,难徇谦辞。所请宜不允。故兹诏示,想宜知悉。

出处:《樯溪居士集》卷六。
撰者:刘才邵
考校说明:编年据《建炎以来系年要录》卷一七二补。

赐汤鹏举辞免银绢恩命不允诏
（绍兴二十六年五月七日后）

敕鹏举：省所奏辞免银绢三百匹两恩命事，具悉。卿风猷凝远，气节端方，持宪南台，备宣忠谠。兹擢升于专席，式彰图任之隆，宜有匪颁，以将厚意。肆举行于旧典，用昭示于殊恩。其体眷怀，无劳辞避。所请宜不允。故兹诏示，想宜知悉。

出处：《樍溪居士集》卷六。

撰者：刘才邵

考校说明：编年据文中所述"持宪南台"补，见《建炎以来系年要录》卷一七二。

特与李显忠五资诏
（绍兴二十六年五月八日）

李显忠昨缘归朝，全家被害，理宜优恤。除已给恩泽外，更特与五资。

出处：《建炎以来系年要录》卷一七二。

召募殿前马步三司官兵诏
（绍兴二十六年五月九日）

殿前、马、步三司官军阙额数多，可令召募百姓之愿充军者，毋得强行招刺。

出处：《建炎以来系年要录》卷一七二。

郡守职事修举令监司保明闻奏诏
（绍兴二十六年五月十四日）

近民之官，莫如郡守，其间职事修举、治状显著者，可令监司连衔保明闻奏，当议甄擢。

出处:《宋会要辑稿》职官四五之二〇。

检举靖康间责降未叙复人诏
(绍兴二十六年五月十六日)

靖康间责降见存未叙复人,令刑部依二十五年大礼赦检举开具元犯,申尚书省取旨。

出处:《建炎以来系年要录》卷一七二。又见《宋会要辑稿》职官七六之五一。

赐万俟卨辞免恩命不允诏
(绍兴二十六年五月十六日后)

敕万俟卨:省所札子奏辞免兼提举实录院、详定三司敕令恩命事,具悉。朕若稽古训,钦奉先猷。惟时实录之修,盖用编年之法,纪一朝之大典,与六籍以同符。至于敕局之设官,将以明训而议法,轻重之制,宪令攸资。凡兹提领之司,皆属钧衡之任。卿德隆望峻,学博知明,以经纶之才,膺眷注之意。肆颁成命,断自朕心。其体至怀,勿烦谦逊。所请宜不允。故兹诏示,想宜知悉。

出处:《樵溪居士集》卷六。
撰者:刘才邵
考校说明:编年据《建炎以来系年要录》卷一七二补。

赐沈该辞免恩命不允诏
(绍兴二十六年五月十六日后)

敕沈该:省所札子奏辞免监修国史、兼提举玉牒所恩命事,具悉。朕载累朝之伟绩,为不刊之书,莫重于国史;溯仙源之流庆,示无疆之休,备存乎玉牒。设局虽异,纂修则同。卿道觉民先,智周事表,学足以贯古今之变,识足以断疑信之传。宏纲正赖于总提,寮吏得资于禀订。矧惟旧典,本属宰司,兹以命卿,于理为允。露章恳避,岂朕所期。往其钦承,用副至意。所请宜不允。故兹诏示,想宜知悉。

出处:《樴溪居士集》卷六。

撰者:刘才邵

考校说明:编年据《建炎以来系年要录》卷一七二补。

籍没财产事诏
（绍兴二十六年五月十七日）

诸财产不应籍没而籍没者,徒二年;若应籍没而不申提刑司审覆,及虽申而不待报者,杖一百。监司不觉察者,各减一等。著为令。

出处:《宋会要辑稿》刑法三之八。又见《建炎以来系年要录》卷一七二。

赐大金人使贺天申节镇江府赐茶药口宣
（绍兴二十六年五月二十一日前）

有敕:抗旌讲好,飞传载驰,适逢炎燠之辰,当有珍芳之锡。式昭隆数,用示至怀。

出处:《樴溪居士集》卷七。

撰者:刘才邵

考校说明:编年据刘才邵任两制时间、文中所述史事补。

赐大金人使贺天申节镇江府赐御筵口宣
（绍兴二十六年五月二十一日前）

有敕:肃将信币,来展庆仪。既远历于川涂,当少劳于骑从,式颁燕衎,以示眷私。

出处:《樴溪居士集》卷七。

撰者:刘才邵

考校说明:编年据刘才邵任两制时间、文中所述史事补。

赐大金人使贺天申节平江府赐御筵口宣
(绍兴二十六年五月二十一日前)

有敕:肃持使节,来庆诞辰。既远涉于川涂,想不无于劳勚,特颁慈宴,用示宠恩。

出处:《樵溪居士集》卷七。
撰者:刘才邵
考校说明:编年据刘才邵任两制时间、文中所述史事补。

殿前司满散天申节道场赐御筵酒果口宣
(绍兴二十六年五月二十一日前后)

有敕:卿等总统千庐,式严于警卫;祝延万寿,益见于忠勤。爰致匪颁,用昭眷意。

出处:《樵溪居士集》卷七。
撰者:刘才邵
考校说明:编年据刘才邵任两制时间、文中所述史事补。

马军司满散天申节道场赐御筵酒果口宣
(绍兴二十六年五月二十一日前后)

有敕:卿等总提七萃,拥扈九重,欣逢庆诞之辰,虔致寿祺之祝。匪颁示宠,眷渥其膺。

出处:《樵溪居士集》卷七。
撰者:刘才邵
考校说明:编年据刘才邵任两制时间、文中所述史事补。

赐步军司满散天申节道场香酒果口宣
（绍兴二十六年五月二十一日前后）

有敕：卿等供卫九重，备昭勤恪。兹欣逢于庆诞，咸善祝于圣期。肆示宠颁，用资燕集。

出处：《楙溪居士集》卷七。

撰者：刘才邵

考校说明：编年据刘才邵任两制时间、文中所述史事补。

赐枢密院官满散天申节道场香酒果口宣
（绍兴二十六年五月二十一日前后）

有敕：卿等祗率官联，豫临梵宇，以虔伸于善祝，祈寿祉于无疆。宜有分颁，以资燕衎。

出处：《楙溪居士集》卷七。

撰者：刘才邵

考校说明：编年据刘才邵任两制时间、文中所述史事补。

赐大金人使贺天申节赐内中酒果口宣
（绍兴二十六年五月二十一日前后）

有敕：眷言宾馆，少驻使华，锡以芳醴，副之珍果。兹悉从于内府，以曲示于殊私。

出处：《楙溪居士集》卷七。

撰者：刘才邵

考校说明：编年据刘才邵任两制时间、文中所述史事补。

赐大金人使贺天申节内中酒果口宣
(绍兴二十六年五月二十一日前后)

有敕:远将使指,兹庆生朝,宜有分颁,用资衍乐。芳醴旅核,并示眷私。

出处:《樵溪居士集》卷七。

撰者:刘才邵

考校说明:编年据刘才邵任两制时间、文中所述史事补。

赐大金人使贺天申节射弓赐酒果口宣
(绍兴二十六年五月二十一日前后)

有敕:载驱使传,来庆生朝。兹率旧章,爰陈宾射。就致甘芳之锡,用昭眷待之隆。

出处:《樵溪居士集》卷七。

撰者:刘才邵

考校说明:编年据刘才邵任两制时间、文中所述史事补。

赐大金人使贺天申节在驿赐牲饩口宣
(绍兴二十六年五月二十一日前后)

有敕:抗旌将命,就馆即安,眷惟经涉之勤,用锡饩牵之礼。肆昭至意,式厚殊私。

出处:《樵溪居士集》卷七。

撰者:刘才邵

考校说明:编年据刘才邵任两制时间、文中所述史事补。

赐大金人使贺天申节赐射弓箭例物口宣
（绍兴二十六年五月二十一日前后）

有敕：星轺少憩，射圃肇开，共欣观德之仪，用致匪颁之渥。式彰诚意，以示眷怀。

出处：《樵溪居士集》卷七。

撰者：刘才邵

考校说明：编年据刘才邵任两制时间、文中所述史事补。

大金人使贺天申节赐射弓御筵口宣
（绍兴二十六年五月二十一日前后）

有敕：射侯既抗，宾礼备陈，式旌游艺之良，爰锡示慈之宴。丕昭殊眷，用表至庸。

出处：《樵溪居士集》卷七。

撰者：刘才邵

考校说明：编年据刘才邵任两制时间、文中所述史事补。

赐大金人使贺天申节回程赤岸赐酒果口宣
（绍兴二十六年五月二十一日后）

有敕：使轺远暨，炎暑届辰，深惟跋履之劳，宜有甘芳之锡。式隆眷待，用示恩私。

出处：《樵溪居士集》卷七。

撰者：刘才邵

考校说明：编年据刘才邵任两制时间、文中所述史事补。

赐大金人使贺天申节上寿毕归驿赐酒果口宣
（绍兴二十六年五月二十一日后）

有敕：庆礼既修，宾仪兹备，适归舍馆，爰示宴慈。就锡甘芳，并昭眷待。

出处：《橏溪居士集》卷七。

撰者：刘才邵

考校说明：编年据刘才邵任两制时间、文中所述史事补。

赐大金人使贺天申节朝辞讫归驿赐酒果口宣
（绍兴二十六年五月二十一日后）

有敕：已修庆礼，将饯归辂，颁内府之甘芳，表邦仪之勤腞。以昭厚意，并示眷私。

出处：《橏溪居士集》卷七。

撰者：刘才邵

考校说明：编年据刘才邵任两制时间、文中所述史事补。

赐大金人使贺天申节回程龙凤茶金镶银合口宣
（绍兴二十六年五月二十一日后）

有敕：使华远暨，已事言旋。炎暑方深，遵涂勤勚，爰颁珍品，以示眷怀。

出处：《橏溪居士集》卷七。

撰者：刘才邵

考校说明：编年据刘才邵任两制时间、文中所述史事补。

赐大金人使贺天申节回程盱眙军赐御筵口宣
（绍兴二十六年五月二十一日后）

有敕：使传光华，方勤于原隰；归涂修远，将度于封圻。肆展邦仪，式颁慈宴。

出处:《樵溪居士集》卷七。

撰者:刘才邵

考校说明:编年据刘才邵任两制时间、文中所述史事补。

赐大金人使贺天申节回程平江府赐御筵口宣
(绍兴二十六年五月二十一日后)

有敕:使传言旋,适经辅郡。深念炎蒸之候,不无跋涉之劳,爰锡芳筵,用昭慈惠。

出处:《樵溪居士集》卷七。

撰者:刘才邵

考校说明:编年据刘才邵任两制时间、文中所述史事补。

赐大金人使贺天申节回程赤岸赐御筵口宣
(绍兴二十六年五月二十一日后)

有敕:肃驰轺传,来会诞期。适届炎蒸,谅多勤勚,肆备陈于慈宴,以昭示于眷怀。

出处:《樵溪居士集》卷七。

撰者:刘才邵

考校说明:编年据刘才邵任两制时间、文中所述史事补。

赐大金人使贺天申节上寿毕归驿赐御筵口宣
(绍兴二十六年五月二十一日后)

有敕:端节远来,庆仪既举,复即安于宾馆,宜特颁于宴慈,特示至怀,用昭腆数。

出处:《樵溪居士集》卷七。

撰者:刘才邵

考校说明:编年据刘才邵任两制时间、文中所述史事补。

抚问知湖州程克俊赐银合茶药口宣
(绍兴二十六年四月至六月间)

有敕:卿以硕德伟望,临镇近藩。谅惟宣布之勤,宜遂冲和之适,爰致珍芳之锡,并昭眷宠之深。

出处:《檆溪居士集》卷七。

撰者:刘才邵

考校说明:月份据程克俊宦历补,见《建炎以来系年要录》卷一七二、卷一七三。

赐知湖州程克俊夏药口宣
(绍兴二十六年四月至六月间)

有敕:卿以杰才,班条近辅。方炎歊之在候,宜资养于至和,珍剂分颁,其体眷意。

出处:《檆溪居士集》卷七。

撰者:刘才邵

考校说明:编年据程克俊宦历补,见《建炎以来系年要录》卷一七二、卷一七三。

吴璘奏宕昌马场事答诏
(绍兴二十六年六月三日)

令茶马司将二十六年已后合拨二分马,依已降指挥应副,不得拖欠。其积下马,逐旋收买补发。

出处:《宋会要辑稿》职官四三之一〇八。

令监司询访廉察诏
（绍兴二十六年六月四日）

诸路监司躬亲遍历所部州县,询访廉察官吏,条具奏闻,当议黜陟。

出处:《宋会要辑稿》职官四五之二〇。又见《建炎以来系年要录》卷一七三。

赐程克俊辞免恩命不允诏
（绍兴二十六年六月七日后）

　　敕克俊:省所奏札子奏辞免新除参知政事恩命事,具悉。卿以经邦远业,名世宏才,自历清涂,即隆誉处。项由禁从,进预枢庭,备罄谋谟,密赞筹幄。英姿伟望,中外具孚。兹自辅藩,入参大政,方资耆杰,增重本朝。庶枃嘉猷,协济至治。抗章辞避,岂所望哉! 涣号已孚,难徇冲尚,其祗承命,用副登崇。所请宜不允。故兹诏示,想宜知悉。

出处:《檆溪居士集》卷六。
撰者:刘才邵
考校说明:编年据《建炎以来系年要录》卷一七三补。

赐程克俊再辞免恩命不允诏
（绍兴二十六年六月七日后）

　　省表具悉。朕惟至治之世,必有同德之臣,效忠协谋,参赞大业,相与都俞于庙堂之上,而化行事立,有生蒙休。朕甚慕之,是用图任旧人,共熙庶绩。惟卿懋德,尝弼予治,筹帷密画,备罄嘉谟,启沃之忠,不忘告后,兹加登用,陪预政机。尚冀收功,继美前古。既颁成命,昭示至怀,露章固辞,理难俯徇。往其祗服,毋复重陈。所请宜不允,仍断来章。

出处:《檆溪居士集》卷六。
撰者:刘才邵
考校说明:编年据《建炎以来系年要录》卷一七三补。

赐程克俊乞宫观诏
(绍兴二十六年六月七日后)

敕克俊:省所札子奏乞宫观事,具悉。卿以宏才,再登政路,辰猷入告,备罄忠嘉。参赞繁机,正资旧弼。兹披奏牍,引疾就闲,虽出恳诚,良非所望。勿药之喜,指日可期,勉加保调,以副虚伫。所请宜不允。故兹诏示,想宜知悉。

出处:《槎溪居士集》卷六。

撰者:刘才邵

考校说明:编年据文中所述"卿以宏才,再登政路"补,见《建炎以来系年要录》卷一七三。

合格举人有权要亲族合具闻诏
(绍兴二十六年六月八日)

贡院遵依咸平三年三月诏旨,所试合格举人内有权要亲族者,具名以闻。

出处:《宋会要辑稿》选举四之三〇。又见《建炎以来系年要录》卷一七三。

赐汪勃辞免恩命不允诏
(绍兴二十六年六月九日后)

敕汪勃:省所札奏辞免知湖州依旧宫观事,具悉。卿顷以硕德,位登弼臣,陪预枢庭,参赞密画。兹从琳馆,起殿辅藩,是惟图旧之求,克副惟良之选。肆颁成命,允协师言。比览露章,恳祈逊避,志虽嘉于谦退,令难寝于惟行。宜体至怀,往其钦受。所请宜不允。故兹诏示,想宜知悉。秋热,卿比平安好?遣书指不多及。

出处:《槎溪居士集》卷六。

撰者:刘才邵

考校说明:编年据《建炎以来系年要录》卷一七三补。

责罚方云翼诏
（绍兴二十六年六月十二日）

云翼先次放罢,其通州在任日所置及夺取民户田产,令本路转运司尽数拘籍,开具申省取旨。

出处:《建炎以来系年要录》卷一七三。

赐周三畏辞免恩命不允诏
（绍兴二十六年六月十四日后）

敕三畏:省所奏辞免新除敷文阁学士恩命事,具悉。尚书总国纲维,其任为重,方资旧德,复践厥官。兹览露章,力辞以疾,深谅诚恳,理难以违。俾就佚于真祠,遂升华于内阁,实惟异数,用示至怀。往其钦承,毋劳逊避。所请宜不允。故兹诏示,想宜知悉。夏热,卿比平安好? 遣书指不多及。

出处:《樵溪居士集》卷六。
撰者:刘才邵
考校说明:编年据《建炎以来系年要录》卷一七三补。

诸军不得强招军人诏
（绍兴二十六年六月十四日）

诸军都统制严行约束,不得强招;其招到愿充军人,主帅躬亲审问,委的情愿,方许刺填。仍出榜晓谕,后有陈诉,其所委招军统制官已下,取旨重作施行,各具知禀闻奏。

出处:《建炎以来系年要录》卷一七三。

前侍从官论罢未复职人许任子诏
(绍兴二十六年六月二十四日)

前侍从论罢未复职人,寄禄官至朝奉郎以上、身亡在去年大礼十年内者,许以致仕恩任子。

出处:《建炎以来系年要录》卷一七三。

罢黎雅州市珠犀等诏
(绍兴二十六年六月二十六日)

黎、雅州博易场见收买珠、犀、水银、麝香并罢,已买者赴激赏库送纳。日后蕃蛮将到珠、犀等,并令民间依旧交易。

出处:《宋会要辑稿》食货三八之三七。又见《建炎以来系年要录》卷一七三。

赐吴璘辞免恩命不允诏
(绍兴二十六年夏)

敕吴璘:省所奏辞免转一官恩命事,具悉。卿以杰才,久膺阃寄,屡著战多之绩,共推威望之隆。兹进职于武阶,以显荣于懋赏,实符公论,岂可固辞?其体眷怀,往祗异数。所请宜不允。故兹诏示,想宜知悉。夏热,卿比平安?遣书指不多及。

出处:《樜溪居士集》卷六。
撰者:刘才邵
考校说明:编年据吴璘宦历及文中所述"夏热"补,见《建炎以来系年要录》卷一七二。

赐田师中辞免恩命不允诏
(绍兴二十六年夏)

　　敕师中：省所奏辞免加食邑食实封恩命事，具悉。朕肃举精禋，用严大报，升烟展事，奠玉荐诚。格眷佑于神灵，肆博施于祭泽。惟是出纶之宠，宜先分阃之良。兹率旧章，丕昭至意。既颁成命，难徇谦辞。往其钦承，茂对休渥。所请宜不允。故兹诏示，想宜知悉。夏热，卿比平安好？遣书指不多及。

出处：《樵溪居士集》卷六。

撰者：刘才邵

考校说明：编年据刘才邵任两制时间、文中所述"夏热"补。

赐士㒟辞免恩命不允诏
(绍兴二十六年夏)

　　敕士㒟：省所奏辞免今任满日与再任、依例转行一官恩命事，具悉。卿以宗藩，典司外籍，秉心仁厚，备著恪勤。爰申因任之恩，仍加增秩之宠。既颁成命，难遂冲怀，其速钦承，以副眷意。所请宜不允。故兹诏示，想宜知悉。夏热，卿比平安好？遣书指不多及。

出处：《樵溪居士集》卷六。

撰者：刘才邵

考校说明：编年据赵士㒟宦历及文中所述"夏热"补，见《建炎以来系年要录》卷一七一。

赐泸南沿边安抚使李文会夏药口宣
(绍兴二十六年夏)

　　有敕：卿任当重寄，分镇巨藩。时方届于火曦，理宜遵于辅养，爰颁灵剂，用示眷怀。

出处：《樵溪居士集》卷七。

撰者:刘才邵

考校说明:编年据刘才邵任两制时间、李文会官历、标题所述"夏药"补,见《建炎以来系年要录》卷一六九、卷一七六、卷一七七等。

赐泸南沿边安抚使李文会夏药口宣
(绍兴二十六年夏)

有敕:卿以伟望,远镇边陲。方时炎蒸,宜加辅养,特颁珍剂,用示眷怀。

出处:《樵溪居士集》卷七。
撰者:刘才邵
考校说明:编年据刘才邵任两制时间、李文会官历、标题所述"夏药"补,见《建炎以来系年要录》卷一六九、卷一七六、卷一七七等。

三衙主帅保举武臣诏
(绍兴二十六年七月二日)

三衙主帅保举内外武臣知书谙练民事、堪任知州军人,殿前司三人,马、步军司各二人。如后犯入己赃及不职,与同罪,各具状奏闻。

出处:《建炎以来系年要录》卷一七三。

身丁绵绢蠲放一年诏
(绍兴二十六年七月三日)

昨降指挥,放免诸州军身丁钱一年,不住据诸处申请,乞将身丁绵绢一概蠲放。契勘元降指挥虽止为丁钱,缘事属一体,理宜优恤。可令户部将身丁绵绢并与蠲放一年,所放丁绢约计二十四万余匹,于内库支降本色绢并买绢钱各一半应副岁计支遣,以惠细民。如有人户已送纳过数目,即与来年折除。如州县承今降指挥蠲放后辄敢擅行催纳,许人户径赴台省申诉。仍专委监司觉察,台谏弹劾以闻,当重置典宪。仍令户部镂版,遍下所属遵守施行。

出处:《宋会要辑稿》食货六六之三。又见同书食货一二之一〇,《建炎以来系年要录》卷一七三。

诸州试院展限诏
(绍兴二十六年七月三日)

诸州试院于常限之外,如三千人以上,与展开院五日,五千人以上倍之。

出处:《宋会要辑稿》选举一六之一〇。

郑刚中李璆书押便宜付身依限换给诏
(绍兴二十六年七月三日)

四川宣抚制置使郑刚中、李璆书押过便宜付身,与除程展限一年换给。若出违令限,更不施行。

出处:《建炎以来系年要录》卷一七三。

禁公吏于人户处私自预借税物诏
(绍兴二十六年七月八日)

诸路县道起催产税,乡司先于民户处私自借过夏税,和买入己,并不到官,却将贫乏下户重叠催科,补填上件失限数目,下户畏惮,往来再行送纳,重困下民,无所申诉。令户部看详立法。如有诸路县道公吏辄于人户处私自预借税物,许令越诉,犯人重行决配,监司守贰常切觉察。

出处:《宋会要辑稿》食货七〇之四五。
考校说明:"八日"原作"八月",据原书上下文意改。

以彗出令上言时政阙失诏
(绍兴二十六年七月九日)

太史言彗出东方,朕甚惧之,已避殿减膳,侧身省愆。尚虑朝政有阙失,民间有疾苦,刑狱有冤滥,官吏有贪残,致伤和气,上干垂象,可许令士庶实封陈言,诣登闻检院投进;仍令诸路监司、郡守条具便民宽恤合行事件闻奏,提点刑狱官躬诣所属州县,详虑决遣,将枝蔓干连之人日下疏放,务施实惠,以尽应天之实。

出处:《建炎以来系年要录》卷一七三。又见《宋会要辑稿》帝系九之三〇、刑法五之三七,《皇宋中兴系年要录》卷一四。

选人初改官依法注知县县丞差遣诏
(绍兴二十六年七月九日)

今后选人初改官,令吏部依法注知县、县丞差遣。奏补承务郎已上人,并须实历亲民知县县丞一任,方许阙升通判。

出处:《建炎以来系年要录》卷一七三。又见《宋会要辑稿》职官一〇之二八。

州县不得将人户已纳身丁绵绢填别项积欠诏
(绍兴二十六年七月十一日)

近令内库支降绢并买绢钱补填已放人户身丁绵绢,及人户已有纳过数目,即于来年折除。尚虑州县将今来人户已纳之数巧作名色,却填别项积欠,致失优恤之意。令诸路监司给榜下所属州县,仍各多出文榜晓谕,务令人户通知。如有违戾,依已降指挥,许人户越诉,专委监司觉察,台谏弹劾以闻,当重置典宪。

出处:《宋会要辑稿》食货一二之二。又见同书食货六六之四。

禁将未成丁先次拘催及老丁不即销落诏
(绍兴二十六年七月十二日)

诸州专令知、通取索逐县丁簿,积考岁数,依年格收附销落,如辄敢将未成丁之人先次拘催,及老丁不为即时销落,许经本州申诉,依条根治施行;如不为施行,即时经监司台省陈诉。仍令监司常切觉察,台谏弹劾以闻,当重置于法。

出处:《宋会要辑稿》食货六六之四。又见同书食货一二之一一,《建炎以来系年要录》卷一七三。

权住修丰储仓诏
(绍兴二十六年七月十二日)

两浙转运司见修盖丰储仓。当此暑月,工役不易,候农隙十月以后兴工,及内外别有修造去处,并权住。

出处:《宋会要辑稿》方域二之一九。又见《建炎以来系年要录》卷一七三。

许展限陈诉经界打量定验不当诏
(绍兴二十六年七月十二日)

更予展半年,许人户诣州县陈诉,委守令验实,将元打量定验轻重不当返为民害事申漕司审实,依公改正讫,逐旋以闻,务在税赋均平,豪富之家不得幸免,贫民下户不至偏重。如乡司人吏因而乞觅骚扰,并依重禄法断配,守臣监司常切举察。

出处:《宋会要辑稿》食货六之五二。又见《建炎以来系年要录》卷一七三。

赏罚决狱官制
(绍兴二十六年七月十二日)

近降手诏,委逐路提点刑狱官躬亲决狱,逐一开具闻奏,仍日下疏放枝蔓干连之人。尚虑不切奉行,委御史台觉察,按劾黜责,三省择其尤称职者取旨升擢。

出处:《宋会要辑稿》刑法五之三八。

蠲放行在排岸司见系纲运陪填人诏
(绍兴二十六年七月十三日)

行在排岸司见监系米斛纲运管押人并纲梢一百余人,陪填在路批发折欠米斛,皆是贫乏之人,无可填偿,日夕饥饿,情实可悯,并与蠲放。外路有见系似此之人,若非侵欺盗用,委是折欠,即依此施行。

出处:《宋会要辑稿》食货四八之四。又见同书食货四四之四,《宋会要辑稿补编》第五七七页。

蕃国到阙特差人引接祗应诏
（绍兴二十六年七月十三日）

遇蕃国到阙,特贴差承受一名入驿引接祗应。今后准此。

出处:《宋会要辑稿》职官三五之二〇。

委官看详臣民封事诏
（绍兴二十六年七月十四日）

臣民封事及监司、守臣条具便民事件言刑狱财计者,各委本郡看详,余并委中书舍人吴秉信、王纶、权给事中凌景夏,仍添置权礼部侍郎贺允中分轮看详,务要详尽。

出处:《建炎以来系年要录》卷一七三。

罢诸州添置河渡诏
（绍兴二十六年七月十四日）

诸路州县前后添置河渡去处,并罢,听从民便。

出处:《建炎以来系年要录》卷一七三。

官户权势之家与平民一等科纳和买诏
（绍兴二十六年七月十四日）

逐州委知、通将逐县官户及权势之家合科纳和买绸绢及和籴草料等,并与平民一等。如辄敢减免,官司及减免之家并计赃断罪。令监司觉察,如有违戾,按劾闻奏。

出处:《宋会要辑稿》食货七〇之四五。又见《建炎以来系年要录》卷一七三。

官吏受纳二税不得邀阻诏
（绍兴二十六年七月十四日）

人户输纳夏秋,今正当开场受纳拥并之时,访闻州县受纳官纵令公吏非理退换,乞觅邀阻,及用墨油退却损污,或封寄在场更不给还,重叠拘催,搔扰非一。令户部日下申严约束,如有似此违戾去处,仰监司按劾,申尚书省重作施行。

出处:《宋会要辑稿》食货九之八。又见同书食货六八之七。

进士因事送诸州军听读特放逐便诏
（绍兴二十六年七月十七日）

进士因事送诸州军听读,可特放逐便,仍许取应。

出处:《建炎以来系年要录》卷一七三。

住罢临安府诸般增息诏
（绍兴二十六年七月十七日）

临安府猪羊圈,并安抚司回易蔴布连竹纸增息出卖,及责借官钱付炭牙人放炭收息,可并住罢。

出处:《建炎以来系年要录》卷一七三。

除放诸州民间地土占充官司营寨房廊随地产税和买诏
（绍兴二十六年七月十七日）

令诸路总领所、转运司取会管下诸州军民闲地土占充官司营寨及官中房廊,其随地产税和买并与除放,仍开具已除放数以闻。明、婺、严、衢州所买发纳牛羊司羊口,令桩支合用官钱,依市价和买,不得依前抑配民户;应州县受税赋,即时销注,并只以县钞照用,不得索取户钞。

出处:《建炎以来系年要录》卷一七三。又见《宋会要辑稿》食货六三之一二。

场务增添税收等事诏
(绍兴二十六年七月十七日)

令诸路转运司常切检察约束,将违戾官吏按劾,申尚书省重作施行,仍许民户越诉。

出处:《宋会要辑稿》食货一七之四四。

赐沈该等为彗星消伏乞复常膳诏
(绍兴二十六年七月十八日)

省表具悉。天心垂警,盖出至仁;星变腾辉,兹为大异。既震惊而增惕,乃抑损以从宜,避殿出珍,惧灾自贬。已兆廓清之应,曾未及于浃旬;永惟兢惧之深,敢遽忘于责己。今光芒虽减,星体尚在,朕方侧身省愆,以冀消伏,忽披奏牍,请复常仪。式谅恳诚,然非朕志。所请宜不允。

出处:《櫹溪居士集》卷六。
撰者:刘才邵
考校说明:编年据《建炎以来系年要录》卷一七三补。

赐沈该再上表为彗星消伏乞复常膳诏
(绍兴二十六年七月十八日)

省表具悉。垂象示人,式表布新之意;引愆修德,敢忘念往之图。永怀恐惧之深,冀达精诚之感。侧身避殿,菲食去珍。乃曲荷于监临,遂潜消于氛祲。然星芒虽隐,元象犹著,晨夕惕厉,深俟退伏。封章荐上,殊悉忠勤,尚不遑宁,难从恳请。所请宜不允。

出处:《櫹溪居士集》卷六。

撰者:刘才邵

考校说明:编年据《建炎以来系年要录》卷一七三补。

赐沈该等第三上表为彗星消伏乞常膳诏
（绍兴二十六年七月十八日）

省表具悉。天道无私,方垂于仁爱;星文示变,初耀于光芒。惟谴告之甚明,宜战兢而增惧。赖善祥之来应,致大异之顿消。卿等屡进封章,兼陈旧典,愿正位于当宁,且备举于常珍。深谅乃诚,勉从所请。更期协济,益懋交修。所请宜允。

出处:《樵溪居士集》卷六。

撰者:刘才邵

考校说明:编年据《建炎以来系年要录》卷一七三补。

令萧振汤允恭催督四川监司守臣条具恤民事件诏
（绍兴二十六年七月十九日）

近令诸路监司、守臣条具便民合行宽恤事件,提点刑狱官亲行决狱。缘四川去朝廷远,尚虑奉行灭裂,致实德不能及民。可令制置使萧振、总领财赋汤允恭催督,如奉行不虔,按劾以闻,当重置典宪。

出处:《建炎以来系年要录》卷一七三。

除民间绍兴二十二年以前私欠逋负诏
（绍兴二十六年七月十九日）

民间私欠逋负,依欠官物指挥,限绍兴二十二年以前并行除放。

出处:《建炎以来系年要录》卷一七三。

追复韩参万俟允中吴元美元官诏
（绍兴二十六年七月二十四日）

朕比诏有司,将一时无辜士大夫咸与洗濯,以申冤情,尔三人不幸皆死矣。夫故官可复,罪籍可蠲,而死者不可复生,哀哉! 尚期有知,服我休命。

出处:《宋会要辑稿》职官七六之六八。

行在职事厘务官随行亲属请解事诏
（绍兴二十六年七月二十九日）

令举行在职事、厘务官随行亲属,如依得服属,不以已未有官,并令赴国子监请解。其有官人,即不得依前循例陈乞赴两浙运司试。

出处:《宋会要辑稿》选举一六之一〇。又见《建炎以来系年要录》卷一七三。

州县官赃私不法监司失按察取旨责罚诏
（绍兴二十六年八月一日）

自今州县官赃私不法,如台谏弹奏外,人户论诉得实,其失按察监司令刑部具名申尚书省取旨。

出处:《宋会要辑稿》职官四五之二〇。又见《建炎以来系年要录》卷一七四。

初改官人等关升事诏
（绍兴二十六年八月二日）

初改官及应理知县资序人,虽有两任,如用县丞作实历亲民者,即依旧法须满六年替罢方许依条关升;其选人任县令,候满任无过犯,与占射差遣一次。

出处:《宋会要辑稿》职官四八之三五。

蠲建康府积欠内帑钱帛诏
（绍兴二十六年八月二十日）

建康府见拖欠内库绍兴二年至十年绢一十一万余匹,折绢钱一百二十四万余贯;绍兴十一年至二十年绢九万七千四百六十匹,折绢钱一百九万三千一百余贯,并予蠲免。

出处:《宋会要辑稿》食货六三之一二。又见《建炎以来系年要录》卷一七四。

赐李天祚敕书
（绍兴二十六年八月二十一日后）

敕南平王李天祚:博施德泽,宠绥万方。眷惟外服之臣,世守故封之职,奉王灵而向化,谨侯度以效忠。虽宅海邦,不惮梯航之远;每驰贡篚,用倾葵藿之诚。肆加锡命之优,昭示荣怀之渥。往其祗服,图称明恩。今赐卿马二匹,金镀银作子鞍一付,缨绂全衣一袭,紫罗夹公服一领,熟白小绫宽汗衫一领,熟白小绫勒帛一条,熟白大绫宽夹袴一腰,红罗夹绣三襜一条,抱肚一条,二十五两金御仙花腰带一条,五十两白成银腰带匣一具,金花银一百两,鈔锣二面,衣著共杂色绢二百匹、绿绢二十三匹、赤黄绢二十三匹、绯绢三十匹、浅色绢二十二匹、碧绢二十二匹、槐黄绢二十六匹、粉红绢二十四匹,至可领也。故兹示谕,想宜知悉。秋凉,卿比好否? 遣书指不及多。

出处:《槎溪居士集》卷七。
撰者:刘才邵
考校说明:编年据《建炎以来系年要录》卷一七四补。

责罚李唐卿等诏
（绍兴二十六年八月二十四日）

入内内侍省使臣李唐卿、王裕为禁中作过,特降充祗候内品,虽大赦不许收叙,仍不得收充入内省。

出处:《建炎以来系年要录》卷一七四。

赐张纲辞免恩命不允诏
(绍兴二十六年八月二十五日后)

敕张纲:省所札子奏辞免除参知政事恩命事,具悉。朕稽古图治,恢隆事功,选用群材,共熙庶政。惟是辅弼之臣,谋谟之任,允赖同心协契,以佑乃辟,措斯世于丕平。非夫经济之贤,何以副登崇之意哉!卿德备直方,气全刚大,劲正足以厉俗,端重足以镇浮。奥学造于幽峻,高文冠于俊髦。顷飞英于禁路,乃抗志而辞荣。朕所灼知,肆加召用,擢从铨部,参赞政机。成命既颁,师言咸穆,方资远业,允迪大猷,露章恳辞,岂朕所望?亟其祗服,勿复有陈。所请宜不允。故兹诏示,想宜知悉。

出处:《樵溪居士集》卷六。
撰者:刘才邵
考校说明:编年据《建炎以来系年要录》卷一七四补。

赐张纲再辞免恩命不允诏
(绍兴二十六年八月二十五日后)

省表具悉。朕省阅万几,缉熙百度,畴咨政事,图任维艰。以卿德履深纯,性姿全粹,蕴经邦之远业,负济务之宏才。静退自将,诚明自守,声猷凤振,望实弥高。爰擢从于禁涂,俾进参于政路。庶赖协谋之益,永恢致治之功。既播告于群工,固难回于成命。兹尚辞逊,殊咈朕怀。勿复重陈,往祗茂渥。所请宜不允,仍断来章。

出处:《樵溪居士集》卷六。
撰者:刘才邵
考校说明:编年据《建炎以来系年要录》卷一七四补。

赐张纲辞免除参政恩命不允批答口宣
（绍兴二十六年八月二十五日后）

有敕：卿以伟杰全才，简在朕意，参陪机政，允谓得人。成命既颁，亟其钦受。

出处：《樵溪居士集》卷七。
撰者：刘才邵
考校说明：编年据《建炎以来系年要录》卷一七四补。

陈瓘赐谥忠肃制
（绍兴二十六年八月）

敕：太上有立德，其次有立功，其次有立言。朕尝谓言苟立矣，二者皆在焉。故左承议郎、右司员外郎、赠右谏议大夫、赠左通奉大夫陈瓘，所谓没而其言立者欤。昔孔子作《春秋》，贬诸侯，讨大夫，以奖王室。尔明此义，故其言知尊君。昔唐明皇罢张九龄，相李林甫，议者谓治乱自此分。尔用此说，故其言验于后。若此者，盖朕赐谥之意也。尔义有所激，身且不顾，况于家乎！内有所守，死且不惧，况少贬乎！若此者，盖有司定谥之旨也。噫！生而为英，死而为灵，朕意尔之精英尚凛凛乎如生，必能鉴此哉！可特赐谥忠肃。

出处：乾隆《延平府志》卷三六，同治十二年重刊本。又见《宋陈忠肃言行录》卷二。
撰者：王纶

吴秉信除右文殿修撰知常州制
（绍兴二十六年九月前）

朕以公恕之道待臣下，思其始则必欲全于终，罢于咎者，犹或锡之福，自一命以上，予夺不敢轻也，况吾侍从之列乎！具官某以儒学之旧，致身近班。载笔演纶，皆所更践。兹又进天官之贰，亦云宠矣。赞书未下，已投佩而去之，质于人言，朕所深惜。然人之才知亦各有长，苟适于用，其可以请废哉？俾联书殿之华，付以专城之寄，往思自效，益勉后图。

出处:《海陵集》卷一三。

考校说明:编年据《建炎以来系年要录》卷一七四补。周麟之此时似未任两制,此文不知是否为《海陵集》误收。

抚问使大金使陈诚之副使苏晔到阙赐银合茶药口宣
(绍兴二十六年九月六日前)

有敕:卿等肃将使指,拥节言还。念远历于川涂,谅深劳于履跋,爰颁珍剂,用示眷怀。

出处:《樵溪居士集》卷七。

撰者:刘才邵

考校说明:编年据陈诚之宦历补,见《建炎以来系年要录》卷一七四。

文武官告身分十六等制造诏
(绍兴二十六年九月六日)

内外文武大小臣僚告身,自今并依大观格,分十六等制造。

出处:《建炎以来系年要录》卷一七四。

赐陈诚之辞免恩命不允诏
(绍兴二十六年九月六日后)

敕诚之:省札子奏辞免除同知枢密院事恩命事,具悉。朕登崇硕望,图回事功,庶资同德之良,共济丕平之治。乃眷机微之寄,实陪帷幄之谋,宜得杰才,以当重任。卿性全粹真,识造几深,怀经世之英姿,负康时之妙略。肃奉大廷之问,优为多士之先。出疆擅专对之美,视草尽代言之能。兹擢从于鳌禁,俾进列于鸿枢,断自朕心,协于舆论。仁观成绩,式究远猷,忽览逊词,祈还成命。虽嘉退尚,难徇忱辞,往其钦承,勿复有请。所请宜不允。故兹诏示,想宜知悉。

出处:《樵溪居士集》卷六。

撰者:刘才邵

考校说明:编年据《建炎以来系年要录》卷一七四补。

赐陈诚之再辞免恩命不允诏
(绍兴二十六年九月六日后)

省表具悉。登俊任贤,式隆邦国之治;协谋至理,正资廊庙之才。眷惟枢庭,实总军政,当斯重寄,宜属时英。卿性禀纯明,德全宏博。学贯天人之奥,词敷黼黻之华。蕴文武兼资之才,负刚大直养之气。进陪密画,允协师言。方赖告猷,伫观远业。兹披奏牍,乃欲恳辞。虽谅谦执,难回成命。其体至意,勿复有陈。所请宜不允,仍断来章。

出处:《檆溪居士集》卷六。

撰者:刘才邵

考校说明:编年据《建炎以来系年要录》卷一七四补。

赐陈诚之辞免同知枢密院事恩命不允批答口宣
(绍兴二十六年九月六日后)

有敕:卿以杰才,克膺图任,延登右府,协赞机微。其体至怀,钦承茂渥。

出处:《檆溪居士集》卷七。

撰者:刘才邵

考校说明:编年据《建炎以来系年要录》卷一七四补。

赐韩仲通辞免恩命不允诏
(绍兴二十六年九月十一日后)

敕仲通:省所奏辞免敷文阁直学士事,具悉。卿早以材猷,备膺任使,兹从近列,出殿南邦。以宠其行,肆推彝典,即西清之严邃,联内阁之隆名。忽览露章,欲祈辞逊。已颁成命,其速钦承。所请宜不允。故兹诏示,想宜知悉。

出处:《檆溪居士集》卷六。

撰者:刘才邵

考校说明:编年据《建炎以来系年要录》卷一七四补。

驱磨经总制无额钱物事诏
(绍兴二十六年九月十二日)

敕:诸路州军所收经、总制无额钱物,专委提刑司催督检察驱磨,依限开具磨出一岁本路州军侵隐失收钱物分数,通判并提刑司官职位、姓名、管干日月、合展减磨勘供申。如违限不行驱磨开具供申,及隐漏不实,即依供申帐状违限断罪施行。

出处:《庆元条法事类》卷三〇。

审度四川财赋利害诏
(绍兴二十六年九月十三日)

四川军储供亿,民力不易,深轸朕怀。昨遣钟世明措置裕民事,虽已蠲放积欠,减免折估等钱。不住据州郡监司继有申请,及士民陈献利害,而去朝廷远,难以计度。已专委许尹、王之望同制置总领茶马司公同相度措置。其各体至意,悉心条具以闻,庶实惠得以及民,调度可以经久。

出处:《建炎以来系年要录》卷一七四。

诫谕诸路监司率职诏
(绍兴二十六年九月十四日)

朕宵旰图治,讲求民瘼,诏旨屡颁,务行宽大,革去烦苛。监司之职,临按一路,寄耳目之任,专刺举之权。命令之下,是宜悉心布宣,庶使郡县得以视效。乃奉行不虔,徒为文具,致事有壅滞,奸弊弗除,欲实德及民,其可得乎! 至如官吏废弛,不闻有所惩治,乃或上下相蒙,习为偷惰,甚无谓也。继自今其究乃心,率乃职,以祗承朕命;其或不恪,委台谏按劾以闻,当置重宪。

出处:《宋会要辑稿》职官四五之二一。

汤鹏举兼侍读制
(绍兴二十六年九月十四日)

朕仰三朝之大训,实万世之宏规。我祖诒厥子孙,罔敢失坠;其政布在方册,皆可举行。爰命耆儒,以时进读。具官某以直道扶世,以正色立朝。多闻极乎高明,浩养全乎刚大。既践乌府,振纪纲于颓弊之余;宜登清华,抗议论于顾问之际。将从容而谘访,益启迪于聪明。尔固尝告乃后之嘉猷,更期有补;朕因得鉴先王之成宪,庶几无愆。尚馨忠言,以裨治道。

出处:《海陵集》卷一四。
考校说明:编年据《建炎以来系年要录》卷一七四补。周麟之此时似未任两制,此文不知是否为《海陵集》误收。

杨椿兼侍讲制
(绍兴二十六年九月十四日)

朕听朝之暇,玩意群经。尊圣道以表章斯文,咨儒臣以折中其义。迩英密侍,尤慎选抡。具官某早以粹文,杰出乎万人之上。通经博古,籍甚英声。今由蓬山,进位持橐。夫以投戈息马之时而任武部,以崇化厉贤之地而兼师儒,劝讲经帷,无以易汝。尔其探索六义之旨,发明三百篇之辞,以助成温柔敦厚之教。朕所望也,尔惟懋哉!

出处:《海陵集》卷一四。
考校说明:编年据《建炎以来系年要录》卷一七四补。周麟之此时似未任两制,此文不知是否为《海陵集》误收。

赐汤鹏举辞免恩命不允诏
(绍兴二十六年九月十四日后)

敕鹏举:省所奏辞免兼侍读恩命事,具悉。列圣贻谟,昭垂大训,是为成宪,敢怠遵承?进读迩英,正资硕望。以卿诚存直谅,气禀刚方,贯穿竹素之传,妙极天人之致,俾侍清闲之燕,备陈道德之言。盖将率由于旧章,岂特奉行于故事。

463

其膺明命,勿复牢辞。所请宜不允。故兹诏示,想宜知悉。

出处:《檞溪居士集》卷六。

撰者:刘才邵

考校说明:编年据《建炎以来系年要录》卷一七四补。

交趾到阙令支钱充犒设诏
(绍兴二十六年九月十五日)

交趾到阙,令内藏库支绢四十九匹、钱二十贯五百文。客省使臣以下银、绢三十匹两,支在驿诸司官绢五匹,支在驿监门官钱三十贯,支学士院点检文字等,并充犒设。

出处:《宋会要辑稿》职官三五之二○。

吏部将改官及关升人举主置籍诏
(绍兴二十六年九月十九日)

荐举之法,未尝不严,递年类皆徇私,荐非其人,至有鬻举者,及至败露,方行陈首。自今仰吏部将举主改官及关升人置籍,具所举官职位、姓名。如被举人犯赃罪,具所举官取旨施行。如已被人论诉及它司按发,台谏论列,即不许旋行首。举官须以岁额荐举,所举不如额者,吏部具名以闻。

出处:《宋会要辑稿》选举三○之三。又见《建炎以来系年要录》卷一七四。

考校说明:原书系于"九月二十九日",据后文,"二"字疑衍。《建炎以来系年要录》卷一七四系于绍兴二十六年九月十九日戊午,亦是一证。

不得论列秦桧家属诏
(绍兴二十六年九月二十五日)

鹏举所论,甚协公议。然朕以秦桧辅佐之久,又临奠之日面谕桧妻,许以保全其家。今若遽夺诸孙与壻职名,不惟使朕食言,而于功臣伤恩甚矣。可令中外知朕此意,今后不得更有论列。

出处:《建炎以来系年要录》卷一七四。

赐汤鹏举乞宫观不允诏
(绍兴二十六年九月二十七日)

敕鹏举:省所奏乞除一在外宫观差遣或小郡自效事,具悉。全大臣之后,人主所以隆恩;持宪府之纲,人臣所以举职。惟上下之势,既已有异,则可否之论,因或不同。卿以刚劲之姿,当纠弹之任,扬历言路,遂冠南台。简在朕心,克著诚节。兹者论列秦埙等职名事,朕以秦桧辅佐之久,又尝许其家以保全之言,理宜信示,岂可中辍?故因加告谕,以表至怀,然深谅所陈,甚协公议。卿能体此,复何所嫌,胡为抗章,遽求去位?其安厥次,勿复固辞。所请宜不允,不得更有陈请。故兹诏示,想宜知悉。

出处:《樴溪居士集》卷六。
撰者:刘才邵
考校说明:编年据《建炎以来系年要录》卷一七四补。

赐交趾朝见后三日玉津园御筵口宣
(绍兴二十六年九月二十七日)

有敕:卿等远修贡职,来供阙庭,既肃展于使仪,宜继颁于慈宴。往其祗服,钦奉恩私。

出处:《樴溪居士集》卷七。
撰者:刘才邵
考校说明:编年据《宋会要辑稿》礼四五补。

赐吴璘辞免恩命不允诏
(绍兴二十六年秋)

敕吴璘:省所奏辞免加食邑食实封恩命事,具悉。朕率循旧典,祗荐明禋,既仰荷于监临,遂备膺于贶施。爰推大赍,均及多方。矧惟分阃之良,宜播扬庭之册,肆举行于邦数,以并受于神庥。遽览封章,欲回涣渥。虽嘉谦避,难徇忱辞。其即钦承,用副眷意。所请宜不允。故兹诏示,想宜知悉。秋热,卿比平安好? 遣书指不多及。

出处:《樵溪居士集》卷六。

撰者:刘才邵

考校说明:编年据刘才邵任两制时间、南宋郊祀时间补,见《宋史》卷三一《高宗纪》。

赐吴璘辞免恩命不允诏
(绍兴二十六年秋)

敕吴璘:省所札子奏辞免除开府仪同三司、加食邑食实封恩命事,具悉。功大者赏隆,所以谨厉世之具;才高者位重,所以持驭贵之权。眷惟将帅之贤,宜茂褒嘉之典。卿性资劲勇,智略精明,威足以折冲,谋足以决胜。屡宣师律,克奏肤功。深念忠勤,敢忘宠赐? 俾视仪于宰路,以增焕于斋坛。成命既行,师言咸穆,遽披奏牍,难遂谦怀,亟对恩荣,无庸辞逊。所请宜不允。故兹诏示,想宜知悉。秋热,卿比平安好? 指不多及。

出处:《樵溪居士集》卷六。

撰者:刘才邵

考校说明:编年据吴璘官历及文中所述"秋热"补,见《建炎以来系年要录》卷一七二。

赐吴璘再辞免恩命不允诏
(绍兴二十六年秋)

敕吴璘:省所上表辞免开府仪同三司、加食邑食实封事,具悉。爵贵度德,赏宜当功,厉世之具,莫先于此,朕率是褒劝臣工。以卿禀劲勇之资,怀忠勤之操,躬履行陈,屡立战功,御侮折冲,为时良将,是用图其绩效,宠以殊荣,位比峻于台躔,仪遂同于揆路。恩非虚授,义岂容辞? 荐阅所陈,难以俯徇。其祗成命,以副至怀。所请宜不允,不得再有陈请。故兹诏示,想宜知悉。秋令,卿比平安好? 遣书指不多及。

出处:《槌溪居士集》卷六。

撰者:刘才邵

考校说明:编年据吴璘宦历及文中所述"秋令"补,见《建炎以来系年要录》卷一七二。

赐王彦辞免恩命不允诏
(绍兴二十六年秋)

敕王彦:审所奏辞免新除保宁军承宣使恩命事,具悉。以卿蕴乘机之妙略,负御侮之宏才,制胜出奇,备宣忠力。兹示褒功之意,擢升使组之崇。宠数优隆,是为懋赏,抗章辞避,岂副朕期?钦奉训言,亟承殊眷。所请宜不允。故兹诏示,想宜知悉。秋热,卿比平安好?遣书指不多及。

出处:《槌溪居士集》卷六。

撰者:刘才邵

考校说明:编年据王彦宦历及文中所述"秋热"补,见《建炎以来系年要录》卷一七○。

赐姚仲辞免恩命不允诏
(绍兴二十六年秋)

敕姚仲:省所奏辞免新除清远军承宣使恩命事,具悉。以卿性资果毅,志节沈雄,御众总戎,休功夙著,擢自廉车之任,峻升使组之华。用示殊恩,实惟异数。比观奏牍,乃欲恳辞,涣号既孚,冲怀难遂。往祗茂渥,勿复有陈。所请宜不允。故兹诏示,想宜知悉。秋热,卿比平安好?遣书指不多及。

出处:《槌溪居士集》卷六。

撰者:刘才邵

考校说明:编年据姚仲宦历及文中所述"秋热"补,见《建炎以来系年要录》卷一七一。

赐苏符辞免恩命不允诏
(绍兴二十六年秋)

敕苏符:省所奏辞免除敷文阁直学士恩命事,具悉。内阁所以奉列圣之贻谟,邃在西清,最号严近。隆名所加,时之高选,非得其人,不以轻付。卿性全真粹,学有本源,议论雍容,词章华润。名臣之后,能世其家。明命既颁,实孚群听。惟令之行,义岂容辞? 祗服训言,亟膺茂渥。所请宜不允。故兹诏示,想宜知悉。秋热,卿比平安好? 遣书指不多及。

出处:《樵溪居士集》卷六。
撰者:刘才邵
考校说明:编年据刘才邵任两制时间、苏符官历补,见《建炎以来系年要录》卷一六九。

赐王权辞免恩命不允诏
(绍兴二十六年秋)

敕王权:省所奏辞免加食邑食实封恩命事,具悉。朕报本奉先,兹荐诚于元祀;受厘拜贶,宜锡福于多方。故熙事之告成,霈湛恩而广被。肆扬褒典,加宠将臣,用示眷怀,式遵彝宪。忽披奏牍,备列忱辞。虽嘉自牧之谦,难遏推行之令。往其钦奉,勿复重陈。所请宜不允。故兹诏示,想宜知悉。秋热,卿比平安好? 遣书指不多及。

出处:《樵溪居士集》卷六。
撰者:刘才邵
考校说明:编年据刘才邵任两制时间、南宋郊祀时间、文中所述"秋热"补。此文所提郊祀当是绍兴二十五年十一月郊祀,见《宋史》卷三一《高宗纪》。

赐王权辞免恩命不允诏
(绍兴二十六年秋)

敕王权:省所奏辞免加食邑食实封恩命事,具悉。朕丕阐上仪,式严大报。

陶器稿秸,象乎天德之纯;金支翠旌,焕若乐容之盛。既灵承于嘉贶,肆敷锡于蕃禧。乃眷将臣,宜膺显册。兹惟邦数,俾对神休,胡为抗章,欲回涣渥?其祇成命,勿复有陈。所请宜不允。故兹诏示,想宜知悉。秋凉,卿比平安好?遣书指不多及。

出处:《樤溪居士集》卷六。

撰者:刘才邵

考校说明:编年据刘才邵任两制时间、南宋郊祀时间、文中所述"秋凉"补。此诏当在同集同卷同题诏之后。文中所提郊祀当是绍兴二十五年十一月郊祀,见《宋史》卷三一《高宗纪》。

赐刘宝辞免恩命不允诏
(绍兴二十六年秋)

敕刘宝:省所奏辞免加食邑食实封恩命事,具悉。朕秩泰坛之祀,仰荷硕勋;受宣室之厘,难专施贶。广推庆赐,以及寰区,乃眷将臣,宜膺褒宠。卿当受秉钺之任,怀许国之心,方略素高,忠勤久著。肆加褒数,以示荣恩。祇服训言,无劳辞避。所请宜不允。故兹诏示,想宜知悉。秋热,卿比平安好?遣书指不多及。

出处:《樤溪居士集》卷六。

撰者:刘才邵

考校说明:编年据刘才邵任两制时间、南宋郊祀时间、文中所述"秋热"补。此文所提郊祀当是绍兴二十五年十一月郊祀,见《宋史》卷三一《高宗纪》。

赐刘宝再辞免恩命不允诏
(绍兴二十六年秋)

敕刘宝:省所上表奏辞免加食邑食实封恩命事,具悉。朕祇膺骏命,丕阐缛仪。克配彼天,推祖宗而有侑;式序在位,行庆赐以均厘。眷惟制阃之良,夙受拥旄之寄,恭勤懋著,劳绩备宣。载嘉卫社之忠,宜有褒功之锡。师言咸允,涣号既行,抗疏以辞,乃至于再。兹非所望,其速钦承。所请不允,不得再有陈请。故兹诏示,想宜知悉。秋凉,卿比平安好?遣书指不多及。

出处:《樵溪居士集》卷六。

撰者:刘才邵

考校说明:编年据刘才邵任两制时间、南宋郊祀时间、文中所述"秋凉"补。此诏当在同集同卷《赐刘宝辞免恩命不允诏》之后。文中所提郊祀当是绍兴二十五年十一月郊祀,见《宋史》卷三一《高宗纪》。

赐施钜乞宫观诏
(绍兴二十六年秋)

敕施钜:省所奏乞差在外宫观一次事,具悉。广右介于海岭之间,壤地阻远,惟是宣德意而求民瘼,贵在得人,故于命帅,尤致慎焉。卿德望隆重,性资通明。比从禁涂,参赞大政,谋猷启沃,备罄忠嘉。兹用命卿,往膺寄委,实资旧弼,以慰远民。乃抗封章,请祠就佚,载惟斯志,岂所望哉! 其体至怀,宜安厥位。所请宜不允。故兹诏示,想宜知悉。秋凉,卿比平安好? 遣书指不多及。

出处:《樵溪居士集》卷六。

撰者:刘才邵

考校说明:编年据刘才邵任两制时间、施钜宦历及文中所述"秋凉"补,见《建炎以来系年要录》卷一六九。

赐魏良臣乞宫观诏
(绍兴二十六年秋)

敕良臣:省所札子奏乞一外任宫观差遣事,具悉。卿名世宏才,康时远业。入参机务,既协赞于明谟;出殿辅藩,以布宣于政化。实资明德之盛,增重师帅之权。谅裁决之有余,自燕私之多暇。兹披奏牍,祈奉真祠,遽欲丐闲,甚非所望。朕之待遇臣下,初无内外之殊。卿其勿倦抚绥,当体眷怀之厚,宜安厥位,毋复有陈。所请宜不允。故兹诏示,想宜知悉。秋热,卿比平安好? 遣书指不多及。

出处:《樵溪居士集》卷六。

撰者:刘才邵

考校说明:编年据刘才邵任两制时间、魏良臣宦历及文中所述"秋热"补,见《建炎以来系年要录》卷一七〇。

赐韦谦辞免恩命不允批答口宣
（绍兴十三年八月至绍兴十四年二月间或绍兴二十六年三月至十月间）

有敕：卿戚里懿亲，将坛制阃。兹升华于掌武，以昭示于隆恩。其体眷怀，往祗茂渥。

出处：《樵溪居士集》卷七。

撰者：刘才邵

考校说明：编年据刘才邵任两制时间、韦谦卒年补，见《建炎以来系年要录》卷一七五。

赐太尉韦谦生日诏
（绍兴二十六年四月至十月间）

长夏届时，适应炎曦之候；高门流庆，是生戚里之英。才德兼全，恩荣克称，宜厚匪颁之赐，以彰眷遇之殊。锡奉宠光，益绥寿祉。今赐卿生日羊酒米面等具如别录，至可领也。故兹诏示，想宜知悉。

出处：《樵溪居士集》卷六。

撰者：刘才邵

考校说明：编年据韦谦官历及卒年补，见《宋会要辑稿》职官一、《建炎以来系年要录》卷一七五。

赐王俣辞免恩命不允诏
（绍兴二十六年十月一日后）

敕王俣：省所奏辞免除户部侍郎恩命、乞一在外宫观差遣事，具悉。民部贰卿，实计邦典，必得通疏练达之才，兼全足国裕民之术。其所寄委，实难其人。以卿德量深闳，材猷强敏，学贯精微之会，智周事物之原，久历要途，备扬显绩，付斯重任，允协师言。方资进为，式副慎选，遽披奏牍，乃欲奉祠。成命已行，冲怀难徇，往其祗服，勿复重陈。所请宜不允。故兹诏示，想宜知悉。

471

出处:《樌溪居士集》卷六。

撰者:刘才邵

考校说明:编年据《建炎以来系年要录》卷一七五补。

许无辜被罪者自陈厘正诏
(绍兴二十六年十月二日)

去年十月甲子以前断罪之人,除大不恭、不孝及蠹国害民,枉法自盗赃抵死,因人告发迹状明白者,各论如法,其余不以年限,并许自陈,事属无辜,则与行改正,稍涉疑似,则除落过名。

出处:《建炎以来系年要录》卷一七五。

令四川监司等各举郡守诏
(绍兴二十六年十月七日)

四川去朝廷遥远,守臣尤须得人,可令逐路监司、帅臣各举京朝官知县资序以上人堪充郡守者二人,内制置、总领财赋、都大茶马各举三人奏闻。如被举后犯赃罪及不职,与同罪,仍令尚书省籍记。

出处:《宋会要辑稿》选举三〇之三四。又见《建炎以来系年要录》卷一七五。

敷文阁直学士致仕苏符赠官制
(绍兴二十六年十月七日后)

朕望乔木而思世臣,览裳华而念君子。伟近代有儒门之盛,三英粲兮;访诸孙于从棐之联,一鉴亡矣。爰颁愍襚,用寄追褒。具官某擅雕龙之文,蕴凌云之气。善继厥祖,不陨其声。方延阁升班,所冀得朝夕论思之益;而便藩图任,庶几闻中和宣布之诗。忽焉挂神武之冠,兹又奏茂陵之札。典刑垂尽,不复见于老成;议论具存,犹可想其风烈。增秩四等,用光九原。惟英识之未沦,尚宠章之斯服。可。

出处:《海陵集》卷二〇。

考校说明:编年据《建炎以来系年要录》卷一七一补。周麟之此时似未任两制,此文不知是否为《海陵集》误收。

命官田产所在州不许拟差遣诏
(绍兴二十六年十月八日)

命官田产所在州,或寄居及七年,并不许注拟差遣。

出处:《建炎以来系年要录》卷一七五。

奉使金国使副等推恩不得过有陈乞诏
(绍兴二十六年十月十五日)

奉使金国使、副并三节人推恩,并有定制,今后不得援例过有陈乞。如违,令御史台弹劾。

出处:《宋会要辑稿》职官五一之一九。

赐实录院进呈皇太后回銮事实宣答宰臣已下口宣
(绍兴二十六年十月十八日后)

有敕:致养东朝,钦奉慈训,丕阐闳休,实资撰述。成书既上,深用叹嘉,与卿等同之。

出处:《檆溪居士集》卷七。
撰者:刘才邵
考校说明:编年据《建炎以来系年要录》卷一七五补。

禁修合货卖假药诏
(绍兴二十六年十月十九日)

访闻街市货卖熟药之家,往往图利,多用假药,致服者伤生,深为恻然。自今后卖药人有合用细色药敢以他物代者,许其家修合人陈首;如隐蔽却因他人告首者,与货药人一等断罪,并追赏钱三百贯,先以官钱代支。其犯人不理有官及荫赎,并依不如本方杀伤人科罪。令临安府及诸路州县出榜晓谕。

出处:《宋会要辑稿》刑法二之一五四。

推恩南班近属诏
(绍兴二十六年十月二十六日)

南班近属所存无几,久不推恩,可特与转行一官,承宣使者令回授。

出处:《宋会要辑稿》帝系六之二四。

令逐路常平司先次支遣见管仓米诏
(绍兴二十六年十月二十八日)

令户部行下逐路常平司,将见桩管米先次支遣,却将今年收到秋苗依数拨还,候省限满,桩管数足,申尚书省差官前去点检盘量。

出处:《宋会要辑稿》食货五三之二六。

怀远驿差监门官机察三佛齐使人出入诏
(绍兴二十六年十月三十日)

今来三佛齐到驿,怀远驿差监门官一员机察出入,兼提振火烛、管辖祗应军兵鞍马从物等。仍令诸司官同共管干,其差取请给食钱并所破吃食等,并依昨交趾已得指挥体例施行。

出处:《宋会要辑稿》职官三五之二一。

赐尚书左仆射沈该告口宣
(绍兴二十六年闰十月二日)

有敕:卿等调元硕辅,命世宏才。兹提领于盛仪,以光昭于大典,肆推异数,用示涣恩。今赐卿告,想宜知悉。

出处:《樵溪居士集》卷七。

撰者:刘才邵

考校说明:编年据文中所述"兹提领于盛仪,以光昭于大典"补,见《建炎以来系年要录》卷一七五。

赐尚书右仆射万俟卨告口宣
(绍兴二十六年闰十月二日)

有敕:卿躬秉杰才,望隆真相。实纂修于盛典,以克著于闳休。兹锡殊恩,式昭至意。今赐卿告,想宜知悉。

出处:《樵溪居士集》卷七。

撰者:刘才邵

考校说明:编年据文中所述"实纂修于盛典,以克著于闳休"补,见《建炎以来系年要录》卷一七五。

赐万俟卨辞免恩命不允诏
(绍兴二十六年闰十月二日后)

省奏具悉。朕获缵丕基,钦承眷命,赖高穹之垂祐,致母后之回銮。备申孝养之怀,实笃邦家之庆。宜垂光于典册,悉纪载于殊休。卿以辅臣,永资提领,成书来上,编次有伦,遂与日星,粲然久照。爰推宠数,用示至怀。乃抗封章,欲回成命。扬庭发号,群听俱孚,义岂容辞,亟其钦受。所请宜不允,仍断来章。

出处:《樵溪居士集》卷六。

撰者:刘才邵

考校说明:编年据《建炎以来系年要录》卷一七五补。文中"卿以辅臣,永资提领,成书来上,编次有伦"指万俟卨上《皇太后回銮事实》事。

赐万俟卨再辞免恩命不允诏
(绍兴二十六年闰十月二日后)

敕万俟卨:省所札子奏辞免除左银青光禄大夫、进封阳武郡开国公、加食邑食实封恩命事,具悉。朕致养东朝,日承慈训,惟是奉亲之意,靡不竭诚。矧《回銮事实》为希世之荣观,是宜纂修不遗,昭示盛美,以侈无疆之庆,以为不刊之书。以卿德茂望崇,为时良弼,肆加明命,俾提宏纲。编次既工,笔削惟允,成书来上,深惬朕心,爰锡宠章,以褒殊绩。兹披奏牍,乃欲恳辞。信赏惟行,岂容辞避?往其祇受,勿复有陈。所请宜不允。故兹诏示,想宜知悉。

出处:《樌溪居士集》卷六。
撰者:刘才邵
考校说明:编年据《建炎以来系年要录》卷一七五补。

赐万俟卨再辞免恩命不允诏
(绍兴二十六年闰十月二日后)

省表具悉。卿德备直方,气全刚大,真廊庙之重器,懋经纶之远图。自进秉于钧衡,益发挥于事业。石岩岩而望峻,星两两以色齐。庶政咸熙,休功茂著。俾纂修于盛典,以钦奉于慈颜。焕然义例之明,允矣简编之富。丕昭大庆,垂示无穷。爰举褒章,务隆邦数。遽披奏牍,乃欲恳辞。虽谅谦怀,难回成命。亟其钦受,以称荣恩。所请宜不允。

出处:《樌溪居士集》卷六。
撰者:刘才邵
考校说明:编年据《建炎以来系年要录》卷一七五补。文中"俾纂修于盛典,以钦奉于慈颜"当指万俟卨上《皇太后回銮事实》事。

赐沈该再辞免恩命不允诏
(绍兴二十六年闰十月二日后)

省表具悉。卿性资夷粹,业履刚方,识深造于几微,德备全于博硕。古训是式,发为华国之文;直道而行,夙蕴正邦之术。自延登于揆路,益钦亮于天工。兹缘事实之成书,爰举礼仪之缛典。欲重总提之任,乃资辅弼之臣。惟时展事之功,副朕奉亲之意。肆加宠授,用示褒嘉。兹览奏章,欲辞新渥;已扬显册,难遂冲怀。所请宜不允。

出处:《樵溪居士集》卷六。

撰者:刘才邵

考校说明:编年据《建炎以来系年要录》卷一七五补。《建炎以来系年要录》卷一七五:"(绍兴二十六年十月)丙戌,尚书右仆射万俟卨上《皇太后回銮事实》,左仆射沈该为礼使………(绍兴二十六年闰十月)庚子,左正议大夫、守尚书左仆射、同中书门下平章事沈该为左宣奉大夫,左宣奉大夫、守尚书右仆射、同中书门下平章事万俟卨为左银青光禄大夫,皆以进《回銮事实》推恩也。实录院修撰官以下皆进官。"文中所述"兹缘事实之成书,爰举礼仪之缛典"当指此事。

赐沈该辞免恩命不允诏
(绍兴二十六年闰十月二日后)

省表具悉。朕荷天明命,垂监孝诚。顷蒙鸾驾之还,获奉东朝之养,乃纂修于事实,以昭示于无穷。大典既成,盛仪斯举。卿以辅弼,实领总提之任,典章严饬,视听增辉。既深副于朕心,宜务隆于恩数,载加显册,用表眷怀。兹览逊章,欲祈恳避,非予所望,其勿重陈。所请宜不允,仍断来章。

出处:《樵溪居士集》卷六。

撰者:刘才邵

考校说明:编年据《建炎以来系年要录》卷一七五补。《建炎以来系年要录》卷一七五:"(绍兴二十六年十月)丙戌,尚书右仆射万俟卨上《皇太后回銮事实》,左仆射沈该为礼使………(绍兴二十六年闰十月)庚子,左正议大夫、守尚书左仆射、同中书门下平章事沈该为左宣奉大夫,左宣奉大夫、守尚书右仆射、同中书门下平章事万俟卨为左银青光禄大夫,皆以进《回銮事实》推恩也。实录院修撰官以下皆进官。"文中所述"顷蒙鸾驾之还,获奉东朝之养,乃纂修于事实,以昭示于无穷。大典既成,盛仪斯举。卿以辅弼,实领总提之任"当指此事。

赐沈该再辞免恩命不允诏
(绍兴二十六年闰十月二日后)

敕沈该:省所札子奏再辞免除左宣奉大夫、进封吴兴郡开国公、加食邑食实封恩命事,具悉。惟天下之事,体既重则礼必盛,礼既盛则赏必隆。惟其称尔,岂可以论其常哉!朕恭惟母慈,言还长乐,正东朝之尊,致天下之养,温清定省,得尽欢心,惟其事实,所当纂修。既克成书,是为盛典。钦奉之意,务极尊崇,提领缛仪,必资硕辅。所以增重事体,光昭大庆。宜推恩渥,以示褒嘉。乃深执谦恭,再三恳免,殊非所望,未协朕心。其亟钦承,勿复固避。所请宜不允,不得更有陈请。故兹诏示,想宜知悉。

出处:《櫹溪居士集》卷六。
撰者:刘才邵
考校说明:编年据《建炎以来系年要录》卷一七五补。

赐沈该辞免恩命不允诏
(绍兴二十六年闰十月二日后)

敕沈该:省所札子奏辞免除左宣奉大夫、进封吴兴郡开国公、加食邑食实封恩命事,具悉。朕以母后回銮,慈宁致养,兹为大庆,得尽孝心。惟事实之丕昭,宜简编之具载。肆颁诏旨,编辑不遗。既克成书,爰钦承奉,乃涓吉旦,肇举盛仪。以卿望实俱崇,时为元宰,凡兹施措,正藉总提,典礼之行,咸得其叙,乃推异数,用示殊恩。胡为抗章,祈寝成命。已孚廷号,义岂容辞?亟其钦承,以膺茂渥。所请宜不允。故兹诏示,想宜知悉。

出处:《櫹溪居士集》卷六。
撰者:刘才邵
考校说明:编年据《建炎以来系年要录》卷一七五补。

赐沈该辞免恩命不允批答口宣
（绍兴二十六年闰十月二日后）

有敕：卿位居元宰，望重宗臣。兹举盛仪，允资使范，肆加褒典，用示殊私。

出处：《樜溪居士集》卷七。

撰者：刘才邵

考校说明：编年据文中所述“兹举盛仪，允资使范”补，见《建炎以来系年要录》卷一七五。

赐沈该再辞免恩命不允批答口宣
（绍兴二十六年闰十月二日后）

有敕：卿克就成书，允为大典，爰推异数，式表荣恩。宜体至怀，钦承隆数。

出处：《樜溪居士集》卷七。

撰者：刘才邵

考校说明：编年据文中所述“卿克就成书，允为大典”补，见《建炎以来系年要录》卷一七五。

赐万俟卨辞免恩命不允批答口宣
（绍兴二十六年闰十月二日后）

有敕：卿为时硕辅，克致勋庸。盛典既成，宜褒殊绩，式隆眷意，爰锡涣恩。

出处：《樜溪居士集》卷七。

撰者：刘才邵

考校说明：编年据文中所述“盛典既成，宜褒殊绩”补，见《建炎以来系年要录》卷一七五。

赐万俟卨再辞免恩命不允批答口宣
（绍兴二十六年闰十月二日后）

有敕：卿总领礼仪，光昭盛典，肆推褒册，以示殊私。往其钦承，祗膺涣号。

出处：《樧溪居士集》卷七。
撰者：刘才邵
考校说明：编年据文中所述"卿总领礼仪，光昭盛典"补，见《建炎以来系年要录》卷一七五。

令诸路常平司趁时收籴诏
（绍兴二十六年闰十月三日）

令诸路常平司相度，将见管米斛数少去处，用所桩籴本钱措置趁时收籴，仍开具合籴州军及籴到数目申尚书省。

出处：《宋会要辑稿》食货六二之三三。

罢廉州岁贡珠诏
（绍兴二十六年闰十月八日）

廉州岁贡珠，虽祖宗旧制，闻取之颇艰，或伤人命，自今可罢贡，疍丁纵其自便。

出处：《建炎以来系年要录》卷一七五。

刑部见任郎官分左右厅治事诏
（绍兴二十六年闰十月十三日）

刑部见任郎官依元丰旧法，分左、右厅治事。今后依此。

出处：《宋会要辑稿》职官一五之二〇。

赐石清辞免恩命不允诏
（绍兴二十六年闰十月十四日后）

敕石清：省所札子奏辞免除观察使恩命事，具悉。卿性资端重，德履纯明。以戚畹之良，任上阁之事，赞相仪矩，雍容合宜，克守温恭，备宣勤恪。用深嘉于显绩，肆申锡于殊休。乃增使绂之华，俾陟廉车之峻。兹惟懋赏，允协师言。胡为抗章，欲以辞避？其祗承命，勿复有陈。所请宜不允。故兹诏示，想宜知悉。

出处:《樜溪居士集》卷六。

撰者:刘才邵

考校说明:编年据《建炎以来系年要录》卷一七五补。

禁约见任官私役工匠诏
（绍兴二十六年闰十月十五日）

见任官于所部私役工匠营造己物者，依律计庸，准盗论。若缘公兴造，即申所属轮差，优偿工直。著为令。

出处:《建炎以来系年要录》卷一七五。

禁奏辟已注知县县令人诏
（绍兴二十六年闰十月二十六日）

自今已注知县、县令人，不许诸处奏辟。

出处:《建炎以来系年要录》卷一七五。

临安府养济乞丐诏
（绍兴二十六年闰十月二十七日）

临安府养济乞丐，当此雪寒，委荣薿常加检察，依时支散钱米，毋令减克及冒名承请，务在实及贫民，仍具知禀奏闻。

出处:《宋会要辑稿》食货六○之一一。又见同书食货六八之一四四。

在京百司被受条制令誊报枢密院诏
(绍兴二十六年十一月七日)

在京百司被受条制,依故事誊报枢密院。如违慢漏落,令本院取旨。

出处:《建炎以来系年要录》卷一七五。

令翰林官保明申差和剂局官诏
(绍兴二十六年十一月八日)

和剂局修合官、杂买务辨验药材官,下翰林院于近工医官内选差,保明申户部审实申差。和剂局修合官一员,杂买务辨验药材官一员,请给、人从、理任、酬赏,并依辨验官见行条法。如或所辨验药材伪滥,修合粗弱不如法,并从省寺点检,申取朝廷指挥。见任文臣候选差医官日并罢,内正官依省罢法。

出处:《宋会要辑稿》职官二七之六七。

臣僚因事论罢经郊赦方许除授差遣诏
(绍兴二十六年十一月十一日)

臣僚因事论罢之人,自今已经郊赦方许除授差遣,犯赃者从本法。

出处:《建炎以来系年要录》卷一七五。

立定郡县起发经总制钱数额诏
(绍兴二十六年十一月十二日)

令户部将十九年后、二十五年前取酌中一年,立为定额,申尚书省。

出处:《宋会要辑稿》食货六四之九七。

诸蕃到阙事诏
（绍兴二十六年十一月二十二日）

诸蕃到阙，日轮客省官一员在驿宿直。内监驿、监门、掌仪、承受、巡视、把门亲事官、应在驿诸色祗应人等，自合依国信所隶客省官主管，日支食钱，并事毕依例支赐犒设，令客省官奏请支散。客省押班所行移案牍，如敢拆截隐漏，当行使臣、手分并从徒一年科罪。

出处：《宋会要辑稿》职官三五之二一。

邵宏渊特转宣州观察使诏
（绍兴二十六年十一月二十四日）

拱卫大夫、忠州防御使、殿前司左军统制邵宏渊累立战功，所待借补官资未经收使，可特转宣州观察使。

出处：《建炎以来系年要录》卷一七五。

诗赋经义取试人数诏
（绍兴二十六年十一月二十六日）

考试除六经依条通融相补外，其经义、诗赋两科合格人如有余、不足，内诗赋不得侵取经义；若经义文理优长合格人有余，许将诗赋人材不足之数听通融优取。仍以十分为率，不得过三分。

出处：《宋会要辑稿》职官一三之一一。又见同书选举四之三一。
考校说明：《宋会要辑稿》选举四系于绍兴二十七年正月十日。

亲贤宅南班宗室居广等特与转行一官诏
（绍兴二十六年十一月二十六日）

亲贤宅南班宗室居广等九员，可依士嶤等例特与转行一官。内居广系承宣使,许依条回授。

出处:《宋会要辑稿》帝系六之二五。

赐昭庆军敕书
(绍兴二十六年十二月五日后)

敕昭庆军官吏军民僧道耆寿等:朕以刘楙性资纯明,德履方重,播谦恭之令誉,负通变之全才,况联戚里之华,宜举褒章之宠,授以将钺,镇于辅藩,式资御众之权,以壮总戎之寄。既颁成命,想惬舆情。今特授刘楙昭庆军节度使,依前提举佑神观,奉朝请,进封开国侯,加食邑五百户、食实封二百户。故兹示谕,想宜知悉。冬寒,汝等各比好否?遣书指不多及。

出处:《樾溪居士集》卷七。
撰者:刘才邵
考校说明:编年据《建炎以来系年要录》卷一七五补。

立定诸官司料次钱数目诏
(绍兴二十六年十二月六日)

诸官司料次钱令户部取酌中一年数目立为定额,每年不得过今来所立数目。如支用不足,即具数申取朝廷指挥。

出处:《宋会要辑稿》食货五一之四四。

减三省枢密院诸房犒设诏
(绍兴二十六年十二月六日)

三省、枢密院诸房除每上下半年户部支给犒设外,激赏库所支诸房并其余官司犒设,今后每次并减三分之一。

出处:《宋会要辑稿》食货五一之四四。

上户定差保正长诏
（绍兴二十六年十二月九日）

诸县保正长，并将上户斟酌定差，下户止轮充大保长。

出处:《建炎以来系年要录》卷一七五。

令茶马司将博马银绢等预期排办诏
（绍兴二十六年十二月十二日）

令茶马司将博马银绢等并预期排办，即不得依前大估价钱，及擅将他用，留滞客人。如诸州有违戾去处，按劾闻奏。仍令四川制置司常切觉察。

出处:《宋会要辑稿》职官四三之一〇八。

茶马司不得科差杂役诏
（绍兴二十六年十二月十二日）

令茶马司今后遇起马日，依数差拨，即不得前期科差杂役。其偷盗草料官吏，令本司常切觉察。如有违戾，按劾闻奏。

出处:《宋会要辑稿》职官四三之一〇九。

令监进奏院官督责进奏官诏
（绍兴二十六年十二月十四日）

监进奏院官督责进奏官，凡号令章疏，时抄录遍下监司州军；其逐处被受，即具到发月日回申进奏院，令所辖官逐季点检。

出处:《宋会要辑稿》职官二之四九。

赐万俟卨辞免恩命不允诏
(绍兴二十六年十二月十六日后)

　　敕万俟卨:省所札子奏乞重修贡举法更不推赏事,具悉。朕祗膺骏命,钦奉先猷。惟取士之科条,期遵扬于成宪,爰加修纂,务称所求。以卿位正机衡,望隆耆硕,实资提领,乃克成书。宜加褒崇,以昭至意。恩施所被,其亟钦承。所请宜不允。故兹诏示,想宜知悉。

出处:《樜溪居士集》卷六。
撰者:刘才邵
考校说明:编年据《建炎以来系年要录》卷一七五补。

赐万俟卨再辞免恩命不允诏
(绍兴二十六年十二月十六日后)

　　敕万俟卨:省所札子奏辞免转左金紫光禄大夫、改封河南郡开国公、加食邑食实封恩命事。具悉。卿性资凝重,德履粹纯。禀经世之异姿,耸正邦之伟望。道造渊源之妙,文敷黼黻之华。自进秉于机衡,益丕照于勋绩。惟科举之取士,实列圣之贻谟,欲编辑于旧章,宜删条而尽善。正资提总,克振纲条。既来上于成书,兹深协于至意。爰推茂渥,用锡明纶。胡为恳辞,未副眷瞩。往其祗服,勿复有陈。所请宜不允。故兹诏示,想宜知悉。

出处:《樜溪居士集》卷六。
撰者:刘才邵
考校说明:编年据《建炎以来系年要录》卷一七五补。

赐万俟卨第三辞免恩命不允诏
(绍兴二十六年十二月十六日后)

　　省表具悉。朕惟贡举之法,邦之令典,盖周家之宾兴,唐室之选举,所以网罗群材,以备登用。至于国朝,尤加意焉。然法有先后,古今异宜,参酌损益,归于至当,必得其人,毕兹能事。卿以辅臣,总提条目,成书来上,深用叹嘉。赐推褒册,允协师言,胡为露章,乃欲逊避? 既颁明命,难遂冲怀,所请宜不允,仍断来章。

出处:《樵溪居士集》卷六。
撰者:刘才邵
考校说明:编年据《建炎以来系年要录》卷一七五补。

减司农寺胥吏诏
(绍兴二十六年十二月十九日)

司农寺胥长一名,胥吏二名,并依旧;胥佐六人减一人,贴司六人减二人,私名二人并减罢。

出处:《宋会要辑稿》职官二六之一九。

宗正寺复置胥佐诏
(绍兴二十六年十二月二十日)

宗正寺复置胥佐一名;守阙、贴书二人、额外习学贴书二人并行减罢。其胥佐、贴书依名次敦减,候有阙,次第收补。

出处:《宋会要辑稿》职官二〇之一四。

减罢内军器库手分一名诏
(绍兴二十六年十二月二十日)

内军器库存留专知官一名、副知一名、前行一名,手分一名外,手分一名减罢,其减下人令本库出给公据,候将来额内有阙收补。

出处:《宋会要辑稿》食货五二之二九。

客省添差承受赴怀远驿祗应诏
(绍兴二十六年十二月二十四日)

昨占城、交趾进奉人到阙,客省已差承受二人、国信所掌仪一名赴驿,同共祗应。今来国信所已降指挥更不差。客省添差承受一名充添掌仪祗应,今先次施行,鞍马食钱,依国信所差到掌仪则例支破。

出处:《宋会要辑稿》职官三五之二一。

三佛齐进奉人到阙待班幕次诏
(绍兴二十六年十二月二十四日)

三佛齐进奉人到阙,正月一日合赴拜表,待班幕次于南宫门外以西廊上管军知閤幕次鸾司钉设,令出入丽正门。其管军知閤门幕,权于宫门里以东廊上钉设。

出处:《宋会要辑稿》职官三五之二一。

郑应之免赴起居诏
(绍兴二十六年十二月二十四日)

押伴官郑应之遇在驿阙官,职事相妨,令申閤门,免赴起居事。

出处:《宋会要辑稿》职官三五之二一。

赐尚书右仆射万俟卨告口宣
(绍兴二十六年十二月二十四日)

有敕:卿以宗臣,总提成法,载畴嘉绩,爰锡褒章。已告大成,宜即钦受。

出处:《樵溪居士集》卷七。
撰者:刘才邵

考校说明：编年据文中所述"卿以宗臣,总提成法"补,见《建炎以来系年要录》卷一七五。

赐万俟卨辞免恩命不允批答口宣
（绍兴二十六年十二月二十四日后）

有敕:卿宪令之成,总提是赖,肆加褒宠,用示恩荣。兹锡涣章,亟其钦受。

出处:《樵溪居士集》卷七。

撰者:刘才邵

考校说明:编年据文中所述"卿宪令之成,总提是赖"补,见《建炎以来系年要录》卷一七五。

赐刘楙辞免恩命不允诏
（绍兴二十六年十二月二十五日后）

敕刘楙:省所奏辞免除昭庆军节度使、进封开国侯、加食邑食实封恩命事,具悉。以卿德望素高,才猷兼敏,联芳戚畹,为国懿亲,乃举褒章,丕昭隆眷。俾分帅阃,临镇侯藩,开封社以增崇,爰锡田而申衍。既扬制綍,允协师言。兹披恳避之辞,殊咈宠加之意。其祗新渥,以对荣怀。所请宜不允。故兹诏示,想宜知悉。

出处:《樵溪居士集》卷六。

撰者:刘才邵

考校说明:编年据《建炎以来系年要录》卷一七五补。"刘楙",《建炎以来系年要录》等书作"刘懋"。

赐刘楙再辞免恩命不允诏
（暂系于绍兴二十六年十二月二十五日后）

省表具悉。朕操赏庆之权,以褒劝群工,矧惟外戚之良,休有誉处,登崇之典,务致其隆。卿饬己清修,怀材敏给,兹畴望硕,申锡恩荣。乃复抗章,恳辞宠渥。冲怀难徇,出令惟行。所请宜不允。

出处:《樵溪居士集》卷六。

撰者:刘才邵

考校说明:此文或作于同集同卷《赐刘楙辞免恩命不允诏》之后。"刘楙",《建炎以来系年要录》等书作"刘懋"。

赐刘楙第三辞免恩命不允诏
(绍兴二十六年十二月二十五日后)

省表具悉。卿联荣姻戚,望实素隆。顷缘谦退之心,遂处承流之任,褒崇未称,为之歉然。肆举彝章,爰加进律,俾当屏翰,肇建节旄。方明命之诞扬,既师言之咸穆,屡形逊牍,岂朕所期? 其趋奉承,以副至意。所请宜不允,仍断来章。

出处:《樵溪居士集》卷六。

撰者:刘才邵

考校说明:编年据《建炎以来系年要录》卷一七五补。"刘楙",《建炎以来系年要录》等书作"刘懋"。

赐刘楙辞免恩命不允批答口宣
(绍兴二十六年十二月二十五日后)

有敕:卿以懿戚,克膺异数,申加旄钺之重,俾当藩屏之崇。其亟钦承,以副眷倚。

出处:《樵溪居士集》卷七。

撰者:刘才邵

考校说明:编年据《建炎以来系年要录》卷一七五补。"刘楙",《建炎以来系年要录》等书作"刘懋"。

赐刘楙再辞免恩命不允批答口宣
(暂系于绍兴二十六年十二月二十五日后)

有敕:卿授任斋坛,疏荣侯社,兹锡宠章之贲,益昭懿戚之华。祗服隆恩,钦承殊眷。

出处:《檆溪居士集》卷七。

撰者:刘才邵

考校说明:此文或作于同集同卷《赐刘楙再辞免恩命不允批答口宣》之后。

大金使人赴阙不许差犯大金名讳人祗应诏
（绍兴二十六年十二月二十六日）

大金使人赴阙,接送馆伴诸官司应差祗应人姓名如有犯大金名讳旻、晟、干、亮四字并同音,及军民人面上刺有避忌字,并不许差赴使人前祗应。虽不系使人前祗应人,如有似此刺字犯讳者,仰所属权暂回避。

出处:《宋会要辑稿》职官三六之五一。

三佛齐国使人入贡到阙起发前一日赐御筵口宣
（绍兴二十六年十二月二十七日）

有敕:卿等肃持贡币,来自遐方,兹复命以言归,宜示慈而式燕。是为茂渥,宜体恩荣。

出处:《檆溪居士集》卷七。

撰者:刘才邵

考校说明:编年据《宋会要辑稿》礼四五补。

赐折彦质辞免恩命不允诏
（绍兴二十六年冬）

敕彦质:省所奏辞免知洪州,乞改除领一小垒差遣事,具悉。入则赞帷幄之谋,以弼予治;出则当藩屏之任,俾安吾民。虽有内外之殊,俱膺眷倚之重。卿厚德镇浮,宏才绝俗,声华茂著,士论攸归。顷副选求,清途遍历。遂陪枢府,实预政机。兹分方面之权,忽总兵民之寄。方资共理,伫奏显庸,胡为抗章,乃伸恳请?虽嘉谦牧,殊非所期,其体至怀,宜安厥位。所请宜不允。故兹诏示,想宜知悉。冬寒,卿比平安好?遣书指不多及。

出处:《樀溪居士集》卷六。

撰者:刘才邵

考校说明:编年据折彦质宦历及文中所述"冬寒"补,见《建炎以来系年要录》卷一七四。

抚问统制田师中岳超王权刘表赐银合腊药口宣
(绍兴十三年冬或绍兴二十六年冬)

有敕:卿任属总戎,实膺重寄。时当凝冱,宜慎保调,珍剂分颁,式昭眷意。

出处:《樀溪居士集》卷七。

撰者:刘才邵

考校说明:编年据刘才邵任两制时间、标题所述"腊药"补。

抚问诸路安抚使赐银合腊药口宣
(绍兴十三年冬或绍兴二十六年冬)

有敕:卿位隆旧弼,往殿帅藩。凝冱之辰,保调宜谨,肆颁灵剂,用示至怀。

出处:《樀溪居士集》卷七。

撰者:刘才邵

考校说明:编年据刘才邵任两制时间、标题所述"腊药"补。

赐姚仲腊药口宣
(绍兴十三年冬或绍兴二十六年冬)

有敕:卿以材猷,任当边寄。属时凝冱,宜示抚存,珍剂分颁,式昭至意。

出处:《樀溪居士集》卷七。

撰者:刘才邵

考校说明:编年据刘才邵任两制时间、标题所述"腊药"补。

赐姚仲下统制统领将佐官属腊药口宣
（绍兴十三年冬或绍兴二十六年冬）

有敕:卿汝等俱以艺能,并分忠干。祁寒届候,节肆示恩,灵剂分颁,用昭眷数。

出处:《樵溪居士集》卷七。

撰者:刘才邵

考校说明:编年据刘才邵任两制时间、标题所述"腊药"补。

高宗朝卷三十一　绍兴二十七年(1157)

赐大金人使贺正旦盱眙军赐御筵口宣
(绍兴十四年正月一日前或绍兴二十七年正月一日前)

有敕:载驱轺传,来庆春朝,初入封圻,实勤徒御,肆嘉燕劳,以示眷私。

出处:《樵溪居士集》卷七。
撰者:刘才邵
考校说明:编年据刘才邵任两制时间、文中所述史事补。

赐大金人使贺正旦镇江府御筵口宣
(绍兴十四年正月一日前或绍兴二十七年正月一日前)

有敕:讲修邻好,远饬使华。既经涉于川涂,念不无于劳勚,肆陈劳燕,庸示眷怀。

出处:《樵溪居士集》卷七。
撰者:刘才邵
考校说明:编年据刘才邵任两制时间、文中所述史事补。

赐大金人使贺正旦镇江府茶药口宣
(绍兴十四年正月一日前或绍兴二十七年正月一日前)

有敕:肃将使指,载涉修涂,适当凝沍之辰,宜有珍芳之锡。式昭眷意,以辅至和。

出处:《樜溪居士集》卷七。

撰者:刘才邵

考校说明:编年据刘才邵任两制时间、文中所述史事补。

赐大金人使贺正旦平江府御筵口宣
(绍兴十四年正月一日前或绍兴二十七年正月一日前)

有敕:肃将使指,来会庆期。眷言经涉之勤,宜加燕衍之礼,式昭兹惠,以慰驰驱。

出处:《樜溪居士集》卷七。

撰者:刘才邵

考校说明:编年据刘才邵任两制时间、文中所述史事补。

赐大金人使贺正旦到赤岸赐御筵口宣
(绍兴十四年正月一日前或绍兴二十七年正月一日前)

有敕:肃将信币,来庆岁朝,已次近郊,念多劳勋,特颁燕衍,用示眷怀。

出处:《樜溪居士集》卷七。

撰者:刘才邵

考校说明:编年据刘才邵任两制时间、文中所述史事补。

赐大金人使贺正旦到赤岸赐酒果口宣
(绍兴十四年正月一日前或绍兴二十七年正月一日前)

有敕:远驰使传,将次国门,经涉实劳,宜加眷礼。芳醴美实,并示殊私。

出处:《樜溪居士集》卷七。

撰者:刘才邵

考校说明:编年据刘才邵任两制时间、文中所述史事补。

赐接伴使副春幡胜口宣
(绍兴十四年正月一日前或绍兴二十七年正月一日前)

有敕:卿等奉命言旋,逢春兹始,宜加锡宠,庸示恩私。肆颁宝饰之华,以导善祥之集。

出处:《㭿溪居士集》卷七。
撰者:刘才邵
考校说明:编年据刘才邵任两制时间、文中所述史事补。

赐接伴使副春幡胜口宣
(绍兴十四年正月一日前或绍兴二十七年正月一日前)

有敕:卿驰轺将命,远迓使华,兹属青阳,肇新时序,特颁宠锡,以示恩私。

出处:《㭿溪居士集》卷七。
撰者:刘才邵
考校说明:编年据刘才邵任两制时间、文中所述史事补。

赐大金人使副春幡胜春盘等口宣
(绍兴十四年正月一日前或绍兴二十七年正月一日前)

有敕:远饬使轺,适逢春候,爰致珍盘之馔,仍颁宝饰之华。特示眷私,用迎新祉。

出处:《㭿溪居士集》卷七。
撰者:刘才邵
考校说明:编年据刘才邵任两制时间、文中所述史事补。

赐大金人使副贺正旦春幡胜口宣
（绍兴十四年正月一日前或绍兴二十七年正月一日前）

有敕:远饬星轺,践修庆礼,适届春元之节,宜加宠锡之恩。肆举彝仪,式昭眷意。

出处:《樵溪居士集》卷七。

撰者:刘才邵

考校说明:编年据刘才邵任两制时间、文中所述史事补。

赐大金三节人从春幡口宣
（绍兴十四年正月一日前或绍兴二十七年正月一日前）

有敕:远随使节,备历修途,既值令辰,宜申宠锡。爰颁宝饰,以介春祺。

出处:《樵溪居士集》卷七。

撰者:刘才邵

考校说明:编年据刘才邵任两制时间、文中所述史事补。

赐大金都管三节人从春幡胜口宣
（绍兴十四年正月一日前或绍兴二十七年正月一日前）

有敕:远从使传,来会庆仪。岁律更端,春阳纪节,推之邦数,将示宠颁。

出处:《樵溪居士集》卷七。

撰者:刘才邵

考校说明:编年据刘才邵任两制时间、文中所述史事补。

赐大金人使贺正旦在驿赐牲饩口宣
（绍兴十四年正月一日前后或绍兴二十七年正月一日前后）

有敕:驰轺至止,授馆云初,欲昭礼意之隆,爰致饩牵之锡。是为邦数,式表恩私。

出处:《樵溪居士集》卷七。
撰者:刘才邵
考校说明:编年据刘才邵任两制时间、文中所述史事补。

赐大金人使贺正旦赐银鈔锣唾盂子锦被褥口宣
(绍兴十四年正月一日前后或绍兴二十七年正月一日前后)

有敕:将展庆仪,已安宾馆,宜致燕私之用,肆颁器服之华。式表眷怀,是为殊渥。

出处:《樵溪居士集》卷七。
撰者:刘才邵
考校说明:编年据刘才邵任两制时间、文中所述史事补。

赐大金人使贺正旦密赐大银器口宣
(绍兴十四年正月一日前后或绍兴二十七年正月一日前后)

有敕:远饬辒轩,即安亭馆。既克修于使事,宜加厚于匪颁,爰分器物之华,以适燕私之用。

出处:《樵溪居士集》卷七。
撰者:刘才邵
考校说明:编年据刘才邵任两制时间、文中所述史事补。

赐大金人使贺正旦密赐大银器口宣
(绍兴十四年正月一日前后或绍兴二十七年正月一日前后)

有敕:即安宾馆,既展庆仪,深嘉使事之勤,宜厚匪颁之礼。兹惟异数,用示眷怀。

出处:《樵溪居士集》卷七。

撰者:刘才邵

考校说明:编年据刘才邵任两制时间、文中所述史事补。

赐大金人使贺正旦射弓例物口宣
(绍兴十四年正月一日前后或绍兴二十七年正月一日前后)

有敕:星传少安,射仪斯举,方共嘉于观德,宜致厚于匪颁。庸示眷私,其承茂渥。

出处:《檆溪居士集》卷七。

撰者:刘才邵

考校说明:编年据刘才邵任两制时间、文中所述史事补。

赐大金人使贺正旦射弓赐御筵口宣
(绍兴十四年正月一日前后或绍兴二十七年正月一日前后)

有敕:星轺初至,宾馆少休,欲观游艺之功,兹举射侯之礼,就颁慈宴,用示眷怀。

出处:《檆溪居士集》卷七。

撰者:刘才邵

考校说明:编年据刘才邵任两制时间、文中所述史事补。

赐大金人使贺正旦毕归驿酒果口宣
(绍兴十四年正月一日后或绍兴二十七年正月一日后)

有敕:肃将信币,来会岁朝,既讲庆仪,肆颁燕衎。芳醪珍核,申锡殊私。

出处:《檆溪居士集》卷七。

撰者:刘才邵

考校说明:编年据刘才邵任两制时间、文中所述史事补。

赐大金人使贺正旦朝辞讫归驿赐御筵口宣
(绍兴十四年正月一日后或绍兴二十七年正月一日后)

有敕:远驰驲牡,来庆三朝,讫事言还,戒涂在即,肆颁燕衎,用示殊私。

出处:《樵溪居士集》卷七。

撰者:刘才邵

考校说明:编年据刘才邵任两制时间、文中所述史事补。

赐大金人使贺正旦回程赐龙凤茶口宣
(绍兴十四年正月一日后或绍兴二十七年正月一日后)

有敕:称觞通好,驰传遄归,方复历于修途,宜宠颁于珍赐。其膺殊锡,深体至怀。

出处:《樵溪居士集》卷七。

撰者:刘才邵

考校说明:编年据刘才邵任两制时间、文中所述史事补。

赐大金人使贺正旦回程赤岸赐酒果口宣
(绍兴十四年正月一日后或绍兴二十七年正月一日后)

有敕:载饬征骖,既遵归路,念川途之方远,颁芳旨以宜丰。用致殊私,式昭眷体。

出处:《樵溪居士集》卷七。

撰者:刘才邵

考校说明:编年据刘才邵任两制时间、文中所述史事补。

赐大金人使贺正旦回程赤岸赐御筵口宣
（绍兴十四年正月一日后或绍兴二十七年正月一日后）

有敕：讲仪已事，驰传言旋，少留从骑于近郊，肆锡娱宾之广宴。兹推异数，以示至怀。

出处：《樅溪居士集》卷七。
撰者：刘才邵
考校说明：编年据刘才邵任两制时间、文中所述史事补。

赐大金人使贺正旦回程平江府赐御筵口宣
（绍兴十四年正月一日后或绍兴二十七年正月一日后）

有敕：肃驾传车，暂休会府。言念征行之际，岂无跋履之劳，爰秩宾筵，用昭恩意。

出处：《樅溪居士集》卷七。
撰者：刘才邵
考校说明：编年据刘才邵任两制时间、文中所述史事补。

赐大金人使贺正旦回程镇江府赐御筵口宣
（绍兴十四年正月一日后或绍兴二十七年正月一日后　　　）

有敕：肃拥使华，言遵归路。念川途之既远，计徒御之少劳，爰敞芳筵，式隆异数。

出处：《樅溪居士集》卷七。
撰者：刘才邵
考校说明：编年据刘才邵任两制时间、文中所述史事补。

赐大金人使贺正旦回程盱眙军赐御筵口宣
(绍兴十四年正月一日后或绍兴二十七年正月一日后)

有敕:肃扬旌旆,已次淮堧。幸徒御之暂留,秩樽罍而式燕,用光归路,宜体眷怀。

出处:《樵溪居士集》卷七。

撰者:刘才邵

考校说明:编年据刘才邵任两制时间、文中所述史事补。

减罢浑仪刻漏所手分诏
(绍兴二十七年正月九日)

浑仪刻漏所手分一名,缘本所系与太史局衮同祗应,可减罢,今后更不差置。

出处:《宋会要辑稿》职官一八之九三。又见同书职官三一之九。

杨偰除秘书少监制
(绍兴二十七年正月九日)

朕蒐辑遗文,绍闻秘府。念图书既备,岂惟号群玉之山;而英俊所储,又以比艺林之囿。惟能启发篇章而充其所未见,以是涵养器业而用之无不宜。顾方多士之朋来,孰非一时之遴选。以尔志学无勌,业儒有闻。凡所践扬,莫匪清望。昔已寓石渠之直,今犹分星省之光。宜即仙蓬,遂升少令。尔其广闻见以艺文之富,究渊源于宏达之群。使仕学之兼优,则声实之弥茂。往钦是训,期称所蒙。

出处:《海陵集》卷一四。

考校说明:编年据《建炎以来系年要录》卷一七六补。周麟之此时似未任两制,此文不知是否为《海陵集》误收。

张孝祥转宣教郎制
（绍兴二十七年正月二十日）

敕承事郎、守秘书省校书郎兼国史实录院校勘张孝祥：朕顺古道，率由旧章。圣继圣，明继明，共仰列宗谟烈之美；疑传疑，信传信，尚稽诸儒论撰之功。固知放失之多，盖亦显承之缺。是在武丁之孙子，任亦匪轻；乃资叔向之春秋，言皆可考。成功惟允，襃律宜优。尔学有渊源，词尚体要。老氏藏室，联辉奎璧之间；曾、史策名，补艺炎、兴之际。用己志铺张而不诡，合诸儒褒贬以为功。比及三年，可传百世。有晋王虞、宋徐沈之善，无丘、荀、袁、高□□之讥。卓识所资，凛著一王之法；奏篇既讫，聿严六阁之藏。论赏诏功，涉明有典。爰需丹宸之渥，申跻文石之阶。扬鸿烈而章缉熙，既籍发挥之力；率纯德以励忠孝，尚坚报称之心。可特授宣教郎，依前秘书省校书郎兼国史实录院校勘。

出处：《于湖居士集》附录。

郑望之落致仕召赴行在制
（绍兴二十七年正月二十二日）

朕蒐贤简能，穆布在位，犹惧其有遗才也。访故老于菟裘之营，得所谓守善纯固，黄发不怠，可以表仪当世者，则又将襄轮以招之。具官某一代耆英，安于静寿。簪橐之望，今三十年。散金丘园，固无愧乎止足之义矣。然昔之谢事者，或以陋巷与政议，或以岁时为朝臣。盖年弥高而德弥劭者世所尊，身之老而才之壮者谋必审。朕意所属，卿宜未忘。盍亦膏已垂之车，纡既解之绂而来归也。伫观远用，入告嘉猷。可。

出处：《海陵集》卷一六。
考校说明：编年据《建炎以来系年要录》卷一七六补。周麟之此时似未任两制，此文不知是否为《海陵集》误收。

御前马院御马添次黑豆诏
(绍兴二十七年正月二十六日)

御前马院见管御马,令户部行下勘给官司,每匹每日添次黑豆二升,就草料历内批勘,所属依例供送。日后遇有收支马数,听本院关报施行。

出处:《宋会要辑稿》职官三二之五二。又见《宋会要辑稿补编》第四一二页。

权要亲戚入试遵依咸平典故诏
(绍兴二十七年正月二十八日)

遵依咸平典故,以见任两省、台谏、侍从以上有服亲为权要亲族,候放榜了日,令礼部将过省合格人姓名取索有无上件服属之人开具闻奏。自后每举,申明举行。

出处:《宋会要辑稿》职官一三之一一。又见同书选举四之三一,《建炎以来系年要录》卷一七六。
考校说明:《宋会要辑稿》选举四系于绍兴二十七年正月一日。

抚问孟忠厚到阙并赐银茶合香药口宣
(绍兴十四年二月或绍兴二十六年十二月至绍兴二十七年二月间)

有敕:卿来自近藩,肃趋行阙。属届寒凝之候,良多跋履之劳,爰锡珍芳,以资辅养。

出处:《樋溪居士集》卷七。
撰者:刘才邵
考校说明:编年据刘才邵任两制时间、文中所述"卿来自近藩,肃趋行阙。属届寒凝之候,良多跋履之劳"补,见《建炎以来系年要录》卷一五一、卷一七五、卷一七六。

复兼习经义诗赋法诏
（绍兴二十七年二月一日）

今后国子太学公、私试及将来科举取士,并令兼习经义、诗赋。内第一场大、小经义各与减一道,余依绍兴十三年二月二十二日指挥施行,永为定制。

出处:《宋会要辑稿》选举四之三二。又见《建炎以来系年要录》卷一七六。

考校二礼许侵用诸经分数特与优取诏
（绍兴二十七年二月五日）

今后考校,如二礼文理优长,许侵用诸经分数,特与优取。

出处:《宋会要辑稿》选举四之三二。

吴武陵除司封郎官刘嵘除司勋郎官杨佽除都官郎官制
（绍兴二十七年二月五日）

尚书郎怀香握兰,趋走丹陛。事任虽殊,莫非华选。比年虽阙员之多而每以他官兼领者,慎所与也。朕今简百僚之俊,拔其尤而用之。以尔武陵才粹而清,士所矜式;以尔嵘行峻而茂,学有典刑;以尔佽器敏而通,志乎文艺。并以绩用,见于践扬。宜类以升,置之省户。朕欲属铨曹者无阻格之弊,总都隶者有详整之称。往惟懋哉,各修厥职。

出处:《海陵集》卷一九。
撰者:周麟之
考校说明:编年据《建炎以来系年要录》卷一七六补。

令茶马司更措置增添博买诏
（绍兴二十七年二月十一日）

令茶马司于西和州、阶州岁额外,更措置增添博买,先具每岁添买数目申枢密院。

出处:《宋会要辑稿》职官四三之一〇九。

辛次膺除给事中制
(绍兴二十七年二月十一日)

朕载整颓纲,茂凝庶绩。念东台之要地,开万务以尤严;如黄闼之从臣,殆十年而不置。必得直方之彦,冀闻封驳之公。具官某业履粹夷,器资端亮。昔焚谏草,论事有争臣之风;晚卧隐庐,持身得君子之守。尚想心存乎魏阙,亦知名震于京师。为尔特招,副予虚伫。屈从近郡之师帅,来作清朝之羽仪。虽春官见已试之才,未撼素蕴;而夕琐乃久虚之席,其遂延登。惟故事之有涂归,惟前人之有批敕。往振斯职,用殚尔心。

出处:《海陵集》卷一四。
考校说明:编年据《建炎以来系年要录》卷一七六补。此时似未见周麟之任两制之记载,此文不知是否为《海陵集》误收。

知临安府荣嶷职事修举转行一官制
(绍兴二十七年二月十一日)

今之行阙,实视上都。系诸夏之本根,剧长安之浩穰。治之急则致烹鱼之碎,应之缓则失御捍之方。二者罔中,鲜能有济。惟尔以干方之旧,详练而通事几,精明而有风采。自二千石高第入守于兹,不数月间,锄弊剔蠹,举有可观者。厢有官而都市肃,夜无警而比闾安。浚湖而水利修,除道而径涂坦。凡此实惠,吾民愿之。匪棘匪舒,不劳而办焉。得不举增秩之科,示劝功之意?选诸所表,俟以汝迁。可。

出处:《海陵集》卷一六。
考校说明:编年据《乾道临安志》卷三补。周麟之此时似未任两制,此文不知是否为《海陵集》误收。

刑部郎官直行移送诏
（绍兴二十七年二月二十一日）

刑部郎官循行督遣，如勘鞫失实，事理妨碍，直行移送。今后御史点检或有移送公事，许依刑部已得指挥。

出处:《宋会要辑稿》职官一五之二一。

周必大试中词学循一资制
（绍兴二十七年二月十一日前后）

国家自绍圣以来设词学一科，蒐取异能之士。行之既久，所得为多。肆朕中兴，斯文益振。今试于春官者数十辈，而尔以粹文独与斯选。拔尤若此，升秩匪褒。姑游泮宫，以俟甄擢。可。

出处:《海陵集》卷一五。又见《周益国文忠公年谱》卷一。
考校说明:编年据《建炎以来系年要录》卷一七六补。《宋会要辑稿》选举一二:"(绍兴)二十七年二月九日,礼部贡院言:试博学宏词科左迪功郎周必大,考入下等,减二年磨勘。"《建炎以来系年要录》卷一七六:"(绍兴二十七年二月十一日丁未)礼部贡院奏应博学宏词科左迪功郎周必大合格,诏堂除建康府府学教授。"此时似未见周麟之任两制之记载,此文不知是否为《海陵集》误收。

通进司发放内降文字不得稽滞诏
（绍兴二十七年二月二十三日）

今后本司承受内降，并用黄复袋，外封历上书时刻，付亲从、亲事官发放所属，依时收画。被受官司常切检察施行。

出处:《宋会要辑稿》职官二之三二。

陈康伯兼侍读制
(绍兴二十七年二月二十四日)

朕顺考古道,率由旧章。深惟政化之原,具载祖宗之训。迄今二百载,更列圣以遵承;凡此三十篇,赖纯儒而阐绎。具官某才兼数器,识洞群书。允矣典铨之公,聿为持橐之旧。力行所学,岂惟世务之博通;德裕乃身,盖亦前言之多识。方与修于宝牒,宜入侍于金华。念唐宗读《政要》之书,朕靡忘于慨慕;而贾谊达国家之体,尔实副于畴咨。尚告谋猷,庶扬光烈。

出处:《海陵集》卷一四。

考校说明:编年据《建炎以来系年要录》卷一七六补。此时似未见周麟之任两制之记载,此文不知是否为《海陵集》误收。

贺允中兼侍讲制
(绍兴二十七年二月二十四日)

朕储精万务之余,玩意六经之奥。谓《春秋》乃天子事,既深穷乎约史之辞;惟好恶与圣人同,又旁考于素臣之传。孰通大义,兹得名儒。具官某抱渊英之才,躬卓约之守。烨有华望,仪于禁涂。以春官贰卿,方总理文之事;于太史实录,备观学识之长。宜与详延,俾参劝讲。朕欲识其大者,简二《传》以绌异端。尔尚曲而畅之,推五体以寻新意。勉兹绅绎,助我缉熙。

出处:《海陵集》卷一四。

考校说明:编年据《建炎以来系年要录》卷一七六补。此时似未见周麟之任两制之记载,此文不知是否为《海陵集》误收。

试礼部奏名进士制策
(绍兴二十七年三月八日)

盖闻监于先王成宪,其永无愆。遵先王之法而过者,未之有也。仰惟祖宗以来,立经陈纪,百度著明,细大毕举,皆列圣相授之谟,为万世不刊之典。朕缵绍丕图,恪守洪业,凡一号令,一施为,靡不稽诸故实,惟祖宗成法是宪是若。然画一之禁、赏刑之具犹昔也,而奸弊未尽革;赋敛之制、经常之度犹昔也,而财用未甚裕;取士之科、作成之法犹昔也,而人材尚未盛;黜陟之典、训迪之方犹昔也,而官师或未励。其咎安在? 岂道虽久而不渝,法有时而或弊,损益之宜,有不可已耶? 抑推而行之者非其人耶? 朕欲参稽典册之训,讲明推行之要,俾祖宗致治之效复见于今,其必有道。子大夫学古入官,明于治道,蕴蓄以待问久矣。详著于篇,朕将亲览。

出处:《宋会要辑稿》选举八之八。

宣示殿试官御笔
(绍兴二十七年三月十四日)

对策有中指陈时事、鲠亮切直者,并置上列,无失忠谠,无尚谄谀,用称朕取士之意。

出处:《宋会要辑稿》选举八之四三。又见《建炎以来系年要录》卷一七六。

张孝祥除秘书郎制
(绍兴二十七年三月十六日)

敕奉议郎、秘书省校书郎兼国史实录校勘张孝祥:汉之藏书天禄、东观,命马融、刘向为郎,至唐则掌四部图籍有三人焉,非第一流,曷称兹选? 尔以经术之渊源,负伦魁之声望。曳裾册府,校雠甚优,秉笔史筵,讨论靡倦。爰命进典中秘,以倡斯文,异日玉堂、承明,皆权舆乎此。可依前奉议郎、特授秘书郎兼国史实录院校勘。

出处:《于湖居士集》附录。

江西提刑司还赣州诏
(绍兴二十七年三月十七日)

江西提刑司依旧还赣州,节制赣、吉官兵,措置汀、漳盗贼。

出处:《建炎以来系年要录》卷一七六。

禁宫人以销金铺翠为首饰手诏
(绍兴二十七年三月二十一日)

朕惟崇尚俭素,实帝王之先务,祖宗之盛德。比年以来,中外服饰过为侈靡,虽累行禁止,终未尽革。朕躬行敦朴,以先天下。近外国所贡翠羽六百余只,可令焚之通衢,以示百姓行法当自近始。自今后宫中首饰衣服,并不许铺翠销金。如犯此禁,重置于法。仰干办内东门司官常切觉察,不得有违;若失觉察,以违制论。其中外士庶,令有司严立禁法。贵近之家,尤宜遵守。如有违犯,必无容贷。故兹诏谕,各宜知悉。

出处:《宋朝事实》卷一三。又见《宋会要辑稿》刑法二之一一六。

宫中销金铺翠罪赏诏
(绍兴二十七年三月二十二日)

自今后宫中如有违犯之人,令会通门讯察捉获,先于犯人名下追取赏钱一千贯充赏。如不及数,令内东门司官钱内贴支,将犯人取旨。其元经手转入院子仪鸾等,从徒三年罪。

出处:《宋会要辑稿》刑法二之一一六。又见《建炎以来系年要录》卷一七六。

诚饬四川州县恤民诏
(绍兴二十七年三月二十五日)

已降指挥,四川路减免民间科敷、对籴米数等钱物,以宽民力。尚虑监司不能宣布德音,使民通知,州县尚敢将已减免除放之数巧作名目,妄有科惠,致实德不能及民。可令学士院降诏戒饬。

出处:《宋会要辑稿》食货六三之一四。

侍从官所荐新改官人与堂除知县诏
（绍兴二十七年三月二十六日）

侍从官所荐新改官人，并与堂除知县差遣一次，俟任满日取旨升擢。

出处：《宋会要辑稿》选举三〇之四。又见《建炎以来系年要录》卷一七六。

万俟卨赠少师制
（绍兴二十七年三月二十七日）

任耆德以赞元，遽失秉钧之助；考恤章而归襚，敢忘加绋之封！向者股肱之亏，迨兹奄罗之事。爰颁异数，曲示终恩。具官某学广而闻多，行高而能巨。气全不挠，凛如松柏之后凋；识达未形，绰有蓍龟之先见。早畴宿望，共掔宏纲。践扬风宪之司，入赞机衡之地。虽枘凿方圆之或异，少屈壮图；然栋梁偃植之有时，卒归大用。召从遐服，来陟近司。予欲建大中以承天心，急命相代工之举；尔能总众职以称朕意，继同心辅政之声。阐辟至公，调娱庶务。未究经纶之蕴，不图疾疢之余。谓微爽于节宣，乃奄闻于沦谢。罢朝兴怆，深嗟一鉴之亡；锡爵追荣，进位三槐之亚。既全体貌，用极哀荣。噫！涓馆而赐韦贤，莫遂垂车之乐；辍瓜而奠如晦，可量当馈之思！尚冀有知，以光不朽。可。

出处：《海陵集》卷二〇。
考校说明：编年据《建炎以来系年要录》卷一七六补。周麟之此时似未任两制，此文不知是否为《海陵集》误收。

赐尚书右仆射万俟卨生日诏
（绍兴二十七年三月十八日）

禀纯明之德，负经济之才。象应台符，任当鼎铉。协宣机政，调燮化元。茂隆熙绩之功，永致迓衡之治。兹逢庆诞之旦，宜推宠锡之恩。以介寿祺，其膺眷意。今赐卿生日羊酒米面等具如别录，至可领也。故兹诏示，想宜知悉。

出处：《榉溪居士集》卷六。

撰者:刘才邵

考校说明:编年据万俟卨官历补,见《建炎以来系年要录》卷一七二、一七六,《樵溪居士集》卷六《赐参政万俟卨生日诏》。

湖南运判杨邦弼除秘书丞制
(绍兴二十七年三月)

册府有丞,号为高选,与奉常司属俱不以寺系之,其品清也。非才望称是,顾可以轻畀哉?今天下之英毕集矣,兰台校文,石室纣书,非一时之魁彦则多士之上游,宏科之异举也。尔顷以对策预前列,而详试于外,曾不得窥东壁之光。今释辂车,序之中秘。尚懋远业,以为超迁之阶。

出处:《海陵集》卷一九。

撰者:周麟之

考校说明:编年据《南宋馆阁录》卷七补。

赐三佛齐国敕书
(绍兴二十七年春)

敕三佛齐国王悉利麻霞囉咃:省所奏,差蒲晋等进真珠、犀角、象牙、珊瑚、香药等物。卿世居南裔,钦慕中邦,遣使传以造朝,奉国珍而效贡。深惟勤恪,良用叹嘉,特厚匪颁,用将眷意。今赐卿初封:宽衣一对六件,紫罗夹公服一领,小绫宽汗衫一领,勒帛一条,熟大帛绫宽夹裤一腰,红罗绣夹三襜一副,抱肚一条,二十四两素金腰带一条,银五十两素腰带匣一具,杂色衣著绢二百匹,金花银器二百两,钞锣二面,马一匹,八十两闹装银鞍辔一副,缨绂全。并回赐卿生绫一千一百七十匹,生压罗三百匹,生溇丝六百匹,生樜蒲绫六百匹,杂色绫六千匹,江南绢二万五千匹,锦六百匹,青锦三百匹,红锦三百匹,银二万一千两。及别赐翠花红法锦袄子一领,二十四两金腰带一条,银器二百两,衣著绢三百匹,白马一匹,八十两数闹装银鞍辔一副,缨绂全。至可领也。故兹示谕,想宜知悉。春寒,卿比好否?遣书指不多及。

出处:《樵溪居士集》卷七。

撰者:刘才邵

考校说明:编年据文中所述史事及"春寒"补,见《建炎以来系年要录》卷一七五。

赐陈康伯辞免兼修玉牒恩命不允诏
(绍兴十三年八月至绍兴十四年二月间或
绍兴二十六年三月至绍兴二十七年四月间)

敕康伯:省所奏辞免兼修玉牒恩命事,具悉。朕惟文字之职,史才实难,况备纪于仙源,且丕昭于伟绩,是为大典,尤在得人。卿器度深闳,风猷凝远。耸禁涂之重望,擢艺苑之英标。识造精微,文推瞻蔚。洞贯古今之体,灼分疑信之传。断自朕心,俾兼撰述。方资秉笔,忽览露章。选任既宜,谦词难徇,亟祗成命,用副眷怀。所请宜不允。故兹诏示,想宜知悉。

出处:《樵溪居士集》卷六。

撰者:刘才邵

考校说明:编年据刘才邵任两制时间补。

赐太师秦桧生日诏
(绍兴十三年八月至绍兴十四年二月间或
绍兴二十六年三月至绍兴二十七年四月间)

宣王拨乱,岳降甫、申;炎德复辉,勋高寇、邓。稽诸载籍,岂若师臣。独斡化枢,再安王室,明谟高世,成绩格天。属兹载诞之辰,特厚匪颁之宠,用昭恩眷,益介寿祺。今赐卿生日羊酒米面等具如别录,至可领也。故兹诏示,想宜知悉。

出处:《樵溪居士集》卷六。

撰者:刘才邵

考校说明:编年据刘才邵任两制时间、秦桧官历及卒年补,见《建炎以来系年要录》卷一四六等。

陈正辅转官制

（绍兴十三年八月至绍兴十四年二月间或
绍兴二十六年三月至绍兴二十七年四月间）

　　敕：煮海之利，助经费为多，能推行法意，使岁课增羡，宜有褒劝。尔为使属，宣力居多，进阶一等，示不忘劳。益务恪勤，以举乃职。可。

出处：《樅溪居士集》卷四。
撰者：刘才邵
考校说明：编年据刘才邵任两制时间补。

赵霪转官制

（绍兴十三年八月至绍兴十四年二月间或
绍兴二十六年三月至绍兴二十七年四月间）

　　敕：使传之来，肇修信睦。将迎之任，虽系近臣，而为之佐属，亦加遴选。尔勤于所职，备见宣劳，兹示褒升，其祗茂渥。可。

出处：《樅溪居士集》卷四。
撰者：刘才邵
考校说明：编年据刘才邵任两制时间补。

汤保衡转官制

（绍兴十三年八月至绍兴十四年二月间或
绍兴二十六年三月至绍兴二十七年四月间）

　　敕：赏典之设，轻重视功，尔能奋其智略，擒殄妖盗，而第赏未称，岂所以示劝哉？兹用进阶，以旌尔劳。其务钦承，益思自励。可。

出处：《樅溪居士集》卷四。
撰者：刘才邵
考校说明：编年据刘才邵任两制时间补。

士奇转官制

（绍兴十三年八月至绍兴十四年二月间或
绍兴二十六年三月至绍兴二十七年四月间）

敕：有司严考绩之法，以旌劳阀，虽联族属，亦所不废，盖以尽公也。尔既历岁时，备见恭恪，兹用进秩，以协彝章。其务钦承，克全信厚。可。

出处：《樛溪居士集》卷四。
撰者：刘才邵
考校说明：编年据刘才邵任两制时间补。

高旸等转官制

（绍兴十三年八月至绍兴十四年二月间或
绍兴二十六年三月至绍兴二十七年四月间）

敕：尔等方随使转，将历远涂，叙进厥官，以慰劳勚。其思祗服，益务恪勤。可。

出处：《樛溪居士集》卷四。
撰者：刘才邵
考校说明：编年据刘才邵任两制时间补。

陈志应转官制

（绍兴十三年八月至绍兴十四年二月间或
绍兴二十六年三月至绍兴二十七年四月间）

敕具官陈志应：朕躬修元祀，展事中坛，蒐举礼文，先期严饬。鸠工赋役，尔预有劳，嘉其劝功，赏以进秩。益思自竭，务称所蒙。可。

出处：《樛溪居士集》卷四。
撰者：刘才邵
考校说明：编年据刘才邵任两制时间补。

李镛转官制

（绍兴十三年八月至绍兴十四年二月间或
绍兴二十六年三月至绍兴二十七年四月间）

　　敕：除盗所以安民，信赏所以报功，功之轻重，以事为等。尔克施方略，凶盗就擒，进秩之恩，所以示劝。其祗明命，益尽乃心。可。

出处：《樜溪居士集》卷四。

撰者：刘才邵

考校说明：编年据刘才邵任两制时间补。

解德等转官制

（绍兴十三年八月至绍兴十四年二月间或
绍兴二十六年三月至绍兴二十七年四月间）

　　敕：赏典之设，示信旌勤。尔等于军旅之间，克著劳能，增进厥秩，用加褒劝。益思自勉，以称所蒙。可。

出处：《樜溪居士集》卷四。

撰者：刘才邵

考校说明：编年据刘才邵任两制时间补。

李椿年等复官制

（绍兴十三年八月至绍兴十四年二月间或
绍兴二十六年三月至绍兴二十七年四月间）

　　敕具官李椿年等：朕以赏罚之二柄，法惨舒于四时，本贵相资，岂嫌迭用。尔等并膺识擢，临按列城，顷丽微文，聊从降秩。曾朔晦之无几，见职业之交修。方嘉补过之功，难拘已行之命。其令还旧，用示劝能。尚既乃心，益勤厥职。可。

出处：《樜溪居士集》卷四。

撰者：刘才邵

考校说明:编年据刘才邵任两制时间补。四库馆臣注曰:"案李椿年《宋史》无传,考《宋史全文续通鉴》,绍兴十二年十一月左司员外郎李椿年言乞正经界,乃即以椿年为两浙转运使,措置经界。十三年六月,坐签书江阴军判官厅公事蔡楽不法,不举核,与王铁、张叔献俱降官,寻复原任。"然《建炎以来系年要录》卷一七一载:"(绍兴二十六年正月乙丑)左太中大夫、知婺州李椿年罢。以右正言凌哲论其所至刻剥,阴取系省钱,名为平准务,尽笼一郡之货,侵夺百姓之利,复以官钱贷与民,日收其利,谓之放课,及结甲纳苗米、置圈令市猪羊等,凡十数事,故黜之。"此文亦有可能作于绍兴二十六年三月至绍兴二十七年四月间。

潘竑循右儒林郎制
(绍兴十三年八月至绍兴十四年二月间或
绍兴二十六年三月至绍兴二十七年四月间)

敕:获盗有赏,所以报功,轻重之差,存诸格法。今兹殄寇,尔预有劳,集秩疏恩,盖以示劝。往思报称,可不勉哉!

出处:《檆溪居士集》卷四。
撰者:刘才邵
考校说明:编年据刘才邵任两制时间补。

杨寿隆转右文林郎制
(绍兴十三年八月至绍兴十四年二月间或
绍兴二十六年三月至绍兴二十七年四月间)

敕具官杨寿隆:朕祗率彝章,恭修大报,凡兹事务,尔与宣勤。叙进阶资,以示褒劝。往其祗服,益励猷为。可。

出处:《檆溪居士集》卷四。
撰者:刘才邵
考校说明:编年据刘才邵任两制时间补。

易致尧循右文林郎制
(绍兴十三年八月至绍兴十四年二月间或
绍兴二十六年三月至绍兴二十七年四月间)

敕:营田之设,以丰军储,推而行之,贵在得人。尔垦辟居多,勤于宣力,进阶示赏,用旌尔劳。可。

出处:《椭溪居士集》卷五。

撰者:刘才邵

考校说明:编年据刘才邵任两制时间补。

李衎循左文林郎制
(绍兴十三年八月至绍兴十四年二月间或
绍兴二十六年三月至绍兴二十七年四月间)

敕:尔顷缘营造,勤于董役,有司第赏,宜膺叙进。体兹示劝,益勉事功。可。

出处:《椭溪居士集》卷五。

撰者:刘才邵

考校说明:编年据刘才邵任两制时间补。

宋许循右文林郎制
(绍兴十三年八月至绍兴十四年二月间或
绍兴二十六年三月至绍兴二十七年四月间)

敕:获盗有赏,所以报功,轻重之差,存诸格法。今兹殄寇,尔预有劳,进秩疏恩,盖以示劝。往思报称,可不勉哉! 可。

出处:《椭溪居士集》卷五。

撰者:刘才邵

考校说明:编年据刘才邵任两制时间补。

丘干循右文林郎制

（绍兴十三年八月至绍兴十四年二月间或
绍兴二十六年三月至绍兴二十七年四月间）

敕:凡因讨捕有所兴发,按名给饷,理实相资。尔能宣勤,用以不乏,肆加叙进,往服茂恩。可。

出处:《樵溪居士集》卷五。

撰者:刘才邵

考校说明:编年据刘才邵任两制时间补。

刘永叔复秉义郎制

（绍兴十三年八月至绍兴十四年二月间或
绍兴二十六年三月至绍兴二十七年四月间）

敕:朕待下以宽,记功使过,况尝竭节,其肯忘之? 兹用叙复官联,仍俾自效。恩既厚矣,图报之志,尔其勉哉! 可。

出处:《樵溪居士集》卷五。又见《永乐大典》卷七三二六。

撰者:刘才邵

考校说明:编年据刘才邵任两制时间补。

荀沂补保义郎制

（绍兴十三年八月至绍兴十四年二月间或
绍兴二十六年三月至绍兴二十七年四月间）

敕:便宜补官,盖一时之权,必考实于铨曹,乃加真授,所以慎名器也。尔既经裁审,肆锡赞书。祇服恩荣,益图报称。可。

出处:《樵溪居士集》卷五。又见《永乐大典》卷七三二六。

撰者:刘才邵

考校说明:编年据刘才邵任两制时间补。

林贰补保义郎制

（绍兴十三年八月至绍兴十四年二月间或
绍兴二十六年三月至绍兴二十七年四月间）

敕：明于祸福，捕获凶酋，躐授官资，用彰信赏，且以为改过自新者之劝。益图后效，以称慈恩。可。

出处：《椒溪居士集》卷五。又见《永乐大典》卷七三二六。
撰者：刘才邵
考校说明：编年据刘才邵任两制时间补。

阎达转保义郎制

（绍兴十三年八月至绍兴十四年二月间或
绍兴二十六年三月至绍兴二十七年四月间）

敕：国家设为军赏，以奖战多，轻重视功，用伸激劝。尔奋身巡徼，捕寇有劳，宜进厥官，是为褒典。往其祗服，毋怠宣勤。可。

出处：《椒溪居士集》卷五。又见《永乐大典》卷七三二六。
撰者：刘才邵
考校说明：编年据刘才邵任两制时间补。

赵伯镇换授承信郎制

（绍兴十三年八月至绍兴十四年二月间或
绍兴二十六年三月至绍兴二十七年四月间）

敕：便宜黜陟，盖一时之权，铨曹参覆，乃加真授。而先次换给，所以示优，其承殊恩，益思自勉。可。

出处：《椒溪居士集》卷五。又见《永乐大典》卷七三二七。
撰者：刘才邵
考校说明：编年据刘才邵任两制时间补。

吴宗谨授承信郎制
(绍兴十三年八月至绍兴十四年二月间或
绍兴二十六年三月至绍兴二十七年四月间)

敕:尔顷在殊方,备尝艰阻,嘉其忠恪,何惜一官。祗服恩荣,益思自励。可。

出处:《樗溪居士集》卷五。又见《永乐大典》卷七三二七。
撰者:刘才邵
考校说明:编年据刘才邵任两制时间补。

刘宗元等转保章正制
(绍兴十三年八月至绍兴十四年二月间或
绍兴二十六年三月至绍兴二十七年四月间)

敕:尔等以星历之学,祗事日官,录其劳能,特加褒叙。益思自竭,以称所蒙。可。

出处:《樗溪居士集》卷五。
撰者:刘才邵
考校说明:编年据刘才邵任两制时间补。

晁谦之充敷文阁待制知抚州制
(绍兴十三年八月至绍兴十四年二月间或
绍兴二十六年三月至绍兴二十七年四月间)

敕:朕寅奉丕图,致勤宵旰,思所以惠安元元,俾遂其生业,故于选任牧守,尤加意焉。其官某性资端良,才具通敏,文行之美,能嗣其家。顷以材猷,备更事任,暨登从列,献纳尽忠。必能为朕宣恻怛之意,俾民获田里之安。兹用擢自奉祠,付之郡寄。伫观报政,其既厥心。可。

出处:《樗溪居士集》卷五。
撰者:刘才邵

考校说明:编年据刘才邵任两制时间补、晁谦之官历补,见《建炎以来系年要录》卷一五三。

朝奉郎刑部员外郎郭枢除广西提刑兼提举制
(绍兴十三年八月至绍兴十四年二月间或
绍兴二十六年三月至绍兴二十七年四月间)

岭右去朝廷远,吏或不良,则刑罚不中,疾苦不闻,谕我哀矜轸恤之意者,其惟贤部刺史乎! 尔擢自郎闱,往将使指,付之臬事,兼领常平。狱民命也,食民天也,往钦哉! 察吏所以恤民,措民莫如足食,使远民如在畿甸,则予汝嘉。

出处:《樵溪居士集》卷五。
撰者:刘才邵
考校说明:编年据刘才邵任两制时间补。

杜胜降官制
(绍兴十三年八月至绍兴十四年二月间或
绍兴二十六年三月至绍兴二十七年四月间)

敕:重总统之权,严阶级之法,所以肃军政也。傥或逾犯,安所逃刑? 尔以狠愎之性,自取罪戾,当从停降,盖以示惩。念其前功,责之自效,宜思竭节,以补往愆。可。

出处:《樵溪居士集》卷五。
撰者:刘才邵
考校说明:编年据刘才邵任两制时间补。

张崇降官制
(绍兴十三年八月至绍兴十四年二月间或
绍兴二十六年三月至绍兴二十七年四月间)

敕:赏罚之设,以示至公,傥负愆违,理不可贷。具官某既具统领之任,不知守法以奉公。有司议刑,情涉于重,镌官一等,于法为宽。尚体隆恩,益思自效。可。

出处:《樜溪居士集》卷五。
撰者:刘才邵
考校说明:编年据刘才邵任两制时间补。

杨俊降官制
(绍兴十三年八月至绍兴十四年二月间或
绍兴二十六年三月至绍兴二十七年四月间)

敕:为吏者当奉法爱民,洞照欺蔽。尔曾不知此,以自速戾。有司议狱,疑于法轻。载原其情,难从恩贷,降秩二等,聊以示惩。其务省愆,勿重来悔。

出处:《樜溪居士集》卷五。
撰者:刘才邵
考校说明:编年据刘才邵任两制时间补。

唐迈等降官制
(绍兴十三年八月至绍兴十四年二月间或
绍兴二十六年三月至绍兴二十七年四月间)

敕:狱事贵察于欺诬,验覆当得其情实,此为吏者所宜究心。尔等公违宪令,以自速辜,镌官二等,俾知惩艾。其思自讼,勿怠省循。可。

出处:《樜溪居士集》卷五。
撰者:刘才邵
考校说明:编年据刘才邵任两制时间补。

艾世安等降官制
(绍兴十三年八月至绍兴十四年二月间或
绍兴二十六年三月至绍兴二十七年四月间)

敕:尔等不能克谨火政,至于燔延,乃复坐观,不时扑灭,失职甚矣。聊从降秩,以惩厥愆。可。

出处:《樵溪居士集》卷五。

撰者:刘才邵

考校说明:编年据刘才邵任两制时间补。

<h1 style="text-align:center">李公才降官制</h1>

(绍兴十三年八月至绍兴十四年二月间或
绍兴二十六年三月至绍兴二十七年四月间)

　　敕具官李公才:正身以率下,循法以奉公,此为吏之所宜先也。尔为守臣,不知出此,徇私违戾,罪安所逃! 覆实示惩,镌官一等。益思惕厉,勿重悔尤。可。

出处:《樵溪居士集》卷五。

撰者:刘才邵

考校说明:编年据刘才邵任两制时间补。

<h1 style="text-align:center">焦安道等降官制</h1>

(绍兴十三年八月至绍兴十四年二月间或
绍兴二十六年三月至绍兴二十七年四月间)

　　敕:巡徼之设,各有地域,是宜夙夜不敢离次。尔等慢于所职,以自取戾,降秩一等,于法尚轻。祗服隆宽,其思勤恪。可。

出处:《樵溪居士集》卷五。

撰者:刘才邵

考校说明:编年据刘才邵任两制时间补。

<h1 style="text-align:center">谢孚降官制</h1>

(绍兴十三年八月至绍兴十四年二月间或
绍兴二十六年三月至绍兴二十七年四月间)

　　敕:巡徼之设,本以防察盗贼;使得肆行,失职甚矣。聊从降秩,以惩愆违。

祗服宽恩,无重来悔。可。

出处:《樜溪居士集》卷五。

撰者:刘才邵

考校说明:编年据刘才邵任两制时间补。

赵 公 普 降 官 制

(绍兴十三年八月至绍兴十四年二月间或
绍兴二十六年三月至绍兴二十七年四月间)

　　敕具官赵公普:莅官奉法,当务公廉,纵吏自私,罪不可贷。镌官二等,聊以示惩。祗服隆宽,益思循省。可。

出处:《樜溪居士集》卷五。

撰者:刘才邵

考校说明:编年据刘才邵任两制时间补。

巩 康 仁 等 降 官 制

(绍兴十三年八月至绍兴十四年二月间或
绍兴二十六年三月至绍兴二十七年四月间)

　　敕:一郡之事,付之守贰,宜各公乃心,期于协济。尔等循其私忿,更相诉讼,岂所望哉! 镌官一等,以示薄惩。祗服隆宽,益思循省。可。

出处:《樜溪居士集》卷五。

撰者:刘才邵

考校说明:编年据刘才邵任两制时间补。

刘 子 进 降 官 制

(绍兴十三年八月至绍兴十四年二月间或
绍兴二十六年三月至绍兴二十七年四月间)

　　敕:枢庭严密之地,法禁匪轻,尔乃窥伺采探,无所顾忌。镌官一等,以惩厥愆。可。

出处:《樵溪居士集》卷五。

撰者:刘才邵

考校说明:编年据刘才邵任两制时间补。

武赳等降官制

(绍兴十三年八月至绍兴十四年二月间或
绍兴二十六年三月至绍兴二十七年四月间)

敕:居民无曲突徙薪之智,使灾及室庐,汝等坐视,罪安所逃?镌官一等,尚为轻典。其务省愆,勉勤厥职。可。

出处:《樵溪居士集》卷五。

撰者:刘才邵

考校说明:编年据刘才邵任两制时间补。四库馆臣注曰:"武赳等降官亦有二制,而皆因失火镌秩,当亦一时之事而彼此互见,均以赳名冠之者。"另一制即同集同卷《武赳降官制》。

周辉降官制

(绍兴十三年八月至绍兴十四年二月间或
绍兴二十六年三月至绍兴二十七年四月间)

敕:有司之职,当出纳惟谨,傥涉欺冒,罪安所逃?虽经恩宥,原情匪轻,聊镌一官,俾知惩艾。可。

出处:《樵溪居士集》卷五。

撰者:刘才邵

考校说明:编年据刘才邵任两制时间补。

黄子云降官制

（绍兴十三年八月至绍兴十四年二月间或
绍兴二十六年三月至绍兴二十七年四月间）

敕:常平之设,立法甚严,郡邑官吏,所当遵奉。尔凭听胥吏,辄行贷用,降官一等,聊以示惩。祗服隆宽,益思循省。可。

出处:《樵溪居士集》卷五。

撰者:刘才邵

考校说明:编年据刘才邵任两制时间补。

钱奭等降官制

（绍兴十三年八月至绍兴十四年二月间或
绍兴二十六年三月至绍兴二十七年四月间）

敕:尔等专务饰诈,期免逋负,仍复越诉,辄从省台,此皆法之所不容。镌官一等,盖以示惩。往思厥愆,无重来悔。可。

出处:《樵溪居士集》卷五。

撰者:刘才邵

考校说明:编年据刘才邵任两制时间补。

蒲良显降官制

（绍兴十三年八月至绍兴十四年二月间或
绍兴二十六年三月至绍兴二十七年四月间）

敕:百里之民,休戚所系,当究心以举乃职。尔惟奸胥是听,浸不省察,复优游不谨,以自速辜。镌官示惩,尚为轻典。宜知自讼,庶免后愆。可。

出处:《樵溪居士集》卷五。

撰者:刘才邵

考校说明:编年据刘才邵任两制时间补。

盛昌孙降官制

（绍兴十三年八月至绍兴十四年二月间或
绍兴二十六年三月至绍兴二十七年四月间）

敕：母党之亲，所宜敦睦，妄加讦诉，尤害风教。降秩二等，以愧其心。当务省愆，无重来悔。可。

出处：《椴溪居士集》卷五。

撰者：刘才邵

考校说明：编年据刘才邵任两制时间补。

潘辣等降官制

（绍兴十三年八月至绍兴十四年二月间或
绍兴二十六年三月至绍兴二十七年四月间）

敕：巡徼稽参，尔等之职，弛纵不举，罪其可逃？降官一等，聊以示惩。其务省愆，勿重来悔。可。

出处：《椴溪居士集》卷五。

撰者：刘才邵

考校说明：编年据刘才邵任两制时间补。

狄谅等降官制

（绍兴十三年八月至绍兴十四年二月间或
绍兴二十六年三月至绍兴二十七年四月间）

敕：巡徼之官，职当追捕，退怯失职，法有常刑。虽经恩宥，理不可贷。降秩一等，其务省愆。可。

出处：《椴溪居士集》卷五。

撰者：刘才邵

考校说明：编年据刘才邵任两制时间补。

罗通等降官制
(绍兴十三年八月至绍兴十四年二月间或
绍兴二十六年三月至绍兴二十七年四月间)

敕:巡徼之职,本以伺察奸盗,稽于缉捕,罚其可逃?尔等怠于奉公,失职甚矣。降官一等,兹为宽典。宜思自励,勿袭前愆。可。

出处:《樵溪居士集》卷五。
撰者:刘才邵
考校说明:编年据刘才邵任两制时间补。

孙恭降官制
(绍兴十三年八月至绍兴十四年二月间或
绍兴二十六年三月至绍兴二十七年四月间)

敕:保任之责,于法甚严,徇情故违,难从末减。镌官二等,俾尔知惩。其务省愆,勿忘自励。可。

出处:《樵溪居士集》卷五。
撰者:刘才邵
考校说明:编年据刘才邵任两制时间补。

武赳降官制
(绍兴十三年八月至绍兴十四年二月间或
绍兴二十六年三月至绍兴二十七年四月间)

敕:朕严赏罚之科,期于功罪之当。傥或失职,法所必罚。具官某宜究乃心,谨于火政;怡然坐视,致使燔延。降秩示慈,尚为宽典。其思循省,祗服隆宽。可。

出处:《樵溪居士集》卷五。
撰者:刘才邵

考校说明:编年据刘才邵任两制时间补。

赐吴国长公主到阙银合茶药口宣
(绍兴十三年八月至绍兴十四年二月间或
绍兴二十六年三月至绍兴二十七年四月间)

有敕:远遵川陆,来造阙庭,适当炎燠之辰,宜有珍芳之锡。用彰宠数,其体眷怀。

出处:《檆溪居士集》卷七。
撰者:刘才邵
考校说明:编年据刘才邵任两制时间补。

赐大金人使朝辞讫归驿酒果口宣
(绍兴十三年八月至绍兴十四年二月间或
绍兴二十六年三月至绍兴二十七年四月间)

有敕:使华成礼,星传言还,爰致珍醪,仍颁芳核。并推邦数,增焕归涂。

出处:《檆溪居士集》卷七。
撰者:刘才邵
考校说明:编年据刘才邵任两制时间补。

赐大金人使在驿牲饩口宣
(绍兴十三年八月至绍兴十四年二月间或
绍兴二十六年三月至绍兴二十七年四月间)

有敕:肃驱使传,远历修途,已从宾馆之安,宜厚饩牵之礼。兹循旧典,用示殊私。

出处:《檆溪居士集》卷七。
撰者:刘才邵
考校说明:编年据刘才邵任两制时间补。

赐大金人使回程金镀银合盛龙凤茶口宣
（绍兴十三年八月至绍兴十四年二月间或
绍兴二十六年三月至绍兴二十七年四月间）

有敕：肃驱辂传，将整归涂，缅惟川陆之遥，宜致珍芳之锡。兹惟异数，用表眷私。

出处：《樵溪居士集》卷七。

撰者：刘才邵

考校说明：编年据刘才邵任两制时间补。

赐大金人使回程盱眙军赐御筵口宣
（绍兴十三年八月至绍兴十四年二月间或
绍兴二十六年三月至绍兴二十七年四月间）

有敕：肃驱旌骑，已近封圻。载惟行李之勤，方涉归涂之远，肆陈燕集，用示眷私。

出处：《樵溪居士集》卷七。

撰者：刘才邵

考校说明：编年据刘才邵任两制时间补。

赐大金人使朝辞讫归驿御筵口宣
（绍兴十三年八月至绍兴十四年二月间或
绍兴二十六年三月至绍兴二十七年四月间）

有敕：远持信节，来庆岁元。既毕事以终仪，将回辕而戒路，肆颁燕衎，用示眷私。

出处：《樵溪居士集》卷七。

撰者：刘才邵

考校说明：编年据刘才邵任两制时间补。

赐大金人使回程临平镇祖送赐御筵口宣

(绍兴十三年八月至绍兴十四年二月间或
绍兴二十六年三月至绍兴二十七年四月间)

　　有敕:使华成礼,凤驾言还。眷惟归路之遥,宜有祖行之宠,式资燕乐,用示恩私。

出处:《樵溪居士集》卷七。

撰者:刘才邵

考校说明:编年据刘才邵任两制时间补。

赐大金人使回平江府排办御筵口宣

(绍兴十三年八月至绍兴十四年二月间或
绍兴二十六年三月至绍兴二十七年四月间)

　　有敕:肃拥皇华,已成使事。言赴归途之远,不无行李之劳,兹举邦仪,特颁燕衍。

出处:《樵溪居士集》卷七。

撰者:刘才邵

考校说明:编年据刘才邵任两制时间补。

赐大金人使回程镇江府赐御筵口宣

(绍兴十三年八月至绍兴十四年二月间或
绍兴二十六年三月至绍兴二十七年四月间)

　　有敕:肃拥使华,远摇归斾。言念川涂之勤,申加燕衍之仪,邦数务隆,眷怀兹厚。

出处:《樵溪居士集》卷七。

撰者:刘才邵

考校说明:编年据刘才邵任两制时间补。

赐大金人使回程赤岸赐御筵口宣
（绍兴十三年八月至绍兴十四年二月间或
绍兴二十六年三月至绍兴二十七年四月间）

有敕：肃持使传，初历归涂。增辉原隰之华，申赐豆笾之燕，周纾勤勚，特示眷私。

出处：《樵溪居士集》卷七。

撰者：刘才邵

考校说明：编年据刘才邵任两制时间补。

赐少傅杨存中生日诏
（绍兴二十六年三月至绍兴二十七年四月间）

惟昔黑梦之祥，是生殿岩之帅。总众谨训齐之法，输忠宣夙夜之勤。兹协始生，宜加蕃锡，特厚匪颁之式，用昭眷意之隆。以介寿祺，其祗宠渥。今赐卿生日羊酒米面等具如别录，至可领也。故兹诏示，想宜知悉。

出处：《樵溪居士集》卷六。

撰者：刘才邵

考校说明：编年据刘才邵任两制时间、杨存中宦历补，见《建炎以来系年要录》卷一五六。

赐枢密院汤思退生日诏
（绍兴二十六年三月至绍兴二十七年四月间）

秋气将中，允协金行之正；天心垂佑，是宜贤佐之生。秉全德以瑞时，懋嘉猷而经远。当机庭之重任，宣筹幄之明谟。届兹诞毓之辰，锡以恩颁之宠，用昭眷意，永介寿祺。今赐卿生日羊酒米面等具如别录，至可领也。故兹诏示，想宜知悉。

出处：《樵溪居士集》卷六。

撰者：刘才邵

考校说明：编年据刘才邵任两制时间、汤思退官历补，见《建炎以来系年要录》卷一六八等。

刘观复官制
（暂系于绍兴二十六年三月至绍兴二十七年四月间）

敕：朕持予夺之二柄，法惨舒于四时，以道为公，经权迭用。具官某材资凝远，学术深纯，暨列禁涂，备更事任。顷以互讼之故，遂从降秩之科。既颇历于岁时，复继更于沾宥，俾还其旧，用示隆宽。当务钦承，益图报称。可。

出处：《樋溪居士集》卷四。

撰者：刘才邵

考校说明：编年据刘才邵任两制时间补、文中所述史事补。四库馆臣注曰："案绍兴二十五年诏：'近岁士风浇薄，以讦告为进取之计，深害风教。可戒饬内外臣，有不悛者令御史台弹奏，当重置于法，三省、枢密院因奏令刑部开具前后讦告姓名，议加黜罚。'制云'互讼之故，遂从降秩'，当即其时，附识于此。"

赐尚书左仆射沈该生日诏
（绍兴二十六年五月至绍兴二十七年四月间）

高穹垂佑，良月届时，是生名世之贤，翊赞逌衡之治。告后馨谋猷之益，调元收燮理之功。台象增辉，岩瞻愈峻。令日适逢于诞庆，殊恩宜厚于匪颁。祗服眷怀，永绥寿祉。今赐卿生日羊酒米面等具如别录，至可领也。故兹诏示，想宜知悉。

出处：《樋溪居士集》卷六。

撰者：刘才邵

考校说明：编年据刘才邵任两制时间、沈该官历补，见《建炎以来系年要录》卷一七二。

赐参政张纲生日诏
(绍兴二十六年八月至绍兴二十七年四月间)

性资夷粹,识虑靓深,怀经济之全才,负耆旧之重望。擢从禁近,参赞政机。备殚启沃之诚,优处疑丞之任。当首冬之良月,逢庆诞之令辰,爰厚恩颁。其祗茂渥,永介寿祺。今赐卿生日羊酒米面等具如别录,至可领也。故兹诏示,想宜知悉。

出处:《樵溪居士集》卷六。
撰者:刘才邵
考校说明:编年据刘才邵任两制时间、张纲官历,见《建炎以来系年要录》卷一七四补。

姚仲除龙神卫四厢都指挥使御前诸军都统制知兴元府制
(绍兴二十七年四月一日)

安边而择良将,盖惟务于戡戈;承德以抚成师,兹莫严于谋帅。乃眷藩宣之旧,凤高牧御之能。用趣赉于恩缛,俾进颛于阃制。具官某忠谋自奋,勇略无前。屹然飞将之才,兼有荩臣之节。搴旗数矣,身更矢石之劳;结眊先之,气压虎貔之旅。自师干之偃息,勤疆琐之填临。赋政累年,已袴襦之可咏;总戎数郡,亦桴鼓之不鸣。求念长才,宜膺重寄。呕拜华于厢部,肆改命于辕门。皂盖朱旛,易镇汉中之会;伍符尺籍,分提蜀道之屯。萃此宠光,宽吾忧顾。噫!万福之威声久著,谅草木之知名;临淮之号令一新,想旌旗之动色。惟绥怀可以惠一路,惟慎重可以律三军。若时壮猷,奚俟多训。

出处:《海陵集》卷一四。又见《海陵文征》卷二,《宋四六选》卷三。
考校说明:编年据《建炎以来系年要录》卷一七六补。此时似未见周麟之任两制之记载,此文不知是否为《海陵集》误收。

汪勃知湖州职事修举特转三官制
(绍兴二十七年四月九日)

天下本无事,庸人或至于扰民;俗吏多虚名,显赏莫先于贵实。朕清心以理庶务,褒德以怀万方。有嘉慈惠之师,茂著循良之迹。欲彰厥善,何爱于恩。具官某以静粹持身,以宽和服物。浮沈州县,久安平进之涂;佐佑枢机,晚契老成之望。当急流而去位,能扫轨以全名。比从岩壑之居,起镇股肱之郡。避堂而咨治道,简易为先;酌水以振清风,廉平可法。惟无心求赫赫之誉,故不伐有谦谦之光。比再露于需章,期退全于晚节。累诏加劳,为民借留。眷言苔雪之邦,久阙龚黄之政。有如静治,宜被褒扬。夫吏数易则下不安,美成在久;我无为而民自化,政贵有常。往膺增秩之荣,益懋承流之绩。可。

出处:《海陵集》卷一六。
考校说明:编年据《建炎以来系年要录》卷一七六补。周麟之此时似未任两制,此文不知是否为《海陵集》误收。

行在局务阙官已有差遣之人不许差权诏
(绍兴二十七年四月十三日)

行在局务阙官,已有差遣之人不许差权,见权人并罢;及合辟差窠阙如不经辟正,其权过月日并不理为正任。

出处:《宋会要辑稿》职官八之二五。

孟忠厚加太保致仕制
(绍兴二十七年四月十六日)

人臣尽瘁,咸荣解绂之归;国典崇姻,或重面槐之拜。眷惟耆哲,旧服迩联。既引疾以乞身,宜懋官而进律。具官某持身淑慎,迪德忧恂。业承世胄之华,躬习儒风之美。蚤扬休问,预列贵游。考其素则中外之备更,求于今则亲贤之莫二。运筹而登邃幄,尝参宥密之谋;露冕以殿名藩,专尚中和之政。偃革有载橐之助,憩棠多勿翦之思。比怀绶以过都,使弢旌而留阙。奉内祠之香火,冀相亲于朝谒之间;领中秘之图书,使自侪于事为之外。不图抱疾,遂丐辞荣。谅恳请之由衷,宜眷私之从欲。王封锡胙,久兼戟橐之华;帝保升班,用贲纮綖之宠。兹为异数,盖示隆恩。噫!野王之为三公,以行能之可尚;樊宏之冠四姓,惟礼义之能终。往焉垂车,尚或勿药。可。

出处:《海陵集》卷二〇。
考校说明:编年据《建炎以来系年要录》卷一七六补。周麟之此时似未任两制,此文不知是否为《海陵集》误收。

孟忠厚赠太傅制
(绍兴二十七年四月十六日)

求勋戚于故家,有恻鉴亡之念;究哀荣于旧典,无加衮敛之文。爰锡赞书,式光遗范。既以极始终之眷遇,又将慰中外之怀思。具官某德盛而能谦,位高而率礼。温纯无玷,内全璞玉之资;俭约不渝,终守素丝之节。久以缙绅之重望,席兹将相之多仪。朕优宠戚藩,载稽后族。于此念昭慈之懿烈,岂惟宣永泰之休光。扶王室于艰难,功在十人之右;饬私门以法度,礼行四姓之先。矧是近支,有如名杰。以义政则为枢衡之旧,以偃藩则称岳牧之贤。近渴见于仪形,甫入趋于表著。人所望者,将庸建于上公;天实为之,不愁遗于一老。未赉垂车之宠,已闻易箦之言。节旄既授于真王,黻冕更升于公傅。噫!富贵所以长守,由一眚之不闻;福禄至于永终,谅九原之无憾。诏幽甚宠,逝魄其歆。可。

出处:《海陵集》卷二〇。
考校说明:编年据《建炎以来系年要录》卷一七六补。"太傅",《建炎以来系年要录》卷一七六作"太保"。周麟之此时似未任两制,此文不知是否为《海陵集》误收。

申严谒禁诏
(绍兴二十七年四月十八日)

除台谏、两省依令虽非假日亦许见客外,余官非旬假日并不许出谒、受谒。如违,御史台弹奏。

出处:《宋会要辑稿》刑法二之一一四。

六曹寺监正名贴司等换官事诏
（绍兴二十七年四月二十五日）

六曹、寺监正名贴司,大理寺右治狱抽差正名贴司到寺及补正并及七年,许比换副尉。其应攀引六曹、寺监批换去处依此。

出处:《宋会要辑稿》职官二四之二三。

及第进士第一名王十朋授官诏
（绍兴二十七年四月二十七日）

以及第进士第一名王十朋为左承事郎、签书建康军节度判官厅公事。

出处:《宋会要辑稿》选举二之一九。

赐董先辞免恩命不允诏
（绍兴二十六年夏或绍兴二十七年四月）

敕董先:省所奏辞免新除建宁军承宣使恩命事,具悉。国家顷因留务之职,易以使名,资其威重。以卿尝总厢部,兼驾廉车,克著勤绩,故举以命汝。汝其承命,祗服恩荣,毋劳辞避。所请宜不允。故兹诏示,想宜知悉。夏热,卿比平安好? 遣书指不多及。

出处:《樶溪居士集》卷六。
撰者:刘才邵
考校说明:编年据刘才邵任两制时间、文中所述"夏热"补。

赐四川安抚制置使萧振夏药口宣
（绍兴二十六年夏或绍兴二十七年四月）

有敕:卿望重禁涂,任居连帅。兹属炎蒸之候,岂无夙夜之勤,珍剂分颁,辅养和粹。

出处:《樋溪居士集》卷七。

撰者:刘才邵

考校说明:编年据刘才邵任两制时间、萧振官历及标题所述"夏药"补,见《建炎以来系年要录》卷一七〇、卷一七七。

赐御前都统制吴璘杨政夏药口宣
(绍兴二十六年夏或绍兴二十七年四月)

　　有敕:卿以良将之才,任总戎之寄。时当暑候,宜保至和,肆颁良剂之珍,用示眷怀之意。

出处:《樋溪居士集》卷七。

撰者:刘才邵

考校说明:编年据刘才邵任两制时间、吴璘及杨政官历、标题所述"夏药"补,见《建炎以来系年要录》卷一五六、卷一五七等。

赐御前都统制吴璘杨政下统制统领将佐官属夏药口宣
(绍兴二十六年夏或绍兴二十七年四月)

　　有敕:卿等被命效才,任当参伍。适届炎曦之候,不无劳勚之怀,爰致渥恩,式颁珍剂。

出处:《樋溪居士集》卷七。

撰者:刘才邵

考校说明:编年据刘才邵任两制时间、吴璘及杨政官历、标题所述"夏药"补,见《建炎以来系年要录》卷一五六、卷一五七等。

赐姚仲夏药口宣
(绍兴二十六年夏或绍兴二十七年四月)

　　有敕:卿蕃膺委寄,备著忠勤。当兹炎赫之辰,宜示眷怀之意,特颁灵剂,以辅至和。

出处：《樵溪居士集》卷七。
撰者：刘才邵
考校说明：编年据刘才邵任两制时间、标题所述"夏药"补。

赐姚仲下统制统领将佐官属夏药口宣
（绍兴二十六年夏或绍兴二十七年四月）

有敕：卿汝等才副选抡，任分边寄。适届炎曦之序，岂无夙夜之勤，灵药肆颁，其承茂渥。

出处：《樵溪居士集》卷七。
撰者：刘才邵
考校说明：编年据刘才邵任两制时间、标题所述"夏药"补。

太史局见管额外学生试补事诏
（绍兴二十七年五月二日）

太史局见管额外局学生，自今后遇有事故不赴及试充额内之人，所有退下名阙，从本局关报所属开落名粮，更不招收试补。自后止遵依敕令所修到格法，以十人为定数。若将来额外学生依格法有阙日，即依条试补施行。

出处：《宋会要辑稿》职官一八之九一。又见同书职官三一之八。

萧振职事修举转四官制
（绍兴二十七年五月二日）

汉代以承流宣化，责成师帅之臣；宣皇以赠秩赐金，用奖循良之吏。念中兴之岁久，思外治之时修。选建仁贤，辑宁方夏。将使迂遐之共贯，莫先劝沮之兼明。爰录显庸，遂申褒典。具官某材资卓杰，智虑光明，宪邦全文武之能，临下合宽严之度。楚令尹三已无愠色，何歉于心；杜延年再用有治名，实堪其事。比雪池阳之屈，复勤蜀部之临。策竹欢迎，岂止一方之风动；芟棠听讼，不烦三令而化乎。护列城以相安,绥远氓而用裕。廉平不扰,远追建校之风;审固多谋,坐得筹边之略。爰稽最绩,允谓殊劳。内阁升华,特陟通班之峻;崇阶锡宠,更加寓禄之优。集此宠章,用为酬赏。噫! 五十城之重寄,予复何忧;二千石之名流,尔最为冠。往其励志,共此荣怀。可。

出处:《海陵集》卷一六。

考校说明:编年据《建炎以来系年要录》卷一七七补。周麟之此时似未任两制,此文不知是否为《海陵集》误收。

令吴璘选差陕西军兵供职良马院诏
(绍兴二十七年五月三日)

良马院见阙谙晓马性人养饲,枢院可下吴璘,令选差陕西军兵二百人,分擘请受,将带家属,沿路批支口券,差官管押前来赴殿前司交割。仍每年发五人填事故阙。

出处:《宋会要辑稿》职官三二之五二。又见《宋会要辑稿补编》第四一二页。

侍从禁出谒诏
(绍兴二十七年五月五日)

给事中、中书舍人、起居郎、起居舍人并依绍兴十一年三月十三日已得指挥,禁出谒,假日许见客。

出处:《宋会要辑稿》刑法二之一一五。

四川依旧类试诏
(绍兴二十七年五月十一日)

四川监司、帅臣、守倅亲属、门客牒试,及属官干办官以上本贯,别路随行缌麻以上亲去户籍二千里外应合赴运司试得解人,并令前来行在省试。其余四川依旧类试,如愿赴行在省试人,并沿路给券。

出处:《宋会要辑稿》选举一六之一〇。又见《宋会要辑稿补编》第四八五页。

禁冒辟四川选人诏
(绍兴二十七年五月十六日)

四川选人磨勘见申朝省伺候告命者,不许诸司辟差。

出处:《宋会要辑稿》职官一一之三七。

户部选通晓财计人兼充左藏库提辖检察官诏
(绍兴二十七年五月十七日)

户部于辖下丞、簿内选通晓财计人一员兼充左藏库提辖检察官,任满无遗阙,依左藏库监官例理赏,仍每月添支茶汤钱十贯文。

出处:《宋会要辑稿》食货五一之二八。

民户充役条约诏
(绍兴二十七年五月二十一日)

民户已充保正、副,后来析户而再当充役者,其户头许歇役。余户物力高者,即为白脚,依旧轮差。

出处:《建炎以来系年要录》卷一七七。

钱塘仁和知县堂除京朝官诏
(绍兴二十七年五月二十六日)

钱塘、仁和知县依两赤例,并堂除京朝官。任满无遗阙,与升擢差遣。

出处:《建炎以来系年要录》卷一七七。

诸州军开具监司出巡将带人数等供申户部诏
（绍兴二十七年六月四日）

诸州军上下半年多开具监司出巡将带人数，并批支过口券数目，及有无应副过须索物件，供申户部点检。

出处：《宋会要辑稿》职官四五之二一。

汤思退守右仆射同平章事制
（绍兴二十七年六月五日）

天之立君，无辅佐何以为治；古者置相，有左右与之共功。况我累朝，具存彝制。天下安而注意，尤勤考谨之求；海内幸其同心，故取谋猷之协。诞扬显册，敷告大廷。具官汤思退器度闳深，性资忠厚，卓尔不群之志，沛然自得之文。早偬拾于异科，即遍仪于要路。心一不二，故纵横曲折以皆宜；人百且千，则润色讨论而皆善。处异同而中存匪石，行富贵而视若浮云。屡陈造膝之忠，密赞厉精之政。柔不茹而刚不吐，大臣之体具焉；言寡悔而行寡尤，君子之机审矣。比廓开于公道，方登用于大贤，擢冠枢廷，俾颛庙算。知五兵之本，不戢则焚；居一纪之间，以诚故久。是用峻岩瞻于右揆，补衮阙于中台，益封公社之崇，晋陟文阶之峻。仍陪多邑，并示优恩。以调鼎鼐之和，以壮栋梁之重。於戏！谓之千载盖难矣，独推期运则非；襄我二人有合哉，当以国家为念。伸大义以尊王，施实德以惠民。尽除朋党之私，永监祖宗之宪。俾予以治，惟乃之休。

出处：《宋宰辅编年录》卷一六。
撰者：王纶

禁州郡令通判辄遣官下县划刷诏
（绍兴二十七年六月十四日）

州郡令通判季点之外，不得辄遣官下县划刷，肆行刻剥。若二税之出违省限，经总制钱之欠于季终，月桩券食钱之欠不依月分，则许州郡按劾以闻。

543

出处:《宋会要辑稿》职官四七之六九。

流寓寄居满七年不得注授举辟本处差遣诏
(绍兴二十七年六月十六日)

西北流寓及东南人寄居满七年,或产业及第三等已上者,并不得注授举辟本处差遣。

出处:《建炎以来系年要录》卷一七七。

王师心除给事中制
(绍兴二十七年六月二十一日)

台阁从臣,尤重琐闼之拜;朝廷庶务,必关书牍之严。自非平奏之才,曷允至公之论?爰咨在位,今得其人。具官某雅亮不群,清纯有守。早以俊林之誉,扬于禁路之华。祗若予工,曾远图之未究;久淹于外,宜旧德之遄归。斡旋虽赖于长材,封驳正资于重望。朕方考昔贤之余烈,怅斯道之久衰。观元素纳忠,至擅回天之誉;若李藩挺节,尚存批敕之风。盖脂韦者必致于瘝官,而矫讦者又嫌于邀誉。往伸汝志,用协予衷。可。

出处:《海陵集》卷一六。
撰者:周麟之
考校说明:编年据《建炎以来系年要录》卷一七七补。

王纶除工部侍郎兼直学士院制
(绍兴二十七年六月二十一日)

朕考择群材,分迁从列。惟久于剧任,必使之居清简之曹;惟长于代言,故因以畀严凝之直。执膺妙选,兹属名儒。具官某艺了十人,身兼数器。由待问有殚见洽闻之业,故结知于高文大册之间。自归践于朝班,继独兼于词禁。追历代坦明之作,思若涌泉;当大庭播告之修,言皆破的。虽应酬之甚裕,亦勤瘁之良多。朕今省缮营之工,此则职闲而无事;图翰墨之旧,此则礼厚而益亲。进升荷囊之华,仍视玉堂之草。往承优眷,益懋远猷。可。

出处:《海陵集》卷一六。

撰者:周麟之

考校说明:编年据《建炎以来系年要录》卷一七七补。

赵逵除中书舍人制
(绍兴二十七年六月二十一日)

司内史之赞书,缀甘泉之法从。观昔治朝之盛,尝率用于数员;念今词制之繁,亦固难于专掌。兹得多闻之士,盍从并建之规。具官某禀资粹清,植操夷澹。早魁多士,得大名而匪虚;平视要涂,能中立而不倚。自绌书于金匮,旋载笔于螭阶。有嘉记注之严,不替论思之益。岂惟励遂良之志,职在守官;咸谓有仲舒之文,雅宜为诰。矧尝摄事,备著能称。俾从琐闼之联,遂正纶闱之直。益思广业,用副隆知。可。

出处:《海陵集》卷一六。

撰者:周麟之

考校说明:编年据《建炎以来系年要录》卷一七七补。

徐林除刑部侍郎制
(绍兴二十七年六月二十一日)

刑名本乎礼义,法律出于诗书。故宪部贰卿之联,虽实总乎刑辟;然累朝图任之制,亦不专于法家。安得通儒之才,用为祗德之教。具官某器资敏辨,识虑精明。少陪三馆之游,既时亲乎求见;晚践九卿之次,尝中废于非辜。念远业之素优,宜公朝之复用。就司府计,出领军储。暨兹归觐之初,嘉尔奏陈之悉。宜延登于禁路,遂入佐于秋官。庶几忠信慈惠之师,复陈于皋事;将使颇颣放纷之弊,尽变于文风。往哉惟钦,服我攸训。可。

出处:《海陵集》卷一六。

撰者:周麟之

考校说明:编年据《建炎以来系年要录》卷一七七补。

唐文若除起居郎王刚中除起居舍人制
（绍兴二十七年六月二十一日）

左右史虽以记言动为职,而论思献纳实视从臣。地近秩清,每加遴选。故本朝用士,多取于兰台之英。苟非其人,断不轻授。以尔文若学赡而词蔚,足以先人;以尔刚中行峻而才清,尝与前列。或于石渠有博览之誉,或于蓬观有佐撰之勤。肆兹同升,载笔入侍。惟守官以据正,惟临陛以尽恭。朕于此除,观汝远器。可。

出处:《海陵集》卷一六。又见《永乐大典》卷一三四九九。

撰者:周麟之

考校说明:编年据《建炎以来系年要录》卷一七七补。

葛立方除吏部侍郎制
（绍兴二十七年六月二十一日）

天官之有大小宰,首冠六卿;吏部之有文武铨,同分两选。思得清通之彦,助予综核之公。具官某学世其家,器优于用。早储乔松之令望,尝历握兰之显曹。昨去周行,久纡隽望。迨辟至公之路,尽收遗野之贤。召以名郎,登于宰士。纠违省闼,实多详整之称;结好邻邦,不负光华之遣。肆图嘉绩,亟置从班。尔能使法行而无阻格之私,吏畏而绝奸欺之弊。斯乃称职,往其懋功。可。

出处:《海陵集》卷一六。

撰者:周麟之

考校说明:编年据《建炎以来系年要录》卷一七七补。

禁州县公吏于人户处辄借税租诏
（绍兴二十七年六月二十三日）

诸州县公吏人于人户处辄借税租,及和预买绸绢者,杖八十。若上限尽而不为纳送,计赃,重者准盗论,三十匹配本城。许人告,仍听被借人户越诉,委监司、守贰觉察。

出处:《宋会要辑稿》食货七○之四六。

太学月试锁院考校诏
(绍兴二十七年六月二十五日)

太学月试并依贡举条制,锁院考校,仍毋过十日。

出处:《建炎以来系年要录》卷一七七。

捕获私茶盐赏格诏
(绍兴二十七年六月二十六日)

今后命官捕获私茶盐,依赏格各递增一等,诸色人赏钱各增五分。应合得赏人,茶盐司限三日勘验,保明申奏。赏钱限当日支给。

出处:《宋会要辑稿》食货三一之一一。

宋之才除知衢州制
(绍兴二十七年六月后)

朕惠绥元元,若保赤子,每思得忠信慈惠之吏,相与悉力拊摩之,庶使斯民安于田里。求诸侍从之旧,莫如已试之良。具官某学醇行方,声中其实。洁己莅政,风猷可观。顷尝为成均之师,贰宗伯之事。迨分符于闽粤,俄引疾而丐闲。今其有瘳,可以共理。三衢剧郡,物夥俗繁。政中和而化乃成,治清净而民自定。往勤宣布,益懋汝能。可。

出处:《海陵集》卷一八。
撰者:周麟之
考校说明:编年据周麟之任两制时间、宋之才官历补,见《浪语集》卷三四《宋侍郎之才行状》。

547

乔昌时等转一官制同前推恩
(绍兴二十七年六月后)

取才敛贤,上圣之先务;创法垂世,太平之懿纲。惟予国家,遵用科目。沿袭岁久,弊因以滋。属大比以登材髦,诏有司而定宪令。尔等皆以充职之旧,与兹成书之劳。既颁赏以有程,俾进阶而用劝。益思忠荩,用称优恩。可。

出处:《海陵集》卷一八。

撰者:周麟之

考校说明:编年据周麟之任两制时间、文中所述史事,见《宋会要辑稿》刑法一。

知泉州宋之才磨勘转官制
(绍兴二十七年六月后)

三载考绩,舜申命于亮工;八柄驭臣,周首严于颁爵。朕率是道,用训厥官。顾虽侍从之优,不废典彝之旧。具官某器周于用,学邃乎经。早以艺文之英,涉更儒学之选。典朕三礼,列在贰卿。惠兹一州,号为良吏。比稽会课之法,实应陟明之科。往服序迁,毋忘献告。可。

出处:《海陵集》卷一八。

撰者:周麟之

考校说明:编年据周麟之任两制时间、宋之才宦历补,见乾隆《泉州府志》卷二六。此制在同集同卷《宋之才除知衢州制》之前,见《浪语集》卷三四《宋侍郎之才行状》。

葛立方奉使回转一官制
(绍兴二十七年六月后)

朕兴五利以冀戢兵之福,稽六德以观出使之能。虽聘事之有常,岂褒恩之可后。尔以通才周当世之务,以广业济前人之休。自历清涂,浸扬令闻。弥纶省闼,每能纠庶事以参稽;明习宪章,可以使四方而专对。授彼如丝之綍,焕乎于隰之华。展币旋归,既驰驱之靡惮;释驸加劳,宜礼乐之未忘。爰赍陟科,用遵彝矩。往祗予涣,益懋厥劳。可。

出处:《海陵集》卷一八。

撰者:周麟之

考校说明:编年据周麟之任两制时间、葛立方宫历补,见《建炎以来系年要录》卷
一七五。

梁份奉使回转一官制
(绍兴二十七年六月后)

　　琬圭结好,义早重于睦邻;沃誓扬华,礼宜优于遣使。恩光所被,使介惟均。
尔蚤以令仪,服于华缀。职在上阁,辨朝仪而有伦;使于四方,承君命而不辱。比
副行人之出,汔臻聘事之成。载念贤劳,亟加宠命。特升荣于使范,俾进领于兵
团。其思恪恭,以称褒渥。可。

出处:《海陵集》卷一八。

撰者:周麟之

考校说明:编年据周麟之任两制时间、梁份宫历补,见《建炎以来系年要录》卷一
七五。

宋钧奉使回转官制
(绍兴二十七年六月后)

　　古之使四方者,或取其诵《诗》三百,或贵其行己有耻。诵《诗》三百,通乎经
也,是以多专对之能;行己有耻,谓之士也,是以有不辱之节。朕选使介以修邻
好,亦必参于是而求之。尔博雅有文,翱翔乎篇籍之囿,盖所谓士之知经者。均
辔而行,既以礼遣,复命之始,可无恩褒?一进厥官,是为彝制。益殚才谞,以俟
甄擢之荣。可。

出处:《海陵集》卷一八。

撰者:周麟之

考校说明:编年据周麟之任两制时间、宋钧宫历补,见《建炎以来系年要录》卷一
七五。

李琳磨勘转左朝议大夫制
(绍兴二十七年六月后)

朕操名器以为天下公。德盛者位尊,功多者赏厚。义所当予,虽一岁九迁其官,人孰以为过哉?况在铨曹,具存考法。具官某谦慎淳笃,古之吉人。服采在廷,乐于营职。擢自少列,贰于天官。曾未数月间,以聘问之劳,编摩之绩,兼上侍从之最,增秩者凡三焉。纶闱恩书,相属而下。禁路增焕,缙绅荣之。昔正考父一再受君命,至于俯偻循墙而不敢安行,其共也如是,故鼎铭而策书之。矧惟汝心,素自谨畏。亟拜嘉宠,尚无忘乎滋益恭。

出处:《海陵集》卷一九。
撰者:周麟之
考校说明:编年据周麟之任两制时间、文中所述"擢自少列,贰于天官。曾未数月间,以聘问之劳,编摩之绩,兼上侍从之最,增秩者凡三焉"补,见《建炎以来系年要录》卷一七六。

萧振转一官致仕制
(绍兴二十七年六月后)

朕以全蜀重寄,属之于哲艾敏达之臣。宿望所临,民皆信爱。得人如是,谓自此无西顾忧矣。而病亟驿闻,忽奏乞归之记。朕虽欲不许其去,胡可得哉?具官某才全器周,为国之干。老于侍从,称有壮犹。不数年间,再临益部。朕以其信孚惠遍,功著职修。方颁玺书,褒表治效,以为二千石能共理之劝。书赞具矣,而谂疾之章遽誉。上印不留,何去之果!朕固已失长城之倚,尔岂不念甘棠之思。增秩赐金,更申茂渥。尚扶沈痼,祗宠以归。可。

出处:《海陵集》卷二○。
撰者:周麟之
考校说明:编年据周麟之宦历、萧振卒年补,见《建炎以来系年要录》卷一七七。

萧振上遗表特赠四官制
（绍兴二十七年六月后）

蜀帅之雄,今为天下冠。朕深咎往昔,委非其人,家用不宁,众怨且愍。既得良二千石之旧,民曰苏矣。未再岁而失之,朕心恻焉,兹有愍典。具官某延阁之老,备更险夷。顷在朕前,知略辐辏;分虎于外,告猷益嘉。卧护四川,卓然有异等之效。甫升褒命,而遽革闻于朝。卒不可为,遗表来上。慨念风采,盍伤何穷!朕惟尔之再入蜀也,蜀父老扶杖来迎,欢呼之声数百里不绝。今而反旆,乃以丧行。思之者同堕泪于岘首之碑,祀之者当侑食于文翁之庙。追宠有命,尚其知歆。可。

出处:《海陵集》卷二○。

撰者:周麟之

考校说明:编年据周麟任两制时间、萧振卒年补,见《建炎以来系年要录》卷一七七。此文当在同集同卷《萧振转一官致仕制》之后。

李琳奉使回转一官制
（绍兴二十二年八月至绍兴二十三年九月间或绍兴二十七年六月后）

朕弭甲兵之事,将永缔于邻欢;咨忠信之臣,俾再衔于王命。乃涣出纶之宠,用增濡翰之光。具官某乐易不流,纯明自得。儒者以义为干橹,操尚弗渝;君子之性守宫庭,周旋无懈。向籋羽于在位,尝抗旆而出疆。侃然专对之辞,辑是既盟之好。兹图旧德,复贲皇华。洎四牡之遄归,获五善而重拜。亟升禁路,既崇奖于积劳;序进文阶,又率循于彝制。往哉无斁,朕则汝嘉。可。

出处:《海陵集》卷一八。

撰者:周麟之

考校说明:编年据周麟之任两制时间、李琳官历补,见《建炎以来系年要录》卷一六三、卷一七五。

郑知刚除宗正寺簿制
(绍兴二十七年七月四日)

君子求为可知而不求于必知,则其知之也孰御? 夫己有可知,则鸣皋之鹤虽在阴而子和;必人之知,则夜光之璧或投暗而人疑,理盖然也。尔以成德之彦,白首于州县间。所行所为无非可知者,而未尝求人之必知也。今荐者以闻于朕,特召见而褒进之。序于司宗,列在寺属。其品高矣,朕将以是为甄耀之阶。可。

出处:《海陵集》卷一八。又见《永乐大典》卷一四六〇七。
撰者:周麟之
考校说明:编年据《建炎以来系年要录》卷一七六补。

州郡无通判处守臣有阙差充条约诏
(绍兴二十七年七月五日)

诸路州郡无通判处,遇守臣有阙,其以次官。如系选人,即具申本路监司选差邻郡通判或见任京朝官时暂权摄。

出处:《宋会要辑稿》职官四七之六九。

诫饬监司郡守举劾县令诏
(绍兴二十七年七月五日)

县令之职,最为近民。累降指挥,治状显著之人令监司、郡守保举升擢;如贪污不职,即行按劾。尚虑未能悉意奉行,循习观望,或挟情徇私,举刺失实。可令学士院降诏,严行戒饬。有赏有罚,朕当信而必行之。

出处:《宋会要辑稿》职官四八之三五。又见《建炎以来系年要录》卷一七七。
考校说明:《建炎以来系年要录》系于绍兴二十七年七月十日。

宣谕林觉颁降铸钱式御札
（绍兴二十七年七月七日）

大小钱样付卿。乌背者制作颇精，与开元、崇宁所铸相似，然恐费工难办。素背者似可作式样，仰更看详。

出处：《咸淳临安志》卷五。

太学武学试补条例诏
（绍兴二十七年七月十一日）

今后太学、武学每岁春季补试弟子员一次，于三月内锁院；遇省试年分，即用四月。立为永制。

出处：《宋会要辑稿》职官二八之二五。又见《建炎以来系年要录》卷一七七。

荣㠾除权户部侍郎制
（绍兴二十七年七月十一日）

乐言利者病于不知义，善足国者贵乎能富民。若时邦用之耗登，系尔版曹之济否。具官某老于吏事，旧有能名。以三十年附翼之臣，久焉留滞；凡二千石承流之地，多所践扬。幸存绵上之善人，犹是贞元之朝士。徙从辅郡，入守行都。谓下车之可观，意余刃之未顿。是用擢升计部，参贰列卿。朕方歌南风阜民之诗，下西汉敦本之诏。念经常之有制，宜取予之惟时。毋规小利而较锥刀之微，毋事虚文而忘雀鼠之耗。当体朕意，益殚汝为。可。

出处：《海陵集》卷一六。又见《永乐大典》卷七三〇三。
撰者：周麟之
考校说明：编年据《建炎以来系年要录》卷一七七补。

张偁除知临安府制
（绍兴二十七年七月十一日）

汉以千石高第入守长安，一时名流类著风绩。朕于辇毂之下，亦欲参前制而任人。故比年或以循吏得迁，或以漕臣就徙。能者必用，不矜于同。尔开敏有材，深明乎吏道之要。顷分郡寄，治行卓然。来班六条，率职唯谨。凡属部有不平之讼，及中都有一切之须，皆能审决适中，趣办无缺。今置之于浩穰之地，而责尔以弹压之功。若广汉之发奸如神，若翁归之洁己自守。惟滞囚之亟去，惟宿蠹之深惩。政或有成，朕不汝弃。可。

出处：《海陵集》卷一六。
撰者：周麟之
考校说明：编年据《建炎以来系年要录》卷一七七补。

李文会除四川安抚制置使兼知成都府制
（绍兴二十七年七月十二日）

朕求实德以顺民心，简重臣而镇方面。念坤维所系，隶帅封者五十四城；而魏阙相望，经邮置者六千余里。遽闻牧御之缺，亟选抚绥之良。彼有人焉，朕无忧矣。具官某疏通知远，端重镇浮。刚柔有以相须，文武惟其所用。早由要路，参密画于斗枢之廷；晚以旧劳，领藩符于井络之野。洊从东路，再典大州。治贵静而边琐宁，政报成而民誉蔼。虽长沙在近，令内徙以诚宜；然益部匪轻，顾暂虚而不可。眷言泸水之效，素得蜀人之心。爰就畀于重权，庶俯从于众望。噫！叱驭过邛郲之坂，想忠臣无惮于遄驱；好文追齐鲁之风，念循吏尚存于遗化。朕屡下宽诏，深怀远氓。减科调之繁，繄尔宣吾德教；列屯戍之众，赖尔审其韬钤。往须善最之成，克继前模之美。可。

出处：《海陵集》卷一六。
撰者：周麟之
考校说明：编年据《建炎以来系年要录》卷一七七补。

成都府合起川马分给江上诸军诏
（绍兴二十七年七月十九日）

成都府每岁合起川马，更不发来行在，分给江上诸军，岁凡六千匹。内鄂州、建康、镇江府各三分，池州一分，令逐军差官兵取押。

出处：《建炎以来系年要录》卷一七七。

唐尧封除军器监簿制
（绍兴二十七年七月二十五日）

君子学所以为己，仕所以行义。己欲不轻售，义欲不苟求。知此二者而能介然守之不移焉，信乎其为君子儒也。朕开荐贤之路，因欲得斯人者而甄用之。今举者称尔志操廉静，为郡学官二十余年，未尝干进也。有守如此，无愧乎仕学之道矣。肆命召对，置之周行。戎监钩稽，姑为之兆。益充所养，以副吾考择之详。可。

出处：《海陵集》卷一八。又见《永乐大典》卷一四六〇八。
撰者：周麟之
考校说明：编年据《建炎以来系年要录》卷一七七补。

霍蠡除直宝文阁知潭州制
（绍兴二十七年八月一日）

潭为南国一都会，介长江上游，水陆辐凑，素号巨镇。近时置帅尤慎，地望益雄。如秉旄钺参枢机之臣，皆尝相继在此选。今也久缺，其难其人。以尔有闳辨通敏兼人之才，为当世拨烦吏。游刃所至，目无全牛。顷由郎曹，践历卿寺。将使指于外，类能劝功乐进，不避剧，不容奸，今畿右之政犹尔也。凡所条奏，切于为民，授之虎符，才望咸允。夫长沙距所部为近，而延阁比曩职益高，朕故并以是命之。毋乏兵农，毋扰狱市。明不在于苛察，严不在于峻文，介不在于崖行。三者尔所长也，尚当慎之，以抑其过。典听朕训，往即抚绥之功。

出处:《海陵集》卷一四。

撰者:周麟之

考校说明:编年据《建炎以来系年要录》卷一七七补。

参知政事汤鹏举除知枢密院事制
(绍兴二十七年八月二日)

朕复祖宗之旧章,分文武之大柄。以宰臣当代王之事,任不兼于本兵;惟右府得折冲之臣,权实亚乎端揆。我有明命,播于多方。具官某才堪宪邦,仕不枉道。以人望则素有大臣之风采,以政绩则类非俗吏之能为。自振淹于总揽之初,即借重于纪纲之地。放淫距诐,障百川而东之;激浊扬清,见一鹗之直上。言皆本《十翼》之义,是能读《三坟》之书。爰度师虞,用登政路。虽可否相济,方观靦假而靡争;然弛张异宜,必赖研几以成务。非我壮猷之老,孰专基命之司。噫!斗为天之枢机,盖取乎斟酌元气之用;武乃世之砭剂,当教于膏肓未病之时。除戎器所以戒不虞,用真儒所以为无敌。往其慎密,共此几康。可。

出处:《海陵集》卷一六。

撰者:周麟之

考校说明:编年据《建炎以来系年要录》卷一七七补。

宋映复徽猷阁待制提举江州太平兴国宫制
(绍兴二十七年八月三日)

朕怀先皇帝,坐见于墙,食见于羹,矧今亲奉其云汉之章哉!映实以手诰来上,载览泫然,嗟叹无穷。呜呼,思先帝而不复见,得见汝辈尝所叹异者,盖庶几焉!手诏谓尔为孝子,为忠臣,此士大夫之至行也。复汝故职,汝其知所以自勉哉!

出处:《建炎以来系年要录》卷一七七。

监司帅守互相觉察诏
（绍兴二十七年八月八日）

　　诸路监司、帅守常切互相觉察，应所属见任州县等官不应迎送而辄出迎送，与不应受而辄受之者，并须依公案举，置之典宪。其或徇情容庇，仍委御史台弹奏。

出处:《宋会要辑稿》职官四七之三二。

总领司互举改官之人诏
（绍兴二十七年八月九日）

　　今后总领司互举改官之人，皆依宪、漕等司举官磨勘施行，所有逐旋申明朝廷一节特免。

出处:《宋会要辑稿》选举三〇之四。又见同书职官四一之四八。

监司接送将合破人数分下诸州差拨诏
（绍兴二十七年八月十一日）

　　诸路监司可将所借管下州军兵士尽数发归元差去处。今后监司接送，据依条合破人数分下诸州差拨，候接送毕，即发回。仍专委帅臣觉察。

出处:《宋会要辑稿》职官四五之二二。

蠲荆南等上供内藏库钱帛诏
（绍兴二十七年八月二十三日）

　　襄阳府、安丰军、光州、荆南、随州自绍兴十四年至二十七年合起发上供内藏库绸绢并折绢等钱，缘户口未复，难以催发，可予蠲免。

出处:《宋会要辑稿》食货六三之一四。又见《建炎以来系年要录》卷一七七。

殿前司收买造军器物料免税诏
(绍兴二十七年八月二十四日)

殿前司收买造军器筋角、牛羊皮、箭笴、条铁,可与免临安府及沿路收税。

出处:《宋会要辑稿》食货一七之四四。

王十朋特添差签书镇东军节度判官厅公事诏
(绍兴二十七年八月二十六日)

左承事郎王十朋系亲擢进士第一人,尚待远次,可特添差签书镇东军节度判官厅公事。

出处:《建炎以来系年要录》卷一七七。

行在置提领诸路铸钱官诏
(绍兴二十七年八月二十七日)

置提领诸路铸钱官于行在,其户部申请指挥更不施行。

出处:《建炎以来系年要录》卷一七七。

苏简除直秘阁知广州制
(绍兴二十七年八月)

岭海之陬,去朝廷远矣。夫欲究王泽于下,达民情于上,非吾制阃之臣何望焉?然其帅节所临,于南方事无所不统,地大体重,必求如昔之人所谓正直方严、中心乐易、祗慎所职者为之,庶几乎神人之致喜也。今朕选用,有得于世臣之家。尔祖在朝以忠谠著闻,传家以端静为法,克济厥美,皆曰汝贤。贲之宠名,用殿南服。尔能内肃清所部,外镇抚诸蛮,使山行海宿不择所而安,公藏私蓄不劳力而裕。既有得于边陲之效,将无愧于前人之光。可。

出处:《海陵集》卷一六。

撰者:周麟之

考校说明:编年据康熙《新修广州府志》卷一八补。

赵子潚除直秘阁两浙运副制
(绍兴二十七年八月)

国家分道置使,职均地殊,如浙之东西,实不可以诸路比。护漕于此,则久与其它按部者不同。盖以总两畿之转输,临万乘之都会,兼是剧寄,委于一司,自非强敏之才,未见其能济也。以尔警辨严恪,为时名节。岂惟吾宗之良,是亦士大夫之有操守者。比由计部,出领兵储。有如长材,焉得在外。今使尔乘轺近甸,宣布诏条。于行阙有共官给御之须,于属城有察吏观民之责。凡是数者,当率其先。进联中秘之华,来作外台之表。可。

出处:《海陵集》卷一六。

撰者:周麟之

考校说明:编年据《景定建康志》卷二六补。

资政殿学士程克俊守本官职致仕制
(绍兴二十七年八月前后)

惟陈力就列之臣,不能则止;方招贤聘能之世,以病而归。此当馈之所深嗟,况有司之于常典。寓此恩意,敷于赞书。具官某器闳以周,学博而邃。居翰墨之任,则文施于典册;赞枢机之职,则知达于谋谟。比自燕闲,从吾吁召。服在政路,不数月而丐闲;撄于疴瘵,仅逾年而告老。虽事功之莫著,岂宠渥之能忘?惟文阶为寓禄之荣名,而秘殿乃隆儒之美职。以此茂命,赍之终身。尚其寿康,副我优奖。可。

出处:《海陵集》卷二〇。

撰者:周麟之

考校说明:编年据程克俊宦历补,见《建炎以来系年要录》卷一七七。

熊彦诗除西京运判制
（绍兴二十七年八月后）

朕以畿右诸郡创残岁深,民虽息肩,未洽于泽,今欲复户口,辟田野,使守令各尽心悉力拊摩之,亦必赖部刺史班宣六条,省察治状。然其所隶,不过数城,时方省员,一漕台足办吾事。以尔儒学吏治,号为兼通。才刃恢然,见于江夏。洗手奉职,规模一新,剔其颣纷,补弊苴漏,郡事既饬,民情亦纾。宜改命于台使,观风于邻部。尔当戒疆埸之吏毋生事,谕师帅之官毋扰民。惟招徕逋亡,惟存问疾苦。斯乃计最,往其懋功。

出处:《海陵集》卷一四。
撰者:周麟之
考校说明:编年据《建炎以来系年要录》卷一七七补。"西京"当作"京西"。

权礼部侍郎贺允中磨勘转官制
（绍兴二十七年九月前）

三载考绩,古制也。夫以舜之命九官,皋陶、稷、契之励翼其上,犹不废陟明之典,此国家所率前宪优从臣,其法不与庶僚等者,岂非以亮天工之意待之欤?具官某学成行尊,夙有高致。吁俊之始,幡然来归。凡所居官皆夷夔礼乐之事,而能夙夜祗慎,惟寅与和。比稽岁劳,实应功令。夫阀阅自尔积,而名器非吾私。姑以序升,往俟殊宠。可。

出处:《海陵集》卷一八。
撰者:周麟之
考校说明:编年据贺允中宦历补,见《建炎以来系年要录》卷一七七。

王俣转一官制修进贡举条法推恩
（绍兴二十七年九月前）

国家取人以三岁之科,定令为一王之法。比严公选,厘正弊端。纂成新书,昭示丕则。惟时侍从之隽,实典编摩之司。具官某年耆学明,器博用远。兹迪简于旧德，复延登于禁涂。职在民曹，得古人之心计；官兼敕省，习当代之宪章。属大比兴贤之年，奏中兴试艺之法。昭若甲令，无非合古以便今；达予乙观，遂可陈经而立纪。爰加茂实，以答成劳。往祗宠章，益懋熙绩。可。

出处：《海陵集》卷一八。

撰者：周麟之

考校说明：编年据文中所述史事、王俣卒年补，见《宋会要辑稿》刑法一、《建炎以来系年要录》卷一七七。

<h2 style="text-align:center">金安节除大理少卿制</h2>

（绍兴二十七年九月六日）

刑所以弼五教之敷，狱所以司万民之命。要其效，则如皋陶之淑问期于无刑；得其情，则虽子路之片言可以折狱。念此久矣，非古之所谓贤大理者，孰能副朕意哉！尔鲠亮廉明，夙有清操。顷尝执御史之简，立仗下，纠非法，朕固已识其人矣。久去轩陛，安于山林。比分左符，复揽辔于畿右。廷尉之任，汝诚其人。夫吏端则刑清，法立则民悫。益慎乃辟，往哉惟钦。可。

出处：《海陵集》卷一四。

撰者：周麟之

考校说明：编年据《建炎以来系年要录》卷一七七补。

<h2 style="text-align:center">王瓒追复建武军承宣使制</h2>

（绍兴二十七年九月七日）

朕追复故臣之官，非必有功也，无有小大，咸洗濯之。瓒昔者不善总师，屡致奔溃，有司言状，法当削官。既历多年，丹书犹在，其复元秩，慰汝九原。

出处：《建炎以来系年要录》卷一七七。

礼部案劾太学私试学官事诏
(绍兴二十七年九月八日)

自今太学私试,学官考校失当者,令礼部案劾以闻。

出处:《建炎以来系年要录》卷一七七。

选人陈乞致仕条诏
(绍兴二十七年九月八日)

选人陈乞致仕,虽亡殁在出敕前,并听改官。

出处:《建炎以来系年要录》卷一七七。

张纲除资政殿学士知婺州制
(绍兴二十七年九月十一日)

旧德为元龟,时乃格王之丕训;故国非乔木,视吾当世之老臣。虽或去而莫留,亦所临而增重。宜极股肱之遇,式昭体貌之隆。具官某持身安和,立德敦大。学皆本乎六艺,疏通知远而深于书;文自成乎一家,左右逢原而造于道。早魁俊造之选,遍历清华之涂。服两禁论思之劳,久参联于簪橐;行二疏止足之计,尝息驾于林丘。属当更化之初,惟务招贤之广。特起寿隽,以尊公朝。昔投佩而去甘泉,已高风之可仰;及鸣驺而出幽谷,斯众望之咸归。擢自从班,入陪机政。以妙用弥缝之密,知期年协赞之多。俄沛贡于奏章,至力辞于著位。温言加劳,雅志莫回。既俯徇于恳祈,仍曲加于眷礼。是用通籍秘殿,剖符近藩。尚冀闻君陈之嘉猷,入告于内;亦徒得汲黯之重望,卧治斯民。示予有志于贪贤,想尔未忘于报国。傥能共理,何异在廷。

出处:《海陵集》卷一四。又见《海陵文征》卷二,《宋四六选》卷三。
撰者:周麟之
考校说明:编年据《建炎以来系年要录》卷一七七补。

诸路州军强盗依旧法配填广南远恶州诏
(绍兴二十七年九月十三日)

诸路州军强盗应配广南及远恶州者,并依旧法,更不配填诸军。其逐军已配到人,令户部量行增添请受,开具申省。

出处:《建炎以来系年要录》卷一七七。

蠲淮南京西湖北积欠内藏库钱帛诏
(绍兴二十七年九月十六日)

淮南、京西、湖北路州军,自绍兴十四年至二十七年合起内藏库䌷绢钱帛,可并与蠲免。日后合起发数目,令逐路提刑、转运司官亲巡所部,度量事力,开具的实合发纳分数以闻,自来年始。

出处:《建炎以来系年要录》卷一七七。

陈康伯除参知政事制
(绍兴二十七年九月十六日)

朕延登弼谐,协赞治道。谓天下本无事,莫如有德之能安;惟国人皆曰贤,斯见真材之可用。概其佥论,得于在廷。具官某负博达之材,蕴深湛之量。心平不竞,每休焉如有容;宇定而光,盖渊乎其似道。早陪鹓鹭之武,已识栋梁之姿。去国十年,以复来而望重;效官六列,以素宦而识明。洊升喉舌之司,益懋经纶之业。览条纲之备举,嘉品核之咸精。施设有方,靡不合中和之度;剸裁多事,未尝见喜愠之容。矧惟大官,实冠卿位。周总以建邦之典,唐兼于议政之臣。宜副邦瞻,遂跻政路。噫!朕欲以更化善治,正犹琴瑟之张;尔尚其协恭和衷,毋替股肱之喜。往祗誉命,共即康功。

出处:《海陵集》卷一四。
撰者:周麟之
考校说明:编年据《建炎以来系年要录》卷一七七、《宋宰辅编年录》卷一六补。

赵善继除直秘阁制
（绍兴二十七年九月十八日）

　　二千石能惠养百姓,劝课农桑,使其民卖刀买犊,斯治之上也。若夫缮城壁,程土功,此虽非循吏之本,然能者为之亦可以观政。尔之于赣也,是欲营守土之职耳。原尔心,岂计赏而为之？朕以其工筑之费,未尝一毫取于民。役不告劳,事无愆素,此非才敏者不能办,可嘉也已。不然芸阁高华,朕岂以是为赏功之具哉？《传》曰"众志成城",又曰"保民以德不以城",尔其思所以敷德惠,固民心,斯无负于专城之寄。

出处:《海陵集》卷一九。
撰者:周麟之
考校说明:编年据《建炎以来系年要录》卷一七七补。

王师心除吏部尚书制
（绍兴二十七年九月十九日）

　　中台总庶务之纲,选部据群材之会。尚鉴裁则人为重,故晋人以一字被才;论资格而法益繁,故唐法以三铨分注。朕袭用前制,畴咨列卿。必欲任贤而使能,庶几兴滞而补弊。具官某恭宽容物,敏辨过人。美矣器资,虽锢玉蒙金而莫掩;恢然才刃,当盘根错节而有余。比以甘泉之旧人,起于荆水之遐服。访论议则乐闻其侃侃,考事功则详试于多多。委以版曹,不逐利于理财之末;升于琐闼,不邀名于批敕之间。惟宿望之甚高,故数迁而靡吝。宜付天官之治,遂登常伯之尊。夫七司之繁,条章莫不备具;四选之会,流品欲无混淆。惟疏通可以振滞淹,惟详审可以察奸弊。朕不多训,汝其懋功。

出处:《海陵集》卷一四。
撰者:周麟之
考校说明:编年据《建炎以来系年要录》卷一七七补。

贺允中除给事中制
(绍兴二十七年九月十九日)

惟时论驳之司,实关政事之本。汉开青琐,有夕拜之旧仪;唐隶鸾台,有涂归之故事。属此虚位,艰于用人。自非得直谅刚明之才,何以为论思献纳之助。具官某好古博雅,奉身清高。卓尔多闻,盖先朝馆阁之士;浩然远引,为累岁山林之游。知否泰之有时,故卷舒而自得。遂以拔茅之卜,副予仄席之求。既回翔乎侍从之班,讲摩是赖;能被饰我礼文之事,清直无渝。兹有望于老成,顾岂容于久次。宜峻甘泉之秩,遂升左省之联。朕方乐受苣言,具修废事。凡诏敕之不便,能勿惮于封还,则朝廷之所行,举皆协于公议。朕所期者,尔忱念哉!

出处:《海陵集》卷一四。
撰者:周麟之
考校说明:编年据《建炎以来系年要录》卷一七七补。

尚书省奏见配诸军重役人理合措置答诏
(绍兴二十七年九月二十一日)

今后并依旧法施行,更不配填诸军,其逐军已配到人,令户部量行增添请受。

出处:《宋会要辑稿》刑法四之四九。

康执权落致仕知泉州制
(绍兴二十七年九月二十一日)

国莫先于贵老,治尤急于绥民。念八十者常珍,当具高年之礼;而二千石共理,必图旧德之人。虽已投簪,尚堪怀绥。具官某材全肃义,学造精微。早魁上舍之群英,晚作西清之故老。宜劳两禁,历更吾道之艰难;谢事十年,犹想是翁之矍铄。朕固不忘于黄发,尔宁无意于苍生!宜趣驾于安车,姑就颐于燕寝。昔散金娱老,欲终广受之高;今分虎牧民,伫上龚黄之最。往摅素蕴,益懋来勤。

出处:《海陵集》卷一四。

撰者:周麟之

考校说明:编年据《建炎以来系年要录》卷一七七补。

康执权落致仕与郡制
(绍兴二十七年九月二十一日)

朕敷求黎献,用乂我民。亦惟有若商之老成人,周之耆寿俊,虽或得以自休于厥家,若时询献,则必复即我御,事践厥服。具官某抱道淳笃,迪于多闻,克远省于古人之德。在朕初载,命之曰:"汝惟奋于胶庠,首兹多士,时惟汝式,用陟汝于禁路。祗乃比事,厥职修显,罔有内外,兹三十年。越其告归,用嘉汝之丕治。"肆朕今立政,惟屏憸朋,惟图旧人,罔敢播弃我黎老,矧有遗于大耋之用。汝心未厌,亦尚克堪。往绥有邦,俾民训于尔德。可。

出处:《海陵集》卷一六。

撰者:周麟之

考校说明:编年据《建炎以来系年要录》卷一七七补。

罗孝芬除秘书丞制
(绍兴二十七年九月二十二日)

学所以为忠孝,善事其亲者必善事其君。人虽难知,行实可考。顷尔之居州里也,有母眉寿过于期颐。躬营甘旨,左右就养,不肯一日屑屑,从吏役而违膝下之奉。终始弗懈,逾二十年。风概凛然,一方畏慕。是其素志,岂苟为高者。朕固知其为忠孝人也。今朝廷蒐聘贤隽,乃得尔于荐士之章。义当移忠,可以仕矣。然则举者谓尔气节刚正,学术深醇,其皆本诸此乎?召见之初,丞于中秘。矫薄厉俗,予将汝观。可。

出处:《海陵集》卷一四。

撰者:周麟之

考校说明:编年据《建炎以来系年要录》卷一七七补。

刘卓除起居郎制
(绍兴二十七年九月二十三日)

古者左右史分记言动,若《书》之与《春秋》,莫得而一也。今其官次虽各隶两省,然入侍禁廷则递为之直,退操汗简则迭为之书,与古少异矣。至于从容造前,时得以论天下之事,则其为职亲望重,又岂止记注而已也。以尔学识渊源,士之抡魁。言扬于朝,累践华贯。比以才望,贰于蓬山。一时大雅之群,无不浩然归重。夫以石渠之领袖,视螭陛之班联,其序列固不等也。然而秉笔赤墀下,实缀吾侍从之臣。朕亲拔老成,期以自近,而仍使资高者居此选,其意顾不厚哉! 勿替论思,将观所守。

出处:《海陵集》卷一四。
撰者:周麟之
考校说明:编年据《建炎以来系年要录》卷一七七补。"刘卓"为"刘章"之误,见《建炎以来系年要录》卷一七七、《宋史》卷三九〇《刘章传》。

王晞亮除左司郎官黄祖舜除右司郎官制
(绍兴二十七年九月二十五日)

文昌天府,庶务之渊,分之以六官,而总之于宰士。凡自部而上之省者,无不关焉。盖所以佐丞辖而理曹事,自昔多以周材之敏识,望实俱称者为之。今吾尚书郎如晞亮之精详审明,祖舜之爽达强济,皆宿儒也。或久与典选,或屈于司储。爰嘉已试之能,并正弥纶之任。夫省闼乃要地,都官为剧司,惟得其要在于提纲之间,则居其剧无不迎刃而解。往承厥叙,益究汝心。

出处:《海陵集》卷一四。又见《永乐大典》卷一三四九八。
撰者:周麟之
考校说明:编年据《建炎以来系年要录》卷一七七补。

潘莘除枢密院检详制
（绍兴二十七年九月二十五日）

凡天下之机务总在右府,司于柄臣,而检柅于详核之官。兹其为僚,实视宰掾,非端静敏达之士,未易居此选也。以尔器尚沈邃,长于拨烦。曾不以才刃自高,每孜孜于厥职。自历枢属,克勤编摩。虽为台郎,亦参关于基命之地。练习多矣,允宜即真。时方弭兵,国有成算。非恪慎何以与军政之严密,非精审何以察吏文之浩繁。往其靖恭,毋忽几事。

出处:《海陵集》卷一九。

撰者:周麟之

考校说明:编年据《建炎以来系年要录》卷一七七补。

陈正同权刑部侍郎制
（绍兴二十七年九月二十七日）

昔臧哀伯以德谏君,闻之者固知其有后;孙叔敖尽忠为上,思之者犹幸其复生。惟效见于仁人之言,故宠加乎贤者之嗣。朕慨然遗直,询求老成。得此典刑之英,用为名节之劝。具官某器质端亮,材猷粹清。父教之忠,恪守《诗》《书》之遗训;世济其美,多通台阁之旧章。昔尔先人,时惟正士。攘袂抗议,极治乱之本原;著书立言,辨君臣之名分。每有犯而无隐,今虽死而不忘。幽光既发于九原,公论不移于千载。赏里革而藏断罟,方见其心;爱召公而及甘棠,矧惟其子! 兹久劳于省属,宜进贰于卿联。惟能持公平于三尺之间,斯可尽忠孝于一门之内。往祗厥叙,勿陨其声。

出处:《海陵集》卷一四。

撰者:周麟之

考校说明:编年据《建炎以来系年要录》卷一七七补。

范如圭除直秘阁江西提举制
（绍兴二十七年九月二十七日）

士大夫重内而轻外，盖仕宦之常情也。惟笃于道义者不然，在朝廷有志乎为民，处遐外不忘乎爱主。而朕之待下，亦岂有厚薄于其间哉？尔二十年，兰台之英也。议论挺挺，介然不阿。久于投闲，在约弥励。今以从臣之荐入对于昕朝，而首告朕以惠养斯民之说。朕思得一肤使，往按江右，汝之来也，实契朕心。寓直石渠，其行宠矣。外得以纾揽辔之志，内不失为登瀛之仙。轻重惟均，汝心毋贰。

出处：《海陵集》卷一九。
撰者：周麟之
考校说明：编年据《建炎以来系年要录》卷一七七补。

赡军诸酒库并归户部诏
（绍兴二十七年九月二十八日）

赡军诸酒库并归户部。收到息钱，逐库监官各有减年磨勘，所有本部长贰更不推赏。

出处：《宋会要辑稿》食货五六之四四。

朱倬除右正言制
（绍兴二十七年九月二十九日）

朕挈天下之贤隽而材诸位，未有不由推毂进者，曾何疏远之间哉！公也。惟一时谏官、御史，居耳目之寄，必朕所亲擢，此无非祖宗之意，亦公也。观本朝故事，自雍熙改拾遗旧称，而明道有宸选之论。践斯职者，或自山林起，或以下次升，举出于人主自择。盖不如是不足以耸动四方之观听，而托之以至公焉。如尔之鲠亮纯诚，不苟求于世，人罕知者，而朕实知之。故昔之分守符而行，则留汝为成均之助；今之将使指于外，则命汝以言责之官。皆于陛辞闻尔谠论，深惜其去，不旋踵而改除。惟古诤臣，厥迹可考。尔尚无隐，神予聪明。

出处:《海陵集》卷一四。

撰者:周麟之

考校说明:编年据《建炎以来系年要录》卷一七七补。

喻樗除工部郎官陈祖言除比部郎官制
（绍兴二十七年九月）

文昌设六属以待天下之才,朕未尝不原省众能,详试而用。虽事之繁简或小异,至其为握兰之选则均也。如樗识度夷粹,尝勇于挂车;如祖言器资端清,久诎于铨调。是皆二十年馆阁之旧,而复用为公朝之光。夫起曹董缮营,比计主钩覆。摄承既久,并命为真。朕之所期亦岂在于工师绳墨之间,财赋出纳之会哉!各懋远猷,毋忘所学。

出处:《海陵集》卷一九。

撰者:周麟之

考校说明:编年据《南宋馆阁录》卷八补。

责罚大理寺吏诏
（绍兴二十七年十月四日）

近累有官员雪诉冤抑,多是元系大理寺勘断,其本寺官观望挟情,已行罢黜。所有旧吏显有妨碍,将大理寺右治狱人吏当出职人目下解罢,与注授差遣。其已有差遣人并限十日前去外州县待阙外,有原系大理寺右治狱人吏已出职而在行在其他官司充役者,准此。

出处:《宋会要辑稿》职官二四之二四。

令州县依条减放赋税诏
（绍兴二十七年十月六日）

秋雨过多,深虑下田有被损去处,仰州县依条减放,务在实惠及民,不得卤莽失实,仍令监司检察。

出处:《宋会要辑稿》食货六一之七六。又见同书食货一之一〇。

罢台部吏出职诏
(绍兴二十七年十月七日)

自今台部吏应出职者,并罢,毋得存留。

出处:《建炎以来系年要录》卷一七八。

赐王彦等夏腊药诏
(绍兴二十七年十月九日)

知金州王彦与赐夏腊药,其统制、统领、将佐官属依例赐夏药,令赐川中夏腊药官一就给赐,仍传宣抚问。

出处:《宋会要辑稿》礼六二之六七。

周绾除国子祭酒制
(绍兴二十七年十月九日)

朕衅甲敦儒,崇建黉舍,劝学以为天下先,十数年于兹矣。今圜冠峨如,大裾襜如,闾闾乎其中者日益众。欲使之业不荒于嬉,行不毁于随,则必有诸老先生相与倡率而作成之,此所谓四海渊源者也。以尔学赡文蔚,今之耆儒。自初效官,卓尔有立。虽事功之所阅历,不过于惠一州肃一路,而辞华之敏妙,行实之方严,见称于士大夫久矣。比自外台入对,朕始识之,喟然有见晚之叹。肆予命尔掌教成均,为师儒之长。朕方兼两科以造士,谈经者戒其迂,体物者尚其则。尔惟正训诱之无不迪,尔惟明考阅之无不精。往其念哉,以称朕意。

出处:《海陵集》卷一四。
撰者:周麟之
考校说明:编年据《建炎以来系年要录》卷一七八补。

差往川中内侍不得收受例外馈送等诏
（绍兴二十七年十月十一日）

今后差往川中赐夏腊药内侍经由去处，如敢收受例外馈送，及非理须索，买卖骚扰，仰守臣具申尚书省、枢密院取旨施行。

出处：《宋会要辑稿》职官三六之二六。又见《建炎以来系年要录》卷一七八。

减学士院人吏磨勘诏
（绍兴二十七年十月十二日）

学士院人吏应奉修写机密国书过七十次至六十次人，各与转一官资；五十次至四十次人，与减三年磨勘；三十次至二十次人，与减二年磨勘。仍自今降指挥之后，每应奉及一十次，与减一年磨勘。

出处：《宋会要辑稿》职官六之五五。又见《建炎以来系年要录》卷一七八。

给昭宪皇后外家子孙之孤遗者钱米诏
（绍兴二十七年十月十三日）

月以钱米廪给昭宪皇后外家子孙之孤遗者，仍依《宗室祖免外两世绍兴格》计口给之。

出处：《建炎以来系年要录》卷一七八。

叶义问除殿中侍御史制
（绍兴二十七年十月十四日）

宪府纪纲之地，自昔居殿内纠非法者，必以二御史为之。盖欲广视听，尊朝廷也。朕自厉精政事，延见群材，开纳谠论，得其人久矣，奈何使其诎于外乎？尔以高明挺拔之资颖出士类，持论据正，直声隐然。自其奋身，固已有敢言之气，而颉颃州县，义不苟求。召对之初，一见嘉叹。朕以其容台之席未温，而星轺已驾也,今召归而用之,贰于台端,蔽自朕志。夫当正色之地,而处尽言之朝,遇其时如雕鹗之在秋天,见无礼如鹰鹯之逐鸟雀。古有明训,尔惟懋哉。

出处:《海陵集》卷一四。

撰者:周麟之

考校说明:编年据《建炎以来系年要录》卷一七八补。

邓根除江东运判制
(绍兴二十七年十月十五日前)

朕固不欲数易吏,令有不待终更而迁者,岂乐为是纷纷哉?才者必用,劳者必陟,亦视公论何如耳。尔之为吾股肱,群议者谓有健决强济之资,可付之以一路。剚繁折滞,皆所优为。今江东奥区,帅守与部刺史多儒者。尔乘辂于其间,相与究民之利病,察吏之惰勤,而临事有以缘饰之,则其设施无非可观者。往护而漕,毋或不祗。

出处:《海陵集》卷一九。

撰者:周麟之

考校说明:编年据《景定建康志》卷二六补。

曾几除秘书少监制
(绍兴二十七年十月十六日)

东壁主天下图书,古之典星者又以是为国家多君子之应。今吾中秘篇籍略备,栋宇之丽同于木天,真所谓道家蓬莱山也。而比年四方秀文之士接武于其中,瀛州之目几充焉,必得耆儒为之领袖,垂象之著明于此占之。以尔齿载行尊,心精辞绮。名在馆阁垂四十年,识竹简之旧文,习麟台之故事。昔虽久劳于外,人皆谓之行秘书,再召而来,声猷愈伟。俾以少令,仪于英躔。朕欲裒遗编于五厄之余,追胜观于三阁之富,订鲁鱼之讹谬,别朱紫之混淆。尔其继安世而诵亡书,效世南而写逸传。助我文治,而惟汝能。可。

出处:《海陵集》卷一四。

撰者:周麟之

考校说明:编年据《建炎以来系年要录》卷一七八补。

康执权除龙图阁直学士提举在外宫观制
(绍兴二十七年十月十九日)

人臣之义,虽尽瘁而不辞;王者之恩,以闵劳而为重。眷予耆德,典是剧藩。念当恤老之朝,宜有赐休之宠。具官某奋由两学,仕历三朝。齿宿意新,未厌韦编之读;宦成名立,早劳荷橐之归。迨公道之复开,惟旧人之图任。虽云已老,尚可解兰缚尘缨;孰谓无能,方将剖竹守沧海。念彼既惫之力,分予共理之忧。使其鞅掌于簿书之间,孰若优游乎泉石之外。兹为得计,可以全生。内阁崇名,爰就加于峻直;真台宠禄,亦足助于常珍。往祗涣恩,尚保眉寿。可。

出处:《海陵集》卷二〇。
撰者:周麟之
考校说明:编年据《建炎以来系年要录》卷一七七补。

凌哲除权吏部侍郎制
(绍兴二十七年十月二十八日)

能官人之道,其要本于知人;善论事之臣,不如措诸行事。朕循名而责实,纳言以试功。得兹通务之才,属以典铨之寄。具官某直方有守,阎侃自将。人即而温,浑然不见圭角;躬行所学,叩之皆有渊源。比由宪府之联,旋历争臣之列。去邪指佞,坐肃百僚之师师;陈善纳忠,喜闻一士之谔谔。每于议论之际,得尔鉴裁之公。念言责不可以久劳,况材能当见于实用,宜进升于禁路,俾分治于天官。夫贰卿之华,左选惟剧。然奸吏巧舞,足以致有司之疑;则繁文多拘,或至为仕者之病。兹乃前弊,尔尝具陈。其殚汝心,以辨邦治。可。

出处:《海陵集》卷一四。
撰者:周麟之
考校说明:编年据《建炎以来系年要录》卷一七八补。

令四川诸司察旱伤州县捐其税诏
（绍兴二十七年十月二十九日）

令四川制置司、总领所并逐路转运、常平司各具管下州县有无旱伤闻奏。如有实被旱伤去处，即行减放，仰支拨常平钱米赈济，或支用不足，即于存留旧宣抚司桩积钱米内量度取拨。

出处：《宋会要辑稿》食货五九之三三。又见同书食货五七之二〇、食货六八之六一，《建炎以来系年要录》卷一七八。

陈山除秘书省正字制
（绍兴二十七年十月）

蓬山俊躔，昔人号为群玉府，岂徒取典籍之富哉？凡殚见洽闻，大雅宏达之士曳裾于其间者，是皆吾琼瑰圭璧也。世固有怀宝未售，朕求诸和氏之肆而得之。以尔有温纯密致之资，韬养以学问而发见于文章。召对昕朝，嘉尔远器。升之天禄，是正秘文。尚思琢磨，以俟特达之选。

出处：《海陵集》卷一九。
撰者：周麟之
考校说明：编年据《南宋馆阁录》卷八补。

中书舍人赵逵转一官致仕制
（绍兴二十七年十月前后）

蜀士以文章名天下，代不乏人。比年以来，材俊辈出。朕尝亲拔尤异，首冠儒科。深知其人，擢在禁近。遽以疾去，宁不怃然！具官某清纯澹夷，雅有特操。行不为表襮，学不务空言。东观石渠，备闻所守。盖其静而不竞，如野鹤之在鸡群；涅而不缁，如清冰之出大壑。遂自载笔，升之纶闱。方将大放厥辞，远追灏噩之作，而迫于危疾，终莫可留。进陟文阶，仍班从橐。以此谢事，庶其或瘳。可。

出处：《海陵集》卷二〇。

撰者：周麟之

考校说明：编年据赵逵官历补，见《建炎以来系年要录》卷一七八。

张晟除将作监制
（绍兴二十七年十一月前）

朕顷者吁众俊而躬前席之问，得耄髦而兴见晚之嗟。当振滞之云初，或褒贤之未至。今尔以旧德居省户，以通才掌勋书，试之兼官，绰有余裕。莅事精审，久而益厘。兹皆剧司，岂以优老？使其应酬于七司之会，孰若雍容乎九列之联？朕方斥土木之工，省缮营之事。时此大匠，亦为清曹。往纾尔劳，以备吾用。

出处：《海陵集》卷一九。

撰者：周麟之

考校说明：编年据张晟官历补，见《建炎以来系年要录》卷一七八。

福建止认钞盐钱二十二万贯诏
（绍兴二十七年十一月一日）

福建见认钞盐钱三十万贯，恐致科扰，可自今后每年特与减免八万贯，止认二十二万贯。

出处：《宋会要辑稿》食货二六之三六。又见《宋会要辑稿补编》第七八七页。

选差勘鞫公事官诏
（绍兴二十七年十一月六日）

今后遇有勘鞫公事，并于京朝官曾经任人内选差谙晓刑狱及有材干之人。如缺京朝官，即从提刑司于一路选差，差提刑司妨碍，即于转运司。

出处：《宋会要辑稿》刑法三之八二。

何溥除左正言制
（绍兴二十七年十一月六日）

　　台谏皆吾耳目所寄也。然御史纠官邪,助风宪,为肃政之司;谏官裨主失,尽箴规,有责难之义。两涂虽异,任用则均。以尔器资高明,问学醇正。擢在台察,岁将再周。端慎自居,恬于荣进。望实之懿,久而益孚。今升之于七人之联,属汝以谏争之事。夫君臣之际,言合惟艰。下焉欲竭智而尽公,上焉贵博观而虚受。汉文帝称毋甚高论,朕则无所不容;魏郑公谓愿为良臣,尔其以此自勉。可。

出处:《海陵集》卷一五。
撰者:周麟之
考校说明:编年据《建炎以来系年要录》卷一七八补。

李庚除兵部郎官制
（绍兴二十七年十一月六日）

　　文昌列曹,虽受察于御史府,然郎官著位,实居六察之右。或自台而升省,或由省以入台,二者均谓之迁,惟才无所不可矣。尔器范清颖,士之誉髦。敏于事为,果达而济。顷以公荐,序于宪僚。既升三院之联,弥笃一时之望。辍自峨豸,畀之握兰。时方弭兵,戎政简矣。若夫正邦之大法,立武之常经,职在司存,有不可废。昔之所察,今之所为,委任不殊,往其懋勉。可。

出处:《海陵集》卷一八。又见《永乐大典》卷一三四九八。
撰者:周麟之
考校说明:编年据《建炎以来系年要录》卷一七八补。

褚籍除工部郎官制
（绍兴二十七年十一月十八日）

　　朕用人之方,惟器是适,谓贤者不可以职拘也。苟才有余地,必使之践更于台省之间。以尔质直而文,心貌俱古。盖一乡之所谓善士,在时论亦以为通儒。回翔台僚,既已久矣,序于郎吏,孰曰不宜。夫三院之联,六曹之属,皆华选也,惟前日之察人,与今日之察于人为少异耳。其事虽异,其理则同。毋谓次迁,不厘于绩。可。

出处:《海陵集》卷一八。又见《永乐大典》卷一三四九八。
撰者:周麟之
考校说明:编年据《建炎以来系年要录》卷一七八补。

<h1 style="text-align:center">唐尧封史浩并除太学博士制</h1>

(绍兴二十七年十一月二十一日)

朕劝学励贤,恢张文教。令四方肄业之士,合经术词赋为一科。惟时胶庠,实号首善。师儒之选,尤慎择人。以尔尧封抱艺不群,累更侯泮;以尔浩绩文甚力,旧服贤关。是能兼二者之长,可以课诸生之习。夫经为至治之法,赋亦古诗之流。通经者欲中道而从容,能赋者贵体物而浏亮。士之器识,于此可观。往其究心,训迪毋倦。可。

出处:《海陵集》卷一五。
撰者:周麟之
考校说明:编年据《建炎以来系年要录》卷一七八补。

<h1 style="text-align:center">任古除监察御史制</h1>

(绍兴二十七年十一月二十二日)

公道之在天下,譬若权衡,然必得正人相须焉。柏台之设,系此匪轻。惟众正之咸归,则大公之克举。尔之志操,朕尝于公论得之。自为小官,弗惮大吏。其宰百里,以身为民,终不肯枉道而事人,可与居今而行古。顷时召对,朕固器之。宪僚缺员,无以易汝。惟庶事之一于正,惟群言之概以公。助我纪纲,勿隳其守。可。

出处:《海陵集》卷一五。
撰者:周麟之
考校说明:编年据《建炎以来系年要录》卷一七八补。

见禁犯人约系死罪合申提刑司检察诏
（绍兴二十七年十一月二十七日）

诸路见禁公事所犯人约系死罪，即仰州军具单状二本申提刑司检察，本司缴连一本申刑部点检勾销。如后来勘得却是大辟公事，亦具情节供申，其单状并依旬具禁状条式施行。

出处:《宋会要辑稿》刑法六之六七。

谢芷除国子录程大昌除太学正制
（绍兴二十七年六月至十二月间）

国家兴胶庠以造天下之士，三年大比，决科者每不下数十人。几马群之遂空，盖锥末之立见。朕方尊尚经术，众建师儒，固当求学校之旧，行艺之优者为之，亦庶乎多士之率服也。知尔芷之明于礼，尔大昌之深于书，久游贤关，声实俱劭，纠正之任，莫如汝宜。夫治人者以身先，得道者以心授。作成在此，惟明惟公。可。

出处:《海陵集》卷一五。
撰者:周麟之
考校说明:编年据周麟之任两制时间、周必大《平园续稿》卷二三《程公大昌神道碑》补。

令诸路帅臣监司举材诏
（绍兴二十七年十二月三日）

诸路帅臣、监司于本路武臣大使臣以上及见任或寄居官内，选历任有劳效之人，每岁各举二员，明具所长，堪作如何任使，保明闻奏。仍令枢密院籍记姓名，以备量才任使。

出处:《宋会要辑稿》选举三〇之五。又见《建炎以来系年要录》卷一七八。

免追纳冒佃积年收过租课诏
（绍兴二十七年十二月三日）

人户冒佃积年收过租课,特免追纳,其田疾速拘收措置。

出处:《建炎以来系年要录》卷一七八。

申严销金服饰之禁诏
（绍兴二十七年十二月七日）

今后销金为服,增赏钱三百贯,其采捕翡翠及贩卖并为服饰,并依销金为服罪赏。其以金打箔,并以金箔妆饰神佛像、图画、供具之类,及工匠并徒三年,赏钱三百贯;邻里不觉察,杖一百,赏钱一百贯,许人告。其见存神佛像、图画、供具、诸军撚金锦战袍,并许存留。所有翠羽销金服饰限三日毁弃。

出处:《宋会要辑稿》刑法二之一一五。

王扬英除成都府路运判制
（绍兴二十七年十二月九日）

吾甚爱民而忧其忧,德之所施,遐迩一也。矧如蜀道,邈在西南,而益之奥区,距朝廷尤为远甚。朕屡下宽令,以纾其民。念风谣无以周知,恐疾苦不能自达。当此重寄,实惟漕司。今尔以台阁之良,承流支郡,静治弗扰,人咸安之。就升轺车,盖无若汝之便者。夫繁于科调则民力屈,过为蠲复则官用亏。上下之间,要能兼足。蜀之大计,莫急于斯。往图尔功,庶或有济。可。

出处:《海陵集》卷一八。
撰者:周麟之
考校说明:编年据《建炎以来系年要录》卷一七八补。

吕广问除江东提举制
（绍兴二十七年十二月十一日）

士君子怀材抱艺,则必自有所守,顾岂以仕已贰其心哉?质之公言,朕不终弃。尔之为郎也以才谞用,其去也以无罪行。再登于朝,前后一辙。此时论之所未喻,固宜有以详试之。大江之东,往将使指。凡邦储之敛散,与货政之懋迁,尔能究心,亦足自见。可。

出处:《海陵集》卷一五。
撰者:周麟之
考校说明:编年据《建炎以来系年要录》卷一七八补。

徐康除浙西提刑制
（绍兴二十七年十二月十四日）

部刺史奉诏条于外,论其职则不一,较其才则不同。然职之不一,一于修;才之不同,同于用。夫欲一其所不一,莫若众职之践更;同其所不同,莫若通材之兼济。朕之所以命康者由此,岂无意哉!康,相家也。嗜学而多闻,宿官而可绩。将输湖外,厥职既修。今以宪车徙于近甸,盖将试之于不一之地而考其职,处之于不同之间而观其材。汝往钦哉,惟刑之恤。可。

出处:《海陵集》卷一八。
撰者:周麟之
考校说明:编年据《建炎以来系年要录》卷一七八补。

罗孝芬除直秘阁湖北运判制
（绍兴二十七年十二月十四日）

今贤人在上,引其类而聚于朝,岂徒取充位而已哉!以德进者观其行,以事举者考其能,以言扬者究其蕴,皆将有所试也。尔之孝行著于乡闾,称于士大夫,达于朝廷之上。求之此三者,为之冠矣。丞于中秘,观其行也。命之察州,尊其德也。贲之华阁,宠其行也。夫有德者必惠,惠可以阜俗。有德者必威,威可以戡奸。中外不殊,贵乎行志。邦国若否,尚其明之。可。

出处:《海陵集》卷一八。

撰者:周麟之

考校说明:编年据《建炎以来系年要录》卷一七八补。

<h1 style="text-align:center">太府寺胥长出职补官条例诏</h1>

(绍兴二十七年十二月十九日)

太府寺胥长年满,如无遗阙,依司农寺胥长已得旨挥出职补官;若有遗阙,即降等补进武校尉。所是入仕年限,自依本条。

出处:《宋会要辑稿》职官二七之三一。

<h1 style="text-align:center">续麝除潼川府路运判制</h1>

(绍兴二十七年十二月二十二日)

国家分道置台,俾司邦赋。惟时护漕之任,虽以给馈饷为功,然而一路之民休戚攸系。布朝廷之德意,观郡邑之风谣,若职之先,尤在于此。尔顷以才谞,荐用于朝。为吾名郎,出入省户,则德意之所在无不周知;剖符蜀中,旧号能吏,则风谣之所闻必尝熟究。有此二者,付之轺车。是将以铨曹之鉴裁甄别群吏,以治郡之风采按临列城。往图尔功,庶宽予顾。可。

出处:《海陵集》卷一八。

撰者:周麟之

考校说明:编年据《建炎以来系年要录》卷一七八补。

<h1 style="text-align:center">令刑部长贰轮赴大理寺录囚诏</h1>

(绍兴二十七年十二月二十四日)

刑部长贰日轮一员赴大理寺录囚徒,诸路州县应入禁公事,并具情犯及入禁月日申提刑司,提司申本部检察。

出处:《建炎以来系年要录》卷一七八。

淮南漕臣须管往来两浙人使行船诏
(绍兴二十七年十二月二十五日)

今后人使往来两浙,淮南漕臣须管随后行船,不得相远。仍多办舟船篙稍,准备使用。

出处:《宋会要辑稿》职官五一之一九。

施钜除知洪州制
(绍兴二十七年十二月二十六日)

江山作镇,有如翼轸之区;岳牧用人,无若股肱之旧。盖事权之所寄,必资望之兼崇。畴厥帅才,命之书赞。具官某风猷廉劲,识度粹夷。由清路以奋飞,登政涂而励翼。自安常操,如松竹之贯四时;汔保令图,如鸿鹄之举千里。旋授虎符之寄,往勤桂管之行。海道肃清,边隅绥靖。念贤人之在远,亦既久劳;嘉善政之有成,宜从近徙。眷惟大府,实控雄藩,自非长才,岂能兼济!临之以贾父之威,吏焉敢饭;济之以廉君之惠,民孰无襦。往辑尔庸,用承诏训。可。

出处:《海陵集》卷一五。
撰者:周麟之
考校说明:编年据《建炎以来系年要录》卷一七八补。

高宗朝卷三十二 绍兴二十八年(1158)

凌景夏除直龙图阁知信州制
(绍兴二十七年六月至绍兴二十八年正月间)

　　事君者不择事而安。联簪橐于中,则有论思之责;拥幡盖于外,则为师帅之官。出处虽殊,其任一也。尔以儒业自奋,践扬清华,固尝縣郎曹纡郡绂矣。肆兹召还,洊致法从。今又以被劾补外,尚思有以勉之,峻直龙图,用为尔宠。往祗朕命,毋贰乃心。可。

出处:《海陵集》卷一三。
撰者:周麟之
考校说明:编年据周麟之任两制时间、凌景夏官历补,见《建炎以来系年要录》卷一七九。

郑知刚除太府寺丞欧阳当世除军器监簿制
(绍兴二十七年七月至绍兴二十八年正月间)

　　寺监设官,无非公选。外府总领货贝,监饬五材。属僚得人,亦克有济。今知刚以老儒而练世务,序之宗正则不足以展其能。当世以名阀而有典刑,委之粮储亦未足以见诸用。摸于列位,爰俾次升。夫出内邦财,颁受之惟谨;缮修武备,钩稽之必精。各思悉心,往助而长。可。

出处:《海陵集》卷一八。
撰者:周麟之
考校说明:编年据郑知刚官历补,见《建炎以来系年要录》卷一七七、卷一七九。

蒋璨除敷文阁待制制
（绍兴二十八年正月九日）

爵禄天下之砥石，王者所以厉世磨钝，朕未尝轻予人也。况内阁之邃，先猷所藏。宠职高华，列于从橐。今将以为二千石共理之劝，且见朕爱民之心。因此序升，庶乎其可。具官某儒胄之懿，艺兼于人。乘轺效官，阅历二纪。顷固尝领转输于近甸，典浩穰于行都。游刃之余，老而弥壮。顾苏台吾股肱郡，方倚汝以治之。燕樵森凝，事能趣辨。吏最之赏，夫岂汝遗。由秘殿纂修之联，陟西清次对之选。兹为异数，益懋而承。可。

出处：《海陵集》卷一五。
撰者：周麟之
考校说明：编年据《建炎以来系年要录》卷一七九补。

凌景夏就差知襄阳府制
（绍兴二十八年正月十一日）

自列郡而升帅府，非二千石之有风绩者，朕不以虎符畀之。尔顷自纶闱，分麾出守，清才雅望，卓然与俗吏不同。民谣流闻，政绩登最。宜有以褒表治效，用劝师帅之官。眷惟襄阳，实号方面。跨对楚沔，今为边冲。非信义不足以安远人，非宽仁不足以振疲俗。命尔移牧，为予干城。往颁诏条，克荷优寄。可。

出处：《海陵集》卷一五。
撰者：周麟之
考校说明：编年据《建炎以来系年要录》卷一七九补。

州县折纳二税不得辄有增加诏
（绍兴二十八年正月二十一日）

州县折纳二税，并依时价，不得辄有增加。

出处：《建炎以来系年要录》卷一七九。

普安郡王长子愭特转右监门卫大将军荣州刺史诏
（绍兴二十八年正月二十二日）

普安郡王长子、右内率府副率愭，可特转右监门卫大将军、荣州刺史，请给等并依行在赴朝南班宗室例支破。

出处：《宋会要辑稿》帝系二之二九。又见《中兴礼书》卷一九七，《宋会要辑稿补编》第一八页。

周操都絜并除吏部郎官季南寿除考功郎官
张孝祥除礼部郎官制
（绍兴二十八年正月二十二日）

中台号政本，六属分郎闱。吏礼二曹，尤为高选。朕厉精庶务，思有实才。官人之方，先视其摄。及此试可，从而类升。盖操也以积学师贤关，絜也以通材贰工监，南寿辞林之秀，孝祥举首之英。久在石渠，校雠秘籍。今并以兼官之旧，锡命而为真。典铨者当两选之繁，考绩者据七司之会，隶南宫者有舍人之目，各践厥次，毋堕尔成。可。

出处：《海陵集》卷一五。
撰者：周麟之
考校说明：编年据《建炎以来系年要录》卷一七九补。

张孝祥除礼部尚书郎诰
（绍兴二十八年正月二十二日）

敕朝请郎张孝祥：本朝除郎之路虽广，其要有三：曰馆阁，曰寺监丞，曰监司、郡守。近自列圣以来，郎非监司、郡守不可得。虽然，岂所以待伦魁者乎？尔以清文奥学，崇论鲠议，对策大庭，朕尝亲擢以冠多士。入仪班著，夙袅直声，行己非磷缁，立朝有本末，朕未尝不怀其贤也。去把郡麾，又淹家食，起之檗涧，俾佐秩宗，于是得一佳礼部矣。洁齐以俟，朱被方来。可依前朝请郎，特授礼部尚书员外郎。

出处：《于湖居士文集·附录》。
考校说明：编年标题中的"礼部尚书郎"、正文中的"礼部尚书员外郎"当作"尚书礼部员外郎"。

立刺举监司官法诏
（绍兴二十八年正月二十三日）

监司贪堕不法，台谏自当弹奏；其治状显著之人，令台谏、侍从三人以上公共推荐，监司具列治绩闻奏，三省考察取旨升擢。

出处：《建炎以来系年要录》卷一七九。又见《宋会要辑稿》选举三〇之五。

杨椿除给事中制
（绍兴二十八年正月二十四日）

东省之为要地，尤重设官；夕郎之在从班，盖专论事。念庶政之方饬，犹旧员之靡充。今当并建于老成，使得相参而平奏。具官某蕴识端亮，持身直温。故郡多贤，继西蜀之诸老；先朝取士，冠南宫之万人。自再历于英躔，亦久仪于禁路。虽武部掌七兵之事，能济以文；而经帷陈六义之辞，必归于正。籍此论思之力，扬于封驳之司。惟朝廷治乱之端，在命令罢行之际。知体者志其大，善谋者图于初。往能慎思，庶有忠益。可。

出处：《海陵集》卷一五。
撰者：周麟之
考校说明：编年据《建炎以来系年要录》卷一七九补。

周执羔复秘阁修撰改差知池州制
（绍兴二十八年正月二十四日）

今之士大夫以帅守入蜀者，朕未尝不念其道涂之邈，等其岁月之劳。或因任以数迁，或曲从而近徙。皆有恩意，劝趋事功。安其止而荣其归，庶几乎待下之道尽也。以尔儒学之懿，长于治民。羽仪中朝，尝列从橐。起自闲退，分予左符。

辙环四川,绵历三郡。兹既以便亲之请,改命而言旋。宠之以石渠撰次之名,优之以枌社邻邦之寄。亟承褒渥,益尽乃心。可。

出处:《海陵集》卷一五。

撰者:周麟之

考校说明:编年据《建炎以来系年要录》卷一七九补。

郑知刚除浙东提举吴巘除淮东提举制
(绍兴二十八年正月二十五日)

朕励精图治,思所以裕民足国,未尝不谨赀储,均力役,修货政。合是三者付之于刺举之臣,责任顾不重哉! 况夫浙江以东,物产饶富,而知刚司府之官也,敏达可以堪其事。淮服之左,利入浩繁,而巘属城之守也,疏通可以效其能。或趣驾于中都,或就升于所部。惟民情之是究,惟国计之是图。各思悉心,往谕朕指。可。

出处:《海陵集》卷一八。

撰者:周麟之

考校说明:编年据《建炎以来系年要录》卷一七九补。

州县劝农不得搔扰诏
(绍兴二十八年正月二十七日)

诸州县今后止许守令出郊劝农,不得别行差官。每岁并用二月十五日,仍不得将带公吏,及因而游玩,饮酒搔扰。其劝农饮食,并依时价折钱给付父老。仍多出文榜晓谕人户知悉,并下诸路监司常切觉察。如奉行却致搔扰去处,即依前项已降指挥按劾施行,无致违戾。

出处:《宋会要辑稿》职官四七之三三。

孟处义除淮南运判制
（绍兴二十八年正月二十八日）

两淮之地自休兵以来，岁宽田租，屡下优诏，盖深欲拊摩凋郡，垦辟旷土，招徕失业之民。迨今十余年，犹惧实惠之未孚也，故每命部刺史必求诸二千石之良。尔以通儒，长于吏治，轺传相继，再临乎淮堧之东。兹分守符，实旧所隶。今付漕台之节，俾易部以察州。既德意之周知，亦教条之习熟。尚懋乃绩，副予褒迁。可。

出处：《海陵集》卷一八。

撰者：周麟之

考校说明：编年据《建炎以来系年要录》卷一七九补。

路彬除刑部郎官制
（绍兴二十八年二月前）

朕择吉人，以观于五刑之中。惟时秋官，实掌邦禁，郎吏之选，非才莫居。以尔法理详明，辅之文雅。擢在棘路，逾三十年。自评而丞，一再为正。又尝五易宪车于外，辙环于湖广江汉之郊。兹图老成，入践省户。使汝持议之际，不减平反之时。斯为祥刑，朕不多告。

出处：《海陵集》卷一七。又见《永乐大典》卷一三四九八。

撰者：周麟之

考校说明：编年据路彬官历补，见《六艺之一录》卷一一〇等。

张焘除端明殿学士依旧知建康府制
（绍兴二十八年二月二日）

汉褒循吏之治，或拜爵于通侯；唐宠守藩之臣，至疏恩于便殿。矧兹留钥之重地，粤有禁涂之旧人。既治绩之彰闻，宜徽章之特贲。具官某精忠自信，敏识多通。才猷久著于从班，事任累更于方面。二十年持橐之望，虽浸远于本朝；数千里叱驭而驱，尝有功于全蜀。洎投闲而抗志，能秉哲以全身。迨予庶政之更，付以陪都之寄。澄清狱市,本齐相之无为;镇抚军民,亦萧公之是将。谓牧人御众效有以善其职,则增秩赐金不足以畴其庸。爰加秘殿之新班,式表西清之故老。噫!朕诚倚注,不忘曳履之声;民愿借留,每有攀辕之志。姑安旧服,庶协群情。尚深体于予衷,益懋扬于乃绩。可。

出处:《海陵集》卷一五。
撰者:周麟之
考校说明:编年据《建炎以来系年要录》卷一七九补。

<h2 style="text-align:center">看详郊庙乐语词章事诏</h2>
(绍兴二十八年二月四日)

先降"使人到阙乐语、词曲令学士院同礼部官看详"指挥更不施行。所有郊庙乐章先令礼部等处看详改撰讫,付学士院看详,改撰进呈,降下付所属。

出处:《宋会要辑稿》职官一三之六。

<h2 style="text-align:center">条约诸路收经总制无额钱诏</h2>
(绍兴二十八年二月五日)

诸路所收经、总制无额钱,自今年为始,须管尽实分隶,依额发纳,至岁终索旁照验,驱磨比较,开具州军所趁增亏数目、合得赏罚、当职官名衔供申,从本部考实,依法赏罚施行。提刑司不为开具或将合罚去处隐庇,即具本司当职官申乞朝廷重行黜责。

出处:《宋会要辑稿》食货六四之九七。又见同书食货三五之二六。

<h2 style="text-align:center">陈诚之除知枢密院事制</h2>
(绍兴二十八年二月五日)

国家有常德之辅,可与立武而保邦;君子有先见之明,故能研几以成务。用人惟其若是,当世莫不安之。诹厥在廷,得于已试。具官某风度凝远,器资靖深。当大廷发策之初,首讲明于长算;在禁路服劳之久,每涵养于壮猷。颙然进退之间,绰有中和之度。时方更化,再持橐以还朝;事不辞难,三抗旌而出使。遂自禁林之邃,入陪机管之崇。按疆外之清夷,协幄中之慎密。当同寅而心不贰,处独任而才有余。爰稽众论之公,式畀元枢之命。噫!仲尼有文事武备,盖此道之本同;子房无智名勇功,宜斯人之是继。往祗予训,益尽乃心。可。

出处:《海陵集》卷一五。

撰者:周麟之

考校说明:编年据《建炎以来系年要录》卷一七九、《宋宰辅编年录》卷一六补。

孙道夫除权礼部侍郎制
(绍兴二十八年二月五日)

虞舜命九官,盖急贤之为务;伯夷典三礼,惟熙绩之是图。朕为官而择人,本礼以成政。思得贰卿之俊,率循往古之规。具官某挺拔不群,疏通无滞。辞华服众,本两学之旧儒;议论过人,实四川之名士。久矣蓬山之引去,复兹省户之来归。置在月卿,不愧容台之陟;出为星使,有嘉沃辔之还。既具著于显劳,宜亟膺于褒擢。载念当郊之岁,尤资掌礼之臣。维春官修颂祗之书,必有以肸饰旧典;维司乐序云门之舞,必有以燕娱灵心。勉蒐阅于上仪,助涓成于熙事。往祗予训,惟既厥心。可。

出处:《海陵集》卷一六。

撰者:周麟之

考校说明:编年据《建炎以来系年要录》卷一七九补。

沿海州军知通不得博易诏
(绍兴二十八年二月七日)

沿海州军知通依条不得博易,令监司常切觉察。

出处:《宋会要辑稿》食货三八之三七。

奉使接送伴使副往回不得辄赴筵会诏
(绍兴二十八年二月十三日)

奉使接送伴使、副往回,不得辄赴筵会。如违,依已降收受馈送指挥科罪。仍令台谏觉察弹奏。

出处:《宋会要辑稿》职官五一之一九。

王纶除同知枢密院事制
(绍兴二十八年二月十四日)

朕惟天下无事,尤宜致慎于万几;贤人在朝,固可折冲于千里。乃眷本兵之地,仍当偃武之时。方用德以为先,必同寅而有助。具官某懿文行远,沈识造微。虽夤以辞华结朕知,而实以器业负时望。学有所守,自期君子之躬行;知无不言,盖得古人之遗直。尝独掌禁林之大册,且备闻经幄之嘉猷。念初服于从班,即兼承于密旨。以周慎固弭兵之定议,以严明整经武之旧规。佥曰老成,久兹详试。俾自冬卿之贰,进陪右府之严。精神所加,中外咸属。噫!夙夜基宥密之命,朕不敢康;道德成安强之威,尔其无懈。益懋宪邦之略,共图康世之功。可。

出处:《海陵集》卷一五。
撰者:周麟之
考校说明:编年据《建炎以来系年要录》卷一七九、《宋宰辅编年录》卷一六补。

魏良臣知宣州制
(绍兴二十八年二月十四日)

朝廷待执政之旧,犹吾股肱;牧守视诸侯之雄,为国藩辅。兹图隽望,用畀名城。既佥论之咸孚,宜赞书之是锡。具官某才资果达,志尚方严。操修不变于险夷,出处屡更于闲剧。顷持橐以居外,首赐环而造朝。擢在政涂,整颓纲而甚力;恢然才刃,扫宿弊以无留。方须善治之兴,遽有均劳之请。居是邦而闻政事,属此剖符之虚;起于家而见吏民,不殊怀绶之宠。徒得君重,亦便尔私。噫!汲黯在朝,昔固多献纳之助;召公维翰,今必有蕃宣之劳。往俟政成,毋忘献告。可。

出处:《海陵集》卷一六。
撰者:周麟之
考校说明:编年据《建炎以来系年要录》卷一七九补。

张纲特转一官致仕制
(绍兴二十八年二月十四日)

帝王以爵禄厉世,尤褒尚于廉隅;君子以明哲保身,贵克全其志节。眷言寿俊,祈谢官荣。爰颁上印之恩,用贲出纶之命。具官某才高一代,望贯三朝。学得其宗,盖若总龟之聚;器全于朴,自同彝器之陈。早持橐于在廷,既脱冠而居里。尔则曰宦成名立,将啸咏于穷年;朕以其齿载行尊,可谘询于大政。复自田野,致登庙堂。既分共理之符,旋上丐归之牍。亮由衷之恳悯,申从欲之褒荣。广德垂安车,宜子孙之永耀;君章还旧宇,想兰菊之丛生。往祗宠光,尚保眉寿。可。

出处:《海陵集》卷二○。
撰者:周麟之
考校说明:编年据《建炎以来系年要录》卷一七九补。

措置沙田芦场事诏
(绍兴二十八年二月二十二日)

已差户部员外郎莫濛同浙西、江东、淮南漕臣赵子潇、邓根、孙苊检视逐路沙田芦场。沙田芦场止为形势之家诡名冒占,其第三等以下人户即不合一例根括。如内有元无契要及侵占之数,合要逐州县官取见著实,候收成了日,运司别行差官打量,审覆施行。

出处:《宋会要辑稿》食货六三之二○六。又见《文献通考》卷六。

除杨存中少师制
（绍兴二十八年二月二十二日）

门下：总千庐而为棹，式隆上将之元；班九棘以在朝，允重孤卿之冠。眷时宿望，祗虡严除。爰稽崇德之仪，用畀畴庸之典。诞扬褒册，孚告治廷。少傅杨存中义概传家，忠谋许国。自籧迹风云之会，尝策勋带砺之盟。晋臣萃美于一门，盖本戎昭之绪；汉将联华于三组，亦惟世载之承。凤提徽道之师，内壮宸居之棹。纪纲七萃，不违李法之严；错综五权，自得姜韬之秘。赖握兵而浸久，嘉积阅以弥深。念当偃革之期，思谨劝功之式。惟边陲彻警，闾阎无万户之封；故岁月序劳，将帅有十年之赏。矧重臣之兼领，宜徽数之申颁。夏篆建坛，进陟维师之亚；驿旌导节，益彰制阃之雄。增采户以陪敦，叠恩章而宠拜。於戏！修和有夏，文王资御侮之臣；肇敏戎公，召虎佐兴衰之略。能助迪于彝教，斯对扬于王休。弥励壮犹，永绥多祉。可。

出处：《海陵集》卷一一。又见《永乐大典》卷九一八。
撰者：周麟之
考校说明：编年据《建炎以来系年要录》卷一七九补。

徐林除权户部侍郎制
（绍兴二十七年十二月至绍兴二十八年三月间）

禹畴用政，足食为之先；周典建官，理财居其半。矧是版曹之设，实惟邦计之专，非深知乎本末源流，必自困于簿书期会。不有能者，孰堪付之？具官某敏健兼人，精明博物。以儒选而有适时之用，以经通而得富国之方。昔同琬琰之就煨尘，重嗟中废；今若骅骝之开道路，益见老成。与其踽远用于他司，孰若试实才于剧部。宜颁新命，俾易贰卿。大夫不能贫，在乎强本而节用；惟国无妄费，则不伤财而害民。朕方深信于仁贤，汝尚均齐于调度。益思善后，务究嘉猷。可。

出处：《海陵集》卷一五。又见《永乐大典》卷七三〇三。
撰者：周麟之
考校说明：编年据徐林宦历补，见《建炎以来系年要录》卷一七八、卷一七九。

以日食不得称贺御笔
(绍兴二十八年三月一日)

日月薄蚀,乃上穹垂戒,而有司以阴云不见,欲集班拜表称贺,殊非朕寅畏天威之意。其令百官毋得称贺。

出处:《建炎以来系年要录》卷一七九。又见《中兴礼书》卷二〇九。

洪遵除起居舍人制
(绍兴二十八年三月二日)

朕惟盛德之后必有达人,虽天之报施理固如此,亦教忠有所自也。昔尔父忘身犯难,能尽节于我国家,而尔弟昆一门竞秀,以词学中选者三人焉。尔居伯仲间,又有最良之誉。再登馆阁,未究汝长,困于闵艰,朕所渴见。今既召对,思所以处尔者,其可使之远于朕乎。豹尾之中,螭头之下,出入侍从,尔宜与焉。其勉厥修,尚无愧于前人之绩。

出处:《海陵集》卷一六。
撰者:周麟之
考校说明:编年据《建炎以来系年要录》卷一七九补。

王刚中除起居郎制
(绍兴二十八年三月二日)

左右史密侍殿坳,六司记注,职虽一也,然其位序则以东西二省为之别焉。朕得隽才,不嫌详试。以尔器闳用远,有守不阿。顷自著廷,列之螭陛,造前论事,绯绯可听。夫古之史官各有所记,言与事莫得而相入也。言为《尚书》,事为《春秋》。今之设员,亦本前制,命尔更践,岂无素哉!尔其兼举而茂明之,以称朕褒迁之宠。

出处:《海陵集》卷一六。
撰者:周麟之

考校说明:编年据《建炎以来系年要录》卷一七九补。

刘章除权工部侍郎制
(绍兴二十八年三月二日)

朕简任儒臣,左司起部。虽云技巧器械之事,不足以烦老成;至于论思献纳之官,兹所以为高选。非取充位,盖期得人。具官某慎重自将,纯明有守。精于史学,洞历载之数千;顷以文科,居大廷之第一。策名三馆,去国累年。须召对于公朝,复遍仪于清路。守官载笔,退唯谨于必书;衔命抗旌,归更嘉其不辱。甄此多绩,畀之贰卿。夫舜命共工,序乃先于降典;而周分事典,制皆备于考工。尔为多闻,必达古意。往祗予命,尚远乃猷。

出处:《海陵集》卷一七。
撰者:周麟之
考校说明:编年据《建炎以来系年要录》卷一七九补。

徐度除江东运判制
(绍兴二十八年三月四日前)

汉制部刺史以六条问事,二千石有不奉诏书,侵渔百姓,蔽贤宠顽,皆得以按治。今朕选用则必择二千石之良者为之,盖以其自治然后能治人焉耳。尔之在滁也,劳农劝穑,拊摩创夷,里闾晏然,民狎于野,可谓治矣。今付之以一路之寄,使推所以自治者而治人,则列城向风,靡然胥效,庸有不治者乎!往其劝功,毋怠而守。可。

出处:《海陵集》卷一八。
撰者:周麟之
考校说明:编年据《景定建康志》卷二六补。

王珪除太常少卿制
(绍兴二十八年三月四日)

御史掌风宪,太常司礼文。风宪所以正朝廷而纠官邪,礼文所以辨上下而定民志。二者未尝不相为表里也。尔在柏寺，号称严明。察祀事之弗虔，劾朝仪之弗谨。凡所论疏，欲人尊君，可不谓之知礼者乎？惟时曲台，礼所自出。因使往贰，且观汝于躬行之间。不愆于仪，尔职斯举。

出处：《海陵集》卷一九。
撰者：周麟之
考校说明：编年据《建炎以来系年要录》卷一七九补。

三省枢密院人进书减半推赏诏
（绍兴二十八年三月十一日）

三省、枢密院人因进书，并减半推赏，仍不得兼两局。如转至朝请大夫，即依限员法，不得转行寄资。

出处：《建炎以来系年要录》卷一七九。又见《宋会要辑稿》职官三之四一。

侍从荐引人材条约诏
（绍兴二十八年三月十六日）

今后侍从以上荐引人材，并须文行相副，治绩昭著。仍指定事实逐件闻奏，务得实才，以副招延之意。

出处：《宋会要辑稿》选举三〇之五。又见《建炎以来系年要录》卷一七九。

田师中等转一官诏
（绍兴二十八年三月十七日）

田师中除太尉已八年，并有昨来遣发官兵李道等收捕徭贼杨再兴功赏未曾推恩，可并与转一官。

出处：《宋会要辑稿》职官三二之三八。

非曾历亲民不得为清望官诏
（绍兴二十八年三月十八日）

　　设官分职，民事为先。古者二千石位次九卿，公卿阙，则选所表而用之。祖宗以来，郡守阙，多选诸台省，至分遣朝行以治剧邑，非曾历亲民，不得为清望官，重民事也。朕式稽古训，为官择人，均治内外。可今后侍从有阙，通选帅臣及第二任提刑资序曾任郎官以上者；卿监、郎官阙，选监司、郡守之有政绩者。并须治状昭著，及有誉望之人；卿监、郎官未历监司、郡守者，令更选补外。在内官除词臣、台谏系朕亲擢，余并须在职二年方许迁除。庶内外适均，无轻重之偏，职业修举，有久任之效，以副朕重民事之意。三省同共遵守。

出处：《建炎以来系年要录》卷一七九。又见《皇宋中兴系年要录节要》卷一五，《宋史全文续资治通鉴》卷二二，《宋史》卷三一《高宗纪》。

除沈该特进制
（绍兴二十八年三月十九日）

　　门下：朕钦承景祚，绍阐弥文。叙奕世之璇源，昭若庆图之揭；述诒孙之宝范，坦然明训之垂。繄巨典之交修，赖元臣之董正。诞扬制綍，孚告廷绅。银青光禄大夫、守尚书左仆射沈该，才高而智周，器博而用远。推十翼以研道妙，深穷理物之几；陈五利以恩人和，首赞休兵之策。迨敷求于时望，旋进秉以国成。玄龄持美效之君，虽善谋而靡恃；魏相总职称其上，非故事而不行。图回大政之余，典领群儒之作。自艺祖恢拓天统，尝参著于本支；及裕陵丕显圣谟，亦具存于叠矩。并加裒次，讫用备成。上宪赤文，彪列星潢之派；旁搜金匮，汇分云汉之章。并躬览于昕筵，各安宁于禁宇。允协三灵之喜，重宣一代之光。惟祖宗积累之休，幸发挥于盛旦；皆辅相经纶之助，当褒显于成劳。沓进崇阶，用申特礼。载衍爰田之赋，益增揆路之华。於戏！披皇图而稽帝文，若睹龟龙之秘；穆天綍而经国体，尚资鼎鼐之和。勉迪令猷，共彰洪业。可！

出处：《海陵集》卷一一。
撰者：周麟之
考校说明：编年据《建炎以来系年要录》卷一七九补。

洪迈除秘书省校书郎制
（绍兴二十八年三月十九日）

士之有怀材抱艺，虽其未遇，世固以远大期之。及乎得时，惟上所用，人皆不以为过。何者？公道立则贤能兴，有蕴于内不可掩于外也。尔以宏博举十余年矣，久坐困踬，不得列于英躔。今也召归，校雠天禄。顾尔兄方载笔螭陛，而尔又有登瀛之荣。棣萼联辉，荐绅盛事。益厚所养，为邦之光。

出处：《海陵集》卷一六。
撰者：周麟之
考校说明：编年据《建炎以来系年要录》卷一七九补。

浙东路复置州仓支盐诏
（绍兴二十八年三月二十三日）

浙东路复置州仓支盐，应合行事件，照应绍兴六年四月十七日已降指挥施行。

出处：《宋会要辑稿》食货二六之三八。

知通拘收无额上供钱推赏事诏
（绍兴二十八年三月二十五日）

自今诸州知、通拘收无额上供钱，并俟任满日，方许陈乞推赏。

出处：《建炎以来系年要录》卷一七九。

林安宅除广东运判李植除湖北运判制
（绍兴二十八年三月二十七日）

凡观风察俗之吏，轺车所至，通号外台，惟时寄委尤重。况番禺当百粤之会，荆楚据重湖之封，地远寄深，所当遴选。今尔安宅儒科之旧，而优于吏能；尔植吏道之良,而本以儒术。有此二者,付之六条,庶几乎孚惠于列城,用称朕爱民之意。

出处:《海陵集》卷一七。

撰者:周麟之

考校说明:编年据《建炎以来系年要录》卷一七九补。

陈正同除敷文阁待制枢密院都承旨制
(绍兴二十八年四月六日)

右府本兵之地,惟长贰总秉诸事,为朕腹心。若时属僚,寄委咸重。奉承密命,必用从臣。阙而不除,十数年于兹矣。朕今得世济之彦,拔其才而用之。具官某直亮多闻,得于家学,持论据正,亦克似之。赐环来归,既陟汝于禁路;兼寓几直,罔不惟职业之思。朕方囊弓戢戈,以常德立武事。如尔明慎,允宜在廷。内阁升华,鸿枢禀务,并以授汝,往其钦哉!

出处:《海陵集》卷一七。又见《永乐大典》卷一〇一一六。

撰者:周麟之

考校说明:编年据《建炎以来系年要录》卷一七九补。

杨揆除权刑部侍郎制
(绍兴二十八年四月六日)

朕以大中之法辅常教,惟四方典狱,惧弗简孚。司寇诘奸,实总斯事。故自昔贰卿之选,多以练习文法、久于廷尉者为之,此所谓因能而任官者也。具官某朴茂有守,罔拘挛于法家之科。停疑决平,不失古义,久在棘路,精明多通。宪曹既虚,无以易汝。朕欲剔决滞讼,申理冤民,痛惩锻炼之吏。尔能深体朕意,恪修厥官,期于无刑,斯曰称职。

出处:《海陵集》卷一七。

撰者:周麟之

考校说明:编年据《建炎以来系年要录》卷一七九补。

文武官非犯赃罪许以致仕恩任子诏
（绍兴二十八年四月七日）

文臣中大夫至朝奉郎、武臣武功大夫至武翼大夫正侍至武翼郎见无身自荫补人者同。陈乞致仕，亡殁在出敕前，而不曾犯入己赃及私罪徒者，许荫补；即亡殁在致仕后，或已致仕而未亡殁之人，但不犯入己赃，即许荫补。

出处：《建炎以来系年要录》卷一七九。

汤允恭除权兵部侍郎制
（绍兴二十八年四月七日）

今东南士大夫仕于蜀者，或受命而往，或述职而归。朕未尝不别其才能而尽器使之方，旌其劳阅而制序迁之等。凡所宠励，同于劝功。具官某廉恳自将，不为表襮。约己厚下，所临有声。自抗旌于井络之郊，固已三易轺传，七更岁华。猛吏兴而尔政平，贪人败而尔节见。成效卓著，亟赐之环。延见昕朝，轸其勤瘁。授以簪橐，列之司戎。夫成周之隆，兵寝不用，然犹命大司马以九伐之法正邦国，是则经武之备固不可以无事而废也。其体朕意，益殚乃心。

出处：《海陵集》卷一七。
撰者：周麟之
考校说明：编年据《建炎以来系年要录》卷一七九补。

李琳除敷文阁待制知湖州制
（绍兴二十八年四月十四日前）

天下之势犹持衡，善为治者扶其偏而已。惟中外一体，重轻适中。故汉选守相之良，入备公卿之缺，而当时廷臣亦兼使治郡，如汲黯以九卿补外，萧望之繇谏大夫出守平原，用斯道也。朕比下明诏，固欲踵前辙而行之。具官某岂弟爱人，得于天性。与物无忤，中实敢为。至其遇事激昂，每思有以自见。典铨岁久，士论称之。以身为民，盖汝本志。虽朝廷重于失老成之彦，而郡邑急于得慈惠之师。矧是霅川，今为近辅，宽政之后，弊亦良多。尔其深惩吏奸，勿使滋蔓。首知民害,毋令败群。列职西清,仍班从橐。帝城不远,治绩易闻。宣布之余,尚厪献告。

出处:《海陵集》卷一七。

撰者:周麟之

考校说明:编年据《嘉泰吴兴志》卷一四补。《嘉泰吴兴志》卷一四:"李琳:绍兴二十九年四月十四日以左朝议大夫、充敷文阁待制到任。"《建炎以来系年要录》卷一八〇绍兴二十八年十月癸卯条已称李琳为"福文阁待制、知湖州",《嘉泰吴兴志》卷一四所载"绍兴二十九年"当为"绍兴二十八年"之误。

王之望除直秘阁成都府运副制
(绍兴二十八年四月十六日)

蜀漕重寄也,而成都一路地尤远,于本朝事最丛于诸部。以言乎财赋,则列城千数,利入浩繁,大计斡旋,所关者版曹之务。以言乎差注,则人物之渊,调官辐辏,名籍升降,又兼乎铨部之权。自非器识卓然过人,未易以称斯选也。尔学富才赡,号为通儒。见于吏能,每有可纪。揽辔夔梓,教条具孚。今徙剑西,朕不它告。惟是均节调度之过,痛惩选授之私,则军储赡而民气纾,官簿正而吏奸戢。尔尚悉力,副予丁宁。

出处:《海陵集》卷一七。

撰者:周麟之

考校说明:编年据《建炎以来系年要录》卷一七九补。

诸路常平司以时减价出粜诏
(绍兴二十八年四月十七日)

每岁春夏之交,新陈未接,诸州自合将常平米依条出粜。访闻近来有失奉行,不唯不能接济小民,亦因致陈腐。可令诸路常平司行下州县,以时量减价钱出粜。其收到价钱,秋成日尽数收籴,依旧桩管。仍逐年具籴粜过数目申尚书省。

出处:《宋会要辑稿》食货六二之三三。又见同书食货五三之二六。

都民望除监察御史制
（绍兴二十八年四月二十二日）

风宪之官,皆吾遴选。是必由正臣之所荐,为公论之所归,然后召见以观其人,亲擢以定其位,详试以考其能。授受之间,庶乎惟允。以尔问学醇正,济之通才。义不苟求,介然有守。至其声实俱懋,则虽邈在数千里外,朕得而知之。入对大庭,嘉汝远器。今置之正色之地,必能为朕明目张胆助振于台纲。此其权舆,惟慎以俟。

出处:《海陵集》卷一九。
撰者:周麟之
考校说明:编年据《建炎以来系年要录》卷一七九补。

令吉阳军常切拘管讥察曹泳诏
（绍兴二十八年四月二十五日）

吉阳军编管人曹泳,令本军常切拘管讥察,不得令出城及宾客书问往来,仍月具存在申尚书省。

出处:《建炎以来系年要录》卷一七九。

韩膺胄与在外宫观诏
（绍兴二十八年四月二十六日）

膺胄名臣之后,宜稍优异。可与在外宫观,理作自陈。

出处:《建炎以来系年要录》卷一七九。

责罚怀挟殿举诏
（绍兴二十八年四月二十六日）

应因怀挟殿举,并令实殿举数,不以赦恩原免;如再犯,永不得应举。

出处:《宋会要辑稿》职官一三之一二。

检举虑囚诏
（绍兴二十八年四月二十七日）

诸路盛暑虑囚,并依政和指挥,四月下旬检举。

出处:《建炎以来系年要录》卷一七九。

遣官决狱诏
（绍兴二十八年四月二十七日后）

诸路州军令提刑须于六月初躬亲前去点检,催促结绝见禁罪人。内干照人及事理轻者先次断放。如提刑阙官,仰监司躬亲分头前去。内僻远州县,即州委守臣、县委通判、职官。其所委官点检催促过刑禁,并仰本路监司复行检察。如断放不当,灭裂违滞,即按劾闻奏。

出处:《宋会要辑稿》刑法五之三八。

将来进呈宗藩庆系录诏
（绍兴二十八年四月）

宗正寺修纂《宗藩庆系录》,候将来接续进呈《仙源积庆图》日,一就进呈。

出处:《宋会要辑稿》职官二〇之一四。

洪皓赐谥忠宣制
（绍兴二十八年五月一日）

敕:见危授命,人臣殉国之大忠;定谥易名,王者旌贤之盛典。兹永怀于哲艾,尝执义于殊邻。追赉荣称,用申褒谥。故徽猷阁直学士、左朝散大夫洪皓,忠贯日月,志怀雪霜。堂堂栋干之姿,卓卓珪璋之德。抱至刚而养气,奋不顾以致身。衔威而有成功,请行万里;伏节而不可屈,惟尽一心。传二国之言而无私,赞五利之和而不鬯。念十五年沙漠之外,全节之归;为二千石桑梓之邦,拥麾而治。声猷并著,智勇兼全。慨挺生于杰才,未究于大用,偶罹媢忌,殁在谴诃。虽优复职之恩,尚缺叙勋之礼。肆畴往行,定议曲台。俾参美于八元,繄垂芳于千古。噫! 忠之盛而孝亦至也,获终养于慈闱;嗣其劳而世有后哉,萃英才于子舍。特加异数,益励纯臣。尚其爽灵,歆此涣渥。可特赐谥忠宣。

出处:《宋会要辑稿》礼五八之一一一。
考校说明:编年据《建炎以来系年要录》卷一七九补。

堂除司属官等条约诏
(绍兴二十八年五月二日)

今后堂除司属官干办公事以上,并须曾任亲民第二任知县以上;准备差使,京官须曾经历监当,选人须曾任判司簿尉、令录以上资序人。其见任并已差下人如未历州县差遣,今任回,令归吏部依格差注。

出处:《宋会要辑稿》职官八之二六。又见《宋会要辑稿补编》第五二八页。

汤允恭奏制置使选差事答诏
(绍兴二十八年五月四日)

今后四川制置使阙,就令都大茶马一面时暂兼权。茶马又阙,即总领兼权。余从之。

出处:《宋会要辑稿》职官四○之一二。

将作军器监胥长出职条约诏
(绍兴二十八年五月五日)

将作、军器监胥长,自入役通及三十年,出职补将仕郎。

出处:《建炎以来系年要录》卷一七九。

枢密院诸房副承旨祗应后殿日更不侍立诏
（绍兴二十八年五月六日）

枢密院诸房副承旨,并依熙宁故事,遇副都承旨阙官,后殿有公事权令祗应日,更不侍立。

出处:《宋会要辑稿》职官六之一〇。

张宗元除将作监制
（绍兴二十八年五月六日）

朕奖拔寒素,登明选公,而又于功臣之后,占善能自修者,长育成就,惟恐不及焉,待用无遗之义也。尔世载厥问,闲于艺文。握兰司舆,率职匪懈。升之大匠,益试汝能。朕方斥土木之役而省缮营,崇朴厚之风而抑淫末。惟工监事简官清,优游其间足以自养。朕命惟允,尔毋不祗。

出处:《海陵集》卷一九。
撰者:周麟之
考校说明:编年据《建炎以来系年要录》卷一七九补。

林栗除太学正制
（绍兴二十八年五月八日）

养天下之士而作成其行艺。艺非训导不精,行非纠率不成,二者固有别也。以尔闻誉之美,在颊有闻。种学绩文,用意近古。兹命召对,升之胶庠。惟学规之是司,乃士行之所系。往帅以正,则予汝嘉。

出处:《海陵集》卷一七。
撰者:周麟之
考校说明:编年据《建炎以来系年要录》卷一七九补。

阁门官等推恩诏
(绍兴二十八年五月十日)

阁门官并宣赞舍人、阁门祗候、看班祗候、提点兼祗应行首承受,自大金人使首初到阙,检讨故例,修立仪范,至今一十五年,应奉过一百二十次,并未曾推恩。可依国信所等处累次推恩体例,将实及一十五年人与转一官资,减二年磨勘;通及十年人与转一官资;白身人候有官日,作一官收使,内碍止法人并与回授。今后应奉及十番人,与转一官资,碍止法人依例回授,白身人候有官日,作一官收使。

出处:《宋会要辑稿补编》第九一页。

减罢军器所官吏工匠诏
(绍兴二十八年五月十一日)

军器所提辖、监造各减二员,医官减罢。见今人令终满今任;已差下替人依省罢法;江、浙、福建诸州军差到工匠量支盘费,发归元来去处。仍令诸州以岁额上供军器输内军器库,自来年始。

出处:《宋会要辑稿》职官一六之一一。

令通泰等州民赍契要公据赴县点对诏
(绍兴二十八年五月十一日)

打量到沙田芦场内淮东路人户检寻契要未备,可令转运司行下通、泰、真、扬州民,限半年赍契要公据赴县点对,开具保明申州,州申转运司覆实,具申尚书省,当与除豁其租税,且令依旧额送纳。候覆实毕,取旨立额。如限内不赍契要公据到官,不在除豁之数。

出处:《宋会要辑稿》食货六三之二○六。

臣僚请给不得陈乞免行借减诏
(绍兴二十八年五月十一日)

内外臣僚请给,今后不得陈乞免行借减。虽已得指挥,许户部执奏。

出处:《宋会要辑稿》职官五七之七四。

淮东路沙田芦场免照契覆实诏
(绍兴二十八年五月十八日)

淮东路沙田芦场,已降指挥立半年限照契覆实。窃虑本路人户安业未久,可特与放免,并令依旧。

出处:《宋会要辑稿》食货六三之二〇六。

立山县官优与磨勘差遣诏
(绍兴二十八年五月二十日)

昭州立山县知县破格差注县令资序人任满,许依恭城、平乐、昭平县大观专法,北人循一资,仍不依名次家便差遣;广南人循一资酬赏。若有考第、举主合该磨勘之人,依法减举主一员外,更与减一员。仍许破格差注令录资序人。内京朝官破格差注人,许依正格任满推赏。如同日却有本等人愿就,即先差本等人。

出处:《宋会要辑稿》职官四八之三五。

令邵大受徐康点检催促两浙刑狱诏
(绍兴二十八年六月一日)

两浙东、西系最近路分,令邵大受、徐康躬亲遍诣逐州军点检催促,仍依已降指挥,不得多带人从。

出处:《宋会要辑稿》刑法五之三八。

刘度除太学博士制
（绍兴二十八年六月一日）

朕崇建胶庠，作成士类。首善于此，必得博雅君子为之师，庶几卓然可观，有以尊道德而厉风化。尔南州望士，尝有志于晁、董之科。揆厥所闻，郁而弥耀，是所谓明古今、通国体者，可使充博士位矣。召自侯泮，列之儒宫。予方汝知，毋倦于训。

出处:《海陵集》卷一九。
撰者:周麟之
考校说明:编年据《建炎以来系年要录》卷一七九补。

御　札
（绍兴二十八年六月一日）

朕宅天休命，纂国丕图。永惟燕翼之谋，允重钦柴之祭。自绍开于景运，累谒款于熙坛。祇荷博临，益恢隆施。五兵不试，既茂迪于民康；百谷用成，亦屡书于岁有。宜候迎阳之旦，载躬类帝之禋。合镠玉之和声，备洁粢之令荐。庶申吉报，仰达精诚。资肸饰于上仪，觊函蒙于多祉。特敷大号，明戒先期。朕以今年十一月二十三日有事于南郊，咨尔攸司，各扬厥职，相予肆祀，罔或不恭。

出处:《海陵集》卷一一。又见《宋会要辑稿》礼二八之二七，《中兴礼书》卷一。
撰者:周麟之

令临安府修筑皇城东南外城诏
（绍兴二十八年六月三日）

皇城东南一带未有外城，可令临安府计度工料，候农隙日修筑，具合用钱数申尚书省，于御前支降。今来所展地步不多，除官屋外，如有民间屋宇，令张俒措置优恤。

出处:《宋会要辑稿》方域二之二〇。

升拣殿前马步军司江上诸军诏
（绍兴二十八年六月三日）

殿前、马、步军司江上诸军,自今每三年一次选军兵年四十以下少壮有武艺人,申枢密院取旨升拣。

出处:《建炎以来系年要录》卷一七九。

荣薿除权兵部侍郎制
（绍兴二十八年六月三日）

贰卿分治,盖同于为禁从之华;六职异宜,当有以宽老成之责。爰更誉命,曲示优恩。具官某蚤以才称,周于世用。自先朝擢之列监,已席显融;及往岁事朕潜藩,益加亲信。既久勤于外寄,方进隶于中台。念版曹之浩繁,必财丰乃能裕于用;虽心计之精敏,当病间岂可躬其劳。惟时司戎,俾尔易地。事斯清简,庶几剖决之无难;身或便安,岂较班行之少屈。往祗厥叙,用副予衷。

出处:《海陵集》卷一七。
撰者:周麟之
考校说明:编年据《建炎以来系年要录》卷一七九补。

汤允恭除权户部侍郎制
（绍兴二十八年六月三日）

朕用人之长,盖将以式序在位;分职而治,亦几乎各安所施。惟时详练之才,宜服浩繁之寄。具官某抱能肤敏,秉志笃诚。尝于学古之余,达是理财之要。总赋全蜀,深得远民之心;司钧大农,博知当世之利。洎赐环而入觐,即持橐以外班。念当橐弓矢而戢干戈,岂武部可施于方略;欲使实仓廪而充府库,惟版曹正赖于斡旋。虽邦用之耗登靡常,然民财之取予有制。若其兼足上下,在尔审调盈虚。往懋宿官之劳,益摅富国之策。

出处:《海陵集》卷一七。又见《永乐大典》卷七三〇三。

撰者：周麟之

考校说明：编年据《建炎以来系年要录》卷一七九补。

差医看诊病民给药诏
（绍兴二十八年六月八日）

时当盛暑，恐细民阙药服饵。令翰林院差医官四员遍诣临安府城内外看诊居民，合用药令户部于和剂局支拨应付，候秋凉日罢。

出处：《咸淳临安志》卷四〇。又见《建炎以来系年要录》卷一七九。

沿边溪洞知县注官诏
（绍兴二十八年六月八日）

沿边溪洞知县有系武臣去处，自今降指挥到部日，遇有小使臣指射此等知县窠阙，并依格注经任亲民人，比附处辖马递铺专注识字人指，许诸司及本州不以有无拘碍，选辟能吏。

出处：《宋会要辑稿》职官四八之三五。

户部支破马料钱诏
（绍兴二十八年六月十三日）

户部科降两浙转运司收籴马料钱，令以的实寔名支破。

出处：《建炎以来系年要录》卷一七九。

御马院羊驴可改支稻谷诏
（绍兴二十八年六月二十三日）

见支破御马院御马并羊、驴日供大麦，除御马依旧支破本色大麦外，其余羊、驴可改支稻谷。

出处:《宋会要辑稿》职官三二之五三。又见《宋会要辑稿补编》第四一二页。

除皇叔士衎特授崇庆军节度使制
(绍兴二十八年六月二十四日)

门下:立爱而始家邦,莫尚敦宗之懿;同姓以镇天下,尤严制阃之雄。眷我近支,久司属籍。宜序劳而进律,用敷号以扬廷。皇叔保宁军承宣使、知西外宗正事士衎,体备中和,才高肃义。作善而心最乐,挺有祖风;好文而识不群,郁为宗杰。浃被展亲之渥,分提纠族之权。躬承内睦之恩,宣猷于外;累阅终更之秩,率职如初。穆然信厚之咸孚,嘉尔训齐之甚力。乃畴俊望,遂峻徽章。六纛多仪,趣领少府之节;十连宠寄,畀总元戎之麾。加爵邑之新封,示亲贤之异数。於戏!周以大宗维翰,兼彼价藩;汉虽支庶毕侯,矧予族老!图壮本根之辅,助成形势之强。勉服令猷,益绥蕃祉。可。

出处:《海陵集》卷一一。
撰者:周麟之
考校说明:编年据《建炎以来系年要录》卷一七九。"士衎",《建炎以来系年要录》卷一七九误作"士街"。

赐崇庆军官吏军民僧道耆寿等敕书
(绍兴二十八年六月二十四日后)

朕以士衎席庆皇支,庀司宗事。久赖董齐之力,率归振厚之风。爰录显劳,遂升齐钺。以彼乐土,为之价藩。既大号之播敷,谅群情之交慰。

出处:《海陵集》卷一一。
撰者:周麟之
考校说明:编年据文中所述史事补,见《建炎以来系年要录》卷一七九。"士衎",《建炎以来系年要录》卷一七九误作"士街"。

增浙西江东淮东沙田芦场官户租课诏
（绍兴二十八年六月二十六日）

三路沙田芦场尽系官地，已降指挥打量，量立租课。内淮东路人户为恐复业未久，已行放免。朝廷措置之意，本以宽民，浙西、江东民户亦宜一体优恤，其官户、形势之家违法占田、顷亩过多者，即难以一概放免。可将三路官户自一千亩以下、民户自二千亩以下并特与放免，余并依元降指挥添纳租课。内淮南路自来年秋料起催。

出处：《宋会要辑稿》食货六三之二〇六。又见《建炎以来系年要录》卷一七九。

李邦献除直敷文阁江西运副制
（绍兴二十八年七月前）

朝廷美意，寓于人才抑扬之间，而行乎赏罚劝沮之外。使居之者无怠，去之者有光。待人以周，吾复何愧？尔之漕于浙也，岁已再更，处烦恢然，才未克究。朕方图裕民之政，俾均惠于下，不重内而轻外，不泄迩而忘远。兹用命尔易部而使，将输于大江之西；序劳而升，寓直于六阁之次。夫易部所以详试，而序劳所以宠行。毋薄此除，益观来效。

出处：《海陵集》卷一九。
撰者：周麟之
考校说明：编年据《建炎以来系年要录》卷一八〇补。

周绾除吏部侍郎制
（绍兴二十八年七月五日）

诸老并用，足为在位之光；贰卿分曹，无若兼铨之剧。畴膺宠命，允属耆英。具官某局度方严，性资敏达。素官于外，践更帅守之官；晚跻于朝，蹑置师儒之长。多士得所矜式，斯文赖其作成。念齿及于弥高，岂官迁之可后。朕观其有考艺之识而知鉴裁之密，取其有厉贤之效而见品核之精，协彼金言，升于选部。尔其痛惩奸吏之弊，使吏畏而不欺；恪遵成法之严，使法行而无壅。往熙乃绩，毋易吾言。

出处:《海陵集》卷一七。
撰者:周麟之
考校说明:编年据《建炎以来系年要录》卷一八〇补。

户部长贰契勘粮纲欠折诏
(绍兴二十八年七月九日)

诸路粮纲到行在交纳,其受纳官司往往取略,斗器加大,掷扬欠折,致拘留押纲一行人在岸,催纳欠息,急于星火,以致日久,折卖舟船,填数不足。仰户部长贰契勘,自今粮纲欠折者如委无欺弊,并先与责放,仍令牵驾空船各回本处,将合陪还确实数目令本州克纳,依数补发。今后依此施行。

出处:《宋会要辑稿》食货四八之六。又见同书食货四四之六,《宋会要辑稿补编》第五七八页。

令太府寺籍定诸州申到上供纲解诏
(绍兴二十八年七月九日)

诸州申到上供纲解,并令太府寺籍定,每半岁择其稽违之甚者,申户部所属曹分根治。

出处:《建炎以来系年要录》卷一八〇。

宁江军承宣使提举台州崇道观潘长卿等并令任满再任诏
(绍兴二十八年七月九日)

宁江军承宣使、提举台州崇道观潘长卿,昭信军承宣使、提举江州太平兴国宫潘端卿,舒州团练使、提举台州崇道观潘清卿,建宁军承宣使、特差两浙东路马步军副都总管、婺州驻札潘粹卿,并令任满日各与再任。所有长卿、粹卿、清卿并温卿各身分并元随人请受,并与依已降指挥,依见今已请则例支破。

出处:《宋会要辑稿》帝系八之三七。

令湖北招诱客旅请买茶引诏
（绍兴二十八年七月十二日）

下荆湖北路提举茶事司,将给降去茶引参酌一路州郡人户多寡通融措置,招诱客旅从便请买。即不得违法抑勒科扰人户。

出处:《宋会要辑稿》食货三一之一二。

条约监司州军按发官吏诏
（绍兴二十八年七月十七日）

自今监司按发属吏,应推鞫者依条不得送置司州军;如所犯稍重,即申取朝廷指挥,委邻路监司选清强官就本处置狱推究。其州军按发官吏,即申监司于邻州差官,所委官不得避免及接见宾客。仍限三日起发。如有违戾,重作施行。

出处:《宋会要辑稿》职官四五之二二。又见《建炎以来系年要录》卷一八〇。
考校说明:《建炎以来系年要录》卷一八〇系于绍兴二十八年七月十一日。

通著实录院官臣名衔缴进徽宗实录诏
（绍兴二十八年七月二十一日）

编修《徽宗实录》成书,并先修实录六十卷,内有添修制册及臣僚立传等事,依故事通著见今实录院官臣等名衔具表缴进。

出处:《宋会要辑稿》职官一八之六四。

杨邦弼陈俊卿并除著作郎制
（绍兴二十八年七月二十一日）

史有三长,才学识世罕兼之,昔人尝以是为笃论矣。才不胜则僿,学不充则殆,识不卓则胶。三者具而用之,无不宜焉,岂唯史哉！今东观司当代之简策,史也;纂祖宗之谟训,亦史也。而尔邦弼以闳爽之度见于用,尔俊卿以清约之守形于文。参订编摩,皆已逾岁。观其所蕴,可以推其长。兹命序升,俾专撰著。虽所仍者凡例之旧,而所谨者笔削之公。益尽乃心,以恢远业。

出处:《海陵集》卷一七。
撰者:周麟之
考校说明:编年据《建炎以来系年要录》卷一八○补。"杨邦弼",《建炎以来系年要录》卷一八○作"杨邦杰",误,见同书卷一八二、《南宋馆阁录》卷七。

<h1 style="text-align:center">凌哲除敷文阁待制知台州制</h1>
(绍兴二十八年七月二十四日)

备西清之访问,华阁萃乎先猷;列东辅之蕃宣,赤城号为嘉郡。非贤劳之茂著,曷宠数之兼隆。具官某奋自胶庠,任更台谏。论事亹亹,无非仁者之用心;在朝闇闇,可见吉人之为善。自畀典铨之剧,仍嘉劝讲之勤。遽此引疴,祈于补外。念素怀之莫夺,宜眷礼之弥优。乃寓之于次对之清班,而付之以承流之重寄。得陈力就列之义,宜有令名;当治民考功之时,勉为善政。其体朕意,益殚女为。可。

出处:《海陵集》卷一五。
撰者:周麟之
考校说明:编年据《建炎以来系年要录》卷一八○补。

<h1 style="text-align:center">曾几除权礼部侍郎制</h1>
(绍兴二十八年七月二十五日)

人求其旧,贵老所以敦士风;礼教之中,得贤可以正王度。孰赞神人之治,咸推德齿之尊。具官某早以时髦策伟名,晚以寿俊仪清路。弟兄腾鬻,昔多持橐之联;中外践扬,今作登瀛之冠。图籍皆其旧见,典章无不周知。朕念老者安之,固难以筋力为礼;而贤才若此,亦欲其身名俱荣。乃擢贰卿,用陪宗伯。顾钦柴之甚迹,资掌礼之惟寅。广所学足以究上仪,清其心足以相熙事。勉哉无懈,时乃之休。

出处:《海陵集》卷一七。

撰者:周麟之

考校说明:编年据《建炎以来系年要录》卷一八〇补。

王师心除显谟阁直学士知绍兴府制
（绍兴二十八年七月二十七日）

天下之事无内外,设官皆所以为民;人臣之心无去留,立义不忘于体国。肆兹谋帅,首及从班。具官某善积诸身,识明于内。旧联持橐,盖去朝者十余年;累易藩符,能敷惠于数千里。洎复还于近署,每入告于嘉猷。率属天官,事悉从于宽厚;侍言帝幕,学有助于缉熙。念夫劳逸均则出入俱荣,表里一则重轻各得,爰遵近制,式劝群工。矧六阁之在西清,此新储于祖训;而七州之连东辅,兹密迩于行都。加寓直之崇名,表殿邦之重寄。益孚静治,以对优恩。

出处:《海陵集》卷一五。

撰者:周麟之

考校说明:编年据《建炎以来系年要录》卷一八〇补。

贺允中除权吏部尚书制
（绍兴二十八年七月二十七日）

铨曹之设,其始以鉴裁用人;近世相沿,盖专以法令从事。虽品核具存于成宪,而推行实系于得贤。要须敏健之才,痛革依违之弊。具官某持论公正,禀资清通。壮岁垂车,久遂山林之志;暮年结绶,亟陪簪橐之游。自擢置于琐闱,数封还于诏令。每观救尾之议,曾不吐刚而茹柔;少露胸中之奇,必能扬清而激浊。惟是六官之长,实兼两选之繁。命汝以迁,庶乎其称。尔既明而通法意,固无患于拘牵;尔能直而杜吏欺,必不容其巧舞。益殚所蕴,用副予知。可。

出处:《海陵集》卷一五。

撰者:周麟之

考校说明:编年据《建炎以来系年要录》卷一八〇补。

沈介除秘书少监制
（绍兴二十八年七月二十七日）

石渠典籍之府,东观道家之山。两汉名儒,未见不由此而进者。矧今少令,领袖群英。优游木天,驰骋文囿。得人之盛,奎壁有光。以尔策名两科,学赡辞蔚,序于中秘,今十五年。虽久在外以枉其才,然器识之所以涵养者日益富。监贰既阙,莫如汝宜。其释左符,遂还清贯。况惟兹职,旧所摄承。与修当代之信书,兼纂前朝之大训。史家凡例,无不习知。益恢远图,副予褒擢之宠。可。

出处:《海陵集》卷一五。
撰者:周麟之
考校说明:编年据《建炎以来系年要录》卷一八〇补。

黄中除国子司业制
（绍兴二十八年七月二十七日）

三代之学、皆本于明人伦。汉唐右文,惟以饰治具。本朝教养之法甚备,贤能接武出其中。奕世用之,逮今不匮。作成之效如此,岂有它哉！一师儒苟得其人,可以首四方而善风化。尔学问渊粹,端庄有常。曩魁俊科,屈处第二。缀英游于馆阁之上,人莫得而亲疏。自迁郎闱,久摄成均之贰。善诱不倦,成模可观。今命即真,是为因任。尔能明义训之学,如颖达劝忠孝之道,如阳城使诸生业精行成,尔则与有无穷之闻。可。

出处:《海陵集》卷一五。
撰者:周麟之
考校说明:编年据《建炎以来系年要录》卷一八〇补。

起居郎王刚中经修神宗宝训转一官制
（绍兴二十八年三月至八月间）

仰惟神宗皇帝盛德大业,冠冕百王。孙谋燕诒,万世是式。朕钦绳祖武,弗敢愆忘。爰命辅臣躬率承学之彦,相与正列其义,被饰厥文,著为一代之典。奏篇来上,欢成无疆。凡与编摩,必加甄赏。以尔发策之始,为朕所知。盖虽起于寒畯之中,而能练达国朝典故。议论亹亹,发明为多。顷游著庭,昉纂丕训。今虽陟在螭陛,而恩典不可有遗。膺此序迁,益昌所学。

出处:《海陵集》卷一九。

撰者:周麟之

考校说明:编年据王刚中宣历、文中所述史事补,见《建炎以来系年要录》卷一七九、卷一八〇。

令逐路开具被灾顷亩数及合检放数以闻诏
(绍兴二十八年八月二日)

令逐路转运疾速行下州县,开具实被灾伤顷亩数目及合检放分数以闻。

出处:《宋会要辑稿》食货六一之七六。

赈贷灾伤州县诏
(绍兴二十八年八月二日)

诸路风水灾伤州县,并令提举官检放苗税,而赈贷其不给者。

出处:《建炎以来系年要录》卷一八〇。

叶义问除侍御史制
(绍兴二十八年八月五日)

柏府分三院,而柱下史为雄剧之官,故簪笔以别其仪,横榻以异其位,给驺以严其体。历考前代,不轻授人,在于公朝,推择尤慎。以尔鲠亮清恪,国之劲臣。峨冠赤墀,中外咸肃。凡正衙之所论,与造膝之所陈,每有以纠逖官邪,扶持国是。行矣阅岁,纳忠为多。今升台端,用增重于风宪之地。昔有功授职而闻之者相贺,温造执奏而遇之者胆落。尔其毋避强御,毋畏高明,毋有隐而不告。朕所望者,往殚厥心。可。

出处:《海陵集》卷一五。

撰者:周麟之

考校说明:编年据《建炎以来系年要录》卷一八〇补。

王刚中除中书舍人制
(绍兴二十八年八月六日)

中书为政事之原,西掖极儒臣之选。岂惟敷文华以藻饰一代,盖欲明号令以鼓舞万民。正须润色之才,共服演纶之地。具官某富有用之学,挺不群之姿。发策而取文科,固已应唐词人之号;读书而通雅诰,是又兼楚左史之能。既践历于螭阶,久摄承于凤阁。念已权者不试而命,有故事之具存;惟并建则各伸所长,俾赞书之分掌。矧此国体,系于王言。要当追三代之风,使文章焕焉可述;斯能耸四方之听,若卜筮罔不是孚。往辑尔辞,庶裨予治。可。

出处:《海陵集》卷一五。

撰者:周麟之

考校说明:编年据《建炎以来系年要录》卷一八〇补。

洪遵除起居郎制
(绍兴二十八年八月六日)

昔楚左史倚相能读三坟、五典、八索、九丘,见取于当时,著名于后世。然则载笔之任固不止于书言动,昭法诫,亦贵乎博识而多闻也。尔顷以词学之茂,称首殊科,两登蓬山,众谓淹久。自承宣室之召,即入直乎第二螭之傍,持论造前,多所宏益。兹命序进,隶于东台。夫记言之司是将,专以古帝王之书为法也。典谟训诰,厥则具存。纂修所闻,毋易而守。可。

出处:《海陵集》卷一五。

撰者:周麟之

考校说明:编年据《建炎以来系年要录》卷一八〇补。

张孝祥除起居舍人制
(绍兴二十八年八月六日)

唐人有言,左右史当用第一流,盖以其濡笔螭坳,出入侍从。群才识拔之始,必以是为要涂。苟非其人,不在兹选。尔才业识度,秀于妙龄。顷魁词科,朕所亲擢。加之以老成解事,名未试而实已孚。淳涵道山,内益汪肆。遂由南宫笺奏之任,躐升西掖记注之司。夫用士者欲各随其材,而怀材者贵有适于用。朕今命汝,庶两得之。往迪训辞,毋懈于位。可。

出处:《海陵集》卷一五。
撰者:周麟之
考校说明:编年据《建炎以来系年要录》卷一八〇补。

泸州等添解额诏
(绍兴二十八年八月八日)

泸州添解额三人,遂宁府、西和州、眉、汉、嘉、邛、简、雅、忠、涪、资、叙、昌、石泉、永康、长宁军、仙井监各添解额二人。

出处:《宋会要辑稿》选举一六之一一。又见《宋会要辑稿补编》第四八五页。

赵令报除权户部侍郎制
(绍兴二十八年八月九日)

汉九卿之高位,缺则选诸循良;唐三省之从臣,间亦求之督刺。朕参用前制,作兴庶工。今得人于辅藩,俾贰事于计部。具官某材力强济,器资锐明。以帝王之本支而躬寒素之风,以公子之信厚而蕴疏通之略。累官于外,厥绩有闻。五驾轺车,每应条而辄举;再分符竹,兹游刃以无劳。与其借洪河之润于近封,孰若观利器之施于繁委。乃召从于帅阃,俾入掌于民曹。况尝通延阁之班,可使蹈禁途之辙。若夫总国家之大计,究财货之本原,仓储敛散之权,钱币重轻之制,朕不深告,尔皆习知。往其善谋,副我虚伫。可。

出处:《海陵集》卷一五。又见《永乐大典》卷七三〇三。

撰者:周麟之

考校说明:编年据《建炎以来系年要录》卷一八〇补。"赵令报",《建炎以来系年要录》卷一八〇作"赵令詪",当以为是。

右武大夫成州团练使廖虞弼除枢密副都承旨制
(绍兴二十八年八月十四日)

枢庭分属,副承密命,武著之高选也,朕未尝轻以授人。旷位不除,盖十余年,今始得之。具官某,气略自将,济之以敏,四临远郡,习知边琐,而安靖之政,达于朕听。兹命尔入侍殿陛,与闻几微,往惟兢愬,以称所蒙。

出处:《永乐大典》卷一〇一一六。

撰者:洪遵

考校说明:编年据《建炎以来系年要录》卷一八〇补。

赈济绍兴平江府水灾人户诏
(绍兴二十八年八月十六日)

绍兴、平江府被风水损伤,可令赵子潇、都絜体访,委是灾伤去处,将第四等以下阙食人户量行赈济,候晚禾成日住罢。仍具逐处赈济人户及支拨过米数申尚书省。

出处:《宋会要辑稿》食货五九之三四。又见同书食货六八之六二。

除汤思退特授左正奉大夫制
(绍兴二十八年八月十六日)

门下:丕后继前人之志,笃成烈而作乎先;大臣倡当代之文,阐旧章而裁义类。考百王之懿范,严万世之信书。爰嘉次辅之英,茂辑先猷之懿。既助扬于达孝,宜褒答于殊劳。咨尔在廷,听予敷号。左通奉大夫、尚书右仆射汤思退,材全而能巨,量远而器阂。高明道乎中庸,发为经世之学;德业志乎久大,金曰立邦之贤。迨进秉于国均,弥爕和于天纬。同心以辅予政,职有领而咸修;善断以济其谋,功不言而自著。凡经国赞元之用,惟重规叠矩之循。朕仰徽考之烈光,绍累朝之熙洽。深仁厚泽,结四表之欢心;酝化懿纲,迈三皇之遐武。纂斯大典,繫我鸿儒。马迁放失旧闻,遂致科条之备;韩愈增修前录,又加诠次之精。鉴奏篇而怆思,袭延阁以寅奉。允协羹墙之念,继序不忘;载稽笔削之勤,懋功惟赏。进崇阶之二等,陪采户之多畬。兹为至公,并示优宠。於戏! 文谟丕显,若日月之光四方;周道复明,似《春秋》之大一统。成予遵制之美,赖尔袭经之传。益励交修,永毗燕翼。可。

出处:《海陵集》卷一一。

撰者:周麟之

考校说明:编年据《建炎以来系年要录》卷一八〇补。

柳宗元祠加封文惠昭灵侯敕
(绍兴二十八年八月二十日)

敕柳州灵文庙文惠侯:生传道学,文章百世之师;没以神灵,福佑一方之庇。是有功德于人者,其于爵号何爱焉。惟神望冠河东,名高唐室。其才足以命世,其政足以裕民。出守柳城,终享庙食。疠蒿之际,胗蟗必通。属者春秋之交,雨旸愆候,祷焉即应,岁以是丰,故邦人愿请诸朝,而使者遂上其事。朕嘉神孚惠,爰益褒封。尚赫光灵,保有常享。钦哉!

出处:乾隆《柳州府志》卷三一,乾隆二十九年刻本。又见乾隆《柳州府马平县志》卷八,《柳先生集》附录卷一。

撰者:王刚中

考校说明:"二十日"据《建炎以来系年要录》卷一八〇补。

禁关借誊写传诵徽宗实录诏
(绍兴二十八年八月二十一日)

实录院藏《徽宗实录》副本,不许诸官司关借誊写,及臣僚之家私自传诵。

出处:《宋会要辑稿》职官一八之六六。

令吴璘等存恤被水州军人户诏
（绍兴二十八年八月二十七日）

令吴璘同苏钦、许大英将被水州军人户取拨常平司义仓米赈济,多方措置存恤,毋令失所,仍依条检放。开具取拨过米数及已措置施行次第申尚书省。

出处:《宋会要辑稿》食货五九之三四。又见同书食货六八之一二四。

吴挺妻宜人李氏封淑人制
（绍兴二十八年八月后）

朕褒表群臣,礼既异数,故妇人制爵,有不系其夫而贵者。以尔静专柔嫕,嫔我世臣,万里于行,勤于内助。朕既处挺以横班之峻,可无恩渥以为尔宠? 进升淑号,实亚小君,往茂承之,益隆懿范。

出处:《永乐大典》卷二九七二。
撰者:洪遵
考校说明:编年据洪遵任两制时间、文中所述"朕既处挺以横班之峻"补,见《建炎以来系年要录》卷一七九。

王石补承信郎制
（绍兴二十八年八月后）

给事宫闱之臣,多历年所,迨其释位,率有赀恩。锡尔一官,无忘懋勉。

出处:《永乐大典》卷七三二七。
撰者:任希夷
考校说明:编年据张见道宦历补,见《建炎以来系年要录》卷一八〇。题后原附:"保康军承宣使张见道状:先任入内内侍省押班,合得恩数。"张见道乾道八年已卒(见《宋会要辑稿》仪制一三),此文作者当非任希夷。

左奉议郎张坚除太常寺主簿制
（暂系于绍兴二十八年八月后）

尔以辅臣子被服儒术，盖尝从事御史府矣。奉常之属，官秩甚清，往游其间，观汝远器。

出处:《永乐大典》卷一四六〇七。

撰者:洪遵

考校说明:编年据洪遵任两制时间、张坚宦历补,见《京口耆旧传》卷七。

沈枢除御史台簿制
（绍兴二十七年六月至绍兴二十八年九月间）

国之纪纲，属在宪府。官无小大，皆欲以兼亮有守之士为之。储才于兹，其用固有序也。尔以学业之茂，安于所守而达于所知。延见昕朝，首告朕以君子小人之说。夫二者治道之要也，尔能知之，足以为台属矣。钩稽之任，其尚勉哉！可。

出处:《海陵集》卷一五。又见《永乐大典》卷一四六〇七。

撰者:周麟之

考校说明:编年据周麟之任两制时间、沈枢宦历补,见《建炎以来系年要录》卷一八〇。

左奉议郎试中书舍人兼史馆修撰王刚中转承议郎制
（绍兴二十八年八月至九月间）

三载考绩而陟明，若稽虞典；八柄诏王而驭贵，参用周官。虽予法从之贤，不废有司之制。具官某，以文章先多士，以德行配古人。十年自佚于林泉，一节径跻于台阁。比繇左仗，擢正西垣。润色内书，能同风于五诰；发挥信史，又擅美于三长。会第课之当迁，宜进阶而加宠。尚其祗载，嗣有褒升。

出处:《永乐大典》卷七三二三。

撰者:洪遵

考校说明:编年据王刚中官历补,见《建炎以来系年要录》卷一八〇。

差任古等覆视详究水利利害诏
(绍兴二十八年九月十三日)

差御史任古同提点刑狱徐康前去覆视,详究利害闻奏。所有合措置事件,令赵子㴓、蒋璨一面条具申尚书省。其任古仍令上殿奏事毕疾速前去。

出处:《宋会要辑稿》食货六一之一一四。

禁监司守臣华侈诏
(绍兴二十八年九月十八日)

监司、守臣不得华侈,余安费官钱及科索吏民者,坐赃论,令监司觉察。

出处:《建炎以来系年要录》卷一八〇。

约束离军使臣请佃官田者诏
(绍兴二十八年九月二十四日)

令户部行下诸路监司、守令劝谕约束,仍常切觉察。如日后更不耕种,即将元请佃官田拘收,并追索借过钱入官;其逃窜人立赏告捉,以所请过官钱计赃断罪施行。

出处:《宋会要辑稿》食货六三之二〇七。

推恩修内司官吏兵匠诏
(绍兴二十八年九月二十四日)

垂拱殿等处修盖了毕,除临安府官吏等已推恩外,其修内司官吏、兵匠,可取索人数等第推恩。

出处:《宋会要辑稿》方域二之二二。

诸路常平司量行出粜诏
(绍兴二十八年九月二十五日)

令诸路常平司据州县所管义仓米,以十分为率,量行出粜,岁不得过三分。拘收价钱,次年籴还,仍岁具粜过数目申尚书省。

出处:《宋会要辑稿》食货五三之二七。又见同书食货六二之三五。

考校说明:《宋会要辑稿》食货六二系于绍兴二十八年九月二十八日。

除平江府绍兴府湖州诸县积欠税赋诏
(绍兴二十八年九月二十七日)

平江府、绍兴府、湖州诸县灾伤,所有已前积欠税赋,并予除放。令逐县限五日开具合除数目申州,覆实申转运司,本司保明申户部,候到,令本部具数奏请,于御前支降拨还。其人户私债并欠坊场酒钱,并候三年外理还。如官司尚敢追索搔扰,令监司自觉察,具名闻奏,仍许越诉。

出处:《宋会要辑稿》食货六三之一五。

灾伤州县检放及五分处量行赈济诏
(绍兴二十八年九月二十九日)

在法,水旱检放苗税及七分以上赈济。缘土田高下不等,若通及七分方行赈济,窃虑饥荒人户无以自给。可自今后灾伤州县检放及五分处,即令申常平司取拨义仓米量行赈济。

出处:《宋会要辑稿》食货五九之三四。又见同书食货五七之二一、食货六八之六一,《宋会要辑稿补编》第五九三页。

赐王刚中诏
（绍兴二十八年九月）

朕轸念坤维,远在一方,德意虽深,利泽未究,故临遣词臣,往分阃寄。卿其深体至怀,务先惠养,民间有疾苦,官吏有贪残,悉以上闻。夫临政在宽,宽宜有制;足用在俭,俭宜中礼。抚驭将士,先之以和,肃清边陲,镇之以静,则朕无西顾之忧矣。伫闻报政,嗣有宠嘉。绍兴二十八年九月。

出处:同治《乐平县志》卷首。又见道光《万年县志》卷一四。

郑璵章岵并除大理寺丞制
（绍兴二十八年十月前）

狱,人之大命。王者欲以是裴彝于民,不可以威货为也。朕嫉锻炼之吏,惩五过之疵,惟时理官,靡不慎简。以尔璵名阀之彦,素明宪章;以尔岵儒科之良,深达古义。皆尝累佐名郡,为中都官。处烦决疑,必有余裕。今予命尔丞于廷尉之司。听辞欲其简孚,阅罪欲其审克。惟察惟法,时乃之休。

出处:《海陵集》卷一九。
撰者:周麟之
考校说明:编年据章岵宦历补,见《建炎以来系年要录》卷一八〇。

廖虞弼提举台州崇道观诏
（绍兴二十八年十月十二日）

虞弼不安守分,侥求无厌。可提举台州崇道观,日下出门。

出处:《建炎以来系年要录》卷一八〇。

监司郡守须终满方许陈乞祠禄诏
（绍兴二十八年十月十二日）

监司、郡守除命既下，即日起发。或以疾故力丐祠禄，必俟终满方许别有陈乞。如或违戾，令御史台纠察以闻。

出处：《宋会要辑稿》职官四七之三四。

令户部申严客贩食米条法诏
（绍兴二十八年十月十四日）

令户部申严见行条法指挥行下，守臣常切觉察。犯者依条计赃科罪。守臣失于觉察，令监司按劾。仍令转运司将实免过税钱与除豁税额。

出处：《宋会要辑稿》食货一七之四五。

权巡尉获漏私盐减半赏罚诏
（绍兴二十八年十月十七日）

今后除巡尉亲获私盐依旧法推赏，其暂权巡尉捕获之人，减正官得赏之半；若权官界内有透漏榷货，并依正官条法减半责罚。

出处：《宋会要辑稿》食货二六之四二。又见《宋会要辑稿补编》第七八九页。

户部拘收没官户绝庄田产出卖诏
（绍兴二十八年十月十七日）

户部将所在常平没官户绝田产，已佃未佃、已添租未添租，并行拘收出卖。仍以左曹郎官提领。

出处：《宋会要辑稿》食货五六之四五。又见同书食货六一之一六。

蒋璨降官制
(绍兴二十八年十月十七日)

朕恶人之欺,而尽下以恕。过误触罪,则当自归;诋谰遂非,其可亡罚?具官某服在禁路,出临辅藩,见谓老成,亦所倚信。乃吏奸之不察,致台劾之上闻。深惟失职之愆,姑往赐书之问,弗务兢惧,更为诞谩。诡陈擿伏之言,前易刿章之日,作伪之拙,欲盖而彰。聊从一秩之镌,尚屈常刑之举。服予宽典,新尔后图。

出处:《于湖居士文集》卷一九。
撰者:张孝祥
考校说明:编年据《建炎以来系年要录》卷一八〇补。

谢伋徐康降官制
(绍兴二十八年十月十七日)

部刺史检吏奸,职也。汝属县令亡状,致吾御史以为言。汝失职,已命汝自列,庶或惩后。不务引过,更肆诞谩,谁为若谋,谬戾如此!镌官一列,尚服宽恩。

出处:《于湖居士文集》卷一九。
撰者:张孝祥
考校说明:编年据《建炎以来系年要录》卷一八〇补。

四川每季差使臣持定差文字赴吏部诏
(绍兴二十八年十月十八日)

川陕四路转运司每季差使臣一员,持定差文字赴吏部,限十日给降付身;有不当者申尚书省。即非理沮难者,当抵罪;漕吏及使臣辄敛定差人糜费者,以赃论。

出处:《建炎以来系年要录》卷一八〇。

立法禁止奉使三节人从私贩诏
（绍兴二十八年十月十九日）

接送伴官属等已有约束不许私贩,其奉使三节人从,可令有司参照立法禁止。

出处:《宋会要辑稿》职官五一之一九。

监司郡守补发举官状数诏
（绍兴二十八年十月二十一日）

监司、郡守补发举官状者,不得过前执政官一年合举官之数。

出处:《建炎以来系年要录》卷一八〇。

令内藏库降钱充绍兴府等被水人户上供钱物价值诏
（绍兴二十八年十一月一日）

内藏库降钱三万九千六百一十贯七百四十二文付户部,充绍兴、平江府、湖州被水人户合放上供物帛、钱米数目价值。

出处:《宋会要辑稿》食货六三之一五。

左中奉大夫直敷文阁知临安府张偁除直显谟阁制
（绍兴二十八年十一月二日）

国家爵赏之柄,轻重视功。功之所在,虽微必录,盖以示劝也。尔尹正天府,以材谞闻。都城庀工,时尔董护,役不愆素,奂焉一新,有司议劳,实在最等。西清邃直,躐级而升,朕之所以宠尔者至矣。其思勉懋,以称所蒙。

出处:《永乐大典》卷一三四九九。
撰者:洪遵

考校说明:编年据《建炎以来系年要录》卷一八〇补。

诸路州军起发赴行在钱物兑截交纳事诏
(绍兴二十八年十一月四日)

敕:今后应诸路州军起发上供等钱物赴行在,内有经过建康、镇江府,总领所就行拘截,或兑换轻赍纲运。如系专承朝廷指挥,许令兑截交纳讫,别无欠损违程,与计元指送纲去处地里依格法推赏;其不彻地里水脚钱,令兑截官司,依旧拘收入官。

出处:《宋会要辑稿》食货四五之一八。又见《庆元条法事类》卷三〇。

按治违限拖欠钱物官吏诏
(绍兴二十八年十一月四日)

诸路州军合供钱物、粮斛,仰所隶监司将违限拖欠最多去处当职官吏依然按治,监司如在置司州军,或因出巡到州县,方许时暂勾追都吏典押整会供报。

出处:《宋会要辑稿》职官四五之二三。

任古等奏开浚五浦事答诏
(绍兴二十八年十一月九日)

并依奏,钱于御前激赏库支降,米就平江府拨到纲米内支取,令赵子潚同守臣措置,于正月上旬兴工。令预备器用,不许科扰于民。

出处:《宋会要辑稿》食货六一之一一五。

湖北安抚司减罢添差参议官诏
(绍兴二十八年十一月十六日)

湖北安抚司添差参议官一员减罢,见任人令终满今任,已差人别与差遣。

出处:《宋会要辑稿》职官四一之一一一。

减罢泸夔等州添置通判诏
（绍兴二十八年十一月十六日）

泸州、夔州添置通判一员、峡州通判一员并减罢。

出处:《宋会要辑稿》职官四七之六九。

大司成等奏举诸州教授改官收使事诏
（绍兴二十八年十一月十七日）

大司成、祭酒、司业奏举诸州教授改官,依大观元年八月十二日指挥,许作职司收使。

出处:《宋会要辑稿》选举三〇之五。

郊祀前二日朝献景灵宫圣祖天尊大帝册文
（绍兴二十八年十一月二十一日）

先天之符,肇自圣祖。配极流曜,是兴炎图。迎阳称禋,夙展熙事。右序我宋,永孚于休。

出处:《中兴礼书》卷三一。又见《海陵集》卷一二。
撰者:周麟之

郊祀前一日朝飨太庙祖宗皇后册文
（绍兴二十八年十一月二十二日）

宋受天命,列圣克承,卜世其昌,肆绍禋祀。属时宁谧,用涓刚辰,恭葳上仪,永祈孚佑。

出处:《中兴礼书》卷三一。

郊祀飨昊天上帝册文
(绍兴二十八年十一月二十三日)

明明上天,锡宋成命。世用飨帝,维翼厥心。初阳协辰,秩祀昭报。永祈孚佑,降福无疆。

出处:《中兴礼书》卷三一。又见《海陵集》卷一二。
撰者:周麟之

郊祀飨皇地祇册文
(绍兴二十八年十一月二十三日)

于皇柔祇,母育万物。顺承天道,协佑我民。至景迎长,合袪毖祀。钦事以察,申锡蕃厘。

出处:《中兴礼书》卷三一。又见《海陵集》卷一二。
撰者:周麟之

郊祀飨太祖皇帝册文
(绍兴二十八年十一月二十三日)

赫赫艺祖,肇造区夏。功德巍然,贻燕翼子。肆兹寡昧,祇事泰坛。展采备仪,敢伸昭报。

出处:《中兴礼书》卷三一。

郊祀飨太宗皇帝册文
(绍兴二十八年十一月二十三日)

太宗御图,嗣大一统。群阴屏伏,昭兹皇明。恭承郊禋,实伸旧典。敢佑后人,期千万祀。

出处:《中兴礼书》卷三一。

郊祀赦文
(绍兴二十八年十一月二十三日)

朕钦绍庆基,肃遵昭式。谓因天事天而因地事地,有丘泽之合祠;惟以圣继圣而以明继明,宜祖宗之并侑。每躬三岁之祀,茂辑百神之厘。兹益励精,更思图义。体覆载无私之德,廓示大公;奉燕诒有永之谋,丕厘庶政。中外阊怿,显幽统和。灵台申偃伯之占,砥路息鸣桴之警。象载昭察,甫田登成。既膺眷佑之休,当极齐明之报。是用胜饰鸾路,涓熙紫坛。敛帝籍以供粢盛,裁天歌以序金石。祗见恭馆,裸将太宫。遂迎景至之长,载蒇郊禋之吉。大宗祈而燕飨,严陟配以延厘。实俎膳膏,旅令芳之嘉荐;展诗应律,锵㦷绎之和声。精意洞乎九垓,祥光袭乎五瑞。清明凼矣,事既底于备成;福履绥之,美敢矜于专乡。诞受函蒙之祉,溥施旷荡之恩,可大赦天下。於戏!馨香感于神明,哀对一纯之祐;恩膏洽乎黎庶,丕塈四极之熙。尚赖辅弼同寅,官师率职,协亮有邦之采,永恢长世之图。

出处:《海陵集》卷一一。又见《宋朝事实》卷五。
撰者:周麟之

知枢密院事陈诚之父任右宣教郎致仕
赠太子太师宏赠少师制
(绍兴二十八年十一月二十三日后)

昊天有成命,载赓郊祀之诗;圣主得贤臣,实赖精神之助。肆哀嘉贶,追宠祢庭。具官某,肃括饬躬,高明养气,见谓一乡之善士,不跻三接之康侯。非此其身,自信簏金之训;幸哉有子,立登枢管之华。属兹丰禋,可缓褒典?即春宫之峻品,冠夏篆之巍班,尚期如存,歆我休渥。

出处:《永乐大典》卷九一九。
撰者:洪遵
考校说明:编年据洪遵任两制时间、陈诚之官历、南宋郊祀时间补,见《宋史》卷三一《高宗纪》、卷二一三《宰辅表》。

同知枢密院事王纶父赠太子少师咏赠太子太师制
（绍兴二十八年十一月二十三日后）

朕奉燔瘗于崇丘,哀神祇之大报。诞敷觊施,交被幽明。兴言辅臣,追念先德,宜布褒荣之律,少舒怵惕之怀。具官某,履信自持,潜光不售。扬名后世,但知连屋以藏书;教子义方,果见肯堂之底法。服在枢机之邃,相予禋祀之成。念余庆之所蒙,举愍章而亟下。储宫极品,师位最高,尚其如存,绥我异渥。

出处:《永乐大典》卷九一九。
撰者:洪遵
考校说明:编年据洪遵任两制时间、王纶官历、南宋郊祀时间补,见《宋史》卷三一《高宗纪》、卷二一三《宰辅表》。

左朝奉大夫充敷文阁待制知台州
凌哲所生母安人唐氏赠令人制
（绍兴二十八年十一月二十三日后）

朕以牺牲珪币对越天地,而推其福于中外,为人子者举得光荣其亲,所以广孝治也。某氏慈祥庄静,克循箴规,余庆所钟,是生贤息,簪笔持橐,致位显融。属兹沛恩,可忘恤典?魂兮不昧,服此令名。

出处:《永乐大典》卷二九七二。
撰者:洪遵
考校说明:编年据洪遵任两制时间、凌哲官历、南宋郊祀时间补,见《宋史》卷三一《高宗纪》、《嘉定赤城志》卷九。

龙图阁待制王刚中母吴氏赠令人制
（绍兴二十八年十一月二十三日后）

朕惟人子之于亲,其显扬之孝,未尝一日忘也。故因郊需,覃及诸臣之母,矧吾侍从者哉?某氏懿恭淑慎,来嫔德门,积善蕴仁,蔚为妇式。流泽蕃衍,在其后人,是生名臣,殿我全蜀。属时元祀,优锡令名,尚或有知,来歆异数。

出处:《永乐大典》卷二九七二。

撰者:洪遵

考校说明:编年据洪遵任两制时间、王刚中宦历、南宋郊祀时间补,见《宋史》卷三一《高宗纪》、《建炎以来系年要录》卷一八〇。

权尚书吏部侍郎周绾前妻恭人李氏赠令人制
(绍兴二十八年十一月二十三日后)

夫尊于朝,妻贵于室,古之谊也。今吾左右之臣,服在禁路而其配不与焉,则追荣之典所不可后。某氏言容功德,凤蹈箴规,主馈宜家,妇道克著。赋命之啬,不偕显融,属此均厘,惟界矜尔。其祗涣爵,以从姑于九原。

出处:《永乐大典》卷二九七二。

撰者:洪遵

考校说明:编年据洪遵任两制时间、周绾宦历、南宋郊祀时间补,见《宋史》卷三一《高宗纪》、《建炎以来系年要录》卷一八〇。

周绾妻恭人李氏封令人制
(绍兴二十八年十一月二十三日后)

朕既克修元祀,哀致纯嘏,敷锡于下,以均四海之欢,则予法从之臣,可无褒律以贲其室家哉?某氏凤有容仪,来归吉士,珩珮之规毋致,蘋蘩之事惟勤。迨兹庆成,锡以恩渥,勉循柔履,服此令名。

出处:《永乐大典》卷二九七二。

撰者:洪遵

考校说明:编年据洪遵任两制时间、周绾宦历、南宋郊祀时间补,见《宋史》卷三一《高宗纪》、《建炎以来系年要录》卷一八〇。

权尚书礼部侍郎孙道夫母安人侯氏赠令人制
(绍兴二十八年十一月二十三日后)

朕恭即国南,肃扬神燎,蕃厘所被,冲漠弗遗。矧惟禁路之良,可后姻宫之贵? 某氏夙有驯行,来归德门,遵图史以克勤,睦宗姻而无间,是生哲嗣,作我名臣。属兹禋典之成,申以愍书之渥,灵其不昧,尚克享之。

出处:《永乐大典》卷二九七二。

撰者:洪遵

考校说明:编年据洪遵任两制时间、孙道夫官历、南宋郊祀时间补,见《宋史》卷三一《高宗纪》、《建炎以来系年要录》卷一七九。

孙道夫妻安人赵氏封令人制
(绍兴二十八年十一月二十三日后)

朕蒇事崇丘,告虔有昊,荷天仪之昭答,沛云施以流行。眷言法从之贤,宜被闺门之宠。某氏甚德而度,参和为仁,共藾蘩蕰藻之羞,闲织纴组纴之事。传中郎之业,多读父书;侍太史之祠,今从夫贵。兹诞敷于惠术,亟申锡于褒章,祗服令名,益惬柔履。

出处:《永乐大典》卷二九七二。

撰者:洪遵

考校说明:编年据洪遵任两制时间、孙道夫官历、南宋郊祀时间补,见《宋史》卷三一《高宗纪》、《建炎以来系年要录》卷一七九。

给事中杨椿母安人宋氏赠令人制
(绍兴二十八年十一月二十三日后)

朕广孝以治天下,故因郊霈,覃及诸臣之母,矧吾左右从官者哉? 某氏淑慎提身,冲和宅志,柔仪全于四德,慈训见于三迁。若时禁联,乃尔哲嗣。肃雍显相,迄禔典之涓成;圣善令人,颁泥书而甚宠。魂兮不昧,飨昌其承。

出处:《永乐大殿》卷二九七二。

撰者:洪遵

考校说明:编年据洪遵任两制时间、杨椿宦历、南宋郊祀时间补,见《宋史》卷三一《高宗纪》、《建炎以来系年要录》卷一七九。

杨椿妻安人孙氏赠令人制
(绍兴二十八年十一月二十三日后)

夫尊于朝,妻贵于室,古之谊也。今吾侍从近臣,光耀休宠,而其配弗与焉,则追褒之典所不可后。某氏柔嘉宅志,靓静处躬,克兼四德之贤,动谨七篇之戒。慨舜华之早谢,不及偕荣;想苹采之流芳,岂无遗恨!兹缘严祀,加赍愍章,其祗服于令名,以增辉于幽爽。

出处:《永乐大典》卷二九七二。

撰者:洪遵

考校说明:编年据洪遵任两制时间、杨椿宦历、南宋郊祀时间补,见《宋史》卷三一《高宗纪》、《建炎以来系年要录》卷一七九。

权尚书刑部侍郎杨揆妻宜人陈氏封令人制
(绍兴二十八年十一月二十三日后)

警戒相成之道,妇人所以相其君子也。今吾侍从近臣,夙夜匪懈,亦质有内助焉。方元祀涓成,神祇响答,其可无褒优之泽哉?某氏驯行懿德,作配名家,动容周旋,躬有法度,闺内之治,人皆曰贤。妇爵从夫,高下视等,益隆柔履,服此令名。

出处:《永乐大典》卷二九七二。

撰者:洪遵

考校说明:编年据洪遵任两制时间、杨揆宦历、南宋郊祀时间补,见《宋史》卷三一《高宗纪》、《建炎以来系年要录》卷一七九。

兵部侍郎周麟之母孺人楚氏赠硕人制
（绍兴二十八年十一月二十三日后）

　　风木之感,贤人所以怀亲;蓼萧之恩,王者所以广孝。肆哀神贶,追贲褖章。某氏出自高门,来嫔望族,柔嘉闲于保训,慈俭著于母仪。蕴德居多,发祥可必。后世有继,方大启于庆源;硕人其顾,今遂膺于新命。尚惟彷彿,服此宠灵。

出处:《永乐大典》卷二九七二。
撰者:洪遵
考校说明:编年据洪遵任两制时间、周麟之官历、南宋郊祀时间补,见《宋史》卷三一《高宗纪》、《建炎以来系年要录》卷一八〇。

周麟之妻孺人胡氏封硕人制
（绍兴二十八年十一月二十三日后）

　　左右从臣,秉德陪朕,抑贤配有以辅佐,如诗人所歌《鹊巢》之化,《小星》之惠,采蘋之循法度,采蘩之奉祭祀,以济登兹,则汤沐之封所不可后。某氏笃生华阀,有彤管之规;作合良人,著季兰之行。里言无间,中馈是勤。迨涓吉于丰禋,亟申颁于褒綍。益懋柔嘉之则,以祗硕大之封。

出处:《永乐大典》卷二九七二。
撰者:洪遵
考校说明:编年据洪遵任两制时间、周麟之官历、南宋郊祀时间补,见《宋史》卷三一《高宗纪》、《建炎以来系年要录》卷一八〇。

权吏部尚书贺允中母令人王氏赠硕人制
（绍兴二十八年十一月二十三日后）

　　风木之感,贤人所以怀亲;蓼萧之恩,王者所以广孝。某氏温恭惟德,淑慎其身,事夫于隐约之时,遗子皆清白之训。尚书八座,虽不洎于重茵;细札十行,已屡颁于密襚。兹缘元祀,加贲褒条。其承硕大之称,以壮幽冥之观。

出处:《永乐大典》卷二九七二。

撰者:洪遵

考校说明:编年据洪遵任两制时间、贺允中宦历、南宋郊祀时间补,见《宋史》卷三一《高宗纪》、《建炎以来系年要录》卷一八〇。

贺允中妻令人邓氏赠硕人制
(绍兴二十八年十一月二十三日后)

朕迎一阳之休,严三岁之祀,涓成熙事,覃及庶工。眷言侍从之良,宜有闺门之贲。某氏笃生贵阀,夙著令仪,赞蘋蘩柔洁之羞,服珩珮委佗之度。君子偕老,光荣杳隔于平生;硕人其颀,哀厚聊申于大暮。芳魂不昧,其克知歆。

出处:《永乐大典》卷二九七二。

撰者:洪遵

考校说明:编年据洪遵任两制时间、贺允中宦历、南宋郊祀时间补,见《宋史》卷三一《高宗纪》、《建炎以来系年要录》卷一八〇。

权尚书工部侍郎刘章父赠右朝奉郎彦渊赠右朝请郎制
(绍兴二十八年十一月二十三日后)

朕荐诚太室,祇谒崇丘。郊祀歌十九章,灵承丕况;符瑞上百千所,茂辑嘉祥。眷惟持橐之英,实与执笾之事,宜推神惠,追贲祢宫。具官某,艺文根源,老矣弥邵,履蹈修洁,暧然日华。蔚为太末之贤,生此贰卿之贵。属时熙典,篆以泥书,升二等之荣阶,发九原之潜懿。魂兮不昧,蠲召其歆。

出处:《永乐大典》卷七三二二。

撰者:洪遵

考校说明:编年据洪遵任两制时间、刘章宦历、南宋郊祀时间补,见《宋史》卷三一《高宗纪》、《建炎以来系年要录》卷一七九。

尚书兵部侍郎周麟之父与可赠右通直郎制
(绍兴二十八年十一月二十三日后)

朕褒对国阳,肇称禋礼,诞布神明之泽,遍覃幽显之间。眷言侍臣,施及祢庙。具官某,绩文种学,庠序有声,蹈义居仁,乡闾归重。隮祥在后,生子而贤。适厘事之涓成,宜襚恩之追赉。爽灵不昧,其克来歆。

出处:《永乐大典》卷七三二三。
撰者:洪遵
考校说明:编年据洪遵任两制时间、周麟之官历、南宋郊祀时间补,见《宋史》卷三一《高宗纪》、《建炎以来系年要录》卷一八〇。

右奉议郎充诸王宫大小学教授王必中弟左朝奉郎
充龙图阁待制知成都府刚中父宪赠右宣义郎制
(绍兴二十八年十一月二十三日后)

朕亲执瑄币,以事上下神祇,赖天降康,况施昭答,其敢专飨之哉?具官某,耆名训行,表表乡评,潜迹抱材,曾不克究。隮祥在后,并列巍科,为时从臣,实尔季子。迨兹霈泽,宠畀荣阶,俾人知积善之报久益光也。

出处:《永乐大典》卷七三二四。
撰者:洪遵
考校说明:编年据洪遵任两制时间、王刚中官历、南宋郊祀时间补,见《宋史》卷三一《高宗纪》、《建炎以来系年要录》卷一八〇。

沈该加食邑制
(绍兴二十八年十一月后)

门下:万物本乎天,义尚精禋之报;五经重于祭,恩先惠饯之敷。朕祗适燕谋,肃称严祀。登大糦于宁神之宇,致高烟于类帝之丘。观熙事之涓成,赖元臣之秉礼。迨锡飨承之祐,首稽商赍之章。诞告群工,丕扬显册。特进、尚书左仆射沈该,赡智周物,全材宪邦。读《易》陈谟,颐义晓天人之际;定议固好,仁风孚南北之民。自晋接于台衡,能鼎新于政纪。百度惟正,普陶箫韶之和;三年有成,复见豆笾之饬。方秩文于大祭,实领使于先期。崇坛八觚,俨陪陟降之序;美乐六变,具奏翕纯之音。柴燎升而云杳冥,灵斿位而星错落。惟显相有肃雍之助,致休嘉多祔隐之符。享洽诚陈,事昭福举。乃增封于采户,仍衍食于灾畬。式彰邦教之隆,并示神厘之贶。於戏!圣人为能飨帝,敢忘奉若之诚;宰相所以代天,共谨时几之戒。益恢茂烈,永佐昌图。可。

出处:《海陵集》卷一一。

撰者:周麟之

考校说明:编年据周麟之任两制时间、南宋郊祀时间、沈该宦历补,见《宋史》卷三一《高宗纪》、《建炎以来系年要录》卷一七九等。

除杨存中加食邑制
(绍兴二十八年十一月后)

门下:朕穆卜天正,具严帝禋。参周典之一纯二精,昭飨承于上象;仿汉仪之千乘万骑,肃屯棹于中营。惟时首棘之臣,扈我属车之跸。灵祠拜贶,涣号疏恩。少师、宁远军节度使杨存中,识洞五权,义循七德。智能自奋,屡陈颇、牧之功;方略如神,匪泥孙、吴之学。被以三孤之黻冕,总吾七萃之纪纲。比协康年,恭修毖祀。倚虓师以御侮,助寝威而展容。路寝斋居之初,董千庐而密护;甘泉法驾之内,按五仗以齐驱。迄熙典之备成,与福畴之敷锡。载陪多邑之赋,式广大封之仁。於戏!多绩纪于太常,备见勋劳之著;惠术行于馂俎,益彰政事之均。服我宠光,共兹纯嘏。可。

出处:《海陵集》卷一一。

撰者:周麟之

考校说明:编年据周麟之任两制时间、南宋郊祀时间、杨存中宦历补,见《宋史》卷三一《高宗纪》、《建炎以来系年要录》卷一七九等。

吴益加食邑制
(绍兴二十八年十一月后)

门下:祝嘏以降上神,事莫严于帝飨;贺庆以亲异姓,礼具著于邦彝。朕习卜岁祥,钦修郊类。嘉时协赞之懿,与有趋承之劳。爰告治廷,诞扬褒律。保康军节度使、开府仪同三司、充万寿观使吴益,器范闳凝,材猷肤敏。饬己以谦,居靡椒房之恃;奉朝惟恪,每联槐位之趋。善庆光乎一门,英风表于四姓。会兹景至,对越天仪。供元纯以效功,方资予内德之茂;握斋旄而陪祀,有若尔同支之良。矧兼领于秘祠,复从行于灵畤。钦柴已事,彻俎均厘。载敦井赋之腴,申衍户租之实。式光乃服,用溥吾恩。於戏! 上帝惟下土之临,朕敢专于祉福;兴王有外戚之助,汝母替于寅恭。共对灵休,往图庆誉。可。

出处:《海陵集》卷一一。

撰者:周麟之

考校说明:编年据周麟之任两制时间、南宋郊祀时间、吴益宦历补,见《宋史》卷三一《高宗纪》、《建炎以来系年要录》卷一七一等。

普安郡王加食邑制
（绍兴二十八年十一月后）

门下:朕洁粢酌之具,严郊宗之祠。象载垂光,仰日星之明朗;神祇安坐,听钟石之昭融。惟歆馨顾德之潜交,乃降嘏产祥之并贶。念宗藩之有相,宜祭福之爰辏。具谂朝伦,式扬赞册。检校少保、常德军节度使、普安郡王,器资凝重,襟量粹夷。学举六经,每笃艺文之好;才追二献,更勤礼乐之修。自启宇以疏封,能奉朝而率履。阃制导骈旄之节,官仪联夏篆之车。属天元之上辰,助帝飨之能事。葱珩有度,恪陪鸣玉之趋;桂酒其芬,参侑荐匏之酌。俨若卯阶之登降,迄兹辰牡之备陈。嘉尔贤劳,序之庆典。斥爰田而衍赋,示惠馈以均厘。於戏! 神嘉虞而申贰觞,允有肃雍之赖;泽汪濊而辑万国,敢遗敦睦之恩! 共对灵休,永绥吉禄。可。

出处:《海陵集》卷一一。

撰者:周麟之

考校说明:编年据周麟之任两制时间、南宋郊祀时间、赵瑗（宋孝宗）宦历补,见《宋史》卷三一《高宗纪》、《建炎以来系年要录》卷一五六等。

除皇叔士衍加食邑制
（绍兴二十八年十一月后）

门下:朕鸣玉鸾于郊,被龙卷以祭。大音融洽,嘉广乐之四陈;休气晏温,迈神光之三烛。袤对高灵之祐,沛施群辟之恩。矧在懿亲,宜加褒律。皇叔崇庆军节度使、知西外宗正事、天水郡开国侯、食邑一千三百户、食实封二百户士衍,赋资颖悟,植德温恭。伯仲承芳,罬有棣华之庆;亲贤著望,信多麟趾之风。自分纠于宗盟,旋进膺于阃制。追敷禋赉,祗协典彝。虽清庙执笾,莫预六旄之列;而大廷辑瑞,当从五玉之封。载衍腴租,式彰惠术。於戏! 尧亲九族,德盖自于克明;汉秩百神,福靡矜于专乡。往祗猷训,益迓宠灵。可。

出处:《海陵集》卷一一。

撰者:周麟之

考校说明:编年据周麟之任两制时间、南宋郊祀时间、赵士衍官历补,见《宋史》卷三一《高宗纪》、《建炎以来系年要录》卷一七九等。"士衍",《建炎以来系年要录》卷一七九误作"士街"。

除刘锜加食邑制
（绍兴二十八年十一月后）

门下:朕就阳而兆于郊,作乐以荐之帝。观干戚之舞而知武事,道固备于弛张;听鼓鼙之声而思将臣,恩岂殊于中外! 爰均祭惠,式涣褒纶。太尉、武泰军节度使、知荆南军府事刘锜,身蹈儒规,学探世略。临戎之机好整暇,多算无遗;为将之道能柔刚,有功不伐。屡策勋于盟府,久席宠于斋坛。鹊印本兵,尚倚威名之壮;虎符作镇,益嘉信义之孚。比展袚容,肆敷鸿祐。乃陪敦于井赋,俾增重于戎犙。於戏! 宁神得四表之心,朕不忘于固圉;归脤交诸侯之福,尔毋怠于尊王。思勉壮猷,对扬休命。可。

出处:《海陵集》卷一一。

撰者:周麟之

考校说明:编年据周麟之任两制时间、南宋郊祀时间、刘锜官历补,见《宋史》卷三一《高宗纪》、《建炎以来系年要录》卷一七六等。

除李显忠加食邑制
（绍兴二十八年十一月后）

门下：朕闶俟景之门而躬祀事，集礼神之囿而拥灵休。髦士奉璋，莫匪秉文之懿；虎臣持节，盖多承德之恭。爰举丰章，用畴壮略。宁国军节度使、充殿前司选锋军统制李显忠，智优排难，勇擅冠军。祛革颜行，素号万人之敌；韬弦徽道，分提七萃之师。方一纯祗荐于坛陾，以六引备陈于仗橀。军装有肃，既安黄道之行；跸路无哗，遂讫紫营之享。洎均厘而惠下，乃进律以旌劳。复旧联于厢部之华，衍新渥于爰田之赋。式遵彝矩，并示优恩。於戏！歌大吕而舞云门，已备升禋之奏；带干将而秉玉戚，实嘉御侮之劳。服我宠光，勉而忠概。可。

出处：《海陵集》卷一一。
撰者：周麟之
考校说明：编年据周麟之任两制时间、南宋郊祀时间、李显忠宦历补，见《宋史》卷三一《高宗纪》、《建炎以来系年要录》卷一七七等。

除郑藻加食邑制
（绍兴二十八年十一月后）

门下：朕揽道德之精，敦典礼以秩元祀；蒙天地之贶，思敛福而锡庶民。矧时左城之良，克相上仪之备。诞扬制綍，孚告廷绅。保信军节度使、领阁门事郑藻，详练有材，敏通多识。抗坛于外，身兼五善之能；秉钺在廷，职总九宾之礼。虽承荣乎钟鼎之胄，每励志于凤宵之劳。当大蕆于宗祈，实首参于奉引。鸣玉祗导，既靡忒于令仪；执瑶宠颁，宜遂膺于徽数。爰加采户，并衍真租。共服灵厘，式彰庆典。於戏！明昭上帝，具拜康年之休；锡予善人，均承大赉之渥。往钦予命，益懋尔猷。可。

出处：《海陵集》卷一一。
撰者：周麟之
考校说明：编年据周麟之任两制时间、南宋郊祀时间、郑藻宦历补，见《宋史》卷三一《高宗纪》、《建炎以来系年要录》卷一六二等。

除张子盖加食邑制
(绍兴二十八年十一月后)

　　门下:朕卜丰牺之上辰,具华玉之嘉荐。熙紫坛之路,用逆厘于三神;御丹阙之门,敷大赉于四海。乃眷价藩之旧,肆颁恩綍之新。安德军节度使、龙神卫四厢都指挥使、提举佑神观张子盖,体负魁材,识明善志。建旟受任,是为帅阃之臣;束发从戎,盖本勋家之子。方联华于厢棒,仍均佚于内祠。追举严禋,式覃庆泽。载衍圭畚之赋,膺增节钺之光。於戏! 天子祭天,既被执膰之锡;将门有将,毋忘济美之图。益懋忠劳,钦承涣渥。可。

出处:《海陵集》卷一一。
撰者:周麟之
考校说明:编年据周麟之任两制时间、南宋郊祀时间、张子盖宦历补,见《宋史》卷三一《高宗纪》、《建炎以来系年要录》卷一六九等。

除韩公裔加食邑制
(绍兴二十八年十一月后)

　　门下:朕丕缵帝禋,显承天祐。觚坛奠璧之次,光穆穆而月升;黼席毕觞之余,瑞穰穰而山委。均时嘉祉,赉我旧人。华容军节度使、提举佑圣观韩公裔,迪德有常,秉心无贰。依光潜邸,素同七姓之盟;受命价藩,晚建十连之节。虽奉祠而处内,能谨度以班朝。眷言钦燎之成,允赖忠劳之助。并加爵邑,具协典彝。於戏! 蘋蘩蕴藻之可羞,矧备展牲之礼;辉胞翟闑之有畀,岂遗执靮之臣! 其对恩辉,以绥福履。可。

出处:《海陵集》卷一一。
撰者:周麟之
考校说明:编年据周麟之任两制时间、南宋郊祀时间、韩公裔宦历补,见《宋史》卷三一《高宗纪》、《建炎以来系年要录》卷一七一等。

除刘宝加食邑制
（绍兴二十八年十一月后）

门下：朕揆吉天元之旦，承禋帝畤之阳。三灵嘉虞，并举瘗燔之礼；万福降辑，俯同军国之休。念列将之抚师，锡大廷之孚号。安庆军节度观察使、天武四厢都指挥使、镇江府驻札御前诸军都统制刘宝，忠谋自奋，勇略无前。任总戎毅，拥十连之戟櫜；威行军市，肃万灶之貔貅。干戈既戢于边陲，部曲自安于次舍。属修郊报，阻持节以侍祠；载考国章，宜彻疆而均惠。用贲陪敦之数，式彰旷荡之恩。於戏！受脤执膰，既等祀戎之事；敦诗说礼，无忘德义之经。茂对荣怀，益图整暇。可。

出处：《海陵集》卷一一。
撰者：周麟之
考校说明：编年据周麟之任两制时间、南宋郊祀时间、刘宝宦历补，见《宋史》卷三一《高宗纪》、《建炎以来系年要录》卷一六八等。

除南平王李天祚加食邑制
（绍兴二十八年十一月后）

门下：朕明德恤祀，钦柴宗祈。承灵亿以宾八乡，既备宣延之礼；辇孝熙而抚四极，爰加布护之恩。乃发号于明廷，用赋厘于藩服。推诚顺化崇义怀忠保信向德安远承和秉礼归仁功臣、静海军节度观察处置等使、特进、检校太师、兼御史大夫、安南都护、上柱国、南平王李天祚，诚心蹈义，令德思恭。袭带要裳，克绍世封之履；航琛赞贶，每勤时事之归。奠国壤于南交，炳官仪于外服。方紫坛错事，茂承主日之祠；想丹徼闻风，弥洽望云之喜。宜趣颁于惠饩，式增衍于圭畲。并加功号之崇，均示庆余之渥。於戏！震来致福，凤嘉享上之诚；云施咸亨，诞受昭天之泽。益图忠顺，懋对宠灵。可。

出处：《海陵集》卷一一。
撰者：周麟之
考校说明：编年据周麟之任两制时间、南宋郊祀时间、李天祚宦历补，见《宋史》卷三一《高宗纪》、《建炎以来系年要录》卷一六九等。

除阇婆国王悉里地茶兰固野加食邑制
（绍兴二十八年十一月后）

门下：朕承天之序，享帝于郊。洁普淖以荐芳，丕拥下临之贶；举洪颐而升燎，聿瞻南炀之光。宜涣渥恩，用旌遐服。怀远军节度、琳州管内观察处置等使、金紫光禄大夫、检校司徒、使持节琳州诸军事、琳州刺史、兼御史大夫、上柱国、阇婆国王悉里地茶兰固野，蒙承世德，志慕华风。抚兹丹徼之邦，知方自守；占彼青云之吕，向化惟勤。旧秉节旄，仍分茅社。矧在熙成之旦，当加庆赉之章。申衍户封，式洪郊赉。於戏！昊天有成命，敢忘昭受之休；中国有至仁，斯被函蒙之祉。钦承明训，益懋永图。可。

出处：《海陵集》卷一一。
撰者：周麟之
考校说明：编年据周麟之任两制时间、南宋郊祀时间补，见《宋史》卷三一《高宗纪》。

怀安军惠应庙昭佑侯可封昭佑灵济侯制
（绍兴二十八年九月至十二月间）

尔神父子，有庙西土，能赫厥灵，被除灾凶，朕盖尝锡之侯爵矣。今部刺史又上其事，申以显号，于侯何爱！

出处：《于湖居士文集》卷一九。
撰者：张孝祥
考校说明：编年据张孝祥任两制时间、《宋会要辑稿》礼二〇补。

昭佑侯子灵助侯可封灵助顺成侯制
（绍兴二十八年九月至十二月间）

朕念蜀远，凡蜀之吏有功于吾民，皆有以表异之，于神独不然哉！增赍嘉名，益侈而施。

出处:《于湖居士文集》卷一九。

撰者:张孝祥

考校说明:编年据张孝祥任两制时间、《宋会要辑稿》礼二〇补。

佐神安仲吉可封通济侯制
(绍兴二十八年九月至十二月间)

尔神侑食惠应,能赞而长,以休吾民。五等之爵,侯位在二,又有美号焉。朕之报神,亦已丰矣。

出处:《于湖居士文集》卷一九。

撰者:张孝祥

考校说明:编年据张孝祥任两制时间、《宋会要辑稿》礼二〇补。

除亲从快行外不可询间车驾行幸诏
(绍兴二十八年十二月十八日)

军头司等子每遇车驾行幸,收接唐突人,除宗室、宗女、宗子、宗妇外,余人各行殴击。比来诸司人乱有询问,急于得知,擅行止约,不得殴击,理宜禁止。可自今后除亲从快行按表当询问,入厢入殿御前祇应许殴击讫量问事因,余人不得询问。如尚敢违戾及本司人漏泄,并依无故辄入通进司法断罪。仍令军头引见司觉察闻奏。

出处:《宋会要辑稿》礼五二之一七。

除放太平州第四等被灾人户逋赋诏
(绍兴二十八年十二月二十六日)

访闻太平州今秋亦有被水灾伤田亩,可将第四等以下已经赈济人户今年以前积欠税赋,并予除放。

出处:《宋会要辑稿》食货六三之一六。

奖谕狱空诏
（绍兴二十八年十二月二十七日）

《书》曰："刑期于无刑。"《语》曰："必也使无讼乎！"夫圣人不贵去刑而贵无刑，不贵止讼而贵无讼，何哉？诚使用刑而期于无刑，听讼而必于无讼者，真帝王之极轨也。朕三复斯言，夙兴夜寐，未常不以勿误庶狱为心，又况廷尉持天下之平，司生人之命乎！汝等为朕折狱，庭无留系。虽由旷荡之更新，实赖明允之叶力。剡章来上，嘉猷不忘。

出处：《咸淳临安志》卷六。

右承事郎军器监丞吴扚转承议郎赐紫章服制
（绍兴二十八年十二月二十七日）

朕念汝父之功不一日忘也，故万里召汝，置诸中都。顾汝官未称，优进五等，而又以金章宠之。勉之哉，思所以致此者，可不慎欤！

出处：《永乐大典》卷七三二三。
撰者：洪遵
考校说明：编年据《建炎以来系年要录》卷一八〇补。

辛次膺差知泉州制
（绍兴二十八年）

国之从臣，中外一体。入则告嘉猷于后，为百辟之羽仪；出则下膏泽于民，作四方之藩翰。委任之意，其重惟均。具官某赡智达材，施于有政。辅之以廉隅而志不诎，持之以学问而论不阿。顷自隐庐，召还禁路。进退之际，不欺于心。今起之于闲馆之居，授尔以专城之寄。念彼闽粤，泉为大州，狱市浩繁，正须善治。芟棠以辨民讼，酌水以澄吏奸，尔皆优为，朕不多告。可。

出处：《海陵集》卷一五。
撰者：周麟之

考校说明:编年据乾隆《泉州府志》卷二六补。

李如冈差知襄阳府制
(暂系于绍兴二十八年)

襄州古重镇也,山川带砕,直接宛洛,跨对南夏,号鄢郢北门。当承平时,为畿右之一都会。迨兹近岁,疆琐系焉。创残之余,田间耗矣。若时命帅,固当以宽厚为之先。尔顷居从班,见谓长者。赋政于外,未尝求赫赫之名。朕以其习知民情,多历吏事,持重可倚,今更以岘首之符畀之。夫民安则复归,事简则易治。封守固而边不耸,农桑劝而利自兴。往须政成,朕不遐弃。可。

出处:《海陵集》卷一八。
撰者:周麟之
考校说明:此制时间或稍早于同集同卷《李如冈改差知静江府制》。

李如冈改差知静江府制
(绍兴二十八年)

圣人之爱民,莫大乎同仁一视;臣子之事上,岂辞乎宣力四方。均曰帅藩,何嫌改命。以尔持橐之旧,剖符之良,于献纳论思之时,知德意敷宣之本。再历巨镇,抚吾嘉师。虽延年不进于治功,未能逃责;而严助愿图于计最,不可废才。分颁岘首之符,复易桂林之节。邈彼都会,介于海隅。惟静慎足以宁尔邦,惟绥怀足以固吾圉。往懋厥绩,式孚于休。可。

出处:《海陵集》卷一八。
撰者:周麟之
考校说明:编年据雍正《广西通志》卷五一补。

许尹李莫并除直秘阁制
(绍兴二十八年前后)

石渠天阁之秘,今使司外台、制边阃者,亦得寓直于其间,非功著而职修,未易以斯宠畀也。朕惟尹之按蜀部,茶课办而马式明;莫之帅泸川,疆事靖而封守固。此两人在万里外,而政事之美蔼然有闻,士大夫自西南来,皆可访而得也。故予并命以职,使偷分吾东壁之光。虽然,朕深轸遐方,亦尝究其利病。蜀中诸郡,地狭民贫,榷茗者额屡增而园户不能支,尔尹当图其裕。泸南剧边地,控夷落,兴寨者事烦扰则蛮人何所赖? 尔莫必谨其防。各勉来勤,以绥后渥。

出处:《海陵集》卷一七。

撰者:周麟之

考校说明:编年据文中所述"朕惟尹之按蜀部,茶课办而马式明;莫之帅泸川,疆事靖而封守固补",见《建炎以来系年要录》卷一八〇、卷一八一等。

高宗朝卷三十三　绍兴二十九年(1159)

苏钦除利州路运判制
（绍兴二十九年前）

朕惠顾全蜀，欲纾其民。故每择帅守漕臣，必用东南士大夫之贤者。然四路财赋，条目至繁，非深知其本末源流，未易以外台处也。以尔详练精敏，久分符于巴汉之间。凡刺部之规条，属城之会计，民之利病，吏之惰勤，稔于见闻，盖无不迎刃而解。就界轺传，莫如汝宜。夫裕民之方，非所以示虚文也。往图实惠，用副予衷。可。

出处：《海陵集》卷一八。

撰者：周麟之

考校说明：编年据苏钦宦历补，见《宋会要辑稿》食货三四。

皇太后庆寿诏
（绍兴二十九年正月一日）

朕恢崇孝治，棐迪民彝。考立教之经，亲其亲而为大；推广恩之道，老吾老以及人。方奉东朝之尊，以光南面之履。躬循至行，日对慈颜。侍膳问安，靡违以温清；备物博施，期展于爱钦。当岁籥之肇新，欣鸿算之方永。就诹元吉，祗阐旷仪。介寿称觞，侈万年之景贶；示民锡类，洽四表之欢心。爰酌邦条，式敷惠泽。皇太后仁德天祐，圣寿无疆。新岁八十，朕于宫中行庆贺之礼，当与普天同庆。使为子者同乐以致其养，居乡者尚齿而达于尊。文母思齐，遂及古人之无致；鲁君燕喜，亦惟庶士之咸宜。咨尔多方，体予至意。

出处:《海陵集》卷一一。
撰者:周麟之
考校说明:编年据《宋史》卷三一《高宗纪》补。

贺皇太后寿礼推恩制
(绍兴二十九年正月一日)

朕恢崇孝治,棐迪民彝。考立教之经,亲其亲而为大;推广恩之道,老吾老以及人。方奉东朝之尊,以光南面之履。躬循至行,日对慈颜。侍膳问安,靡违于温凊;备物博施,明展于爱钦。当岁籥之肇新,于鸿算之方永。就谂元吉,祗阐晬仪。介寿称觞,侈万年之景贶;示民锡类,洽四表之欢心。爰酌科条,式敷德泽。皇太后仁德天祐,圣寿无疆,新岁八十,朕于宫中行庆贺之礼,当与普天同庆。应升朝官以上父母并与加封一次,京官选人并使臣父母年八十以上特与官封;已有官封者承务郎以上与赐章服;妇人与冠帔。曾得解进士父母年八十以上、士庶男子妇人年九十以上,与初品官;妇人与封号。以上并经所属自陈,勘会诣实,保明闻奏。宗子、宗妇、宗女年八十以上,令大宗正司保明闻奏,与转官加封。命官并得解进士恩及耆年父母而未及祖父母,文武升朝官恩及致仕者而未及年八十以上未致仕者,其命官并得解进士祖父母年八十以上,士庶祖父母年九十以上,并特与官封。京朝官年八十以上者,与改赐章服,选人、使臣年八十以上愿致仕者,于合致仕官上与转一官,士庶男子、妇人年八十以上给赐粟帛。应人户有祖父母、父母年八十以上,与免户下一名身丁钱物。临安府迎驾起居父老,年格合得封赐外,与倍赐粟帛。文武致仕升朝官以上官年八十以上,并与依格支赐羊酒粟帛,内曾任太中大夫观察使以上,仍与倍赐。长吏致礼应给赐物,并令长吏差官实行就赐,不得呼集烦劳,徒为文具。文臣致仕官朝奉大夫以上者,与赐紫章服。僧尼、道士女冠年八十以上,并与紫衣;已有紫衣者,与师号。仍令州县尊礼高年,常加存恤,以示优老之义。使为子者同乐以致其养,居乡者尚齿而达于尊。文母思齐,遂及古人之无斁;鲁君燕喜,亦惟庶士之咸宜。咨尔多方,体予至意。

出处:《宋会要辑稿》后妃二之一一。又见《建炎以来系年要录》卷一八一。

左太中大夫同知枢密院事王纶亲姨庞氏封孺人制
(绍兴二十九年正月十三日)

朕以圣母膺无疆之寿,故推庆泽以宠天下之老。尔年未盈九十,非诏所褒,而吾枢臣以从母为请,顾何爱一命,不以为积善之报乎?

出处:《永乐大典》卷二九七二。

撰者:洪遵

考校说明:"绍兴二十九年"据题后原注"皇太后圣寿八十"补,见《建炎以来系年要录》卷一八一。题后原注:"左太中大夫、同知枢密院事王纶札子:'伏睹近降诏书,皇太后圣寿八十,当与普天同庆,应京官选人并使臣父母年八十以上,特与官封。纶有母同安郡夫人亲妹庞氏,见年八十三岁,本家与夫家皆系仕族,欲望许依今来诏书,特与封号。'正月十三日,奉圣旨依。"

左朝奉郎马骐除军器监主簿制
(绍兴二十九年正月二十二日)

尔材藻修洁,从臣之所荐闻,万里来朝,察言可用。戎监簿正之事,姑庸命尔。往安汝止,朕将有试焉。

出处:《永乐大典》卷一四六〇八。

撰者:洪遵

考校说明:编年据《建炎以来系年要录》卷一八一补。

禁约稽留客贩食米诏
(绍兴二十九年正月二十五日)

已降指挥,客贩食米不得收税,仍蠲除税额,所冀民不阙食。访闻诸路尚尔奉行灭裂,米船虽无他货,亦故作淹留,屈伏收税。又闽、广等路例皆贩谷,场务抑令纳税,甚非爱民之意。可下逐路应客贩食米若无他货,并即时放行,应禾谷皆合免税。如有违慢,许民户经监司、御史台越诉,当议重作施行。州县出榜晓谕,常切点检,月具有无违戾申尚书省。

出处:《宋会要辑稿》食货一七之四五。又见《宋会要辑稿补编》第六八二页。

蠲沙田芦场为风水所侵者租之半诏
(绍兴二十九年正月二十八日)

诸路沙田芦场已立定租课。缘去秋有风水损伤去处,其二十八年租课予减一半。

出处:《宋会要辑稿》食货六三之一六。

左宣教郎试起居舍人张孝祥母孺人时氏封恭人制
(绍兴二十九年正月二十八日)

朕以圣母膺无疆之寿,故推庆施以幸天下,凡有籍于朝者,举得以宠绥其父母,矧吾左右之臣,于亲独不然哉? 尔粹质柔规,光于阃内。维时令子,实代予言,属此贶恩,可忘锡类? 超封三级,靡限彝章,益懋温恭,以祗嘉号。

出处:《永乐大典》卷二九七二。
撰者:洪遵
考校说明:编年据《宋会要辑稿》仪制一〇补。题后原注:"张孝祥札子:'母时氏以视父官,方封孺人,欲望特赐敷奏,许依孝祥官叙,引用今来恩诏加封。'奉圣旨特依所乞。"

右迪功郎叶义制母郑氏年九十岁封太孺人制
(暂系于绍兴二十九年正月后)

"老吾老,以及人之老",古今之通谊也。尔蕴仁积善,克享耄龄,有子在官,兹逢大需。锡之初命,贲以明缯,岂徒为闾里之光,所以广人伦之孝。

出处:《永乐大典》卷二九七二。
撰者:洪遵
考校说明:编年据《建炎以来系年要录》卷一八一补。《建炎以来系年要录》卷一八一:"(绍兴二十九年)春正月丙辰朔,上以皇太后年八十,诣慈宁殿行庆寿之礼。宰执、使相皆进上寿礼物。诏庶人年九十、宗子女若贡士以上父母年八十者,皆授官封。"

右迪功郎汤思谦母刘氏封太孺人制
(绍兴二十九年正月后)

朕以太母膺八秩之庆,故推隆施以广锡类之仁。尔善积厥躬,耄期是享。在官有子,属此貤恩,往服徽章,益绥寿嘏。

出处:《永乐大典》卷二九七二。

撰者:洪遵

考校说明:编年据文中所述"朕以太母膺八秩之庆"补,见《建炎以来系年要录》卷一八一。

右奉议郎张坚所生母李氏封孺人制
(暂系于绍兴二十九年正月后)

凡有籍于朝者,宠荣其亲,得及庶母,盖原人情而为之节文。坚以亲在不可以申私恩,而愿貤妻封以报顾复之德。朕方以孝治天下,其可无从乎?

出处:《永乐大典》卷二九七二。

撰者:洪遵

考校说明:编年据《建炎以来系年要录》卷一八一补。《建炎以来系年要录》卷一八一:"(绍兴二十九年)春正月丙辰朔,上以皇太后年八十,诣慈宁殿行庆寿之礼。宰执、使相皆进上寿礼物。诏庶人年九十、宗子女若贡士以上父母年八十者,皆授官封。"

右文林郎安师道母张氏封太孺人制
(绍兴二十九年正月后)

朕以圣母膺无疆之寿,故推恩需,覃及天下之老。尔耄期康宁,有子在列,何惜一命,不以慰其锡类之孝乎?

出处:《永乐大典》卷二九七二。

撰者:洪遵

考校说明:编年据文中所述"朕以圣母膺无疆之寿"补,见《建炎以来系年要录》卷一八一。

正任防御使刺史通侍大夫至右武大夫带遥郡同加封父母制
（绍兴二十九年正月后）

父

　　具官某父某,朕惟东朝,方迪遐寿,诞推渥泽,爰暨人亲。尔善积于躬,有子滋贵,服予武著,实应恩章。载侈新封,俾升官簿,益绥福祉,庸荷宠光。

母

　　具官某母某氏,朕承颜东朝,以天下养,乐人之有寿母,有以表异之。肆因八秩之庆,茂畅恩典。尔慈懿淑谨,有子在官,宣劳武阶,获际休事。申赐命綍,荣其家庭,往祗令名,益介遐祉。

出处:《于湖居士文集》卷一九。

撰者:张孝祥

考校说明:编年据文中所述史事补,见《建炎以来系年要录》卷一八一。

横行副使及武功大夫至修武郎父加封制
（绍兴二十九年正月后）

　　具官某父某,朕惟东朝寿祉,以幸天下。惟尔有子,服予武阶,进汝一官,用广孝治。尚祗誉命,往迪吉康。

出处:《于湖居士文集》卷一九。

撰者:张孝祥

考校说明:编年据文中所述史事补,见《建炎以来系年要录》卷一八一。

宗室横行至正任防御使父母加封制
(绍兴二十九年正月后)

父

朕元日诏书,盖推东朝庆祉,均暨天下,矧予肺腑之戚也哉! 尔神明之支,克自谨畏,乃其子姓,服我近班。肆稽恩章,俾进右秩。尚其祇服,茂迪遐寿。

母

朕惟东朝之寿,方迪无疆,诞举庆条,以暨人老,岂予族姓之母,可稽脂泽之赐? 尔胄自华阅,嫔于天支,有子在官,宜赉新渥。往祇命服之宠,益承燕喜之誉。

出处:《于湖居士文集》卷一九。
撰者:张孝祥
考校说明:编年据文中所述史事补,见《建炎以来系年要录》卷一八一。

皇太后庆寿推恩外家子孙亲属及本殿官诏
(绍兴二十九年二月四日)

皇太后庆寿八十,亲属推恩有差。以右中大夫、直秘阁、添差江南西路安抚司参议官杨持特除直敷文阁,达州刺史、新特改添差两浙东路马步军副都总管不厘务韦讯为忠州团练使,惠州刺史韦谊为贵州团练使,荣州刺史韦诉为成州团练使,右承直郎韦璞、璿并为右承事郎,忠训郎、阁门祗候璹、环并为秉义郎,忠训郎瑛为秉义郎,武节郎赵炜为武德郎,武经郎刘涤为武节郎,右宣教郎、特添差两浙东路安抚司干办公事王过为右通直郎,忠训郎吴瑰为秉义郎。侄妇会稽郡夫人韩氏、政和郡夫人张氏并给内中俸。本殿官武略大夫刘奭为荣州刺史,武略大夫、荣州刺史、带御器械李绰为武显大夫,保义郎、阁门祗候李思文为成忠郎,延福宫使、安德军承宣使、入内内侍省押班张去为转一官,依条回授。干办人船、主管文字、掌笺奏、仪鸾司辇官、厨子、翰林司亲事官、杂役兵士,各与转一官资;应转官资碍止法人，特与转行；无资可转人依军头司立定转员格法，特补充御前忠佐，依本等格支破请受，与免体量。干办人船、主管文字、掌笺奏内白身人，与补进武副尉；有官人特与升为资任，并依旧祗应。

出处：《宋会要辑稿》后妃二之一二。又见《建炎以来系年要录》卷一八一。

严禁私渡淮诏
（绍兴二十九年二月四日）

敕：私渡淮人，并依军法。其津发载渡及巡防人故纵，与同罪。失觉察，减一等。所有海商私自兴贩，及以给到他处公凭假托风潮，辄至至北界，可并依私渡淮法施行。许诸色人告捕，本船货物尽数充赏；发载渡及巡防人并依上条。令缘海州县严切禁止，监司、帅臣常切觉察。如违，重置典宪。

出处：《庆元条法事类》卷二九。

接送北使预给浙路牵挽人夫米诏
（绍兴二十九年二月五日）

年例接送北使，浙路牵挽人夫素无支请，昼夜暴露，或至羸乏。可委两浙运司自今遇接送，每船预给米二石。或遇阻风及大寒极暑，令各于人夫具牵挽人姓名，各日支米二升炊饭俵散，候接送毕，具数申所属出豁。

出处：《宋会要辑稿》职官三六之五二。

除皇叔士篯安庆军节度使加食邑制
（绍兴二十九年二月七日）

门下：修德固宗，允赖价藩之助；励贤予禄，式严帅节之颁。粤有近支，久分隆寄。爰加制阃之命，诞布告廷之章。皇叔定江军承宣使、同知大宗正事士篯，令德韬和，英姿禀粹。身得用彝之善，识推阅理之多。父祖积仁，世享真王之履；弟昆联事，参厘属籍之司。岂惟增华萼之辉，固已厚本根之庇。自纠宗于京辅，迨今八年；尝典祀于濮园，亦既再岁。宜考屡书之绩，遂膺明陟之科。井钺参旗，庸峻十连之授;金枝玉叶,益隆九罭之瞻。仍旧爵于通侯,衍新畬于多邑。斯显训齐之效,并申敦叙之恩。於戏! 周建懿亲,倚作干城之重;汉封同姓,辅成磐石之安。尚懋汝猷,以承予奖。可。

出处:《海陵集》卷一一。

撰者:周麟之

考校说明:编年据《建炎以来系年要录》卷一八一补。

赐安庆军官吏军民僧道耆寿等敕书
(绍兴二十九年二月七日后)

朕以士篯皇属近支,戚藩英望,典司宗事,更阅岁劳,爰锡命于齐坛,俾建旄于巨镇。谅闻廷涣,式慰民瞻。今特授士篯安庆军节度使。

出处:《海陵集》卷一一。

撰者:周麟之

考校说明:编年据文中所述史事补,见《建炎以来系年要录》卷一八一。

禁捕雏卵等诏
(绍兴二十九年二月九日)

比得太宗皇帝尹京日禁断春夏捕雏卵等榜文,训敕丁宁,唯恐不至,仰见深仁厚泽及于昆虫。今付三省,可申严法禁行下,以广祖宗好生之德。

出处:《宋会要辑稿》刑法二之一六一。

发遣淮北商旅诏
(绍兴二十九年二月十三日)

淮北商旅渡淮未回之人,令临安府及沿淮守臣根刷,限五日发遣。如违限不行,当牒送北界。敢停者,依故纵私渡法。仍立赏五百千,许人告。有官司职任之人,取旨重行窜责。

出处:《建炎以来系年要录》卷一八一。

临安府养济乞丐展限诏
(绍兴二十九年二月十三日)

临安府养济乞丐,合至二月终住罢。今天气尚寒,与展半月。

出处:《宋会要辑稿》食货六〇之一二。

皇太后庆寿加恩诏
(绍兴二十九年二月十五日)

曾得解进士祖父母年八十以上,特与官封;京朝官年八十已上者,与改章服;选人使臣年八十已上愿致仕者,加转一官。

出处:《建炎以来系年要录》卷一八一。
考校说明:《建炎以来系年要录》卷一八一注文曰"以庆寿诏书所未及也"。此段诏文实已见于绍兴二十九年正月一日《贺皇太后寿礼推恩制》(《宋会要辑稿》后妃二)中。

令给赐士庶子妇人年八十以上者束帛诏
(绍兴二十九年二月十七日)

前降诏书,士庶子、妇人年八十以上给赐束帛,令户部行下诸路州军。如有县间有阙乏未曾给赐处,仰于上供物帛内支给,不得灭裂违戾。

出处:《宋会要辑稿》礼六二之六七。

被差推勘官无得巧作规免诏
(绍兴二十九年二月二十四日)

今后诸路应被差推勘官,指定所属州郡司狱姓名,径申元差官司,即时行下所属发遣,无得巧作规免。

出处:《宋会要辑稿》刑法三之八三。

令守臣赈粜诏
（绍兴二十九年二月二十五日）

令逐处守臣于见管常平义仓米内取拨二分,减市价二分赈粜,内临安府于行在桩积米内借拨。

出处:《宋会要辑稿》食货五七之二一。又见同书食货五九之三四、食货六八之六一,《宋会要辑稿补编》第五九三页。

检举谪死文武臣僚元犯因依闻奏诏
（绍兴二十九年二月二十九日）

顷在谪籍文武臣僚未经量移叙复死于贬所者,令有司检举元犯因依,具职位、姓名闻奏,当议轻重,别加恩典。

出处:《宋会要辑稿》职官七六之六九。又见《建炎以来系年要录》卷一八一。

四川类试差官诏
（绍兴二十九年三月一日）

今后四川类试,用九月十五日锁院。朝廷于帅臣、监司内选差考试官、监试官各一员,于锁院二十日前,用金字牌遣降指挥。在院官吏如有挟私违戾,令监试径行劾奏。余官制置司精加选差,务尽公明,不得苟简。

出处:《建炎以来系年要录》卷一八一。

祈雨诏
（绍兴二十九年三月四日）

雨泽尚愆,令太一宫宁寿观精加祈祷,仍禁屠宰三日。

出处:《宋会要辑稿》礼一八之二〇。

以旱遣官决狱诏
(绍兴二十九年三月四日)

自冬及春,甚愆雨泽,虽侧躬省咎,祈祷未应,深虑内外有狱讼淹延,失于详平,致伤和气。可在内委刑部、在外令提刑司躬至州县,索案结绝。

出处:《宋会要辑稿》刑法五之三六。

诫约州县不得催理已放免积欠诏
(绍兴二十九年三月十四日)

已降赦文,诸路州县民户积欠租税等并已放免至二十五年终。州县尚敢依前催理,官吏作弊,以资妄用,令监司觉察。违戾去处,当职官吏按劾闻奏,重行决责,人吏断配。许人户径赴台省越诉。

出处:《宋会要辑稿》食货六三之一六。

举士诏
(绍兴二十九年三月十九日)

昔汉设贤科,欲闻大道之要;唐开制举,以待非常之才,迨及本朝,参用前宪,故所得多天下豪杰之士,而所言皆国家治乱之端。其在当时,岂云小补?朕自绍履休运,旁招隽能,图治功者逾三十年,犹惧有阙;下郡国者也八九诏,未见其人。属当大比之期,敢废详延之举?凡兹迩列,各为明扬,俾衰然而造庭,将谂尔以当务。必有崇论竑议,可行于今;庶几博问遐观,无愧于古。

出处:《宋会要辑稿》选举一一之二六。

贤良诏
（绍兴二十九年三月十九日）

昔汉设贤科，欲闻大道之要；唐闿制举，以得非常之才。沿及本朝，参用前宪，故所得多天下豪杰之士，而所言皆国家治乱之端。其在当时，岂云小补！朕自绍履休运，旁招俊能。图治功者逾三十年，犹惧有阙；下郡国者已八九诏，未见其人。属当大比之期，敢废详延之举？凡兹迩列，各为明扬，俾裒然而造廷，将诹尔以当务。必有崇论竑议可行于今，庶几博问遐观无愧于古。

出处：《海陵集》卷一一。又见《玉海》卷二〇二，《八代四六全书》卷一，《海陵文征》卷二。
撰者：周麟之
考校说明：编年据《宋会要辑稿》选举一一补。

蠲诸州县积欠诏
（绍兴二十九年三月二十一日）

诸路州县绍兴二十七年以前积欠官钱三百九十七万余缗有奇，及四等以下户系官所欠，系人户苗税上科折。切虑催驱搔扰，可并予蠲放。

出处：《建炎以来系年要录》卷一八一。又见《宋会要辑稿》食货六三之一六。

除放逋欠诏
（绍兴二十九年三月二十二日）

诸路人户积年逋欠，昨降冬祀赦文已放免至二十五年终。朕念贫民下户艰于输纳，官司催理搔扰，有失惠养之意。可将二十六年、二十七年分第四等以下人户违欠夏秋岁租、和买、丁产诸色官物，并予除放。州县官吏宜体朕意，不得依前巧作名目，暗行催理。如有违戾，许被催之家越诉，监司按劾以闻，当重置典宪。仍多出榜文，遍行晓谕。

出处：《宋会要辑稿》食货六三之一六。

帅臣监司举大小使臣诏
(绍兴二十九年三月二十二日)

侍从、台谏、诸路帅臣、监司各岁荐大小使臣二员,开具才略所长、曾立功效闻奏,三省、枢密院籍记姓名,无人听阙。

出处:《宋会要辑稿》选举三〇之五。又见《建炎以来系年要录》卷一八一。

公吏冒占官屋限月陈首诏
(绍兴二十九年三月二十五日)

公吏等冒占系官屋宇,限一月许见住人陈首,与免坐罪及追理日前合出赁钱,令所委官拘收出卖。如限满不首,送所属,以违制断罪。仍许邻保限半月赴官陈告,将所告屋宇估定实直价钱,以十分为率,二分给告人充赏;若邻保限满不告,许诸色人陈告,将邻保从杖一百断罪,依此给赏;如邻及告人不愿给赏,依估定价钱承买者,与减二分钱数。其冒占应干系官田产隐匿税租,亦依此施行。

出处:《宋会要辑稿》食货六一之二一。

蒋璨叙官制
(绍兴二十九年四月前)

具官某:决狱以麟经之义,明大夫遂事之辜;补过稽羲《易》之文,取君子宥罪之象。尔顷任牧养,弗思靖共,以擅收库息而免官,以侵用廪粟而镌级。虽经肆眚,尚贬一阶,既久阅于再期,宜尽还于故秩。往祗宽典,益念自惩。

出处:《东牟集》卷七。
考校说明:编年据蒋璨宦历补,见《鸿庆居士文集》卷三七《蒋公墓志铭》。王洋此时未任两制,此文当为《东牟集》误收。

向伯奋除湖北提刑制

(绍兴二十九年四月前)

　　人异于器,惟旧是求;吏能其官,以久而习。先王之任群才,用斯道也。尔之为部使者几三十年矣。六条问事,每形于议论之余。行部精明,驻车决遣。平日阅历数路,风采凛然可观。比自台郎,出为郡守,谓敛惠千里,诚不足以展其长。重湖奥区,庶狱重寄,兹予命尔,揽辔遄驱。往思澄清,毋损而誉。

出处:《海陵集》卷一七。

撰者:周麟之

考校说明:编年据向伯奋宦历补,见《建炎以来系年要录》卷一八一。

贾选等与外任诏

(绍兴二十九年四月六日)

　　大理评事贾选、潘景珪等四人未更外任,并与补外。仍自今虽系试中刑法,必须历任方得除授。

出处:《宋会要辑稿》职官二四之二四。又见《建炎以来系年要录》卷一八一。

展免盱眙军身役钱等诏

(绍兴二十九年四月八日)

　　盱眙军身役钱、厢禁军缺额请受、经总制钱、诸司窠名、提举司量添续糟水五分钱,各予再展免一年。

出处:《宋会要辑稿》食货六三之一七。

仪鸾司干办官差武臣诏

(绍兴二十九年四月十三日)

　　仪鸾司干办官今后差武臣。其请给理任酬赏,并依本司省记条法。

出处:《宋会要辑稿》职官二二之九。

赈济镇江府被火之家诏
(绍兴二十九年四月十五日)

镇江府被火,商贩竹木捐其税,被火阙食之家,取拨常平义仓米量行赈济。

出处:《宋会要辑稿》食货五九之三五。又见《建炎以来系年要录》卷一八一。

增置带御器械四员诏
(绍兴二十九年四月十六日)

近降指挥,令中外举荐武臣。召到者无阙可处,可增置带御器械四员。

出处:《宋会要辑稿》职官三四之一二。又见《建炎以来系年要录》卷一八一。

不得令三衙收买川布诏
(绍兴二十九年四月二十日)

桩管激赏库出卖川布,今后止令杂买场及临安府置场出卖,不得抑令三衙收买。

出处:《宋会要辑稿》食货三七之三六。又见《宋会要辑稿补编》第八九〇页。

禁役使内外诸军诏
(绍兴二十九年四月二十二日)

内外诸帅戒约将佐日下住罢。如有违戾,重致典宪,三省、枢密院觉察。

出处:《建炎以来系年要录》卷一八一。

不得附押两州钱物诏
(绍兴二十九年四月二十三日)

今后除依条合团并钱物照应见行条法施行,其余州军合发钱物并不得差募官附押两州钱物。如违,将所押正纲合得酬赏减半,其附押官物请过水脚糜费等钱,于违戾差押官司人吏名下追理入官,将所差违戾官司从杖一百科罪。

出处:《宋会要辑稿》食货四八之六。又见同书食货四四之六,《宋会要辑稿补编》第五七九页。

赈济山阴县四等以下户诏
(绍兴二十九年四月二十六日)

绍兴府山阴县捡放赈济不均去处,令浙东常平官再验合放实数申。其第四等以下不曾经赈济者,令遵节次已降指挥赈济施行。

出处:《宋会要辑稿》食货五七之二一。又见同书食货五九之三六、食货六八之六一,《宋会要辑稿补编》第五一三页。

镇江府诸军酒库更立一界诏
(绍兴二十九年四月二十六日)

镇江府驻札御前诸军所管酒库,令界满日更立一界。

出处:《宋会要辑稿》食货二〇之二一。

荐县令有政绩者诏
(绍兴二十九年四月二十七日)

县令有政绩者,委诸司同荐,不次升擢,以风厉之。

出处:《建炎以来系年要录》卷一八一。

有事明堂手诏
（绍兴二十九年五月二日）

孝莫大于严父,礼莫重于飨帝。朕率三岁之郊,累款圆丘,惟宗祀昭配之仪,久阙不讲,何以彰皇考之烈,慰在天之灵？宜以将来当郊之岁季秋有事于明堂。合行恩赏,并一依南郊例施行。令有司讨论典礼,条具以闻。

出处:《中兴礼书》卷五〇。

选差官兵弹压盗贼诏
（绍兴二十九年五月四日）

令马军司选差官兵一千人、马二百骑、衣甲器械全,赴荆南屯驻,弹压盗贼,岁一易之。合支钱粮草料,令户部依例科拨支降;起发犒设,照例倍支。

出处:《宋会要辑稿》兵五之一九。又见《建炎以来系年要录》卷一八二。

州县不得催理放免税赋诏
（绍兴二十九年五月四日）

诸路监司严责州县遵守施行,如监司失于觉察,当重行黜责。

出处:《宋会要辑稿》食货六三之一七。

使臣不得径行呼索临安府差人诏
（绍兴二十九年五月四日）

大金贺生辰使人王可道等到阙,尤都管为病,两浙转运司差到管船使臣二人,更不经由馆伴使、副等,径行呼索临安府卧轿应付入门。仰本司将逐人依条施行。仍钤束自今后所差人如遇使臣呼索告觅,须管计会所属馆伴、送伴等官司讫,方许遵行。如违,以违制论。

出处:《宋会要辑稿》职官三六之五二。

江浙四路起发折帛钱诏
(绍兴二十九年五月六日)

除徽、处州、广德军旧折轻赍外,余州当折银者并发见缗,愿起银者听。自行在外,令浙西提刑司、三总领所认数拘催,置库桩管,俟旨支拨,毋得移用。

出处:《建炎以来系年要录》卷一八二。

禁官员豪富放债与军人诏
(绍兴二十九年五月八日)

官员、豪富之家,计嘱诸军部辖人放债与军人,厚取利息,于请受内克还,有害军政。令内外诸帅讥察禁止,其有债负,日下除放。即理索及还之者,皆抵罪。自今有犯,命官取旨。仍出榜晓谕。

出处:《建炎以来系年要录》卷一八二。

钱恺降授舒州观察使宫观制
(绍兴二十九年五月九日)

昭德塞违,国自贵近始;厉名砥节,士以廉耻张。岂予肺腑之懿亲,乃为龙断之贱行,此而可贳,后复何惩? 昭化军承宣使钱恺,胄出勋门,庆承主第。虽武爵是袭,亦俎豆之常闻;而市道自居,致箠楚之不饬。欲尔私藏之富,隳予军政之严,考核具陈,听闻实骇。其上承流之秩,仍镌奉谒之仪,往即外祠,姑惟薄罚。

出处:《于湖居士文集》卷一九。
撰者:张孝祥
考校说明:编年据《建炎以来系年要录》卷一八二补。

不许差承议郎已上官管押钱物纲运诏
（绍兴二十九年五月十四日）

诸路钱物纲运,不许差承议郎已上官管押;如或差募,至交纳处更不推赏。

出处:《建炎以来系年要录》卷一八二。

国信所灯火事诏
（绍兴二十九年五月十四日）

非使人在驿,国信所除遇检照案牍书写紧急文字许权暂关灯,用毕即时打熄,余并禁止。

出处:《宋会要辑稿》职官三六之五三。

州军按发官吏应申诸司诏
（绍兴二十九年五月十七日）

自今州军按发官吏,应申诸司差鞫者,先申提刑司。如提刑有妨碍,听申转运司,次申安抚使。

出处:《建炎以来系年要录》卷一八二。

人使到阙伴射官起居立班诏
（绍兴二十九年五月二十三日）

今后使人到阙,伴射官自人使朝见日,权令缀马步军管军班起居侍立。

出处:《宋会要辑稿补编》第一二七页。

客人入纳兑便钱事诏
（绍兴二十九年五月二十六日）

敕：遇客人入纳兑便钱，左藏库专一置籍，开坐正钱并优润及所余脚剩钱各若干，于所给朱钞上用印声说正钱、优润钱数并约束事件，令诸路州军候客人赍到兑便朱钞干照，将正钱与优润钱并日下支给。若元桩寘名钱数不足，即以别色官钱凑支。如不即支给，及公吏合干人邀阻、减克、乞觅，许客人越诉，犯人从徒二年科断。

出处：《庆元条法事类》卷三〇。

除沈该观文殿大学士宫观制
（绍兴二十九年六月二日）

门下：辅相弥纶庶务，实关治忽之宜；帝王体貌大臣，当极始终之遇。眷时魁望，久服冢司。俄释秉钧之劳，趣颁上印之宠。其敷予命，以告在廷。特进、尚书左仆射沈该，蚤负通才，浸膺剧寄。谓天之将降大任，尝拂乱其所为；而古亦惟求旧人，可共图于有政。属予更化，召自典藩。首能副当宁思贤之心，亟使居奋庸熙载之地。宅我百揆，迨今三年。试之以股肱康庶事之能，每克勤于小物；责之以夙夜事一人之道，正当惜于分阴。何懿绩之未凝，致烦言之有啧。既沥披于弹疏，亦频缄于逊封。内循补衮之疏，力丐悬车之佚。平津谢病，位高自以为无功；石庆告归，年老不能与于议。姑遂便私之志，特推均逸之恩。锡秘殿之隆名，俾真祠之显禄。盖遵彝矩，庸示眷怀。於戏！虑天下之安危，本欲任贤而注意；全人臣之进退，敢忘加礼以劝忠？往即里居，尚勤献告。可。

出处：《海陵集》卷一一。又见《宋宰辅编年录》卷一六。
撰者：周麟之
考校说明：编年据《宋史》卷二一三《宰辅表》补。

六参日令转对官次日上殿诏
（绍兴二十九年六月四日）

自今六参日，上殿班次已定，遇台谏官请对，令转对官次日上殿。

出处：《建炎以来系年要录》卷一八二。

诚谕百官诏
（绍兴二十九年六月十日）

朕日与二三大臣宵旰图治，而士习骄怠，不恤事机，以偃蹇自如为高，以缄默不言为智。朝廷有期会而不应，省部文符屡下，监司、郡守视之邈然，岂肯协济国事！可丁宁告戒，并宰执、台谏率先所职。有仍前骄怠者，重置于法。乃榜朝堂。

出处：《建炎以来系年要录》卷一八二。又见《太平宝训政事纪年》卷五。

选差兵官兼弓手将领诏
（绍兴二十九年六月十一日）

每州于兵官内选差有材武人一员，兼诸县弓手将领，逐季下县点检教阅。

出处：《宋会要辑稿》兵三之二五。又见《宋会要辑稿补编》第四二九页。

申禁苞苴请托诏
（绍兴二十九年六月十四日）

累禁不得与苞苴交结，而迩来尚或有之，其在州县则苛取于民，在军旅则掊克卒伍。盈车接舰，珍甘技巧，以为赂遗，可不痛革！夫居上位者，必有所欲，而后人得因其所欲，以济请托之私。宜申戒饬。有犯，重置于法，断在必行。仍令台谏纠弹，在外命监司按劾。

出处：《建炎以来系年要录》卷一八二。

令守臣具见管弓弩手等申尚书省诏
（绍兴二十九年六月十五日）

诸郡守臣各具见管的实弓弩手强壮人数及教阅次第,申尚书省。

出处:《建炎以来系年要录》卷一八二。

陈诚之降官制
（绍兴二十九年六月十七日）

怀归有畏于简书,恩始从于均佚;试可弗成于绩用,罚难逭于黜幽。既辜体貌之私,宜在谴呵之域。具官某始由科第,浸陟迩联,意其简默而不言,则亦深沉而可用。擢持兵柄,涪阅岁华。退食自公,宜赴功而乐事;括囊无誉,第持禄以保躬。逮庶务之稍繁,即抗言而请去。弹章既上,宠数宜镌。噫！为祈父之爪牙,初期陈力;视秦人之肥瘠,良负虚怀。服此宽洪,无忘循省。

出处:《于湖居士文集》卷一九。又见《宋四六选》卷三。
撰者:张孝祥
考校说明:编年据《建炎以来系年要录》卷一八二补。

学士院诸色人不得兼外处差遣诏
（绍兴二十九年六月十九日）

学士院系禁庭官司,今后诸色人不得兼外处差遣。有违戾,本院具姓名闻奏。

出处:《宋会要辑稿》职官六之五五。

差官覆实常平义仓米钱物数诏
（绍兴二十九年六月十九日）

浙西差司农寺丞韩元龙,江东差平江府通判任尽言,日下前去遍诣州县,同主管官覆实的确见在常平义仓米钱物数,除程限一月,开具以闻。如州县违慢隐蔽,并许劾奏。仍将侵支、借兑、失陷数目报提举常平官措置以闻。诸路并委漕臣准此。

出处:《宋会要辑稿》食货六二之三六。又见同书食货五三之二七。

李彦实特落阶官诏
(绍兴二十九年六月二十五日)

右武大夫、永州团练使、带御器械李彦实自藩邸事朕,至今三十六年,勤劳备著,可特落阶官。

出处:《建炎以来系年要录》卷一八二。

胡宪守大理司直制
(绍兴二十九年六月二十五日)

尔父子兄弟皆以道名,而尔志行安恬,学术醇正,尤见称于士大夫间。置之中都,姑以示用。毋云棘寺之属而不屑就也。

出处:《建炎以来系年要录》卷一八二。

升节度使充主管马步军司公事者序官诏
(绍兴二十九年六月二十六日)

今后遇有任节度使充主管马步军司公事者,令序官升压承宣使以下,照旧例起居侍立。

出处:《宋会要辑稿补编》第一二七页。

葛立方磨勘转左朝散大夫制
(绍兴二十九年闰六月前)

侍从之臣,持橐簪笔在朕左右,本不以岁月为资,尚何徇考功课吏之法哉!然九官亮工,舜有陟典;四善分最,唐优选司。邦彝至公,朕不敢废。具官某学蕴渊茂,自其家传。雕龙之文,益振于后。而游刃所至,皆能以辨治见称。入掾宰司,出将使事,进联天官之贰,底绩多矣。朕方使之铨综人物,则较年序进,当以汝先。夫为官择人,既因能而授之职,积日曰阅,又会课而升厥阶。兼工者以待天下之才,朕固将为士大夫之劝。服我褒命,益勤以祗。

出处:《海陵集》卷一九。

撰者:周麟之

考校说明:编年据葛立方官历补,见《建炎以来系年要录》卷一八二。

刘嵘除福建提举制
(绍兴二十七年十一月至绍兴二十九年闰六月间)

敛散仓储,国之善政,法令明备,诸路同之。而摘山之赢,惟闽粤为盛,部刺史之节付之非人,其可乎?以尔颖悟之资,早以才奋。再践朝著,浒登郎闱。其于台阁典章,儒者之事固习矣。至若商功利,治货财,抑知有所谓本末源流者乎?今因其请外,而试之以刺举之官。汝毋忽焉,思所以称。

出处:《海陵集》卷一九。

撰者:周麟之

考校说明:编年据刘嵘官历补,见弘治《八闽通志》卷三〇等。

左朝奉郎试给事中兼同修国史兼
直学士院周麟之转左朝散郎制
(绍兴二十八年十二月至绍兴二十九年闰六月间)

朕登用侍从,求之如不及,然于进律之际,亦未尝虚授,所以示公道也。具官某文章行义,为世闻人,简在朕心,遍都清切。夫上玉堂,夕琐闼,绅金鐍,皆搢绅之妙选也,而尔实兼之,可谓宠矣。至于岁成增秩,厥有司存,往其祇钦,无怠献告。

出处:《永乐大典》卷七三二二。

撰者:洪遵

考校说明:编年据周麟之官历补,见《建炎以来系年要录》卷一八〇、卷一八二。

右朝议大夫充秘阁修撰新知明州董萍
除权尚书户部侍郎制
(绍兴二十九年闰六月四日)

朕清心省事,永惟恭俭以化民;理财正词,庶几仁义而利国。执副盈虚之寄,必求通敏之材。具官某论议闳明,资质朴茂。五蛇为辅,早殚羁绁之忠;驷马乘车,连上麾符之最。比从驿召,亟箸卿联。方分名郡以有行,载念旧人之无几。肆兹及汗,曾不淹辰。常伯司元,遂贰六官之峻;贵臣近主,密参两省之华。其益励于老谋,以答扬于休命。

出处:《永乐大典》卷七三〇三。

撰者:洪遵

考校说明:编年据《建炎以来系年要录》卷一八二补。

归正归附人付身照使诏
(绍兴二十九年闰六月六日)

归正、归附人,并只用自归本朝日所给付身照使。虽不曾带到伪地被受文字者,特与放行,令吏部出榜晓谕。

出处:《宋会要辑稿》兵一五之八。又见《建炎以来系年要录》卷一八二。

沈调落职降官制
(绍兴二十九年闰六月六日)

舜宾世族,冒贿有四凶之流;商制官刑,徇贪谨十愆之戒。畴时民蠹,尚佚邦诛。具官某素无廉称,窃造迩列。过而或改,谓且收之桑榆;老以益贪,殆弗盈于溪壑。永念七闽之都会,不堪再岁之诛求。贸迁欲尽于毫厘,吞噬不遗于膏血,奸赃狼籍,公论沸腾。慨而同气之私,姑贳投荒之罚,亟镌美职,并夺崇阶。其祗服于隆宽,尚少惩于往谬。

出处:《于湖居士文集》卷一九。

撰者:张孝祥

考校说明:编年据《建炎以来系年要录》卷一八二补。

诸州知通拘收起发无额钱赏典诏
(绍兴二十九年闰六月八日)

诸州知、通拘收起发无额钱,除一岁及五十贯以上者,与减三季;及三千贯以上者,与减两季;及二千贯以上者,与减一季。

出处:《宋会要辑稿》食货五六之六。

令诸路常平司措置籴米诏
(绍兴二十九年闰六月九日)

诸路常平司以见管钱三分之一措置籴米,以备桩积。

出处:《建炎以来系年要录》卷一八二。

侵欺常平义仓米斛钱物责罚条约诏
(绍兴二十九年闰六月十二日)

令所差官同主管官依已降指挥,先次开具的确见在实数申尚书省,如有借兑欠折数目,报提举司措置,内侵欺盗用,候事毕日类聚申取朝廷指挥。州县辄敢科扰于民,仰提举司觉察,按劾以闻,当议重置典宪。

出处:《宋会要辑稿》食货六二之三六。又见同书食货五三之二八。

沈该落职制
（绍兴二十九年闰六月十二日）

君人临照百官,盖欲其精白以承休德;宰辅仪刑四海,岂宜以宠利而居成功。繄予既老之臣,自丧不贪之宝,其还显秩,用厌师虞。具官某顷以藩条,擢闻机政。惟人求旧,谓文武可以宪邦;秉国之均,何风采不如治郡！朕犹虚己,日伫告猷。精神强而折冲,未闻宏略;血气衰而戒得,似减廉声。既已乖鼎鼐之调,始欲挂衣冠而去,虽曲全于体貌,乃荐致于抨弹。其镇秘殿之华,俾即安车之佚。噫！君子慎始,防嫌疑于未然;贵臣抵辜,尚迁就而为讳。慨往愆之莫救,期晚节以自全。

出处:《于湖居士文集》卷一九。又见《宋四六选》卷三。
撰者:张孝祥
考校说明:编年据《建炎以来系年要录》卷一八二补。

右承奉郎吴曾除宗正寺主簿制
（绍兴二十九年闰六月十四日）

汝以儒雅自命,昔尝从事于太常矣。司宗簿正,其选甚清,往惟丕钦,无怠于事。

出处:《永乐大典》卷一四六〇七。
撰者:洪遵
考校说明:编年据《建炎以来系年要录》卷一八二补。

宗正寺胥长出职条约诏
（绍兴二十九年闰六月十六日）

宗正寺胥长满五年,通入仕及三十年,依太常寺条格体例补将仕郎,依条解发出职。

出处:《宋会要辑稿》职官二〇之一四。

止建康镇江府起发冰段诏
(绍兴二十九年闰六月十六日)

建康、镇江府见今起发冰段,道路迢远,劳费人力。今截日止住津发。

出处:《宋会要辑稿》食货四一之四三。又见《建炎以来系年要录》卷一八二。

逐路运司每季取会诸州拘收亡僧度牒数目诏
(绍兴二十九年闰六月十九日)

逐路运司每季取会诸州拘收亡僧度牒数目有无未尽覆实,如有违戾,即行按劾。及从本部专一置籍检察,岁终将全不申缴、数少去处申尚书省,差监司体究因依。内知、通取旨施行,僧道司主首、纲维从杖一百科断还俗。

出处:《宋会要辑稿》职官一三之三四。

禁州县书坊擅行刊印诏
(绍兴二十九年闰六月十九日)

州县书坊,非经国子监看详文字,毋得擅行刊印。

出处:《建炎以来系年要录》卷一八二。

赵不溢降官制
(绍兴二十九年闰六月二十四日)

具官某,朕恶士大夫便文自营,屡下告戒,又尝逐二使者、一藩臣,庶其知革。今汝持节所在,守不称职,阅时之久,而汝弗言。逮同列之有云,姑腾章而饰过。察州如此,不黜何为? 聊夺一官,尚祗轻典。

出处:《于湖居士文集》卷一九。
撰者:张孝祥

考校说明:编年据《建炎以来系年要录》卷一八二补。

酒库监官赏罚诏
(绍兴二十九年闰六月二十六日)

今后诸酒库监官任满或成资交替,新官到任,并委本所属官一员同新旧官监交。如有少欠钱物,自裁日终,令所委官具的实数目及纳钱库分有无拖欠、未纳之数取索朱钞点磨,以凭批上印纸,仍具少欠物申取朝廷指挥责罚。如官到新任之后,起发本库官钱了足,依格推赏外,若能补到前官少欠钱,每二万贯与减一年磨勘,仍听累赏。如不及数,更不推赏。仍会问所属库分,委是实纳年月别无差互,取索朱钞照应,缴关司勋审覆,方许给据。

出处:《宋会要辑稿》食货二〇之二二。

孙佑追复直徽猷阁制
(绍兴二十九年闰六月二十七日)

朕中兴之初,繄汝为良二千石,所临底绩,所去见思,据正不回,坐谗以免。殁身久矣,风概凛然;有怀不忘,肆俾甄叙。延阁寓直,追加密章,录其遗孤,用劝忠力。

出处:《于湖居士文集》卷一九。
撰者:张孝祥
考校说明:编年据《建炎以来系年要录》卷一八二补。

左中奉大夫充敷文阁待制知泉州辛次膺
母太硕人王氏封太淑人制
(绍兴二十九年正月至七月间)

朕以圣母膺八帙之庆,故推隆施以幸天下,凡有籍于朝者,举得显扬其亲,矧吾侍从之老哉?某氏夐以令仪,嫔于华族,经之以恭俭,纬之以慈祥,生此英髦,有声盛世。属时异渥,宠进嘉称,岂特伸朝廷之恩,所以慰闺门之孝。

出处:《永乐大典》卷二九七二。

撰者:洪遵

考校说明:编年据文中所述"朕以圣母膺八帙之庆,故推隆施以幸天下"、辛次膺官历补,见乾隆《泉州府志》卷二六、乾隆《福州府志》卷三〇。

不许官户隐占沿流系籍之舟诏
(绍兴二十九年七月一日)

州县应沿流系籍之舟不舟,不许官户隐占,并令轮次差拨,番休迭用,务在平均。如有违戾,委自知、通觉察,按劾以闻。

出处:《宋会要辑稿》食货五〇之一八。

张俊诸子迁官诏
(绍兴二十九年七月四日)

功臣张俊协济艰难,勋高诸将,事上恭顺,终始一心,朕甚嘉之。今一二大将子弟皆已除迁至文武侍从,而俊之子犹在庶僚,非朕褒有礼奖元功之意也。且赋之以爵秩而不使任职,亦汉光武待遇功臣之制,固无咈于公议。俊男子正、子颜可除敷文阁待制,子仁除集英殿修撰,并久任在京宫观。

出处:《宋会要辑稿》选举三四之一〇。又见《建炎以来系年要录》卷一八三。

功臣子孙叙迁诏
(绍兴二十九年七月四日)

自今功臣子孙叙迁,当至侍从,并令久任在京宫观,庶几恩义两得,永为定法。

出处:《建炎以来系年要录》卷一八三。

绍兴二十九年四川类省试差官诏
（绍兴二十九年七月四日）

四川类省试院：监试官差成都府转运副使王之柔，考试官差知嘉州何逢原，别试所监试官差知邛州费行之，考试官差知荣州李烨，令王刚中将逐官差札，酌度锁院日分给付，候指挥到日，起发入院供职。监试官依监学条法，取摘试卷详定。如监试官有故，即所差考试官兼监试职事。

出处：《宋会要辑稿》选举二〇之一三。

令提举常平官督责出卖没官田宅诏
（绍兴二十九年七月五日）

逐路提举常平官躬亲督责措置没官户绝等田宅，严行检察欺弊。如能率先出卖数多，仰户部具申尚书省取旨，优异推恩；或出卖数少，当行黜责。州县当职官能用心措置，亦于已立赏格外增重推赏；或稽违不职，令常平官按劾闻奏，重作施行。

出处：《宋会要辑稿》食货六一之二四。又见同书职官四三之三二。

放免押纲并纲梢等欠米十石以下人诏
（绍兴二十九年七月八日）

行在排岸司见监系米纲管押人并纲梢等，见欠十石以下人，日下蠲放；三十石以下，令司农寺各责保知在，出外填纳。

出处：《宋会要辑稿》职官二六之三〇。

左朝奉大夫魏安行除尚书户部员外郎制
（绍兴二十九年七月十六日）

朕克己裕民，损之又损，然国家经常之费，欲罢不能。非得学有经术、干强而

685

材者助成地官，不足以洗有司出纳之吝也。以尔智虑精密，机神敏明，中外践更，风声达于朕听。嶔崎一斥，舆诵闵焉。起临偏州，最状彰彻。兹繇趣觐，察之于论议之间，郎于民曹，非汝孰可？往赞尔长，益殚厥心。可。

出处：《北海集》卷三。

考校说明：编年据《建炎以来系年要录》卷一八三补。綦崇礼卒于绍兴十二年，此制当为《北海集》误收。

减户部点检激赏酒库所趁额钱诏
（绍兴二十九年七月二十日）

户部点检激赏酒库所南外库见趁额钱一十六万贯，减作一十五万贯；东外库一十四万六千贯，减作一十四万贯为额。

出处：《宋会要辑稿》食货二〇之二二。

傅选复官诏
（绍兴二十九年八月三日）

责授靖州团练副使、惠州安置傅选，尝立战功，理宜矜宥。可复右武大夫、容州观察使，充两浙东路马步军副总管。

出处：《建炎以来系年要录》卷一八三。

除会稽县昭慈永祐灵宫前后买过民田税赋诏
（绍兴二十九年八月五日）

绍兴府会稽县系昭慈永祐灵宫前后买过民田，其人户旧管地税虑州县尚行催理。可令常平司取见的确买过地段顷亩合纳税赋，照验簿籍，审实除豁。

出处：《宋会要辑稿》食货七〇之四九。

皇帝生日等犒赏将士事诏
（绍兴二十九年八月六日）

自今除皇太后生辰内教犒赏将士外，朕生日、皇后生日、冬至、寒食节并减半，余并免。

出处:《建炎以来系年要录》卷一八三。

四川等处见在行在进士就两浙转运司附试诏
（绍兴二十九年八月九日）

四川等处见在行在进士为路远，归乡赴试不及，可特令就两浙转运司附试一次。仍别行考校，取旨立额。

出处:《宋会要辑稿》选举一六之一一。又见《建炎以来系年要录》卷一八三。

淮南常平司置场收籴诏
（绍兴二十九年八月十一日）

令淮南东、西路常平司将见管常平钱尽数取拨，委官置场，趁时收籴。如人户情愿中籴稻谷，仰本司以三分为率，收籴一分，于沿流州军桩管。仍逐旋具籴到数申尚书省，即不得科配民户，却致搔扰。

出处:《宋会要辑稿》食货六二之三七。又见同书食货五三之二八。

推恩御前军器所诏
（绍兴二十九年八月十九日）

御前军器所绍兴二十八年制作过诸色军器，及创造添修雅饰过大礼仪仗等，并依绍兴二十三年九月二十八日依例推恩。

出处:《宋会要辑稿》职官一六之一一。

牛羊司不堪宰杀羊口等送临安府出卖诏
（绍兴二十九年八月十九日）

牛羊司有不堪宰杀，及有宰杀下不堪供奉羊口，令监官躬亲验实，牒送临安府，依市价三分减一分出卖。收到钱，令本府赴左藏库送纳，守取朱钞牒送本司照会。

出处：《宋会要辑稿》职官二一之一四。

玉牒所置官诏
（绍兴二十九年八月二十三日）

玉牒所宰臣提举，依旧修书官一员同宗正卿、丞修纂，更不置检讨官。

出处：《宋会要辑稿》职官二〇之一四。

国史院官吏员额诏
（绍兴二十九年八月二十四日）

国史院宰臣提举，置修国史、同修国史共二员，编修官二员，都大提举诸司官、承受官、诸司官各一员，人吏存留一半，修史成缴进日罢局。

出处：《宋会要辑稿》职官一八之五四。

国史院书局料次于激赏库支取诏
（绍兴二十九年八月二十四日）

书局料次等钱，今后更不支降，每月于激赏库各支钱一百贯文充逐处公用；合用纸札等，依旧例杂买务收买供送。

出处：《宋会要辑稿》职官一八之五四。

国史院诸书局人吏遣归部诏
（绍兴二十九年八月二十四日）

诸书局有官吏人校、副尉等,并发遣归部。内国史院系修《三朝国史》,特许从上存留知次第有名目人四人。

出处:《宋会要辑稿》职官一八之五四。

禁州县义仓米抑令别钞及收耗诏
（绍兴二十九年八月二十六日）

令户部申严约束,仍多出文榜晓示。如违,许民户越诉。州县委监司,漕司委户部按劾,取旨重作施行。

出处:《宋会要辑稿》食货六二之三七。又见同书食货五三之二八。

四川州郡抛降和籴米不许辄科于民诏
（绍兴二十九年八月二十七日）

四川州郡自今凡有抛降和籴米应付他州者,不许辄科于民。专令逐路漕臣于秋成时差委能吏往实出米处,一依市价置场,支本对行收籴。四川州军钱物除合起发付行在并鄂州总领司桩名外,余并听从总领司支拨。

出处:《宋会要辑稿》食货四〇之三一。又见《宋会要辑稿补编》第六三〇页。

久旱禁屠诏
（绍兴二十九年八月）

以久旱,祈祷未应,禁屠宰三日,及鸡鸭鱼虾应干生命之属,并行禁断。

出处:《宋会要辑稿》礼一八之二〇。

宋棐除太府少卿制
(绍兴二十九年九月前)

汉以二千石高第入备九卿之缺,是不惟旌贤劝功而已,亦所以均一内外,广用人之路也。朕率此道,训迪厥官。以尔孚敏有才,裕于心计。比由使指,往布藩条,淮海之民,服习其政。今也褒表治效,赐环而归。惟外府货财之剧司,而少列朝廷之显位。顷尝摄事,因任则宜。往其钦承,益懋来绩。可。

出处:《海陵集》卷一八。
撰者:周麟之
考校说明:编年据宋棐官历补,见《艾轩先生文集》卷九《宋公墓志铭》、《建炎以来系年要录》卷一八三。

华颢除司农寺丞余良弼除将作监丞制
(绍兴二十七年九月至绍兴二十九年九月间)

寺监设丞,参厘众务。况九扈之为农正,五工之属匠卿,必得其人,相须乃济。今尔颢以序而进厥位,由才业之可称;尔良弼自外而登于朝,亦器能之堪用。夫尧以稷官为重,而周惟事典至繁。先王立政之规,非吾儒不能知也。朕所望者,尔毋不祗。可。

出处:《海陵集》卷一五。
撰者:周麟之
考校说明:编年据余良弼官历补,见《胡澹庵先生文集》卷二七《余公墓志铭》等。《胡澹庵先生文集》卷二七《余公墓志铭》载:"文恭曹公,时为参政,荐公才德,遂丞匠监。""文恭曹公"当为"文恭陈公"(陈康伯)之误。

诸州营田粜稻麦起赴本路总领所桩充马料诏
(绍兴二十九年九月一日)

诸州营田粜稻麦,并起赴本路总领所桩充马料,仍令左藏库计直拨还御前激赏库。

出处:《建炎以来系年要录》卷一八三。

赈济福州诏
(绍兴二十九年九月四日)

福州七月间水灾,仰帅臣、监司将合行赈济人疾速支常平钱米赈济;其税租依条检放。仍具析不即申奏因依奏闻。

出处:《宋会要辑稿》食货六八之一二四。又见同书食货五九之三五。

奉使未回之人子孙特与恩泽诏
(绍兴二十九年九月四日)

自建炎、绍兴以来奉使未回之人,有亲的子孙本家见无食禄人者,可令经吏部自陈验实,申尚书省取旨,特与一名恩泽。

出处:《宋会要辑稿》职官五一之二〇。

赐陈康伯御札
(绍兴二十九年九月六日)

朕以庸德,仰承上天大命,咎多在躬,自日至夜勉副。惟欲至治,须赖大臣辅佐。朕于几暇,偶写"麟凤"二字,画"忠孝勤俭"四字,以赐卿。可用心供职,匡朕不及。有疾宜调治,愈日赴行在视事。当体至意,无有退心。

出处:《陈文正公家乘》卷一。又见《陈文正公文集》卷五,康熙《广信府志》卷二八,民国《弋阳县志》卷一六。
考校说明:《陈文正公家乘》及《陈文正公文集》所收宋高宗、宋孝宗赐陈康伯御札,编年如无特别说明均从《全宋文》,以下不再一一注明。

罢枢密院机速房诏
(绍兴二十九年九月十四日)

祖宗旧制,枢密院即无机速房,合行减罢。所掌职事,依旧本院诸房认科目掌行。其见在机速房人,内本院人发归元来房分外,差有官人并与添差本等差遣,内有详熟人量行选留,随所管职事拨归本院。诸房见充主管文字人,与支破书令史请给,书写人依守阙贴房例支破。逐阙遇有事故,更不差人。

出处:《宋会要辑稿》职官三之四二。

皇太后疾募草泽良医诏
(绍兴二十九年九月十四日)

皇太后圣体违和,服药未效,如草泽有能治疗得获痊安者,白身除节度使,有官人及愿就文资者,并与比附推恩外,支赐钱一万贯,田五百顷。三省可出榜晓谕,许径赴和宁门外自陈,差内侍二员,专一收接文字。

出处:《中兴礼书》卷二六四。

汤思退左仆射制
(绍兴二十九年九月十四日)

嗣先人宅丕后,必思考谨之良;位冢宰正百工,用谨登庸之典。惟时亚辅,夙茂元勋。爰升左揆之班,遂陟久虚之席。厥有成命,扬于治朝。具官汤思退,惇大而直方,纯明而优裕。作天民之先觉,负王佐之宏才。沂渊源而独尊,文追正始;更险夷而一节,世仰忠规。久陪翰苑之论思,超列枢庭之宥密。属更化善治之日,乃注想待贤之秋。文武宪邦,自得中朝之师表;谋猷告后,莫非四海之经纶。粤自政途,擢居相府。百度惟正,三年有成。提纲信史,以就久旷之书;绳武明彝,以遂奉先之孝。削浮费以佐国用,修睦好以通邻欢。岁稔时丰,获天人信顺之助;迩安远至,有内外宁谧之休。揆厥所由,繄谁之力?周道甚盛,盖燮理寅亮之惟其人;唐治聿兴,本辅赞弥缝而藏诸用。即宅鼎司之任,晋持魁柄之权。公社仍封,爰田衍赋。以昭体貌,以答贤劳。於戏:左右成王,在旦、奭之并相;规随汉业,赖萧、曹之同心。其勉辅于洪基,以共恢于远业。想孚至意,奚俟多言?

出处:《宋宰辅编年录》卷一六。又见《宋代蜀文辑存》卷三九。

撰者:杨椿

陈康伯右仆射制
(绍兴二十九年九月十四日)

天地交而万物泰,故君子长而小人消;明良合而庶事康,故股肱喜而元首起。时我贤辅,夙推本朝。念久预于政机,用峻登于相府。诞扬休命,敷告明廷。具官陈康伯,才赡而气和,望高而实茂。羽仪一世,森玉笋之清班;出入十年,佩紫荷之禁橐。方剖符而作牧,亟赐环而造朝。副予求旧之诚,佐我图新之治。老而益壮,凛松柏之后凋;知无不为,判蓍龟之先见。冠中台之常伯,侍便坐之经帷。处心近厚而有容,遇事至刚而不挠。爰自论思之列,径跻丞辖之司。文武兼资,所临底绩。安危注意,何适不宜? 朕以眇躬,获承大统。久选于众,思得其人。式符岩石之瞻,遂正台衡之拜。荣开侯社,光陟文阶。佇次辅之登庸,隆大君之体貌。於戏! 上帝复高祖之德,永怀继述之为难;皇天付中国之民,所念安全之不易。惟同寅协恭可以洪至化,惟任重致远可以迪成功。兹厉谋猷,往承眷瞩。

出处:《宋宰辅编年录》卷一六。又见《宋代蜀文辑存》卷三九。

撰者:杨椿

特不视事诏
(绍兴二十九年九月十五日)

今月十六日垂拱殿坐,为皇太后违和,特不视事一日,令宰执赴内殿奏事。

出处:《中兴礼书》卷二六四。

皇太后病祈祷事诏
(绍兴二十九年九月十五日)

皇太后圣体违和,祈祷天地、宗庙、社稷、太一宫、天庆观、报恩光孝观,差宰执侍从,临安府载在祀典及名山大川神祠,在内差守臣、在外分差知县。合排办祝文、青词、礼料、御香等,令太常寺关报所属疾速施行。其被差行事官,于今月十五日各就所司致斋,十六日行礼。

出处:《中兴礼书》卷二六四。

以皇太后病大赦天下诏
(绍兴二十九年九月十五日)

门下:朕承列圣之休德,抚中兴之丕图。皇太后尊御东朝,日垂慈训。致九州之养,每躬定省之勤;介万寿之旅,方视康宁之履。偶兹旬日,有爽节宣。未收药石之功,备展祈禳之礼。爰敷儒宥,以洽善拜。可大赦天下。限赦书到日,罪人除犯劫杀、故杀、斗杀并为已杀人者,并十恶、伪造符印、放火及盗官物入己罪至死、官员犯入己赃,将校军人公人犯枉法、监主自盗赃不赦,内枉法自盗罪至死情理轻者奏取指挥,斗杀罪至死情理轻者减一等刺配千里外牢城,断讫录案闻奏。其余罪无轻重,已发觉、未发觉、已结正、未结正,咸赦除之。应五岳四渎、名山大川及祠庙载于祀典者,所在精虔致祷。应五岳四渎在医术者,可令所在州县日下津发,令来骑赴阙。於戏!恩浃普天,同跻斯民于仁寿;庆长延乐,宜勿药以痊和。赦书日行五百里,敢以赦前事言者,以其罪罪之。

出处:《中兴礼书》卷二六四。

以皇太后病再施恩天下诏
(绍兴二十九年九月十六日)

皇太后圣体违和,医药未效,再颁恩施,加惠斯民,庶洽吉祥,以祈康复。应绍兴二十八年以前第四等以下民户未纳税赋及见欠官物,并与除放。两浙、江东西去岁水潦赈贷物料去处,在法合于今秋成熟之后具数还官,可特行蠲免。浙东、江东西近日以雨泽少愆,颇生螟螣,委监司、郡守体访,如实有损稻去处,量行减放今年租税。诸路纲运抛失、欠折官物见监系人,如无情弊,并与蠲放;临安府内外官私房钱、白地钱、门税并放半月。付户部疾速施行。

出处:《中兴礼书》卷二六四。又见《宋会要辑稿》食货六三之一七,《建炎以来系年要录》卷一八三。

限三日请领皇太后丧事支费诏
（绍兴二十九年九月二十日）

应诸司官应办大行皇太后丧事支费，并令置历，限三日前来慈宁宫请领，当官即时支给，不得分毫科扰，及邀阻除克。如违，官吏并置典宪。

出处：《中兴礼书》卷二六四引《宋会要辑稿》。

皇太后上仙令三卫皇城司官在内宿直诏
（绍兴二十九年九月二十日）

皇太后上仙，依隆祐皇太后故事，令三卫、皇城司官在内宿直，弹压机察，防巡火烛。候过大殓日，别听旨。

出处：《中兴礼书》卷二六四引《宋会要辑稿》。

遗　诰
（绍兴二十九年九月二十一日）

皇太后诰内外文武臣僚等：予享天下之养逾二十年。皇帝笃于爱亲，天祐纯孝，顷迎驲御，归燕宫闱，晨昏奉承，恩意饬备。获以暮齿，见兹时康，神明所扶，寿纪八十。方自颐于长乐，嘉与四方其休佚，而弥旬以来，偶撄疾疢，百僚弗瘳。获兹考终，夫复何憾！皇帝躬侍左右，夙宵疢怀，药必先尝，衣不解带，既已备致其忧。重念邦务之繁，神人所托，勉思自抑，勿用过哀。更赖股肱近臣，共为开释。皇帝成服三日听政，以日易月，一依旧制。行在文武臣僚十三日而除。诸司长官及近臣观察使以上临于宫庭，其余临于宫门外。诸道州府长吏已下三日释服，军民不用缟素，沿边不得举哀。释服之后，勿禁作乐。应营奉等费，并以慈宁宫钱物支给。园陵制度，务从俭省，毋事烦劳。并依昭宪明德皇太后及诸后故事施行。故兹遗诰，想宜知悉。

出处：《中兴礼书》卷二六四。

考校说明：本文是韦氏以太后身份发布的诏令。

都大主管丧事所取索临安府不得应副诏
（绍兴二十九年九月二十三日）

应都大主管丧事所有借取索，临安府并不得应副。如合用物，俟见都大所公文，本府即时闻奏讫，方许应副供纳。

出处：《中兴礼书》卷二六四引《宋会要》。

群臣请听政第一表不允批答
（绍兴二十九年九月二十四日）

省表具之。朕以降割自天，遽罹大故，追慕慈壸，攀号莫及。方此执丧，茕然在疚。思《蓼莪》之义，欲报于劬劳；顾荼毒之初，岂皇于听治。露章来上，徒极哀摧。所请不允。

出处：《中兴礼书》卷二六五。

群臣请听政第二表不允批答
（绍兴二十九年九月二十五日）

省表具之。迎奉驷驭，即安东朝。极天下之养，惟日不足；而一朝奄弃，至于大故。罔极之慕，摧割靡胜。成服甫尔，而卿等封章沓至，以听政为言，于礼安乎？所请宜不允。

出处：《中兴礼书》卷二六五。

群臣请听政第三表不允批答
（绍兴二十九年九月二十六日）

省表具之。朕以眇躬遭家多难，既不能遵商宗亮阴之制，而姑用汉帝以日易月之文，顾于典礼，亦少贬矣。乃复欲御便坐，见群臣。听政之请，至于再三。朕非惟不忍,亦有所不敢也。所请宜不允。

出处:《中兴礼书》卷二六五。

群臣请听政第四表不允批答
(绍兴二十九年九月二十七日)

省表具之。夫三年之丧,自天子达于庶人,三代共之。朕式遵遗训,断恩从权,固已恻然于中,而况临政便朝,亲临万务,虽有彝制,人言谓何。载稽礼经,未喻厥旨。所请宜不允。

出处:《中兴礼书》卷二六五。

群臣请听政第五表宜允批答
(绍兴二十九年九月二十八日)

省表具之。恭惟大母厌世,奄弃慈宁。念永闷于坤仪,期终身而孺慕。况朕方哀摧,岂遽可对群臣而亲庶政?露章连上,宜勉至情。俟过小祥,于梓宫之侧,权设素幄,令辅臣奏事。泣血示外,痛贯心膂。所请宜允。

出处:《中兴礼书》卷二六五。

令礼部太常寺聚议皇太后丧事典礼诏
(绍兴二十九年九月三十日)

大行皇太后丧事典礼至重,可令礼部、太常寺官检照故事,逐一聚议,按日申请。如所见不同,即各具议状申朝廷取裁,不得稽违灭裂。

出处:《中兴礼书》卷二六四引《宋会要》。

苏晔奉使回转官制
(绍兴二十一年九月后或绍兴二十九年九月后)

朕惟民不见兵,实系两朝之好;臣能承命,有嘉四牡之归。矧以署行,异于岁聘。念久稽乎信赏,兹何靳于褒迁。具官某以慎密持身,以恭勤奉上。夙扬令问,服在宸闱。鸣佩肃然,致九仪之有辨;抗旌屡矣,忘六辔之为劳。比专饬于使骓,复与修于邻睦。既还旧著,宜贲新荣。服我光华之恩,益肩志节之守。可。

出处:《海陵集》卷一八。

撰者:周麟之

考校说明:编年据周麟之任两制时间、苏晔官历补,见《建炎以来系年要录》卷一六二、卷一八三。

皇太后丧令天下不得修奉贡献手诏
(绍兴二十九年十月四日)

朕恭惟大行皇太后享天下之养,而以百姓为心,平居汤沐之斥还县官,累岁弗取。遗诰天下,凡修营百费,并以本宫钱物充赡。望德仁俭,视古有光。朕丧哀恸,思奉遗训。应诸路监司、州、府、军、监等,可止令进慰表,其赗赠衣服、礼物并免进;在路者令追回。仍不得以助攒宫,修奉贡献。庶无费扰民,以显扬先文母慈俭之盛德。故兹诏示,想宜知悉。

出处:《中兴礼书》卷二六四。

群臣请御正殿第一表不允批答
(绍兴二十九年十月五日)

省表具之。朕念衅积祸钟,不自加于眇末之身,而上延文母,痛心疾首,摧割靡胜。居内朝正当宁之位,顾寡昧其忍闻之。所请宜不允。

出处:《中兴礼书》卷二六五。

群臣请御正殿第二表不允批答
（绍兴二十九年十月七日）

省表具之。昔者滕定公薨，文公问于孟子。孟子曰："亲丧，固所自尽也。"文公始定为三年之丧。夫滕，小国之诸侯也，其宅忧尚可观；孟子，百世之大贤也，其立言顾不足法乎！朕茕然在疚，方且服膺斯义，卿等御殿之章，其将何以处朕哉！所请宜不允。

出处：《中兴礼书》卷二六五。

州县科买百姓贡物令给还诏
（绍兴二十九年十月十一日）

已降手诏，大行皇太后上仙，应诸路监司、州、府、军、监等，止令进慰表，免进赙赠衣服、礼物贡献。虑有已于民户科买去处，可令日下给还，仍令户部遍牒行下。

出处：《中兴礼书》卷二六四。又见《建炎以来系年要录》卷一八三。

群臣请御正殿第三表宜允批答
（绍兴二十九年十月十一日）

省表具之，朕遽违大养，痛悼东朝之不还；俯徇群言，绵莜西厢之近制。茹哀而亲庶事，泣血而见朝臣。顾于礼经，既以即变，而卿等御殿之请，却而复来。且谓宜正面南之朝，难处当宁之位。丧过乎哀，则或非中制；礼起于义，则亦缘人情。愿思列圣之旧章，亟御当阳之黼座。朕念先朝典故，易月有期，三年之丧，内朝自行之。俟过禫除，勉遵遗诰。所请宜允。

出处：《中兴礼书》卷二六五。

大行皇太后启攒发引日令杨从义将
带人从送护梓宫至攒宫诏
（绍兴二十九年十月二十四日）

将来大行皇太后启攒发引日，差主管大内公事、知尚书内省事、嘉国夫人杨从义将带从人九人，共一十人，送护梓宫至攒宫，并候事毕日回程入内。

出处:《中兴礼书》卷二六九。

申禁沿淮私渡盗买鞍马博卖物色诏
（绍兴二十九年十月二十五日）

禁止沿淮私渡盗买鞍马，博卖物色，已是严切。尚虑冒利之人或假托贵要，或作军中名目，往来买卖。令帅、宪、知、通加意禁约。有违戾去处，即时奏劾，当继遣御史遍行讥察。犯人如有假托，追赴大理寺根究，从军法处断；其失察故纵官吏，并当编窜远方。旬具有无申三省、枢密院。

出处:《建炎以来系年要录》卷一八三。

立诸路募民运和籴米赏格诏
（绍兴二十九年十月二十五日）

诸路和籴米斛，并募土豪及子本客人自备船装载，每石千里支水脚钱二百文，二万石补进义校尉；其他皆以远近多少为差。除耗及搭带一分税物如旧。

出处:《建炎以来系年要录》卷一八三。

罢任使臣等批书事诏
（绍兴二十九年十月二十六日）

应罢任使臣、校副尉缴历不曾批书印纸，亦不将到旧历，止有给到公据开说在任所请给各色数目、起支住请年月日有无侵欠，已缴旧历拘收毁抹入官之文圆备之人,依本官所乞,召在部有姓名本等保官二员委保,实系缴纳在官;即自行隐匿,诈冒不实,甘依建炎三年六月八日去失已降旨挥。批书保官印纸照应先次给历,继续移文罢任州军,如会到不曾缴纳,或有侵欠不该钱物,即依见行条法。如公据内开说不圆,虽批书印纸亦有不圆,更无给到公据,即依节次已降旨挥,并候勘会到旧历归着,方许给历;及有批书印纸开说所请名件则例、起支住请年月日、有无侵欠,无拘收券历入官之文,却有给到公据见得券历归着之人,照应给历外,所是州军不批书印纸,从本寺行下究治。

出处:《宋会要辑稿》职官二七之三一。

陈良翰除江东提刑制
(绍兴二十七年六月至绍兴二十九年十一月间)

凡抱功修职之吏,必善用其所长。如扁之斫轮,良之执靶,非智专者不能精也。况乎典庶狱于外,观五刑之中,敷求吉人,意固有在。尔之为吾理官也,练习文法,决疑以审,请谳以明。践更职司,贰于廷尉,是尝处天下平矣。今付汝以揽辔之任,责汝以平反之功。盖因其能,敷惠一路。当使彤帏问俗之意,不减丹笔泣囚之时。往哉惟钦,咸庶中正。可。

出处:《海陵集》卷一五。
撰者:周麟之
考校说明:编年据周麟之任两制时间、陈良翰官历补,见《建炎以来系年要录》卷一八三。

吴山英烈威显王特封忠壮英烈威显王诏
(绍兴二十九年十一月二十六日前)

追惟文母,将祔祐陵,閟殿告成,容车将发。深以大江之阻,具形群辟之忧,既竭予诚,亟孚神听。某王一节甚伟,千古如存。帖然风涛,既赖幽明之相;焕乎天宠,用昭崇极之恩。尚绥予四方之民,以绵尔百世之祀。可特封忠壮英烈威显王。

出处:《宋会要辑稿》礼二一之六一。

考校说明:编年据《宋史》卷三一《高宗纪》补。原书此诏之前有"显仁太后龙楯将渡会稽,上圣孝出于天性,预恐风涛为孽,遥于宫中默祷忠清庙。及篙御既戒,浪平如席,上命词臣行制词以封之,曰"云云。按显仁太后即徽宗韦贤妃,卒于绍兴二十九年九月。《宋史》卷三一《高宗纪》:"(绍兴二十九年十一月)丙午,权攒显仁皇后于永祐陵。"即文中所述"追惟文母,将祔祐陵"事。

诸司粮料院人吏特与拨填入额诏
(绍兴二十九年十一月二十九日)

诸司粮料院人吏,依到院年月日、先后名次,特与拨填五人入额一次。

出处:《宋会要辑稿》职官二七之五九。

左藏库不得别立寄廊单子诏
(绍兴二十九年十二月七日)

左藏库今后将应支钱物逐一照验凭由、旁帖、文给,依限缴申所属审实,不得别立寄廊单子。如违,官吏并依收支官物不即书历及别置私历法科罪。

出处:《宋会要辑稿》食货五一之二八。

郑立之特与遥郡刺史诏
(绍兴二十九年十二月十六日)

武经大夫、阁门宣赞舍人郑立之系第八等,依《阁门格》,满三年合转一官。今已上十二年,特与遥郡刺史。

出处:《宋会要辑稿》职官三四之七。

显仁皇后祔太庙德音
(绍兴二十九年十二月十七日)

门下:朕钦承永祐之丕基,虔奉慈宁之大养,优游二纪,奄忽千年。事毕因山,既返虞于故寝;礼成合祭,遂归祔于太宫。言念费用悉出于东朝,调度不加于外府。坤灵献吉,川后静波。获天人幽显之祥,赖中外臣邻之力。而来往经涉,督治频仍。工徒营缮之勤,兵民暴露之久。衰屯大事,岂无少劳! 载轸朕心,思慰黎庶。爰施霈侑,用示抚绥。显仁皇后祔太庙,依典故可降德音。云云。於戏! 发政施仁,实广好生之德;推恩及物,以慰在天之灵。咨尔群伦,体予至意。主者施行。

出处:《中兴礼书》卷二七五。

四川纳钱补官事诏
(绍兴二十九年十二月二十四日)

四川进纳人,依例每铁钱二文折铜钱一文,每铁钱一贯折川钱引一道,其所补官文臣特免铨试,武臣特免呈试短使。

出处:《宋会要辑稿》职官五五之四六。

高宗朝卷三十四　绍兴三十年(1160)

余时言除国子监簿制
（绍兴三十年正月前）

国家阊设贤关，作成士类，录其行艺，岁有籍焉。而簿书之官，与典斯事，是亦清选也。以尔儒蕴之茂，见推士林，召对之初，升于监属。益思自厉，往祗厥官。

出处：《海陵集》卷一七。又见《永乐大典》卷一四六〇八。

撰者：周麟之

考校说明：编年据余时言官历补，见《宋会要辑稿》选举二〇。

显谟阁直学士左太中大夫知绍兴府
王师心母硕人陈氏赠硕人制
（绍兴二十八年八月至绍兴三十年正月间）

累茵列鼎，贤哲所以怀亲；褖印密章，帝王所以广孝。某氏禔身端淑，秉德柔良，践懿躅以肥家，积阴功而寿后。遗此三迁之教，生吾两禁之英。维彼硕人，已垂声于大暮；必有余庆，方锡羡于高门。兹留严裎，载申前命，尚冥幽之不昧，或颁享以来歆。

出处：《永乐大典》卷二九七二。

撰者：洪遵

考校说明：编年据王师心官历补，见《嘉泰会稽志》卷二、《建炎以来系年要录》卷三〇。此制为赠硕人制，陈氏原必非硕人。又按前后诸文，皆是由孺人进封硕人,疑标题"王师心母硕人陈氏"为"王师心母孺人陈氏"之误。

左朝散郎权尚书刑部侍郎黄祖舜转左朝请郎制
(绍兴二十八年十二月至绍兴三十年正月间)

十铨考课,在贱贵以殊途;三载陟明,盖古今之常制。朕率循公道,以诏臣邻。若时近侍之联,犹谨外郎之秩。具官某器识端介,风猷邃清。怀香握兰,著宰士弥纶之效;簪笔持橐,高秋官平允之称。质其成劳,应此襃典。虽历阶而进,未表于深思;而锡命之荣,少酬于久次。克祗厥若,勿替引之。

出处:《永乐大典》卷七三二二。
撰者:洪遵
考校说明:编年据洪遵任两制时间、黄祖舜宦历补,见《建炎以来系年要录》卷一八〇等。

贺允中父任承议郎赠左中散大夫珇赠太子少师制
(绍兴二十九年七月至绍兴三十年正月间)

人伦之孝,莫大于扬名;王者之恩,尤高于锡命。眷弼臣之鼎贵,即考庙以追荣。具官某,为世闻人。不跻膴仕。种德百年之计,非此其身;遗子一经之传,克昌厥后。方延登于政地,亟加贲于泉扃。储位之孤,师位为冠,尚营魂之未泯,对茂渥以灵承。

出处:《永乐大典》卷九一九。
撰者:洪遵
考校说明:编年据洪遵任两制时间、文中所述"眷弼臣之鼎贵……方延登于政地"补,见《宋史》卷二一三《宰辅表》。贺允中父"珇",《盘洲集》卷一九《父承议郎赠太子太傅坦赠少傅制》作"坦"。

令六曹尚书侍郎等荐诸州守臣诏
(绍兴三十年正月十四日)

诸州守臣间有阙官,可令六曹尚书侍郎、翰林学士、两省台谏官、正言以上各举曾任通判及通判资序、公勤廉慎、治状显著可充郡守者二员闻奏,以备铨择。仍保任终身,犯赃及不职与同罪。其曾任郡守,虽有公累而才实可用者,亦许荐举。

出处:《宋会要辑稿》选举三○之七。又见《建炎以来系年要录》卷一八四。

鲍彪特授左奉议郎守尚书司封员外郎致仕制
(绍兴三十年正月十四日)

壮而仕,老而归,君子出处之大致也。故朕于知止之士,爱之重之,思所以致其厚者。尔以明经行修,早擢上第,拥阘不试几二十年,庞眉郎潜,垂上清近,今才七十耳,幡然上归老之章。尔之志决矣,朕何忍悯劳以官职之事乎!褒进文阶,华以命服。且诏有司上其子若孙一人大夫。其修身守道,以昌高年,优游里间,以须三老五更之召。可特授左奉议郎、守尚书司封员外郎,赐绯鱼袋致仕。

出处:《建炎以来系年要录》卷一八四。

左朝请大夫尚书左司员外郎邵大受除权尚书户部侍郎制
(绍兴三十年正月十四日)

文昌六职,共底于事功;地官贰卿,实司于经入。孰副剧烦之任,必惟强敏之求。具官某植行安和,受材高邵。名声早著,号严乐之笔精;智略自将,得妍桑之心计。久兹留落,属尔骞腾。外台高刺举之威,宰士著弥纶之效。擢升禁路,独付民曹。钱谷问其几何,朕方期于裕国;会计当而已矣,尔益务于能官。其体忧言,以祇异渥。

出处:《永乐大典》卷七三○三。
撰者:洪遵
考校说明:编年据《建炎以来系年要录》卷一八四补。

减修内司潜火兵诏
（绍兴三十年正月十五日）

修内司并潜火兵共千五百人，可减五百人，付步军司填阙额。

出处:《建炎以来系年要录》卷一八四。

减御辇院人吏诏
（绍兴三十年正月十七日）

御辇院下都辇官减一百人，令兵部比拟一般请受军分安排，愿放停者听。

出处:《宋会要辑稿》职官一九之一九。

许淮南人户陈诉人使买物不支价钱等事诏
（绍兴三十年正月十八日）

去年以来，使命往还。淮南州郡如有买过人户诸般物色不支价钱，及有亏价，令人户赴本所陈诉，具姓名闻奏。

出处:《宋会要辑稿》职官三六之五三。

奉使大金使副过界坐车马诏
（绍兴三十年正月十八日）

今后奉使大金使、副，不以两府、侍从，过界后，并依常例坐车马，不得妄于例外索觅轿子前去，盱眙军不得应副。

出处:《建炎以来系年要录》卷一八四。

令议四孟朝献景灵宫礼仪诏
（绍兴三十年正月二十一日）

郊祀行事，稽之礼经，盖无可疑。若四孟朝献景灵宫，元丰以来，自有典故。可令给舍、台谏、礼官详悉讨论，参以古谊，议定闻奏。

出处:《建炎以来系年要录》卷一八四。

特行休务假诏
（绍兴三十年正月二十一日）

孟春行献景灵宫，为衣服未纯吉，令宰执分诣，特行休务假，不视朝。

出处:《宋会要辑稿补编》第四四页。

选差新中酒库监官诏
（绍兴三十年正月二十五日）

点检赡军激赏酒库所增置新中酒库一所，监官从本所不以有无物碍选差，务满别无遗阙，优与推赏，候至来年，额见得递年额数增亏赏罚，仍与例累赏。如系诸库见任官内改差者，许通理前月日赏典。如能用心措置，早见就绪，亦从本所保明，申奏朝廷，任优异推赏。

出处:《宋会要辑稿》食货二〇之二二。

侍从台谏等荐举武臣诏
（绍兴三十年正月二十六日）

今后侍从、台谏右正言以上，在外帅臣、前两府及待制以上，于所部举荐武臣，其荐到统制、统领官，与转一官。正任防御使以上及碍止法人，三省、枢密院籍记，候有内外近上兵官阙，取旨升擢。将官以下，令赴三省、枢密院审察取旨；若在远不愿赴阙审察人，令本军与升一等差遣，遇阙先次升差，三省、枢密院籍记,以备擢用。余人所荐,并籍记,三省、枢密院审访材能以闻。

出处:《宋会要辑稿》选举三〇之八。又见《建炎以来系年要录》卷一八四。

潼川府铜山县月中卖入官铜额诏
(绍兴三十年正月二十六日)

潼川府铜山县出产铜,依旧中卖入官,月以五百斤为额。

出处:《建炎以来系年要录》卷一八四。

普安郡王次子恺授右监门卫大将军诏
(绍兴三十年正月二十八日)

普安郡王次子恺可授右监门卫大将军,请给等并依行在赴朝南班宗室例支破。

出处:《中兴礼书》卷一九七。又见《宋会要辑稿补编》第一八页。

礼部每岁将逐路州军僧道人数等开项申台省诏
(绍兴三十年二月一日)

今后令礼部每岁将逐路州军见在僧道人数并给纳到度牒数目开项申台省,令比类考据,摘其弊之尤者取旨施行。

出处:《宋会要辑稿》职官一三之三四。

禁诸官司过数差占白直兵士等诏
(绍兴三十年二月一日)

诸官司过数差占白直兵士及外借人,并仰日下拘收发遣。如有违戾,各从徒二年科罪。许被差借人经赴尚书省陈诉。

出处:《宋会要辑稿》职官一四之七。

知县系升朝官带兵马都监诏
(绍兴三十年二月五日)

今后知县系升朝官,即带"兵马都监";若宣教郎以下,即带"兵马监押"。

出处:《宋会要辑稿》职官四八之三六。

金国吊祭人使行礼事诏
(绍兴三十年二月五日)

今月六日,金国吊祭人使行礼,副使令随使升殿,读祭文官同副使例。

出处:《中兴礼书》卷二七六。

金国吊祭人使朝辞事诏
(绍兴三十年二月八日)

将来吊祭人使朝辞日,后殿起居班并宰执奏事权令赴垂拱殿,送伴朝辞上殿前一日引。

出处:《中兴礼书》卷二七六。

黄仁荣除两浙路运副制
(绍兴三十年二月十五日)

畿内漕视他路选尤重,尔以通才,屡更烦使,辍自泉府,使服故官。往其钦哉,嗣有褒擢。

出处:《于湖居士文集》卷一九。
撰者:张孝祥
考校说明:编年据《建炎以来系年要录》卷一八四补。张孝祥时为提举江州太平兴国宫,此文作者或非张孝祥。

群臣请皇帝纯吉服第一表不允批答
(绍兴三十年二月十五日)

省表具之。居丧者,礼尚于有终;报答者,心存乎罔极。朕自罹哀疚,深念劬劳。虽易月之文,当勉遵于遗训;然三年之制,初不废于内廷。忍以戚容,遽从吉服? 夫天子之孝,在于刑四海;而朝廷之治,所以正万民。宁咈来陈,少伸朕志。所请宜不允。

出处:《中兴礼书》卷二六八。

群臣请皇帝纯吉服第二表不允批答
(绍兴三十年二月十五日)

省表具之。服痛东朝,奄罹大故,罔极之念,实钟乃心。在外廷虽遵易月之文,而内朝实行三年之制。既不逮者劬劳之执,尚可勉者哀戚之情。行之终身,犹曰不足。遽尔即吉,后嗣何劝? 方稽列圣之规,难徇群臣之请。所请宜不允。

出处:《中兴礼书》卷二六八。

群臣请皇帝纯吉服第三表宜允批答
(绍兴三十年二月十九日)

省表具之。朕追怀慈训,备举恤仪,濡露及辰,茹哀何已! 而群心卿士,屡请以吉服临朝。夫礼有变常,靡容于过制;孝无终始,惟在于尽心。朕今内则执丧,外而听政。所自竭者杯圈之慕,所难废者朝廷之仪。敢徇至情,以堕成宪。所请宜允。

出处:《中兴礼书》卷二六八。

俟期年吉服御殿诏
(绍兴三十年二月二十二日)

近群臣三上表,请依典故,以吉服御殿。朕虽勉从,惟人子之孝,未能割情。二十四日常朝,且服淡黄袍、红棒带,俟期年易之。

出处:《中兴礼书》卷二六八。又见《建炎以来系年要录》卷一八四。

除太学录周必大制
(绍兴三十年二月二十四日)

左修职郎周某。右,可特授依前左修职郎、太学录,填见阙。敕左文林郎蒋芾等:朕恢复学校,崇重师儒,唯采择之加详,故除授之不数。以尔芾学问渊源,甲科之选,其谭经师席,以迪多士。以尔某藻思骏发,词学之英,其录于学事,以肃规矩。夫科目名也,职业实也。朕既以名取之,必试之以事,庶考尔之实焉,尚勉之哉! 可依前件。

出处:《文忠集》卷首《年谱》,四库本。
撰者:叶谦亨
考校说明:月、日据周纶《周益国文忠公年谱》补。

立皇子诏
(绍兴三十年二月二十五日)

朕荷天右序,承列圣之丕业,思所以垂裕于后,夙夜不敢康宁。永惟本支之重,强固王室,亲亲尚贤,厥有古义。普安郡王,艺祖皇帝七世孙也。自幼鞠于宫闱,嶷然不群,聪哲端重,阅义有立,克于宗藩。历年滋多,厥德用茂,望实之懿,中外所闻。朕将考礼正名,昭示天下。立爱之道,始于家邦,自古帝王以此明人伦而厚风俗者也。稽考前宪,非朕敢私。其以寿皇为皇子,改赐名寿皇。

出处:《海陵集》卷一一。又见《建炎以来朝野杂记》乙集卷一,《海陵文征》卷二。
撰者:周麟之

考校说明:编年据《建炎以来朝野杂记》乙集卷一补。

伯琮进封建王制
(绍兴三十年二月二十七日)

圣人谨礼,具垂百世之规;君子笃亲,爱假有家之吉。朕祗应景运,寅奉丕图。思置天下于盘石之安,必侈公室于维城之固。恩繇贵始,国以宗强。聿资右序之休,用协荣怀之庆。我有明命,扬于大庭。皇子、检校少保、常德军节度使、普安郡王、食邑九千五百户、食实封三千三百户伯琮,邃禀天成,隽猷时敏。体备五行之秀,气兼四序之和。问安早侍于宫卫,学礼不烦于师傅。旋开祗第,就界斋庑。卓荦不群,久矣神明之胄;温良特重,居然信后之风。韫才识以益充,居富贵而不溢。游心典籍,惟前言往行之师;接席宾僚,有春诵夏弦之乐。用是深存眷奖,肆示褒嘉。锡山与田,册王封之真命;维衮及黼,视宰路之续仪。易宣城之巨藩,畴爱田之多色,以壮本支之形势,以亲中外之观瞻。於戏!昭令德以示子孙,朕无忘于斯义;藩王室以和兄弟,尔思配于前人。勉服训辞,益光蕃衍。可特授宁国军节度使、开府仪同三司,进封建王,加食邑一千户、食实封四百户,令所司择日备礼册命。

出处:《中兴礼书》卷一九七。又见《名臣碑传琬琰集》中集卷三三《杨文安公椿墓志》。
撰者:杨椿

伯琮辞免进封建王批答
(绍兴三十年二月二十七日后)

朕志先定,其已久矣,既非昵亲属之私,又匪由中外之请,授受之际,谁曰不宜?

出处:《名臣碑传琬琰集》中集卷三三《杨文安公椿墓志》。
撰者:杨椿
考校说明:编年据《中兴礼书》卷一九七补。

提刑司检察经总制钱诏
（绍兴三十年二月二十九日）

经总制钱诸路一岁亏及二百余万缗,令户部行下,委提刑司检察,将诸州公库违法置店卖酒日下改正住罢;其诸州巧作名目别置酒库,谓如军粮酒库、防江酒库、月桩酒库之类,并省务寄造酒及帅司激赏酒库、防江酒库应未分隶经总制钱去处,并日下立额分隶,补趁亏欠元额之数,及令漕司逐月守倅竭力从长措置省务,立定酒价,及加饶的实折阅数目借本循环,圆融补趁。仍自绍兴三十年为始,须管从实拘收,限次季孟月二十五日以前差官管押离岸尽绝,不得于帐状内存留见在却称见行起发,故意作弊,务要岁终敷趁足额。如日后尚敢循习违戾,致依前亏欠,州县委提刑按劾。如宪司依前不行觉察,许本部按劾施行。

出处:《宋会要辑稿》食货六四之九八。又见同书食货二〇之二三、食货三五之二七。

考校说明:《宋会要辑稿》食货二〇系于绍兴三十年十二月二十九日。

减临安府房廊赁钱诏
（绍兴三十年三月八日）

临安府在城自绍兴二十一年以后官司续置到房廊赁钱,并减三分之一。

出处:《建炎以来系年要录》卷一八四。

试礼部奏名进士制策
（绍兴三十年三月九日）

朕承祖宗之休德,临御丕图,于兹三纪。宵衣旰食,以求治功。志勤道远,未知攸济。今详延子大夫于廷,冀闻古昔之宜,以裁当世之务,其悉意致思,朕垂听而问焉。盖闻善为国者,仁以得民,义以制事,宽猛相济,政是以和,无异道也。而《记》称商、周尊而不亲,亲而不尊之异,议者乃有尚严者尊、尚恩者亲之说焉。史述齐、鲁有举贤上功、尊尊亲亲之异,议者乃有齐政近商,周公治周,乃所以治鲁之说焉。圣贤之为国,若是其不同欤?抑道初无二,而因时制宜,有不可得而同者欤？施之当今，亦将有所取舍欤？汉七制皆贤君也，太宗躬行恭俭，以德化民，宽足尚矣，而议者谓不若孝宣之严明；显宗法令分明，幽枉必达，严足尚矣，而议者谓不若章帝之长者。然则治道所尚，又将孰从而可欤？今世之当务多矣，吏道之未勤也，士风之未醇也，民力之未裕也，将宽以御之，则无以革偷惰之习；将严以督之，则惧其有苛察之失。伊欲风流而令行，实修而名立，比迹两汉而庶几三代，其何道以臻此？子大夫茂明之，朕将亲览焉。

出处：《宋会要辑稿》选举八之九。

王彦差知金州制
（绍兴三十年三月十八日）

朕惟蜀汉诸郡控连山南，介于边冲，襟带深阻，二千石以共理之寄兼御侮之事，非它州比也。必其威重可以弹压屯戍，加之静治有以拊摩疮痍，自非名将之俦，兹未易以轻畀。具官某胆略忠壮，望雄于边。周旋戎拨，夙有多绩。武都之治，威誉隐然。惟兹西城，实号方面。分虎剖符，莫如汝宜。万旅连营，赖壮猷以为之节制；四州接壤，须善政以为之抚绥。尚励尔能，以承予训。

出处：《海陵集》卷一七。
撰者：周麟之
考校说明：编年据《建炎以来系年要录》卷一八四补。

亲王初除恩数请给事诏
（绍兴三十年三月十九日）

亲王初除恩数请给，令有司检校格例，申尚书省。

出处：《中兴礼书》卷一九七。

黄应南差江西提刑制
（绍兴三十年四月前）

修洁之士，以行谊见信于人，果若白璧之不能污也。惟毁誉得其真，则忠邪为之判。公论所在,较然可知。尔以清恪廉介之资,盖尝为吾御史矣。剖符江右,风概不衰。乃伤于谗,坐免而去。今焉暴白,清望益高。复畀轺车,按刑旧部。是必能使狱讼衰息,铸顽成仁。六条素孚,奚俟予训。可。

出处:《海陵集》卷一八。

撰者:周麟之

考校说明:编年据黄应南官历补,见《建炎以来系年要录》卷一八五。

显仁皇后祔庙亲属并与推恩诏
(绍兴三十年四月九日)

显仁皇后祔庙,亲属并与依例故推恩。以侄韦讯、谊、诉各与转行三官,侄孙璞、璇、璕、琛、瑛、珪各与转两官,璟、璇、璕各与补承节郎。侄女夫杨持、刘涤、王过、裴良宗、吴瑰各与转一官,内杨持依条回授。侄妇会稽郡夫人韩氏、政和郡夫人张氏、恭人张氏、张氏、赵氏各加封二等。侄女福国夫人韦氏与加封一等,永嘉郡夫人韦氏、高平郡夫人韦氏、和义郡夫人韦氏、咸宁郡夫人韦氏、感义郡夫人韦氏、恩平郡夫人韦氏各加封二等,孙女五人并与封安人。

出处:《宋会要辑稿》后妃二之一二。

差亲从充人使祇应都亭驿诏
(绍兴三十年四月十一日)

差亲从四十人充人使到阙都亭驿充代剩员使人位看房等祇应,令皇城司于使人过界前半月交割,事毕日发遣。今后准此。

出处:《宋会要辑稿》职官三六之五四。

令户部补还镇江建康桩置斛斗诏
(绍兴三十年四月十七日)

先降指挥,令户部取岁计之余支拟上供,于镇江、建康各桩一百万石,值水旱则补助军食,遇有阙则复行补足。访闻见桩数目已有取拨借兑,可令户部措置补还。

出处:《宋会要辑稿》食货五六之四六。

臣僚陈乞上殿不许于都堂纳札子诏
(绍兴三十年四月十七日)

自今臣僚陈乞上殿,令径投状通进司,不许于都堂纳札子,永为成法。

出处:《建炎以来系年要录》卷一八五。

大理寺般押推司请授诏
(绍兴三十年四月十八日)

大理寺般押推司请授,比承勘推司减三分之一,仍展二年方补副尉。

出处:《宋会要辑稿》职官二四之二四。

奖谕狱空诏
(绍兴三十年四月十八日)

古者画衣冠,异章服,而民不犯。中世以还,周云成、康,汉言文、景,刑措不用,朕甚慕之。夫胜残去杀者,善人之为邦;明慎用刑、不留狱者,旅之正吉也。卿等司吾详刑,各修乃职,靡淹恤稽留之咎,守要囚服念之程。谨三尺之章,致无一人之狱,顾视古昔亦庶几矣。剡章来上,良用叹嘉。

出处:《咸淳临安志》卷六。

州县差遣条约诏
(绍兴三十年四月十九日)

应已得差遣人,遵依旧法,限半月出门。州县阙官应专摄者,不得差本处寄居官。内已有差遣人,不得于行在并临安府权摄。徇情冒差者,并以私罪收坐。

出处:《宋会要辑稿》刑法二之一五五。

大理寺治狱置检法使臣一员诏
(绍兴三十年四月二十四日)

大理寺治狱合置检法使臣一员,许本寺踏逐外路州军曾充法司出职补摄诸州助教名目人充,候到寺满二年,依推法司人吏体例通理入仕迁补,以来至年劳补摄助教及八年以上,与补进武副尉酬赏。

出处:《宋会要辑稿》职官二四之二四。

岁赐建王公使钱事诏
(绍兴三十年四月二十四日)

皇子建王岁赐公使钱三千贯,逐月均给。其初除推恩合得承信郎四人,令依例陈乞。

出处:《中兴礼书》卷一九七。又见《建炎以来系年要录》卷一八五。

及第进士第一名梁克家第二名许克昌授官诏
(绍兴三十年四月二十四日)

以及第进士第一名梁克家为左承事郎、签书平江军节度判官厅公事,第二名许克昌为左承事郎、签书奉国军节度判官厅公事。

出处:《宋会要辑稿》选举二之一九。

颁降神宗皇帝诏书诏
(绍兴三十年四月二十七日)

神宗皇帝尝以御史阙员,手诏台缺罪保举忠纯体国之人,共为笃厚之政。仰见圣心于耳目之选,慎重如此。今以所获石本付三省,可令重刊于御史台,朝夕瞻仰,警戒遵奉,庶几上广圣意,下息浇薄,称朕意焉。

出处:《咸淳临安志》卷五。又见《宋会要辑稿》职官一七之一八。

刑寺胥吏有阙令所属保明合格人试补诏
(绍兴三十年五月一日)

刑部进拟案并大理寺右治狱法司、手分今后遇阙,许刑部并六曹、寺监正贴司以上,并大理寺左断刑法司本司正贴司以上,各令所属保明无过犯守行止之人,并依三衙人吏条法春秋附试,候试到合格人姓名,关送所属收补;内进拟案主事遇阙,将本案试到人依名次递迁。

出处:《宋会要辑稿》职官一五之二一。又见同书职官二四之二四。

使人朝见不设仪仗诏
(绍兴三十年五月六日)

朕以国信使至,勉从群臣上寿之请。即未御纯吉服,仪仗难以尽饰。使人朝见日,可止量增禁卫,更不设仗。

出处:《中兴礼书》卷二二二。

外路翻异之囚不移送大理寺诏
(绍兴三十年五月十三日)

今后外路翻异之囚,悉祖宗条格施行,更不移送大理寺。

出处:《宋会要辑稿》刑法三之八三。

赈济临安府被水灾民诏
(绍兴三十年五月十八日)

令转运司支拨系官钱米,就委令、佐躬亲赈济,无令失所。其未收瘗人口,给官钱如法埋瘗,不得灭裂。

出处:《宋会要辑稿》食货五九之三六。又见同书食货六八之一二四。

吴盖特授太尉诏
(绍兴三十年五月二十九日)

宁武军节度使、提举佑神观吴盖系吴后之弟,兼系显仁皇后亲属。恭奉遗训,今与迁转。今来升祔礼毕,亲属并推恩,可依例与转行一官,特授太尉。

出处:《宋会要辑稿》后妃二之一二。

陈机复直秘阁知衢州制
(绍兴二十七年六月至绍兴三十年六月间)

赏勉罚偷而吏治举,记功忘过而君恩孚。既共理之得人,宜疏荣之有典。以尔赋资敏劭,为政宽明。向领藩符,尝显褒于善状;近分漕节,亦具著于成劳。眷三衢之冲,实为二浙之剧。以盘错之难治,致蕃宣之久虚。兹烦屡试之才,并复已镌之职。虽使车少驻,钦大惠于一州;然郡绂增华,缀荣名于三馆。往祗茂渥,益奋嘉庸。可。

出处:《海陵集》卷一八。
撰者:周麟之
考校说明:编年据陈机宦历补,见《京口耆旧传》卷一。

知枢密院王纶前任经修仙源积庆图特转一官制
(绍兴二十九年十二月至绍兴三十年六月间)

朕绍休圣绪,膺历御图。至于议礼考文,未尝不以祖宗之法为法。矧是宝牒,职于司宗。叙述仙源,昭示万世。告成入奏,颁赏第功。凡所举行,盖无非本于旧章者,朕固不得而私也。具官某学识纯茂,优有史才。顷仪禁涂,与典兹事。今虽位在枢管,为予股肱,前功具存,实不可废。顾朕方属汝以本兵之寄,倚汝为立武之经。惟能审定规模,务明纲纪,如畴昔之精且密,则虽一日万几亦复何虑。

往祗宠命,益懋多庸。

出处:《海陵集》卷一九。

撰者:周麟之

考校说明:编年据王纶官历补,见《宋史》卷二一三《宰辅表》。

令监司太守常切点检丁帐等诏
(绍兴三十年六月十四日)

诸州县岁终攒造丁帐,三年推排物力,除附升降,并令按实销注,州委官、县委主簿专掌其事,监司、太守常切检点。如有脱落,许人户越诉,当行官吏以违制论。

出处:《宋会要辑稿》食货一一之二〇。又见同书食货六九之二三。

李昺经升充第二等祗应诏
(绍兴三十年六月十九日)

宣赞舍人李昺经曾引使副,及曾当晏殿第二番次祗应,依昨降升等指挥,升充第二等祗应,填见阙。

出处:《宋会要辑稿》职官三四之七。

铸钱司添押钱赏格诏
(绍兴三十年六月二十九日)

敕:铸钱司今年钱纲,依旧以二万贯为一全纲。自二万贯已上添押之钱,与据数推赏,谓如一万贯合得减十个月零半月磨勘,五千贯合得减五个月零七日磨勘之类。

出处:《宋会要辑稿》食货四五之一八。

邓祚除广西运判制
（绍兴三十年七月前）

张官置吏,凡以为民。虽内外远近有不同,要皆欲相为表里。惟朝廷无外轻之弊,则士大夫忘远官之劳,势盖然也。尔以才谞茂扬于仕途,惟其久在州县间,故能练达民事。今既召见,而遽以使指授之,岂不思与贤者相近哉!知尔有使者之才,适应朕诏耳。矧惟广右僻在海陬,顷尝贰于桂林,固已稔其风俗。将漕一路,实惟汝宜。勿徐其驱,往谕德意。

出处:《海陵集》卷一七。

撰者:周麟之

考校说明:编年据周麟之任两制时间、邓祚宦历补,见《建炎以来系年要录》卷一八七。

李若川除江西运判制
（绍兴三十年七月前）

部刺史按行一路,通号外台。惟时转输,寄委尤重。是必识朝廷之德意,知财赋之本源,使于四方,乃克有济。以尔材具通敏,见于践更。顷固尝钩稽大农,赞治外府,以司金为版曹之属。今也乘轺江右,实总赀储。爰因其能,就畀漕节。兹所谓识德意而知本源者,岂不曰得人乎哉!益究乃心,以孚大惠。可。

出处:《海陵集》卷一八。

撰者:周麟之

考校说明:编年据周麟之任两制时间、李若川宦历补,见《建炎以来系年要录》卷一八八。

丘砺除福建运判制
（绍兴二十一年九月至绍兴二十三年九月间或
绍兴二十七年六月至绍兴三十年七月间）

闽粤之地,东南奥区。物夥俗蕃,号为剧部。其有素官于彼而周知民之利病、吏之良否者,朕以漕台之节付之。尔儒雅之才,由郎历郡。建安之政,迨今诵之。朕常属汝以刺举之权,就按一路。以财则阜,以刑则清。命之将输,因其能也。官望益重,宜思所以裕吾民焉。可。

出处:《海陵集》卷一三。
撰者:周麟之
考校说明:编年据周麟之任两制时间补。

黄章除国子监簿制
(绍兴二十一年九月至绍兴二十三年九月间或
绍兴二十七年六月至绍兴三十年七月间)

今之占一善名一艺者,苟有位于朝皆足以自见,惟在乎随所用而安之耳。宪府之属,尔尝为之。服劳簿书,每克自力。今又以庠序之旧,改命于成均。周旋师儒之间,典掌行艺之籍。尔处于此,必能安焉。往其勉之,益慎厥止。可。

出处:《海陵集》卷一五。又见《永乐大典》卷一四一○八。
撰者:周麟之
考校说明:编年据周麟之任两制时间补。

程临知夔州制
(绍兴二十一年九月至绍兴二十三年九月间或
绍兴二十七年六月至绍兴三十年七月间)

云安控三峡之险,蜀孔道也。九郡四军监,皆总于帅臣。惟望实之素孚,则事权之增重。求之最籍,今得其人。以尔果达之才,老于吏事。剖符乘传,往来乎楚汉之郊。领利路之转输,镇益州之都会。夔之属部,旧亦按临。阃制既虚,无以易汝。朕欲使内外均重,如权衡之平;小大相维,致藩屏之固。尔其谨视民卒,宏宣诏条。予训是承,往勤绥驭。可。

出处:《海陵集》卷一五。
撰者:周麟之
考校说明:编年据周麟之任两制时间补。

胡棣除兵部郎官制
(绍兴二十一年九月至绍兴二十三年九月间或
绍兴二十七年六月至绍兴三十年七月间)

朕耀德以为威,安民以为武,任贤以为折冲之具。戎部虽设,殆同清曹。握兰者优游乎其间,非老成谨厚之士不界也。以尔业履纯茂,多所践更。自蜀趋朝,赞事外府,久摄承于夏官之属。爰嘉乃绩,就命为真。惟立武之常规,与除戎之大戒,载在古训,非儒者不能知之。往思悉心,以助而长。

出处:《海陵集》卷一七。又见《永乐大典》卷一三四九八。
撰者:周麟之
考校说明:编年据周麟之任两制时间补。

胡彦国除直秘阁知潼川府制
(绍兴二十一年九月至绍兴二十三年九月间或
绍兴二十七年六月至绍兴三十年七月间)

蜀郡五十四,而会府为雄藩。考近时师帅之贤,朕犹能志其一二。昔尔兄以达材赡智屏蔽西南,保全一方,卧护诸将,功大名显,其民卒皆有甘棠之思。余烈未泯,厥心慨想。今梓潼阙守,尚当求其类而用之。以尔敏辨兼人,世名不陨。政事方略,似其哲兄。三历专城,所居民富。徙帅淮右,疮痍日苏。迹其所临,静治弗扰。爱民则甚宽而不弛,奉法则虽严而不苛。与其蹈近地而累事功,莫若付远民而分忧顾。剑东重地,命汝往焉。内阁高华,更加寓直。旄麾所向,诚可以慰蜀父老之心。少须政成,嗣有褒宠。

出处:《海陵集》卷一七。
撰者:周麟之
考校说明:编年据周麟之任两制时间补。

赵子厚依旧直秘阁知饶州制
(绍兴二十一年九月至绍兴二十三年九月间或
绍兴二十七年六月至绍兴三十年七月间)

寓秘府之直,秉专城之麾。非才具之素优,难宠名之兼畀。以尔吏资强敏,儒蕴邃深。外拥使轺,能恪司于庶狱;入峨朝弁,当克壮于宗盟。其仍内阁之华,往服左符之寄。尚图勉励,以究蕃宣。

出处:《海陵集》卷一七。
撰者:周麟之
考校说明:编年据周麟之任两制时间补。

赵沂除夔路运判制
(绍兴二十一年九月至绍兴二十三年九月间或
绍兴二十七年六月至绍兴三十年七月间)

蜀道有四,夔当其冲。虽飞挽粟刍不至辇下,然九郡四军监皆总于外台,其任固不轻也。尔能以儒术施之于政事之间,剑南以东,盖其乡国,剖符之地,适在邻邦。宜付轺车,起临近部。凡六条之所问,不三令而自孚。尔皆习知,奚俟予训。可。

出处:《海陵集》卷一八。
撰者:周麟之
考校说明:编年据周麟之任两制时间补。

汤圻除江西运判制
(绍兴二十一年九月至绍兴二十三年九月间或
绍兴二十七年六月至绍兴三十年七月间)

朕爱民必求实惠,立法不为虚文。谓民财未丰,必先图裕民之政;而法令虽具,不若得奉法之臣。凡曰计台,每加遴选。以尔持介洁于莅事之地,孰若责近效于铸顽之区。若乃检柅吏奸,耘锄邦蠹,害民者必去,挠法者必绳,尔所优为,朕不多告。可。

出处:《海陵集》卷一八。

撰者:周麟之

考校说明:编年据周麟之任两制时间补。

杨偀进韵略补特转一官制
(绍兴二十一年九月至绍兴二十三年九月间或
绍兴二十七年六月至绍兴三十年七月间)

士大夫能力学不倦,游心乎艺文之间,则随所得之浅深必有可观者。自国朝以诗赋取士,而审音用字,有司之律为尤严。尔能博览群书,补缀漏逸,参订习传之误。奏篇来上,论者美之,以其稽考精而援据详也。升秩示劝,贲之身章。尚尊所闻,勉为致远之器。可。

出处:《海陵集》卷一八。

撰者:周麟之

考校说明:编年据周麟之任两制时间补。

高公海于横行上转行一官制
(绍兴二十一年九月至绍兴二十三年九月间或
绍兴二十七年六月至绍兴三十年七月间)

朕惟负羁绁之臣,依风云之士,既随才而录用,复考阅以褒升。或畀异恩,盖超常格。具官某干用之裕,忠勤不渝。顷自潜藩,隶于武帐。赴事功而无缺,更岁月以弥深。忽披奏牍之陈,愿解赞宾之职。载嘉劳阅,用锡宠章。躐升横列之崇,增重武阶之旧。体吾眷意,益懋勤劳。

出处:《海陵集》卷一八。

撰者:周麟之

考校说明:编年据周麟之任两制时间补。

都絜除将作少监制
（绍兴二十一年九月至绍兴二十三年九月间或
绍兴二十七年六月至绍兴三十年七月间）

朕招徕四方之英,褒采一介之善。列布在位,鱼鱼盈庭,而犹且博问遐观,夙夜以求贤为先者岂有它哉？思人材之众多,以熙治功也。尔志行驯雅,学术淹贯。安于州县,义不苟求。自分左符,绵历数郡,亦未尝为赫赫名也。邈在遐服,知之者希。迩臣荐闻,亟命召见。占奏详审,朕甚嘉之。念其资高不可以庶僚诎也,用径跻于列监,而属之以少匠之事焉。肆观尔能,尚有旌擢。

出处:《海陵集》卷一九。
撰者:周麟之
考校说明:编年据周麟之任两制时间补。

卢奎除湖北运判制
（绍兴二十一年九月至绍兴二十三年九月间或
绍兴二十七年六月至绍兴三十年七月间）

朕用人考其素,分职因其能,凡吏之近民皆不敢忽也,况持漕节者乎！尔历官于鼎澧荆湖之间有年矣,自为郡掾,为儒官,为诸司属僚,以至于刺部典藩,往来乎数州,习熟乎一路,几若居乡国而长子孙者,则其于户口之耗登,财赋之广狭,官府之事,里闾之情,闻之详得之审矣。今付汝以旧治,属汝以输将。考阀阅之素,则知民之必安;因按澄之能,则知吏之必畏。朕命惟允,往其观功。

出处:《海陵集》卷一九。
撰者:周麟之
考校说明:编年据周麟之任两制时间补。

王正臣该第一赏转一官特与转遥郡刺史制
（绍兴二十一年九月至绍兴二十三年九月间或
绍兴二十七年六月至绍兴三十年七月间）

　　国家类能而授之位,信赏以劝其劳。各有等差,用程庶绩,凡所为天下公也。尔以谨孚之资,隶职彤阁。夙夜祗慎,践更有年。朕方兴周室之典礼,以文太平;复汉官之威仪,以训著位。繄尔轩墀之旧,备谙典故之详。实掌宾胪,克赞朝事。揆于优数,当得褒迁。升之刺符,众论惟允。服此明命,往其丕钦。

出处:《海陵集》卷一九。

撰者:周麟之

考校说明:编年据周麟之任两制时间补。

王仰心磨勘转左太中大夫制
（绍兴二十一年九月至绍兴二十三年九月间或
绍兴二十七年六月至绍兴三十年七月间）

　　四善诸最,皆考法之旧规;三岁一迁,盖从臣之优数。朕大计群吏,允厘百工。矧惟持橐之英,敢废懋官之渥? 具官某才猷邃雅,识量渊通。早敷言而试功,能展体以率职。入居华省,朝夕每赖其论思;出殿大邦,田里不闻于愁叹。比以甘泉之旧,登于琐闼之严。属会课以序劳,爰疏恩而进秩。夫左省关万微之会,而崇阶比千石之优。惟声望之兼隆,则事功之益振。勉扶公道,祗答宠光。

出处:《海陵集》卷一九。

撰者:周麟之

考校说明:编年据周麟之任两制时间补。

韩仲通进茶盐法转官制
（绍兴二十一年九月至绍兴二十三年九月间或
绍兴二十七年六月至绍兴三十年七月间）

　　熬波摘山半天下,而可以衣被幅员,经制立则,弊不滋而课益羡,顾可后哉!

具官某明习宪章,饰以儒雅,理官司寇之政得法外意,民以不冤,则恭订惠文之书,盖莫如汝宜者。比师臣奏章,以书来上,甲乙鳞次,井井有伦,诚可昭示万世。其升华级,用旌尔勤。

出处:《海陵集》卷一九。

撰者:周麟之

考校说明:编年据周麟之任两制时间补。

敷文阁直学士吴表臣转一官致仕制
(绍兴二十一年九月至绍兴二十三年九月间或
绍兴二十七年六月至绍兴三十年七月间)

稽阅秘迁,方涣出纶之宠;抱疴浸剧,忽腾解组之章。念终保于令名,宜趣加于优礼。具官某身老才壮,学成行尊。居朝素识其履声,出守累烦乎卧治。甫就闲于祠宇,俄谢病于里居。服我闵劳之恩,何恙不已?锡兹告老之秩,以荣其归。勉颐精神,尚迪宠禄。可。

出处:《海陵集》卷二○。

撰者:周麟之

考校说明:编年据周麟之任两制时间补。

莫伯虚除刑部郎官制
(绍兴二十一年九月至绍兴二十三年九月间或绍兴二十七年六月
至绍兴二十八年四月间或绍兴三十年二月至七月间)

朕忧念庶狱,敉宁嘉师。其断治既属之理官,俪成又听于司寇。郎曹所领,责任匪轻。尔以明允之资,通法理之事。周旋棘寺,践历三官。是必能习察狱之丽,知播刑之迪者。俾升宪部,用展尔长。决谳则详审其重轻,理冤则深求其情伪。尔无侥训,尚慎之哉!

出处:《海陵集》卷一七。又见《永乐大典》卷一三四九八。

撰者:周麟之

考校说明:编年据周麟之任两制时间、莫伯虚宦历补,见《咸淳重修毗陵志》卷八等。

赐南平王李天祚加恩制诏
(绍兴二十七年六月至绍兴三十年七月间)

朕寅承帝飨,翕受神厘。礼有脤膰,恩均遐迩。眷时藩服,为我世臣,特颁纶涣之章,用致篚将之实。宜祗眷渥,益懋忠勤。

出处:《海陵集》卷一一。

撰者:周麟之

考校说明:编年据周麟之任两制时间、李天祚官历补,见《建炎以来系年要录》卷一六九。

赐南平王李天祚历日敕书
(绍兴二十七年六月至绍兴三十年七月间)

朕协用五纪,底绥四方。当岁事之嗣兴,必人时之钦授。爰颁新历,式宠外藩。其恪守于世封,以懋经于邦务。今赐卿历日一卷,至可领也。

出处:《海陵集》卷一一。

撰者:周麟之

考校说明:编年据周麟之任两制时间、李天祚官历补,见《建炎以来系年要录》卷一六九。

正任承宣使士洪士嵊谙各转官制
(绍兴二十七年六月至绍兴三十年七月间)

周道中兴,歌棠棣而悯族亲之缺;汉图绍复,诏尚书而加宗室之封。朕寅御昌期,载披属籍。念近支之在列者有几,而宠数或旷年而不加。爰诏司宗,大明陟典。具官某乐于为善,庆亦有余。侃然信厚之风,实我神明之胄。肆兹敦叙,俾以次升。其进位于承流,式增隆于磐石。益图令闻,用称殊恩。可。

出处:《海陵集》卷一八。

撰者:周麟之

考校说明:编年据周麟之任两制时间及赵士洪、赵士嵊宦历补,见《宋会要辑稿》帝系六。

安定郡王令矜转承宣使制
(绍兴二十七年六月至绍兴三十年七月间)

绍封儋爵,既承率祖之休;稽阅序年,具载司宗之法。念陟明之有典,矧立爱之自亲。宜举迁科,用颁宠数。具官某望高族老,德协宗英。志自笃于清修,身不渝其素履。服僚官寺,尝更贰事之劳;赋政侯方,累上牧民之最。晚膺世袭,洊易朝班。在高帝之子孙,齿独尊于祭酒;为汉家之藩辅,位克继于苴茅。比参考课之公,难废懋官之渥。俾增荣于使范,遂升亚于节旄。尚慎乃献,毋忘予眷。可。

出处:《海陵集》卷一八。

撰者:周麟之

考校说明:编年据周麟之任两制时间、赵令矜宦历补,见《两浙名贤录》卷五三。

逄汝霖除太府少卿依旧湖广总领制
(绍兴二十七年六月至绍兴三十年七月间)

朝廷设总赋之官,贯朝序于中而管利权于外,堪其事者可无褒陟之恩哉? 尔赋才敏明,练达财计。累治剧郡,所临有声。向起于闲,列在星省。念握兰之已晚,旋出领于军储。输挽以时,办集无缺。升贰外府,庸旌其劳。尚殚乃心,以副褒用。

出处:《海陵集》卷一九。

撰者:周麟之

考校说明:编年据周麟之任两制时间、逄汝霖宦历补,见《建炎以来系年要录》卷一七四。

少师钱忱故曾祖封赠制

（绍兴三十年六月至七月间）

朕执牺牲以事宗庙,修祝嘏以降上神。乐遍礼周,卜三灵之并贶;仁滂施厚,嘉四极之爰臻。矧予姻戚之门,敢后褒封之律! 具官某故曾祖某业光世阀,誉振儒英。衮钺之贵萃于身,枝叶之蕃继于后。属备成于熙事,宜申锡于涣恩。已贲上公之圭,更荒大国之履。禭服颁宠,尚其飨承。可。

出处:《海陵集》卷二〇。

撰者:周麟之

考校说明:编年据周麟之任两制时间、钱忱官历补,见《建炎以来系年要录》卷一八五。

少师钱忱故曾祖母封赠制

（绍兴三十年六月至七月间）

朕洁粢酌之具,严郊宗之祠。黼绣周帷,陟紫坛而拜贶;樵焜蒸上,赞青昊以昇烟。诞敷灵貺之厘,普洽漏泉之泽。具官某故曾祖母某氏柔风有裕,令德是躬。能同电勉之心,助启燕诒之庆。今予懿近,实尔裔孙。肆兹钦燎之成,与被庆条之锡。易荒大国,增贲恤章。尚惟淑灵,歆怿徽宠。可。

出处:《海陵集》卷二〇。

撰者:周麟之

考校说明:编年据周麟之任两制时间、钱忱官历补,见《建炎以来系年要录》卷一八五。

少师钱忱故祖封赠制

（绍兴三十年六月至七月间）

朕历天元之吉旦,举郊类之上仪。百辟骏奔,展采而错事;高灵下堕,降嘏而产祥。思与茂姻,共膺丕祉。爰侈庆条之渥,用申祖服之褒。具官某故祖某早以英材,列于从橐。身既践乎华辙,庆复覃于令门。上表疏封,已光累禭。用邦锡履,更易旧封。英爽何之,尚歆宠数。可。

出处:《海陵集》卷二〇。

撰者:周麟之

考校说明:编年据周麟之任两制时间、钱忱宦历补,见《建炎以来系年要录》卷一八五。

少师钱忱故祖母封赠制
(绍兴三十年六月至七月间)

礼必本于天,所以推尊而配祖;惠必及于下,所以敛福而锡民。念建戚之丕彝,著褒先之令典。自义而率,厥恩有加。具官某故祖母某氏以柔风宜厥家,以善训贻于后。粤有良嗣,为予旧姻。尝参九棘之崇,兼拥六旄之重。属郊厘之诞布,宜汤赋之益丰。遗灵有知,歆我休命。可。

出处:《海陵集》卷二〇。

撰者:周麟之

考校说明:编年据周麟之任两制时间、钱忱宦历补,见《建炎以来系年要录》卷一八五。

少师钱忱故父封赠制
(绍兴三十年六月至七月间)

朕惟圣人有飨帝之能,天降之祐;君子有笃亲之念,民兴于仁。乃摸灵辰,亲祠阳畤。汩汩成而敷庆,因教孝以广恩。眷惟戚闳之英,宜贲祢宫之渥。具官某故父某处躬端亮,迪德粹和。早以簪缨,望高于华胄;兼兹钺黻,位重于副车。眷乃嗣贤,复参差棘。肆予上祀,膺是蕃厘。爰申先世之褒,载锡大邦之胙。没而不朽,宠命其承。可。

出处:《海陵集》卷二〇。

撰者:周麟之

考校说明:编年据周麟之任两制时间、钱忱宦历补,见《建炎以来系年要录》卷一八五。

少师钱忱故妻封赠制
(绍兴三十年六月至七月间)

朕迎日至以践长,即坛陵而葳事。登侑二后,缀延八乡。孝奏天仪,事昭福举。乃眷茂亲之懿,宜加故室之褒。具官某故妻某氏迪四行之芳猷,播六姻之惠问。善佐君子,聿兴庆门。虽早阕于韶华,宜申荣于襚服。迨布阳郊之庆,改疏大国之封。尚惟淑灵,歆此徽宠。可。

出处:《海陵集》卷二〇。
撰者:周麟之
考校说明:编年据周麟之任两制时间、钱忱官历补,见《建炎以来系年要录》卷一八五。

遣明州水军戍黄鱼垛诏
(绍兴三十年七月二日)

遣明州水军三百人,戍昆山县黄鱼垛。巡捕漕船作过,岁一易。

出处:《建炎以来系年要录》卷一八五。

寝五月四日告捉不买钞盐指挥诏
(绍兴三十年七月五日)

已降五月四日指挥,淮东安抚司措置沿海籍定渔业淹盐之家,应管舟收买钞盐,不买者立赏告捉,令监司、守倅检察每年住卖及鱼业船入纳盐数比较。窃虑苛细搔扰,可令寝罢。

出处:《宋会要辑稿》食货二七之五。又见《宋会要辑稿补编》第七九一页。

户部长贰岁举辖下选人拨一员举酒库官诏
（绍兴三十年七月六日）

户部长贰岁举辖下选人改官五员，近以赡军激赏酒库隶属户部，内拨一员举酒库官。今酒库已专委官点检措置，其举官一员仍还户部。

出处：《宋会要辑稿》食货五六之四六。又见同书选举三〇之九。

大理寺官拘催赃罚钱赏格诏
（绍兴三十年七月十一日）

大理寺官拘催赃罚钱，比附诸州知、通拘收无额钱，每年催到一万贯以上，少卿减一年磨勘，至四年止，干预管库文簿官减半年磨勘，至二年止，不及一万贯，更不推赏。日后措置拘收，并拨纳激赏库别项桩管。

出处：《宋会要辑稿》职官二四之二五。

湖州催纳贫民下户见钱折纳事诏
（绍兴三十年七月十九日）

令两浙转运司措置改正，出榜约束晓谕。如有违戾，许人户越诉。仍令户部行下其余州县，或有似此去处，亦仰依此改正。

出处：《宋会要辑稿》食货六六之五。

见造军器不得减克物料诏
（绍兴三十年七月二十七日）

军器所见造军器，不得减克物料，须管造作精致。仍仰逐处常切点检，候造致数，将逐处色样进呈试验。若稍不如法，工部、军器监、军器所当职官吏等第重作责罚。

出处:《宋会要辑稿》职官一六之一二。

两浙等路转运司置场市军储诏
(绍兴三十年七月二十八日)

户部科降银钱一百二十五万缗,令两浙、江、湖六路转运司置场市军储,通去年已籴数为三百万石。

出处:《建炎以来系年要录》卷一八五。

蠲临安於潜两县被水居民苗税等诏
(绍兴三十年八月三日)

临安、於潜两县被水,居民漂溺,生生之具皆尽只二百六十六户。罹此横灾,深可悯恤。可予各免应户应干苗税科敷及丁身钱等,甚者与免四料,其次免三料,余免两料。

出处:《宋会要辑稿》食货六三之一八。

令广西经略司收买阔壮齿嫩堪披带马诏
(绍兴三十年八月四日)

访闻广西经略司所买岁额马,缘格尺拘碍,今岁约回四千余匹。可令本路帅司措置,来岁据蛮人牵到马并与收买。仍差谙晓鞍马属官一员,就地头相度,收买阔壮齿嫩堪披带马,更不限格尺。俟买一年,别取朝廷指挥。除依年例分送诸军外,其余并发赴行在。

出处:《宋会要辑稿》兵二二之二六。

州县官犯赃罪等令刑部具失按察官姓名申尚书省取旨诏
(绍兴三十年八月七日)

自今州县官犯入己赃及用刑惨酷,令刑部具失按察官姓名申尚书省取旨。

即有隐蔽,令御史劾之。

出处:《建炎以来系年要录》卷一八五。

禁权豪开酒肆诏
（绍兴三十年八月七日）

令户部、临安府措置,仍出榜限五日止绝。如限满依前违戾,仰户部、临安府差人收捉,具姓名申尚书省,取旨重作施行。

出处:《宋会要辑稿》食货二〇之二二。

冯彦祖高楙特与致仕诏
（绍兴三十年八月九日）

诊御脉翰林良医冯彦祖、翰林医效高楙各为年老,难以祗应,并特与致仕。

出处:《宋会要辑稿》职官三六之一〇五。

诸路州军犯罪编管者不得配隶行在近五百里内诏
（绍兴三十年八月二十三日）

诸路州军犯罪合编配之人,不得编配至行在傍近五百里内州军。其行在附近州军合编配邻州之人,自依见行条法施行。

出处:《庆元条法事类》卷七五。又见《宋会要辑稿》刑法四之五〇。

点检所校定增额诏
（绍兴三十年八月二十三日）

点检所不时较定,将增额最增库分监官专匠等量行偿设,每岁不得过三次。若监官任满有增无亏,许再任一次,如已差下替人,即许差填别库名阙;或弛慢不职,欺隐官物,有亏课额,别行差人抵替。

出处:《宋会要辑稿》食货二〇之二二。

官告院阙少犀象轴头更不于行市等收买诏
（绍兴三十年八月二十五日）

今后官告院阙少犀象轴头,并令工部申取朝廷指挥,更不于行市及市舶司收买。

出处:《宋会要辑稿》食货三七之三六。又见《宋会要辑稿补编》第八九〇页。

贺金国正旦生辰使副等支破请给诏
（绍兴三十年九月四日）

每岁差贺金国正旦生辰使副及节属官属,并以朝廷指挥下日为始支破请给。

出处:《宋会要辑稿》职官五七之七八。

赐诸军出戍战守军兵效用绢诏
（绍兴三十年九月十八日）

诸军出戍战守军兵效用,天寒暴露不易,各赐绢一匹,令诸军开具人数,各于逐路总领所支给。如无见在,即便差人前来左藏库支请。

出处:《宋会要辑稿》礼六二之六八。

内侍省并归入内内侍省诏
（绍兴三十年九月二十五日）

内侍省所掌职务不多,张官置吏,徒有冗费。可废并归入内内侍省。

出处:《宋会要辑稿》职官三六之二六。

周必大等除秘书省正字制
(绍兴三十年九月二十八日)

左文林郎、行太学录周必大等,特授依前左文林郎、秘书省正字。敕左文林郎、行太学录周必大等:兰台图书之府,英俊是储,然预游其间者,必试之而后用,朕所以遵祖宗之训也。以尔必大文词之伟,早掇异科;尔大昌问学之优,有声庠校。兹命策之翰苑,酬对可观。宜辍成均之联,往正中秘之籍。益思涵养,以俟简求。可依前件。

出处:周纶《周益国文忠公年谱》,《庐陵周益国文忠公集》卷首。

撰者:杨邦弼

举到守令依次选除诏
(绍兴三十年九月)

今后举到守令,并令中书门下省籍记姓名,遇见阙,依次选除。如有已授差遣,阙期在半年内应赴之人,且令赴任,候满日取旨。

出处:《宋会要辑稿》选举三〇之九。

枢密院官立班诏
(绍兴三十年十月一日)

文武臣合班处,遇亲王、使相立西班,令枢密院官权缀东班;如遇亲王、使相请假之类,枢密院官却依旧立西班。

出处:《宋会要辑稿补编》第一二八页。

罢差内侍官承受内外诸军奏报文字诏
(绍兴三十年十月二日)

昨依故事,差内侍官承受内外诸军奏报文字。虑恐稽滞,可尽罢承受官。今

739

后诸军奏状札子,并实封,于通进司投进,三衙有公事,即时上殿奏禀。

出处:《宋会要辑稿》职官二之三二。

太尉武泰军节度使刘锜授威武军节度使充镇江府驻札御前诸军都统制制

(绍兴三十年十月十八日)

门下:执干戈而卫社稷,久书方面之勋;具斋戒而设坛场,宜付捍城之寄。顾予耆将,为国元功,兹趣觐以鼎来,适成师之选建,亟涓刚旦,诞播明纶。太尉、武泰军节度使、知荆南军府事、充荆湖北路安抚使、荆南驻札御前诸军都统制、彭城郡开国公、食邑六千户、食实封二千二百户刘锜,世济英规,天资义概。沉鸷有守,跨山西六郡之良;文武自将,洞济北一编之要。顷畴宿望,起镇上流,草木皆知其威,藜藿为之不采。吴汉隐若敌国,忠烈嶷然;李勣贤于长城,名声籍甚。眷京口金汤之固,接石头形势之雄。外控大江,内护行阙。谋三军之元帅,无易老成;赐一札之细书,遂膺号召。载稽舆诵,即界中权。更节制于督藩,衍赋腴于多邑,以竦在廷之听,以增推毂之光。於戏! 得猛士以守四方,朕既宽于忧顾;属大事而当一面,尔益体于倚毗。往恢壮犹,以答休命。可特授威武军节度使,依前太尉,改差充镇江府驻札御前诸军都统制,加食邑五百户,食实封二百户,封如故。

出处:《永乐大典》卷一三五〇六。
撰者:洪遵
考校说明:编年据《建炎以来系年要录》卷一八六补。

封保顺通惠侯敕

(绍兴三十年十月)

钱塘为郡尚矣,自版图归于我家逾二百年,维城与隍,必有神主之,况岁之丰凶,时之水旱,民之疾疫,求焉而必应者哉! 不知郡历几将,而无一牒之奏,以答神之休意者。聪明正直,交感于幽显之间,固自有时也。朕今驻跸于此,视之不异畿甸,重侯美号,用疏不次之封。其歆其承,永妥尔祀。可特封保顺通惠侯。

出处:《咸淳临安志》卷七一。

考校说明:"十月"据《宋会要辑稿》礼二〇补。

王瑀除阁门祗候免供职制
(绍兴三十年十一月一日)

　　具官某:朕以中闱之戚属,缀上阁之班联,所以示恩也。命尔而不责以职,尤为异宠。其思懋勉,以称所蒙。

出处:《东牟集》卷七。

考校说明:编年据《建炎以来系年要录》卷一八七补。王洋卒于绍兴二十三年,此文当为《东牟集》误收。

有职田米麦麻豆处只纳本色诏
(绍兴三十年十一月六日)

　　应诸路有职田米麦麻豆处,只令纳本色,随月支给,依市价出粜。如敢抑勒牙人,科敷人户,许越诉,以所剩利依法计赃。

出处:《宋会要辑稿》职官五八之二五。

黎州官吏求索红桑木等致土丁逃亡事答诏
(绍兴三十年十一月二十一日)

　　下本路转运司觉察。如违,即行按治。仍出榜晓谕。

出处:《宋会要辑稿》刑法二之一五五。

禁内外诸军招收放停之人诏
(绍兴三十年十一月二十二日)

　　内外诸军毋得招收放停之人。如违,将佐重行责降。

出处:《建炎以来系年要录》卷一八七。

士谔权暂内外任便居住诏
（绍兴三十年十一月二十六日）

清远军承宣使、提举万寿观士谔,可权暂内外任便居住,请给及郊礼生日支赐人役等,只就行在勘支。

出处:《宋会要辑稿》帝系六之三二。

士歆与久任宫观任便居住诏
（绍兴三十年十二月二日）

和州防御使士歆与久任宫观,任便居住,请给及郊祀生日支赐人役等,就行在支勘。

出处:《宋会要辑稿》帝系六之三二。

三衙官军额诏
（绍兴三十年十二月五日）

三衙官军并以今年岁终月分见管人数为额,日下住招。自今有阙,并申枢密院取旨,下诸路招填。

出处:《建炎以来系年要录》卷一八七。

左藏库每纲运出剩不得比折少欠诏
（绍兴三十年十二月六日）

左藏库每纲运若有出剩,须分明上历拘管,逐月入帐,不得将剩数比折少欠。仍给榜,监官厅遵守。

出处:《宋会要辑稿》食货五一之二九。

左藏库差京朝官诸司使副诏
（绍兴三十年十二月六日）

左藏库今后差京朝官、诸司使、副，其见任人令终满今任，已差下选人、小使臣，依省罢法。

出处:《宋会要辑稿》食货五一之二九。

吊祭人使朝辞令应奉官司习仪诏
（绍兴三十年十二月八日）

今月十二日，吊祭人使朝辞。前一日，应奉官司等并赴垂拱殿习仪。

出处:《中兴礼书》卷二三二。

三衙取到纲马用火印拨付逐司诏
（绍兴三十年十二月十七日）

自今三衙取到纲马，看验讫，令枢密都承旨用火印拨付逐司。其见管马，亦依此用印。江上诸军委总领所，江、池州、荆南府委守臣，仍自远及近，以甲字至壬字为文，战马印左，辎重印右。

出处:《建炎以来系年要录》卷一八七。

令提刑司罢公库违法置店卖酒诏
（绍兴三十年十二月二十九日）

户部行下，委提刑司，检察诸州，将公库违法置店卖酒，日下改正住罢。其诸州巧作名目别置酒库，谓如军粮酒库、月桩酒库之类，并省务寄造酒及帅司激赏酒、防江酒库应未分隶经总制钱去处，并日下立额，分隶补趁亏欠元额之数，及令漕司逐月，守倅竭力从长措置，省务立定酒价，及加饶的实折阅数目，借本循环圆融补趁，自绍兴三十年为始。须管从实拘收，限次季孟月二十五日以前差官管押离岸画绝,不得于帐内存留。又见在却称见行起发,故作情弊,务要岁终敷趁足额。如日后尚敢循习违戾,致依前亏欠,州县委提刑按劾。如宪司依前不行觉察,许本部按劾。

出处:《宋会要辑稿》食货二〇之二三。

高宗朝卷三十五　绍兴三十一年(1161)

淮东总领司太平惠民药局监官兼监镇江府大军仓诏
（绍兴三十一年正月十八日）

淮东总领司太平惠民药局监官兼监镇江府大军仓，如遇本仓给纳，即令前去管干。

出处:《宋会要辑稿》职官四一之五〇。

江浙和预买䌷绢务要均平诏
（绍兴三十一年正月十八日）

令江浙漕臣行下所部州县，将上户至下户田产以亩数税钱多寡，并一等均纳，和、预买䌷绢，务要均平，不得因而溢额科敷。如依前有偏重不均去处，按劾闻奏。仍许民户径赴尚书省越诉。所有自来用营运浮财物力去处，亦合将官、民户并一等均纳。

出处:《宋会要辑稿》食货三八之二〇。又见《宋会要辑稿补编》第三六八页。

赐诸军柴炭钱诏
（绍兴三十一年正月二十一日）

雪寒异常，特赐诸军柴炭钱。殿前司五万贯，马军司二万五千贯，步军司一万五千贯，诸班直等五千贯。

出处:《宋会要辑稿》礼六二之六八。

令临安府并属县广粜诏
(绍兴三十一年正月二十二日)

雪寒,细民艰食,令临安并属县取拨常平米,依市价减半,分委官四散,置场广粜十日。

出处:《宋会要辑稿》食货五九之三六。又见同书食货六八之一二四。

抄札临安府贫乏之家申尚书省诏
(绍兴三十一年正月二十四日)

闻临安府内外有贫乏不能自存之家,可令抄札,具数限日下申尚书省。

出处:《宋会要辑稿》食货五九之三六。又见同书食货六八之一二四。

赈济临安府贫乏之家诏
(绍兴三十一年正月二十五日)

令本府分委有心力官日下巡门俵散赈济,每名支钱二百文、米一升。

出处:《宋会要辑稿》食货六八之一二四。

诸军收买物色依条收税诏
(绍兴三十一年正月二十五日)

自今诸军等处收买物色,并依条收税。如有所降免税指挥,乞更不照用。自后或再有陈请者,许户部执奏不行。及临安府内外场务去处尚有衷私请托漏税者,申严许人告悉,令御史台觉察弹劾。

出处:《宋会要辑稿》食货一七之四七。又见《宋会要辑稿补编》第六八三页。

效用令帅司收管诏
（绍兴三十一年正月二十五日）

效用令帅司收管，其系官钱物，令总领官都絜驱磨之。

出处:《建炎以来系年要录》卷一八八。

赈济逐州府细民诏
（绍兴三十一年正月二十六日）

令逐州府差官抄札实贫乏之家，于见桩管常平钱米内依临安府例赈济，分委有心力官俵散。务在实惠，不得减克。仍具支过钱米数目以闻。

出处:《宋会要辑稿》食货五七之二一。又见同书食货五九之三七、食货六八之六一，《宋会要辑稿补编》第五九三页。

刑部开具编管羁管居住命官申尚书省诏
（绍兴三十一年正月二十六日）

昨缘事一时编管、羁管、居住命官，令刑部开具职位姓名并元犯因依，申尚书省。

出处:《建炎以来系年要录》卷一八八。

浚运河诏
（绍兴三十一年正月二十七日）

浚运河，以淮东大军库赢剩钱六万九千缗、镇江府常平米万三千斛为工役费，命总领淮东钱粮朱夏卿、两浙漕臣林安宅董视之。

出处:《建炎以来系年要录》卷一八八。

减诸路总管钤辖人从诏
（绍兴三十一年正月二十九日）

诸路总管、钤辖人从并减半，添差官与三分之一，其添给驿料并减半。

出处：《建炎以来系年要录》卷一八八。

仪鸾司陈设破损申尚书省诏
（绍兴三十一年二月三日）

仪鸾司陈设凡有破损，并申尚书省，俟札下运司及临安府，方许以新易旧。

出处：《宋会要辑稿》职官二二之九。

优恤士卒诏
（绍兴三十一年二月十一日）

殿前司日前诸将下有除克掊敛、私放债负之类，并日下改正住罢；兵校差出回易及私干借事，限一月拘收回军，务在优恤士卒，以称朕意。仍于军门榜谕。

出处：《建炎以来系年要录》卷一八八。

分经义诗赋两科取士诏
（绍兴三十一年二月二十二日）

经义、诗赋依旧分为两科取士，分数依绍兴二十七年正月十日指挥，诗赋不得侵取经义。若经义文理优长，合格人有余，许将诗赋人材不足之数听通融优取，仍以十分为率，不得过三分。自今年三月太学公补试为始。

出处：《宋会要辑稿》选举四之三四。

复卖度牒诏
（绍兴三十一年二月二十五日）

复卖度牒，每道五百贯，绫纸钱一十贯。两浙东西路就行在左藏库纳钱给钞，缴赴礼部书填；其淮东、淮西、江东、湖北、京西路并总领所，福建、二广、湖南、江西路，各委本路提刑司出卖。如愿以金银依市价折算者听。其纳到钱物除三总领所各就本处令桩管外，其余每及一万贯，差人管押赴左藏库送纳桩管，不得侵移借兑。如违，依擅支封桩钱物法加等断罪。

出处：《宋会要辑稿》职官一三之三四。

宽恤淮南京西路诏
（绍兴三十一年三月七日）

淮南、京西路户口全未复旧，内有已起二税外，其巧作名色科敷并蠲除，所有上供并诸司钱物已降指挥展免去处，候限满，更予展免五年。州县官吏差辄差夫私役，当重置典宪，仍出榜晓谕。如更有宽恤未尽事件，仰监司守臣条具以闻。

出处：《宋会要辑稿》食货六三之一八。

李琳依前充敷文阁待制致仕敕
（绍兴三十一年三月七日）

敕左中大夫、依前充敷文阁待制致仕李琳：朕加惠贤哲，务全初终。矧吾老成，致位法从，遽以疾请，可无涣恩？左中奉大夫、充敷文阁待制、提举江州太平兴国宫、陇西县开国男、食邑三百户、赐紫金鱼袋李琳，气粹而行纯，才裕而识远。蚤膺眷柬，备历清华。蔚为持橐之英，又著剖符之绩。方自娱于闲燕，俄有爽于节宣。乃陈谢事之章，冀获卫生之效。虽所深惜，其亦重违。特命升官，以荣投绂。宜勉太和之御，永绥遐福之多。可特授左中大夫，依前充敷文阁待制致仕，封赐如故。

出处：弘治《重修无锡县志》卷四，弘治七年刻本。

陈康伯左仆射制
(绍兴三十一年三月十七日)

　　门下:乾下坤上,而重卦圉二气之交;君明臣良,而赓歌协千载之遇。朕实图义,梦想得贤。永惟一德之求,共济万几之会。眷兹硕辅,永迪茂勋。宜擢冠于鼎司,肆诞扬于涣号。左正议大夫、守尚书右仆射、同中书门下平章事、兼提举修三朝国史、详定一司敕令所、上饶郡开国公、食邑二千九百户、食实封一千一百户陈康伯,高明而纯粹,敦大而裕和。学承百圣之宗,体备四时之气。澄不清,挠不浊,若观水于万顷之波;鄙夫宽,薄夫敦,想闻风于百世之下。粤从试用,休有荐扬。列侍从则论思献纳之居多,参政机则赞襄弥纶之罔缺。比俦伟望,进秩近司。和而不同,深济盐梅之用;忠而能力,允赖股肱之为。心休休而有容,事井井以攸叙。真当今庙廊之器,实近古社稷之臣。樽俎春容,笑谈可以镇物;弁冠端委,精神自能折冲。是用询于金言,咨谋裁自朕志。揆刚辰而幽赞,奉显册以明扬。其升元宰之崇,以表具瞻之峻。并加宠数,庸示眷怀。於戏!付托至重而为之难,朕方资于弼亮;体貌既尊则责亦厚,尔无怠于交修。恢宏辅世之图,懋建格天之业。式是百辟,毗予一人。可特授左光禄大夫、守尚书左仆射、同中书门下平章事、依前兼提举修三朝国史、详定一司敕令,加食实封四百户,如故。主者施行。

出处:《陈文正公家乘》卷一。又见《宋宰辅编年录》卷一六,《陈文正公文集》卷五,同治《广信府志》卷一一,民国《弋阳县志》卷一六。
撰者:何溥

朱倬右仆射制
(绍兴三十一年三月十七日)

　　朕钦承圣绪,翕受贤谟。顾兹躬揽以厉精,惕若御图之永;有能奋庸而熙载,亶兹宅揆之难。乃眷老成,久参机务,克懋经邦之略,宜登相国之联。爰锡明纶,敷告列序。具官朱倬气和而神邃,才大而声宏。潜心乎六经之微,游意乎百氏之博。尝求其学,一本以诚。行己在乎不欺,仰无屋漏之愧;事君贵乎无隐,皦如天日之临。朕固已得之召见之初,而果符于试用之后。炳然蓍龟之先见,介若金石之不移。密进忠规,初不干于世誉;端居正色,期自肃于官邪。郁为台谏之宗,绰有公辅之望。比縣经幄,服在政涂。若魏相观故事而必行,若房乔持众美而自筞。适仰台躔之齐色,有嘉岩石之具瞻。是用端荚以赞神明,涓辰而得吉兆。诞扬廷涣,对秉国成。仍叠晋于官荣,且肇开于户赋。以昭物采,以示眷私。於戏!萧规曹随,所以股肱于汉室;旦师奭保,所以左右于成王。惟一德之享天心,则同寅而安海内。式孚于训,时乃之休。

出处:《宋宰辅编年录》卷一六。

撰者:何溥

禁铺兵擅开窃看传录文字诏
(绍兴三十一年三月十八日)

铺兵擅开、窃看、传录文字,并依建炎指挥从军法。其阙额以厢军填补,月给钱米皆增之。

出处:《建炎以来系年要录》卷一八九。

刘一止赠四官朝散大夫制
(绍兴三十一年三月二十八日)

敕:朕眷优侍从,惠及初终。于其存也,宠遇之礼无不至;其既殁也,褒赠之恩无不隆。盖明为国之经,而极忠厚之道也。故敷文阁直学士、左朝奉郎、长兴县开国伯、食邑八百户、赐紫金鱼袋致仕刘某,慈祥毓性,文艺名家。纶闱嘉润色之工,琐闼赖论思之益。去朝虽久,屡升延阁之华;知分甚明,早遂安车之适。奄从沦谢,良用悼伤。爰峻陟于文阶,用追荣于幽乡。谅惟冥漠,亦克有知。可特赠左朝散大夫,余如故。

出处:《苕溪集》卷五五,影印文渊阁四库全书本。

撰者:杨邦弼

有事明堂御札
(绍兴三十一年四月三日)

敕内外文武臣僚等:朕荷三灵之右序,蒙列圣之燕贻。凤展郊禋,屡辑合祛之典;间修宗祀,以崇陟配之文。乃卜杪秋,恭行大享。念孝莫大于严父,唯上帝之居歆;而礼尤在于成民,岂眇躬之徼福?庶获天人之助,永储宗社之休。兹戒先期,宜敷大号。朕以今年九月有事于明堂。咨尔攸司,各扬其职,相予祀事,罔或不恭。故兹札示,想宜知悉。

出处:《中兴礼书》卷四四。

靖康以来奉使未回使副之家陈乞恩泽依条施行诏
(绍兴三十一年四月七日)

应靖康、建炎、绍兴以来,奉使未回使、副之家陈乞恩泽,令吏部验实,照应已降指挥依条施行。其在外人委知、通躬亲验实,保明申吏部。仍令本部行下诸路州军出榜晓谕。

出处:《宋会要辑稿》职官五一之二○。

令侍从等上弭灾除盗之策御笔
(绍兴三十一年四月十五日)

比来久雨,有伤蚕麦,及盗贼间发,虽已措置,未至详尽。可令侍从、台谏条具消弭灾异之术,防守盗贼之策,各以己见实封闻奏。

出处:《建炎以来系年要录》卷一八九。又见《皇宋中兴系年要录节要》卷一六,《宋会要辑稿》帝系九之三一。

令淮南转运司相度营田官庄诏
（绍兴三十一年五月七日）

令淮南转运司行下州县相度营田官庄,将措置成就去处依旧存留,仍不得依前抑勒附种。如违,许人户越诉。

出处:《宋会要辑稿》食货六三之一二三。

监司失按属吏议罚诏
（绍兴三十一年五月十二日）

诸路监司失按属吏,一岁及四人以上者,令御史台检举,申朝廷议罚。

出处:《建炎以来系年要录》卷一九〇。

何溥奏缴录到大金副使王全殿上口奏答诏
（绍兴三十一年五月二十二日）

诸路都统制并沿边帅守、监司照应今来事体,随宜应变,疾速措置,务要不失机会。

出处:《建炎以来系年要录》卷一九〇。

渊圣皇帝升遐令裁定合支用钱物诏
（绍兴三十一年五月二十四日）

因孝慈渊圣皇帝升遐,合支用钱物,并送后省官看详,酌中裁定,毋致妄费。

出处:《建炎以来系年要录》卷一九〇。

命两浙等处禁军弓弩手赴明州平江及沿江诸州诏
（绍兴三十一年五月二十八日）

浙东五郡禁军、弓弩手并起发赴判明州兼沿海制置使沈该,浙西诸郡及衢、婺二州并赴平江府驻札浙西副总管李宝,江东诸郡赴池州驻札都统制李显忠,福建诸郡赴太平驻札破敌军统制陈敏,江西诸郡赴江州驻札都统制戚方,湖南、北并沿边诸郡赴荆南府驻札都统制李道军,并听候使唤。

出处:《建炎以来系年要录》卷一九〇。

减罢度牒库匠人诏
（绍兴三十一年五月二十九日）

度牒库依旧拘收元减罢雕字匠一名与日支食钱外,所有打背、裁剪、碾呀匠更不招置;遇造作,即行和雇,支食钱。

出处:《宋会要辑稿》职官一三之四〇。

支度牒库料次钱诏
（绍兴三十一年五月二十九日）

度牒库料次钱每料支钱二百五十贯文,令户部先次空审,直下左藏库,限日下支给,应副使用,续行审会。

出处:《宋会要辑稿》职官一三之四〇。

度牒库上下半年造限送比部驱磨诏
（绍兴三十一年五月二十九日）

度牒库上下半年造限送比部驱磨,库子依旧以二人为额。

出处:《宋会要辑稿》职官一三之四〇。

度牒库专知官添支别给食钱诏
（绍兴三十一年五月二十九日）

度牒库复造度牒，其专知官等各添支，别给食钱一季，于本库料钱内支给，上历除破，候住给降日住支。

出处：《宋会要辑稿》职官一三之四〇。

奉化县诚惠庙赐号昭德夫人诰
（绍兴三十一年五月）

朕阅舆图之籍，知日岭之山有石肖人，而能锡人之福，水旱盗贼之祷，应如响答，心甚异焉。岂烈妇贞女一念坚固，先天地而常存，形寓于石，使人观感而化者，可百世祀乎？维神闻于有唐，赐庙号于我国家。朕令涣明恩宠以徽称，从民欲也。其侈神休，答斯民所以告朕之意。

出处：《宝庆四明志》卷一五。又见《延祐四明志》卷一五。
考校说明："五月"据《宋会要辑稿》礼二〇补。

渊圣皇帝升遐告天下诏
（绍兴三十一年六月二日）

朕惟孝慈渊圣皇帝恭俭孝友，根于天性，毓德春宫，天下属心。遭时多难，粤受内禅。临御未几，播迁异域。寝食安否，复隔不闻者三十余年矣。自朕纂承，申讲和好，几以奉迎回御，归燕便朝。乃使命之来，遽承凶讣，痛悼之剧，攀号莫从。呜呼！恩莫隆于兄弟，义莫笃于君臣，朕之大欲，盖在乎此。天不我与，其又何尤，痛自克责，以俟上帝之悔祸而已！谅为四方同朕忧戚。诏书到日，应见禁罪人，除犯谋杀、斗杀并为已杀人者并十恶、强盗、伪造符印、放火、官典犯入己赃、将校军人公人枉法、监主自盗赃及杂犯死罪并依法，内斗杀情理轻者减一等刺配千里外牢城断讫录案闻奏，其余死罪情理轻者，奏取指挥，流罪降从杖，杖罪以下放。咨尔四方，咸体至意。

出处:《三朝北盟会编》卷二二九。

汪澈除荆襄湖北路宣谕使诏
(绍兴三十一年六月十日)

朕为湖北、京西壤地延袤,分屯禁旅,控扼边陲,故特遣耳目之臣,往励爪牙之任。抚劳将士,体访事宜。凡其所临,如朕亲幸。

出处:《三朝北盟会编》卷二二九。

太史局官各降一官诏
(绍兴三十一年六月二十二日)

太使局官瞻视卤莽,奏彗星不见,各降一官。

出处:《宋会要辑稿》职官一八之九二。

诸路州军暂权巡尉等捕盗赏罚减半诏
(绍兴三十一年六月二十三日)

诸路州军除正巡尉获盗依旧法推赏外,有暂权巡尉及督捕并非捕盗官告捕获盗之人,并依所得酬赏上减半推赏。其暂权巡尉之人若任内有不获盗,亦合依透漏榷货,比正官减半责罚。谓如正官全不获强盗一火罚奉一月,其时暂权官两火罚俸一月之类。仍镂板遍牒诸路监司、诸州军遵守施行。

出处:《宋会要辑稿》兵一三之二一。

减军器所官诏
(绍兴三十一年六月二十三日)

军器所干办官二员减一员,监造官四员减二员,受给官二员依旧,监门官二员减一员。所减员数,如一季内合改官选人,权行存留,候改官日罢;余见任选人其后任改官听通理今任零月日,其举官考第依今任条法。

出处:《宋会要辑稿》职官一六之一五。

刘观致仕制
(暂系于绍兴三十一年七月二日)

原标:嘉州奏,新除敷文阁直学士、左大中大夫、提举成都玉局观刘观乞致仕。七月二日圣旨,与转一官致仕。

敕:蜀士盛于西汉,然司马相如、王褒、扬雄之徒皆位不过郎大夫,且未有归老于其乡者。嘉予近侍,独掩前闻。具官某忠信醇固,廉清宽博;问学施于安平之世,议论见于艰难之时;退游真祠,岁月久矣。古所谓达尊三者,尔盖兼之。上章告归,宠进秩序。往遂安车之适,庶无大耋之嗟。可。

出处:《掖垣类稿》卷三。

撰者:周必大

考校说明:《宋代诏令全集》系于绍兴三十一年七月二日,"考《建炎以来系年要录》卷一九一载刘观于绍兴三十一年七月二日癸酉卒,又诏文原标题云'七月二日圣旨'云云,盖致仕之日即卒,据补"(第三三一六页)。然本制"新除敷文阁直学士、左大中大夫、提举成都玉局观刘观"与《建炎以来系年要录》卷一九一"敷文阁直学士、提举江州太平兴国宫刘观"不合,存疑待考。《建炎以来系年要录》卷一八五:"(绍兴三十年四月丁卯)徽猷阁待制、提举成都玉局观刘观充敷文阁直学士。"

禁戢浮言诏
(绍兴三十一年七月五日)

朕获承祖宗休德,临御三十余载,夙寤晨兴,罔敢暇逸,志勤道远,治不加进,唯是约己裕民之事,虽食息不敢忘。乃者放嫔御,罢教坊,省闲局,减冗员,凡有益于国而无伤于民者,惟患不知,未有知而不行者。朕谓诚意所加,远近不应。而令下之始,胥动浮言,几惑众听,朕甚不取。夫监司、郡守,所与朕布大信于天下者也,其各体朝廷并省节约之意,明致之民,务在实德,毋为虚文,使百姓翕然于变,底于雍熙,称朕意焉。

出处:《三朝北盟会编》卷二二九。又见《建炎以来系年要录》卷一九一。

诸路总管等差破当直人事诏
(绍兴三十一年七月六日)

敕:诸路总管、路分钤辖、兵将官差破当直人,不系帅府驻札及朝廷特委管事者,依绍兴四年六月十四日指挥,使依添差官例,并作不厘务。其付身内虽有带厘务并请给、人从,并依正官例,亦依绍兴四年六月十四日指挥施行。

出处:《庆元条法事类》卷一一。

量裁使相等宣借人兵诏
(绍兴三十一年七月十六日)

敕节文:使相、正任横行以下宣借,合量行裁减。差破三十人以上,各减三分之一,不满三十人,减四分之一,至十五人止。

出处:《庆元条法事类》卷一一。

刘观赠四官制
(绍兴三十一年七月二十一日)

敕:孔子曰:"君子疾没世而名不称焉。"若夫仕更三朝,而公卿推其德;身享耄期,而四方仪其行。逝者如斯,亦可以无憾矣。具官某学造乎道,文根于理。陟降左右,早得陈力之谊;燕安闾里,晚蹈知止之规。考终厥命,五福备矣。进阶三品,宠以书赞,庶几令闻广誉,后世犹有考焉。可。

出处:《掖垣类稿》卷四。
撰者:周必大
考校说明:编年明抄本、四库本"刘观"后有"上遗表特"四字。

应办措置四川财赋诏
(绍兴三十一年七月二十二日)

四川财赋,自合总领所专一应办外,如遇警急调发,申奏朝廷不及,其军中赏罚,令宣抚、制置司先次随宜措置施行讫奏。

出处:《建炎以来系年要录》卷一九一。又见《宋史》卷三二《高宗纪》。

给降空名度牒应副淮南等路犒设战士诏
(绍兴三十一年七月二十二日)

令礼部给降空名度牒五百道,仍遣枢密院使臣一员管押前去淮南、浙西、江东西路制置使司交辖,应副犒设战士使用。

出处:《宋会要辑稿》兵一八之四一。

行新造会子于淮浙湖北京西诸州诏
(绍兴三十一年七月二十四日)

新造会子,许于淮、浙、湖北、京西路州军行使。除亭户盐本钱并支见钱外,其不通水路州军上供等钱许尽用会子解发,沿流诸州军钱、会各半。其诸军起发等钱,并以会子品搭支给。

出处:《建炎以来系年要录》卷一九一。

钦宗皇帝谥册文
(绍兴三十一年七月二十七日)

伏以名者实之宾也,有聪明之实,则尧舜之名所以显于当时;谥者行之迹也,有齐圣之行,则文武之谥所以扬诸后世。臣不敢私其君,故稽之于众;下不敢诛其上,故请之于天。爰举徽称,以昭令德。恭惟孝慈渊圣皇帝生而有灵神之瑞,幼而有岐嶷之姿,长而有缉熙之功,成而有元良之德。自建茅于韩王,及正纒于治朝,就齿学以授经,升储闱而主器,辞有嫌之卤簿,省无用之官属,皆谓得祖宗之遗烈,已能见帝王之大体。作其即位,侧身以答天戒,舍己以从人欲,听宫嫔之自便,弛禁御以利民,削内侍之幸恩,裁外戚之滥爵。倾珠玉皮币以结远人之好,损服食器用以训群臣之俭,损不急之贡以复九州任土之经,恤无辜之狱以明五刑弼教之本。除绍圣朋党于蔓草难图之后,回元祐学术于狂澜既倒之日。诛误国之元恶,以正万世之典刑;录敢谏之直臣,以旌累朝之忠义。由是俊杰登用,奸回放弃,政事修于上,风俗变于下,际天所覆,极地所载,莫不拭目以观德化,翘首以望太平矣。呜呼!孰谓明两之初,遽逢阳九之厄!五胡南牧,六飞北狩,昆仑之骏未还,鼎湖之龙已远。讳问奄至,攀号无所,不闻凭汭之命,莫救在原之急。外朝遵易月之制,内庭行三年之丧,礼极原不足以寓其哀,文极尽不足以称其情。天将悔祸,必返葬于山陵;义有从权,难久虚于庙祐。是用采六家之旧法,参列圣之鸿号,式讲易名之典,先行升祔之仪,昭示至公,用施罔极。谨遣某官奉宝册,上尊谥曰恭文顺德仁孝皇帝,庙号钦宗。伏惟威灵在天,陟降于下,于皇受之,以永终誉!

出处:《中兴礼书》卷二五〇。

撰者:叶义问

考校说明:叶义问时任知枢密院事。

令徐嚞等还行在诏
(绍兴三十一年七月二十七日)

嚞等还行在,仍令沿边帅守、监司、诸军都统制、诸路总领所照应今年五月甲午指挥,及今来事体虑有奸诈,更切固守持重,广行间采,严作堤备,毋致轻易落其奸诈。仍先具知禀以闻。

出处:《建炎以来系年要录》卷一九一。

禁官司辄以黄绯色为号诏
(绍兴三十一年八月四日)

大礼及日常给黄色、绯色敕号,许入禁卫皇城诸门,应官司辄以黄、绯色为号者,罪赏依伪造大礼敕号法施行。

出处:《宋会要辑稿》职官三四之三六。

蠲诸路州军经总制钱诏
(绍兴三十一年八月六日)

诸路州军未起二十六年、二十七年经总制钱,特与除放,所有二十八年以后拖欠之数,令提刑司督责补发。

出处:《宋会要辑稿》食货三五之二八。又见同书食货六四之一〇〇。

蠲淮南京西湖北民秋税之半诏
(绍兴三十一年八月七日)

淮南东、西路、京西路州县,湖北荆南、德安府、复州、汉阳、荆门、信阳军,民力凋瘵未复,可将已起税州县人户合纳今年秋料税租并予放免一半;合纳之数,仍令州县尽时销注簿籍。如辄敢妄作名色催理,仰监司按劾施行。

出处:《宋会要辑稿》食货六三之一八。

废婉仪刘氏诏
(绍兴三十一年八月七日)

婉仪刘氏可归本家逐便,本阁官吏并发遣归合属去处,官告令有司毁抹。和州防御使、知阁门事、干办皇城司刘伉提举洪州玉隆观,任便居住。

出处:《建炎以来系年要录》卷一九二。

停罢两淮诸色科敷诏
(绍兴三十一年八月十一日)

两淮诸州起理二税之外,凡诸色科敷,如天申节银绢、土贡银、人使岁币、亭馆顾船贴拨等钱,并停罢。

出处:《建炎以来系年要录》卷一九二。

推恩御前军器所诏
(绍兴三十一年八月十七日)

御前军器所绍兴三十年制造过诸色军器三百二十三万六千九百四十二件,并各精致,依绍兴二十九年八月十九日例推恩。

出处:《宋会要辑稿》职官一六之一五。

处置王继先房廊田园等诏
(绍兴三十一年八月二十二日)

知临安府赵子潚拘籍到王继先房廊、田园、山地并应干物件,并令临安府估价出卖,其卖到钱逐旋赴激赏库送纳。内木植如有堪好者,存留桩管使用;金银见钱并鞍马,令激赏库拘收,令项桩管,专充犒赏将士;海船交付李宝。元封杂物并箱笼,令本府委清强得力官逐一开拆抄札,具名件申尚书省,不得容从偷盗。

出处:《宋会要辑稿》刑法三之八。

资政殿大学士左大中大夫知建康府
王纶乞致仕与转一官致仕制
(绍兴三十一年八月二十二日)

敕:少则歌《鹿鸣》而荐于朝,老则释麟符而居其里。考昔人而或有,在近世以几希。具官某行峻而济以通,道博而归之正。虽先日宦游之不遂,而平居誉望之已隆。父母无间言,故州乡党皆称其孝;厄穷无怨色,故去就出处惟义之归。逮承太上之深知,骤极一时之荣遇。入间槐棘之列,出分桑梓之麾。虽膂力之既愆,顾岁年之未暮。属闻婴疾,遽致为臣。稍迁寄禄之阶,追遂挂冠之志。君臣之分,始终有光。可。

出处:《掖垣类稿》卷三。

撰者：周必大

考校说明：月、日据明抄本、四库本补。据《建炎以来系年要录》卷一九二，王纶卒于绍兴三十一年八月十三日，宋廷或未及时获知而有此制。

赈济夔州路被水民户诏
（绍兴三十一年八月二十四日）

夔州路安抚、转运、常平司将本路被水之人户多方存恤赈济，漂流居民舍屋量行等第支给官钱，其湮损田亩合纳税租，依条检放，溺死之人官为埋瘗。务要实惠，不得灭裂。仍各具知禀施行文状申尚书省。

出处：《宋会要辑稿》食货五九之三七。又见同书食货六八之一二五。

除放出戍官兵债负诏
（绍兴三十一年八月二十六日）

应出戍官兵系分劈请给在家，访闻诸军将积欠勘请回易官私债负依旧克除，或非理取索，深虑赡养不给。可令逐军遵依已降指挥，日下尽行除放；如依前债戾，重置典宪。

出处：《三朝北盟会编》卷二三一。又见《建炎以来系年要录》卷一九二。

诸路监司属官不许差出诏
（绍兴三十一年八月二十六日）

敕：诸路监司属官不许差出。其间有紧切事务，权许差出。

出处：《庆元条法事类》卷六。

明堂前二日朝献景灵宫圣祖天尊册文
（绍兴三十一年八月二十九日）

惟皇上帝，临下有赫。右序我家，祖功宗德。施及眇躬，诞受明命。敢曰能

763

饎,礼维其称。

出处:《中兴礼书》卷七七。

明堂前一日朝饎太庙祖宗帝后册文
(绍兴三十一年九月一日)

嗣承圣统,寅奉明禋。爰修大饎,以穆帝亲。敢伸诚悃,祗谒于神。

出处:《中兴礼书》卷七七。

明堂饎昊天上帝册文
(绍兴三十一年九月二日)

皇天无亲,眷于一德。昔我祖宗,诞受厥命。肆惟眇质,嗣承丕休。蒇兹禋祀,庶其子之。

出处:《中兴礼书》卷七七。

明堂饎徽宗皇帝册文
(绍兴三十一年九月二日)

宗祀明堂,礼必有先。严父配帝,孝莫大焉。眇惟小子,嗣守宗祐。九筵之报,曷其有极!

出处:《中兴礼书》卷七七。

明堂赦文
(绍兴三十一年九月二日)

门下:朕嗣膺宝历,寅奉丕国,宵旰靡皇,于今三纪。念兢兢而行道,动有履冰之危;顾翼翼以秉心,居怀报玉之惧。盖恭俭由乎克己,而钦谨所以保邦。维祖宗积累之基,在续志而述事;维天地神明之鉴,本恶盈而好谦。端一意以仰承,庶三灵之垂佑。时乃五辰协序,六气导和。百谷用成,屡获丰年之应;五兵不试,均陶化日之舒。长用阜康,物无疵疠,有邦之庆,于朕匪功。爰躬三岁之祠,虔奉一纯之报。念圜丘肆类,备辑生民之章;而路寝宗祈,未诏我将之飨。是用按求古谊,推本先猷。涓选肃霜之辰,稽仍大火之次。维仁祖之武,敢怠于遵承;维文考之严,敢忘于陟配!属在谅阴之制,肆缘越绋之文。义难卑而废尊,礼要大而必简。于时六乐备而不作,百神俨其若存。笾豆荐芳,肃然胖蠁之答;堂筵拜况,灿若陆离之光。亶熙事之备成,沛庞恩而周洽。云云。於戏!宗祀而配上帝,孝莫大于尊亲;皇极之锡庶民,福岂祈于专飨。更赖二三同德,凡百有司,文极腹心之谋,武致爪牙之用。懋乃攸绩,底于丕平。

出处:《中兴礼书》卷八五。

考校说明:此赦文内容以"云云"删,《宋会要辑稿》载有所删之部分内容,今录以备考:

应四川、二广奏辟定差通判以下差遣先次就权之人,任内开破应在官物及趁办经总制无额上供酒税、茶息钱已及赏格,如不该差注更不推赏之人,并与依正官减半推赏。(《宋会要辑稿》职官一○)

所在税场昨缘相去近密,及收税太重,节次裁酌减并,蠲除税额。其私置场务并令废罢,以宽商贾。访闻州县间有巧作名目,暗行私复存留,广于间道邀税商旅,或违法差置检法之类,甚者将客贩食米以别色斛斗为名及抑令虚认力胜,百端邀阻,过有征输,近指挥将违犯监专、拦头计赃科罪。尚虑违戾,及不即检税,故作留滞,仰监司常切觉察,如有似此去处,按劾施行。(《宋会要辑稿》食货一七)

应归附副尉不曾从军立功之人,已降指挥,共添差三次了当,可更与添差一次。及昨降指挥:"诸军拣汰大小使臣、校尉、副尉、下班祗应内付身不圆之人,权许添差一次。"切虑无力整会,却致失禄,可令吏部更与添差二次。昨降指挥:"初补不经具钞之人,候到部,审会谐实,具钞别给付身。"盖欲杜绝冒滥,仰所属今后似此之人如初补应得见行条法指挥,令召本邑保官一员委保、与免具钞换给。诸军拣汰,虽已经添差一任,到部,许注诸州准备差使及岳庙差遣。其间有实缘残废不能亲身赴部,令召本邑官一员结罪委保正身,许家人赍状赴部陈乞差注,以示优恤。(《宋会要辑稿》兵一五)

带职郎夺职无赃私罪许以致仕恩泽任子诏
(绍兴三十一年九月八日)

带职正郎因事夺职而不降资,或虽降资而非犯入己赃、私罪徒以上,及臣僚因言者而无赃私罪者,虽未得宫观,并许以致仕恩泽任子。带职员郎未经奏荐而落职未复者,亦如之。

出处:《建炎以来系年要录》卷一九二。

王纶赠五官制
(绍兴三十一年九月十六日)

敕:朕以眇身,初承圣绪。究观前日左右辅弼之臣而想其遗风余烈,赠禭之典,夫何爱焉?具官某有博辩贯通之学,有清明敏达之材。其践政途,则高文大册鼓动于天下;其登右府,则崇论竑议简在于帝心。出临父母之邦,奄忽至于大故,朕甚伤焉。夫古所谓乡先生者殁则祭于社,而后世良二千石民亦奉尝之。尔于二者,盖兼之矣。进阶五等,爰举旧章。所以慰邦人之私,非独为王氏之宠。可。

出处:《掖垣类稿》卷四。
撰者:周必大
考校说明:编年明抄本、四库本"王纶"后有"上遗表特"四字。

赐统兵大帅诏
(绍兴三十一年九月二十九日)

朕列屯禁旅,控扼边陲,虽分道置使,总领其事,至于缓急之际,相为犄角,要如手足之捍头目,有不待索而自至者,势当然也。卿等受制阃之寄,临破敌之机,营壁相望,当若一身,仓猝有警,赴援立至,共成恢复之功,以底中兴之业。犒劳行赏,咸不汝遗。将来成功,当一例推恩。故兹诏示,想宜知悉。

出处:《三朝北盟会编》卷二三二。

赐吴璘诏

（绍兴三十一年九月二十九日）

朕为神州赤县，皆祖宗故地，以陷异域逾三十年，而猾虏无厌，复出为恶。兹用分命虎臣，数道并进。愤焉未有所出久矣，功名之志，深所未忘。已除卿陕西、河东招讨使。制书到日，卿可量彼己之势，审动静之宜，即提锐兵，直出汉中，吊秦、晋之遗民，抚唐、汉之都会；所过城邑，拊摩劳来，诫尔军士，毋杀人，毋践稼，毋掠妇女，毋焚室庐，使之箪食壶浆，以迎王师，副吊民伐罪之旨。昔汉光武遣冯异征关中云：今之征伐，非可略地屠城，要在平定安集之耳。朕于光武，远有惭德，而卿之才烈，岂直可比冯异而已哉！勉行此言，副我谆嘱。至于临敌慎重，见可而进，信赏必罚，恩结士伍，是皆所期于卿者也。舍爵策勋，朕无所吝。乃眷西顾，实勤我心。

出处：《三朝北盟会编》卷二三二。

讨金招谕榜

（绍兴三十一年九月二十九日）

金虏无厌，背盟失信，军马已犯川界。今率精兵百万，躬行天讨。有措置招谕事件如后：一、中原百姓见为签军，想未忘祖宗德泽，痛念二圣未还，岂肯从贼反攻旧主。榜到，各宜相率从便归业。内有愿立功来归人，当议优加爵赏。一、女真、渤海、奚、契丹一应诸国人等，暴露日久，无不怀归，见此文榜，请各散回本国，别事新君，可图子孙久久之利。一、中原诸路州县官吏军民有能以一路归者，除安抚使；以一州归者，与知州；以一县归者，与知县，余见任官更不改易。一、诸路忠义豪杰山寨首领能立功自效者，并依前项推赏。一、中原并诸国良民见为奴婢者，并放令逐便。内有自擒获本主归顺者，即以本主官爵田宅推赏。一、诸国官吏军民不愿归本国者，当尽还官爵，虽见用事之人，一例推赏优恤，与中国人一般，更不分别；而能立功效者，不次擢用。一、军行秋毫无犯，并不杀人放火，亦不虏掠财物及妇女人等。一、事平后，放免税租十年。一、应干虏人残虐科须等事，如签刷人夫、水手、工匠，差科军器、粮草、舟船、牛车、骡马，掠夺人家室女、绣女，一切非法骚扰，并行除放。一、酷淫之刑，如灭族、剥皮、油煎、锯解、钩脊之类，深可痛心，一切除去。右件，中原官吏、军民及诸国人等各怀忠愤，改虑易图，克建功名,共享安泰。故兹榜示知悉。

出处:《三朝北盟会编》卷二三二。又见《宋会要辑稿》兵七之一七,《建炎以来系年要录》卷一九二,《中兴礼书》卷二三二。

告谕大辽忠义人合讨女真诏
(绍兴三十一年十月一日)

契丹与我为二百年兄弟之国,顷缘奸臣误国,招致女真,彼此皆被其毒。朕既移跸江南,而辽家亦远徙漠北,相去万里,音信不通,天亡北虏,使自送死。朕提兵百万,收复中原,惟尔大辽豪杰忠义之士,亦宜协力乘势,歼厥渠魁,报耶律之深仇。将来事定,通好如初。

出处:《宋会要辑稿》兵七之一八。又见同书兵九之一二、蕃夷二之三八,《中兴礼书》卷二三二。

考校说明:《宋会要辑稿》兵七系于"九月二十九日",据同书蕃夷二、兵九及《中兴礼书》改。

亲征诏
(绍兴三十一年十月一日)

朕履运中微,遭家多难。八陵废祀,可胜怀土之悲?二帝蒙尘,莫赎终天之痛。皇族尚沦于沙漠,神京犹污于腥膻。衔恨荷穷,待时而动。未免屈身而事小,庶期通好以弭兵。属戎虏之无厌,曾信盟之弗顾。怙其篡夺之恶,济以贪残之凶。流毒遍于华夷,视民几于草芥。赤地千里,谓残暴而无伤;苍天九重,以高明为可侮。顷因贺使,公肆嫚言。指求将相之臣,坐索淮汉之壤。吠尧之犬,谓秦无人。朕姑务于含容,彼尚饰其奸诈。啸厥丑类,驱吾善良。妖氛浸及于中原,烽火遂交于近甸。皆朕威不足以震叠,德不足以绥怀。负尔万邦,于今三纪。抚心自悼,流涕无从。方将躬缟素以启行,率貔貅而薄伐。取细柳劳军之制,考澶渊却敌之规。诏旨未颁,欢声四起。岁星临于吴分,冀成淝水之勋;斗士倍于晋师,当决韩原之胜。尚赖股肱爪牙之士,文武大小之臣,戮力一心,捐躯报国,共雪侵凌之耻,各肩恢复之图。播告迩遐,明知朕意。

出处:《宋四六选》卷一。又见《容斋三笔》卷八,《建炎以来系年要录》卷一九三,
《陈文恭公文集》卷二。

撰者:洪迈

考校说明:此文又见《陈文恭公文集》。洪迈时为枢密院检详诸房文字,此文或为
洪迈代陈康伯而作。

赐陈康伯御札七
(绍兴三十一年十月一日后)

虞允文奏来,此诏一出,功并补天。

出处:《陈文正公文集》卷五。又见同书卷二,康熙《广信府志》卷二八,《陈文正公
家乘》卷一。

考校说明:此诏附于同书卷二《绍兴辛巳亲征诏草》之后,编年据《绍兴辛巳亲征
诏草》(即绍兴三十一年十月一日《亲征诏》)时间补。《全宋文》系于隆兴间(第二
三四册,第一一八页),疑误。

严惩持刃劫盗诏
(绍兴三十一年十月四日)

以军兴,应顽民持刃为劫盗者,并处死;有不获者,遣兵收捕。虽遇大霈,永
不招安。

出处:《建炎以来系年要录》卷一九三。

大礼加恩臣僚止降制给告诏
(绍兴三十一年十月四日)

诏今次大礼合加恩臣僚,权不锁院宣麻,止降制给告,事定日如旧。

出处:《建炎以来系年要录》卷一九三。

奖谕吴璘李显忠诏
(绍兴三十一年十月一日至六日间)

　　敕吴璘等:所奏首先破贼大获胜捷事具悉。朕屈己讲和,以安黎元。黠虏贪婪,无复天理。肆其凶焰,犯我边陲。卿忠义奋扬,肃将天讨,翦厥丑类,摧其奸锋。捷书报闻,良深嘉尚。想师行于枕上,而虏在目中。勉尔功名,副朕所傒。故兹奖谕,想宜知悉。冬寒,卿比安好? 遣书,指不多及。

出处:《三朝北盟会编》卷二三二。

令两浙等常平司委官看验见管米数诏
(绍兴三十一年十月六日)

　　令两浙、江东西、湖南路常平司委官分诣所部州县,据见管米数子细看验,分为上、中、下三等,各具色额及有无不堪之数,限五日开具申尚书省。

出处:《宋会要辑稿》食货六二之三八。又见同书食货五三之二八。

讨伐金人告谕军民诏
(绍兴三十一年十月九日)

　　国家以金人不道,弃信渝盟,遂至兴师,本非得已。指挥诸将所到,先问百姓疾苦,除以官库金帛给散将士外,不得烧毁屋舍,杀戮平民,劫夺资财,虏掠妇女。其应干非法科敛、役使残酷不便事件害及吾民者,日下除去;见作奴婢之人,并与释放。如豪杰忠义之士能据一县迎降者,即与知县;以一州降者,与知州;以一路降者,除安抚使;其集合义兵自效者,并优补官爵,加别任使。为女真奴婢能擒杀其本主者,便与其主在身官职,仍以本户田宅钱物尽行给赐。朕念中原赤子及诸国等人,久为金虏暴虐,役使科敛,或世为奴婢,已无生意,又指吾旧疆百姓为宋国残民,蹂藉杀戮,无所顾惜。朕闻之痛心疾首,是用分遣大军,诸道并进,以救尔于涂炭。想闻王师至,必能相率归顺,朕不惜官爵、金帛,以为激赏。若系有官之人,并依见今元带官职,更不敦减。其有以土地来归,或能攻取城邑,除爵赏外,凡府库所有,尽以给赐,朝廷所留,惟器甲、文书、粮草而已。如女真、渤海、契丹、汉儿应诸国人能归顺本朝,其官爵赏赐,并与中国人一般,更不分别。内燕北人昨被发遣归国者,盖为权臣所误,追悔无及,今虽用事,并许来归,当优加爵赏,勿复疑虑。朕言不食,有如皎日。

出处:《宋会要辑稿》兵九之一二。又见同书兵一五之九,《三朝北盟会编》卷二三二。

石明绪解延运各循一资制
(绍兴三十一年十月九日)

原标:右从事郎、梁山军判官石明绪,右迪功郎解延运,并任房州房陵县尉日卖盐增递年一倍以上,各循一资。

敕具官某等:边城户口浸增,故鬻盐倍蓰于他日。尔尝为尉,用是蒙赏,不既幸乎! 可。

出处:《掖垣类稿》卷二。
撰者:周必大

大臣私第接见宾客毋过三次诏
(绍兴三十一年十月十一日)

大臣私第接见宾客,颇妨治事,自今日毋过三次。

出处:《建炎以来系年要录》卷一九三。

均州招纳到北界忠义归明人事诏
(绍兴三十一年十月十二日)

令成闵、郝晸、武钜与曹晟同共措置,支给钱米赈济,优加存恤。如强壮人愿充白身效用者,令隶军中权行收管,支破请给,即不得强刺手面。余人听从其便,内有愿耕者,给与闲田,借贷牛种,无令失所。合用钱米,令总领所疾速应付;如阙,先次就便支米。

出处:《宋会要辑稿》兵一五之九。

向琪转遥刺制
(绍兴三十一年十月十二日)

原标:枢密院奏,武功大夫、东南第二将、庐州驻札向琪见充沿边差遣,兼提举沿淮民社,职事修举。十月十二日圣旨,与转一官,特转遥郡刺史。

敕具官某:朕以尔禀气山西,稍更边任,肆因右府之请而使遥刺一州,可谓宠矣。江淮之上,备御方严,勉立殊勋,无负知已。可。

出处:《掖垣类稿》卷二。
撰者:周必大
考校说明:"绍兴三十一年"据《建炎以来系年要录》卷一九三补。

权住荐举知县诏
(绍兴三十一年十月十六日)

比令侍从、台谏等荐举知县,今县令员数已多,未有阙可处。其权住荐举。

出处:《建炎以来系年要录》卷一九三。

措置淮北老小归正前来事诏
(绍兴三十一年十月十六日)

两浙、江东西转运、常平司行下所部州县,勘验诣实,许于空闲官屋及寺观内权行存泊,优加赈给,无令失所。

出处:《宋会要辑稿》兵一五之一○。

视师经由去处排办不得过为华饰诏
(绍兴三十一年十月十八日)

将来视师经由去处,排办顿递,修治道路,不得过为华饰,劳民费财。三省行下约束。如有违戾,令监司按劾,御史台弹奏。

出处:《宋会要辑稿》刑法二之一五五。

兴师奏告天地宗庙社稷诏
(绍兴三十一年十月十九日)

金人败盟,朝廷不得已而兴师,合奏告天地、宗庙、社稷等,令太常寺条具。

出处:《宋会要辑稿》礼一四之八八。

巡幸事诏
(绍兴三十一年十月二十二日)

将来巡幸,应军旅非泛支降钱粮、差除等事,并随行在处分;百司常程事,依旧留临安府行遣,内不可决者,即申行在所。

出处:《建炎以来系年要录》卷一九三。

胡昉补官制
(绍兴三十一年十月二十二日)

原标:知泗州夏俊申:收复泗州,全得盱眙军免解进士胡昉之力,望优赐推赏,仍陶铸州官。十月二十二日圣旨,特与补右迪功郎,充泗州司户参军。

敕某人:汝书生也,乃能奋其智勇于郊垒未平之秋。何惜一官,不以劝有意功名之士? 可。

出处:《披垣类稿》卷二。
撰者:周必大

用兵避殿减膳诏
(绍兴三十一年十月二十三日)

朕德不足以怀远人,致金人复背盟好,劳我将士,蒙犯矢石。念之坐不安席,食不甘味。自今月二十四日,当避正殿,减常膳。

出处:《建炎以来系年要录》卷一九三。又见《中兴礼书》卷二三二,《三朝北盟会编》卷二三六。

许勋臣戚里内侍贵近纳粟助国诏
(绍兴三十一年十月二十三日)

勋臣、戚里、内侍、贵近之家有愿输家财物助国者,令于所属自陈。纳足,具姓名以闻,优加旌赏。

出处:《宋会要辑稿》职官五五之四七。

有兵级犯罪等令安抚司暂依条处断诏
(绍兴三十一年十月二十五日)

近缘车驾进临安府,遇有兵级犯罪若强盗同火七人以上或强盗杀人及告捕人,并监司州县人吏有犯情理深重者,许令安抚司时暂依条酌情处断,候事定日依旧。

出处:《宋会要辑稿》兵一三之二一。

戒饬将士诏
(绍兴三十一年十月二十七日)

狂虏不道,荐肆凶残,王师所临,无往不克。捷奏累至,俘获踵旋。尚虑狃吾屡胜之威,忽彼不虞之戒。兽虽困而犹斗,蛊有毒而可防。凡我将士,率兹有众。益务整肃军伍,料理甲兵。申令戒严,蓄威养锐。虽折冲于千里,期制敌于万全。

天下本为一家,岂贪尺寸之地;孽胡亡在旦夕,当以殄灭为期。咨尔六师,咸听
朕意。

出处:《三朝北盟会编》卷二三七。

赐陈康伯御札
(暂系于绍兴三十一年十月前后)

即札下吴璘、王彦、赵撙、王宣常切整饬军马,先张声势,候张浚军报会合,即
便起发。仍札下两处总领司,预先准备合用钱粮,无致阙误。其札子便缴进入,
令金字发。

出处:《陈文正公家乘》卷一。
考校说明:编年据文中所述史事补,见《建炎以来系年要录》卷一九三等。

胡深转官制
(暂系于绍兴三十一年十月后)

具官某:尔效命戎行,执俘海寇。用从赏格,叙进武阶。往服宠光,毋忘
报称。

出处:《东牟集》卷七。
考校说明:编年据胡深官历补,见《建炎以来系年要录》卷一九三。王洋卒于绍兴
二十三年,此文疑为《东牟集》误收。

禁催理免放科敷名色诏
(绍兴三十一年十一月一日)

令户部检坐节次已降指挥申严行下,更不得催理。仍令漕司出榜晓示。

出处:《宋会要辑稿》食货六三之一八。

另择日巡幸诏
(绍兴三十一年十一月二日)

已降指挥,今月五日巡幸,缘系显仁皇后禫祭,可令有司别行择日。

出处:《建炎以来系年要录》卷一九四。

招填三衙军兵阙额诏
(绍兴三十一年十一月二日)

江、浙、福建路拣发赴三衙军兵阙额,并令逐州招填。如额足,亦许额外招收。

出处:《建炎以来系年要录》卷一九四。

张浚辞免观文殿大学士判建康府不允诏
(绍兴三十一年十一月四日)

敕张浚:复省所奏札子"辞免复观文殿大学士、判建康府恩命"事具悉。朕惟用人之法,当求终身之大节,而不责一时之小疵。故鲍叔得管仲于三北之余,而秦穆用孟明于一眚之后。风绩之著,书传可传。卿夙负大名,蚤登三事,一跌历年,于兹已久。弃旧图新,恩有所施。属封疆之多垒,方帅阃之须才。坐御边冲,无易旧弼。爰宠还于秘殿,俾作镇于巨藩。遽览来章,欲回受命。乘时机会,岂惟复雁门之踦;辅予艰难,庶几雪渭上之耻。往承茂渥,毋或牢辞。所请宜不允,不得再有陈请。故兹诏示,想宜知悉。冬寒,卿比平安好? 遣书,旨不多及。

出处:《三朝北盟会编》卷二三八。

召王权赴行在奏事诏
(绍兴三十一年十一月四日)

建康府驻札御前诸军都统制王权赴行在奏事,仍令总领江东淮西财赋都絜将权军不以是何钱物尽数拘收桩管,申尚书省。

出处:《建炎以来系年要录》卷一九四。

进纳授官人条约诏
(绍兴三十一年十一月四日)

进纳授官人并损其直十分之二,与免铨试,仍作上书献策名目,理为官户,永不冲改。

出处:《建炎以来系年要录》卷一九四。

赐新复州军赦文
(绍兴三十一年十一月四日)

门下:朕以凉薄之资,履艰难之运。披图慨叹,念未清九县之尘;瞻仰焦劳,讵敢忘一食之顷!然而诚不足以孚强敌,德不足以保遗黎,致承平之故区,寝隔绝于异域。列圣之境未复,两宫之狩莫还。恨抱终天,悲缠率土。痛心疾首,陨涕汗颜。兹逆虏之干诛,幸上天之悔祸。爰整濯征之旅,往扬耆定之功。群豪唱义以云从,列郡闻风而响应。扶杖而须德化,率多羸老之余;箪食以迎王师,复喜威仪之见。遂日辟于百里,曾不烦于一兵。元恶就屠,余党悉溃。贾将率之余勇,尽还祖宗之旧疆。重念中原之民,久沦左衽之俗。坠衣冠于涂炭,变礼义于腥膻。头颅莫保于淫刑,闾里悉空于重敛。矧因胁从之暴,岂无违误之人?宜推在宥之恩,诞布惟新之令。可大赦新复州军。应新复州军并限赦书到日以前,罪人无轻重,已发觉未发觉,已结正未结正,常赦所不原者,咸赦除之。祖宗皇后陵寝自经隔绝,久失展省,本路招讨使到日,同本处官吏躬亲前去朝谒,如法修举,务在严洁,以称朕孝思追慕之意。渊圣皇帝梓宫及天眷尚在沙漠,抱恨无穷,若中原与诸国人能津致扶护来归者,赐银绢五万匹两;如愿补授官资,竟与推恩。勘会白沟、河、忻、代等处一带系本朝旧界,仰诸路招讨使统率大军到日,不得越境。於戏!天开地辟,允臻恢复之期;云行雨施,式慰来苏之望。尚赖迩遐之众,咸怀忠义之诚。共集大勋,永清四海。

出处:《三朝北盟会编》卷二四六。

三省常程细务权令执政官书押诏
(绍兴三十一年十一月六日)

三省有格法,常程细务,权令执政官书押,事定日如旧。

出处:《建炎以来系年要录》卷一九四。

与金人战斗理为战功诏
(绍兴三十一年十一月七日)

诸军将士,但与金人战斗,并守御立功之人,并与理为战功。

出处:《建炎以来系年要录》卷一九四。

殿前三司差官兵防托江面诏
(绍兴三十一年十一月十日)

殿前司差官兵千人往江阴军,马、步军司各差五百人往福山,并同民兵防托江面。

出处:《建炎以来系年要录》卷一九四。

诸场务不得收归正人税诏
(绍兴三十一年十一月十四日)

北来归正之人,诸场务不得收税,违者必罚无赦。仍榜示,许被害人直诉。

出处:《建炎以来系年要录》卷一九四。

奖谕李显忠诏
（绍兴三十一年十一月十四日）

御前诸军都统制李显忠累获胜捷,令学士院降诏奖谕,差中使一员前去赐金合茶药,一就传宣抚问。仍令李显忠开具实立功人等第保明闻奏。

出处:《宋会要辑稿》兵一八之四三。

姚兴赠官制
（绍兴三十一年十一月十六日）

敕:执干戈而卫社,方资敌忾之忠;援枹鼓以忘身,宜厚恤忠之典。右武大夫、武功郡开国伯、食邑九百户姚兴材全果毅,资赋劲严。愤蛇豕之陆梁,鼓貔貅而搏战。所提不满于一旅,奋勇何啻于万兵。卒拒其锋,遂殒于阵。昇廉车而加襚,属孤子以推恩。莫归先蔑之元,宜立睢阳之庙。举为异宠,用寄予哀。尚克有知,歆此休命。可特赠容州观察使。

出处:《三朝北盟会编》卷二三五。
考校说明:原书系于十月,据《宋史》卷三二《高宗纪》改。

奖谕张振等诏
（绍兴三十一年十一月十七日）

御前游奕军统制张振与转翊卫大夫、定江军承宣使,护圣军统制王琪与转拱卫大夫、宣州观察使,自余立功将士令逐官开具,保明申行府。

出处:《宋会要辑稿》兵一八之四三。

押送刘汜编管诏
（绍兴三十一年十一月十八日）

刘汜贷命,追毁出身文字,除名勒停,送英州编管,令镇江府日下差使臣一员、兵级十人管押前去。内兵级逐州交替,各具已收管申三省、枢密院。

出处:《宋会要辑稿》刑法七之三八。

劝谕进纳补官事诏
(绍兴三十一年十一月十八日)

每县降右迪功郎、承信郎告各一道,进武校尉、进义校尉绫纸各三道。内右迪功郎八千贯与免试,先次注授差遣,理为官户,依奏荫人例;承信郎四千贯,进武校尉一千七百贯,进义校尉一千四百贯,并免试弓马及短使,先次注授差遣,并无冲改。如系大县,增卖右迪功郎、承信郎告各一道,钱许用金银、米斛依市价准折,并令本州书填。如已经献纳补官之人,拟注差遣,愿再献元纳之半,亦依前件指挥。应知县劝谕及二万贯,与减二年磨勘,选人比类施行;如增卖及一万贯,更与减磨勘一年。本州知、通究心劝谕,诸县出卖数足,各与减二年磨勘。

出处:《宋会要辑稿》职官五五之四七。又见《建炎以来系年要录》卷一九四。

押送王权琼州编管诏
(绍兴三十一年十一月二十一日)

王权可特贷命,除名勒停,永不收叙,送琼州编管,月具存在闻奏。令临安府差得力使臣二员、军兵二十人押送前去,沿路不得时刻住滞,具已起发申三省、枢密院。

出处:《宋会要辑稿》刑法七之三九。

阎德降官制
(绍兴三十一年十一月二十四日)

原标:中亮大夫、宣州观察使、殿前左军统制阎德,于殿帅赵密前高声无礼。圣旨,阶官、遥郡上各降一官,令本司自效。

敕:汉李广不谢大将军,意象愠怒,终以离邮,况功名未及广者乎?具官某知军法犯上者杀,而恶言忿色,蔑视主帅,岂汝或有辞耶?深治则矜愚,不治则废法,崇阶、遥寄,皆少损之。可。

出处:《披垣类稿》卷三。

撰者:周必大

令吴璘募关外勇士充效用诏
(绍兴三十一年十一月二十九日)

吴璘于关外募勇士充效用,不刺手面,每及三百人,差官部押赴行在。

出处:《建炎以来系年要录》卷一九四。

两淮失守官吏放罪诏
(绍兴三十一年十二月三日)

两淮帅臣、监司,州县失守官吏并放罪,除已放罢人外,令还任。其残破州县当省员者,监司、帅臣相度以闻。

出处:《建炎以来系年要录》卷一九五。

李宝节度使制
(绍兴三十一年十二月三日)

门下:率貔貅而远讨,独高靖海之功;鼓钟镈以凯还,宜懋策勋之典。眷予良将,克著显庸,有光盟府之藏,爰峻斋坛之拜。诞敷命綍,遍告廷绅。左武大夫、宣州观察、改添差权发遣两浙西路马步军副总管、江阴军驻札李宝,气劲以雄,才全而果。结发而与敌角,勋收百战之多;执戈而为士先,勇冠万夫之表。维兹边衅,启自敌人,弃好背盟,残民逞欲。萃干戈于淮甸,方深窥伺之图;潜舟楫于海壖,欲肆包藏之计。乃授成于虎旅,俾遄陟于云涛。忠诚仗义而鼓行,豪杰闻风而响应。千艘水击,威名远继于伏波;万舸灰飞,伟迹更高于赤壁。俘获靡容于数计,招降何啻于千群。一空虎穴之屯,永息鲸波之涌。第功居最,锡宠宜优。启巨屏以建旄,分诸道而置使,肇新封爵,倍敦户租。用壮戎容,益昭予眷。於戏! 歌《出车》以劳还卒,朕方施不次之恩;誓击楫以清中原,尔尚建非常之绩。

往祇显渥，伫奏肤公。可特授靖海军节度使，充浙东西路通、泰、海州沿海制置使、京东路招讨使，依旧江阴军驻札，武功县开国子、食邑五百户、食实封二百户。主者施行。

出处：《东窗集》卷一四。又见《舆地纪胜》卷九，嘉靖《江阴县志》卷二一。

考校说明：编年据《建炎以来系年要录》卷一九五补。此制当为《东窗集》误收。

车驾进发戒饬群臣诏
（绍兴三十一年十二月五日）

朕以逆亮逾盟，侵犯王略，肆颁诏旨，躬往视师，久已戒严，属兹进发。凡远迩股肱之郡，小大文武之臣，宜体朕心，各扬尔职，毋纵奸宄，毋虐善良，毋事征求，毋扰狱市。内则辑宁于封部，外则式遏于寇攘。共济大勋，永底丕乂。

出处：《宋会要辑稿》兵七之一八。又见《中兴礼书》卷二三二，《三朝北盟会编》卷二四六，《建炎以来系年要录》卷一九五。

巡幸视师约束经由州县诏
（绍兴三十一年十二月五日）

巡幸视师，用今月十日进发。已降指挥，应经由去处排办程顿、修治道路等事不得过有华饰，非理科敛。窃虑奉行不虔，重劳民力，除合行用随运钱批支驿券外，应贡献果木饮食之类，悉宜禁止，可行下逐路监司约束。如敢违戾，仰御史台弹劾，重置典宪。

出处：《三朝北盟会编》卷二四七。

令诸路帅司率军进讨诏
（绍兴三十一年十二月五日）

金人完颜亮以十一月二十七日驻扬州，为其下所杀，令四川宣抚司统率军马随路进讨，恢复州县。虽曰分路调发，亦仰常相关报，互相应援，不得辄分彼此，务要协力，共成大功。诸路招讨司准此。

出处:《建炎以来系年要录》卷一九五。

令沿江大帅条奏恢复事宜诏
（绍兴三十一年十二月五日）

枢密行府行下沿江诸大帅,各条陈目今进恢复事宜合如何施行,具已见利害,疾速闻奏。

出处:《建炎以来系年要录》卷一九五。

赐杨存中御札
（绍兴三十一年十二月九日）

已令朱夏卿支银三万两,付卿等第支散随李横出战伤中人并阵亡人家属。卿可躬亲逐一支赐,仍子细契勘所失亡人数并镇江见在人数,密具奏来。初九日,付存中。

出处:《式古堂书画汇考》卷一三。又见《赵氏铁网珊瑚》卷二。

两淮德音
（绍兴三十一年十二月十六日）

门下:朕抚运中兴,遭时多故。崇七德而经武,务先禁暴而戢兵;收五利以和戎,靡惮卑辞而屈已。将使华夷之众,永离涂炭之殃。由凉德不足以怀柔,致逆虏辄渝于盟誓。怙其戎马之足,驱厥犬羊之群。既俶优于中原,遂虔刘于吾国。第欲兵连而祸结,岂知众叛以亲离。宜神圣之莫容,致人心之争奋。奇兵麕击,尽灰赤壁之舟;元恶就屠,迄授稿街之首。余党奔溃,四境澄清。慨念疆场之民,荐被兵戈之苦,妻孥荡析,肝脑糜捐。室庐成煨烬之余,田野丧耕锄之具。祸贻以众,罪在朕躬。幸已靖于妖氛,喜再成于乐土。欲抚疮痍之俗,爰推旷荡之恩。扬、泰、真、楚、滁、和、濠、庐、光州、盱眙、高邮、光化、无为、安丰、信阳军管内限德音到日已前,见监罪人除犯劫杀、斗杀、并为已杀人者,并十恶罪至死、伪造符印、放火、官员犯入已赃、将校军人公人犯枉法、监主自盗贼并依法,内枉法自盗罪至死情理轻者奏取指挥,斗杀罪至死情理轻者,减一等刺面配千里外州军牢城,断讫录案闻奏,其余罪无轻重,并行放免。於戏!歌《鸿雁》之诗,务遗黎之安业;法雷雨之解,与庶汇以昭苏。尚其小大之臣,共体隆宽之德。辅成极治,永息多虞。

出处:《三朝北盟会编》卷二四七。

考校说明:原书题作《信阳军德音》,据正文内容改。

向子固知扬州制
(绍兴三十一年十二月二十七日)

广陵星纪之墟,控带江淮,一大都会也。朕念师帅之重,每慎所付。而尔干力强济,资禀隽明。尝镇是邦,习其风俗;去官三载,岂弟之思在于人心,是用申命。昔黄霸再临颍川,寇恂再临长社,咸有嘉政,播在青史,至今以为美谈。尔其勉之,毋使治声减于前日。

出处:《归愚集》卷七。

考校说明:编年据《建炎以来系年要录》卷一五二补。向子固曾二知扬州。本文称"尝镇是邦,习其风俗",当是向子固第二次知扬州。《宋代诏令全集》系于绍兴十四年七月壬申(第二三九四页)即向子固初除知扬州之日,误。葛立方此时未任两制,此文疑为《归愚集》误收。

赐杨存中御札
(绍兴三十一年十二月)

杨名文字二件付卿,可仔细看。其间曲折,令张去为面说,卿可熟思合何如处置,却合奏来。本欲召卿面议,恐彰其事,所降文字却封来。杨名已送大理寺实禁,听候指挥。

昨日行门来镇射弓,前后箭满,不破体。殿侍时通却喝前箭一指,后箭三指,并破体。卿可理会,自今后引呈,须管实喝。如不实,殿侍决配,取逐人知委,付殿司收。

和州贼遁走,已降指挥令李显忠追袭。卿可速遣人去说与显忠,可暂不剿戮,纵令自去,须是连夜前去追赶。若收买堪好可修作战船者,百姓海舟亦可买二十只或三十只。

造船匠人并和雇百姓,不须役军兵。

可先次计料二十只物料,要在此处江内摆泊。若先要钱收买板木,便来请。每船载甲军五十人,樟梢在外,只用可克敌弓弩。

可差人于平江府计会。蒋璨如无钱,候人回日,别来理会,余帖数钱御前贴请。

右武大夫、果州团练使、殿前司后军马潘真于今月初八日,忽患哑中,不省人事。此是风热,祛风丹卅粒,只作两服,用生姜汁少许,调成膏,用水化,下冰水,大盏内并药共半盏来服之,看如何。若省人事,速来道,切不可灸。

出处:《式古堂书画汇考》卷一三。又见《赵氏铁网珊瑚》卷二。

考校说明:《全宋文》注曰:"按以下诸札,唯和州金人遁走令李显忠追袭一事可考,在绍兴三十一年十二月间,其余均不得其时。又原文分为多段,据原书后文所载杨存中之孙杨文皞跋,当是六札,然已不可细分,今仍照原式统录于此。"(第二○五册,第九一页)从之。

国朝勋臣后嗣推恩赦
(绍兴三十一年)

国朝勋臣后嗣,无人食禄,录用子孙,许召升朝官三员保明陈乞。内有全去失勋臣元授告敕等干照,若实系勋臣之家,可令更召监察御史以上,管军、知阁、御带、监司、郡守二员委保勋臣元任官职去失来历因依,如无伪冒,特与推恩。

出处:《宋会要辑稿》崇儒六之二六。

高宗朝卷三十六　绍兴三十二年(1162)

蒋世忠梁思致仕制
(绍兴三十二年前)

原标:入内内侍省寄资武节郎蒋世忠,入内内侍省寄资武翼郎梁思,并为久病,特与转归吏部,守本官致仕。

敕某人等:汝久已抱疴,不胜洒埽之职。俾归铨部,遂挂银珰。如其有瘳,可以自佚。可。

出处:《掖垣类稿》卷三。

撰者:周必大

考校说明:编年据同集卷四《婉容翟氏进封特与依格合得恩泽亲属故武节郎蒋世忠特与赠武义大夫制》补。

侍从官举监司郡守诏
(绍兴三十二年正月十二日)

侍从、台谏各举可为监司者一员,郡守二员,有不称职,当坐缪举之罚。

出处:《建炎以来系年要录》卷一九六。

郡守年七十与自陈宫观诏
(绍兴三十二年正月十三日)

郡守年七十之人,令吏部并与自陈宫观。著为令。

出处:《建炎以来系年要录》卷一九六。

诫约百官迎侍亲老诏
(绍兴三十二年正月十三日)

应百官有亲年已高而不迎侍及归养者,令在外监司按劾,在内令台谏纠弹。

出处:《宋会要辑稿》职官七七之二七。

存恤阵亡军兵诏
(绍兴三十二年正月十七日)

诸军阵亡军兵及见请衔官五人、三人例券钱人,并敢勇、效用、民兵、义兵、弓箭手依旧放行全分诸般请给一年,付其家,令所在按月帮勘,以示存恤。

出处:《宋会要辑稿》职官五七之七八。

增修建康百官吏舍诸军营寨诏
(绍兴三十二年正月二十一日)

比者视师江上,虏骑遁去,两淮无警,已委重臣统护诸军,一面经画进讨。今暂还临安府,毕奉恭文顺德仁孝皇帝祔庙之礼。重惟建康形势之地,宜令有司增修百官吏舍、诸军营寨,以备往来巡幸。应诸军合行推赏,除立功人别行推恩外,应扈卫人令御营宿卫司,出戍暴露人令主帅,往来道路劳役人令成闵,各开具的实人数,保明闻奏。

出处:《宋会要辑稿》兵七之一九。又见同书礼七之三,《中兴礼书》卷二三二,《建炎以来系年要录》卷一九六。

刘迪胡熙各转一官制
（绍兴三十二年正月二十七日）

原标:提举淮东常平茶盐王珏奏:保义郎、监楚州盐城县五祐等盐场、权县事刘迪,忠翊郎、监楚州盐城县买纳盐场胡熙,知番贼在近,供安职不去。各与转一官。

敕刘迪等:乃者胡骑逾淮,人无固志,汝虽小吏,独守其官。使者以闻,朕心嘉叹。序迁一列,少愧懦夫。可。

出处:《掖垣类稿》卷二。
撰者:周必大

右中奉大夫徽猷阁待制赐紫金鱼袋致仕宋晚赠四官制
（绍兴三十二年正月二十九日）

敕:昔在庆历、皇祐间,人才为盛,时惟丞相庠总领众职,以协赞上治。朕缅怀名德而恨不及见也,阅从臣之籍得其曾孙焉。流风善政,庶或有考。今其亡矣,宁不慨然！具官某学知守其家,材实裕于用。被遇徽祖,竭诚靖康。谟训具存,忠勤可念。会予初政,揽尔遗章。兹用兴乔木之思,而赉以增秩弛恩之宠。营魂未泯,尚知享哉！

出处:《掖垣类稿》卷四。
撰者:周必大

赵晟刘瑜各赠官制
（绍兴三十二年二月二日）

原标:保义郎、蒋州期思县尉赵晟,部领进义校尉刘瑜,与群贼黄军二等斗敌身亡。晟赠两官,与一资恩泽。瑜赠承信郎,与一子进义副尉。

敕具官等:盗发期思,汝能死职。进官录后,少慰忠魂。可。

出处:《掖垣类稿》卷五。

撰者：周必大

赈济两淮归业民户诏
（绍兴三十二年二月三日）

两淮归业民户难于食用，令本路常平司赈济。如阙米，于浙西、江东常平米内各取拨一万硕应副支散。仍具数申省。

出处：《宋会要辑稿》食货五七之二一。又见同书食货五九之三七、食货六八之六二，《宋会要辑稿补编》第五九三页，《建炎以来系年要录》卷一九七。

曹建转拱卫大夫制
（绍兴三十二年二月三日）

原标：吴璘奏收复秦州，拥上城人各转两官。数内将官左武大夫曹建转拱卫大夫。

敕具官某：异时秦亭控扼西陲，号为天府。中罹寇乱，城郭非其故矣。然蜀帅得之，可为保障之助，此吾大将所以必取也。具官某禀承方略，奋发勇功，螯弧既登，雉堞随陷。因其版授，进以横阶。祗服异恩，愈思自竭。可。

出处：《掖垣类稿》卷二。
撰者：周必大

诸路州军助军兴毋得科于民诏
（绍兴三十二年二月四日）

诸路州军欲助军兴者，毋得辄科于民。若上户自欲献助者，具以名闻，即议推赏。

出处：《建炎以来系年要录》卷一九七。

贷命自效人前拱卫大夫文州刺史韩林叙复修武郎制
（绍兴三十二年二月六日）

敕某人:将而避敌,在法当诛。裁免汝官,国恩甚厚。蒙城之役,焚庐刍粮,既非隽功,岂能赎过? 姑颣大赉,稍复崇班。念我再生之恩,无忘九殒之报。可。

出处:《掖垣类稿》卷三。
撰者:周必大
考校说明:"韩林",明抄本、四库本作"韩霖",当以为是,见《建炎以来系年要录》卷一九三、卷一九四。

太尉刘锜守本官致仕制
（绍兴三十二年二月十五日）

敕:济京口之流,正资远略;卧壶头之病,遽释中权。念匈奴未灭之秋,岂飞将告归之日? 既濒于殆,莫得而留。具官某性根忠义之门,学造诗书之府。苏、辛父子,名著山西;信、布爪牙,功高淮北。久困排根而幽屏,晚颣拔擢以遄归。众竞论功,尔则巽武人之正;谁能辞富,尔惟固君子之穷。逮宣阃外之威,旋迪师中之吉。属闻移疾,勉使奉祠。念已逼于膏肓,顾何施于药石? 眷焉推毂,曾未终倚注之怀;许以垂车,庶少遂退休之志。可。

出处:《掖垣类稿》卷三。
撰者:周必大

许户部长贰与众郎官聚议诏
（绍兴三十二年二月二十五日）

今后户部事有相关,理有可疑,难以并行裁决者,并许长贰临时与众郎官聚议,文字皆令连书。既有定议,然后付本曹行遣。

出处:《宋会要辑稿》食货五六之四七。

优恤战死家属诏
(绍兴三十二年二月二十五日)

已降指挥,军士战死者禄其家一年;即伤重而死于栅中者,给其家减半。

出处:《建炎以来系年要录》卷一九七。

令杨存中招收逃亡军兵诏
(绍兴三十二年二月二十五日)

杨存中多出文榜于两淮诸处,不以是何军分逃亡之人,并与免罪,别作一项招收,专充御前使唤。

出处:《建炎以来系年要录》卷一九七。

刘锜赠开府仪同三司制
(绍兴三十二年二月二十五日)

敕:岑彭亡而公孙平,诸葛死而仲达走。虽成功有命,不及见于生前;而余烈在人,可徐观于身后。肆颁愍典,用振幽光。故具官某结发而控西陲,彰缨而号良将。智谋轻战士之勇,谦退蹈儒生之风。颍尾出奇,基二十年之盟好;阜林力战,挫数十万之贼锋。会美疢之有加,曾殊勋之未究。奄终厥命,实恻我心。进联三事之仪,庸作九原之贲。噫!自古皆有死,怅尔志之莫伸;与贼不俱生,尚孤忠之可谅。缅惟英爽,歆此哀荣。可。

出处:《掖垣类稿》卷四。
撰者:周必大
考校说明:编年明抄本、四库本"刘锜"后有"上遗表"三字。

医治屯戍兵诏
（绍兴三十二年二月二十八日）

建康、镇江府、太平、江、池州屯戍军兵来多有疾疫之人,令逐路转运司支破系省钱物,委逐州守臣修合要用药饵,差拨职医分头拯救,务在实惠,不得灭裂。荆襄、四川准此。

出处:《宋会要辑稿》食货五七之三七。又见同书食货六八之一二五。

常平米仓以新易陈诏
（绍兴三十二年闰二月四日）

诸路常平米,并令以新易陈,在仓以五年为率,如过五年,尽数变转,毋得停留,失陷官物。

出处:《建炎以来系年要录》卷一九八。

静江府义宁县惠宁庙义宁侯加封义宁灵泽侯制
（绍兴三十二年闰二月十一日）

敕某神:《诗》曰:"明昭上帝,迄用康年。"朕既德薄,初承天序,未能有所格也。顾瞻桂岭,邈在万里,逆时雨,宁风旱,繄尔有神是赖,予惟宠嘉之。其诏礼官,申加美号,庸示朕报功之义焉。尚服宠光,益隆觊施。可。浔州广祐庙显应普惠侯加封显应普惠灵泽侯同词,但改"桂岭"二字为"浔江"。

出处:《掖垣类稿》卷五。
撰者:周必大

静江府临桂县灵懿庙开天御道孃孃封昭惠夫人制
（绍兴三十二年闰二月十一日）

敕某神:汉长陵女子号为神君,武帝舍之上林,秘祝而已,未闻为民祈福也。

瞻言南服,屹彼灵祠,转水旱为丰年,散札瘥为和气。其有功于民甚厚,顾何爱懿号而不以慰一方之望乎? 尚念粤人,无违鸡卜。可。静江府清惠庙广慈显佑恭懿夫人加封孚应广慈显佑恭懿夫人同词,但改"顾何爱懿号"为"顾何爱申命之宠"。

出处:《掖垣类稿》卷五。

撰者:周必大

赈济两淮归业人及淮北归正人诏
(绍兴三十二年闰二月十六日)

访闻两淮归业人户及淮北归正人将带老小前来,往往暴露,未能安业。可令取拨常平义仓米赈给。淮东令王珏于所管米内支拨一万石,或不足,于浙西米内凑数取拨,交付王彦融;淮西令洪适于江东米内支拨一万石,交付向沟,并专充应副赈济。仍逐路计置合用人船,疾速差人管押装发。其淮北归正人如愿耕种者,给得闲田,应副牛种,趁时耕种。各具知禀申尚书省。

出处:《宋会要辑稿》兵一五之一〇。

司马倬除直秘阁制
(绍兴三十二年闰二月十七日)

原标:三省枢密院奏,武钜昨收复邓州,其知房州司马倬首遣乡兵三千人应副钱粮,共济国事。闰二月十七日圣旨,特除直秘阁。

敕具官某:南阳版籍,归我职方。幕府上功,朕既以差而赏之矣。惟汝镇临凋郡,协比邻邦,悉其赋舆,助辟境土。寓直图书之府,岂独为汝劝哉? 表而出之,所以使搢绅介胄间知吾文正公之有后也。可。

出处:《掖垣类稿》卷二。又见《永乐大典》卷一三四九九。

撰者:周必大

考校说明:编年据《建炎以来系年要录》卷一九八及原标题补。

令建康府等支钱措置舟船诏
(绍兴三十二年闰二月十九日)

建康府支钱四万贯,镇江府支三万贯,江阴军、太平、池、江、鄂州、荆南府各支二万贯,并以空名迪功郎、承信郎、助教告敕度牒折支,仍令建康府画样关报逐处,专委守臣与水军统制、统领谙晓造船之人同共措置,限七月以前了毕。

出处:《宋会要辑稿》食货五〇之一九。

刘弇降一资制
(绍兴三十二年闰二月二十二日)

原标:左从政郎、前昌州军事推官刘弇,为在任令吏人共借佃户贴赔钱送家属还乡,该恩特降一资。

敕具官某:郡县吏送迎之费率取给于常平,国家养廉如此其周也。汝犹责备胥徒,使有所附益,岂法意哉?薄施惩诫,勿忘循省。可。

出处:《掖垣类稿》卷三。
撰者:周必大

荣莳降一官制
(绍兴三十二年闰二月二十四日)

原标:保义郎、监镇江府金坛县酒税荣莳,借支合得职田米、俸米及不知有加量米数,特降一官。

敕具官某:贷粟于官且忘其不概焉,皆过之小者,吾犹薄责,所以勉汝廉也。可。

出处:《掖垣类稿》卷三。
撰者:周必大

张瑁等各降一官制
（绍兴三十二年闰二月二十五日）

原标：石泉军勘，右从事郎、前彭州军事判官张瑁，为族姊之夫扈拭不法事，嘱右从政郎、彭州录事参军侯从轻结案，改换情节，各特降一资。

敕具官某：《书》曰："以公灭私，民其允怀。"今汝瑁背公而庇其亲，汝侯徇私而失厥职。议狱如此，输孚若何？其加小惩，以儆群吏。可。

出处：《掖垣类稿》卷三。
撰者：周必大

刘世宁降一官制
（绍兴三十二年闰二月二十六日）

原标：修武郎、监成都府新都县商税刘世宁误保李余庆，诈冒陈乞李青阵亡恩泽，降一官。

敕具官某：朕闵死政之孤，故许弛恩于族党。今以伪闻，是欺也，不于尔保任者责之，将谁责耶？可。

出处：《掖垣类稿》卷三。
撰者：周必大

戒谕诸将诏
（绍兴三十二年闰二月后）

金人败好，率先兴戎，朝廷用兵，诚非得已。惟诸大将，皆吾爪牙，忠愤慨然，谁不思奋？所几上为社稷、下为生灵。声援相闻，如手足之捍头目；缓急必救，如子弟之卫父兄。追廉、蔺之遗风，思寇、贾之高谊，叶成掎角之势，用济同舟之安。

出处：《名臣碑传琬琰之集》中集卷三三陈良祐《杨文安公椿墓志铭》引。又见《升庵集》卷五二，《宋代蜀文辑存》卷三九。
撰者：杨椿

考校说明:编年据《名臣碑传琬琰之集》中集卷三三《杨文安公椿墓志铭》、《建炎以来系年要录》卷一九八补。

朱愿特补进武副尉出职诏
(绍兴三十二年三月三日)

御辇院副知朱愿特与依已降指挥补进武副尉出职。今后本院副知阙,迁押司官充,依旧入任及七年有余出补。

出处:《宋会要辑稿》职官一九之一九。

扈从视师官兵推赏诏
(绍兴三十二年三月四日)

扈从及随逐一行官吏军兵依绍兴四年扈从至平江府例并特与转一官资,余人犒设一次。枢密行府官吏军兵诸色人依此推赏。

出处:《永乐大典》卷一二九二九。又见《建炎以来系年要录》卷一九八。

封汪应辰玉山男敕
(绍兴三十二年三月四日)

上阙虽事任之靡同,顾柬求之惟一。左朝请郎、权尚书吏部侍郎、兼权国子祭酒、兼权尚书、赐紫金鱼袋汪应辰,气全刚大,学本中庸。直谅多闻,通累朝政治之典;靖共在位,有古人求福之风。蚤先俊造之鸣,浸蔼簪绅之望。禁闼久勤于献纳,天官振誉于清通。朕方明足国之源,理财以义;尔久抱富民之术,为众所推。念民曹易地以皆然,在通材何施而不可。以九式而节邦用,当有声于圣经;用名儒而治有司,谅无烦于余训。可特授依前左朝请郎、权尚书吏部侍郎、兼权国子祭酒,特封玉山县开国男,食邑三百户,赐如故。

出处:道光《玉山县志》卷三一上,道光三年刻本。又见康熙《广信府志》卷二八,同治《广信府志》卷一一。

知海州魏胜中箭病笃其妻于氏割股
与食遂得安愈特封安人制
（绍兴三十二年三月七日）

敕某氏：昔辟司徒之妻，以有礼封于石窌。今胜守吾边垒，正辟司徒之职也。尔能不爱尺寸之肤，愈胜痍伤之疾，非特有礼而已。表而出之，进联命妇，视古列女，其庶几乎！可。

出处：《掖垣类稿》卷四。又见《永乐大典》卷二九七三。

撰者：周必大

通进司承转承接亲从亲事官磨勘诏
（绍兴三十二年三月八日）

通进司承转、承接、亲从亲事官年满无过犯，并依见行条法保明，申给事中，移文所属，各支赐绢五匹，内节级七匹，及指射优轻差遣一次。仍报皇城司施行。

出处：《宋会要辑稿》职官二之三五。

忠翊郎前监建州在城盐税务蓝宗礼特降一官制
（绍兴三十二年三月十日）

敕具官某：汝职在关讥，乃殉货于监临之吏。褫官一等，尚讼厥愆。可。

出处：《掖垣类稿》卷三。

撰者：周必大

洋州威显庙惠应丰泽侯加封惠应丰泽灵贶侯制
（绍兴三十二年三月十四日）

敕某神：昔汉宣帝闻益州金马碧鸡之神，遣谏大夫褒持节求之。朕则不然，以年谷顺成为上瑞，以斯民仁寿为福应。今尔侯实能顺皇之德，体朕之意，使幅陨千里雪霜风雨之以时,水旱疠疫之不作,厥功懋焉。其衍嘉名,以昭贶施。朕庶几无愧于馨荐,侯尚眷顾坤维而永庇之。可。威州高垌山康祐庙宁应侯加封孚惠宁应侯同词,但改"坤维"作"华戎"。

出处:《掖垣类稿》卷五。
撰者:周必大

许涛祝端表各降一官制
(绍兴三十二年三月二十日)

原标:敦武郎、监明州户部赡军酒库许涛,承节郎、监明州户部赡军酒库祝端表,并为不觉察专知官借贷官钱,特降一官,更展二年磨勘。

敕具官某等:严则人不敢犯,明则人不能犯。汝职管库,二者咸无焉,出纳之间,吏得移用者。以此镌官一等,少警旷瘝。可。

出处:《掖垣类稿》卷三。
撰者:周必大

严行禁止关外拘拦税物诏
(绍兴三十二年三月二十五日)

仍令州县严行禁止巧作发关引所创立拦税去处。如有违戾,仰监司按劾闻奏。

出处:《宋会要辑稿》食货一七之四八。

举贤良方正能直言极谏诏
(绍兴三十二年三月二十八日)

尚书、两省、谏议大夫以上、御史中丞、学士、待制,各举贤良方正能直言极谏一人,仍具词业缴进。

出处:《宋会要辑稿》选举三〇之一〇。

和州乌江县西楚霸王先准敕赐英惠庙特封灵祐王制
（绍兴三十二年三月二十九日）

原标:淮西安抚转运司申,金贼去年侵犯本路,虏主亲携千余骑上庙烧香,乞瑰珓过江,数珓不允。虏主令人毁拆殿屋,欲要举火焚烧之时,只见殿内东梁上有一大蛇出现,又听得殿后大林内如数千人发喊叫杀,虏主大惊,左右皆走。

敕某神:朕惟祖龙将亡,江神返璧;苻坚既败,草木皆兵。昔犹疑之,今验斯语。某神拔山之威,震乎诸侯之上;盖世之气,凛然千载之下。蠢兹贼亮,违天背盟,乃敢涉吾地而听于神。神聪明正直者也,宁不吐之耶? 是故穆卜则龟违,慢侮则虺见,如闻叱吒之声,而羯胡辟易于数里之外矣。神之威灵大矣哉! 宜锡真封,就加显号。王其益恢贶施,以佑淮民,民亦将世世奉王无怠。可。

出处:《掖垣类稿》卷五。
撰者:周必大

令侍从举士诏
（绍兴三十二年三月）

朕屈群策以康济,辟数路以详延。参稽历代贤良之科,冀得天下方闻之士。顾岁月之浸久,亦诏旨之屡颁。曾无卓尔之才,来副褒然之举。岂器业之茂有惭于古,抑招徕之道未备于今? 惟予侍从之臣,宜广搜扬之术。使异人辈出,无愧汉唐之时;庶治具毕张,尽复祖宗之盛。其体予意,毋怠钦承。

出处:《宋会要辑稿》选举一一之二六。

赐杨存中御札
（绍兴三十二年春）

卿以心膂之寄,尽护诸将,乃遽形恳避,未悉至怀。可专意措画,惟委付为务。若有不率令者,具名以闻,复不可顾情容庇也。除军事外,不得再有陈请。

出处:《式古堂书画汇考》卷一三。又见《赵氏铁网珊瑚》卷二。

令侍从台谏条上防秋之策诏
（绍兴三十二年四月三日）

防秋不远,事贵预备,足食足兵,宜有长策。可令台谏、侍从各以己见条具陈奏。

出处:《建炎以来系年要录》卷一九九。又见《宋会要辑稿》帝系九之三一。

修换夺到虏船诏
（绍兴三十二年四月三日）

淮南运司见行修整夺到虏人粮船,虑有底板疏漏,不堪修整,枉费工料,可尽数发赴两浙转运司交割,委官相视,重行修换。务要坚固,不误使用。

出处:《宋会要辑稿》食货五〇之一九。

淮南新复州军解额诏
（绍兴三十二年四月五日）

淮南新复州军举人,许于近便州军一处并试,每终场十三人解一人。

出处:《建炎以来系年要录》卷一九九。

御营宿卫使司官兵转资诏
（绍兴三十二年四月六日）

御营宿卫使司统制、将佐、使臣、军兵等四万三百五十二人,各转一官资;出戍暴露者转两官资。

出处:《建炎以来系年要录》卷一九九。

向沔降一资制
(绍兴三十二年四月六日)

原标:右从政郎、南安军录参向沔,为勘上犹知县留清国公事稽滞,特降一资。

敕具官某:尔为郡督邮,治属邑之狱,至累月不决,岂以同官为寮,思有所纵舍与? 抑实迟缓不及事也? 部使者以闻,其薄责之。可。

出处:《披垣类稿》卷三。

撰者:周必大

奉使金国使副及三节人不得私行博易诏
(绍兴三十二年四月七日)

奉使金国使、副下三节人私行博易,即仰觉察以闻,重置典宪。如使、副博易,回日,令台谏弹劾。

出处:《宋会要辑稿》职官五一之二一。

许宋烈降一官制
(绍兴三十二年四月十日)

原标:承节郎许宋烈,因人陈论争竞事到江阴军衙,宋烈意恨知军杨师中不断下状人,高声咆哮,特降一官。

敕具官某:纷争小过也,抗二千石则无忌惮矣。削官一等,尚省厥愆。可。

出处:《披垣类稿》卷三。

撰者:周必大

李启转官制
(绍兴三十二年四月十一日)

原标:武经郎、提点都亭驿班荆馆兼主管教习译语李启,应办使人十次无遗阙,特转一官。

敕:尔司稿街之邸,兼象胥之职,将迎至于十数,无乏吾事,亦可以为劳矣。进官一等,尚知勉哉。可。

出处:《掖垣类稿》卷二。
撰者:周必大

监守自盗官物坐罪诏
（绍兴三十二年四月十八日）

今后应盗官物,其本库监门官吏并依见行条法坐罪,不许擅用赶趁体例。

出处:《宋会要辑稿》食货五一之二九。

中大夫以下推勘案劾放罢以致仕恩泽等荫补诏
（绍兴三十二年四月十九日）

中大夫已下,因推勘案劾放罢,而非赃罪及私罪徒者,虽未得宫观,以致仕恩泽等荫补。

出处:《建炎以来系年要录》卷一九九。

封赠归正人萧中一及妻妾男妇制
（绍兴三十二年四月十九日）

故归正人奉国上将军武胜军节度使兼邓州管内观察使威略军都总管护军萧中一赠节度使

敕:春秋爵潞子,汉兴封弓高,盖嘉其能慕诸夏则进之,念其出于世胄则侯之,古之道也。况夫举族来归,不遂厥志,追褒之宠,其可限乎常法哉?具官某北方之贵种,南阳之守将。战争之际,逆顺未分。而能遏兵锋,保城邑,仁也;尊中国,背夷狄,忠也。有是二美,而天命不佑,中道殒越,朕甚伤之。惟拥旄受钺以待勋绩之殊绝者,今以襚尔,兹为异恩。魂而有知,服予一人之嘉命。可。

小妻耶律氏封安人

敕某氏:远人慕义,越境来归。朕嘉其怀忠而闵其非命,故推恩渥,遍逮家人。祗服美名,安于其室。可。妾路氏同词。

男武翼大夫颖妻耶律氏封安人

敕某氏:惟尔先舅,功在南阳,心向王化,不幸踣于道路,闻之恻然。朕方优恤厥家,以劝来者。仰事俯育,繄尔夫是赖。兹用列尔命妇,贲其闺门。尚服宠光,知朕招携怀远之意。可。

出处:《掖垣类稿》卷四。
撰者:周必大
考校说明:据原书附状,绍兴三十二年十一月六日萧中一小妻耶律氏特改封安人。

与金人国书
(绍兴三十二年四月二十二日)

审膺骏命,光宅丕图。德合天人,庆均遐迩。比因还使,常露悃悰。粤从海上之盟,获讲邻封之信。中更多故,颇紊始图。事有权宜,姑为父兄而贬损;衅无端隙,靡逃天地之鉴临。既边隙之一开,致誓言之遂绝。敢期后聘,许缔新欢。载惟陵寝之山川,浸隔春秋之祭祀。志岂忘于缵旧,孝实切于奉先。愿画旧疆,宠还敝国。结兄弟无穷之好,垂子孙可久之谋。庶令南北之民,永息干戈之苦。傥垂睿照,曲徇恳祈;愿伫佳音,别修要约。履兹夏序,善保圣躬。

出处:《建炎以来系年要录》卷一九九。

资政殿学士左中大夫魏良臣转一官致仕制
（绍兴三十二年四月二十五日前后）

敕：四十强而仕，七十致其政。名遂身退，天之道也。眷予旧弼，以疾告归。虽欲留之，顾何及矣。具官某果艺闳达，为国宝臣。本之以忠概，文之以儒术。故昔尝大用，而国人皆以为喜。今兹得谢，则又惜之。夫直谅之节显于朝廷，恺悌之政著于数路，卿大夫出处如是亦难矣。增秩而去，岂不身名俱荣也哉！可。

出处：《掖垣类稿》卷三。

撰者：周必大

考校说明：编年据魏良臣卒年补，见《建炎以来系年要录》卷一九九。

魏良臣赠五官制
（绍兴三十二年四月二十五日后）

敕：昔者盛时，朝多故老，疑则咨以政，祀则诏之陪。厥今几人，又失一鉴。具官某慷慨自许，纯明不欺。勇于义，故临难而弗辞；裕于才，故居官而可纪。虽经济之功未究，而蕃宣之绩屡书。予惟汝嘉，岁不我与。知其疾固已忧矣，闻其讣为之恻然。不有追褒，孰纾悼念？往进阶于五等，尚服宠于九京。可。

出处：《掖垣类稿》卷四。

撰者：周必大

考校说明：编年据魏良臣卒年补，见《建炎以来系年要录》卷一九九。明抄本、四库本"魏良臣"后有"上遗表"三字。魏良臣卒日，《建炎以来系年要录》卷一九九系于绍兴三十二年四月二十五日，周必大《杂著述》卷一《亲征录》系于绍兴三十二年三月二十七日。

诸路大军招收到人填刺事诏
（绍兴三十二年四月二十七日）

诸路大军每遇招收到人，并先具姓名报总领所，每旬委总领官及都统制就本所或教场同共当官填刺军号。其效用等不刺手面之人，亦令对众审问投名月日诣实,应干合得衣粮之类,一面从总领所画自当日,并与按旬月日两季径行帮勘支给,具数申省部照会,出豁科降。

出处:《宋会要辑稿》职官四一之五一。

逢维翰循一资制
(绍兴三十二年四月二十九日)

原标:右迪功郎、镇江府司户、权察推逢维翰,栽埋鹿角暗桩,自建康界至江阴军界一百七十里,循一资。

敕具官某:往者胡骑大入,所以备之者百方,木拥枪累,自江干以属于海。尔吏京口,与有董治之劳,进叙一阶,尚其祇服。可。

出处:《掖垣类稿》卷二。
撰者:周必大

武显大夫枢密院吏房副承旨董球为曹涉应得差遣不肯呈行特降一官制
(绍兴三十二年四月后)

敕具官某:缘绝簿书,此百官府之常态也,汝庀职枢省亦尔耶?贬职示惩,后当自爱。可。

出处:《掖垣类稿》卷三。
撰者:周必大
考校说明:编年据董球官历补,见《容斋四笔》卷一六。

立皇子玮为皇太子诏
(绍兴三十二年五月五日)

朕以不德,躬履艰难,荷天地祖宗垂祐之休,获安大位三十有六年,忧劳万几,宵旰靡惮。属时多故,未能雍容释负,退养寿康。今边鄙粗宁,可遂初志。而皇子玮毓德允成,神器有托,朕心庶几焉。可立为皇太子。

出处:《建炎以来朝野杂记》乙集卷一。又见《建炎以来系年要录》卷一九九,《宋史全文续资治通鉴》卷二三下。

撰者:陈康伯

考校说明:陈康伯时任左仆射。

李政降一官制
(绍兴三十二年五月五日)

原标:承节郎、前权峡州蜀江巡检李政不即追捕强盗。该恩,及去官,特降一官。

敕具官某:寇攘为患,纵而不擒,是食焉而旷其职也。更赦勿治,其特贬之。可。

出处:《掖垣类稿》卷三。

撰者:周必大

收籴两淮麦诏
(绍兴三十二年五月六日)

两淮麦已成熟,合行措置收籴。令淮南转运司委官置场趁时收籴,每路各五万石,于近里州军桩管,听候朝廷指挥。其合用钱,仰淮东西总领所于献助钱内各先次支钱二万贯。如不足,于度牒钱内贴支,余数续行申乞支降。

出处:《宋会要辑稿》食货四〇之三四。又见《宋会要辑稿补编》第六三一页。

周世昌降一官制
(绍兴三十二年五月八日)

原标:江东提举洪适按发宣州太平知县、左奉议郎周世昌,出咨目于三等人户苗头上科献助钱,特降一官。

敕具官某:日者北边有衅,民竭力以佐军,虽曰乐输,朕犹恶焉,孰使汝头会箕敛而强所不欲也?为令如此,承流安在?镌官一列,少谢疲氓。可。

出处:《掖垣类稿》卷三。

撰者:周必大

刘绎转官制
(绍兴三十二年五月十五日)

原标:接伴使洪迈等保奏,权知泗州、修武郎、阁门祗候刘绎应副人使无败阙,特转武翼郎、阁门宣赞舍人。

敕具官某:日者干戈未解,轺传已来。尔假守新疆,乃能无违郊劳赠贿之仪,各赡隶人牧圉之事,以无忧客使,朕甚嘉之。峻陟武阶,进司宾赞。盖朕记人之功如此,尚知勉哉! 可。

出处:《掖垣类稿》卷二。

撰者:周必大

魏胜除山东忠义军都统制给真俸诏
(绍兴三十二年五月十六日)

武功大夫、阁门宣赞舍人、统制忠义军马兼知海州魏胜守海州,历时暴露,忠义可嘉。可除山东路忠义军都统制,依旧知海州,令户部出给料钱文历。

出处:《宋会要辑稿》职官三二之三八。又见《建炎以来系年要录》卷一九九。

推恩江上督抚军马官吏诏
(绍兴三十二年五月十八日)

叶义问、汪澈昨往江上督视军马,抚劳将士,一行官吏等第并特转两官资;第二等转一官资,更减三年磨勘;第三等转一官资。碍止法人依条回授,选人改合入官。

出处:《建炎以来系年要录》卷一九九。

内侍邝询为久病可将见任官特与换白云处士赐名守宁制
（绍兴三十二年五月二十五日）

敕某人：国家宁与人以禄而重予人以名，故一字之褒，千钟之粟弗若也。汝给事宫掖，见谓谨畏。浮云之志，有动于中。太上嘉焉，更以美名而赐之隐者之号，可谓荣矣。尔其精心香火，以祝圣人之寿，庶几图报万一焉。可。

出处：《掖垣类稿》卷三。
撰者：周必大

视师江上扈从官吏军兵等并转一官资诏
（绍兴三十二年五月二十六日）

视师江上，扈从一行官吏、军兵、诸色人等并转一官资。令检正检详审量，实有职事之人，依此施行，不得泛滥。

出处：《建炎以来系年要录》卷一九九。

立建王玮为皇太子诏
（绍兴三十二年五月二十八日）

朕以不德，躬履艰难，荷天地祖宗垂裕之休，获安大位三十有六年。忧劳万几，宵旰靡怠。属时多故，未能雍容释负，退养寿康。今边鄙粗宁，可遂如意。皇子玮毓德允成，神器有托，朕心庶几焉。可立为皇太子，仍改名眘。所司择日备礼册命。其宫室官属、仪物制度等，疾速讨论典故以闻。

出处：《建炎以来系年要录》卷一九九。又见《辛巳亲征录》，《建炎以来朝野杂记》乙集卷一，《皇宋中兴系年节要》卷一七，《宋史》卷一一一。

禁约有司沮难纳粟补官人诏
（绍兴三十二年五月二十九日）

中卖米斛推恩，即与纳粟事体不同。如补官之后有司辄敢沮难，以违制论。

出处：《宋会要辑稿》职官五五之四八。

李有卿降一官制
（绍兴三十二年五月二十九日）

原标：承节郎、监资州盘石县石同镇酒税兼合同场李有卿，为承例令铺户等认税钱，并因人带酒入镇情告买酒将布折钱等事，特降一官。

敕具官某：尔职在征商，才不足以革弊，公不足以守法，其小惩之。可。

出处：《掖垣类稿》卷三。
撰者：周必大

杨景雄转官制
（绍兴三十二年六月一日后）

原标：两浙东西路通泰海州沿海制置使、充京东东路招讨使李宝下出戍暴露官兵董舜臣等，依六月一日指挥，各特与转一官资。数内右朝散郎杨景雄转右朝请郎。

敕具官某等：《诗》曰："靡室靡家，玁狁之故。"此非文武之时乎？念我士卒，久勤戍役，特推异数，遍于六军。而将臣宝以名闻者万三千有六十，咸进厥秩，尔景雄盖其一也。赏行维信，尚往钦哉！可。

出处：《掖垣类稿》卷二。
撰者：周必大
考校说明："绍兴三十二年"据李宝宦历补，见《建炎以来系年要录》卷一九五。

昭庆军节度使提举佑神观刘懋致仕制
（绍兴三十二年六月二日）

敕：朕戚畹之华，均内祠之秩。见其进者矣，未见急流而勇退者也。非夫恬于势利而有过人之识，则轩冕丘园孰能知所择哉？具官某操行安和，性资静重。如汉奉世起于良家，如唐孝德能教诸子。上书求去，朕不得而留也。其以吴兴之节，垂车就第。夫身无朝谒之劳，而坐视子孙之贵，可谓安且荣矣。《易》之有终吉，《诗》之无后艰，懋其庶几焉。可。

出处：《掖垣类稿》卷三。

撰者：周必大

考校说明："二日"据明抄本、四库本及《建炎以来系年要录》卷二〇〇补。

刘师忠降一官制
（绍兴三十二年六月二日）

原标：承节郎刘师忠收受崔询钱，许为图窠，坐事发，捉师忠未获，师忠陈状，特降一官。

敕具官某：规利营私，汝曹常态。既形牒诉，当稍治之。可。

出处：《掖垣类稿》卷三。

撰者：周必大

赐陈康伯御札
（绍兴三十二年六月三日前）

朕视所奏，力劝费事允当，多被奸人卖弄所致。依卿处分，收回如旧。斋宫之建，朕仰答太灵，俯安群望，定名"德寿"，取德同地厚、寿与天齐之义。

出处：《陈文正公家乘》卷一。又见《陈文正公文集》卷五，康熙《广信府志》卷二八，民国《弋阳县志》卷一六。

考校说明：编年据《宋史》卷三二《高宗纪》补。

张去为落致仕诏
（绍兴三十二年六月五日）

延福宫使、安德军承宣使张去为落致仕，提举德寿宫，行移如内侍省，仍铸印赐之。

出处：《建炎以来系年要录》卷二〇〇。

黄昭庆与宫观任便制
（绍兴三十二年六月八日）

原标：入内内侍省寄资武翼郎黄昭庆与转归吏部，先次参部，出给请受文历，特差主管台州崇道观，任便居住。

敕具官某：尔久以勤敏，给事宫掖。归之铨部，闵其劳也；赋之祠禄，优以恩也。往其懋承之哉！可。

出处：《掖垣类稿》卷一。
撰者：周必大

和州阵亡官兵韦永寿赠官制
（绍兴三十二年六月九日）

原标：和州阵亡官兵，左武大夫韦永寿赠八官，与八资恩泽，于横行、遥郡上分赠，合赠中卫大夫、遥郡观察使。

敕：贼亮既踣，穷寇翱翔，历阳且归矣。而王师遏之，虽匹马觭轮欲其无返，然兵法之所难也。具官某奋熊罴之力，忘蜂虿之毒。反令送死之虏，归尔如生之元。厚进厥官，弛恩称是。少纾痛悼，尚克享之。可。

出处：《掖垣类稿》卷五。
撰者：周必大

福建路取应宗子诏
(绍兴三十二年六月十日)

应福建路愿取应宗子,依二广体例比附国子监条法,初试许于所在州军召保,结保勘验,于贡举条制别无违碍,连宗枝图保明申送转运司勘验,别场引试。将合格人数缴申礼部,行下大宗正司勘会。如有伪冒违碍,虽已赴试合格,先次改正驳放,其犯人并保官申朝廷取旨。其覆试合赴行在。所有取人分数,依例初试附国子监发解。

出处:《宋会要辑稿》选举一六之一二。

高宗禅位诏
(绍兴三十二年六月十日)

朕宅帝位三十有六载,荷天之灵,宗庙之福,边事寝宁,国威益振。惟祖宗传序之重,兢兢焉惧不克任,忧勤万几,弗遑暇逸。思欲释去重负,以介寿臧,蔽自朕心,亟决大计。皇太子睿贤圣仁孝,闻于天下,周知世故,久系民心。其从东宫,付以社稷,惟天所相,非朕敢私。皇太子可即皇帝位,朕称太上皇帝,退处德寿宫。皇后称太上皇后。一应军国事,并听嗣君处分。朕以澹泊为心,颐神养志,岂不乐哉! 尚赖文武忠良,同德合谋,永底于治。

出处:《建炎以来朝野杂记》乙集卷一。又见《续资治通鉴》卷一三七。
撰者:洪遵

密球叙复制
(绍兴三十二年六月十日)

原标:密球元系拱卫大夫、文州刺史,因虚词进状论山地事降两官,遇赦已叙一官,今满再期,再叙未复官。
敕:再期而叙其官,法也,抑有恩存焉。具官某以怀谖抵罪,今尽除之。朕恩厚矣,毋谓法所当得而不思报。可。

出处:《掖垣类稿》卷三。

撰者:周必大

高宗皇帝马政兵事手札御书
(高宗朝)

已降指挥起发两浙路弓弩手,可委逐路帅司将诸州军见教阅人尽数起发,于七月内须管并到行在,不得占留。仍令差得力官兵等押前来潭州驻札。

出处:《宝真斋法书赞》卷二。

高宗皇帝马政兵事手札御书
(高宗朝)

裴铎、元世显、陈元、郭孝思所管军兵共二千七百余人,可勾付行在,令田师中差统领官一员,将带三千人于潭州驻札,每岁一替。

出处:《宝真斋法书赞》卷二。

高宗皇帝马政兵事手札御书
(高宗朝)

步军司改刺充陕西振武军黎广等五十人,可令户部自到司月日为始,放行诸般请给。

出处:《宝真斋法书赞》卷二。

高宗皇帝马政兵事手札御书
(高宗朝)

刘绍先、李显忠下人兵并拨隶步军司,建康驻札,张渊、阎德可勾付行在。

出处:《宝真斋法书赞》卷二。

高宗皇帝马政兵事手札御书
（高宗朝）

张渊、阎德官兵可尽数勾付行在,令张渊、阎德目下起发前去管押,合用舟船令所属应副,起发钱依例支。

出处:《宝真斋法书赞》卷二。

高宗皇帝亲随手札御书
（高宗朝）

韩世忠下亲随人有三十余人未曾发遣前去,并王权见在此,可令王权管押,速起发前去楚州。此三十余人不系合留人。

出处:《宝真斋法书赞》卷二。

高宗皇帝诸门手札御书
（高宗朝）

自来日诸门可依旧,更不搜检。

出处:《宝真斋法书赞》卷三。

高宗皇帝蹙龙手札御书
（高宗朝）

圣人蹙龙,贵妃蹙芙蓉。红大领造玉小娘子系头舌儿十副,翠像生花头儿,艾虎宝阶穿珠子五十条,红粉纱半领,末利素馨含笑荷花造一条,云月勤头儿要配早来冠儿娘子底。

出处:《宝真斋法书赞》卷三。
考校说明:原注曰:"案:前标题注三纸,各有行数,此牵连接书,兼有脱误,遂不复可分,今仍旧。"

高宗皇帝问命手札御书
(高宗朝)

阳、丙戌、丁酉、戊子、甲寅。令和尚看子细写来。

出处:《宝真斋法书赞》卷三。

高宗皇帝索药手札御书
(高宗朝)

今日出炉药要二三钱,不须圆,只今便要。

出处:《宝真斋法书赞》卷三。

高宗皇帝马盂手札御书
(高宗朝)

降马盂四只,未得细造,先抹成,择无病者入细造。

出处:《宝真斋法书赞》卷二。

郑开奏兰亭事诏
(高宗朝)

早来郑开奏《兰亭》后不见缺六字黄庭坚、谭稹语言,乃是庭坚作字画,非。今开来奏,并是稹书,方是。

出处:《兰亭考》卷二。

许尹进爵开国子制
(高宗朝)

具卓荦之才,守廉靖之节。明达治体,巩固皇图。顾兹厥劳,宜加优秩。可特进爵开国子,食邑五百户。奉敕如右。

出处:道光《万年县志》卷一四,道光七年刻本。

考校说明:此篇《全宋文》题作《赐许尹敕》,文末"奉敕如右"误作"奉敕如左"(第二〇五册,第一一二页)。

附金诏令

天会五年（1127）

谕河北人民诏
（天会五年六月二日）

自河之北，今既分画，重念其民或见城邑有被残者，不无疑惧，遂命坚守。若即讨伐，生灵可愍。其申谕以理，招辑安全之。傥执不移，自当致讨。若诸军敢利于俘掠辄肆荡毁者，底于罚。

出处：《金史》卷三《太宗纪》。

开贡取士诏
（天会五年八月二十九日）

河北、河东郡县职员多阙，宜开贡举取士，以安新民。其南北进士，各以所业试之。

出处：《金史》卷三《太宗纪》。

谕高丽王已立大楚皇帝诏
（天会五年九月二十二日）

勃敌奉天而废立，事盖非常，诸侯为联之蕃宣，理当诞告。厥初汴宋，请复幽燕,密修浮海之勤,申结与邻之好。先皇帝曲矜恳至,即示允俞。曾无知施以固盟,翻更纳亡而构怨。迨桓缵绍,复佶云为,仍久示于含弘,讫无闻于悔祸,以致人神共怒,天地不容。止劳将帅之一征,旋致窠巢之坐覆,宗祧失守,父子见俘。载惟积衅之深,至有易姓之事。谓神器不可无主,议降新封。况生民惟怀至仁,共推旧宰,已于今年三月初七日宣谕元帅府,差人押送赵主父子并燕王、越王、郓王以下宗族四百七十余人赴阙,仍备礼册命亡宋大宰张邦昌为大楚皇帝,都于金陵。於戏! 获盈贯之元恶,于是输成,毕造物之全功,所宜同庆。今赐卿衣带、犀、金银、绢匹段等物,至可领也。

出处:《高丽史》卷一五。

天会六年(1128)

赵佶降封昏德公诏
(天会六年八月二十日)

王者有国,当亲仁善邻,神明在天,可忘惠而背义? 以尔顷为宋主,请好先皇,始通海上之盟,求复山前之壤。因嘉恳切,曾示允俞。虽未夹击以助成,终以一言而割锡。星霜未变,衅隙已生,恃奸佞为腹心,纳叛亡为牙爪。招平山之逆党,害我大臣;违先帝之誓言,愆诸岁币。更邀回其户口,惟巧尚于诡辞。祸从此开,孽因自作。神人以之激怒,天地以之不容,独断既行,诸道并进。往驰戎旅,收万里以无遗;直抵京畿,岂一城之可守? 旋闻巢穴,俱致崩分。大势既以云亡,举族因而见获。悲衔去国,计莫逃天。虽云忍致其刑章,无奈已盈于罪贯。更欲与赦,其如理何? 载念与其底怒以加诛,或伤至化;曷若好生而恶杀,别示优恩? 乃降新封,用遵旧制,可封为昏德公。其供给安置,并如典礼。呜呼! 事盖稽于往古,曾不妄为过,惟在于尔躬,切宜循省。祗服朕命。可保诸身!

出处:《大金吊伐录》卷四。

赵桓降封重昏侯诏
（天会六年八月二十日）

视颓纲以弗张，维何以举？循覆辙而靡改，载或尔输。惟乃父之不君，忘我朝之大造。向因传位，冀必改图。且无悔祸之心，翻稔欺天之恶。作为多罪，矜持奸谋。背城下之大恩，不割三镇；拘军前之二使，潜发尺书。自孽难逃，我伐再举。兵士奋威而南指，将臣激怒以前驱。壁垒俱摧，郡县继下。视井惟存乎茅绖，渡河无假于苇航。岂不自知，徒婴城守；果为我获，出诣军前。寻敕帅臣，使趋朝陛。罪诚无赦，当与正于刑名；德贵有容，特优加以恩礼。用循故事，俯降新封，可封为重昏侯。其供给安置，并如典礼，呜呼！积衅自于汝躬，其谁可恕？降罚本乎天意，岂朕妄为？宜省前非，敬服厥命。

出处：《大金吊伐录》卷四。

宋帝降封昏德公重昏侯布告高丽诏
（天会六年十二月二十四日）

朕闻夏商而来，莫非不仁失天下，汉魏以降，则有故事为诸侯，兹载籍之具书，非一时之创见。惟宋太上皇赵佶、少帝桓所以背恩而失信，与其致讨以就俘，亦已使闻，不须重叙。自兹期岁，邈在别都，比诏诣于阙庭，因面数其过失，颜之厚矣。省伊戚之自贻，人皆知之，顾何辞而以对，殒越于下，咸服其辜。然罪可释，愚可哀，终弃绝之弗忍。惟名不正，言不顺，亦爵号之既加，已于今年八月二十六日降封赵佶曰昏德公，赵桓曰重昏侯。事皆惟新，理宜诞告。言念至公之举，谅协同庆之诚。呜呼！命不于常，国必自伐。惟皇上帝之震怒，不为桀亡，非予一人之能令，侯于周服，敬尔有土，其听朕言。今差司古德、韩昉等充报谕使副，仍赐卿衣带、匹段、银器等，具如别录，至可领也。

出处：《高丽史》卷一五。

赎被掠为奴者诏
(天会七年三月二十四日)

军兴以来,良人被略为驱者,听其父母夫妻子赎之。

出处:《金史》卷三《太宗纪》。

天会八年(1130)

避役民卖身者还本贯诏
(天会八年正月十七日)

避役之民,以微直鬻身权贵之家者,悉出还本贯。

出处:《金史》卷三《太宗纪》。

答高丽进誓表诏
(天会八年三月十七日)

昨遣伯淑宣谕,去时止言保州虚城,将来到彼,若是所约事件一一毕从,更知恳求,即当割赐。泊其金子镠入朝,所上表内,妄称投入户口交付之事。既积岁年之久,复由风土之殊,罔有安存,悉皆物故,许令小国,当取便宜。致于回诏特谕,尚托言于户口,未别奏于誓封,但其事事以讫成,忠于世世而可信。所谕之言,其或不定,所得之地,将何以凭? 又司古德,韩昉等奉使,亦仰如上具款议。及回来奏称将到语录,依前饰言臣父先王生前不获,前后屡降诏书,未曾却有一起释放户口,专俟将来进上誓表,必以依从。今览来表,文意似重,讫无归纳户口辞语,必谓入贺生辰正朝至于横使,不失其时。况又从命,上讫誓表,足绝猜贰,故以不言交付之事。若计前后新旧户口,其数不少,无因俱为物故。除当日阵亡后因病卒者,自无追索外,至如身殁,须有遗骸,更或本身见在,并其诸子孙婆妇等户,并委疾速刷会见数,具表奏闻,即当谅察。如或果难依应,所进誓章,亦无为定。

出处:《高丽史》卷一六。

赎被俘为奴者诏
（天会八年五月七日）

河北、河东签军，其家属流寓河南被俘掠为奴婢者，官为赎之，俾复其业。

出处：《金史》卷三《太宗纪》。

戒饬完颜娄室进军诏
（天会八年七月十一日）

娄室往者所向辄克，今使专征陕西，淹延未定，岂倦于兵而自爱耶？关、陕重地，卿等其戮力焉。

出处：《金史》卷三《太宗纪》。

立大齐皇帝刘豫册文
（天会八年七月二十七日）

朕闻公于御物，不以天下为己私。职在牧民，乃知王者为通器。威罚既以殄罪，位号宜乎授能。乃者有辽运属颠危，数穷否塞，获罪上帝，流毒下民。太祖武元皇帝仗黄钺而拯黔黎，秉白旄而誓师旅。妖氛既扫，区宇式宁。爰有宋人，来从海道，愿输岁币，祈复汉疆。太祖方务善邻，即从来议。岂意天方肇乱，自启衅阶，阴结叛臣，贼虐宰辅，招集奸慝，扰乱边陲。肆朕纂承，仰承先志，姑存大体，式示涵容。乃复蔽匿逋逃，夸大疆域，肆其贪狠，自起纷争。扰吾外属之藩邻，取其受赐之疆土。因彼告援，遂与解和。终莫听从，巧为辞拒。爰命将帅，敦谕盟言，许以自新，终然莫改。偏师傅汴，首恶奔淮。嗣子哀鸣，请复欢好，地画三镇，誓卜万年。凡有质要，悉同父约。既而官军未退，夜集众以犯营；誓墨才干，密传檄而坚壁。私结人使，阴构事端。以致再遣师徒，诘兹败约。又起画河之议，复成缓战之谋。既昧明神，乃昭圣鉴。京城摧破，鼎祚沦亡。无并尔疆，以示不贪之德；止迁其主，用张伐罪之心。建楚新封，守宋旧服，庶能为国，当共息民。不料懦夫，难胜重任，妄为推让，反陷诛锄。如构者，宋国罪余，赵民遗孽，家乏孝友，国少忠勤。衔命出和，已作潜身之计；提师入卫，反为护己之资。忍视父兄，甘为俘虏,事虽难济,人岂无情?方在殷忧,乐称僭号,心知幸祸,于此可知。乃遣重兵,连年讨捕,比闻远窜,越在岛夷。重念斯民,乱于无主,久罹涂炭,未获昭苏。不委仁贤,孰能保定?咨尔中奉大夫、京东西、淮南等路安抚使、兼诸路马步军都总管、知东平府事、节制大名、开德等府、濮、博、滨、棣、德、沧等州刘豫,夙擅直言之誉,素怀济世之才。居于乱邦,生不偶世。百里虽智,亦奚补于虞亡?三仁至高,或愿从于周仕。当奸贼扰攘之际,愚氓去就之间,举郡来王,奋然独断,逮乎历试,厥勋克成,委之安抚,德化行;任之尹牧,狱讼理;付之总戎,盗贼息;专之节制,郡国清。况有定衰拔乱之谋,拯变扶危之策。使民无事则囊与力穑,有役则释末荷戈。罢无名之征,浸不急之务。征遗逸,举孝廉,振纪纲,修制度。省刑罚而丢烦酷,发仓廪而息蠡螟。神人以和,上下协应。比下明诏。询考舆情,列郡同辞,一心仰戴。宜即始归之地,以昭建业之元。是用遣使某官高庆裔、副官韩昉备礼,以玺绶宝册命尔为皇帝,国号大齐,都大名府。世修子礼,永贡虔诚。锡尔封疆,并从楚旧。更须安集,自相攸居。尔其上体天心,下从人欲,忠以藩王室,信以保邦圻。惟天难谌,惟命靡常;常厥德,保厥位。尔其勉哉,无忽朕命。

出处:《大金吊伐录》卷四。

答高丽请免索保州人口诏
(天会八年十二月十七日后)

省所上表并进奉御服衣带银器合物等。卿志存协辅,职在正封,稽首称藩,务协畏天之义,充庭祗贡,聿陈享上之仪。言念忠勤,不忘嘉叹。所告奏事,续当报谕。

出处:《高丽史》卷一六。

天会九年（1131）

官赎戍边奴婢诏
（天会九年四月十三日）

新徙戍边户,匮于衣食,有典质其亲属奴婢者,官为赎之。户计其口而有二三者,以官奴婢益之,使户为四口。又乏耕牛者,给以官牛,别委官劝督田作。戍户及边军资粮不继,籴粟于民而与赈恤。其续迁戍户在中路者,姑止之,即其地种艺,俟毕获而行,及来春农时,以至戍所。

出处:《金史》卷三《太宗纪》。

天会十年（1132）

良人嫁奴处置诏
（天会十年四月六日）

诸良人知情嫁奴者,听如故为妻,其不知而嫁者,去住悉从所欲。

出处:《金史》卷三《太宗纪》。

完颜亶为谙班勃极烈诏
（天会十年四月九日）

尔为太祖之嫡孙,故命尔为谙班勃极烈,其无自谓冲幼,狎于童戏,惟敬其德。

出处:《金史》卷四《熙宗纪》。

天会十一年(1133)

官库拨钱赈军士诏
(天会十一年二月十三日)

官有府库而取于臣下,此何理耶!其悉从官给。

出处:《金史》卷三《太宗纪》。

天会十三年(1135)

追谥圣穆皇后册文
(天会十三年二月十一日)

臣闻正位丽极,肇造我家者,必资淑圣,然后成帝王之功。考谥定名,昭示厥后者,非荐徽尊,无以见后妃之德,繁国朝之令典,著今古之彝仪。伏惟太母博厚配天,贞明齐日,安顺静悫,肃雍塞渊,开王化以始基,笃人伦而正本。庆流者远,挺生胄族之华,善积在躬,秀发闺龄之妙。言为国史,动合箴规。锵璜瑀以和鸣,容皆中节,饰纮綖而整治,艺则生知。粤自高门,言归烈祖。时属经纶之际,进膺窈窕之求,礼未备于造舟,志已躬于服浣。羲爻六子,资生允赖于坤仪。周乱十人,同德莫先于文母。体参龙跃,祥发燕谋,贽榛栗以告虔,羞蘋蘩而昭信。必敬必戒,至静至柔,教以身而先人,化自家而刑国。琴瑟在御,副袆以朝,若沩汭之嫔虞,用全舜孝,迈涂山之兴夏,实佐禹功。有开必先,笃生皇考,立子以适,肆及眇躬,永惟辅佐之忧劳。既勤祖构,宜享治安之逸乐。遽弃母仪,迄兹纂承,弥极攀慕,弗获逮事,徒瞻服饰之山河,未究推尊,有感蒸尝之霜露。是以秉均元老,莅礼硕儒,谋皆一辞。龟得吉卜,请奉长秋之号。追严厚夜之藏,强为之名,道或存于拟议,俄尔可测,功岂尽于形容。谨遣摄太尉皇叔祖大司空昱,奉玉册玉宝,上尊谥曰圣穆皇后。伏惟皇灵在天,景福昌后,衣冠原庙,聿从高帝之游,松柏閟宫,寅奉姜嫄之祀。名贻不朽,德播无疆。鸣呼哀哉!谨言。

出处:《大金集礼》卷六。

追谥光懿皇后册文
(天会十三年二月十一日)

臣闻涂山俪禹,史称启夏之功,莘国配文,诗播兴周之美。洪惟令德,复掩前芳,苟非著勤崇垂后之公,何以申报本饰终之孝! 若稽典则,允协神人。恭惟皇后,挺生名宗,来符兴运,禀是柔嘉之性,形为贞静之姿,早以贤称,遂为圣偶。窈窕率礼,蔼关睢淑女之风,儆戒持心,得鸡鸣贤妃之道。我烈祖登大宝之始,而太母正中宫之尊,助日宣光,配天居体,躬蘋蘩以奉宗祐,服浣濯以训宫庭。至于敬老尚贤,矜孤闵乏,尝闻国论,言必有稽。间豫兵机,谋无不中。历览千古,实惟一人。志存社稷之深,泽溢子孙之远,逮膺缵绍,弥用追怀。怅慈范之永违,悦徽音之如在,致四海之养,既弗及于承颜,备万物之仪,固无能于称德。尚书政府,宗伯礼官,金谓移御旧宫,升祔世室,宜刺六经之载,用光百世之传。谨遣摄太尉皇叔祖大司空昱,奉玉册、玉宝,上尊谥曰光懿皇后。伏惟俯纳精诚,昭膺懿号,珠襦玉匣,陪弓剑于轩台,风马云车,从衣冠于汉庙。永绥纯蝦,幽赞丕图。呜呼哀哉! 谨言。

出处:《大金集礼》卷六。

报哀高丽诏
(天会十三年二月二十七日)

上天降祸,大行皇帝遘疾弥留,奄弃万国,攀慕哀号,不克胜处。朕钦承彝训,继迫舆情,以眇眇之躬,嗣丕丕之业。卿缅闻讣音,谅极悲凝,益励乃心,同底于理。

出处:《高丽史》卷一六。

上太宗谥号册文
(天会十三年三月七日)

维天会十三年岁次乙卯三月甲戌朔,七日庚辰。哀孙嗣皇帝臣讳,谨再拜顿首言曰:伏以乾坤覆载之功,非俄可度而俄可测。耳目见闻之外,或名曰夷而名曰希,乃知妙出于器形,尚有强加其称谓。故帝皇以降,谥号攸存。生以表其殊功,没则节其大惠,率由锡命于上帝,将用式孚于后人。非臣子之所得专,在典章而不敢阙,宜迹所行之大,用光不朽之传。伏惟大行皇帝,广渊清明,笃实纯粹,浑然德性,而无所畛域,发乎事业,则休有烈光。始乎太祖之濯征,常以介弟而居守。推恩抚众,而内益固本,务穑节力,而外无匮供。好经远猷,克断大事,共能定天下之业。岂特宽关中之忧,兆姓与能,百灵眷德,位肆定于主器,心常戢于在渊。将嗣丕图,犹云菲德,推戴之始,躬三让而克成。临御以来,明两作而善极。每念前人之图事,欲终下武之代功。于时民望尚殊,邦统未一。辽主之窜越也,收合余烬;宋人之背诞也,包藏祸心。爰命进师,密授成算,奉天致讨,惟日奏功。故纂服心之后不数年,其系组而来凡三帝。万里共贯,六合一家,曾无专享之私,遂定久安之势。画封守之正域,选贤能而为邦,物肃德威,人服义举。处衽席无为之逸,鸠方册不载之功,必也圣乎!其可知己。若乃茂昭孝德,汇奉先猷,殆将一德而顺稽,非止三年而不改。议有俯迫,政或当更。泣祖训于手泽之余,下莫仰视,畏神威于屋隅之近,躬若无容,继述之间,慎重如此。其知人则哲,乃在官惟贤。慎简亲勋,共位将相。有大用之材使各尽,于不赏之功无所疑,实驾驭以知方,故优游而成治。至于敬宗立爱,齿族居尊,内外敦序,而无间言。饮食洽比,而有余惠,礼贵情称,实嫌名浮。不疑而物亦诚,好静而民自正。无玉食之奉,禹俭不过。以茅茨是居,唐风载郁。好善言,恶旨酒,远佞人,放郑声,道交万物,而用必以时。法约三章,而刑不留狱。燕殿通穷民之告,上都禁末利之游。疾苦周知,浇竞自息。谓七德戢兵也,切戒黩武。谓八政先食也,每亲督农。第知安民之难,未尝以位为乐。谦抑不德,而德逾有,渊默不言,而言乃欢。以故协气横流,大田屡稔,瑞靡不至,史无绝书,殆莫得以殚论。可概言其所睹,金仙效像,有素鹊之为先,国犬触邪,岂神羊之待嗾,乃德之致,非人所能。执贽丕昭,幽明胥悦。巍乎!荡乎!能事之斯毕,猗欤,那欤!圣功之无加。天下大安,王位孔固。是宜平格以得寿,遽告弥留而弗兴。爰属眇躬,肆膺大宝,舍子不立,莫穷为度之弘,于祖丕承,方惧贻谋之忝。劳疚茹叹,克穷靡逞,会同轨以来阶,俟遣车之即远。而有宗工元老,儒学礼官,讨论坟典之中。断自羲轩而下,扬榷大美,发挥英声,道惟最高,极万物以无称。名将终易,焕七世之可观,或仿佛其形容。共拟议其崖略,与定款郊之请,以张对天之休。谨遣摄太尉皇叔祖大司马昱,奉玉册、玉宝,上尊谥曰文烈皇帝,庙号太宗。伏惟昭格至灵,俯馨徽号,永锡介祉,以绥后昆。呜呼哀哉!臣谨言。

出处:《大金集礼》卷三。

上景宣皇帝谥号册文
(天会十三年九月二日)

　　德高圣人,而无其位,裕在后昆。子有天下,则归所尊,古隆此礼。故周武追王于文考,汉宣正位于悼皇,皆所以奉亡如存,饰终昭远。昊天欲报,诚难究于生成,大道无名,或强加其称谓。方改园陵之卜,宜新简册之辉。伏惟皇考,性禀乾刚,望崇震嫡,廓有大度,郁为英风。安民之志,出自妙龄。干国之功,流于今日。肇邦有夏,虽由汤后之勃兴,举事亡隋,实赖秦王之早计。初自义旗既建,戎辂徂征,提锐旅以偕行,誓群豪而先倡。谋猷克壮,骑射兼能。决机事则不疑,见大敌而愈奋。长于将将,葛夫之政不足观。意在贤贤,一个之善未尝失。人推干盅,士勇同仇,濯濯威声,遂成德畏,桓桓忠节,率自孝移,遂协济于天功,俄永清于海内。辰极既正,匕鬯宜归。文帝至公,辄拒有司之请,与夷善让,终推仲父之功。视天下以若遗,曾胸中之不介,历古无几,非圣而何。若乃朝夕问安,左右致养,勤而不懈,乐且有余,宗族皆以孝称,昆弟未尝言间。其直也,正人之曲,其质也,安俗之淳。俨若神明,莫之敢犯,坦无城府,亦以易从。富贵不骄,声色不溺,与人同羽旄之乐,处躬无雕峻之华。贤愚莫逭于聪明,善恶必期于进退。虚徐戒智者之察,隐恤知小人之艰,盖惟道以是从,诚不闻而亦式。天资至德,备众美而无得称。地本元良,在群情之实所系。何祲象之告变,遽灵仪之上宾,九族为之痛心,百姓嗟乎无禄。自惟冲幼,夙遭闵凶,顷以眇身,猥承大统,虽太宗大义之及此,实照考余休之至然。十二载之于今,无从所怙。万一分之有答,岂可弗为。用罄厥图,莫如攸称。稽合前世,询逮群工,咸谓论以孝思,大者莫如严父,求之礼意,卑则不可临尊。倘徽称以未加,实大典之有阙。是用自上帝以请命,令元龟而卜辰,将垂万世之休,奉联二圣之号。谨遣摄太尉皇伯尚书令左丞相都元帅宗翰奉玉册、玉宝,上尊号曰景宣皇帝,庙号徽宗。

出处:《大金集礼》卷三。

尊太祖太宗皇后为太皇太后敕
(天会十三年九月八日)

　　朕席祖宗二圣之休德,托于士民君主之上,涉道日浅,罔知攸济,方赖母仪自家之化,成孚王道,而两宫之号,未极其崇,朕用惕然。夫推亲亲以显尊尊,古之制也,虽曰殚四海之养,而名称未正,尊尊如何。宜率旧章,用资孝治。太祖皇帝皇后纥石烈氏、太宗皇帝皇后唐括氏,皆位冠六宫,属尊一体,在均厥礼,奉正鸿名,并尊曰太皇太后,第当别之以宫,如长信宫故事。俟谅阴期毕,有司择日奉册具礼施行。布告中外,咸使闻知。

出处:《大金集礼》卷五。

天会十四年(1136)

追上祖宗谥号诏

(天会十四年八月一日)

盖闻积厚者流远,德隆则报丰,乃古今之达道也。朕仰惟祖先,奕世修德,皇基帝迹,潜发其祥,而徽号未崇,诚为阙典者。太祖、太宗,方经启恢廓,故不暇给。夫礼,时为大,惟予绍膺多福,天地底平,大礼尚稽,惕然增惧。追王固圣人之制,然历代以降,世数不同,亦有昆弟相继及者,立大功者,皆极其号。其与百官群采故实,以今况古,务求厥衷。更当迹行累功,用节大惠。朕将请于帝,以永无穷之传。

出处:《大金集礼》卷三。

天会十五年(1137)

下完颜宗翰狱诏

(天会十五年八月五日)

先王制赏罚,赏所以褒有功,罚所以诛有罪,非喜怒也。朕惟国相粘罕辅佐先帝,曾立边功。迨先帝上仙,朕继承丕祚,眷惟元老,俾董征诛。不谓持吾重权,阴怀异议。国人皆曰可杀,朕躬非敢私徇,奏对悖慢,理当弃殛以彰厥辜。呜呼!四皓出而复兴汉室,二叔诛而再造周基,去恶用贤,其鉴如此。布告中外,咸使闻知。

出处:《三朝北盟会编》卷一七八。

允尚书省请废大齐皇帝刘豫诏
(天会十五年十一月十八日前)

齐国建立,于今八载,道德不修,家室不保,有失从初两获便安之意,岂可坐视生民,久被困苦。宜依所奏施行,委所司委为措置。所有其余随宜事件,仍别商量行下。

出处:《建炎以来系年要录》卷一一七。又见《三朝北盟会编》卷一八二,《伪齐录》卷下。

废大齐皇帝刘豫诏
(天会十五年十一月十八日)

敕行台尚书省:朕丕席洪休,光宅诸夏,将俾内外,悉登成平。故自濁河之南,割为邻壤之界,灼见先帝,举合大公,罪则遭征。固不贪其土地,从其变置,庶共抚其生灵。建尔一邦,逮今八稔,尚勤吾戍,安用国为? 宁负而君,无兹民患。已降帝号,别膺王封,咎有所归,余皆罔治。将大革于弊政,用一陶于新风。勿谓夺蹊田之牛,其罚则甚,不能为托子之友,非弃而何! 凡尔臣民,当体至意。所有其余便宜事件,已委所司画下元帅府去迄,外处分不尽之事,亦就便计议,从长施行。仍布告逐处,咸使闻知。

出处:《建炎以来系年要录》卷一一七。又见《三朝北盟会编》卷一八一,《伪齐录》卷上、卷下。

天眷元年(1138)

贵妃裴满氏为皇后制
(天眷元年十二月二十五日)

易基乾坤,以大阴阳之统,诗始夫妇,乃先后妃之风。故三代之令王,谨六宫之内职,况承宗庙,俪辰极以居尊,用正人伦,揭母仪于无外。事所系者甚重,道相须而后成,非朕敢私。自天作配,猗欤谁氏,乃茂徽音,若稽旧章,诞布宠命。贵妃裴满氏,庆钟戚里,教肄公宫,梦月方娠,生而固异,倪天之妹,卜则允臧。爰用聘于先朝,乃来嫔于初载。礼肃舅姑之奉,训无师傅之违。道著家人,名膺邦媛,逮予宅统,率履在中。承祀孔寅,睦亲克孝。蹈贞贤之警戒,知臣下之勤劳。缵女惟行,辅服不逮。居轩后四星之列,贵则益恭,在周官六服之仪,缺然未讲。宜蠲吉旦,正位长秋。於戏! 为望甚尊,有同乎天地,流风自近,以至于家邦。言虽戒于阃逾,令莫捷于身正,恩宜逮下,志务求贤,非俭德不能惩奢泰之风,去私谒可以赞正直之道。慎终如始,允孚于休。

出处:《大金集礼》卷五。

天眷二年(1139)

以陕西河南地归宋谕吏民诏
（天眷二年正月十五日）

顷立刘豫,以守南夏,累年于兹。天其意者不忍遽泯宋氏社稷,犹留康邸在江之南,以安吾南北之赤子也。徜能偃兵息民,我国家岂贪尺寸之地,而不为惠安元元之计乎? 所以去冬特废刘豫,今自河之南,复以赐宋氏,尔等处尔旧土,还尔世主,我国家之恩亦已洪矣。尔能各安其生,无忘吾上国之大惠,虽有巨河之隔,犹吾民也。其官吏等已有誓约,不许辄行废置,各守厥官,以事尔主,毋贻悔吝。

出处:《大金国志》卷一〇。又见《建炎以来系年要录》卷一二五。

完颜希尹加恩制
（天眷二年七月前）

贵贵尊贤,式重仪刑之望,亲亲尚齿,亦优宗族之恩。朕俯迫群情,祗膺显号,爰第景风之赏,孰居台曜之先。凡尔在庭,听予作命。具官属为诸父,身相累朝,蹈五常九德之规,为四辅三公必赢。当艰难创业之际,藉左右宅师之勤,如献兆之信蓍龟。如济川之舟楫，迪我高后，格于皇天，属正统之有归，赖嘉谋之先定。缉熙百度。董正百官官，雍容以折肘腋之奸，指顾以定朔南之地。德业并茂，古今罕伦。迨兹庆锡之颁，询及金谐之论，谓上公之嘉命有九，而天下达尊者。既已兼全，无可损益。乃敷求于载籍，仍自断于朕心。杖以造朝，前已加于异数，坐而论道，今复举于旧章。萧相国赐诏不明，安平王肩舆升殿，并滋优渥，以奖耆英。於戏！建无穷之基，则必享无穷之福，锡非常之礼，所以报非常之功。钦承体貌之隆，共对邦家之祉。

出处：《松漠纪闻》卷下。
考校说明：编年据完颜希尹卒年补，见《三朝北盟会编》卷一九七。

诛宋衮诸王诏
（天眷二年七月三日）

周行管叔之诛，汉致燕王之辟，兹为无赦，古不为非，岂亲亲之道有所未敦，以恶恶之心是不可忍。朕自稚冲，昧承嗣统，盖由文烈之公，欲大武元之后，得之为正，义亦当然。不图骨肉之间，有怀蜂虿之毒。皇伯太师宋国王宗磐，族联诸父，位冠三师。朕始承桃，乃繄协力，肆登极品，兼缩剧权，何为失图，以底不类。谓为先帝之元子，常蓄无君之祸心，昵信宵人，煽为奸党，坐图重鼎，行将弄兵。皇叔太傅、领三省事、衮国公宗隽，为国至亲，与朕同体，内怀悖德，外纵虚骄，肆己之怒，专杀以取威。擅公之财，市恩而惑众。力摈勋旧，欲孤朝廷。即其所怀，济以同恶。皇叔虞王宗英、滕王宗伟、殿前左副点检浑睹、会宁少尹胡实剌、郎君石家奴、千户述孛离、古楚等，兢为祸始，举好乱从，逞躁欲以无厌，助逆谋之妄作。意所非冀，获其必成，先将贼其大臣，次欲危其宗庙。造端累岁，举事有期，早露端倪。每存含覆，第严禁卫，载肃礼文，庶见君亲之威，少安臣子之分。蔑然不顾，狂甚自如。尚赖神明之灵，克开社稷之福。日者叛人吴十稔心称乱，授首底亡。爰致克奔之徒，乃穷相与之党，得厥情状，孚于见闻，皆由左验以质成，莫敢诡辞而抵赖。欲申三宥，公议岂容，不烦一兵，群凶悉殄。于今月三日已各伏辜，并令有司除属籍讫。自余诖误，更不蹑寻，庶示宽容，用安反侧。民画衣而有犯，古犹钦哉！予素服以如丧，情可知也。

出处：《三朝北盟会编》卷一六六。又见《建炎以来系年要录》卷一三〇，《松漠纪闻》卷下，《容斋三笔》卷五，《大金国志》卷一〇。

撰者:韩昉

诛完颜希尹萧庆诏
(天眷二年七月)

朕席祖宗之基,抚有万国,仁帱德覆,罔不臣妾。而帷幄股肱之旧,敢为奸欺。开府仪同三司、尚书左丞相、陈王希尹猥以军旅之劳,浸备宰辅,阴慝险恶,出其天资,蔑视同僚,事辄异论。项更法令之始,永作国朝之规,务合人情,每为文具,比其改革,不复遵承,几丧淳风,徒成浇政。至乃未有诏谕,遽先指陈,或讬旨以宣行,每作威而专恣。密置党与,怀为诞谩。僭奉玉食之尊,荒怠枭鸣之甚。外擅家国之利,内暌骨肉之恩。日者帅臣密奏,奸状已萌,早不加诛,死不瞑目。顾虽未忍,灼见非诬。心在无君,言尤不道。逮燕居而窃议,谓神器以何归! 稔于听闻,迄致彰败。躬蹈前车之既覆,岂容蔓草之弗图。特进尚书左丞萧庆,迷国罔俊,欺天相济,将致于理,咸伏厥辜。呜呼! 赖天之灵,既诛两观之恶,享国无极,永保亿年之休。咨尔臣民,咸体予意。

出处:《三朝北盟会编》卷一九七。

慰抚完颜宗固诏
(天眷二年八月后)

燕京留守豳王宗固等或谓当绝属籍,朕所不忍。宗固等但不得称皇叔,其母妻封号从而降者,审依旧典。

出处:《金史》卷七六《完颜宗固传》。

游猎循辽人故事诏
(天眷二年冬)

自今四时游猎,春水秋山,冬夏刺钵,并循辽人故事。

出处:《建炎以来系年要录》卷一三三。

答请定官制诏
（天眷二年）

朕闻可则循，否则革，事不惮于改为。为言之易，行之难，政或讥于欲速，审于后举，示将不刊。爰自先皇，已颁明命，顺考古道，作新斯民，欲端本于朝廷，首建官于台省。岂止百司之职守，必也正名，是将一代之典章，无乎不在。能事未毕，渺躬嗣承。惧坠先猷，惕增夕厉，勉图继述，申命讲求，虽曰法唐，宜后先之一揆。至于因夏固损益之殊途，务折衷以适时，肆于今而累岁，庶同乃绎，仅至有成，掇所先行，用敷众听。作室肯构，第遵底法之良，若网在纲，庶弭有条之紊。自余条款，继此祇陈，已革乃孚，行取四时之信。所由适治，揭为万世之常。凡在见闻，共思遵守。

出处：《松漠纪闻》卷下。又见《三朝北盟会编》卷一六六。

更定官制诏
（天眷二年）

皇祖有训，非继体者所敢忘，圣人无心，每立事于不得已。朕丕承洪绪，一纪于兹。祇遹先猷，百为不越，故在朝廷之上，其犹草昧之初。比以大臣力陈恳奏，谓纪纲之未举，在国家之何观！且名可言，而言可行，所由集事。盖变则通而通则久。故用裕民，宜法古官，以开政府。正号以责实效，著仪而辨等威。天有雷风，辞命安得不作，人皆颜闵，印符然后可捐。凡此数条，皆今急务，礼乐之备，源流在兹。祈以必行，断宜有定。仰惟先帝，亦鉴微衷，神岂可诬。方在天而对越，时而偶异，若易地则皆然，是用载维，殆非相反，何必改作。盖尝三复于斯言，皆曰可行。庶将一变而至道，乃从所议，用创新规。维兹故土之风，颇尚先民之质，性成于习，遽易为难，政有所同，姑宜仍旧。渐祈胥效，翕致大同。凡在迩遐，当体朕意。其所改创事件，宜令尚书省就便从宜施行。

出处：《松漠纪闻》卷下。又见《三朝北盟会编》卷一六六。
撰者：韩昉

天眷三年(1140)

议收复河南布告中外诏

(天眷三年五月前后)

粤有辽叔世,专肆奢暴,惟皇天假手于我太祖武元皇帝,恭行讨伐,并有土宇。惟我太宗文烈皇帝,不敢闵于天降威,乃命帅臣,自大江以北,皆为我有。太宗始务息民,不贪其土,止以大河分流为界。自河以南,苟得贤而处之,亦犹吾民,况天下为公,古之道也。遂建张邦昌为大楚,畏懦无立,不克所付,未几就戮。尔后刘豫再立,位号皆自我师,援之拯之、守之护之,仅有存焉,亦以使我军士就护安息。不谓向者达赍等入奏,援立刘齐,非所以利,适足以害人也。三军之士,往往皆曰:自开拓以来,大事既定,申画封疆,亦有年矣,何故罢于奔走,违越分疆,远屯戍,守他土,何若并一措画,惟君与民皆得活息。矧惟刘豫悖德屡闻,立武已非,终竟无所济。今取河南,惟其士人宅尔土,继尔居,甸尔田。尔厥有干有年于兹河南,惟其安,罔有他心。亦惟军士能戮力一志,为安守我土,以此而行,可速定。朕乃从其言,内外罔不帖然。达赍等复力言,齐为不道,既废矣,边面四塞遐逊,猛士虽能守之,未免枕戈坐甲之劳。间以江左为邻,易生衅隙,不可彻警,难以久安之计。不若因以河南地锡与大宋,恩义非尔所求而与之,非尔所致而得之,为恩重矣,为义深矣。朕询于众言,或不可者三之二,朕以元元休息之意,断自朕心,又可其请。达赍等不俟诏命款报,遽割土疆,旋班屯军。凡此之为,皆达赍等实稔奸谋,相为接好,将启乱心,予图外交,先施责报,庶无夹攻之患。包藏诡状,专辄陈请,割赐土疆。职此之由,朕尝以止戈为武,含垢藏疾,不欲重违成命。故王伦既执之后,命使发兰公佐偕往责数之,调岁贡,齐正朔,征誓表,追册命,冀其无我违,然后礼降封册。今省来章,蔑如也,其余事,意反有要求。况河南中原之地,实惟天所授。天与不取,纵敌长寇,为患滋甚,亦使人心久则异,异则变生。抑又保聚完具,蔓草难图,而使生灵愈罹残毒,不能休息。由此思之,朕志先定,昆命于朝,佥曰:不可赦,时哉不可失。乃议大军数道,节制并进,应洪流之南,皆从抚惜。呜呼!非朕一人与夺有食言,尚念军士久岁征役,所成大事,式当此行。尚慎终其初,亦使四海永清,光昭我烈祖之德威。暨尔千夫长,百夫长,今日之事,一乃心力,勖哉果毅,亦念汝等立事立功,有用命,有不用命,尝为传闻与亲见之不同,朕将听览,以明其善否,亦欲俾新民闻朕将往,尚能向火而求苏也。行幸南燕,可无令孑遗一夫,皆分白省谕,各设耳目,量择进退。能归款而来者,不使秋毫敢犯。执迷顽不从者,翦伐无俾育种。在外者,原加安恤,还定劳来之。俟军克日,先备将士功迹大小多少以闻,予将亲览焉。如该载未详,可临事便宜行之。所有别降诏书,已丁宁开谕,无有远迩,宜恺朕怀。

出处:《建炎以来系年要录》卷一三五。

命元帅府抚定河南诏
(天眷三年五月前后)

益闻信合于义,然后可循,舍是自孚,犹执一也。故圣人之道,贵在随时,未有泥而不通,能济其治。日者齐政不纲,人用恣怨,既黜厥命,晏然惟和,时将混一风教,有截无外。不图奸臣昌等,稔心祸逆,厚寇欺君,请归侵疆,务继绝世。朕亦欲柔怀示德,俯用听从,庶知不世之恩,自取为邦之福。洎王伦等至,理又乖衷,虽报谢为名,而于实不既。故兰公佐回,丁宁理索,谊故当然,审必可行,乃令款报。比得莫将等来?所陈事目,靡所遵承,袭旧爵以自如,略王正而不用,愿辞封建,拒进誓草。至于畴昔逋逃,尝言愿遣,今欲与河朔等路流寓臣民,并为蔽靳。自奸臣伏罪,迹厥攸行,内侮外连,情状甚著。所不即行讨取者,盖天下为心,在彼犹此,姑务含容,以图宁止。又虑民吏滋久,相效执迷,边隙兵端,起将无日,犯而后取,祸乱必深,弭尔后艰,在吾早定。今命元帅府领大军数道,并进抚定,元系本朝都邑州军师之所在,务加优恤,以副予子惠元元之意。夫与夺之异,岂所乐为,而恩威张弛之间,盖不得已也。凡有所闻,当体至意。

出处:《建炎以来系年要录》卷一三五。

皇统元年(1141)

封亲王宗室命妇敕
(皇统元年正月十八日)

日近皇后殿行册礼,命妇并入朝,兼会到亲王宗室,除正嫡已封妃夫人外,次室并无封号,难定班列。今拟亲王正嫡封国妃者,次室二人封国夫人。正嫡封王妃者,次室二人封王夫人。一品官封正嫡国夫人者,次室二人封郡夫人。二品三品官正嫡封郡夫人者,次室二人封郡君。特旨更增封人数者,不在此限。敕旨准奏行。

出处:《大金集礼》卷三一。

裴满氏为皇后册文
(皇统元年正月二十八日)

皇帝若曰:夫地承天而效法,所以合德无疆,月溯日而生明,故能容光必照。是以有国有家者,必选立嘉配,以上承宗庙,而降德于臣民,古今一也。我国家累圣重光,开基垂统,用端命于上帝,亦惟内德相继,匹休姜任,燕谋所依,敢忘绍述。咨尔裴满氏,柔惠端淑,得于天成,发庆钟祥,世有显闻。自越初载,来嫔潜邸,箄珈骓组,率履无违。逮朕纂服,章明妇顺,表率勤劬,阴教修明。虽已崇建位号,而典册未举,朕意歉然,今遣太尉裴满胡达、摄司徒昂,持节授尔册宝,副祎重翟,宏贲用光,备物充庭,一遵古礼。朕惟王业所基,率由内治,和睦自中,化驰如神。尔克勤,人用弗敢弃日,尔克俭,人用弗敢崇侈,尔克正,人用弗敢迂乃心,倚乃身,勉思其终,惟慎乃济。天其申命于我家,尔亦永膺多福,岂不韪欤!

出处:《大金集礼》卷五。

奠祭宣圣庙诏
(皇统元年二月十九日)

朕幼年游佚,不知志学,岁月逾迈,深以为悔。孔子虽无位,其道可尊,使万世景仰。大凡为善,不可不勉。

出处:《金史》卷四《熙宗纪》。又见同书卷一〇五《孔璠传》。

上熙宗尊号册文
(皇统元年五月十日)

皇统肇开,犠燧因功而纪号,帝图传序,勋华象德以著称,率皆应亿姓之乐推,所以对三灵之眷顾。自时厥后,何莫由斯。国家千载膺期,奕世修德,重光积庆,应历统天。恭惟皇帝陛下,恭承垂裕之休,保有无疆之祚,表在躬之瑞,旋九宫而乾数周。当出震之初,辟群氛而羲驭朗,焕八采重瞳之质,宅九州四海之尊。方其恭默不言,渊澄自保,固已照群臣之邪正,洞庶政之后先。既而雷动风飞,乾旋坤阖,威柄一而奸朋怀惧,仁言播而远近归心。至于博采廷谟,奋张王旅,以待有名而后应,固非得已而亟行,是以戈铤所临,金汤失险,攻坚易于振槁,传令远于置邮。仍以暇时,举修坠典,斟酌律礼。糠秕汉唐,损益质文,规模虞夏,隆功并建,振古罕伦。然犹体貌耆英,惇叙宗族,约己而厚禄秩之赐,虚心以求启沃之言。府库不积,而均利于农畴,声色不迩,而留神于古训,服御靡崇于雕饰,宫室聊给于会朝。田猎习武事而已,亦逾月而不行,宴乐给宾享而已,盖非时而不召。历观前代,皆有强邻,各专社稷版图,互称命令制诰,今则日月所照,正朔无殊,并开有指之土疆,尽抗至尊之名号。加之璇玑正协,玉烛时和,连珠合璧之祥,居乡日告,千仓万箱之积。比户岁滋,谣颂浃于康衢,珍贡来于绝域。乃者别京望幸,銮辂省方,属燕蓟之多风,积阴霾而浃日,及兹动辂,寂不扬尘,天地清明,人神庆悦。是以群工卿尹,四海耄倪,并造明廷,交修封奏,敢叙陈于懿美,愿深抑于谦冲,谓夤畏严恭。聪明时宪,崇天之实也。虚静恬淡,慈俭为宝,体道之验也。视听言动复于礼,缉熙光明典于学。兹谓钦以直己,是非可否究其实,兹谓明以察微,幽深远近得其情。经纬有方,焕乎丕显之文。威怀兼止,赫尔布昭之武。因天纵之将圣,而多能非学,惟民归于一德,而主善为师。咸五登三,岂形容之可及。挂一漏万,惭铺叙之非工,臣等不胜大愿。谨奉玉册、玉宝,上尊号曰崇天体道钦明文武圣德皇帝。

出处:《大金集礼》卷一。

皇统二年(1142)

皇子名济安大赦天下制
(皇统二年二月二十八日)

礼重世嫡,为其承七庙之尊,国有元良,所以系万邦之望。顾惟菲德,获绍丕基,勤以恤民,居轸凤宵之念。约于奉己,敢亲声色之娱。岂惟中外之共知,抑亦神明之所鉴。荷三灵之锡羡,祐累圣之重光。庆集中宫,时生上嗣,宗社奉酅,已肇应于震方,雷雨发春,宜均敷于解泽。嘉与亿兆,同兹欢欣。可大赦天下,云云。於戏! 辰象著明,于赫前星之耀,恩书宽大,助宣冲气之和。更赖三事大夫,百司庶府,共钦承于德意。期式叙于民彝,永沐淳风,翕臻寿域。

出处:《大金集礼》卷八。

江南北来人赦
（皇统二年二月二十四日）

自来亡命投在江南人,见行理索,候到并行释罪,其职官百姓军人,并许复故。

出处:《建炎以来系年要录》卷一四四。又见同书卷一四六,《中兴两朝圣政》卷二八,《宋史全文续资治通鉴》卷二一。

蜀王刘豫进封曹王制
（皇统二年二月二十七日）

严宝册以荐鸿名,既俯从于众欲,布思书以敷惠泽,宜大涣于群生。眷子异姓之王,夙有同寅之德。肆颁明命,孚告治朝。蜀王刘豫敦大而直方,高明而宽厚。早居南服,以直言强谏闻于时;顷在东州、以智略英资长于众。八年享国,一节事君。审运会之有终,识废兴之惟义;视去位如脱屣,以还朝为登仙。向之富国强兵,何霸王之足道? 今也乐天知命,岂得丧而能移? 爰困庆赏之行,益示褒荣之典。昨以陶邱之土,昌为井络之封。於戏! 列土以建侯邦,誓已坚于带砺;尽忠以藩王室,心宜炳若丹青。茂对龙光,永绥福禄。可进封曹王,食邑一万户,实封一千户。令有司择日备礼册,命主者施行。

出处:《大金吊伐录》卷四。

皇子济安为皇太子册文
（皇统二年三月二十六日）

典礼之垂训鉴,重世嫡所以丕叙人伦,帝王之御邦家,建储闱所以共承宗庙。

朕绍隆基绪,祗慎夙宵,荷三灵眷顾之休,开亿载流光之福。自中宫而锡羡,庆上嗣之庆期,历修旷世之仪,岂厌普天之意。诞敷庭号,播告缙绅。皇子济安,毓秀天潢。分辉辰极,寝兴占梦,稔闻汉后之日符,经纬储精,允协周家之圣瑞。沈厚积山川之气,温文全金玉之姿。乃者元宰献谋,近臣演议,谓前代少阳之兆,多育于朱藩,而后宫甲观之征,不专于椒掖。尚豫崇赵国本,以外系于人心。岂如皇朝,尽轶隆古。宜涓岁月之吉,茂扬典册之光,上以答祖考之欢,下以副臣民之望。言之甚切,义不得辞。肆因翦髳之辰,俾正承华之位。方当延老成为羽翼之辅,建寮寀相朝夕之恭。非我一人之私,惟尔万方之庆。於戏!金言协卜,既从早建之功,幼岁亲师,庸助夙夜之德。宜非谋非彝之勿用,正言正事之常闻,勉思求称之难,永锡无疆之福。

出处:《大金集礼》卷八。

立济安为皇太子诏
(皇统二年三月二十六日)

广爱惟亲,爱厚人伦之化,立子贵嫡,允为天下之功。朕钦绍基图,祗勤夙夜,属燕谋之肇庆,自椒掖以储祥,诞扬典册之仪;式副臣民之愿。皇嫡于济安,徇齐秀质,岐嶷英姿,载凤于初;协汉后日符之梦,诞弥有赫,同周家圣瑞之光。属宰辅之献言,诏春宫而协议,谓国本所当早建,而宗祧宜有共承。稽载籍传嫡之格言,有前代承平之故事,礼之所急,义不可辞。乃因吉日之良,俾正前星之位。咨尔有众,其体朕心。已降制命,立为皇太子。仍令有司择日备礼册命,布告中外,咸使闻知。

出处:《大金集礼》卷八。

宋康王赵构为宋帝册文
(皇统二年三月二十三日)

咨尔宋康王赵构。不吊,天降丧于尔邦,亟渎齐盟,自贻颠覆,俾尔越在江表。用勤我师旅,盖十有八年于兹。朕用震悼,斯民其何罪?今天其悔祸,诞诱尔衷,封奏狎至,愿自列于藩辅。今遣光禄大夫、左宣徽使刘筈等持节册命尔为帝,国号宋,世服臣职,永为屏翰。呜呼钦哉!其恭听朕命。

出处:《金史》卷七七《完颜宗弼传》。

高丽恭孝王册文
（皇统二年五月十八日）

昔先王疆理天下,锡命六服,率因世守,用丕协于大公。肆朕君临,若稽隆古,亦惟崇德象贤,以奉若天道。咨尔楷,英气迈往,淑质纯茂。粤自早岁,以孝友诚敬事亲有闻。逮其缵承,祗德弥邵,眷尔先哲,克笃忠贞,以谨事大邦,怀保惠训,载祀数百,用诒燕于尔躬。尔亦迪知忧恂,夙夜兢翼,芟刈崇激,式克敬典,乃增裕于前烈,朕甚嘉之。越兹既累年,而典册未称,大惧佛郁公议。今遣使持节册命尔为仪同三司柱国高丽国王,永为我藩辅。於戏！惟天难忱,惟命不于常,人之攸好德,降之百祥。义之不庸疆自取弱,勿矜于贵,勿溢于富,勿敢怠于宴康。听予一人之猷训,以向受多福,其以有民世享,岂不伟欤！

出处:《高丽史》卷一七。

皇统三年(1143)

上钦仁皇后谥号册文
（皇统三年八月二十一日）

昔我皇祖,诞膺天命,肇造区宇,用垂统于后世。至于太宗,聪明勇智,克笃前烈,迺用有成。声教暨于朔南,仁恩被于动植,天监厥德,用锡无疆之业。虽简在帝心,本自神圣,而辅佐忧勤,实与有力。恭惟大行太皇太后,坤灵毓粹,圆魄储精,作合皇家,俪休宸极。俭以约己,勤以率人。阴教行于六宫,素风表于千祀。用能体资生之道,助播物之功,四海莫不蒙仁。二仪于焉飨德,虽涂山启夏,渭涘兴周,无以专其美也。及先皇厌代,哀戚过礼,就养东朝,德辉弥耀,顾惟寡昧,嗣守丕基。方赖慈训,庶臻于理,而昊穹弗愁,大数俄及。悯然追怀,哀恫曷已。今者,卜筮告吉,因山有期,爰制近司,请明旧典。惟举位以定名,考谥以尊德,所以扬茂美而传休声,由周而来,率用是道,庶凭徽号,以称褒崇。谨遣太尉、行会宁牧、郑国王臣裴满达,奉册宝上尊谥曰钦仁皇后。伏惟圣灵在天,令名不朽,光配清庙,永世无疆。呜乎哀哉！谨言。

出处:《大金集礼》卷六。

撰者:高士谈

皇统四年(1144)

赎岁饥为驱者诏
(皇统四年十月二十七日)

陕西、蒲、解、汝、蔡等州岁饥,百姓流落典雇为驱者,官以绢赎为良,丁男三匹,妇人幼小二匹。

出处:《金史》卷四六《食货志》。又见同书卷四《熙宗纪》。

皇统五年(1145)

施用新宝诏
(皇统五年二月二日)

惟皇帝传信之章,取天地合符之义,仿羲图而制范,叠轩篆以成文,所以施命四方,作孚万世,古今所尚,损益可知。我国家一统光临,四征耆定,疆理所至,咸绩于禹功。印玺之传,尚循于辽旧,袭用既久,漫漶靡鲜。乃命有司,为之更制。纵广契三才之妙,高厚法五行之成。鸠工虽假于人为,创意乃由于帝锡。涓日祇受,与天匹休。其新造御前之宝,书诏之宝,已于今月二日施用。布告中外,咸使闻知。

出处:《大金集礼》卷三〇。

增上太祖谥号诏
（皇统五年六月三日）

自古继体守文之君，必以遵制扬功为本，乃弘宣于令问，用茂对于先灵。恭惟太祖武元皇帝，玄德昭升，帝心简在，栉风沐雨，躬创业之艰难。仗钺秉麾，拯生民于涂炭。集成大统，垂裕后人，致今日之太平。自睿谋之先定，方庙祐以明崇建，庶可宁神。而谥号之所推尊，尚多遗美，音容如在，夙夜靡惶。盖礼有贵于沿情，事亦存于师古。爰资率吁，恭议答扬。宜令尚书省集百官五品以上，与礼官共议，增上谥号，仍详具以闻。

出处:《大金集礼》卷三。

增上祖宗谥号诏
（皇统五年闰十一月七日）

朕闻创业垂统，祖先所以贻燕谋、遵制扬功，后嗣所以恢鸿烈，稽孔圣达孝之说，见武王追尊之文，著在礼经，遂为永法。我国家千龄应运，累圣重光，造攻始于有辽，基命集于皇祖，比涓吉日，祗荐隆名。天日澂辉，神民庆悦。载念丕图之永邈，率由奕叶之相承，始于忧勤，寝以光大。在眇躬持守之意，敢专享于有成，推武元尊亲之心，想不忘于敬爱。昭兹令闻，属在此时。宜令尚书于都堂集文武执事官五品以上，与礼官稽考前代故事，议增上祖宗尊谥。议定，择日奏告施行。

出处:《大金集礼》卷三。

增上祖宗谥号大赦制
（皇统五年闰十一月十七日）

朕闻大一统以居尊，必推功于祖考，交三灵而储祐，当均庆于臣民。国家敕命惟时，重光奠丽，纯德符于轩昊，大功轶于禹汤。肆朕纂承，敢忘骏惠。而庙谥所纪，德美未详，凛夙夜之靡宁，集臣邻而博议，谓祖有功而宗有德，虽已祗率于旧章，若敬所尊而爱所亲，尚克继承于先志。肆涓良日，肇举上仪，神灵居歆，中外胥悦。宜广配天之泽，永昭凝命之休。可大赦天下，内外中小职官，并与覃恩。

於戏！嗣恭德于前人，其无遏佚，得欢心于四海，庶格燕宁。更赖三事宗工，百司庶正，益懋赞襄之意，弼成继述乏功。

出处：《大金集礼》卷三。

皇统九年(1149)

海陵王即位改元赦
(皇统九年十二月二十日)

朕惟太祖武元皇帝，神武应期，奄有四海。以公存心，天下大器授于太宗。文列厌代，不忘先训，凭玉宣命，属之前君，以统洪业，十有五年。而昏虐失道，人不堪命，宗族大臣协心正救之而弗悛，遂仰奉九庙之灵，已从废黜，亦即祖殒，宗族大臣咸以太祖经营缔构，所由垂统，推戴眇躬嗣临天下。朕以宗社之重，义不获己，爰受命之初，兢兢若渊冰，未知攸济。尚赖股肱三事，文武百僚，同心辅翼，以底于治。宜布惟新之令，以宏在宥之恩。可从皇统九年十二月十一日改为天德元年。於戏！嗣守丕基，休于宗祐，永绥宇宙。尚轸黎元，咨尔多方，体予至意。

出处：《三朝北盟会编》卷二一六。又见《建炎以来系年要录》卷一六〇。

天德三年(1151)

处分完颜阿鲁补诏
(天德三年闰四月七日前)

若论勋劳，更有过于此者。况官至一品，足以酬之。国家立法，贵贱一也，岂以亲贵而有异也。

出处：《金史》卷六八《完颜阿鲁补传》。

<h1 style="text-align:center">罢万户官诏</h1>
（天德三年十一月二十七日）

　　太祖开创,因时制宜,材堪统众授之万户,其次千户及谋克。当时官赏未定,城郭未下,设此职许以世袭,乃权宜之制,非经久之利。今于孙相继专揽威权,其户不下数万,与留守总管无异,而世权过之,可罢是官。若旧无千户之职者,续思增置。国初时赐以国姓,若为子孙者皆令复旧。

出处:《金史》卷四四《兵志》。

<h1>天德五年(1153)</h1>

<h1 style="text-align:center">议迁都燕京诏</h1>
（天德三年十二月二十七日）

　　昨因缓抚南服,分置行台,时则边防未宁,法令未具,本非永计,只是从权。既而人拘道路之逼,事有岁时之滞,凡申款而待报,乃欲速而愈迟。今既庶政为和,四方无侮,用并尚书之亚省,会归机政于朝廷。又以京师粤在一隅,而方疆广于万里,以北则民清而事简,以南则地远而事繁,深虑州府申陈,或至半年而往复,间阎疾苦,何由期月而周知。供馈困于转输,使命苦于驿顿,未可巡于四表,莫如经营于两都。眷惟全燕,实为要会,将因宫庙而创官府之署,广阡陌以展西南之城。勿惮暂时之艰,以就得中之制。所贵两京一体,保宗社于万年,四海一家,安黎元于九府。咨尔中外,体予至怀。

出处:《建炎以来系年要录》卷一六四。

<h1 style="text-align:center">求治诏</h1>
（天德三年）

　　朕临民而为父母,必思安于兆民,继世而为帝王,必思期族万世,是以定国家之计,岂始止于目前。承祖宗之谟,不敢忘于在远。昨因抚绥南服,分置行台,时边防未定,法令未具,本非永设,只是从权。既而人拘道路之遥,事虑岁时之滞,凡天下国家,无亲疏彼此无间,各体君上之意,务尽均平,若能于公相之子孙,闾阎之黎庶,一体视之,如朕之所喜,无以加焉。朕虽居人上之尊,承万方之统,食不甘味,寝不安席,惟以太平为忧,不敢以位为乐也。自古帝王,固有酣醉嗜欲,辍朝废政,穷奢极侈,耽乐是从。虽有忠义之士,犯颜逆耳,一谏而有斥逐,再谏而加诛戮,则终杜存臣之口,无复敢言者。朕非不知,亦非不能,所以然者,重念太祖皇帝艰难以取天下,欲救民于水火之中,非欲自尊,务承先志,兢兢持守,虽跬步不敢忘。凡尔有官君子,待享爵禄于安平之时,其可不念太祖艰难创业之功! 今朕求治之意,交修不逮,以熙庶绩。朕宣布诏令,以告百官:盖有五刑,著为常典,小者加之责罚,大者至于诛戮,有罪犯者,必罚无赦。尔或罹于邦宪,实有伤于朕心,故使通闻,庶令天下有守法奉公,无赃私之过,朕所闻知,必加进用。自今后凡有罪者,无或隐而相容,凡缺望者,必尽狱以取平,庶共底于大宁,以同享于极治。咨尔有众,体予至怀,故兹诏示,想宜知悉。诏书如右,宜令尚书刑部关牒,各应行下于合属去处。

出处:《三朝北盟会编》卷二三四。

迁都燕京诏
(天德五年三月二十六日)

朕以天下为家,固无远迩之异,生民为子,岂有亲疏之殊。眷惟旧京,逖在东土,四方之政,不能周知,百姓之冤,艰于赴诉。况观风俗之美恶,察官吏之惰勤,必宅所居,庶便于治。顾此析津之分,实惟舆地之中,参稽师言,肇建都邑。乃严宗庙之奉,乃相宫室之宜,遂正畿封,以作民极。虽众务之毕举,冀暂劳而久安。建兹落成,涓日莅止。然念骤兴于役力,岂无重扰于黎元,凡有科徭,皆其膏血,遂至有司之供具,亦闻享上以尽心,宜加抚存,各就休息。载详前代赦宥之典,多徇一时姑息之恩,长恶惠奸,朕所不取。若非罚罪而劝善,何以励众以示公。今来是都,寰宇同庆,因此斟酌,特有处分。除不肆赦外,可改天德五年为贞元元年。燕本列国之名,今为京师,不当以为称号,燕京可为中都。仍改永安析津府为大兴府。上京、东京、西京依旧外,汴京仍为南京,中京为北京。又爵禄所以励世而磨钝也,前此官吏,每有覃转资级,贤否不辨,何补治功! 缘今定都之始,所冀上下协众,恪恭乃事。若俾一夫不获其所,则何以副朕迁都为民之意,故特推恩,以示激劝。可应内外大小官职,并与覃迁一官。於戏! 京师首善之地,既昭

845

示于表仪,诏令责成之方,其勿怠于遵守。咨尔有众,体予至怀。

出处:《建炎以来系年要录》卷一六二。

贞元二年(1154)

诛萧裕诏
(贞元二年正月七日)

自汉高祖以来,谋反者颇多,盖高祖与朕皆中庸之主,尧、舜、禹、汤之时,岂尝多有此事? 其不逊如此。

出处:《建炎以来系年要录》卷一六七。

正隆元年(1156)

复修汴京大内诏
(正隆元年)

朕祗奉上元,君临万国,属从朔地,爰出幽都,犹局蹐于一隅,非光宅于中土。顾理道所在,有因有循,权变所在,有革有化。大梁天下之都会,阴阳之正中,朕惟变通之数,其可违乎? 往岁卜食相土,宜建新都,将命不虔,烬于一炬。第川原秀丽,卉物丰滋,朕夙有志焉。虽则劬劳,其究安宅。其大内规模,一仍旧贯,可大新营构,乘时葺理。

出处:《大金国志》卷一四。

正隆三年(1158)

谕宋贺正使诏
(正隆三年正月)

归白尔帝,事我上国多有不诚,今略举二事:尔民有逃入我境者,边吏皆即发还,我民有逃叛入尔境者,有司索之往往托辞不发,一也。尔于沿边盗买鞍马,备战阵,二也。且马待人而后可用,如无其人,得马万匹亦奚以为? 我亦岂能无备。且我不取尔国则已,如欲取之,固非难事。我闻接纳叛亡,盗买鞍马,皆尔国杨太尉所为,常因俘获问知其人无能为也。

出处:《金史》卷一二九《张仲轲传》。

许投状诏
(正隆三年十月十二日)

凡事理不当者,许诣登闻检院投状,院类奏览讫,付御史台理问。

出处:《金史》卷五《海陵王纪》。

正隆四年(1159)

废榷场诏
(正隆四年正月)

自来沿边州军,设置榷场,本务通商,便于民用。其间止因随处榷场数多,致有夹带违禁物货,图利交易,及不良之人,私相来往,未为便利。可将密、寿、颍、唐、蔡、邓、秦、巩、洮州、凤翔府等处榷场,并行废罢,只留泗州榷场一处,每五日一次开场。仍指挥泗州照会,移文对境州军,照验施行。

出处:《建炎以来系年要录》卷一八一。

正隆五年(1160)

谕萧玉诏
(正隆五年三月二十一日后)

判宗正之职固重,御史大夫尤难其人。朕将行幸南京,官吏多不法受赇,卿宜专纠劾,细务非所责也。御史大夫与宰执不相远,朕至南京,徐当思之。

出处:《金史》卷七六《萧玉传》。

正隆六年(1161)

谕韩铎诏
(正隆六年前)

郎官高选也。汝勋贤之子,行已蕰官,能世其家,故以命汝。苟能夙夜在公,当不次擢用,虽公相可到。

出处:《金史》卷七八《韩铎传》。

谕宋使徐度诏
(正隆六年正月)

朕昔从梁王尝居南京,乐其风土。帝王巡狩,自古有之。淮右多隙地,欲校猎其间,从兵不逾万人。汝等归告汝主,令有司宣谕朕意,使淮南之民无怀疑惧。

出处:《金史》卷一二九《李通传》。

谕宋诏
（正隆六年五月）

昔自东昏王时，两国讲好，朕当时虽尚年少，未任宰执，亦备知。自朕即位后，一二年间，帝曾差祈请使巫及等来，言及宗属及增加帝号等事。朕以即位之初，未暇及此，当时不允许。其所言亲属中，今则惟天水郡公昨以风疾身故外，所请事，后因熟虑，似不可从。今岁贡银绢数，多江南出产，不甚丰厚，须是取自民间，想必难备，朕亦别有思度。兼以淮水为界，私渡甚多，其间往来越境者，虽严戒亦难杜绝。及江之北，汉水之东，虽有界至，而南北叛亡之人想常互有，适足引惹边事。不知故梁王当时何由如此分画来，朕到南京方知。欲遣人于帝处备谕此意。近有司奏告帝以朕行幸南京，欲遣使贺，灼知帝意甚勤厚。就因此使欲便谕及，若只常使前来，缘事稍重，恐不能尽达。兼南京宫阙初秋工毕，朕以河南府龙门以南地气稍凉，兼牧放水草亦甚宽广，于此过夏。拟于八月初旬到南京，当于左仆射汤思退、右仆射陈康伯及同知枢密院事王纶此三人内可差一员。兼殿前太尉杨存中最是旧人，练知事务，江以北山川地里备曾经历，可以言事，亦当遣来。及如郑藻辈及内臣中选择旁近委信者一名，共四人同使前来。不过八月十五日以前到南京，朕当宣谕上事，可从朕言。缘淮南地里，朕昔在军前，颇曾行历，土田往往荒瘠，人民不多，应有户田尽与江南，朕所言者，土田而已。务欲两国界分明，不生边事。至如帝意，稍有所难，朕亦必从。来使回已后，朕以前来止，曾经由泗、寿州地分外，陈、蔡、唐、邓边面不曾行历，及到彼处，围场颇多。约于九月末旬前去巡猎，十一月十二日却到南京。帝于差来正旦使处，当备细道来，朕知端的。于次年二月、三月又为京兆，亦未曾知。欲因幸温汤，经由河东路分，却还中都。

出处：《三朝北盟会编》卷二二八。

宣谕宋使敕
（正隆六年七月二十一日）

自来北边有蒙古、鞑靼等，从东昏王数犯边境，自朕即位，久已宁息。近准边将屡申，此辈又复作过，比之以前，保聚尤甚，众至数十万。或仍与西夏通好。镇戍突厥、奚、契丹人等，力不能加，曾至失利，若不即行诛灭，恐致滋蔓。重念祖宗山陵,尽在中都,西北密迩彼界,是以朕心不安。以承平岁久,全无得力宿将可委专征,须朕亲往,以平寇乱。故虽宫室始建,方此巡幸而势不容留,已拟于十月十一日间亲临北边,用行讨伐。然一、二年间却当还此。今有司奏闻有使称贺,本欲差人远迓,如期入见,缘近以国信使副高景山、王全等传旨一二,近上官位有所宣谕。今卿等虽来即非所召,卿等到阙而归,徐遣所召官等,定见迟留,有妨北讨之期。故令卿便回,即令指定官位人等前来,亦可以就称贺,仍须九月初到阙。实虑未详上件事意,或致疑讶,故兹宜示,想宜知悉。

出处:《三朝北盟会编》卷二二九。又见《建炎以来系年要录》卷一九一。

谕诸路诏

(正隆六年八月二十八日)

朕在位恢心坦然,四邻归贡,逾有年矣,皆出于祖宗洪厚德泽也。念境内群寇越扰边民,叛逆入于南宋。况两朝之民,旧属宋处,自来狼子野心,始自宋私来我朝,盗买战马,后至彰露而止。又以探报,群卒诸路变形,或作红中,或作商旅,或两朝奸吏,妄说游辞,撰造异端而无厌怠,贪婪荣身斗作。两朝讲好,亲睦之意,朕已详之。今朕亲将五百万兵,速降夏国,以九月下旬回国,遣使往宋,以决颠末。君臣父子各宜坚心,谨守诸路,故兹诏示。

出处:《三朝北盟会编》卷二三一。

伐宋檄文

(正隆六年十一月七日)

吾提兵南渡,汝昨望风不敢抗拒,深知汝惧严天威。吾今至江上,见汝南岸兵亦少,止缘吾所用新造船与汝南岸船大小不侔,兼汝操舟进退有度,甚协吾意。汝能尽陪臣之礼,即率众降,大者王,小者侯。若执迷不返,吾渡江戮汝无赦。

出处:《三朝北盟会编》卷二三八。

招降王权诏
（正隆六年十一月九日）

朕提兵南渡，汝昨望风不敢相敌，已见汝具严天威。朕今至江上，见南岸兵亦不多，但朕所创舟，与南岸大小不侔。兼汝舟师进退有度，联甚赏爱。若尽陪臣之礼，举军来降，高爵厚禄，朕所不吝。若执迷不返，朕今往瓜州渡江，必不汝赦。

出处：《建炎以来系年要录》卷一九四。

谕臣民诏
（正隆六年十一月）

朕惟熙宗孝成皇帝以武元嫡孙受文烈顾命，即位十有五年，偃兵息民，中外皆安。惟海陵郡庶人亮包藏祸心，觊觎神器，除煽奸党，遂成篡逆。而又厚诬□，降从王封。亮既得志，肆其凶残，不道之极，至于杀母。人怨神怒，自底诛灭。惟皇眷佑于我家，肆予一人，缵承先绪，暴其悖恶，贬为庶人，仍出其殡于兆域之外。仰惟熙宗位号宜正，是以间者稽之礼文，升附文庙，附加美谥，尊而宗之。惟是葬非其所，盖常慊然，爰命有司卜地涓日，奉还梓宫。已于十月初八日备礼改葬于思陵，庶几有以安慰在天之灵。播告中外，咸使闻知，故兹诏示，想宜知悉。

出处：《三朝北盟会编》卷二二三。

大定元年(1161)

世宗即位改元赦
（大定元年十月八日）

门下：朕惟前君乃太祖高皇帝之长孙，受文烈遗命，嗣膺神器，十有五年。内抚外宁，近安远至。虽晚年刑戮过甚，而罪不及民。前岐国王亮，位叨宰相，不思尽忠匡救，辄敢行篡弑。自僭窃位以来，昏虐滋甚，是用列其无道，昭示多方。

一,前来皇叔元帅曹国王,自先朝以亲贤当任,止因篡位之初,自怀恐惧,无故杀害。一,前来太宗受太祖遗命,不忘至公,传位前君诸子并当职任。止因篡位之初,自怀疑惧,将太宗亲子太保潞国公阿鲁、中京留守胡里不、阿里、留守判宗朝胡里加、宰相胡沙、霍王胡东、郓王神徒马、蔡王乌也八人子嗣等七十余口,并以无罪,尽行杀戮。一,开国功臣晋国王孙、领行省楚国王阿辛,止因篡位之初,自怀疑惧,将阿辛并兄子嗣三十余口及驸马丞相干古剌并宗室海州刺史五十余口,并以无罪,尽行杀戮。一,左副元帅国王撒海,累建功勋,止因篡位之初,自怀疑惧,计构遥没,以白矾书假言宫外拾得,令其诬告,并其子御史大夫沙只并子孙三十余口,及太祖亲弟辽越国王男平章字急弟兄子孙一百余口,兵部尚书毛里弟兄子嗣二十余口,太皇太妃并子任王喂阿,并以无罪,尽行杀戮。一,前来太祖长女公主兀鲁哥,系曹国王亲姨,因篡位之初,无故杀害。一,故西京留守蒲马甲为是亲弟,自怀疑惧,无故杀害。一,开国功臣皇叔太师长子韩王,临民亲正,忌其声誉,令其家人诬告,勘问不成,故意杀害。一,应系开国功臣,太祖太宗时,已经封赠王爵,无故尽行追夺。一,会宁府系太祖兴王之地,所建宫殿,无故折毁。一,中都大内,营造累年,殚竭民财力,不可胜计。民力未足,仍折毁南京大内,再行修盖,并皆穷奢极侈。土木之功,前所未有。一,因伊小儿病死,郤将乳母并二医人等,尽行诛戮。一,宋国讲和之后,聘礼不阙,顿违信誓,欲行吞并,动众兴兵,远近嗟怨。医人祁翰,副陈谏不可,更不循省,便行诛戮。并旧有军器,尽行烧毁,却令改造,遂致公私困竭,生灵飞走,无不凋弊。一,昨来皇叔曹国王被杀之后,婶母国妃,纳在宫中,及亲族姨妹姑侄并一应命妇有容色者,恣行烝淫。一,亡辽豫王子嗣三十余口,天水郡王嗣一百余口,并以无罪,横遭杀戮。一,嫡母太曾言不可南征之事,手自戕杀,其大逆无道,古今未闻。一,德宗嫡孙节度使、母妻子弟并太师梁王儿孙妇、曹国王次夫人并子,及韩国夫人并儿妇、孙妇等,并以无罪,尽行诛戮。一,枢密使、北京、西京留守等,因北征回,并加族诛。宰执亦被鞭批,其余过恶,不可备举。前录数条,稔于闻见,遂致天怒人愤,众叛亲离。朕方留守东京,遵养时晦,四方豪杰,将士吏民,咸怀怨苦,无所控告,自远而至者数十万众。日来赴诉,再三敦请,不谋同辞。咸以太祖皇帝聪明神圣,应期抚运,皇孙继嗣,止予一人,历数有归,不期而会。朕推诚固逊,至于再三,请者益坚,辞不获已。恭念太祖创业之艰难,祖宗之社稷深惧乏祀,特俯徇群情,勉登大宝。临御之始,如履春冰,宜推肆青之恩,以布惟新之令。大赦天下,改正隆六年为大定元年,十月八日昧爽以前,除杀祖父母、父母不赦外,罪无轻重,已结正未结正,已发觉未发觉,咸赦除之。内外大小职官并与覃恩。仍委尚书省条奏施行。一,昨来签军著军人,其间多有贫难之人,欠少官钱私债,及典雇兄弟子孙妻女姨妹,或父母自行典雇,深可怜悯,赦书到日,不问新旧,尽行放免。一,据南京等处修盖夫匠,尽行放免。一,据契丹老和尚等,昨因签差南征,遂致叛反。赦书到日,并许径至附近官司投首,并许原免,依旧复业。一,据昨因契丹人等作过,其间被军人等将不在作过数,内外官员百姓及著军人等命妇妻女子孙驱奴,并左右邻人,一例驱奴令来,自可怜恤,赦书到日,仰随处官司,一一刷会勘验端的,发遣本处,依旧团聚住坐。所有正系作过人等,若从与军人斗敌阵亡,虏了家眷驱奴,不在与放免。如前来败失在逃,即自新来投首,除亲属外,付本国人团聚。将到驱奴,准已收虏为定。一,据逃军离背军帅主并避役工匠,或犯罪在逃良贱人等,赦书到处,并限一百日内,许令陈首,与免本罪。安坐更不惩断,内军人分付本军收管。如限满不首,复罪如初。一,据亡命山泽,聚为盗寇,赦书到处,并限一百日,经所在官司陈首与免本罪,分付原籍收管。如系据头领,能劝率徒众出首,委所在官司,具姓名申覆尚书省奏闻,当议别加旌赏。一,据自抚定以来,不论如何断讫,流移在他所人等,并放还乡。一,据自来除名开落官吏,如不犯正枉法,赃并真盗,并与改正,量才收用。一,据自逃亡死绝户名下所著大小差发并租税,限赦书到,并行除放。一,据五岳四渎、名山大川、圣帝明王忠臣烈士,载在祀典者,所在官司,岁时致祭。一,据诸处暴露骨骸,无人收葬者,并委所在官司,如法埋瘗。一,应合改正征收追究事件,并准制条施行。於戏! 以宽而众可御,敢希尧舜之仁,代虐而民允怀,庶及汤王之德。尚赖文武励翼忠良襄赞,咸告嘉猷,永臻至治。咨尔兆庶,体予至怀。赦书日行五百里,敢以赦前事相告言者,以其罪罪之。到日主者施行。

出处:《三朝北盟会编》卷二三三。又见《建炎以来系年要录》卷一九三。

勿增建宫殿役民诏
(大定元年十一月十四日)

凡宫殿张设毋得增置,无役一夫以扰百姓,但谨围禁,严出入而已。

出处:《金史》卷六《世宗纪》。

上闵宗谥号诏
（大定元年十一月十六日）

朕惟礼莫大于明分,政必先于正名,宜推是是之心,用定尊尊之号。爰申显命,诞告敷天。前君乃太祖之长孙,受太宗之遗命,嗣膺神器,十有五年。垂拱仰成,委任勋戚,废齐国以省徭赋,柔宋人而息兵戎。世格泰和,俗跻仁寿,混车书于南北,一尉候于东西。晚虽淫刑,几于恣意,冤施弟后,戮及良工,虐不及民,事犹可谏,过之至此,古或有焉。右丞相岐国王亮,不务弼谐,反行篡弑,妄加黜废,抑损徽称,远近伤嗟,神人愤怒。天方悔祸,朕乃继兴。受天下之乐推,居域中之有大,将拨乱而反正,务在革非;期事亡以如存,聿思尽礼。宜上谥号曰闵宗武灵皇帝。既复崇于位号,庶少慰于神灵。非眇躬之私言,乃天下之公议。鸿名已正,允孚中外之心。大分斯明,遂绝觊觎之望,庶几率土,永底丕平。咨尔多方,体予至意。

出处:《大金集礼》卷四。

增将士赏典诏
（大定元年）

朕仰惟太祖皇帝,肇造区夏,万国咸服。迨岁十载,而正隆失道,不务持守,害虐黎庶,无名弄兵,致尔将士军卒遂勤征役,暴露风霜,失仰事俯育之乐,朕甚悯之。自膺推戴以来,再欲班师,然边衅既成,未底宁息,征戍之谋,固非得已。重念赏典不明,酬庸未允,而又或失于稽缓,令敕有司增多旧格,比之国朝累行赏格,特加优异;颁降空名恩命,仍出内帑金帛,以助赐与。一敕副元帅,仰于军前,视功轻重,书填支赐。於戏! 报国之心,人所共有。尔其奋励忠节,却敌御侮,以息民生,永底平泰,岂特一人之庆,亦使尔士卒安业富贵,泽及子孙,岂不韪与。其新定随等军功官赏,已令尚书省颁谕施行。故兹诏示,想宜知悉。

出处:《三朝北盟会编》卷二三三。

赐徒单合喜诏
（大定元年）

岐国失道，杀其母后，横虐兄弟，流毒兆庶。朕惟太祖创业之艰难，勉膺大位。卿之子弟皆自军中来归，卿国家旧臣，岂不知天道人事？卿军不多，未宜深入，当领军屯境上。陕右重地，非卿无能措画者。俟兵革既定，即当召卿，宜自勉之。

出处：《金史》卷八七《徒单合喜传》。

赐温迪罕移室懑手诏
（大定元年）

南征诸路将士及卿子侄安远、斡鲁古、斜普兄弟，具甲仗悉来推戴，朕勉即大位。卿累世有功耆旧之臣，缘边事未宁，临潢剧任，姑仍旧职。闻枢密副使白彦敬、南京留守纥石烈志宁来讨契丹，今已遣人往招之。其家皆在南京，恐或遁去，兼起异谋，若至则已，若不至，卿当以计执而献之。两次遣人招诱招讨都监老和尚，去人不知彼之所在，久而不还。兼老和尚不知朕已即位，卿可使人谕以朕意。如来降，悉令复旧，边关之事，可设耳目。

出处：《金史》卷九一《温迪罕移室懑传》。

大定二年（1162）

北征移剌窝斡诏
（大定二年二月二十五日）

应诸人若能于契丹贼中自拔归者，更不问元初首从及被威胁之由，奴婢、良人罪无轻重并行免放。曾有官职及纠率人众来归者，仍与官赏，依本品量材叙使。其同来人各从所愿处收系，有才能者亦与录用。内外官员郎君群牧直撒百姓人家驱奴、宫籍监人等，并放为良，亦从所愿处收系，与免三年差役。或能捕杀首领而归者,准上施行,仍验劳绩约量迁赏。如捕获窝斡者,猛安加三品官授节度使,谋克加四品官授防御使,庶人加五品官授刺史⋯⋯尚书省,如节度防御使捉获窝斡者与世袭猛安,刺史捉获者与世袭谋克,驱奴、宫籍监人亦与庶人同。

出处:《金史》卷一三三《移剌窝斡传》。

遣高忠建告宋嗣位书
(大定二年二月)

审膺骏命,光宅丕图,德合天人,庆均遐迩。比因还使,当露悃愊,爰从海上之盟,护讲邻封之信。中更多故,颇紊始图,事有权宜,始为父兄而贬损,衅无端隙,靡狄天地之鉴临⋯⋯愿画旧疆,宠还敝国,结兄弟无穷之好,垂子孙可久之谋,庶令南北之民,永息干戈之苦。

出处:《大金国志》卷一六。

戒谕敬嗣晖诏
(大定二年二月后)

卿为正隆执政,阿顺取容,朕甚鄙之。今当竭力奉职,以洗前日之咎。苟或不悛,必罚无赦。

出处:《金史》卷九一《敬嗣晖传》。

禁营建诏
(大定二年闰二月后)

朕思正隆比年徭役,百姓疮痍未复,边事未息,岂遽有营缮也。卿可悉之。

出处:《金史》卷八四《耨盌温敦乙迷传》。

追谥故妃乌林答氏为昭德皇后诏
（大定二年四月二十六日）

国家之体,典故具存,正位居尊,必缘情而及伉俪。怀昔追远,亦备礼以尽哀荣。爰举慇章,用慰窀穸,下逮视寝,悉使正名,庶几有知,钦承休命。故妃乌林答氏,可追谥为昭德皇后。仍令有司,择日备礼册命。故夫人仆散氏,可追封元妃,故夫人张氏,可追封宸妃。主者施行,布告中外,咸使闻知。

出处:《大金集礼》卷六。

谕征契丹部将士诏
（大定二年四月二十六日）

应契丹与大军未战而降者,不得杀伤,仍安抚之。后招诱来降者,除奴婢以已虏为定,其亲属使各还其家,仍官为赎之。

出处:《金史》卷六《世宗纪》。又见卷一三三《移刺窝斡传》。

上宣献皇后谥号诏
（大定二年四月二十六日）

恭惟祖妣,作合太尊,庆育睿考,致三灵眷佑,邦祚以永。而天禄集于眇躬,尊祖之义,礼宜报本,以朕心严父之孝,推圣考念母之诚,等而上之,志非敢后。谨上尊谥曰宣献皇后。仍令有司择日备礼册,命主者施行。布告中外,体予至怀。

出处:《大金集礼》卷六。

谕将士诏
（大定二年六月五日后）

军中将士有犯,除连职奏闻,余依军法约量决责,有功者依格迁赏。

出处:《金史》卷一三三《移剌窝斡传》。

以仆散忠义兼右副元帅谕将士诏
（大定二年六月五日后）

兵久驻边陲,蠹费财用无成功,百姓不得休息。今命平章政事仆散忠义兼右副元帅,同心戮力以底勘定。右副元帅谋衍罢为同判大宗正事。

出处:《金史》卷一三三《移剌窝斡传》。又见同书卷八七《仆散忠义传》。

附夏诏令

正德二年（1128）

檄延安府文
（正德二年）

大金割鄜延以隶本国，须当理索。敢违拒者，发兵诛讨之。

出处：《宋史》卷四八六《夏国传》。

天盛十三年（1161）

回刘锜等檄书
（天盛十三年）

西夏国檄告大宋元帅刘侯、侍卫招抚成侯、招讨吴侯：十二月二日，承将命传檄书一道。窃以恩宣大国，滥及小邦，远迩交欢，中外咸庆。孤闻丑虏无厌，敢叛盟而失信；骄戎不道，忘称好以和亲。始缘女真，辄兴残贼，窥禹迹山川之广，覆尧天日月之光，将士衔冤，神人共愤。妄自尊大者三十余载，怙其篡夺者七八其人，皆犬豕之所不为，于《春秋》之所共贬。盖总辫缦缨之众，无阅书隆礼之风，惟务贪残，恣行暴虐。吞并诸国，建号大金。屈邻壤以称藩，率华民而贡赋。驱役生灵而恬不知恤，杀伐臣庶而自谓无伤。虽夷狄之有君，不如诸夏之亡也；待文王而既作，咸兴曰："曷归乎来！"当中兴恢复之初，乃上帝悔祸之日。九重巡幸，昔闻太王之居邠;大驾亲征,今见汉宣之却狄。诏颁天下,抚慰民心。未闻用夏而变夷,第见兴王而黜霸。其谁与敌,将为不战而屈人;莫我敢当,可谓因时而后动。其或恣睢猖獗,抗衡王师,愿洗涤于妖氛,庶荡除于巢穴。勿令秽孽,重更蕃滋,虽蝼蚁之何殊,亦寇仇之可杀。庙堂御侮,看首系于单于;帷幄谈兵,复薄伐于猃狁。如孤者,虽处要荒,久蒙德泽,在李唐则曾赐姓,至我宋乃又称臣。顷因世猾之凭凌,遂阻输诚而纳款。玉关路隔,久无抚慰之来;葱岭山长,不得贡琛而去。怀归弥笃,积有岁年,幸逢拨乱反正之秋,乃是斩将搴旗之际。顾惟雄贼,来寇吾疆,始长驱急骑以争先,终救死扶伤而不暇,使彼望风而遁,败衄而归。岂知敢犯于皇威,遽辱率兵而大举?期君如管仲,则国人无左衽之忧;待予若卫公,使边境有长城之倚。神明赞助,草木知名。功勋不减于太公,威望可同于尚父。力同剪灭,无与联和。将观彼风声鹤唳之音,当见其弃甲曳兵而走。孤敢不荣观天讨,练习武兵,瞻中原皇帝之尊,望东南天子之气?八荒朝贡,愿同周八百国之侯王;四海肃清,再建汉四百年之社稷。伫闻勘定,当贡表笺,檄至如前,言不尽意。

出处:《三朝北盟会编》卷二三三。

篇名索引

卷十七　绍兴十三年

1　袁楠除大理寺丞制

1　李志行燕仰之并大理寺丞制

2　徽宗皇帝加上徽号册文

2　秦熺辞免恩命不允诏

3　权住给降度牒诏

3　遣官结绝俞澹等狱诏

3　江邈除权吏部侍郎制

4　李文会除殿中侍御史制

4　未住卖以前买到度牒许书填诏

4　李升递减一官补授名目出职诏

5　张宗元知静江府制

5　毕良史进春秋正辞并通例特改右承务郎制

5　宰执转官等衣带鞍马全赐诏

6　正殿等礼仪可将绍兴大宗正司正任发赴行在奉朝请诏

6　翰林医官局添后行贴司诏

6　韩世忠进封咸安郡王制

6　颁赐历日诏

7　殿前司统制统领将佐使臣等特免趁赴朝参诏

7　沈介洪适潘良能游操并除秘书省正字制

7　宰臣以下遇节序依格赐节料诏

7　补太学生诏

8　陈鹏飞杨邦弼并除太学博士制

8　王杨英周执羔并除吏部郎官制

9　严抑除秘书丞兼史院检讨官制

9　张阐范雩并除秘书郎内张阐兼史院检讨官赵卫钱周材并除著作佐郎制

9　皮剥所召人买扑条约诏

10　皮剥所送纳官钱添支脚钱诏

10　皮剥所踏逐厢军等充库子祗应诏

10　差兵巡防皮剥所诏

10　皮剥所收到被皮及二十张报军器所诏

11　皮剥所收支杂钱诏

11　韦渊守昭庆军节度使开府仪同三司平乐郡王致仕制

11　詹大方御史台检法官制

12　资政殿大学士左正议大夫提举临安府洞霄宫张守祖杲赠少保制

12　张守祖母侯氏赠荣国夫人制

12　张守父彦直赠太保制

13　张守母王氏赠豫国夫人制

13　张守妻姚氏封安定郡夫人制

14　吴芑特改右宣义郎制

14　幸太学诏

14　令淮东总领吕希常于价踊贵处减价出粜诏

15　幸太学推恩诏

15　幸太学加恩执经讲书官诏

15　杂卖场添吏诏

15　牛羊司以七十人为额诏

16　汪勃太常寺主簿制

16　万俟虎除荆湖南路转运判官制

16　詹大方除监察御史制

17　游操除监察御史制

17　韦渊落致仕与在京宫观制

17　罗汝楫除御史中丞制

18　化州签判任满赏格诏

18　李健落职制

18　禁约筵宴臣僚戴花过数诏

18　王赏兼侍讲制

19　左中大夫参知政事王次翁曾祖异赠太保制

19　王次翁曾祖母刘氏赠福国夫人制

20　王次翁祖寂赠少傅制

20　王次翁祖母赵氏赠成国夫人制

20　王次翁父禔赠少师制

21　王次翁故母张氏赠茂国夫人制

21　王次翁故妻赵氏赠安康郡夫人制

22　立贵妃吴氏为皇后制

22　宗子限季申大宗正司点定为名诏

22　四川二广定差寘阙事诏

22　阁门供职舍人员额诏

23　令绍兴府取陆寘家书录缴申秘书省诏

23　殿前司寄养御前良马草料诏

23　吕希常除司农少卿总领淮东财赋制

24　拘没人户田产未上砧基簿者诏

24　吴氏封皇后册文

24　王赏礼部侍郎落权字制

25　王次翁除资政殿学士宫观制

25　林乂工部员外郎升郎中制

26　林乂除工部郎官制

26　王循友除仓部郎官陈抃除都官郎官制

26　武当军节度使充侍卫亲军步军都虞候利州路安抚使兼川陕宣抚使司都
　　统制杨政曾祖谅赠太子太保制

27　杨政曾祖母任氏赠河阳郡夫人制

27　杨政祖荣赠太子太傅制

27　杨政祖母雷氏赠武陵郡夫人制

28　杨政父志赠太子太师制

28　杨政母程氏赠高密郡夫人制

29　杨政故妻侯氏赠通义郡夫人制

29　杨政妻南氏封同安郡夫人制

29　左奉议郎守秘书省著作郎王扬英祖母朱氏特赠孺人制

30　答太府寺拘收旧人填阙事诏

30　知临安府王晥除敷文阁直学士制

30　朱斐除大理少卿制

31　内侍张御转归吏部守武功大夫致仕制

31　王鉴守武功大夫遥郡团练使致仕制

31　昭州文学王浃父年九十封右承务郎致仕制

32　恩州文学李天祐父讽年九十七特封右承武郎致仕制

32　林洞年一百二岁特补右迪功郎致仕制

32　方海水年一百七岁特补右迪功郎致仕制

33　士辖磨勘转遥郡防御使制

33　韩诚转武显大夫遥郡防御使制

33　士剧磨勘转正任防御使制

34　范埙除成都府路转运副使制

34　张宇除直秘阁福建路转运副使制

34　赵伯牛除直秘阁福建路转运副使制

35　蒋挺起复右武大夫忠州刺史制

35　刘胜换给左武大夫达州刺史制

35　士赫磨勘转遥郡刺史制

36　李贵转右武大夫福建路兵马钤辖制

36　凌哲除太常博士制

36　刘嵘除太常博士制

37　李公谨转太史局中官正制

37　张柄朱斐并除大理少卿制

37　米友仁除将作监制

38　张汇除太府少卿总领湖广京西财赋制

38　皇叔士睬磨勘转遥郡团练使制

38　宗室士周转遥郡团练使制

39　麻世坚转遥郡团练使制

39　何麒除宗正少卿制

39　王子澄除大理司直制

40　李翼之除大理司直制

40　章焘大理司直制

40　顿涣大理评事制

41　孙敏修吴求并除大理评事制

41　邛州真济庙神封昭应侯制

41　淑国夫人李氏升添四字封柔和恭顺制

42　南昌郡夫人李氏转国夫人制

42　宫正吴氏封郡夫人制

42　孟思恭转阁门宣赞舍人制

43　吴盖吴世昌王衍之潘邵张说并转阁门宣赞舍人制

43　韦彦章补忠翊郎阁门祗候制

43　赵硕除阁门祗候制

44　成德军节度使开府仪同三司充万寿观使高世则母杨氏赠秦国夫人制

44　高世则故妻魏氏赠楚国夫人制

44　高世则妻周氏封郓国夫人制

45　左朝请大夫试尚书吏部侍郎魏良臣父枢右奉议郎致仕制

45　徽猷阁学士右中奉大夫致仕向子諲父宗明赠耀州观察使制

45　资政殿学士左太中大夫提举临安府洞霄宫韩肖胄故母文氏赠雍国夫人制

46　韩肖胄继母文氏封越国夫人制

46　徽猷阁直学士左朝奉郎提举江州太平观州秘父位赠右中奉大夫制

47　州秘母宋氏赠硕人制

47　徽猷阁直学士左通议大夫提举亳州明道宫洪拟父固赠右金紫光禄大夫制

47　洪拟母邓氏赠永宁郡夫人制

48　左朝请郎尚书户部侍郎沈昭远父千赠左通议大夫制

48　沈昭远故母陈氏赠硕人制

48　沈昭远妻曹氏封硕人制

49　端明殿学士左朝散大夫提举临安府洞霄宫胡松年父增赠少师制

49　胡松年前母李氏赠秦国夫人制

49　胡松年故母钱氏赠鲁国夫人制

50　右中大夫充徽猷阁待制叶焕父某赠少保制

50　叶焕故母陈氏赠庆国夫人制

50　叶焕继母江氏赠广国夫人制

51　宝文阁直学士左朝议大夫知静江军府事兼本路经略安抚使张宗元父泽赠右奉直大夫制

51　张宗元母田氏赠硕人制

51　张宗元妻刘氏封硕人制

52　显谟阁直学士左太中大夫提举江州太平观康执权父远赠右光禄大夫制

52　康执权母范氏赠永嘉郡夫人制

52　拱卫大夫华州观察使充广南东路马步军副总管兼知循州韩京祖楚赠保义郎制

53　韩京祖母马氏赠安人制

53　韩京继祖母李氏赠安人制

53　徽猷阁直学士左朝请大夫提举江州太平观李擢父公彦赠左银青光禄大夫制

54　李擢母孙氏赠太宁郡夫人制

54　显谟阁直学士左朝散大夫提举江州太平观常同父安民赠左正议大夫制

54　常同故母孙氏赠硕人制

55　常同故继母袁氏赠硕人制

55　常同故妻滕氏赠硕人制

55　常同妻方氏封硕人制

56　保宁军承宣使知阁门事兼客省四方馆事蓝公佐父安石赠少傅制

56　蓝公佐故母窦氏赠魏国夫人制

56　右朝请郎充敷文阁待制晁谦之父端仁赠特进制

57　晁谦之故嫡母叶氏赠济阳郡夫人制

57　右迪功郎廖鹏飞父年八十四封右承务郎致仕母吴氏年八十二封孺人制

57　范正国除湖北路转运判官制

58　李芝除潼川府路转运判官制

58　林勋除广南东路转运判官制

59　李宏除淮西转运判官制

59　梁弁右司员外郎升郎中制

59　李若谷左司员外郎升郎中制

60　张宇除吏部郎官张拂除祠部郎官制

60　宋之才除考功郎官制

60　李景山朱斐并除刑部郎官制

61　李志行吴桌并除刑部郎官制

61　王达如除吏部郎官制

61　归正王胜等二十八人各转一官制

62　宋迪运粮有劳转一官制

62　仓部郎官王循友交割岁币有劳特转一官制

62　户部郎官林大声特转一官制

63　薛兴等大阅挽弓应格转官制

63　吕靖等改合入官吕大举等各转一官制

63　皇叔右监门卫大将军文州刺史士谙磨勘转官制

64　垂拱殿成武德郎高珪武经郎冯宝等各转一官制

64　敦武郎陈该等奉使大金国信所转官制

64　垂拱殿成临安府属县方懋德王巩李份陆康民黄匪躬卫阗田钦亮范德冲
　　章著各转一官制

65　李流马耆年梁抃等榷货务赏各转一官制

65　太史局冬官正钱希杰王敦祐各转一官制

65　应办中宫册宝郑璵张云裘多见于恭李炳尧吉昌汪绅龚道卢璿各转一
　　官制

66　黄绎等六员各转一官制

66　玉辂黄麾仗成内侍邵鄂转一官制

66　武翼大夫宋肇知扬州转一官制

67　吕希常奉使有劳转一官制

67　武功大夫荣州防御使枢密院诸房副承旨安世贤阶官上转行一官制

67　史德赵万等横行遥郡上各转行一官制

68　右承事郎知淳安县孔括转一官再任制

68　应办中宫册宝林乂孙传苏籥施德修刘才邵钱时敏宋赆各转一官制

68　度支郎官李椿年救火转一官制

69　寄班祗候邵璿转一官制

69　刘福等转官制

69　提举浙东茶盐王铁赏转一官制

70　提举浙西茶盐徐康赏转一官制

70　秉义郎程彦忠翌郎安义并赠两官各与两资恩泽制

70　左迪功郎孙朝隐母宋氏年九十一特封太孺人制

71　保义郎吕定母吴氏年九十二特封太孺人制

71　开州文学李由直母任氏年九十六封太孺人制

71　右迪功郎冯经母年一百四岁封太孺人制

72　皇后姨张氏封孺人制

72　知潼川府赵子厚除直秘阁制

72　李靰除直秘阁制

73　周梣除大理寺丞制

73　吴槖叶庭珪并除大理寺丞制

73 卫尉寺丞宋维可大理寺丞制

74 程唐除大理寺丞制

74 玉辂黄麾仗成莫将转左朝奉郎制

74 莫将复左朝奉郎制

75 徽宗皇帝册宝转左朝奉郎制

75 郭旦降左奉议郎制

75 赵抗转右奉议郎制

76 费植换给左奉议郎制

76 孟子礼转右奉议郎王伯序万俟允中并转右承直郎王濩转右文林郎制

76 李汝明转右奉议郎制

77 周聿复右奉议郎制

77 赵揆起复修武郎御前副将制

77 左朝议大夫赵瓹等系张中孚麾下将佐特免垫减复旧官制

78 冀彦明复阁门宣赞舍人添差两浙西路兵马副都监制

78 曾班复左朝请大夫范仲熊复右承议郎制

78 王青阿李达并补承信郎赵铺马赵七儿高昌哥刘三哥并补进勇副尉制

79 吴援任武翼郎阁门宣赞舍人换右通直郎制

79 贾尧民换给右通直郎制

79 王濯降右宣义郎制

80 柴存换宣义郎监周陵庙制

80 张杲除荆湖南路提点刑狱制

80 晏孝纯除江西提点刑狱制

81 马居中除荆湖北路提点刑狱制

81 吴传除两浙东路提点刑狱公事制

81 刘长源除湖南路提点刑狱制

82 李鞔除福建路提点刑狱制

82 红霞帔张顽儿转郡夫人制

82 皇太后侄女韦十娘封郡夫人制

83 资政殿大学士左朝请郎提举临安府洞霄宫郑亿年故妻韩氏赠咸安郡夫人制

83 冉泉起复左武大夫文州刺史秦继起复左武大夫御前将官制

84 李柽除太府寺丞制

84 谭知默除太府寺丞制

84 田彦章承袭银青光禄大夫检校国子祭酒监察御史知溪洞珍州制

85 叶庭珪除太常寺丞陈履除大理寺丞制

85 石延庆除国子监丞制

85 马延之提举江东路茶盐李莫信提举广东西路茶盐制

86 周之翰除大宗正丞制

86 许明转成忠郎制

86 姚之绍换给成忠郎制

87 蓝安道转成忠郎制

87 刘义换给成忠郎制

87 刘深转成忠郎制

88 乔遵转忠翊郎杨志宁王俶并转成忠郎制

88 邹文转承信郎制

88 夏惇黄瑱南清崔之纲并补承信郎制

89 游李雄换给承信郎制

89 葛中立转承信郎制

89 耿椿年补承信郎制

90 赵公昱补承信郎制

90 段延宪李光辅换给承信郎制

90 杜存补承信郎制

91 牟安礼转承信郎制

91 崔宪政补修武郎崔宪成补保义郎陈敦刘兴可并补承信郎制

91 宗子赵师道补承信郎制

92 张彦补承信郎制

92 戚可恭换给承信郎制

92 王俌补承信郎制

93 左之刚换给承信郎制

93 张济王戬并补承信郎制

93 李遵补承信郎制

94 花辛转承信郎制

94 周谅补承信郎制

94 汉儿郝恕刘横并补承信郎制

95 高靖尹进并补保义郎王浩顾宁并补承信郎制

95 郭庭俊补承信郎制

95　李浃换给承信郎制

96　宗室赵师敏特补承信郎制

96　王彦雍乞得并补承信郎制

96　荔晋换给从义郎制

97　吴仲舒转从义郎制

97　衡门韩进等并授武翼郎郭遇等并授敦武郎宋训等并授修武郎毕焕等并
　　授从义郎制

97　高克明换给秉义郎制

98　都虞候潘立等换秉义郎制

98　罗统转秉义郎制

98　吴俊转秉义郎制

99　李谨转忠训郎制

99　杨青王琪张皋并转秉义郎马进转忠训郎制

99　钟褥牛子正并转忠训郎制

100　张攸彦转忠训郎制

100　杨千转忠训郎制

100　李烁转承节郎制

101　樊琏转忠翊郎樊玘转承节郎制

101　罗无咎转承节郎制

101　赵续转承节郎制

102　特奏名宗室赵伯浩赵彦堪赵善渊保义郎赵续之等并授承节郎制

102　林通林觉祥并转承节郎制

102　刘琦孙荣并转承节郎制

103　阴皋转承节郎制

103　常得贤换给忠翊郎制

103　刘迪转忠翊郎制

104　都虞候刘德换忠翊郎制

104　阎立换秉义郎李顺换忠翊郎制

104　吕言赠忠翊郎制

105　赵善蠲转忠翊郎制

105　朱洵转修武郎制

105　臧琳转修武郎制

106　王贞换给修武郎制

106　刘千降修武郎制

106　魏葵转保义郎吴忠转承信郎彭孚转修武郎制

107　霍青换给修武郎制

107　高遇孙成并转修武郎制

107　张令衍转敦武郎制

108　尚惟寅转敦武郎制

108　祁愿押川陕马特转敦武郎制

108　张德纯换给敦武郎制

109　赵永转敦武郎制

109　王喜转保义郎制

109　韦珏补保义郎制

110　李璋转保义郎制

110　宋睍转保义郎制

110　王靖转保义郎制

111　卫康祖转保义郎制

111　皇后宅门客窦安国转保义郎制

111　高俊补保义郎制

112　张全转保义郎制

112　赵横补秉义郎郭进刘义补保义郎制

112　刘鼎换给保义郎制

113　孟德转武翼郎程进转保义郎制

113　宫受转武义郎制

113　纪道转武翼郎制

114　垂拱殿成李椿年转左朝散大夫张叔献转右朝散郎制

114　朱恭转武德大夫蔡安道转额外主事冯忠转保义郎制

114　李孝恭转左朝散大夫向季仲转右朝奉郎李用转武显郎制

115　红霞帔郑念八侯九娘转尚字刘一娘转司字制

115　典记邢念二转司字制

115　掌闱刘宜添转典字制

116　红霞帔冯十一张真奴陈翠奴刘十娘王惜奴等并转典字红霞帔鲍倬儿
　　　紫霞帔王受奴并转掌字制

116　红霞帔王八儿转掌字制

116　故向德军节度使同签书枢密院事副使赠开府仪同三司王渊曾祖重瞻

赠太子少师制

117　王渊曾祖母宋氏赠同安郡夫人制

117　王渊祖仕荣赠太子太保制

117　王渊祖母杨氏赠文安郡夫人制

118　王渊父怀信赠太子太傅制

118　王渊母燕氏赠通义郡夫人制

118　王渊妻俱氏封大宁郡夫人制

119　安荣赠三官恩泽三资张世忠赠承信郎制

119　李丕循右从事郎制

119　赵旃循右从事郎制

120　李璘循右从事郎制

120　霍鞳循右从事郎制

120　王光宾循右从事郎制

121　宋许循右从事郎制

121　黄鲤循右从事郎制

121　玉辂成徐扬循左文林郎何几先循右从事郎制

122　陈志应循右从事郎制

122　向子广循右从事郎制

122　王萧循右从事郎制

123　楚州通判李处经降右宣义郎制

123　欧阳焘降左宣教郎刘璞降右宣义郎黄沇降右迪功郎制

123　刘景真降右承事郎制

124　李莘民降右通直郎制

124　程迈降左宣义郎郭元亨降右儒林郎制

124　沈柄降右儒林郎制

125　沈绾降右承议郎制

125　杨杰降武翼郎制

125　徐嘉问降右朝请郎耿榛降右奉议郎制

126　贾俊降承节郎制

126　燕仰之降右宣义郎制

126　孔立降忠训郎制

127　修武郎阁门祗候权长阳知县胡勉降一官赵颖之降左文林郎制

127　任叔向阁门看班祗候落看字制

127　武平知县张安节降一官制

128　右承议郎徐夙等各降一官制

128　太史局令吴师颜降一官制

128　拱卫大夫解州防御使马钦于遥郡阶官上各降一官制

129　左奉议郎赵子温左承议郎薛倞各降一官制

129　掌均都洁姜觉上官世端各降一官制

129　知楚州武略大夫傅延嗣降两官制

130　杨通特改右宣教郎制

130　宋苍舒转右宣教郎制

130　陈　改右宣教郎制

131　敕令书成张浚回授计有常特转右宣教郎制

131　周庄仲转左承议郎曹绩转左朝奉郎陈最转左宣教郎制

131　鲍琚除直敷文阁知镇江府制

132　何悫知潼川府制

132　张奉颜换给武略郎制

132　张奉颜换给武略郎制

133　龙神卫四厢都指挥使宁州观察使王权父克常赠武经郎制

133　吴益转右武郎制

133　环卫宗室士惢换武节郎制

134　魏尧臣特补右迪功郎制

134　钟离松转右承事郎制

134　普康郡主潘氏夫郑琪转右承事郎制

135　朱秉文循右承直郎制

135　李若川玉辂成循右承直郎制

135　尹机循右从事郎制

136　张良臣循右从政郎制

136　马仲谌循右从政郎制

136　张嵒循右修职郎制

137　丁骙循右修职郎制

137　应常循右修职郎制

137　宗室赵公涣登科循左修职郎制

138　宗室赵公传赵公晰登科循左修职郎制

138　詹如松循左修职郎制

138　张轩陈汝舟并循右修职郎制

139　富之彦循右文林郎制

139　魏彦朴降右文林郎制

139　王杞循右文林郎制

140　苏括循右文林郎制

140　俞召虎张阔赵沂并循右承直郎傅优循左儒林郎张大楫俞佼并循右文林郎制

140　张允修右文林郎制

141　丁骏循右文林郎制

141　张允蹈循左儒林郎制

141　高誉循右儒林郎制

142　周渊循右儒林郎制

142　任大方循左儒林郎制

142　赵彦换给左儒林郎制

143　米友仁转右朝请郎制

143　汤孙将降左朝请郎制

143　仇愈复左朝请郎制

144　左朝散大夫充显谟阁待制提举江州太平观张致远父默赠右朝请郎制

144　王道转右朝奉郎张存诚转右朝请郎制

144　黄仁荣转右承议郎制

145　李流转右朝散郎李元善转右承议郎制

145　王檍转右朝请郎葛宗颜转右承议郎制

145　卫阒转左承议郎制

146　周聿复右承议郎制

146　周公彦御史台检法官制

146　汪勃御史台检法官制

147　张澄户部尚书落权字制

147　段拂除礼部郎官兼玉牒所检讨官制

147　张崇起复右武大夫康州团练使游奕军统领胡清起复翊卫大夫贵州防御使御前前军副统领制

148　李通起复中卫大夫忠州团练使鄜延路兵马钤辖御前统领制

148　王传除提举淮南东路茶盐制

149　黄应南御史台主簿制

149 范洵大理寺主簿制

149 吴巘司农寺主簿制

150 曾怡太府寺主簿制

150 林文仲太府寺主簿制

150 李文中太府寺主簿制

151 陈彦修国子监主簿施堪司农寺主簿制

151 郑刚中复左朝散郎制

151 王次翁进封长清郡开国侯加食邑五百户制

152 田彦宣承袭银青光禄大夫检校国子祭酒知京赐州兼监察御史武骑尉充东路都誓首制

152 徽猷阁直学士左朝奉郎提举江州太平观唐辉父述封右承议郎致仕制

152 宗室居礼特补右内率府副率制

153 武德郎元成赠三官与三资恩泽制

153 张汉彦除户部员外郎制

153 刘彭年赠遥郡刺史制

154 皇后弟妻钱氏封硕人赵氏封恭人制

154 右通直郎监登闻鼓院吴巘母彭氏特封淑人制

154 皇后姑吴氏姨单氏并封恭人姊吴氏二人妹吴氏二人并封淑人制

155 晏孝纯降右朝散大夫制

155 王绾降左朝散大夫制

155 赵令誏降朝散大夫制

156 沈晦降左朝散大夫制

156 秉义郎梁俊彦降一官放罢制

156 史俣改右宣义郎制

157 左朝议大夫试尚书兵部侍郎兼侍讲程瑀父楠赠右奉直大夫制

157 程瑀母金氏赠硕人制

157 程瑀妻沈氏封硕人制

158 资政殿学士左朝奉大夫知绍兴军府事楼炤父居明赠太子太保制

158 楼炤母范氏赠蕲春郡夫人制

159 楼炤母欧阳氏赠武陵郡夫人制

159 左中奉大夫充敷文阁待制施坰父任赠左宣奉大夫制

159 施坰故妻李氏赠令人制

160 起复检校少傅宁国军节度使开府仪同三司充醴泉观使张中孚曾祖遇

赠少保制

160　张中孚曾祖母王氏赠成国夫人制

160　张中孚祖存赠少傅制

161　张中孚祖母贺氏赠魏国夫人制

161　张中孚祖母仇氏赠永国夫人制

162　张中孚父逵赠庆国公制

162　张中孚前母岳氏赠楚国夫人制

162　张中孚母李氏赠邓国夫人制

163　张中孚故妻王氏赠韶国夫人制

163　张中孚妻孟氏封景国夫人制

163　华州观察使傅忠信改除制

164　观文殿大学士左太中大夫知福州军州事叶梦得故祖羲叟追封福国
　　公制

164　叶梦得祖母刘氏赠韩国夫人制

165　叶梦得祖母谢氏赠周国夫人制

165　叶梦得故父助赠太傅制

165　叶梦得故母晁氏赠镇国夫人制

166　米友仁屯田员外郎升郎中制

166　右承事郎直秘阁刘尧佐右承奉郎直秘阁刘尧仁等并转一官制

167　殿前统制统领将官月支供给诏

167　见禁取会未完并患病罪人赴有司知管诏

167　郊祀诏

168　宫正韩氏封才人制

168　奖谕狱空敕

168　罗汝楫言重禄事答诏

169　陈诚之除校书郎兼吴王府教授制

169　奖谕朱弁诏

169　诸军拣放添差不厘务官请给诏

169　求遗书诏

170　铸御马院印诏

170　御前马院差副知手分诏

170　御前马院踏逐指名抽差库子祗应等诏

171　余杭南荡两监许各差手分二人诏

171　诸州奏大辟刑名疑虑公案事诏

171　委有出身监司一员提举学事诏

171　叙州通判许辟差买马官诏

172　取官米俵散太平州遗火居民诏

172　锁院时限诏

172　李文会除侍御史制

173　杨愿除给事中制

173　洪皓除徽猷阁直学士提举万寿观兼直学士院制

174　张邵除秘阁修撰主管佑神观制

174　刘昉知潭州湖南安抚使制

174　吏部侍郎魏良臣转官制

175　令真谨书写州县租税簿籍诏

175　支破宗子往军前未回之人妻孥俸给诏

175　李涧除司封郎官制

176　郊祀伞扇并依旧制诏

176　禁酒库擅置脚店诏

176　魏良臣罢吏部侍郎制

177　太府寺胥长出职诏

177　程瑀充龙图阁学士知信州制

177　吏部尚书罗汝楫兼侍读制

178　不曾预释奠等举人许赴来年科举一次诏

178　许户部长贰等荐举总领淮西江东军马钱粮属官诏

178　秋试补不合格终场人许趁将来取应诏

178　郊祀大礼导驾官诏

179　郊祀大礼导驾事诏

179　大礼差监察御史纠弹诏

179　司勋员外郎陈康伯关升郎中制

180　王曤大府主簿詹棫军器监主簿两易其任制

180　江邈除集英殿修撰宫观制

180　添差诸州军差遣拣罢使臣请给诏

181　诸路锁院立限诏

181　诫约郊祀行事执事官等恭肃诏

181　汪藻落职与宫观永州居住制

182　蔡安强直秘阁知襄阳府兼安抚使制

182　郊祀前二日朝献景灵宫圣祖天尊大帝册文

182　郊祀前一日朝飨太庙祖宗帝后册文

183　郊祀飨皇地祇册文

183　郊祀飨太祖皇帝册文

183　郊祀飨太宗皇帝册文

184　南郊大赦制

185　赐张守忠辞免恩命不允诏

185　赐赵密辞免恩命不允诏

186　赐赵密再辞免恩命不允诏

186　皇太后赠曾祖制

186　皇太后赠曾祖母制

187　皇太后赠祖制

187　皇太后赠祖母制

188　皇太后赠父制

188　皇太后赠母制

188　皇后赠曾祖制

189　皇后赠曾祖母制

189　皇后赠祖制

190　皇后赠祖母制

190　皇后赠父制

191　皇后赠母制

191　吏部尚书罗汝楫赠父制

191　吏部尚书罗汝楫赠母制

192　吏部尚书罗汝楫赠故妻制

192　吏部尚书罗汝楫赠妻制

193　太师秦桧赠曾祖制

193　太师秦桧赠曾祖母制

194　太师秦桧赠祖制

194　太师秦桧赠祖母制

194　太师秦桧赠父制

195　太师秦桧赠前母制

195　太师秦桧赠母制

196　太师秦桧赠妻制

196　赐张子盖口宣

197　赐张子盖辞免恩命不允批答口宣

197　赐成闵辞免恩命不允批答口宣

197　赐赵密辞免恩命不允批答口宣

198　赐郑藻告口宣

198　赐李显忠告口宣

198　张守忠等降官制

199　张守忠等降官制

199　差使臣排筵馆待大金贺正旦国信使副诏

199　王赏罢礼部侍郎与外任制

200　令临安府限一日收买羊猪赴牛羊司养喂诏

200　毁私铸当二毛钱诏

200　赐宰臣喜雪御筵酒果口宣

200　赐宰执以下喜雪御筵口宣

201　赐宰执以下喜雪御筵口宣

201　赐宰执以下喜雪酒口宣

201　皇兄安时除节度使制

202　抚问郭浩并赐到阙银合茶药口宣

202　赐秦熺辞免真除礼部侍郎恩命诏

202　赐周三畏辞真除刑部侍郎恩命诏

203　金国贺正旦人使到阙赴宴等坐次诏

203　赐太傅韩世忠生日诏

203　金国贺正旦人立班事诏

204　秦桧辞免生日赐宴不允诏

204　交割岁币银绢诏

204　赐孟忠厚乞除在外宫观诏

205　诸军统制等免赴金国人使紫宸殿宴诏

卷十八　绍兴十四年

206　使人入界止差承受一名伴送诏

206　赐大金人使贺正旦毕归驿赐御筵口宣

206　出驾前导后从行列次序诏

207　赈济临安府被火居民诏

207 赐韩世忠乞住请给等诏

207 张叔献充敷文阁待制制

208 普安郡王妻郭氏封郡夫人制

208 李文会除御史中丞制

208 赐李文会辞免中丞恩命诏

209 除放成都潼川府路未起合纳内藏库钱帛等诏

209 封州乞立在城并开建县税钱新额答诏

209 禁约百姓与北使私相交易诏

210 赐王晓乞在外差遣不允诏

210 赐程克俊辞免恩命不允诏

210 赐太尉钱愐生日诏

211 递选等转官制

211 郑刚中转官制

212 知盱眙军向子固转官制

212 仇悆复官制

212 王观国除祠部郎官制

213 巫伋等改官制

213 陈揆等除大府寺等丞制

213 文浩除国子监丞制

214 韩仲通除大理寺正制

214 陈橐知婺州制

215 汪召嗣除江南西路转运副使制

215 吴益除秀州防御使制

215 周绾除京西路运判兼提举制

216 丁祀落阁职除遥郡制

216 马观国充秘阁修撰制

216 陈橐致仕制

217 何麟落职宫观制

217 黄积厚等降官制

218 赐朱胜非辞免恩命不允诏

218 赐孟忠厚乞除在外宫观诏

218 赐莫将乞宫观诏

219 王晓充宝文阁学士知平江府制

219　楼炤除资政殿学士知建康府制

220　孟忠厚知绍兴府兼安抚使制

220　措置支给南荡并余杭门县界牧马两监草料诏

220　秦州举人权附成州引试诏

221　高阅等请视学答诏

221　权将黎文叙州溢额马数通计推恩诏

221　蠲江浙等路拖欠未起诸色钱物诏

221　支破杂卖场手分米诏

222　赐王晚乞除小郡不允诏

222　吴秉信除右司员外郎制

222　翰林天文局学生填阙事诏

223　岷州改西和州诏

223　臣僚面上有刺大字等遇朝参许趁赴诏

223　捕获私渡过界赏格诏

223　遇差奉使等官令遵守条法指挥诏

224　令公卿侍从博选贤良诏

224　依限结绝公事诏

224　御辇院不得擅差白直辇官诏

224　秋试官不足许于见任祠官中通选诏

225　范寅宾特除名勒停诏

225　御辇院犯徒罪官吏移降收管事诏

225　蠲江浙等路非侵盗所欠酒税诏

225　开州两县免行钱减半诏

226　赐见任官等御书孝经诏

226　赐秘书省手诏

226　京西湖北淮南州军任满推赏条诏

226　责罚万俟允中诏

227　奉使入国上中节自办衣服诏

227　右从事郎张翼循右儒林郎制

227　士庶与国姓同单名偏旁并连名相犯者令改正诏

228　添皮剥所监官茶汤钱诏

228　殿前司根勘本司非与百姓相犯公事诏

228　守臣终任入见举所部一员诏

228　淮东西转运司并为一路诏

229　除永道郴州桂阳监及茶陵县身丁钱绢米麦诏

229　精加铨量诸路监司帅守奏辟官等诏

229　定御辇院御辇官额诏

229　詹大方工部尚书制

230　詹大方辞免工部尚书不允诏

230　案察后推书吏换副尉事诏

230　哲宗婉仪慕容氏进位贵妃制

231　诫约诸路常平官诏

231　周襟除直敷文阁制

231　坑冶立酌中课额诏

232　四川选人京朝官大小使臣关升条例诏

卷十九　绍兴十五年

233　诗赋经义分为两科试诏

233　令知通令佐诣学点检功课诏

233　诫官吏觉察盗用场务府库钱物者诏

234　试礼部奏名进士制策

234　许牛羊司添置人吏兵级诏

234　彗出东方避殿减膳决狱手诏

235　依时尽本给散和籴本钱诏

235　彗出东方赦天下制

236　皮剥所添置军典诏

236　皮剥所买扑定额诏

236　御药院修设大会钱止轮送诸寺院斋僧诏

237　四川都转运司省罢官吏诏

237　及第进士第一人刘章授官诏

237　人使经过州军令以官钱应办诏

237　新除学士仪制诏

238　罢夔州路建炎三年后所添酒店诏

238　给还出限归业人户田产诏

238　四川等路委官提举常平公事诏

238　责罚不皦诏

239　有过官不得阁其俸诏

239 定什邡等处茶息诏

239 赐秦鲁国大长公主子孙恩泽诏

239 通判眉州李彦辅展二年磨勘诏

240 赐讲读说书修注官诸节钱酒条约诏

240 来春籍田诏

240 金国贺天申节等使人赴玉津园射弓诏

241 刘一止落修撰宫祠制

241 御前军器所提辖官监造官员额诏

241 南北十一酒店等隶左右司诏

241 杨倛转官制

卷二十　绍兴十六年

243 段拂除给事中制

243 毁淫祠诏

243 劝农诏

244 六曹取会进奏官并牒门下后省诏

244 减免成都府路对籴米诏

244 非见从军不许军官起复诏

245 不得借兑常平钱物诏

245 文思院上下界置请纳拘押官物生活官诏

245 赵咏之回授封母制

245 金使赴阙所差接指使等人不许收受钱物诏

246 取诸路解试进士诏

246 国子监生依格注授诏

246 国子监生免住本贯学诏

246 国子太学生发解诏

247 有事南郊御札

247 荐举户部总领所酒库监官事诏

247 展免滁州上供钱物斛斗诏

247 差医官诣临安府城内外看诊诏

248 不得拖欠四川屯驻大军岁用钱物诏

248 今年秋试太学生额外补中之人许令待阙诏

248 贾直清除江西提刑吴传除江东提刑制

249 献书赏格诏

249　搜访四川书籍诏

249　广南诸郡教官差有出身人诏

249　捕获强盗未结案断遣推恩事诏

250　申严访求书籍令诏

250　支破御前马院诸处差到养马军兵等请给诏

250　御前马院军兵人吏逃走首身人支请给诏

251　郊祀前二日朝献景灵宫圣祖天尊大帝册文

251　郊祀前一日朝飨太庙祖宗帝后册文

251　郊祀飨昊天上帝册文

251　郊祀飨皇地祇册文

252　郊祀飨太祖皇帝册文

252　郊祀飨太宗皇帝册文

252　南郊赦文

253　孟忠厚辞免恩命不允诏

254　李显忠辞免恩命不允诏

254　除潘正夫特授检校少保依前昭化军节度使驸马都尉充醴泉观使加食
　　　邑食实封封如故制

255　刘光辅叙官制

255　晁谦之磨勘转官制

256　罗汝楫封父制

256　康执权封赠故父制

256　康执权赠故母制

257　汪藻赠父制

257　汪藻赠故母制

258　梁份郊恩封赠故父制

258　梁份赠故母制

258　王舜臣赠妻制

259　俞俟磨勘转官制

259　四川宣抚总领司措置四川赋税诏

卷二十一　绍兴十七年

260　禁监司郡守进羡余诏

260　诸路州军免行钱诏

260　除力胜钱诏

261　伯广除名勒停诏

261　令临安府措置标拨太庙周围合留空地诏

261　亲策进士手诏

261　诸军招置效用升进格诏

262　讲筵所于资善堂内置局诏

262　令公卿侍从各举所知诏

262　免行钱以三分为率诏

262　御辇院辇官忠佐至长行许本营执役养老诏

263　责罚赵鼎石恮诏

263　巫伋进讲尚书制

263　御前马院差管草料使臣手分诏

264　实录院差救火军兵诏

264　金国使人见辞设毡于庭下诏

264　封溧水县正显庙神广惠侯敕

264　普安郡王伯琮加食邑制

265　普安郡王辞免恩命不允诏

265　孟郡王辞免恩命不允诏

265　恩平郡王辞免恩命不允诏

266　普安郡王伯琮徙常德军节度使告常德军民敕

266　省四川清酒务监官诏

266　刘锡致仕制

267　黄仁荣浙西提盐秦昌时浙东提盐刘伯英湖南提盐并兼常平制

267　郑侨年江东运判赵令誏福建运判范寅秩湖南转运判官制

268　胡寅转一官致仕制

268　赵不弃工部侍郎制

269　赵不弃知临安府制

269　沈该权礼部侍郎制

269　监司郡守桩管宽剩钱物诏

270　王映致仕转官制

270　王舜臣致仕制

270　李珂解罢带御器械转团练使制

271　检察宗室请受官止添给食钱诏

271　提刑司觉察按劾减放月桩钱事诏

271　余尧弼兼崇政殿说书进讲左氏传制

272　王镃兼侍讲制

272　减江浙诸州折帛钱诏

272　张思正致仕制

273　毕良史直敷文阁再任制

273　王玮除四厢都指挥使知荆南府改永州防御使制

274　潘温卿辞免承宣使不允诏

274　荐献绍兴府山园陵攒宫诏

274　张澄知襄阳府制

275　陈桷除修撰宫观制

275　杨存中除少傅制

275　四川命官叙复依旧归还省部诏

276　薛弼责官制

276　林充等责官制

276　辛永宗刘纲责官制

277　蕃商所贩龙脑等止抽一分诏

277　周三畏加官制

277　叶份致仕转官制

278　成闵转观察使制

278　史才国子监主簿制

278　钱云骙授官制

279　许世安除观察使制

279　高百之直秘阁制

279　陈氏封郡夫人制

280　贺正旦使人到盱眙军御筵口宣

280　镇江府御筵口宣

280　到阙值雨御筵移在驿口宣

281　刑部郎官吴橐除右司员外郎制

281　国子监书库官许礼部长贰荐举诏

卷二十二　绍兴十八年

282　章焘大理寺正制

282　就驿射弓御筵口宣

282　回程镇江府御筵口宣

283 值雪御筵在驿口宣

283 平江府御筵口宣

283 赤岸御筵口宣

284 使人贺毕赐御筵口宣

284 使人贺毕赐酒果口宣

284 回程盱眙军御筵口宣

284 回程平江府御筵口宣

285 朝辞归驿御筵口宣

285 朝辞归驿赐酒果口宣

285 大金使人到阙排办御筵事诏

286 使人到阙分付杂剧事诏

286 余宾兴太府寺主簿制

286 蔡绦太常博士制

287 告获假手举人推赏诏

287 将带敕号逃亡之人首身断罪条约诏

287 推恩举人诏

287 通州海门知县买纳盐货赏罚诏

288 御试礼部奏名进士制策

288 王鈇辞免广东经略不允诏

288 郭印特降一官诏

289 遣使事诏

289 给贺金国生辰正旦使副银绢钱事诏

289 集英殿宴权移需云殿起居班诏

289 及第进士第一人王佐第二人董德元授官诏

290 杨椿磨勘转左朝奉郎制

290 李朝正磨勘转官制

290 进士及第人赐宴赐儒行篇诏

291 南平军买马事诏

291 沈该磨勘转官制

291 叶梦得赠官制

292 陈诚之除权礼部侍郎制

292 韩仲通除权刑部侍郎制

292 石邦哲大理寺丞制

293　周埅除大理寺丞制

293　移差明州等市舶司官充温州等市舶务监官诏

293　川广荆湖应奏狱案以副本申提刑司别奏诏

294　奉使下三节人过界不得与北人博易诏

294　巫伋兼侍讲制

294　张杞除秘书少监制

295　余尧弼除端明殿学士签书枢密院事制

295　度牒库巡防兵改于步军司差破诏

295　禁奏辟四川未经换给付身命官诏

卷二十三　　绍兴十九年

296　权倚阁绍兴府税租诏

296　免临安府供纳修内司添修生活钱诏

296　令灾伤州县官措置赈发米斛赈给诏

297　赈济绍兴府饥民诏

297　恩平郡王璩府官吏赏格诏

297　捕盗等改官条约诏

297　四川安抚制置使司置属官等事诏

298　孳生牧马差置监官诏

298　御辇院公吏补填短少年月条约诏

299　张邵充敷文阁待制提举江州太平兴国宫制

299　汀漳泉州收纳被贼民田二税事诏

299　招填阙额禁军守臣兵官同赏罚诏

299　推恩刘宝等诏

300　有事南郊御札

300　两浙营田纽立租课诏

300　牧马监孳生蕃息官吏推恩诏

301　诸司添差官员额诏

301　刺配浙东强盗事诏

301　广东市舶司属官许互举诏

301　权户部侍郎李椿年落权字制

302　郊祀前一日朝飨太庙祖宗帝后册文

302　南郊赦文

303　四川每岁招填三百人赴阙扈卫诏

304 支给御前马院见管胡羊草料诏

304 汤允恭殿中侍御史制

304 武功大夫张言降一官制

305 忠翊郎赵泽降一官制

305 沈廓降官制

卷二十四 绍兴二十年

306 使人朝辞起居班次诏

306 减宣内司并潜火人兵诏

306 户部措置结绝诸路经界文字诏

307 海外四州军税租依旧诏

307 路彬除直秘阁利路提刑制

307 贺金国登位副使等推恩事诏

308 秦熺除特进加观文殿大学士万寿观使制

308 带御器械官合班班序诏

308 改正经界诏

309 汤鹏举除直显谟阁差知婺州制

309 孟夏朝献遇雨礼例诏

309 没官田土不许人承佃诏

309 令侍从荐方闻之士于朝诏

310 申严诸军差承接文字使臣之禁诏

310 赵子厚吴槩中兴圣统转官制

310 减上杭武平等县今年上供银钱诏

311 金国人使赴紫宸殿上寿等仪制诏

311 金国使人渡江令兼程进发诏

311 申严吃菜事魔罪赏诏

311 秦桧加恩制

312 支钱令两浙运司修盖皇城司寨屋诏

312 令户部检坐选官监视修合药条法行下诸路诏

312 不许传录御药院供进汤药方书诏

312 改建大理寺诏

313 定文德殿钟鼓院人额诏

313 萧师雄降官制

313 程敦厚复官制

314　赵良杰降官制

314　傅青降官制

314　潘真降官制

315　王庭净父倚迪功郎制

315　川蜀乡村民户家业依衮折则例并纽税钱诏

315　孙汝翼降官制

316　金国人使于淮阴县取接诏

316　曹筠罢侍御史诏

316　出使三节人从不得与北界承应人相等作闹诏

316　守令劝农不得用妓乐宴会宾客诏

317　令户部措置结绝未经界去处事诏

317　士衍特减三年磨勘诏

317　贷农民米谷禁折钱偿还诏

317　金使到阙赤岸等处锡宴并要丰洁诏

318　试医人并太医局生附试事诏

卷二十五　绍兴二十一年

319　陈囊父毅冯楫父昌期赠官制

319　翰林局医生并奏试人考试格诏

319　米友仁赠官制

320　方滋知广州陈璹知静江府制

320　行在官私僦舍钱减半诏

320　权户部侍郎宋贶落权字制

321　张宧致仕制

321　沈虚中吏部郎官林机礼部郎官制

322　张微降官制

322　刘贵陈进赠官制

322　钱隽之降官制

323　赵士彩两浙运判贾直清江东提刑制

323　徐楏太府寺丞制

323　曹绍先赵公懋降官制

324　封周降官制

324　命官犯罪逃亡情犯分明先次结断案诏

324　贾尧民降官制

325 李嗣庆降官制

325 张衸降官制

325 王曦除礼部侍郎制

326 陈诚之权礼部侍郎落权字制

326 韩仲通权刑部侍郎落权字制

326 汤思退除起居舍人兼直学士院制

327 潘瑞卿降官制

327 莫冲宏词转官制

327 赵述团练使制

328 王葆除司封郎官制

328 钱炳降官制

329 赵彦璧取应合格承节郎制

329 李如冈磨勘转官制

329 张巘大理寺正制

330 吴国大长主孙潘昌期等补官制

330 章焘大理少卿制

330 试举人郑闻以下制策

331 陈相枢密院检详诸房文字制

331 晁谦之转官制

331 禁截取徽严州所贩木植诏

332 李观民乞革专典乡司追扰乞取之弊答诏

332 金使贺天申节宰臣起居侍立事诏

332 巫山神封妙用真人制

333 威惠善济广祐王加封制

333 靖懿夫人加封制

333 赵逵左承事郎签书剑南东川节度判官厅公事制

334 王贵父琳王彦父成赠官制

334 萧振磨勘转官制

334 根括淮南佃户包占顷亩诏

335 葛立方除考功员外郎孙仲鳌除司勋员外郎制

335 曹筠集英殿修撰制

335 陈全降官制

336 王继善医有劳转官制

336　杜继忠陈亡□□补官制

336　张忠元磨勘转大中大夫制

337　曹筠除敷文阁待制知成都府制

337　符行中除太府少卿四川总领制

337　召医官草泽医治皇太后诏

338　不羁直秘阁制

338　沈调提点诸路坑冶铸钱公事制

338　官员擅行科率等被罪处置诏

339　吴坰成都府路转运副使制

339　范生降官制

339　梁汝嘉知鼎州制

340　不微式武制

340　王述降官制

340　周绾成都路提刑刘长源湖南路提刑冯忠恕夔路提刑制

341　乔士立降官制

341　梁扬祖磨勘转官制

341　韩世忠除太师致仕制

342　韩世忠赠通义郡王制

342　责贬陈宝诏

342　诸州军承勘凶恶强盗推赏事诏

343　刘全母陈氏封号制

343　吴近降官制

343　士樽嫡母王氏吴国夫人制

344　故妻李氏夫人制

344　赵伯耆等转官制

344　谢邦彦大理正制

345　选择押纲使臣事诏

345　添建景灵宫殿诏

345　文武官当追减官资者父母封赠更免厘正诏

345　士逊赠观察使制

346　光州榷场合行事件诏

346　禁侵占灌溉民田陂湖诏

346　礼部贡举案添手分等诏

卷二十六 绍兴二十二年

347 令淮东浙西关防人使往还诏

347 赵不群除两浙运副制

347 杨愿知建康府制

348 令逐路漕臣差官检察税务诏

348 徽猷阁直学士向子谨赠四官制

349 四川募差管押纲运召保事诏

349 龙图阁学士程瑀转一官致仕制

349 资政殿学士何铸致仕制

350 章夏除御史中丞制

350 林大鼐除谏议大夫制

351 章夏除端明殿学士签书枢密院事制

351 孟夏朝献命宰执分诣行礼诏

351 宋朴除殿中侍御史制

352 狱空奖谕诏

352 士谞令发赴行在诏

352 有事南郊御札

352 陈相除左司郎官制

353 陈夔除太常少卿制

353 修盖左藏库南省仓诏

353 汤思退除权礼部侍郎制

354 林机除起居舍人制

354 高百之除浙东提举制

355 李琳除吏部郎官齐旦除驾部郎官刘漱除都官郎官李泳除比部郎官制

355 刘一止再除秘阁修撰致仕告词

355 在部注授知州铨量限诏

356 文武官应得酬赏等令吏部开具格法诏

356 林大鼐兼侍讲制

356 知潼川府沈该差知夔州制

357 秘阁修撰致仕刘一止除敷文阁待制制

357 又林大鼐除吏部尚书制

357 陈相除权吏部侍郎制

358 宋朴除御史中丞制

358　史才除右正言制

359　魏师逊除殿中侍御史制

359　御史中丞宋朴兼侍讲制

359　杨师道仇师愈各降一官诏

360　宋朴除端明殿学士签书枢密院事制

360　责罚李光等诏

360　禁约广州将官收买蕃物诏

361　推赏郑毅诏

361　施钜除监察御史制

361　程厚除直徽猷阁制

362　知常州钱周材除集英殿修撰制

362　修显应宫观诏

362　郊祀前二日朝献景灵宫圣祖天尊大帝册文

362　增赐从驾诸班直等柴炭诏

363　郊祀缯皇地祇册文

363　郊祀缯太祖皇帝册文

363　郊祀缯太宗皇帝册文

363　南郊赦文

365　太府卿徐宗说除权户部侍郎制

365　资政殿学士杨愿以本官职致仕制

366　韦诉换文官制

366　睿思殿祇候增加员额诏

366　诣景灵宫等恭谢从驾赴坐官等不得托疾在假诏

366　皇太后故曾祖冀王韦舜臣追封吴王制

367　皇太后故曾祖母冀国夫人段氏赠魏国夫人制

367　皇太后故祖封赠制

368　皇太后故祖母封赠制

368　皇太后故父封赠制

368　皇太后故母封赠制

369　吴璘杨政选养马使臣等诏

369　李庄除两浙运判楼璹除淮南运判制

卷二十七　绍兴二十三年

370　王循友知建康府制

370　汤允恭除都大提举四川茶马制

371　推恩刘纲等诏

371　江西运判卢奎利州路提刑路彬潼川府路提刑刘瑰并令再任制

371　令台谏赴都堂议事等监察御史合行干预诏

372　张澄知福州制

372　张宗元知洪州制

372　士穊特令再任诏

373　诸州编管羁管人遵旧法诏

373　钱物纲运赏格诏

373　令臣僚举所知诏

374　王珏除湖南提举制

374　江东等路押纲人赏格诏

374　从军使臣校尉付身及犯罪事诏

375　复置光禄寺人吏诏

375　齐旦除枢密院检详文字制

375　仓库交卸纲运折欠事诏

376　王珏除湖北运判制

376　史才除右谏议大夫制

376　魏师逊除侍御史制

377　平江府等被水下户夏税权住催理诏

377　史聿潼川府路转运判官制

377　曾慥知庐州制

378　孙汝翼除成都府路运副制

378　张子颜子正子仁并除直显谟阁制

379　敷文阁直学士晁谦之磨勘制

379　梁汝嘉磨勘转官制

379　行在官司断配罪人事诏

380　人户认识营田偿工本钱给还诏

380　御前军器所官吏推恩诏

380　进讲尚书终篇推恩诏

380　给御前司寄养御前马驴料诏

381　诸军保任统制官在职十年无过者进秩诏

卷二十八　绍兴二十四年

382　令以八月五日锁院十五日引试诏

382　四川酒务监官磨勘诏

382　将修内司空地打筑入皇城门诏

383　临安府已配盗贼逃走复回者罚以重役诏

383　右承奉郎田公辅转两官除直秘阁赐紫章服制

383　举人理举诏

384　刘氏进封婕妤亲属并本位官吏推恩诏

384　试礼部奏名进士制策

384　士大遗表恩泽诏

385　赐进士秦埙转官诏

385　及第进士第一人张孝祥授官诏

385　州县受纳物帛不得徇私诏

385　赵不屈降一官制

386　令有司措置减免四川钱物合行事手诏

386　许临安知府荐举点检赡军酒库官属诏

386　国子学生住学实历打食不及一年者取解事诏

387　复置黎州等三处博易场诏

387　州郡措置事须开具闻奏诏

387　修盖天章阁了毕推恩诏

387　放免诸路州军未起诸色钱物诏

388　张孝祥初补承事郎授镇东签判诰

388　王珉除右正言施钜除参知政事郑仲熊除签书枢密院事手札御书

388　临安府使臣管押编配广南并远恶州罪人赏罚格诏

389　高宗皇帝马政兵事手札御书

389　令殿前马步三司循环起发西和州宕昌县阶州峰贴碛纲马诏

390　编管之人许充厢军诏

卷二十九　绍兴二十五年

391　令吏部疾速差注见阙知县诏

391　皇后阁官吏并诸色人到阁及十年推恩诏

391　责罚张士襄张海诏

392　西和州宕昌买马许客人从便博买诏

392　令文思院制造一石斛颁降诸路依样制造行使诏

392　四川科举别差考试刑法官诏

392　诸路知通拘收无额钱物减磨勘诏

393　典卖舟船条约诏

393　罢州县税场名色重复者诏

393　赐刘锜田诏

393　汤思退除签书枢密院事手札御书

394　董德元除吏部侍郎王珉除礼部侍郎张扶除右正言徐嚞除殿中侍御史
　　　手札御书

394　王汉臣李大授转官诏

394　董德元除参知政事手札御书

395　人户身丁免丁钱特放一年诏

395　放免都督府所置官庄及牛租诏

395　工部尚书陈康伯兼龙图阁学士敕

395　依条还给臣僚合得紫衣师号恩例诏

396　占城国进奉人支赐诏

396　明年民户二税不得合零就整诏

396　占城进奉人到阙事诏

397　秦桧乞致仕答诏

397　秦熺乞致仕不允诏

397　秦桧再乞致仕不允诏

397　秦熺再乞致仕不允诏

398　戒饬民间医药诏

398　张纲落致仕制

398　郊祀前二日朝献景灵宫圣神天尊大帝册文

399　郊祀前一日朝飨太庙祖宗帝后册文

399　郊祀飨昊天上帝册文

399　郊祀飨皇地祇册文

399　郊祀飨太祖皇帝册文

400　郊祀飨太宗皇帝册文

400　南郊赦文

401　占城进奉人回日差韩全等伴送诏

402　占城进奉人到阙差官吏照管诏

402　别赐占城国国信礼物诏

402　诫谕大理寺官手诏

403　戒饬士风手诏

403　诫谕臣僚诏

403　赏赐引伴占城进奉人韩全等诏

403　支占城进奉人押伴官等银绢诏

404　罗汝楫郊祀转官加食邑制

404　诫约台谏官诏

404　令侍从举官诏

405　统兵官差破使臣军兵被赏转官条约御笔

405　恭谢太一宫事诏

405　诫约买扑坊场遵依常平法诏

405　占城番首邹时芭兰加恩制

406　命官犯罪勘鞫已成令三省将上取旨诏

406　遇大礼荫补恩泽事诏

406　禁诸军统兵官私役军士诏

406　召赴行在臣僚至国门奏闻诏

407　莫濛再任大理评事制

407　刘一止落致仕召赴行在告词

407　殿前三司诸军官马合支干草事诏

408　罢孙汝翼郑霭职诏

408　民户输租不得过加收耗诏

408　张浚复观文殿大学士制

409　禁御前诸军都统制出谒诏

卷三十　绍兴二十六年

410　裁酌减并诸路税务诏

410　州县收捕强窃盗不得抑令邻保出备赏钱诏

410　交趾国使到阙事诏

411　解库房廊官庄药铺不得役使兵士诏

411　丁祀朱珪罢见任诏

411　洪兴祖特赠直敷文阁制

412　伴送三佛齐进奉人使回程不得应副买卖金银等诏

412　已得差遣人限五日出门等指挥更不遵行诏

412　除放江浙等路未起诸色钱物租税诏

412　令诸路监司依法出巡诏

413 奉使所辟三节人先具名申三省枢密院审量诏

413 令两浙转运司应副置办修盖太医局什物诏

413 诸军回易不得役使官兵诏

413 不得隐占役使官兵诏

414 定诸州流寓人解额诏

414 令侍从台谏举监司阙官诏

414 吴璘转官诏

415 罢宰相兼领枢密使诏

415 诚约解试官尽公诏

415 郊赦责降未叙之人委有司各看详闻奏诏

415 赐周三畏辞免恩命不允诏

416 不许擅自借用妓乐诏

416 省试等令印造礼部韵略诸书诏

416 令根究和州伪造诏书诏

416 续除侍从两省官各举所知诏

417 赐科举诚谕诏

417 禁妄议边事诏

418 令有司相度楼璹创立罪赏事利害诏

418 减御辇院官诏

418 大宗正司荐文武官诏

418 赐参政万俟卨生日诏

419 赐赵令衿辞免恩命不允诏

419 赐成闵辞免恩命不允诏

419 赐成闵再辞免加恩不允诏

420 赐张子盖辞免恩命不允诏

420 赐张子盖再辞免恩命不允诏

421 依旧法和买诏

421 令公卿侍从举才诏

421 知通互论不法事诏

422 押伴交趾进奉人著紫衫带子诏

422 交趾进奉人到阙令怀远驿差监门一员机察出入诏

422 禁私自送物北使及与北使讲话诏

422 抚问程克俊到阙赐银合茶药口宣

423 赐知湖州程克俊辞免恩命不允批答口宣

423 赐宁武军敕书

423 奖谕狱空诏

424 刘一止除敷文阁直学士告词

424 武学合行事件诏

424 赐吴盖再辞免恩命不允诏

425 赐韦谦再辞免恩命不允诏

425 赐韦谦第三辞免恩命不允诏

425 吴盖除节度使制

426 赐吴盖辞免恩命不允诏

426 赐韦谦辞免恩命不允诏

427 赐承宣使吴盖再辞免恩命不允批答口宣

427 赐承宣使吴盖辞免恩命不允批答口宣

427 赐万俟卨乞在外宫观诏

428 沈该左相制

428 万俟卨右相制

429 赐参政万俟卨再辞免恩命不允批答口宣

429 赐万俟卨辞免恩命不允诏

429 赐沈该辞免恩命不允诏

430 赐参政沈该再辞免恩命不允批答口宣

430 赐汤思退辞免恩命不允诏

431 赐枢密汤思退辞免恩命不允批答口宣

431 赐大金人使副贺天申节端午节扇帕头髭纱帛等口宣

431 赐大金都管并三节人从端午扇帕头髭纱帛等口宣

431 赐接伴使副端午令节扇帕头髭口宣

432 御前诸军统领官还行在任职事诏

432 禁诸州军教授差兼他职诏

432 赐汤鹏举辞免恩命不允诏

433 赐汤鹏举辞免银绢恩命不允诏

433 特与李显忠五资诏

433 召募殿前马步三司官兵诏

433 郡守职事修举令监司保明闻奏诏

434 检举靖康间责降未叙复人诏

434 赐万俟卨辞免恩命不允诏

434 赐沈该辞免恩命不允诏

435 籍没财产事诏

435 赐大金人使贺天申节镇江府赐茶药口宣

435 赐大金人使贺天申节镇江府赐御筵口宣

436 赐大金人使贺天申节平江府赐御筵口宣

436 殿前司满散天申节道场赐御筵酒果口宣

436 马军司满散天申节道场赐御筵酒果口宣

437 赐步军司满散天申节道场香酒果口宣

437 赐枢密院官满散天申节道场香酒果口宣

437 赐大金人使贺天申节赐内中酒果口宣

438 赐大金人使贺天申节内中酒果口宣

438 赐大金人使贺天申节射弓赐酒果口宣

438 赐大金人使贺天申节在驿赐牲饩口宣

439 赐大金人使贺天申节赐射弓箭例物口宣

439 大金人使贺天申节赐射弓御筵口宣

439 赐大金人使贺天申节回程赤岸赐酒果口宣

440 赐大金人使贺天申节上寿毕归驿赐酒果口宣

440 赐大金人使贺天申节朝辞讫归驿赐酒果口宣

440 赐大金人使贺天申节回程龙凤茶金镶银合口宣

440 赐大金人使贺天申节回程盱眙军赐御筵口宣

441 赐大金人使贺天申节回程平江府赐御筵口宣

441 赐大金人使贺天申节回程赤岸赐御筵口宣

441 赐大金人使贺天申节上寿毕归驿赐御筵口宣

442 抚问知湖州程克俊赐银合茶药口宣

442 赐知湖州程克俊夏药口宣

442 吴璘奏宕昌马场事答诏

443 令监司询访廉察诏

443 赐程克俊辞免恩命不允诏

443 赐程克俊再辞免恩命不允诏

444 赐程克俊乞宫观诏

444 合格举人有权要亲族合具闻诏

444 赐汪勃辞免恩命不允诏

445　责罚方云翼诏

445　赐周三畏辞免恩命不允诏

445　诸军不得强招军人诏

446　前侍从官论罢未复职人许任子诏

446　罢黎雅州市珠犀等诏

446　赐吴璘辞免恩命不允诏

447　赐田师中辞免恩命不允诏

447　赐士�辞免恩命不允诏

447　赐泸南沿边安抚使李文会夏药口宣

448　赐泸南沿边安抚使李文会夏药口宣

448　三衙主帅保举武臣诏

448　身丁绵绢蠲放一年诏

449　诸州试院展限诏

449　郑刚中李璆书押便宜付身依限换给诏

449　禁公吏于人户处私自预借税物诏

449　以彗出令上言时政阙失诏

450　选人初改官依法注知县县丞差遣诏

450　州县不得将人户已纳身丁绵绢填别项积欠诏

450　禁将未成丁先次拘催及老丁不即销落诏

451　权住修丰储仓诏

451　许展限陈诉经界打量定验不当诏

451　赏罚决狱官制

451　蠲放行在排岸司见系纲运陪填人诏

452　蕃国到阙特差人引接祗应诏

452　委官看详臣民封事诏

452　罢诸州添置河渡诏

452　官户权势之家与平民一等科纳和买诏

453　官吏受纳二税不得邀阻诏

453　进士因事送诸州军听读特放逐便诏

453　住罢临安府诸般增息诏

453　除放诸州民间地土占充官司营寨房廊随地产税和买诏

454　场务增添税收等事诏

454　赐沈该等为彗星消伏乞复常膳诏

454　赐沈该再上表为彗星消伏乞复常膳诏

455　赐沈该等第三上表为彗星消伏乞常膳诏

455　令萧振汤允恭催督四川监司守臣条具恤民事件诏

455　除民间绍兴二十二年以前私欠逋负诏

456　追复韩参万俟允中吴元美元官诏

456　行在职事厘务官随行亲属请解事诏

456　州县官赃私不法监司失按察取旨责罚诏

456　初改官人等关升事诏

457　蠲建康府积欠内帑钱帛诏

457　赐李天祚敕书

457　责罚李唐卿等诏

458　赐张纲辞免恩命不允诏

458　赐张纲再辞免恩命不允诏

459　赐张纲辞免除参政恩命不允批答口宣

459　陈瑾赐谥忠肃制

459　吴秉信除右文殿修撰知常州制

460　抚问使大金使陈诚之副使苏晔到阙赐银合茶药口宣

460　文武官告身分十六等制造诏

460　赐陈诚之辞免恩命不允诏

461　赐陈诚之再辞免恩命不允诏

461　赐陈诚之辞免同知枢密院事恩命不允批答口宣

461　赐韩仲通辞免恩命不允诏

462　驱磨经总制无额钱物事诏

462　审度四川财赋利害诏

462　诚谕诸路监司率职诏

463　汤鹏举兼侍读制

463　杨椿兼侍讲制

463　赐汤鹏举辞免恩命不允诏

464　交趾到阙令支钱充犒设诏

464　吏部将改官及关升人举主置籍诏

464　不得论列秦桧家属诏

465　赐汤鹏举乞宫观不允诏

465　赐交趾朝见后三日玉津园御筵口宣

465　赐吴璘辞免恩命不允诏

466　赐吴璘辞免恩命不允诏

466　赐吴璘再辞免恩命不允诏

467　赐王彦辞免恩命不允诏

467　赐姚仲辞免恩命不允诏

468　赐苏符辞免恩命不允诏

468　赐王权辞免恩命不允诏

468　赐王权辞免恩命不允诏

469　赐刘宝辞免恩命不允诏

469　赐刘宝再辞免恩命不允诏

470　赐施钜乞宫观诏

470　赐魏良臣乞宫观诏

471　赐韦谦辞免恩命不允批答口宣

471　赐太尉韦谦生日诏

471　赐王俣辞免恩命不允诏

472　许无辜被罪者自陈厘正诏

472　令四川监司等各举郡守诏

472　敷文阁直学士致仕苏符赠官制

473　命官田产所在州不许拟差遣诏

473　奉使金国使副等推恩不得过有陈乞诏

473　赐实录院进呈皇太后回銮事实宣答宰臣已下口宣

473　禁修合货卖假药诏

474　推恩南班近属诏

474　令逐路常平司先次支遣见管仓米诏

474　怀远驿差监门官机察三佛齐使人出入诏

474　赐尚书左仆射沈该告口宣

475　赐尚书右仆射万俟卨告口宣

475　赐万俟卨辞免恩命不允诏

476　赐万俟卨再辞免恩命不允诏

476　赐万俟卨再辞免恩命不允诏

476　赐沈该再辞免恩命不允诏

477　赐沈该辞免恩命不允诏

478　赐沈该再辞免恩命不允诏

478　赐沈该辞免恩命不允诏

479　赐沈该辞免恩命不允批答口宣

479　赐沈该再辞免恩命不允批答口宣

479　赐万俟卨辞免恩命不允批答口宣

480　赐万俟卨再辞免恩命不允批答口宣

480　令诸路常平司趁时收籴诏

480　罢廉州岁贡珠诏

480　刑部见任郎官分左右厅治事诏

481　赐石清辞免恩命不允诏

481　禁约见任官私役工匠诏

481　禁奏辟已注知县县令人诏

481　临安府养济乞丐诏

482　在京百司被受条制令誊报枢密院诏

482　令翰林官保明申差和剂局官诏

482　臣僚因事论罢经郊赦方许除授差遣诏

482　立定郡县起发经总制钱数额诏

483　诸蕃到阙事诏

483　邵宏渊特转宣州观察使诏

483　诗赋经义取试人数诏

483　亲贤宅南班宗室居广等特与转行一官诏

484　赐昭庆军敕书

484　立定诸官司料次钱数目诏

484　减三省枢密院诸房犒设诏

485　上户定差保正长诏

485　令茶马司将博马银绢等预期排办诏

485　茶马司不得科差杂役诏

485　令监进奏院官督责进奏官诏

486　赐万俟卨辞免恩命不允诏

486　赐万俟卨再辞免恩命不允诏

486　赐万俟卨第三辞免恩命不允诏

487　减司农寺胥吏诏

487　宗正寺复置胥佐诏

487　减罢内军器库手分一名诏

488 客省添差承受赴怀远驿祗应诏

488 三佛齐进奉人到阙待班幕次诏

488 郑应之免赴起居诏

488 赐尚书右仆射万俟卨告口宣

489 赐万俟卨辞免恩命不允批答口宣

489 赐刘锜辞免恩命不允诏

489 赐刘锜再辞免恩命不允诏

490 赐刘锜第三辞免恩命不允诏

490 赐刘锜辞免恩命不允批答口宣

490 赐刘锜再辞免恩命不允批答口宣

491 大金使人赴阙不许差犯大金名讳人祗应诏

491 三佛齐国使人入贡到阙起发前一日赐御筵口宣

491 赐折彦质辞免恩命不允诏

492 抚问统制田师中岳超王权刘表赐银合腊药口宣

492 抚问诸路安抚使赐银合腊药口宣

492 赐姚仲腊药口宣

493 赐姚仲下统制统领将佐官属腊药口宣

卷三十一　绍兴二十七年

494 赐大金人使贺正旦盱眙军赐御筵口宣

494 赐大金人使贺正旦镇江府御筵口宣

494 赐大金人使贺正旦镇江府茶药口宣

495 赐大金人使贺正旦平江府御筵口宣

495 赐大金人使贺正旦到赤岸赐御筵口宣

495 赐大金人使贺正旦到赤岸赐酒果口宣

496 赐接伴使副春幡胜口宣

496 赐接伴使副春幡胜口宣

496 赐大金人使副春幡胜春盘等口宣

497 赐大金人使副贺正旦春幡胜口宣

497 赐大金三节人从春幡口宣

497 赐大金都管三节人从春幡胜口宣

497 赐大金人使贺正旦在驿赐牲饩口宣

498 赐大金人使贺正旦赐银钞锣唾盂子锦被褥口宣

498 赐大金人使贺正旦密赐大银器口宣

498　赐大金人使贺正旦密赐大银器口宣

499　赐大金人使贺正旦射弓例物口宣

499　赐大金人使贺正旦射弓赐御筵口宣

499　赐大金人使贺正旦毕归驿酒果口宣

500　赐大金人使贺正旦朝辞讫归驿赐御筵口宣

500　赐大金人使贺正旦回程赐龙凤茶口宣

500　赐大金人使贺正旦回程赤岸赐酒果口宣

501　赐大金人使贺正旦回程赤岸赐御筵口宣

501　赐大金人使贺正旦回程平江府赐御筵口宣

501　赐大金人使贺正旦回程镇江府赐御筵口宣

502　赐大金人使贺正旦回程盱眙军赐御筵口宣

502　减罢浑仪刻漏所手分诏

502　杨偰除秘书少监制

503　张孝祥转宣教郎制

503　郑望之落致仕召赴行在制

504　御前马院御马添次黑豆诏

504　权要亲戚入试遵依咸平典故诏

504　抚问孟忠厚到阙并赐银茶合香药口宣

505　复兼习经义诗赋法诏

505　考校二礼许侵用诸经分数特与优取诏

505　吴武陵除司封郎官刘嵘除司勋郎官杨佚除都官郎官制

505　令茶马司更措置增添博买诏

506　辛次膺除给事中制

506　知临安府荣薿职事修举转行一官制

507　刑部郎官直行移送诏

507　周必大试中词学循一资制

507　通进司发放内降文字不得稽滞诏

508　陈康伯兼侍读制

508　贺允中兼侍讲制

508　试礼部奏名进士制策

509　宣示殿试官御笔

509　张孝祥除秘书郎制

509　江西提刑司还赣州诏

510　禁宫人以销金铺翠为首饰手诏

510　宫中销金铺翠罪赏诏

510　诫饬四川州县恤民诏

511　侍从官所荐新改官人与堂除知县诏

511　万俟卨赠少师制

511　赐尚书右仆射万俟卨生日诏

512　湖南运判杨邦弼除秘书丞制

512　赐三佛齐国敕书

513　赐陈康伯辞免兼修玉牒恩命不允诏

513　赐太师秦桧生日诏

514　陈正辅转官制

514　赵霆转官制

514　汤保衡转官制

515　士奇转官制

515　高旸等转官制

515　陈志应转官制

516　李镛转官制

516　解德等转官制

516　李椿年等复官制

517　潘竑循右儒林郎制

517　杨寿隆转右文林郎制

518　易致尧循右文林郎制

518　李衎循左文林郎制

518　宋许循右文林郎制

519　丘干循右文林郎制

519　刘永叔复秉义郎制

519　荀沂补保义郎制

520　林贰补保义郎制

520　阎达转保义郎制

520　赵伯镇换授承信郎制

521　吴宗谨授承信郎制

521　刘宗元等转保章正制

521　晁谦之充敷文阁待制知抚州制

522　朝奉郎刑部员外郎郭枢除广西提刑兼提举制

522　杜胜降官制

522　张崇降官制

523　杨俊降官制

523　唐迈等降官制

523　艾世安等降官制

524　李公才降官制

524　焦安道等降官制

524　谢孚降官制

525　赵公普降官制

525　巩康仁等降官制

525　刘子进降官制

526　武赳等降官制

526　周辉降官制

527　黄子云降官制

527　钱奭等降官制

527　蒲良显降官制

528　盛昌孙降官制

528　潘竦等降官制

528　狄谅等降官制

529　罗通等降官制

529　孙恭降官制

529　武赳降官制

530　赐吴国长公主到阙银合茶药口宣

530　赐大金人使朝辞讫归驿酒果口宣

530　赐大金人使在驿牲饩口宣

531　赐大金人使回程金镀银合盛龙凤茶口宣

531　赐大金人使回程盱眙军赐御筵口宣

531　赐大金人使朝辞讫归驿御筵口宣

532　赐大金人使回程临平镇祖送赐御筵口宣

532　赐大金人使回平江府排办御筵口宣

532　赐大金人使回程镇江府赐御筵口宣

533　赐大金人使回程赤岸赐御筵口宣

533　赐少傅杨存中生日诏

533　赐枢密院汤思退生日诏

534　刘观复官制

534　赐尚书左仆射沈该生日诏

535　赐参政张纲生日诏

535　姚仲除龙神卫四厢都指挥使御前诸军都统制知兴元府制

536　汪勃知湖州职事修举特转三官制

536　行在局务阙官已有差遣之人不许差权诏

536　孟忠厚加太保致仕制

537　孟忠厚赠太傅制

537　申严谒禁诏

538　六曹寺监正名贴司等换官事诏

538　及第进士第一名王十朋授官诏

538　赐董先辞免恩命不允诏

538　赐四川安抚制置使萧振夏药口宣

539　赐御前都统制吴璘杨政夏药口宣

539　赐御前都统制吴璘杨政下统制统领将佐官属夏药口宣

539　赐姚仲夏药口宣

540　赐姚仲下统制统领将佐官属夏药口宣

540　太史局见管额外学生试补事诏

540　萧振职事修举转四官制

541　令吴璘选差陕西军兵供职良马院诏

541　侍从禁出谒诏

541　四川依旧类试诏

542　禁冒辟四川选人诏

542　户部选通晓财计人兼充左藏库提辖检察官诏

542　民户充役条约诏

542　钱塘仁和知县堂除京朝官诏

543　诸州军开具监司出巡将带人数等供申户部诏

543　汤思退守右仆射同平章事制

543　禁州郡令通判辄遣官下县划刷诏

544　流寓寄居满七年不得注授举辟本处差遣诏

544　王师心除给事中制

544　王纶除工部侍郎兼直学士院制

545　赵逵除中书舍人制

545　徐林除刑部侍郎制

546　唐文若除起居郎王刚中除起居舍人制

546　葛立方除吏部侍郎制

546　禁州县公吏于人户处辄借税租诏

547　太学月试锁院考校诏

547　捕获私茶盐赏格诏

547　宋之才除知衢州制

548　乔昌时等转一官制同前推恩

548　知泉州宋之才磨勘转官制

548　葛立方奉使回转一官制

549　梁份奉使回转一官制

549　宋钧奉使回转官制

550　李琳磨勘转左朝议大夫制

550　萧振转一官致仕制

551　萧振上遗表特赠四官制

551　李琳奉使回转一官制

552　郑知刚除宗正寺簿制

552　州郡无通判处守臣有阙差充条约诏

552　诫饬监司郡守举劾县令诏

553　宣谕林觉颁降铸钱式御札

553　太学武学试补条例诏

553　荣薿除权户部侍郎制

554　张俑除知临安府制

554　李文会除四川安抚制置使兼知成都府制

555　成都府合起川马分给江上诸军诏

555　唐尧封除军器监簿制

555　霍蠡除直宝文阁知潭州制

556　参知政事汤鹏举除知枢密院事制

556　宋晻复徽猷阁待制提举江州太平兴国宫制

557　监司帅守互相觉察诏

557　总领司互举改官之人诏

557　监司接送将合破人数分下诸州差拨诏

557　蠲荆南等上供内藏库钱帛诏

558　殿前司收买造军器物料免税诏

558　王十朋特添差签书镇东军节度判官厅公事诏

558　行在置提领诸路铸钱官诏

558　苏简除直秘阁知广州制

559　赵子潚除直秘阁两浙运副制

559　资政殿学士程克俊守本官职致仕制

560　熊彦诗除西京运判制

560　权礼部侍郎贺允中磨勘转官制

560　王俣转一官制修进贡举条法推恩

561　金安节除大理少卿制

561　王瓒追复建武军承宣使制

562　礼部案劾太学私试学官事诏

562　选人陈乞致仕条诏

562　张纲除资政殿学士知婺州制

563　诸路州军强盗依旧法配填广南远恶州诏

563　蠲淮南京西湖北积欠内藏库钱帛诏

563　陈康伯除参知政事制

564　赵善继除直秘阁制

564　王师心除吏部尚书制

565　贺允中除给事中制

565　尚书省奏见配诸军重役人理合措置答诏

565　康执权落致仕知泉州制

566　康执权落致仕与郡制

566　罗孝芬除秘书丞制

567　刘卓除起居郎制

567　王晞亮除左司郎官黄祖舜除右司郎官制

568　潘莘除枢密院检详制

568　陈正同权刑部侍郎制

569　范如圭除直秘阁江西提举制

569　赡军诸酒库并归户部诏

569　朱倬除右正言制

570　喻樗除工部郎官陈祖言除比部郎官制

570　责罚大理寺吏诏

570　令州县依条减放赋税诏

571　罢台部吏出职诏

571　赐王彦等夏腊药诏

571　周绾除国子祭酒制

572　差往川中内侍不得收受例外馈送等诏

572　减学士院人吏磨勘诏

572　给昭宪皇后外家子孙之孤遗者钱米诏

572　叶义问除殿中侍御史制

573　邓根除江东运判制

573　曾几除秘书少监制

574　康执权除龙图阁直学士提举在外宫观制

574　凌哲除权吏部侍郎制

575　令四川诸司察旱伤州县捐其税诏

575　陈山除秘书省正字制

575　中书舍人赵逵转一官致仕制

576　张晟除将作监制

576　福建止认钞盐钱二十二万贯诏

576　选差勘鞫公事官诏

577　何溥除左正言制

577　李庚除兵部郎官制

577　褚籍除工部郎官制

578　唐尧封史浩并除太学博士制

578　任古除监察御史制

579　见禁犯人约系死罪合申提刑司检察诏

579　谢芷除国子录程大昌除太学正制

579　令诸路帅臣监司举材诏

580　免追纳冒佃积年收过租课诏

580　申严销金服饰之禁诏

580　王扬英除成都府路运判制

581　吕广问除江东提举制

581　徐康除浙西提刑制

581 罗孝芬除直秘阁湖北运判制

582 太府寺胥长出职补官条例诏

582 续髯除潼川府路运判制

582 令刑部长贰轮赴大理寺录囚诏

583 淮南漕臣须管往来两浙人使行船诏

583 施钜除知洪州制

卷三十二　绍兴二十八年

584 凌景夏除直龙图阁知信州制

584 郑知刚除太府寺丞欧阳当世除军器监簿制

585 蒋璨除敷文阁待制制

585 凌景夏就差知襄阳府制

585 州县折纳二税不得辄有增加诏

586 普安郡王长子愭特转右监门卫大将军荣州刺史诏

586 周操都絜并除吏部郎官季南寿除考功郎官张孝祥除礼部郎官制

586 张孝祥除礼部尚书郎诰

587 立刺举监司官法诏

587 杨椿除给事中制

587 周执羔复秘阁修撰改差知池州制

588 郑知刚除浙东提举吴巘除淮东提举制

588 州县劝农不得搔扰诏

589 孟处义除淮南运判制

589 路彬除刑部郎官制

589 张焘除端明殿学士依旧知建康府制

590 看详郊庙乐语词章事诏

590 条约诸路收经总制无额钱诏

590 陈诚之除知枢密院事制

591 孙道夫除权礼部侍郎制

591 沿海州军知通不得博易诏

592 奉使接送伴使副往回不得辄赴筵会诏

592 王纶除同知枢密院事制

592 魏良臣知宣州制

593 张纲特转一官致仕制

593 措置沙田芦场事诏

594　除杨存中少师制

594　徐林除权户部侍郎制

595　以日食不得称贺御笔

595　洪遵除起居舍人制

595　王刚中除起居郎制

596　刘章除权工部侍郎制

596　徐度除江东运判制

596　王珪除太常少卿制

597　三省枢密院人进书减半推赏诏

597　侍从荐引人材条约诏

597　田师中等转一官诏

598　非曾历亲民不得为清望官诏

598　除沈该特进制

599　洪迈除秘书省校书郎制

599　浙东路复置州仓支盐诏

599　知通拘收无额上供钱推赏事诏

599　林安宅除广东运判李植除湖北运判制

600　陈正同除敷文阁待制枢密院都承旨制

600　杨揆除权刑部侍郎制

601　文武官非犯赃罪许以致仕恩任子诏

601　汤允恭除权兵部侍郎制

601　李琳除敷文阁待制知湖州制

602　王之望除直秘阁成都府运副制

602　诸路常平司以时减价出粜诏

603　都民望除监察御史制

603　令吉阳军常切拘管讥察曹泳诏

603　韩膺胄与在外宫观诏

603　责罚怀挟殿举诏

604　检举虑囚诏

604　遣官决狱诏

604　将来进呈宗藩庆系录诏

604　洪皓赐谥忠宣制

605　堂除司属官等条约诏

605　汤允恭奏制置使选差事答诏

605　将作军器监胥长出职条约诏

606　枢密院诸房副承旨祗应后殿日更不侍立诏

606　张宗元除将作监制

606　林栗除太学正制

607　阁门官等推恩诏

607　减罢军器所官吏工匠诏

607　令通泰等州民赍契要公据赴县点对诏

608　臣僚请给不得陈乞免行借减诏

608　淮东路沙田芦场免照契覆实诏

608　立山县官优与磨勘差遣诏

608　令邵大受徐康点检催促两浙刑狱诏

609　刘度除太学博士制

609　御札

609　令临安府修筑皇城东南外城诏

610　升拣殿前马步军司江上诸军诏

610　荣薿除权兵部侍郎制

610　汤允恭除权户部侍郎制

611　差医看诊病民给药诏

611　沿边溪洞知县注官诏

611　户部支破马料钱诏

611　御马院羊驴可改支稻谷诏

612　除皇叔士衍特授崇庆军节度使制

612　赐崇庆军官吏军民僧道耆寿等敕书

613　增浙西江东淮东沙田芦场官户租课诏

613　李邦献除直敷文阁江西运副制

613　周绾除吏部侍郎制

614　户部长贰契勘粮纲欠折诏

614　令太府寺籍定诸州申到上供纲解诏

614　宁江军承宣使提举台州崇道观潘长卿等并令任满再任诏

615　令湖北招诱客旅请买茶引诏

615　条约监司州军按发官吏诏

615　通著实录院官臣名衔缴进徽宗实录诏

615 杨邦弼陈俊卿并除著作郎制

616 凌哲除敷文阁待制知台州制

616 曾几除权礼部侍郎制

617 王师心除显谟阁直学士知绍兴府制

617 贺允中除权吏部尚书制

618 沈介除秘书少监制

618 黄中除国子司业制

618 起居郎王刚中经修神宗宝训转一官制

619 令逐路开具被灾顷亩数及合检放数以闻诏

619 赈贷灾伤州县诏

619 叶义问除侍御史制

620 王刚中除中书舍人制

620 洪遵除起居郎制

621 张孝祥除起居舍人制

621 泸州等添解额诏

621 赵令报除权户部侍郎制

622 右武大夫成州团练使廖虞弼除枢密副都承旨制

622 赈济绍兴平江府水灾人户诏

622 除汤思退特授左正奉大夫制

623 柳宗元祠加封文惠昭灵侯敕

623 禁关借誊写传诵徽宗实录诏

624 令吴璘等存恤被水州军人户诏

624 吴挺妻宜人李氏封淑人制

624 王石补承信郎制

625 左奉议郎张坚除太常寺主簿制

625 沈枢除御史台簿制

625 左奉议郎试中书舍人兼史馆修撰王刚中转承议郎制

626 差任古等覆视详究水利利害诏

626 禁监司守臣华侈诏

626 约束离军使臣请佃官田者诏

626 推恩修内司官吏兵匠诏

627 诸路常平司量行出粜诏

627 除平江府绍兴府湖州诸县积欠税赋诏

627 灾伤州县检放及五分处量行赈济诏

628 赐王刚中诏

628 郑璵章岵并除大理寺丞制

628 廖虞弼提举台州崇道观诏

629 监司郡守须终满方许陈乞祠禄诏

629 令户部申严客贩食米条法诏

629 权巡尉获漏私盐减半赏罚诏

629 户部拘收没官户绝庄田产出卖诏

630 蒋璨降官制

630 谢伋徐康降官制

630 四川每季差使臣持定差文字赴吏部诏

631 立法禁止奉使三节人从私贩诏

631 监司郡守补发举官状数诏

631 令内藏库降钱充绍兴府等被水人户上供钱物价值诏

631 左中奉大夫直敷文阁知临安府张俯除直显谟阁制

632 诸路州军起发赴行在钱物兑截交纳事诏

632 按治违限拖欠钱物官吏诏

632 任古等奏开浚五浦事答诏

632 湖北安抚司减罢添差参议官诏

633 减罢泸戎等州添置通判诏

633 大司成等奏举诸州教授改官收使事诏

633 郊祀前二日朝献景灵宫圣祖天尊大帝册文

633 郊祀前一日朝飨太庙祖宗皇后册文

634 郊祀飨昊天上帝册文

634 郊祀飨皇地祇册文

634 郊祀飨太祖皇帝册文

634 郊祀飨太宗皇帝册文

635 郊祀赦文

635 知枢密院事陈诚之父任右宣教郎致仕赠太子太师宏赠少师制

636 同知枢密院事王纶父赠太子少师咏赠太子太师制

636 左朝奉大夫充敷文阁待制知台州凌哲所生母安人唐氏赠令人制

636 龙图阁待制王刚中母吴氏赠令人制

637 权尚书吏部侍郎周绾前妻恭人李氏赠令人制

637　周绾妻恭人李氏封令人制

638　权尚书礼部侍郎孙道夫母安人侯氏赠令人制

638　孙道夫妻安人赵氏封令人制

638　给事中杨椿母安人宋氏赠令人制

639　杨椿妻安人孙氏赠令人制

639　权尚书刑部侍郎杨揆妻宜人陈氏封令人制

640　兵部侍郎周麟之母孺人楚氏赠硕人制

640　周麟之妻孺人胡氏封硕人制

640　权吏部尚书贺允中母令人王氏赠硕人制

641　贺允中妻令人邓氏赠硕人制

641　权尚书工部侍郎刘章父赠右朝奉郎彦渊赠右朝请郎制

642　尚书兵部侍郎周麟之父与可赠右通直郎制

642　右奉议郎充诸王宫大小学教授王必中弟左朝奉郎充龙图阁待制知成
　　　都府刚中父宪赠右宣义郎制

642　沈该加食邑制

643　除杨存中加食邑制

643　吴益加食邑制

644　普安郡王加食邑制

645　除皇叔士衎加食邑制

645　除刘锜加食邑制

646　除李显忠加食邑制

646　除郑藻加食邑制

647　除张子盖加食邑制

647　除韩公裔加食邑制

648　除刘宝加食邑制

648　除南平王李天祚加食邑制

649　除阇婆国王悉里地茶兰固野加食邑制

649　怀安军惠应庙昭佑侯可封昭佑灵济侯制

649　昭佑侯子灵助侯可封灵助顺成侯制

650　佐神安仲吉可封通济侯制

650　除亲从快行外不可询问车驾行幸诏

650　除放太平州第四等被灾人户逋赋诏

651　奖谕狱空诏

651　右承事郎军器监丞吴扮转承议郎赐紫章服制

651　辛次膺差知泉州制

652　李如冈差知襄阳府制

652　李如冈改差知静江府制

652　许尹李莫并除直秘阁制

卷三十三　　绍兴二十九年

654　苏钦除利州路运判制

654　皇太后庆寿诏

655　贺皇太后寿礼推恩制

656　左太中大夫同知枢密院事王纶亲姨庞氏封孺人制

656　左朝奉郎马骐除军器监主簿制

656　禁约稽留客贩食米诏

657　蠲沙田芦场为风水所侵者租之半诏

657　左宣教郎试起居舍人张孝祥母孺人时氏封恭人制

657　右迪功郎叶义制母郑氏年九十岁封太孺人制

658　右迪功郎汤思谦母刘氏封太孺人制

658　右奉议郎张坚所生母李氏封孺人制

658　右文林郎安师道母张氏封太孺人制

659　正任防御使刺史通侍大夫至右武大夫带遥郡同加封父母制

659　横行副使及武功大夫至修武郎父加封制

660　宗室横行至正任防御使父母加封制

660　皇太后庆寿推恩外家子孙亲属及本殿官诏

661　严禁私渡淮诏

661　接送北使预给浙路牵挽人夫米诏

661　除皇叔士篯安庆军节度使加食邑制

662　赐安庆军官吏军民僧道耆寿等敕书

662　禁捕雏卵等诏

662　发遣淮北商旅诏

663　临安府养济乞丐展限诏

663　皇太后庆寿加恩诏

663　令给赐士庶子妇人年八十以上者束帛诏

663　被差推勘官无得巧作规免诏

664　令守臣赈粜诏

664　检举谪死文武臣僚元犯因依闻奏诏

664　四川类试差官诏

664　祈雨诏

665　以旱遣官决狱诏

665　诫约州县不得催理已放免积欠诏

665　举士诏

666　贤良诏

666　蠲诸州县积欠诏

666　除放逋欠诏

667　帅臣监司举大小使臣诏

667　公吏冒占官屋限月陈首诏

667　蒋璨叙官制

668　向伯奋除湖北提刑制

668　贾选等与外任诏

668　展免盱眙军身役钱等诏

668　仪鸾司干办官差武臣诏

669　赈济镇江府被火之家诏

669　增置带御器械四员诏

669　不得令三衙收买川布诏

669　禁役使内外诸军诏

670　不得附押两州钱物诏

670　赈济山阴县四等以下户诏

670　镇江府诸军酒库更立一界诏

670　荐县令有政绩者诏

671　有事明堂手诏

671　选差官兵弹压盗贼诏

671　州县不得催理放免税赋诏

671　使臣不得径行呼索临安府差人诏

672　江浙四路起发折帛钱诏

672　禁官员豪富放债与军人诏

672　钱恺降授舒州观察使宫观制

673　不许差承议郎已上官管押钱物纲运诏

673　国信所灯火事诏

673　州军按发官吏应申诸司诏

673　人使到阙伴射官起居立班诏

674　客人入纳兑便钱事诏

674　除沈该观文殿大学士宫观制

675　六参日令转对官次日上殿诏

675　诫谕百官诏

675　选差兵官兼弓手将领诏

675　申禁苞苴请托诏

676　令守臣具见管弓弩手等申尚书省诏

676　陈诚之降官制

676　学士院诸色人不得兼外处差遣诏

676　差官覆实常平义仓米钱物数诏

677　李彦实特落阶官诏

677　胡宪守大理司直制

677　升节度使充主管马步军司公事者序官诏

678　葛立方磨勘转左朝散大夫制

678　刘嵘除福建提举制

678　左朝奉郎试给事中兼同修国史兼直学士院周麟之转左朝散郎制

679　右朝议大夫充秘阁修撰新知明州董萍除权尚书户部侍郎制

679　归正归附人付身照使诏

679　沈调落职降官制

680　诸州知通拘收起发无额钱赏典诏

680　令诸路常平司措置籴米诏

680　侵欺常平义仓米斛钱物责罚条约诏

681　沈该落职制

681　右承奉郎吴曾除宗正寺主簿制

681　宗正寺胥长出职条约诏

682　止建康镇江府起发冰段诏

682　逐路运司每季取会诸州拘收亡僧度牒数目诏

682　禁州县书坊擅行刊印诏

682　赵不溢降官制

683　酒库监官赏罚诏

683　孙佑追复直徽猷阁制

683 左中奉大夫充敷文阁待制知泉州辛次膺母太硕人王氏封太淑人制

684 不许官户隐占沿流系籍之舟诏

684 张俊诸子迁官诏

684 功臣子孙叙迁诏

685 绍兴二十九年四川类省试差官诏

685 令提举常平官督责出卖没官田宅诏

685 放免押纲并纲梢等欠米十石以下人诏

685 左朝奉大夫魏安行除尚书户部员外郎制

686 减户部点检激赏酒库所趁额钱诏

686 傅选复官诏

686 除会稽县昭慈永祐灵宫前后买过民田税赋诏

687 皇帝生日等犒赏将士事诏

687 四川等处见在行在进士就两浙转运司附试诏

687 淮南常平司置场收籴诏

687 推恩御前军器所诏

688 牛羊司不堪宰杀羊口等送临安府出卖诏

688 玉牒所置官诏

688 国史院官吏员额诏

688 国史院书局料次于激赏库支取诏

689 国史院诸书局人吏遣归部诏

689 禁州县义仓米抑令别钞及收耗诏

689 四川州郡抛降和籴米不许辄科于民诏

689 久旱禁屠诏

690 宋棐除太府少卿制

690 华颐除司农寺丞余良弼除将作监丞制

690 诸州营田粜稻麦起赴本路总领所桩充马料诏

691 赈济福州诏

691 奉使未回之人子孙特与恩泽诏

691 赐陈康伯御札

692 罢枢密院机速房诏

692 皇太后疾募草泽良医诏

692 汤思退左仆射制

693 陈康伯右仆射制

693　特不视事诏

693　皇太后病祈祷事诏

694　以皇太后病大赦天下诏

694　以皇太后病再施恩天下诏

695　限三日请领皇太后丧事支费诏

695　皇太后上仙令三卫皇城司官在内宿直诏

695　遗诰

696　都大主管丧事所取索临安府不得应副诏

696　群臣请听政第一表不允批答

696　群臣请听政第二表不允批答

696　群臣请听政第三表不允批答

697　群臣请听政第四表不允批答

697　群臣请听政第五表宜允批答

697　令礼部太常寺聚议皇太后丧事典礼诏

698　苏晔奉使回转官制

698　皇太后丧令天下不得修奉贡献手诏

698　群臣请御正殿第一表不允批答

699　群臣请御正殿第二表不允批答

699　州县科买百姓贡物令给还诏

699　群臣请御正殿第三表宜允批答

700　大行皇太后启攒发引日令杨从义将带人从送护梓宫至攒宫诏

700　申禁沿淮私渡盗买鞍马博卖物色诏

700　立诸路募民运和籴米赏格诏

700　罢任使臣等批书事诏

701　陈良翰除江东提刑制

701　吴山英烈威显王特封忠壮英烈威显王诏

702　诸司粮料院人吏特与拨填入额诏

702　左藏库不得别立寄廊单子诏

702　郑立之特与遥郡刺史诏

702　显仁皇后祔太庙德音

703　四川纳钱补官事诏

卷三十四　绍兴三十年

704　余时言除国子监簿制

704 显谟阁直学士左太中大夫知绍兴府王师心母硕人陈氏赠硕人制

705 左朝散郎权尚书刑部侍郎黄祖舜转左朝请郎制

705 贺允中父任承议郎赠左中散大夫祖赠太子少师制

705 令六曹尚书侍郎等荐诸州守臣诏

706 鲍彪特授左奉议郎守尚书司封员外郎致仕制

706 左朝请大夫尚书左司员外郎邵大受除权尚书户部侍郎制

707 减修内司潜火兵诏

707 减御辇院人吏诏

707 许淮南人户陈诉人使买物不支价钱等事诏

707 奉使大金使副过界坐车马诏

708 令议四孟朝献景灵宫礼仪诏

708 特行休务假诏

708 选差新中酒库监官诏

708 侍从台谏等荐举武臣诏

709 潼川府铜山县月中卖入官铜额诏

709 普安郡王次子恺授右监门卫大将军诏

709 礼部每岁将逐路州军僧道人数等开项申台省诏

709 禁诸官司过数差占白直兵士等诏

710 知县系升朝官带兵马都监诏

710 金国吊祭人使行礼事诏

710 金国吊祭人使朝辞事诏

710 黄仁荣除两浙路运副制

711 群臣请皇帝纯吉服第一表不允批答

711 群臣请皇帝纯吉服第二表不允批答

711 群臣请皇帝纯吉服第三表宜允批答

712 俟期年吉服御殿诏

712 除太学录周必大制

712 立皇子诏

713 伯琮进封建王制

713 伯琮辞免进封建王批答

714 提刑司检察经总制钱诏

714 减临安府房廊赁钱诏

714 试礼部奏名进士制策

715　王彦差知金州制

715　亲王初除恩数请给事诏

715　黄应南差江西提刑制

716　显仁皇后祔庙亲属并与推恩诏

716　差亲从充人使祗应都亭驿诏

716　令户部补还镇江建康桩置斛斗诏

717　臣僚陈乞上殿不许于都堂纳札子诏

717　大理寺般押推司请授诏

717　奖谕狱空诏

717　州县差遣条约诏

718　大理寺治狱置检法使臣一员诏

718　岁赐建王公使钱事诏

718　及第进士第一名梁克家第二名许克昌授官诏

718　颁降神宗皇帝诏书诏

719　刑寺胥吏有阙令所属保明合格人试补诏

719　使人朝见不设仪仗诏

719　外路翻异之囚不移送大理寺诏

719　赈济临安府被水灾民诏

720　吴盖特授太尉诏

720　陈机复直秘阁知衢州制

720　知枢密院王纶前任经修仙源积庆图特转一官制

721　令监司太守常切点检丁帐等诏

721　李昌经升充第二等祗应诏

721　铸钱司添押钱赏格诏

722　邓祚除广西运判制

722　李若川除江西运判制

722　丘砺除福建运判制

723　黄章除国子监簿制

723　程临知夔州制

724　胡棣除兵部郎官制

724　胡彦国除直秘阁知潼川府制

725　赵子厚依旧直秘阁知饶州制

725　赵沂除夔路运判制

725　汤圻除江西运判制

726　杨偰进韵略补特转一官制

726　高公海于横行上转行一官制

727　都絜除将作少监制

727　卢奎除湖北运判制

728　王正臣该第一赏转一官特与转遥郡刺史制

728　王仰心磨勘转左太中大夫制

728　韩仲通进茶盐法转官制

729　敷文阁直学士吴表臣转一官致仕制

729　莫伯虚除刑部郎官制

730　赐南平王李天祚加恩制诏

730　赐南平王李天祚历日敕书

730　正任承宣使士洪士嵊谲各转官制

731　安定郡王令矜转承宣使制

731　逢汝霖除太府少卿依旧湖广总领制

732　少师钱忱故曾祖封赠制

732　少师钱忱故曾祖母封赠制

732　少师钱忱故祖封赠制

733　少师钱忱故祖母封赠制

733　少师钱忱故父封赠制

734　少师钱忱故妻封赠制

734　遣明州水军戍黄鱼垛诏

734　寝五月四日告捉不买钞盐指挥诏

735　户部长贰岁举辖下选人拨一员举酒库官诏

735　大理寺官拘催赃罚钱赏格诏

735　湖州催纳贫民下户见钱折纳事诏

735　见造军器不得减克物料诏

736　两浙等路转运司置场市军储诏

736　蠲临安於潜两县被水居民苗税等诏

736　令广西经略司收买阔壮齿嫩堪披带马诏

736　州县官犯赃罪等令刑部具失按察官姓名申尚书省取旨诏

737　禁权豪开酒肆诏

737　冯彦祖高楸特与致仕诏

737　诸路州军犯罪编管者不得配隶行在近五百里内诏

737　点检所校定增额诏

738　官告院阙少犀象轴头更不于行市等收买诏

738　贺金国正旦生辰使副等支破请给诏

738　赐诸军出戍战守军兵效用绢诏

738　内侍省并归入内内侍省诏

739　周必大等除秘书省正字制

739　举到守令依次选除诏

739　枢密院官立班诏

739　罢差内侍官承受内外诸军奏报文字诏

740　太尉武泰军节度使刘锜授威武军节度使充镇江府驻札御前诸军都统制制

740　封保顺通惠侯敕

741　王瑀除阁门祗候免供职制

741　有职田米麦麻豆处只纳本色诏

741　黎州官吏求索红桑木等致土丁逃亡事答诏

741　禁内外诸军招收放停之人诏

742　士谞权暂内外任便居住诏

742　士歆与久任宫观任便居住诏

742　三衙官军额诏

742　左藏库每纲运出剩不得比折少欠诏

743　左藏库差京朝官诸司使副诏

743　吊祭人使朝辞令应奉官习仪诏

743　三衙取到纲马用火印拨付逐司诏

743　令提刑司罢公库违法置店卖酒诏

卷三十五　绍兴三十一年

745　淮东总领司太平惠民药局监官兼监镇江府大军仓诏

745　江浙和预买䌷绢务要均平诏

745　赐诸军柴炭钱诏

746　令临安府并属县广籴诏

746　抄札临安府贫乏之家申尚书省诏

746　赈济临安府贫乏之家诏

746　诸军收买物色依条收税诏

747　效用令帅司收管诏

747　赈济逐州府细民诏

747　刑部开具编管羁管居住命官申尚书省诏

747　浚运河诏

748　减诸路总管钤辖人从诏

748　仪鸾司陈设破损申尚书省诏

748　优恤士卒诏

748　分经义诗赋两科取士诏

749　复卖度牒诏

749　宽恤淮南京西路诏

749　李琳依前充敷文阁待制致仕敕

750　陈康伯左仆射制

750　朱倬右仆射制

751　禁铺兵擅开窃看传录文字诏

751　刘一止赠四官朝散大夫制

752　有事明堂御札

752　靖康以来奉使未回使副之家陈乞恩泽依条施行诏

752　令侍从等上弭灾除盗之策御笔

753　令淮南转运司相度营田官庄诏

753　监司失按属吏议罚诏

753　何溥奏缴录到大金副使王全殿上口奏答诏

753　渊圣皇帝升遐令裁定合支用钱物诏

754　命两浙等处禁军弓弩手赴明州平江及沿江诸州诏

754　减罢度牒库匠人诏

754　支度牒库料次钱诏

754　度牒库上下半年造限送比部驱磨诏

755　度牒库专知官添支别给食钱诏

755　奉化县诚惠庙赐号昭德夫人诰

755　渊圣皇帝升遐告天下诏

756　汪澈除荆襄湖北路宣谕使诏

756　太史局官各降一官诏

756　诸路州军暂权巡尉等捕盗赏罚减半诏

756　减军器所官诏

757　刘观致仕制

757　禁戢浮言诏

758　诸路总管等差破当直人事诏

758　量裁使相等宣借人兵诏

758　刘观赠四官制

759　应办措置四川财赋诏

759　给降空名度牒应副淮南等路犒设战士诏

759　行新造会子于淮浙湖北京西诸州诏

759　钦宗皇帝谥册文

760　令徐嚞等还行在诏

760　禁官司辄以黄绯色为号诏

761　蠲诸路州军经总制钱诏

761　蠲淮南京西湖北民秋税之半诏

761　废婉仪刘氏诏

761　停罢两淮诸色科敷诏

762　推恩御前军器所诏

762　处置王继先房廊田园等诏

762　资政殿大学士左大中大夫知建康府王纶乞致仕与转一官致仕制

763　赈济夔州路被水民户诏

763　除放出戍官兵债负诏

763　诸路监司属官不许差出诏

763　明堂前二日朝献景灵宫圣祖天尊册文

764　明堂前一日朝飨太庙祖宗帝后册文

764　明堂飨昊天上帝册文

764　明堂飨徽宗皇帝册文

764　明堂赦文

766　带职郎夺职无赃私罪许以致仕恩泽任子诏

766　王纶赠五官制

766　赐统兵大帅诏

767　赐吴璘诏

767　讨金招谕榜

768　告谕大辽忠义人合讨女真诏

768　亲征诏

769　赐陈康伯御札七

769　严惩持刃劫盗诏

769　大礼加恩臣僚止降制给告诏

770　奖谕吴璘李显忠诏

770　令两浙等常平司委官看验见管米数诏

770　讨伐金人告谕军民诏

771　石明绪解延运各循一资制

771　大臣私第接见宾客毋过三次诏

771　均州招纳到北界忠义归明人事诏

772　向琪转遥刺制

772　权住荐举知县诏

772　措置淮北老小归正前来事诏

772　视师经由去处排办不得过为华饰诏

773　兴师奏告天地宗庙社稷诏

773　巡幸事诏

773　胡昉补官制

774　用兵避殿减膳诏

774　许勋臣戚里内侍贵近纳粟助国诏

774　有兵级犯罪等令安抚司暂依条处断诏

774　戒饬将士诏

775　赐陈康伯御札

775　胡深转官制

775　禁催理免放科敷名色诏

776　另择日巡幸诏

776　招填三衙军兵阙额诏

776　张浚辞免观文殿大学士判建康府不允诏

776　召王权赴行在奏事诏

777　进纳授官人条约诏

777　赐新复州军赦文

778　三省常程细务权令执政官书押诏

778　与金人战斗理为战功诏

778　殿前三司差官兵防托江面诏

778　诸场务不得收归正人税诏

779 奖谕李显忠诏

779 姚兴赠官制

779 奖谕张振等诏

779 押送刘汜编管诏

780 劝谕进纳补官事诏

780 押送王权琼州编管诏

780 阎德降官制

781 令吴璘募关外勇士充效用诏

781 两淮失守官吏放罪诏

781 李宝节度使制

782 车驾进发戒饬群臣诏

782 巡幸视师约束经由州县诏

782 令诸路帅司率军进讨诏

783 令沿江大帅条奏恢复事宜诏

783 赐杨存中御札

783 两淮德音

784 向子固知扬州制

784 赐杨存中御札

785 国朝勋臣后嗣推恩赦

卷三十六　　绍兴三十二年

786 蒋世忠梁思致仕制

786 侍从官举监司郡守诏

786 郡守年七十与自陈宫观诏

787 诫约百官迎侍亲老诏

787 存恤阵亡军兵诏

787 增修建康百官吏舍诸军营寨诏

788 刘迪胡熙各转一官制

788 右中奉大夫徽猷阁待制赐紫金鱼袋致仕宋暎赠四官制

788 赵晟刘瑜各赠官制

789 赈济两淮归业民户诏

789 曹建转拱卫大夫制

789 诸路州军助军兴毋得科于民诏

790 贷命自效人前拱卫大夫文州刺史韩林叙复修武郎制

790　太尉刘锜守本官致仕制

790　许户部长贰与众郎官聚议诏

791　优恤战死家属诏

791　令杨存中招收逃亡军兵诏

791　刘锜赠开府仪同三司制

792　医治屯戍兵诏

792　常平米仓以新易陈诏

792　静江府义宁县惠宁庙义宁侯加封义宁灵泽侯制

792　静江府临桂县灵懿庙开天御道孃孃封昭惠夫人制

793　赈济两淮归业人及淮北归正人诏

793　司马倬除直秘阁制

794　令建康府等支钱措置舟船诏

794　刘舁降一资制

794　荣薿降一官制

795　张瑁等各降一官制

795　刘世宁降一官制

795　戒谕诸将诏

796　朱愿特补进武副尉出职诏

796　扈从视师官兵推赏诏

796　封汪应辰玉山男敕

797　知海州魏胜中箭病笃其妻于氏割股与食遂得安愈特封安人制

797　通进司承转承接亲从亲事官磨勘诏

797　忠翊郎前监建州在城盐税务蓝宗礼特降一官制

797　洋州威显庙惠应丰泽侯加封惠应丰泽灵贶侯制

798　许涛祝端表各降一官制

798　严行禁止关外拘拦税物诏

798　举贤良方正能直言极谏诏

799　和州乌江县西楚霸王先准敕赐英惠庙特封灵祐王制

799　令侍从举士诏

799　赐杨存中御札

800　令侍从台谏条上防秋之策诏

800　修换夺到虏船诏

800　淮南新复州军解额诏

800　御营宿卫使司官兵转资诏

801　向沔降一资制

801　奉使金国使副及三节人不得私行博易诏

801　许宋烈降一官制

801　李启转官制

802　监守自盗官物坐罪诏

802　中大夫以下推勘案劾放罢以致仕恩泽等荫补诏

802　封赠归正人萧中一及妻妾男妇制

803　与金人国书

804　资政殿学士左中大夫魏良臣转一官致仕制

804　魏良臣赠五官制

804　诸路大军招收到人填刺事诏

805　逢维翰循一资制

805　武显大夫枢密院吏房副承旨董球为曹涉应得差遣不肯呈行特降一官制

805　立皇子玮为皇太子诏

806　李政降一官制

806　收籴两淮麦诏

806　周世昌降一官制

807　刘绎转官制

807　魏胜除山东忠义军都统制给真俸诏

807　推恩江上督抚军马官吏诏

808　内侍邝询为久病可将见任官特与换白云处士赐名守宁制

808　视师江上扈从官吏军兵等并转一官资诏

808　立建王玮为皇太子诏

809　禁约有司沮难纳粟补官人诏

809　李有卿降一官制

809　杨景雄转官制

810　昭庆军节度使提举佑神观刘懋致仕制

810　刘师忠降一官制

810　赐陈康伯御札

811　张去为落致仕诏

811　黄昭庆与宫观任便制

811　和州阵亡官兵韦永寿赠官制

812　福建路取应宗子诏

812　高宗禅位诏

812　密球叙复制

813　高宗皇帝马政兵事手札御书

813　高宗皇帝马政兵事手札御书

813　高宗皇帝马政兵事手札御书

813　高宗皇帝马政兵事手札御书

814　高宗皇帝马政兵事手札御书

814　高宗皇帝亲随手札御书

814　高宗皇帝诸门手札御书

814　高宗皇帝蹩龙手札御书

815　高宗皇帝问命手札御书

815　高宗皇帝索药手札御书

815　高宗皇帝马盂手札御书

815　郑开奏兰亭事诏

816　许尹进爵开国子制

附金诏令

817　谕河北人民诏

817　开贡取士诏

817　谕高丽王已立大楚皇帝诏

818　赵佶降封昏德公诏

819　赵桓降封重昏侯诏

819　宋帝降封昏德公重昏侯布告高丽诏

820　赎被掠为奴者诏

820　避役民卖身者还本贯诏

820　答高丽进誓表诏

821　赎被俘为奴者诏

821　戒饬完颜娄室进军诏

821　立大齐皇帝刘豫册文

822　答高丽请免索保州人口诏

823　官赎戍边奴婢诏

823　良人嫁奴处置诏

823　完颜亶为谙班勃极烈诏

824　官库拨钱赈军士诏

824　追谥圣穆皇后册文

825　追谥光懿皇后册文

825　报哀高丽诏

825　上太宗谥号册文

827　上景宣皇帝谥号册文

827　尊太祖太宗皇后为太皇太后敕

828　追上祖宗谥号诏

828　下完颜宗翰狱诏

829　允尚书省请废大齐皇帝刘豫诏

829　废大齐皇帝刘豫诏

829　贵妃裴满氏为皇后制

830　以陕西河南地归宋谕吏民诏

830　完颜希尹加恩制

831　诛宋兖诸王诏

832　诛完颜希尹萧庆诏

832　慰抚完颜宗固诏

832　游猎循辽人故事诏

833　答请定官制诏

833　更定官制诏

834　议收复河南布告中外诏

835　命元帅府抚定河南诏

835　封亲王宗室命妇敕

836　裴满氏为皇后册文

836　奠祭宣圣庙诏

836　上熙宗尊号册文

837　皇子名济安大赦天下制

838　江南北来人赦

838　蜀王刘豫进封曹王制

838　皇子济安为皇太子册文

839　立济安为皇太子诏

839　宋康王赵构为宋帝册文

840　高丽恭孝王册文

840　上钦仁皇后谥号册文

841　赎岁饥为驱者诏

841　施用新宝诏

842　增上太祖谥号诏

842　增上祖宗谥号诏

842　增上祖宗谥号大赦制

843　海陵王即位改元赦

843　处分完颜阿鲁补诏

844　罢万户官诏

844　议迁都燕京诏

844　求治诏

845　迁都燕京诏

846　诛萧裕诏

846　复修汴京大内诏

847　谕宋贺正使诏

847　许投状诏

847　废榷场诏

848　谕萧玉诏

848　谕韩铎诏

848　谕宋使徐度诏

849　谕宋诏

849　宣谕宋使敕

850　谕诸路诏

850　伐宋檄文

851　招降王权诏

851　谕臣民诏

851　世宗即位改元赦

853　勿增建宫殿役民诏

854　上闵宗谥号诏

854　增将士赏典诏

855　赐徒单合喜诏

855　赐温迪罕移室懑手诏

855　北征移剌窝斡诏

856　遣高忠建告宋嗣位书

856　戒谕敬嗣晖诏

856　禁营建诏

857　追谥故妃乌林答氏为昭德皇后诏

857　谕征契丹部将士诏

857　上宣献皇后谥号诏

857　谕将士诏

858　以仆散忠义兼右副元帅谕将士诏

附夏诏令

859　檄延安府文

859　回刘锜等檄书